儒道佛系列之一 【详注本】

十位国学大师

梁启超 章太炎 鲁迅 胡适 等著

说儒

刘文荣 选注

文汇出版社

图书在版编目（CIP）数据

十位国学大师说儒／梁启超等著；刘文荣选注. —
上海：文汇出版社,2020.7
（儒道佛系列.十位国学大师说儒、论道、谈佛）
ISBN 978 - 7 - 5496 - 2953 - 4

Ⅰ.①十…　Ⅱ.①梁…②刘…　Ⅲ.①儒学—文集
Ⅳ.①B222.05 - 53

中国版本图书馆 CIP 数据核字（2020）第 088465 号

十位国学大师说儒

著　　者／梁启超　章太炎　鲁　迅　胡　适　等
选　　注／刘文荣

责任编辑／陈今夫
封面装帧／薛　冰

出版发行／文汇出版社
　　　　　上海市威海路 755 号
　　　　　（邮政编码 200041）
经　　销／全国新华书店
排　　版／南京展望文化发展有限公司
印刷装订／启东市人民印刷有限公司
版　　次／2020 年 7 月第 1 版
印　　次／2020 年 7 月第 1 次印刷
开　　本／890×1240　1/32
字　　数／590 千字
印　　张／27.75

ISBN 978 - 7 - 5496 - 2953 - 4
定　　价／128.00 元（全 3 册）

前言

儒学是中国传统文化的核心之一。欲知传统文化，不可不知儒家学说。

何为"儒"？据章太炎考证，在孔子之前，"儒"曾被用来指称三种人：一是指术士（即通晓方术之人）；二是指学人（即通晓礼、乐、射、御、书、数之人）；三是指官员（尤指协助君主教化民众的司徒之官）。这三种指称，古时经常混淆；到了近代，又被用来指称教师。所以，"儒"很难准确界定（详见本书所选章太炎《原儒》一文）。

那么，这泛泛而指的"儒"，怎么会变成儒学的呢？大概是这样的："儒"原是远古商朝殷人中的教士（祭司、巫师之类，也即术士），商朝为周朝所灭后，殷人被周人统治。但殷人并没有放弃他们的原始礼教，周人也没有强迫他们放弃，所以他们的教士仍代代相传。后来，他们的礼教甚至也被统治他们的周人接受了。这样，就等于殷人的礼教成了周朝的礼教。而殷人又始终相信，"五百年必有王者兴"，期待有"王者"来恢复商朝。就在这种氛围中，属于殷人后代的孔子，由于他广收学生而为天下知，所以就被不少人尊为"王者"。而孔子本人也真有改造天下的大志，于是他就创立了自己的学派，把原先仅是教士的"儒"，变成了以天下为己任的"儒"。所以，讲儒学，总是首推孔子（详见本书所选胡适《说儒》一文）。

那么，孔子所创的儒学，是怎样一种学问？总的来说，儒学是一门"道德—政治学"，即以确立某种道德作为施政的主要手段，也就是梁启超所说的"人治主义"。而儒学所讲的道德，简要说来，就是"仁、义、礼、智、信"。其中"仁"是核心。"仁"首先要体现在君主身上，即所谓"仁政"；其次，"仁"体现在日常行为中，就是"礼义"。讲"礼义"，就是讲"秩序"，也就是"君君、臣臣、父父、子子"，使不同等级的人各就其位、各守本分，以此消除纷争，天下太平。所以，讲儒学，总是要讲"仁义道德"，总是要讲"修身、齐家、治国、平天下"（详见本书所选梁启超《儒家思想》一文）。

那么，儒学作为一门"道德—政治学"，为什么自秦汉以来一直为历朝历代所沿用？这里大概有两个原因：一是儒学强调"强公室，杜私门"，有利于集权，而中国历代政治都以集权为主要目标；二是儒学实质上是宗法社会的理性化产物，而中国始终没有脱离宗法社会。所以，两千多年来，儒学一直是一种官方学说（详见本书所选傅斯年《论儒家学说所以适应于秦汉以来的社会的缘故》一文）。

那么，两千多年来，儒学是一成不变的吗？当然不是。实际上，儒学一直在随时代之变而变。按钱穆的说法，从先秦到明清，儒学大致可分为六个时期，是不断演变发展的。这六个时期是：（一）先秦，儒学的"创始期"；（二）两汉，儒学的"奠定期"；（三）魏晋、南北朝，儒学的"扩大期"；（四）唐代，儒学的"转进期"；（五）宋、元、明，儒学的"综汇期与别出期前期"；（六）清代，儒学的"综汇期与别出期后期"。可以说，儒学在相传、变化和演进过程中形成的传统，很大程度上就是中国文化在相传、变化和演进过程中所形成的传统（详见本书所选钱穆《中国儒学与文化传统》一文）。

然而，到了 20 世纪初，中国传统文化遭遇了前所未有的危机。原因是西方文化的"入侵"。在与西方文化几经较量（这种较量甚至直接表现为军事冲突）后，中国传统文化最终失败了。面对这一事实，中国不得不迅速求变，迅速建立新文化，以适应世界——或者，毋宁说，适应强势的西方文化。基于此，代表中国传统文化正统的儒家学说，首当其冲，受到诸多学者的猛烈批判。其中最激烈的，莫过于鲁迅。无论是儒家的"中庸之道"，还是"忠孝礼义"，均受无情鞭答（详见本书所选鲁迅《由中国女人的脚，推定中国人之非中庸，又由此推定孔夫子有胃病》一文）。两千多年来一直被尊为"圣人"的孔夫子，则被视为历代权势者的"敲门砖"，一个由历代权势者捧出来的偶像而已（详见本书所选鲁迅《在现代中国的孔夫子》一文）。

确实，不批判旧文化，不批判儒家学说，新文化无以建立。然而，建立新文化不是换一双新鞋，只要扔掉旧的、穿上新的就行。旧有的传统文化渗透在方方面面，你只能把它一步步更新，而不可能把它一下子扔掉。换句话说，文化只能"旧翻新"，不可能"旧换新"。既然是"旧翻新"，过程一定很漫长。而这，就是我们今天仍有必要关注传统文化、关注儒家学说的原因所在，因为即使到了今天，传统文化的影响、儒家学说的影响，仍随处可见。

如何看待这些影响，是当代人的课题。本书的选编，就旨在为当代人提供重要参考。因为本书所选篇目，均出自近现代国学大师之手，而且有十位之多，很能代表近现代中国学界对儒学的认知与反思，可供读者了解和探讨。

刘文荣

2018 年 8 月于上海

目录

梁启超简介

梁启超（1873—1929），字卓如，一字任甫，号任公、饮冰子，别署饮冰室主人，广东新会人，近代政治家、国学大师。幼年时从师学习，十七岁中举，后师从康有为。戊戌变法前，与康有为一起联合各省举人发起"公车上书"运动。戊戌变法（1898）失败后，与康有为一起流亡日本。1912年（已成立民国），返回北京，在民国政府中任职。后辞去职务，自建党派和团体继续从事政治活动，至五十六岁时突然罹病去世。其学术研究和著述大多与其政治活动相关，即致力于"新政"与"新学"（即现代新政治与新文化）之建立，因而堪称"新文化运动"先驱。基于其有如此宏愿，其研究范围亦极广，古今中外，哲学、文学、史学、经学、法学、伦理学、宗教学，无不关注，且均有建树；尤其于国学方面，堪称"新国学"开创者。其著述之丰，也属罕见，在其二十岁后的三十六年生涯中，平均每年有近四十万字著述，总数达一千四百多万字。其文集《饮冰室合集》在其生前就陆续出版，直至其去世后的1936年，共出版一百四十册。1999年，北京出版社出版《梁启超全集》二十一卷。

儒家思想①

梁启超

一

儒家言道言政，皆植本于"仁"。不先将"仁"字意义说明，则儒家思想未由理解也。仁者何？以最粗浅之今语释之，则

---

① 本文系《先秦政治思想史》（1922，载《梁启超全集》第十二卷）"本论"第三、第四、第五、第六、第七章，题目为原书所有。顾名思义，本文论述的是儒家的政治思想。这是我国最早对照西方政治理论就儒家政治思想所作的全面论述（注：虽然文中只有几处直接提到西方政治理论，但作者的视野显然已超越前辈论者，其立意也显然高于前辈论者）。本文的要点是：（一）儒家的政治思想属"人治主义"，即主张以人治人（注：这不同于道家，也不同于法家；道家主张"无为"，即不治为治；法家主张"法治"，即以法治人）。（二）儒家"人治主义"的核心是"仁"。"仁"即"人"，因而儒家主张"天下为公，选贤与能"，即：应有贤人、能人当政。（三）儒家所说的"贤能政府"，其最高代表就是"贤明之君"，此"贤明之君"即儒家所谓"仁政"的集中体现。（四）儒家所谓"仁政"，具体表现为"礼"与"义"，即推行"礼"、崇尚"义"。（五）儒家所谓"礼义"，就是"有序"，也就是"君君、臣臣、父父、子子"，使人各就其位、各守本分，以此消除纷争，从而"治国、平天下"。（六）儒家因推崇"礼义"，故而强调教化、强调道德、强调修养、强调民智、强调诚信，以此保证"礼义"的有效推行。（七）儒家的"礼""义"分流：荀子偏重"礼"，孟子偏重"义"。荀子持"性恶论"（人性本恶）——因此，必以"礼"约束之（注：此论再往前一步，即成法家。实际也是如此：韩非师从荀子，后为法家代表）；而孟子则持"性善论"（人性本善）——因此，必以"义"激发之（注：此论后为儒家正统，故曰"孔孟之道"）。

同情心而已。

　　樊迟①问仁。子曰：爱人。（《论语》）

　　谓对于人类有同情心也。然人易为而有同情心耶？同情心易为独厚于人类耶？孔子曰：

　　仁者，人也。（《中庸》）

　　此言"仁"之概念与"人"之概念相函。再以今语释之，则仁者，人格之表征也。故欲知"仁"之为何，当先知"人"之为何。"人"何以名，吾侪②因知有我故比知有人，我圆颅而方趾、横目而睿心，因此凡见有颅、趾、目、心同于我者，知其与我同类。凡属此一类者，锡予③以一"大共名"谓之"人"。人也者，通彼我而始得名者也。彼我通，斯④为仁，故"仁"之字，从二人。郑玄⑤曰：

　　仁，相人偶也。（《礼记》注）

────────

　　① 樊迟，孔子弟子。
　　② 吾侪［chái］：我辈、我们。
　　③ 锡予：亦作"锡与"，赐予、给予。《诗·小雅·采菽》："君子来朝，何锡予之。"
　　④ 斯：此。
　　⑤ 郑玄，东汉末年经学家，遍注儒家经典。

非人与人相偶，则"人"之概念不能成立。申言之，若世界上只有一个人，则所谓"人格"者决无从看出。人格者，以二人以上相互间之"同类意识"而始表现者也。既尔①，则亦必二人以上交相依赖，然后人格始能完成。

智的方面所表现者，为同类意识。情的方面所表现者，为同情心。荀子所谓"有知之属，莫不知爱其类也"。爱类观念，以消极的形式发动者，则谓之恕，以积极的形式发动者，则谓之仁。子贡问一言可以终身行，孔子曰：

　　其恕乎。己所不欲，勿施于人。

于文②，如心为恕，推己度人之谓也。惟有同类意识，故可以相推度。吾所不欲者以施诸犬马，或适为彼所大欲焉，未可知也。我既为人，彼亦为人，我感受此而觉苦痛，则知彼感受焉而苦痛必同于我，如③吾心以度彼，而"勿施"焉，即同情心之消极的发动也，故孟子曰：

　　强恕而行，求仁莫近焉。

消极的恕，近仁而已。积极的仁，则更有进。孔子曰：

---

① 既尔：就是这样。
② 于文：于文字上说。
③ 如：从。

夫①仁者，己欲立而立人，己欲达而达人。能近取譬，可谓仁之方②也已。

譬者，比也。以"有我"比知"有彼"，以"我所欲"比知"彼所欲"，是谓"能近取譬"。近取譬，即"如心"之恕也。然恕与仁复③异名④者，恕主于推其所不欲，仁主于推其所欲。我现在所欲立之地位，必与我之同类相倚而并立，我将来所欲到达之地位，必与我之同类骈进而共达。何也？人类生活方式皆以联带关系（即相人偶）行之。非人人共立此地位，则我决无从独立；非人人共达此地位，则我决无从独达。立人、达人者，非立达别人之谓，乃立达人类之谓。彼我合组成人类，故立达彼即立达人类，立达人类即立达我也。用"近譬"的方法体验此理，彻底明了，是谓"仁之方"。手足麻痹，称为"不仁"⑤，为其同在一体之中而彼我痛痒不相省⑥也。二人以上相偶，始能形成人格之统一体，同在此统一体之中而彼我痛痒不相省，斯谓之不仁。反之，斯谓仁。是故⑦仁不仁之概念，可得而言也。曰不仁者，同类意识麻木而已矣；仁者，同类意识觉醒而已矣。

儒家曷为⑧对于"仁"之一字如此其重视耶？儒家一切学

---

① 夫：文言发声词，无义。
② 方：方法。
③ 复：又。
④ 异名：不同名称。
⑤ 麻木不仁之"不仁"，即"无知觉"。
⑥ 省［xǐng］：知。
⑦ 是故：所以。
⑧ 曷［hé］为：何为。

问，专以"研究人之所以为人者"为其范围，故孟子曰：

> 仁也者，人也。合而言之，道也。

荀子曰：

> 道，仁之隆①也。……非天之道，非地之道，人之所以道也②。(《儒效》)

吾侪若离却人之立脚点以高谈宇宙原理、物质公例，则何所不可？顾③儒家所确信者，以为"人能弘④道，非道弘人"。故天之道、地之道等等，悉以置诸第二位，而惟以"人之所以道"为第一位。质言之，则儒家舍人生哲学外无学问，舍人格主义外无人生哲学也。

吾为政治思想史⑤，曷为先缕缕数千言论人生哲学耶？则以⑥政治为人生之一部门，而儒家政论之全部，皆以其人生哲学为出发点。不明乎彼，则此不得而索解也。今当入本题矣，孔子下"政"字之定义，与其所下"仁"字定义同一形式，曰："政者，正也。"然则如何始谓之"正"，且何由以得其"正"耶？

---

① 隆：发扬。
② 即人之道或人道。
③ 顾：(文言连词) 但、但是。
④ 弘：弘扬。
⑤ 吾为政治思想史：我讲政治思想史 (本文选自《先秦政治思想史》)。
⑥ 则以：因为

彼有"平天下，絜矩之道"在。所谓：

> 所恶于上，毋以使下；所恶于下，毋以事上。所恶于
> 前，毋以先后；所恶于后，毋以从前。所恶于右，毋以交于
> 左；所恶于左，毋以交于右。此之谓絜矩①之道。(《大学》)

儒家政治对象在"天下"。然其于天下，不言"治"而言
"平"，又曰："天下国家可均。"平也，均也，皆正之结果也。
何以正之？道在絜矩。矩者，以我为标准；絜者，以我量彼。荀
子曰：

> 圣人者，以己度者也，故以人度人，以情度情，以类度
> 类。(《非相》)

故絜矩者，即所谓"能近取譬"也，即所谓同类意识之表
现也。吾侪读此章，有当注意者两点：第一，所谓絜矩者，纯以
平等对待的关系而始成立，故政治决无片面的权利、义务。第
二，所谓絜矩者，须人人共絜此矩，各絜此矩，故政治乃天下人
之政治，非一人之政治。

此文②絜矩之道，专就消极的"恕"而言，即荀子所谓"除
怨而无妨害人"也。欲社会能为健全的结合，最少非相互间各承

---

① 絜［xié］矩：遵守规矩。郑玄注："絜，犹结也，挈也；矩，法也。君子
有挈法之道，谓当执而行之，动作不失之。"
② 此文：即前所引《大学》。

认此"矩"之神圣焉不可。然"矩"之作用，不以此为止，更须进而为积极的发动，然后谓之"仁"。孟子曰：

> 仁者以其所爱及①其所不爱。

又曰：

> 人皆有所不忍，达之于②其所忍，仁也。

人类莫不有同类意识，然此"意识圈"以合身为中心点，随其环距之近远以为强弱浓淡。故爱类观念，必先发生于其所最亲习③。吾家族，则爱之；非吾家族，则不爱。同国之人，则忍；异国人，则不忍焉。由"所爱"以"及其所不爱"，由"所不忍"以"达之于其所忍"，是谓同类意识之扩大。孟子曰：

> 古之人所以大过人④者，无他焉，善推其所为而已矣。

推者何？扩大之谓也。然则所以推之道，奈何？彼之言曰：

> 老吾老，以及人之老；幼吾幼，以及人之幼，天下可运

---

① 及：（动词）顾及。
② 达之于：做到。
③ 亲习：亲人、熟人。
④ 大过人：胜过（今）人。

诸掌①。《诗》云："刑于寡妻，至于兄弟，以御于家邦。"②
言举斯心加诸彼③而已。

　　"举斯心加诸彼"，即"能近取譬""老吾老，以及人之
老……"，即欲立立人、欲达达人。循此途径，使同类意识圈日扩
日大，此则所谓"仁之方"也。

　　明乎此义，则知儒家之政治思想，与今世欧美最流行之数种
思想，乃全异其出发点。彼辈④奖厉人情之析类⑤而相嫉，吾侪
利导人性之合类而相亲。彼辈所谓国家主义⑥者，以极褊狭的爱
国心为神圣，异国则视为异类，虽竭吾力⑦以蹙之⑧于死亡，无
所谓"不忍"者存，结果则糜烂⑨其民而战⑩，以为光荣，正孟
子所谓"不仁者以其所不爱及其所爱"也。彼中所谓资本阶级⑪
者，以不能絜矩，故恒以己所不欲者施诸劳工，其罪诚无可恕，
然左袒⑫劳工之人，如马克思主义者流，则亦日日鼓吹以己所不

───────────

①　运诸掌：运行于手掌（即可掌控）。
②　引自《诗经·大雅·思齐》，大意是："先给妻子做榜样，再给兄弟好影响，凭这治家和安邦。"（刑，同"型"；寡妻，嫡妻）
③　举斯心加诸彼：用此心加之于他人。
④　彼辈：他们（指今世欧美）。
⑤　析类：分类。
⑥　国家主义（Statism，or Nationalism），亦即国家至上主义，认为国家的正义性毋庸置疑，并以国家利益为神圣本位，倡导所有国民在国家至上的信念导引下，抑制和放弃私我，共同服务于国家。
⑦　吾力：己力。
⑧　蹙之：逼其。
⑨　糜烂：败坏。
⑩　指 1914 年至 1918 年发生在欧洲的第一次世界大战。
⑪　资本阶级：Capitalist，通译"资产阶级"。
⑫　左袒：袒护。

欲还施诸彼而已。《诗经》曰："人之无良，相怨一方。"① 以此为教，而谓可以改革社会使之向上，吾未之闻。孟子曰：

> 离②则不祥莫大焉。(《离娄上》)

荀子曰：

> 彼将厉厉③焉，日日相离嫉也；我今将顿顿④焉，日日相亲爱也。(《王制》)

以吾侪诵法⑤孔子之中国人观之，所谓社会道德者，最少亦当以不相离嫉为原则。同类意识，只有日求扩大，而断不容奖励此意识之隔断及缩小以为吉祥善事。是故所谓"国民意识""阶级意识"者，在吾侪脑中殊不明了，或竟可谓始终未尝存在。然必以此点为吾侪不如人处，则吾之不敏，殊未敢承⑥。

且置此事，复归本文。儒家之理想的政治，则欲人人将其同类意识扩充到极量，以完成所谓"仁"的世界。此世界名之曰"大同"。大同政治之内容，则如《礼记·礼运篇》所说：

---

① 引自《诗经·小雅·角弓》，大意是："不良之人，相互怨恨。"
② 离：(人心)涣散。
③ 厉厉：憎恨貌。
④ 顿顿：敦厚貌。
⑤ 诵法：诵读和仿效。
⑥ 吾之不敏，殊未敢承：旧时不赞成他人意见的套语，意为"我这人很笨，一时还接受不了"。

大道之行也，天下为公，选贤与能①，讲信修睦②。故人不独亲其亲，不独子其子，使老有所终，壮有所用，幼有所长，鳏寡、孤独、废疾者，皆有所养。男有分③，女有归④；货恶其⑤弃于地也，不必藏诸⑥己；力恶其不出于身也，不必为己。是故⑦谋闭⑧而不兴，盗窃乱贼而不作，故外户而不闭。是⑨谓大同。

此章所包含意义当分三段解剖之：

一、"天下为公，选贤与能，讲信修睦"，此就纯政治的组织言。所言"天下"与下文之"城郭沟池以为固"相对，盖主张"超国家"的组织，以全世界为政治对象。所言"为公"及"选贤与能"，与下文之"大人世及以为礼"相对，盖不承认任何阶级之世袭政权，主张政府当由人民选举。所言讲信修睦，指地域团体（近于今世所谓"国际的"而性质不同），相互间关系，主张以同情心为结合基本。

二、"故人不独亲其亲……女有归"，此就一般社会组织言。主张以家族为基础，而参以"超家族"的精神。除老、壮、幼、

---

① 选贤与［jǔ］能：选出贤人，推举能人（与：通"举"）。
② 讲信修睦：讲求诚信，营造和睦。
③ 分［fèn］：职分。
④ 归：归宿（指出嫁）。
⑤ 恶［wù］其：不愿让其。
⑥ 诸：之于。
⑦ 是故：所以。
⑧ 谋闭：奸邪之谋。
⑨ 是：此。

男、女、废、疾……等生理差别外，认人类一切平等。在此生理差别上，充分利用之以行互助，其主要在"壮有所用"一语，老幼皆受社会公养，社会所以能举此者，则由壮者当以三四十年服务于社会也。《大戴记》云："六十以上，上所养也。十五以下，上所长①也。""上"即国家或社会之代词。

三、"货恶其弃于地也，不必藏诸己；力恶其不出于身也，不必为己"，此专就社会组织中关于经济条件者而言。货恶弃地，则凡可以增加生产者皆所奖励，然不必藏诸己，则资本私有甚非所重，不惟不肯掠取剩余价值而已。力恶不出，故常认劳作为神圣，然不必为己，不以物质享乐目的渎此神圣也。此其义蕴，与今世社会主义家艳称之"各尽所能，各取所需"两格言正相函，但其背影中别有一种极温柔敦厚之人生观在，有一种"无所谓而为"的精神在，与所谓"唯物史论"者流乃适得其反也。

儒家悬此以为政治最高理想之鹄②，明知其不能骤几也，而务向此鹄以进行。

故孔子自言曰：

丘③未之逮④也，而有志焉。（《礼运》此文之冠语）

进行之道奈何？亦曰以同类意识为之枢⑤而已。故曰：

---

① 长［zhǎng］：（动词）使成长。
② 鹄［gǔ］：原义为射箭的靶子，引申为目标。
③ 丘：孔子名丘，自称。
④ 逮：得到。
⑤ 枢：枢纽（原义为门上的转轴，引申为关键）。

圣人耐（即能字）以天下为一家，中国为一人，非意之也（意即臆字，言非臆度之谈）。必知其情，辟（即譬字）于义，明于其利，达于其患，然后能为之。（《礼运》末段文）

不仁之极，则感觉麻木，而四肢痛痒互不相知；仁之极，则感觉锐敏，而全人类情义利患之于我躬[1]，若电之相震也。信乎，"以天下为一家，中国为一人，非意之也"。

二

大同者，宇宙间一大人格完全实现时之圆满相也。然宇宙固永无圆满之时，圆满则不复成为宇宙。儒家深信此理，故《易》卦六十四[2]，始"乾"[3] 而以"未济"终[4]焉。然则在此不圆满之宇宙中，吾人所当进行者何事耶？曰：吾人常以吾心力所能逮[5]者向上一步，使吾侪所向往之人格实现宇宙圆满的理想稍进一著、稍增一分而已。其道奈何？曰：吾侪固以同类意识扩大到极量为职志，然多数人此意识方在麻木状态中，遑[6]言扩大。故未谈扩大以前，当先求同类意识之觉醒，觉醒之第一步，则就其

---

① 躬［gōng］.身（如鞠躬。鞠，曲；躬，身）。
② 《易经》中的八经卦，两两重复排列为六十四卦。卦名是：乾。
③ 《易经》六十四卦中第一卦为"乾"（即"天"）。
④ 《易经》六十四卦中最后一卦为"未济"（即以未能渡过河为喻，明"物不可穷"之理）。
⑤ 逮：得到、达到。
⑥ 遑［huáng］：空。

最逼近最简单之"相人偶①"以启发之。与父偶，则为子；与子偶，则为父；与夫偶，则为妇；与妇偶，则为夫……先从此等处看出人格相互关系，然后有扩充之可言。此则伦理之所由立也。《论语》记：

> 齐景公问政于孔子，孔子对曰："君君，臣臣，父父，子子。"公曰："善哉，信②如君不君，臣不臣，父不父，子不子，虽有粟，吾得而食诸③？"

《大学》称"止于至善④"。其条理则：

> 为人君，止于仁；为人臣，止于敬；为人子，止于孝；为人父，止于慈；与国人交，止于信。

《中庸》述孔子言亦云：

> 求乎子，以事父；所求乎臣，以事君；所求乎弟，以事兄；所求乎朋友，先施之⑤。

此即絜矩之道应用于最切实者。凡人非为人君即为人臣，非

---

① 相人偶：人相偶（相对）。
② 信：我相信。
③ 虽有粟，吾得而食诸：虽有粮食，我能吃到吗？（意为没人会理他）
④ 止于至善：以至善为终点（为目的）。
⑤ 所求乎朋友，先施之：要求朋友怎样（对你），你先怎样（对他）。

为人父即为人子，而且为人君者同时亦为人臣或尝为人臣，为人父者同时亦为人子或尝为人子，此外更有不在君臣、父子等关系范围中者，则所谓"朋友"，所谓"与国人交"。君如何始得为君？以其履行对臣的道德责任，故谓之君，反是则君不君。臣如何始得为臣？以其履行对君的道德责任故谓之臣，反是则臣不臣。父子、兄弟、夫妇、朋友莫不皆然，若是者，谓之五伦①。后世动谓②儒家言"三纲③五伦"，非也。儒家只有五伦，并无三纲。五伦全成立于相互对等关系之上，实即"相人偶"的五种方式。故《礼运》从五之偶言之，亦谓之"十义"（父慈、子孝、兄良、弟悌、夫义、妇听、长惠、幼顺、君仁、臣忠）。人格先从直接交涉者体验起，同情心先从最亲近者发动起，是之谓"伦理"。

君字不能专作王侯解。凡社会组织，总不能无长属关系。长即"君"，属即"臣"。例如学校，师长即"君"，生徒④即"臣"。工厂经理即"君"，厂员⑤即"臣"。师长对生徒，经理对厂员，宜⑥止于仁。生徒对师长所授学业，厂员对经理所派职守，宜止于敬。不特此也，凡社会皆以一人兼"君""臣"二役，师长对生徒为"君"，对学校为"臣"，乃至天子对天下为"君"，对天为"臣"。儒家所谓"君臣"，应作如是解。

凡伦理必有差等，"于所厚者薄，无所不薄也"⑦（《孟子》），

---

① 五伦：五种人伦关系，即君臣、父子、兄弟、夫妇、朋友。
② 动谓：动不动就说。
③ 三纲：君为臣纲、父为子纲、夫为妻纲。
④ 生徒：学生。
⑤ 厂员：雇员。
⑥ 宜：应该。
⑦ 于所厚者薄，无所不薄也：对应厚待者薄待，没什么比这不薄了。

故先务①厚其所不得不厚者焉。于是乎有所谓"亲亲之杀，尊贤之等"②（《中庸》），即吾前文所谓意识圈以吾身为中心点，随其环距之近远以为强弱、浓淡也。此环距之差别相，实即所以表现同类意识觉醒之次第及其程度。墨家不承认之③，儒家则承认之，且利用之。此两宗之最大异点也。

儒家欲使各人将最切近之同类意识由麻木而觉醒，有一方法焉，曰"正名"。此方法即以④应用于政治。《论语》记：

> 子路曰："君待子而为政⑤，子将奚⑥先?"子曰："必也，正名乎。"子路曰："是哉⑦! 子之迂也。奚其正?"子曰："野哉，由也⑧。君子于其所不知，盖阙如也⑨。名不正则言不顺，言不顺则事不成，事不成则礼乐不兴，礼乐不兴则刑罚不中⑩，刑罚不中则民无所措手足。故君子，名之必

---

① 务：务须、务必。
② 全句为："人者仁也，亲亲为大；义者宜也，尊贤为大；亲亲之杀，尊贤之等，礼所生也。"其中的"杀"，同"煞"，亲亲有"煞"，即有程度差别（亲疏之差）；同样，尊贤之"等"，也是程度差别（高低之差），有差别，就有了"礼"（礼所生也），因为"礼"就是对程度的规定。
③ 墨家提倡"兼爱"，认为爱没有也不应该有程度差别，要么爱，要么不爱。
④ 即以：随即。
⑤ 君待子而为政：国君若希望你去主政。
⑥ 奚：何。
⑦ 是哉：这样啊（是：此）。
⑧ 野哉，由也：放肆啊，你这个仲由（子路姓仲名由，"子路"是其字。说他"野哉"，是他竟敢说老师"迂"）。
⑨ 盖阙［quē］如也：盖同"概"，大凡是；阙如，原义为空缺，转义为不言。此句仍是责备子路，意为"是君子的话，对自己不知道的事情，就不要多嘴"。接着他就对子路解释了为什么要"正名"。
⑩ 中：中用。

可言也，言之必可行也。君子于其言，无所苟①而已矣。"

　　吾侪幼读此章，亦与子路同一感想，觉孔子之迂实甚。继读后儒之解释，而始知其深意之所存。董仲舒②《春秋繁露》云：

　　　　名者，大理之首章③也。录其首章之意以窥其中之事，则是非可知，逆顺④自著……（《深察名号篇》）

　　又云：

　　　　名生于真，非其真，弗以为名。名者，圣人之所以真物⑤也，故凡百讥有黮黮者⑥，各反其真，则黮黮者还昭昭⑦耳。欲审⑧曲直，莫如引绳；欲审是非，莫如引名。名之审于是非也，犹绳之审于曲直也。诘其名实⑨，观其离合⑩，则是非之情，不可以相谰⑪已。（同上）

---

①　无所苟：不马虎（苟：苟且）。
②　董仲舒，西汉大儒，主张"废黜百家，独尊儒术"。
③　大理之首章：天理之首要。
④　逆顺：错与对。
⑤　真物：（"真"作动词）真实表达事物。
⑥　凡百讥有黮［dàn］黮者：大凡被人说来说去说不清的事情（黮黮：昏暗状）。
⑦　还［huán］：还回。昭昭：明亮状。
⑧　审：审察、辨清。
⑨　诘［jié］其名实：诘，诘究、追问；名实，名与实（是否相符）。
⑩　离合：（名与实）相离还是相合。
⑪　相谰［lán］：相互诋谰（谰：抵赖、诬陷）。

荀子云：

王者①之制名②，名定而实辨③，道行而志通，则慎率民而一④焉。……今圣王没⑤，名守慢⑥，奇辞起，书实⑦乱，是非之形不明，则虽守法之吏、诵数⑧之儒，亦皆乱也。……异形离心交喻⑨，异物名实互纽⑩，贵贱不明，同异不别。如是，则志⑪必有不喻⑫之患，而事必有困废之祸……（《正名篇》）

君君、臣臣、父父、子子，则名实相应，斯可贵。君不君、臣不臣……则名不副实，斯可贱。此文"明贵贱"当作如是解，非指地位之尊卑言。

荀、董书中此两篇，皆《论语·正名章》注脚。欲知儒家对于"正名"之义曷为如此其重视，当先略言名与实之关系。实者，事物之自性相也；名者，人之所命也。每一事物抽出其属性而命以一名，睹其名而其"实"之全属性具摄⑬焉。所谓"录

---

① 王者：指远古为物取名之人。下文"圣王"与此同。
② 制名：确定名称。
③ 实辨：事实辨明。
④ 慎率民而一：（"慎"作动词）使轻率之人慎重而从一。
⑤ 没［mò］：消失、不复存在（如淹没）。
⑥ 名守慢：对名的遵守不严（慢：轻慢）。
⑦ 书实：书（写的）和实（事实上的）。
⑧ 诵数：反复诵读（经书）。
⑨ 交喻：互为辩解。
⑩ 互纽：相互缠绕。
⑪ 志：志向。
⑫ 不喻：不言而喻。
⑬ 摄：取、获得。

其首章之意以窥其中之事"也。由是循名以责①实，则有同异、离合、是非、顺逆、贵贱之可言。第一步，名与实相应，谓之同，谓之合；不相应，谓之异，谓之离。第二步，同焉合焉者，谓之是，谓之顺；异焉离焉者，谓之非，谓之逆。第三步，是焉顺焉者，则可贵；非焉逆焉者，则可贱。持此以裁量天下事理，则犹引绳以审曲直也。此正名之指也。《繁露·深察名号篇》举命名之一例云：

> 合五科以一言，谓之君。君者，元也；君者，原也；君者，权也；君者，温也；君者，群也。

此言君之一名，含有此五种属性，必具此五乃副②君名，缺一则君不君矣。

正名何故可以为政治之本耶？其作用在使人"顾名思义"，则麻木之念识③可以觉醒焉。即如子路所假设"待子为政"之卫君，其人即拒父④之出公辄⑤也。其父蒯聩，名为人父，实则父不父；辄名为人子，实则子不子。持名以衡其是非、贵贱，则俱非也，俱贱也。使各能⑥因其名以自警觉，则父子相人偶之意识

---

① 责：求。
② 副：符合。
③ 念识：意识。
④ 拒父：抗拒父命。
⑤ 出公辄：父尚在，太子擅自继位，称为"出公"。卫国太子姬辄，其父蒯聩尚在，就擅自继位，因而称为"出公辄"。
⑥ 各能：各相关之人。

可以回复矣。又如今中华民国一号，称共和。"共和"一名所含属性何如？未或能正也。从而正之，使人人能"录其首章之意以窥其中之事"，以力求实际之足以副此名者，则可以使共和之名"如其真"矣。此正名之用也。

孔子正名之业，在作《春秋》。庄子曰：

《春秋》以道名分。（《天下篇》）

董子①曰：

《春秋》辨物之理以正其名，名物如其真，不失秋毫之末。（《春秋繁露·深察名号篇》）

司马迁曰：

《春秋》文成数万②，其指数千③，万物聚散，皆在《春秋》。（《太史公自序》）

盖孔子手著之书，惟有一种，其书实专言政治，即《春秋》也。故孟子曰：

---

① 董子，即董仲舒。
② 文成数万：文有数万字。
③ 其指数千：其说到的事情有数千。

《春秋》，天子之事也。

其书义例繁赜①，非本文所能具详。举要言之，则儒家伦理之结晶体。从正名所得的条理，将举而措之，以易②天下者也。故《春秋》有不世③之义，始据乱、次升平、终太平④。谓以此为教，则人类意识渐次觉醒，可以循政治上所悬理想之鹄而日以向上也。

"仁"之适用于各人之名分者，谓之义，"义者，宜⑤也"（《中庸》）。其析为条理者，谓之礼，"礼者，所以履⑥也"（《礼器》）。孔子言政，以义礼为仁之辅，而孟子特好言义，荀子尤善言礼。

<h1 style="text-align:center">三</h1>

儒家此种政治，自然是希望有圣君、贤相在上，方能实行。故吾侪可以名之曰"人治主义"。人治主义之理论，何由成立耶？儒家以为，圣贤在上位，可以移易⑦天下，所谓：

---

① 繁赜［zé］：复杂深奥。
② 易：方便。
③ 不世：非凡。
④ 始据乱、次升平、终太平：即《春秋》所述"三世"——据乱世、升平世、太平世。此三世说，即孔子的历史循环论：从据乱世到升平世（即趋向太平之时），到太平世，为一循环。继而，太平世会被打乱，又成据乱世。于是又到升平世，又到太平世，又一循环……以至无限。
⑤ 宜：适宜、恰当。
⑥ 所以履：给人以履行、遵守。
⑦ 移易：改变。

君子……修己以敬，……修己以安人，……修己以安百姓。（《论语》）

君子笃恭而天下平。（《中庸》）

君子之守，修其身而天下平。（《孟子》）

问其何以能如此？则曰：在上者以心力为表率，自然能如此。故曰：

政者，正也。子帅①以正，孰②敢不正？（《论语》）

子欲善，而民善矣。君子之德，风也；小人之德，草也；草上之风，必偃③。（同上）

上④好礼，则民莫敢不敬；上好义，则民莫敢不服；上好信，则民莫敢不用情。（同上）

上老老⑤，而民兴孝；上长长⑥，而民兴弟⑦；上恤孤，而民不悖⑧。（《大学》）

此类语句，见于儒家书中者，不可枚举。既已如此，则政治命脉殆⑨专系君主一人之身。故曰：

———————

① 帅：同"率"。
② 孰：谁。
③ 偃：（动词）使低垂。
④ 上：在上之人（指国君）。
⑤ 老老：前一个老是动词，意为尊老。
⑥ 长［zhǎng］长：前一个长是动词，意为尊长。
⑦ 弟：亦作悌，尊敬兄长。
⑧ 悖：悖情（不讲人情）。
⑨ 殆：也就。

君仁莫不仁，君义莫不义，君正莫不正，一正君而国定矣。（《孟子》）

惟其如此，则所谓善政者必"待其人①，然后行"（《中庸》）。惟其如此，故：

惟仁者宜在高位。不仁者而在高位，是播其恶于众也。（《孟子》）

虽然②，仁者不出世，而不仁者接踵皆是。如何能使在高位者必皆仁者耶？儒家对此问题，遂不能作圆满解答。故其结论落到——

其人存，则其政举；其人亡，则其政息。（《中庸》）

儒家之人治主义，所以被法家者流抨击而几至于鏖灭③者，即在此点。

吾侪今所欲讨论者，儒家之人治主义，果如此其脆薄而易破耶？果真如世俗所谓"贤人政治"者，专以一圣君、贤相之存没为兴替耶？以吾观之，盖大不然。吾侪既不满于此种贤人政治，宜思所以易之④。易之之术，不出二途：其一，以"物治"

---

① 其人：指仁者。
② 虽然："虽如此，然则……"的简略，表转折。
③ 鏖 [áo] 灭：消灭。
④ 宜思所以易之：应该想一想拿什么来替代它（易：换）。

易"人治"，如法家所主张，使人民常为机械的①受治者。其二，以"多数人治"易"少数人治"，如近世所谓"德谟克拉西"②以民众为政治之骨干。此二途者，不待辨而知其应采第二途矣。而儒家政治论精神之全部，正向此途以进行者也。

> 民日迁善而不知为之者。③（《孟子》）

此种感召力，又不徒上下之交而已，一般人相互关系，莫不有然。故曰

> 一家仁，一国兴仁；一家让，一国兴让；一人贪暴，一国作乱，其机④如此。（《大学》）

一人一家之在一国，如一血轮之在一体也。或良或窳⑤，其影响皆立遍于全部。所谓"正己而物正"者，非独居上位之人为然也，凡人皆当有事⑥焉。故《大学》言修身、齐家、治国、平天下之事，而云"自天子以至于庶人，一是皆以修身为本"。

---

① 机械的：强制的。
② 德谟克拉西：英文 Democracy（民主）的音译。
③ 全句为"霸者之民，欢虞如也；王者之民，皞〔hào〕皞如也。杀之而不怨，利之而不庸（古同'佣'），民日迁善而不知为之者"，意为"霸道君主的民众，昏头昏脑；王道君主的民众，事理明了。就是杀了他，他也不怨（心服口服），就是给他好处，他也不盲从（自有主张），民风日益向善，不知这是怎么形成的"。
④ 机：机制。
⑤ 窳〔yǔ〕：劣。
⑥ 有事：有关。

由此言之，修其身以平天下，非只天子也，庶人亦然。故：

> 或谓孔子曰："子奚不为政？"子曰："《书》① 云：'孝
> 乎。惟孝友于兄弟，施于有政。是亦为政，奚其为为
> 政？② '"（《论语》）

由孔子之言，则亦可谓全国人无论在朝在野，皆"为政"
之人。吾人之行动无论为公为私，皆政治的行动也。此其义虽若
太玄渺而无畔岸③，虽然，吾侪苟深察"普遍人格"中各个体之
相互的关系，当知其言之不可易④。呜呼，此真未易⑤为"机械
人生观者流"道也。

明乎此义，则知儒家所谓人治主义者，绝非仅恃⑥一二圣贤
在位以为治，而实欲将政治植基于"全民"之上。荀子所谓
"有治人，无治法"⑦，其义并不谬，实即孔子"人能弘道，非道
弘人"之旨耳，如曰法不待人⑧而可以为治也，则今欧美诸法之
见采于中华民国者多矣，今之政，曷为而日乱耶？

要而论之，儒家之言政治，其唯一目的与唯一手段，不外将
国民人格提高。以目的言，则政治即道德，道德即政治。以手段

---

① 《书》：《书经》，即《尚书》。
② 《书经》此句大意是："孝呀。只有孝顺父母、友爱兄弟，并把这种风气
影响到政治上去。这也就是从事政治呀，为什么一定要做官才算从事政治呢？"
③ 畔岸：边际。
④ 不可易：不可改动（即完全正确）。
⑤ 未易：不易。
⑥ 恃：依仗。
⑦ 有治人，无治法：只有人治，没有法治（因为法也是人制定的）。
⑧ 不待人：不考虑人。

言，则政治即教育，教育即政治。道德之归宿，在以同情心组成社会；教育之次第①，则就各人同情心之最切近、最易发动者而浚启②之。

孩提之童，无不知爱其亲，及其长也，无不知敬其兄。（《孟子》）

人苟非③甚不仁，则未有于其所最宜同情之人（父母兄弟）而不致其情者。既有此同情，即可借之为扩充之出发点。故曰：

君子笃于亲，则民兴于仁。故旧不遗④，则民不偷⑤。（《论语》）

又曰：

慎终追远⑥，民德归厚矣。（《论语》）

全社会分子，人人皆厚而不偷，以共趋向于仁，则天下国家之治平，举而措之而已矣。何以能如是？则：

---

① 次第：程序。
② 浚启：疏导和启发。
③ 苟非：除非。
④ 故旧不遗：（君子）不放弃故旧之礼。
⑤ 偷：苟且（随随便便）。
⑥ 慎终：慎重确定目标。追远：长远考虑将来。

施由亲始①。(《孟子》)

杀人之父者，人亦杀其父；杀人之兄者，人亦杀其兄。(《孟子》)

故：

爱亲者不敢恶于人，敬亲者不敢慢于人。(《孝经》)

儒家利用人类同情心之最低限度为人人所同有者，而灌植之、扩充之，使达于最高限度，以完成其所理想之"仁的社会"。故曰：

人人亲其亲、长其长，而天下平。(《孟子》)

儒家此种理想，自然非旦夕可致，故孔子曰：

如有王者，必世而后仁②。(《论语》)

又曰：

善人为邦③百年，亦可以胜残去杀④矣。(《论语》)

---

① 施由亲始：措施由亲情开始。
② 必世而后仁：一定也要三十年后才能有仁政（世：一世、三十年）。
③ 为邦：治理邦国。
④ 胜残去杀：感化坏人而不需要杀人（即判人死刑）。

后儒谓"王道无近功"，信然。盖儒家政治之目的，诚非可以一时一地之效率呈也。宇宙本为不完成之物，创造进化曾靡[①]穷期，安有令吾侪满足之一日？满足则乾坤息矣。或评孔子曰"是知其不可而为之者欤"，夫[②]"不可"固宇宙之常态也，而"为之"则人之所以为人道也。孔子曰：

> 鸟兽不可与[③]同群，吾非斯人之徒与，而谁与？天下有道，丘不与易也[④]。（《论语》）

同类意识与同情心发达到极量，而行之以"自强不息"，斯则孔子之所以为孔子而已。

四

儒家政治思想，其根本始终一贯。惟自孔子以后，经二百余年之发挥光大[⑤]，自宜[⑥]应时代之要求。为分化的发展，其末流则孟子、荀卿两大家，皆承孔子之绪[⑦]，而持论时有异同，盖缘[⑧]两家对于人性之观察，异其出发点。孔子但[⑨]言"性相近，

---

① 曾靡：本无。
② 夫：因为。
③ 与：从与。
④ 丘不与易也：我孔丘就不想改变它了（与：给予）。
⑤ 大体指从孔子的春秋时代到孟子和荀子的战国时代之间的二百余年。
⑥ 自宜：当然。
⑦ 绪：未竟之事（如绪功、绪业）。
⑧ 盖缘：因为。
⑨ 但：仅。

习相远",所注重者在养成良"习"而止，而性之本质如何，未尝剖论。至①孟子主张"性善"，荀卿主张"性恶"。所认之性既异，则所以成"习"之具亦自异，故同一儒家言而间有出入焉。然亦因此而于本宗之根本义，益能为局部细密的发明②，故今于两家特点分别论之。

儒家政治论，本有唯心主义的倾向，而孟子为尤甚：

> 生于其心，害于其政，发于其政，害于其事。（《公孙丑上》）

此语最为孟子乐道。"正人心""格君心"等文句，书中屡见不一见。孟子所以认心力如此其伟大者，皆从其性善论出来。故曰：

> 人皆有不忍人之心③。先王有不忍人之心，斯有不忍人之政矣。以不忍人之心，行不忍人之政，治天下可运诸掌④。（《公孙丑上》）

何故不忍人之心，效力如此其伟大耶？孟子以为人类心理有共通之点，此点即为全人类沟通之秘钥。其言曰：

---

① 至：以至。
② 发明：发现与阐明。
③ 不忍人之心：即同情心。
④ 运诸掌：运作于掌心（喻往事自如）。

故凡同类者举相①，似也。……口之于味也，有同耆②焉；耳之于声也，有同听焉；目之于色也，有同美焉。至于心，独无所同然乎？（《告子上》）

何谓心之所同然？

侧隐之心，人皆有之；羞恶之心，人皆有之；辞让之心，人皆有之；是非之心，人皆有之；……侧隐之心，仁之端也；羞恶之心，义之端也；辞让之心，礼之端也；是非之心，智之端也。……凡有四端于我者，知皆扩而充之矣。若火之始燃，泉之始达，苟③能充之，足以保四海。……（《公孙丑上》）

人皆有同类的心，而心皆有善端④，人人各将此心扩大而充满其量，则彼我人格相接触，遂形成普遍圆满的人格。故曰"苟能充之，足以保四海"也。此为孟子人生哲学政治哲学之总出发点。

孟子之最大特色，在排斥功利主义。孔子虽有"君子喻义，小人喻利"之言，然《易传》言"利者，义之和"，言"以美利，利天下"，《大学》言"乐其乐而利其利"，并未尝绝对的以

---

① 举相：行为举止。
② 耆：古同"嗜"，嗜好。
③ 苟：只要。
④ 善端：善之根据（孟子言"四善端"，即侧隐之心、羞恶之心、辞让之心、是非之心）。

"利"字为含有恶属性。至《孟子》乃公然排斥之，全书发端记与梁惠王问答，即昌言：

> "王何必曰利，亦有仁义而已矣。"王曰："何以利吾国？"大夫曰："何以利吾家？"士庶人曰："何以利吾身？"上下交征①利，而国危矣。（《梁惠王上》）

宋牼②将以利不利之说，说③秦楚罢兵。孟子谓"其号不可"④。其言曰：

> 先生⑤以利说秦楚之王。秦楚之王悦于利以罢⑥三军之师，是三军之士，乐罢而悦于利也。为人臣者，怀利以事其君；为人子者，怀利以事其父；为人弟者，怀利以事其兄。是君臣、父子、兄弟，终去仁义，怀利以相接⑦，然而不亡者，未之有也。……何必曰利。（《告子下》）

书中此一类语句甚多，不必枚举。要之，此为孟子学说中极主要的精神，可以断言。后此，董仲舒所谓"正其谊不谋其利，

---

① 交征：相互谋取。
② 宋牼［kēng］，即宋子（《庄子》作"宋钘"，《孟子》作"宋牼"，《韩非子》作"宋荣子"），战国时宋国人，道家"宋尹学派"创始人。
③ 说［shuì］：游说。
④ 原句为："先生之志则大矣，先生之号则不可。"（号：提法）
⑤ 先生：指宋牼。
⑥ 罢：退。
⑦ 相接：相联系。

明其道不计其功"，即从此出。此种学说在二千年社会中，虽保有相当势力，然真能实践者已不多。及近十余年，泰西①功利主义②派哲学输入，浮薄者或曲解其说以自便，于是孟董此学，几成为嘲侮之鹄③。今不能不重新彻底评定其价值。

营私罔利之当排斥，此常识所同认，无俟④多辨也。儒家——就中⑤孟子——所以大声疾呼以言利为不可者，并非专指一件具体的牟利之事而言，乃是言人类行为不可以利为动机。申言之，则凡计较利害、打算盘的意思，都根本反对，认为是"怀利以相接"，认为可以招社会之灭亡。此种见解，与近世（就中，美国人尤甚）实用哲学⑥者流专重"效率"之观念正相反。究竟此两极端的两派见解孰为正当耶？吾侪毫不迟疑的赞成儒家言。吾侪确信"人生"的意义不是用算盘可以算得出来。吾侪确信人类只是为生活而生活，并非为求得何种效率而生活。有绝无效率的事或效率极小的事，吾侪理应做或乐意做者，还是做去。反是，虽常人所指为效率极大者（无论为常识所认的效率或为科学方法分析评定的效率），吾侪有许多不能发见其与人生意义有何等关系。是故吾侪于效率主义已根本怀疑。即让一步，谓效率不容蔑视，然

---

① 泰西：旧称西欧。

② 功利主义（Utilitarianism）：也译"效益主义"，即认为：追求"最大福利"是个人和社会的终极目标。代表人物是19世纪英国哲学家斯图亚特·穆勒（Stuart Mill）和杰瑞米·边沁（Jeremy Bentham）。

③ 嘲侮之鹄：嘲笑和侮辱的目标。

④ 无俟［sì］：不用等。

⑤ 就中：其中。

⑥ 实用哲学（Pragmatism）：也译"实用主义""工具主义"，即认为：所有思想、理论都是工具，检验其有无价值，标准是它的实用性，即在多大程度上帮助人获得利益；简言之，"有用即真理"。代表人物是20世纪初美国哲学家威廉·詹姆斯（William James）和约翰·杜威（John Dewey）。

吾侪仍确信效率之为物不能专以物质的为计算标准，最少亦要通算精神、物质之总和（实则此总和是算不出来的）。又确信人类全体的效率，并非由一个一个人、一件一件事的效率相加或相乘可以求得。所以，吾侪对于现代最流行的效率论，认为是极端浅薄的见解，绝对不能解决人生问题。

"利"的性质，有比效率观念更低下一层者，是为权利观念。权利观念，可谓为欧美政治思想之唯一的原素。彼都①所谓人权、所谓爱国、所谓阶级斗争……等种种活动，无一不导源于此。乃至社会组织中最简单、最密切如父子、夫妇相互之关系，皆以此观念行之。此种观念，入到吾侪中国人脑中，直是无从理解。父子、夫妇间，何故有彼我权利之可言，吾侪真不能领略此中妙谛。此妙谛既未领略，则从妙谛推演出来之人对人权利、地方对地方权利、机关对机关权利、阶级对阶级权利，乃至国对国权利，吾侪一切皆不能了解。既不能了解，而又艳羡此"时髦"学说，谓他人所以致富强者在此，必欲采之以为我之装饰品，于是如邯郸学步，新未成而故已失。比年②之蜩唐沸羹③、不可终日者，岂不以此耶？我且勿论，彼欧美人固充分了解此观念，恃以为④组织社会之骨干者也。然其社会所以优越于我者，何在？吾侪苦未能发明⑤，即彼都人士亦窃窃焉疑之。由孟子之言，则直是"交征利""怀利以相接""不夺不餍""然而不亡

① 彼都：那里的（指欧美）。
② 比年：年年。
③ 蜩唐沸羹：嘈杂喧闹，好像蝉噪、水滚、羹沸一样。
④ 恃以为：依此以为。
⑤ 发明：发现和明了。

者，未之有也"。质而言之，权利观念，全由彼我对抗而生，与通彼我之"仁"的观念绝对不相容。而权利之为物，其本质含有无限的膨胀性，从无自认为满足之一日。诚有如孟子所谓"万取千、千取百而不餍"者，彼此扩张权利之结果，只有"争夺相杀谓之人患"（《礼运》）之一途而已。置社会组织于此观念之上而能久安，未之前闻。欧洲识者，或痛论彼都现代文明之将即灭亡，殆以此也。我儒家之言则曰：

能以礼让为国乎，何有？① （《论语》）

此语入欧洲人脑中，其不能了解也，或正与我之不了解权利同。彼欲以交争②的精神建设彼之社会，我欲以交让③的精神建设我之社会。彼笑我懦④，我怜彼犷⑤，既不相喻，亦各行其是而已。

孟子既绝对的排斥权利思想，故不独对个人为然，对国家亦然。其言曰：

孟子曰："今之事君者皆曰：'我能为君辟土地、充府库。'今之所谓良臣，古之所谓民贼也。"……"'我能为君

---

① 全句为："子曰：'能以礼让为国乎，何有？不能以礼让为国，如礼何？'"朱熹《论语集注》："让者，礼之实也。何有，言不难也。"
② 交争：相互竞争。
③ 交让：相互礼让。
④ 懦：懦弱。
⑤ 犷：粗野。

约与国①、战必克。'今之所谓良臣，古之所谓民贼也。……"（《告子下》）

又曰：

> 争地以战，杀人盈野；争城以战，杀人盈城。此所谓率土地而食人肉，罪不容于死②。故善战者服上刑③，连诸侯者④次之，辟草莱、任土地者⑤次之。（《离娄上》）

由孟子观之，则今世国家所谓军政、财政、外交与夫⑥富国的经济政策等等，皆罪恶而已。何也？孟子以为凡从权利观念出发者，皆罪恶之源泉也。惟其如是，故孟子所认定之政治事项，其范围甚狭。

> 滕文公问为国。孟子曰："民事不可缓也。"（《滕文公上》）

民事奈何？从消极的方面说，先要不扰民，所谓：

---

① 与国：盟国。
② 罪不容于死：死不抵罪。
③ 上刑：严刑（通常指死刑）。
④ 连诸侯者：连通诸侯的人。朱熹《孟子集注》："连结诸侯，如苏秦、张仪之类。"
⑤ 辟草莱、任土地者：开荒、出租土地的人。朱熹《孟子集注》："辟，开垦也。任土地，谓分土授民，使任耕稼之责，如李悝尽地力、商鞅开阡陌之类也。"
⑥ 夫：那。

不违农时，谷不可胜食也。数罟不入洿池①，鱼鳖不可胜食也。斧斤②以时入山林，材木不可胜用也。谷与鱼鳖不可胜食，材木不可胜用，是使民养生送死③无憾也。养生送死无憾，王道之始也。（《梁惠王上》）

从积极的方而说，更要保民。保民奈何？孟子以为：

无恒产④而有恒心⑤者，惟士⑥为能。若民⑦，则无恒产，因⑧无恒心。苟⑨无恒心，放辟邪侈⑩，无不为矣。及⑪陷乎罪，然后从而刑之，是罔⑫民也。是故，明君制⑬民之产，必使（其）仰⑭足以享父母⑮，俯⑯足以畜妻子⑰，乐岁终身饱，凶年免于死亡。然后驱而之善⑱，故民之从之也

---

① 数罟［gǔ］：网眼细密的渔网。洿［wū］池：洼地和池塘。
② 斧斤：亦作"斧斨"，各种斧头。
③ 养生送死：养育生者，送葬死者。
④ 恒产：不动产（如土地、房屋等）。
⑤ 恒心：稳定心态（即笃守伦理道德）。
⑥ 士：读书人（也即孔子所言"君子"）。
⑦ 民：庶民、百姓。
⑧ 因：因而。
⑨ 苟：若。
⑩ 放辟邪侈：放肆作恶。
⑪ 及：到了。
⑫ 罔［wǎng］：（动词）害。
⑬ 制：同"置"。
⑭ 仰：对上。
⑮ 享父母：供享父母（即赡养父母）。
⑯ 俯：对下。
⑰ 畜［xù］妻子：畜养妻子和儿子。
⑱ 驱而之善：驱使（他们）向善。

轻①。(《梁惠王上》)

政治目的，在提高国民人格，此儒家之最上信条也。孟子却看定人格之提肩②不能离却物质的条件，最少亦要人人对于一身及家族之生活得确实保障，然后有道德可言。当时唯一之生产机关③，自然是土地。孟子于是提出其生平最得意之土地公有的主张——即井田制度。其说则：

方里而井④，井九百亩⑤，其中⑥为公田，八家皆私百亩⑦，同养公田⑧。(《滕文公上》)

五亩之宅，树之以桑，五十者可以衣帛矣⑨。鸡豚狗彘⑩之畜，无失其时，七十者可以食肉矣⑪。百亩之田，勿夺其时，八口之家，可以无饥矣。(《梁惠王上》)

既已人人有田可耕，有宅可住，无忧饥寒。虽然，饱食暖衣，逸居而无教，则近于禽兽。(《滕文公上》)

---

① 轻：轻松、乐意。
② 提肩：提升。
③ 机关：关键。
④ 方里而井：把每一里见方的土地分割成一块块井字形的方田。
⑤ 井九百亩：每一块井字形的方田有九百亩。
⑥ 其中：当中。
⑦ 八家皆私百亩：八户人家都私有一百亩。
⑧ 同养公田：八户人家共同耕种当中的一百亩（其收成用来交纳赋税）。
⑨ 五十者可以衣帛矣：五十岁的人也可穿上丝绸衣服（"衣"作动词，穿；帛 [bó]，丝绸。当时可能只有地位高的人或年纪很大的人才有得丝绸衣穿）。
⑩ 鸡豚狗彘 [zhì]：豚，小猪；彘，大猪。
⑪ 七十者可以食肉矣：七十岁的人也有肉吃（当时可能只有地位高的人或小孩才有肉吃）。

于是：

设为庠序学校①以教之。(《滕文公上》)

使：

壮者以暇日②，修其孝悌忠信。(《梁惠王上》)

在此种保育政策之下，其人民

死徙③无出乡，乡田同井，出入相友，守望相助，疾病
相扶持，则百姓亲睦。(《滕文公上》)

孟子所言井田之制，大略如是。此制，孟子虽云三代④所
有，然吾侪未敢具信。或远古习惯有近于此者，而儒家推演以完
成之云尔，后儒解释此制之长处，谓：

井田之义，一曰无泄地气⑤，二曰无费一家⑥，三曰同
风俗，四曰合巧拙，五曰通财货。(《公羊传》宣十五何注)

---

① 庠［xiáng］序学校：庠、序、学、校，均为古时施教之处。
② 壮者以暇日：粗壮之人（劳作者）若有空闲。
③ 死徙［xǐ］：致死或迁居。
④ 三代：即远古夏、商、周三朝代。
⑤ 无泄地气：不泄露地气（古人认为地的好坏取决于地气，井田可以保存地气）。
⑥ 无费一家：不亏待任何一户人家（每户有一百亩地）。

此种农村互助的生活，实为儒家理想中最完善之社会组织。所谓

> 王者之民，皞皞如也。（《尽心上》）

虽始终未能全部实行，然其精神深入人心，影响于我国国民性者，实非细也。

由是观之，孟子言政治，殆①不出国民生计、国民教育两者之范围。质言之，则舍民事外无国事也。故曰：

> 民为贵，社稷次之，君为轻。（《尽心下》）

政府施政，一以顺从民意为标准：

> 所欲，与之聚之②；所恶，勿施尔也。（《离娄上》）

顺从民意奈何？曰当局者③以民意为进退：

> 左右皆曰贤④，未可也；诸大夫皆曰贤，未可也；国人皆曰贤，然后察之，见贤焉，然后用之。左右皆曰不可，勿

---

① 殆：大概、大体。
② 所欲，与之聚之：（民意）想要做的，让他们一起做。
③ 当局者：国君。
④ 左右皆曰贤：（国君）身边的人（指家人和侍从）都说（某人）有才能。

听；诸大夫①皆曰不可，勿听；国人皆曰不可，然后察之，见不可焉，然后去之。(《梁惠王下》)

其施政有反于人民利益者，则责备之不稍容赦。其言曰：

"杀人以梃与刃②，有以异乎？"曰："无以异也。""以刃与政③有以异乎？"曰："无以异也。"曰："庖④有肥肉，厩有肥马，民有饥色，野有饿莩⑤。此率兽而食人也。兽相食，且人恶之，为民父母⑥行政，不免于率兽而食人，恶在其为民父母也。"(《梁惠王上》)

此等语调，不惟责备君主专制之政而已。今世欧美之中产阶级专制⑦、劳农阶级专制⑧，由孟子视之，皆所谓"杀人以政，不免于率兽而食人"者也。

儒家之教，虽主交让，然亦重正名：

欲为君，尽君道。(《离娄下》)

---

① 诸大夫：(国君的廷臣、下属)。
② 以梃与刃：用棍和用刀。
③ 以刃与政：(承前省略) 杀人以刃与政 (即以权)。
④ 庖：厨房。
⑤ 饿莩：饿死者的尸体。
⑥ 为民父母：指国君。
⑦ 中产阶级专制：指英美等国以中产阶级为中坚的社会制度。
⑧ 劳农阶级专制：劳工和农民阶级专制 (即指苏俄的"无产阶级专政")。

既不尽君道，则不能复谓之君。故：

> 齐宣王问曰："汤放桀①，武王伐纣，有诸②?"孟子对曰："于传有之。"曰："臣③弑其君，可乎?"曰："贼仁者④，谓之贼；贼义者，谓之残；残贼之人，谓之一夫⑤。闻诛一夫，纣矣，未闻弑君也。"(《梁惠王下》)

儒家认革命为正当行为，故《易传》曰：

> 汤武革命，顺乎天而应乎人。(《革·彖传》)

孟子此言，即述彼意而畅发之耳。虽然，儒家所主张之革命，在为正义而革命，若夫⑥为扩张一个人或一阶级之权利而革一命，殊非儒家所许。何也？儒家固以权利观念为一切罪恶之源泉也。

孟子言仁政，言保民，今世学者汲⑦欧美政论之流，或疑其奖励国民依赖根性，非知⑧治本。吾以为此苛论也。孟子应时主⑨之问，自当因其地位而责之以善，所谓"与父言慈，与子言

---

① 汤放桀：商汤流放夏桀。
② 有诸：有这种事吗？
③ 臣：指商汤原为夏桀之臣；周武王原为商纣王之臣。
④ 贼仁者：害仁之人。
⑤ 一夫：独夫。
⑥ 若夫：如果。
⑦ 汲〔jí〕：吸取。
⑧ 非知：不知道。
⑨ 时主：当时的主人（即梁惠王）。

孝"。不主张仁政，将主张虐政耶？不主张保民，将主张残民耶？且无政府则已，有政府，则其政府无论以何种分子、何种形式组织，未有不宜以仁政、保民为职志者也。然则孟子之言，何流弊之有？孟子言政，其所予政府权限并不大，消极的保护人民生计之安全，积极的导引人民道德之向上，曷尝①于民政有所障耶？

五

荀子与孟子，同为儒家大师，其政治论之归宿点全同，而出发点则小异。孟子信"性善"，故注重精神上之扩充。荀子信"性恶"，故注重物质上之调剂。荀子论社会起源，最为精审。其言曰：

> 水火有气而无生②，草木有生而无知③，禽兽有知而无义④。人有生、有气、有知，亦且有义，故最为天下贵也。力不若牛，走不若马，而牛马为用何也？曰：人能群，彼不能群也。人何以能群？曰：分⑤。分何以能行？曰：义⑥。故义以分⑦，则和；和则一；一则多力；多力则强；强则胜物。（《王制》）

---

① 曷尝：何曾。
② 无生：无生命。
③ 无知：无知觉。
④ 无义：无义念。
⑤ 分：分工。
⑥ 义：信任。
⑦ 义以分：信任分工。

此言人之所以贵于万物者，以其能组织社会。社会成立，则和而一，故能强有力以制服自然。社会何以能成立？在有分际①。分际何以如此其重要？荀子曰：

> 万物同宇而异体，无宜而有用为人（王念孙曰：为读曰于，古同声通用，言万物于人虽无一定之宜，而皆有用于人），数也②。人伦③并处，同求而异道，同欲而异知，生也（王念孙曰：生读为性），皆有可也。知愚同④，所可⑤异也。知愚分，势同⑥而知异。行私而无祸，纵欲而不穷，则民心奋而不可说⑦也。……天下害生⑧纵欲。欲恶同物⑨，欲多而物寡，寡则必争矣。……离居⑩不相待，则穷。群而无分，则争。穷者，患也。争者，祸也。救患除祸，莫若明分使群⑪矣。（《富国》）

又曰：

> 礼起于何也？曰：人生而有欲，欲而不得，则不能无

---

① 分际：分界。
② 数也：天数也（天生的）。
③ 人伦：人类。
④ 知愚同：智者和愚者在一起。
⑤ 所可：所能（做的）。
⑥ 势同：地位平等。
⑦ 说［shuì］：劝导。
⑧ 害生：害性（承前王念孙曰）。
⑨ 欲恶同物：欲不等同于物（即后文"欲多而物寡"）。
⑩ 离居：分开住（意谓人与人相互隔离）。
⑪ 明分使群：明确其分界又使其群集。

求，求而无度量分界，则不能不争，争则乱，乱则穷。先王①恶其乱也，故制礼义以分之，以养②人之欲，给人之求。使欲必不穷乎物，物必不屈于欲，两者相持而长。是礼之所起也。（《礼论》）

又曰：

分均则不偏，势齐③则不二，众齐则不使④……夫两贵之不能相事，两贱之不能相使，是天数也。势位齐而欲恶⑤同，物不能澹（杨注云：澹读为赡⑥），则必争，争则必乱，乱则穷矣。先王恶其乱也，故制礼义以分之。使有贫富、贵贱之等，足以相兼临者，是养天下之本也。《书》曰"维齐非齐⑦"，此之谓也。（《王制》）

此数章之文极重要，盖荀子政论全部之出发点。今分数层研究之。第一层，从纯物质方面说，人类不能离物质而生活，而物质不能为无限量的增加，故常不足以充餍⑧人类之欲望（欲多物寡，物不能赡）。第二层，从人性方面说，孟子言"辞让之心，人皆有

---

① 先王：儒家之称尧、舜、文、武。
② 养：控制。
③ 势齐则不二：情势相齐（同处一情势下）而不相互抵牾。
④ 众齐则不使：众人相齐（人人都差不多）而不相互驱使。
⑤ 欲恶：所欲与所恶。
⑥ 赡：指望。
⑦ 维齐非齐：似齐（相同）非齐（又不相同）。
⑧ 充餍：满足。

之"，荀子正与相反，谓争夺之心，人皆有之（纵欲而不穷，不能不争）。第三层，从社会组织动机说，既不能不为社会的生活（离居不相待则穷），然生活自由的相接触，争端必起（群而无分则争）。第四层，从社会组织理法说，惟有使各人在某种限度内为相当的享用，庶①物质分配不至竭厥②（以度量分界，养人之欲，给人之求）。第五层，从社会组织实际说，承认社会不平等（有贫富、贵贱之等，维齐非齐），谓只能于不平等中求秩序，生活不能离开物质，理甚易明。孔子说富之、教之，孟子说恒产、恒心，未尝不见及此点。荀子从人性不能无欲说起，由欲有求，由求有争，因此不能不有度量、分界以济其穷，剖析极为精审，而颇与唯物史观派之论调相近，盖彼生战国末，受法家者流影响不少也。荀子不承认"欲望"是人类恶德，但以为要有一种"度量、分界"，方不至以我个人过度的欲望侵害别人分内的欲望。此种度量、分界，名之曰"礼"。儒家之礼治主义，得荀子然后大成，亦至荀子而渐滋流弊，今更当一评骘③之。

《坊记》④云：

　　礼者，因人之情而为之节文⑤，以为民坊者⑥也。

_____

① 庶：庶几、或许。
② 竭厥：竭，尽；厥，晕。
③ 评骘［zhì］：原义为选择公马（《说文》："牡曰骘。"），引申为判别雌雄，再引申为判别是非。
④ 《坊记》：《礼记》中一部分。
⑤ 节文：节制之规。
⑥ 民坊者：民众防范者（坊：古同"防"）。

"人之情"固不可拂①，然漫无节制，流弊斯滋②。故子游③曰：

> 有直道而径行者，夷狄④之道也。礼道则不然，人喜则斯陶，斯陶咏，咏斯犹（郑注：犹当为摇声之误也），犹斯舞，愠斯戚，戚斯叹，叹斯辟（郑注：辟，拊心也），辟斯踊矣⑤。品节斯⑥，斯之谓礼。（《檀弓》）

礼者，因人之情欲而加以品节，使不致一纵而无极，实为陶养人格之一妙用。故孔子曰：

> 礼之用，和为贵。

又曰：

> 恭而无礼则劳⑦，慎而无礼则葸⑧，勇而无礼则乱，直

---

① 拂：拭、掸去。
② 斯滋：甚多。
③ 子游，姓言，名偃，字子游，孔子弟子。
④ 夷狄：蛮人。
⑤ 人喜则斯陶……辟斯踊矣：大意是："人心里高兴就想发抒表现出来（喜则斯陶），想表现所以歌咏（陶斯咏），歌咏就不由得身体摇动（咏斯犹），摇动就不由得舞蹈起来（犹斯舞），舞到极致就会生发出愠怒（舞斯愠），愠怒到极致就是哀戚（愠斯戚），哀戚就会叹息（戚斯叹），叹息不已则用手捶胸（叹斯辟），捶胸犹不足达哀戚之情就会顿足跳跃（辟斯踊矣）。"
⑥ 品节斯：对此节制。
⑦ 恭而无礼则劳：恭敬而不知礼节是辛劳。
⑧ 葸［xǐ]：胆怯。

面无礼则绞①。

通观《论语》所言礼，大率皆从精神修养方面立言，未尝以之为量度物质工具。荀子有感于人类物质欲望之不能无限制也，于是应用孔门所谓礼者以立其度量、分界（此盖孔门弟子早有一派，非创自荀子，特荀子集其大成耳），其下礼之定义曰：

> 礼者，断长续短，损②有余、益③不足，达爱敬之文④，而滋成⑤行义之美者也。（《礼论》）

"断长续短，损有余、益不足"云者，明明从物质方面说，故曰：

> 人之情，食欲有刍豢⑥，衣欲有文绣，行欲有舆⑦马，又欲夫⑧余财蓄积之富也。然而穷年累世⑨不知不足（杨注云：当为不知足），是人之情也。今人之生⑩也，方知蓄⑪鸡狗猪

---

① 绞：纠缠。
② 损：折损。
③ 益：补益。
④ 文：文雅。
⑤ 滋成：滋养成。
⑥ 刍［chú］豢［huàn］：刍，牛（因其反刍）；豢，猪。
⑦ 舆：车。
⑧ 夫：同"乎"。
⑨ 穷年累世：一年到头、一生一世。
⑩ 生：性（承前王念孙曰）。
⑪ 蓄［xù］：储藏。

麤，又畜牛羊，然而食不敢有酒肉。余刀布①，有囷窌②，然而衣不敢有丝帛。约者有箧箧之藏③，然而行不敢有舆马，是何也？非不欲也，几不（王念孙谓此二字涉下文而衍）长虑顾后而恐无以继之故也。……今夫④偷生浅知之属，曾此而不知也。粮食大侈⑤，不顾其后，俄⑥则屈安穷矣（杨注云：安，语助也，犹言屈然穷。案：荀子书中安字或案字多作语助辞用）。是其所以不免于冻饿，操瓢囊⑦为沟壑中饥者也。况（案：况当训譬）夫先王之道、仁义之统、诗书礼乐之分⑧乎，彼固天下之大虑也，将为天下生民之属长虑顾后而保万世也……（《荣辱》）

荀子以为，人类总不容纵物质上无壑之欲，个人有然，社会亦有然。政治家之责任，在将全社会物质之量通盘筹算，使人人不致以目前"太侈"之享用，招将来之"屈穷"。所谓"欲必不穷乎物，物必不屈于欲"也。其专从分配问题言生计，正与孟子同，而所论比孟子尤切实而缜密。然则其分配之法如何？荀子曰：

夫贵为天子，富有天下，是人情之所同欲⑨也。然则从

---

① 刀布：古代货币。
② 囷〔qūn〕窌〔pào〕：谷仓与地窖（泛指粮仓）。
③ 约者有箧箧之藏：节约者有一大筐一大筐藏着的钱财。
④ 今夫：今天那（些）。
⑤ 大侈：大同"太"；侈：奢侈、浪费。
⑥ 俄：顷刻。
⑦ 瓢囊：瓢勺与食袋（特指行乞之具）。
⑧ 分：划分。
⑨ 同欲：都想要的。

人之欲，则势①不能容，物不能赡②也。故先王案为之，制礼义以分之，使有贵贱之等，长幼之差，知愚、能不能③之分，皆使人载④其事而各得其宜⑤，然后使谷禄多少厚薄之称⑥。……故或禄天下⑦，而不自以为多，或监门御旅⑧、抱关击柝⑨，而不自以为寡。故曰：斩（刘台拱曰：斩读如儳⑩。《说文》："儳儳，互不齐也。"）而齐，枉⑪而顺，不同而一。（《荣辱》）

荀子所谓度量、分界：（一）贵贱；（二）贫富（《王制篇》所说）；（三）长幼；（四）知愚；（五）能不能。以为人类身分、境遇、年龄、材质上万有不齐，各应于其不齐者，以为⑫物质上享用之差等⑬，是谓"各得其宜"，是谓"义"。将此义演为公认共循之制度，是谓"礼"。荀子以为持此"礼义"以治天下，则"以治情则利⑭，以为名则荣，以群则和，以独则足乐"（《荣

---

① 势：情势。
② 赡：供。
③ 能不能：有才能和没才能。
④ 载：承担。
⑤ 宜：应得。
⑥ 谷禄多少厚薄之称：谷多少、禄厚薄之平衡。
⑦ 禄天下：以天下为俸禄（指明君之所得）。
⑧ 监门御旅：看门迎客。
⑨ 抱关击柝：守关巡夜（柝［tuò］：巡夜打更用的木棒）。
⑩ 儳［chán］：杂乱貌。
⑪ 枉：曲。
⑫ 以为：以此作为。
⑬ 差等：差别与等级。
⑭ 以治情则利：使情愿，则（万事）顺利。

辱")。是故孔子言礼专主"节"①（《论语》所谓不以礼节之，亦不可行），荀子言礼专主"分"②。荀子以为只须将礼制定，教人"各安本分"，则在社会上相处，不致起争夺（以群则和），为个人计，亦可以知足少恼（以独则足乐）。彼承认人类天然不平等，而谓各还其不平等之分际，斯为真平等，故曰"维齐非齐"。然则荀子此说之价值何如？曰：长幼、知愚、能不能之差别，吾侪绝对承认之。至于贵贱、贫富之差别，非先天所宜有③，其理甚明，此差别从何而来？惜荀子未有以告吾侪。推荀子之意，自然谓以知愚、能不能作贵贱、贫富之标准。此说吾侪固认为合理，然此合理之标准何以能实现？惜荀子未能予吾侪以满意之保障④也。以吾观之，孔子固亦主张差等，然其所谓差等者，与后儒异。孔子注重"亲亲之杀"，即同情心随其环距之远近⑤而有浓淡强弱，此为不可争之事实。故孔子因而利导之，若夫⑥身分上之差等，此为封建制度下相沿之旧，孔子虽未尝竭力排斥，然固非⑦以之为重。孔门中子夏一派，始专从此方面言差等，而荀子更扬其波，《礼论》⑧篇中历陈天子应如何、诸侯应如何、大夫应如何、士应如何、庶人应如何。《戴记》⑨中《礼器》《郊特牲》《玉

---

① 节：节制。
② 分［fèn］：安分。
③ 宜有：应该有。
④ 保障：保证。
⑤ 其环距之远近：其与周围人的距离远近（即关系亲疏）。
⑥ 若夫：譬如。
⑦ 固非：始终没有。
⑧ 《礼论》：荀子主要论著。
⑨ 《戴记》：即《礼记》，有两部，分别为西汉经学家戴德与其侄子戴圣所编：戴德所编称《大戴礼记》，戴圣所编称《小戴礼记》。

藻》等篇，皆同此论调，訚訚①于贵贱之礼数。其书②出荀子前，抑出其后，虽未能具断，要之皆荀子一派之所谓礼，与孔子盖有间③矣。

荀子生战国末，时法家已成立，思想之互为影响者不少，故荀子所谓礼，与当时法家所谓法者，其性质实极相逼近。荀子曰：

> 礼岂不至类④哉！立隆以为极⑤，而天下莫之能损益⑥也。……故绳墨诚陈⑦矣，则不可欺以曲直；衡诚县⑧矣，则不可欺以轻重；规矩诚设⑨矣，则不可欺以方圆；诸子审⑩于礼，则不可欺以诈伪。故绳者，直之至⑪；衡者，平之至；规矩者，方圆之至；礼者，人道之极也。（《礼论》）

法家之言曰：

---

① 訚[yín]訚：訚同"龂"，本义牙龂；訚訚（作动词）意为津津乐道（因说话时会露出牙龂）。
② 其书：指《戴记》所收《礼器》《郊特牲》《玉藻》等篇。
③ 盖有间：或有间隙，有所不同。
④ 岂不至类：怎么不能实际使用（至类）。
⑤ 立隆以为极：确立和强调（礼）作为终极（准则）。
⑥ 损益：升降、兴革、不安定（源自《易经·损卦》："损刚益柔有时，损益盈虚，与时偕行。"）。
⑦ 绳墨：木匠所用沾过墨的绳子（用以在木材上弹出直线）。诚陈：诚实展呈（陈同"呈"）。
⑧ 衡：秤杆。诚县：诚实平悬（县同"悬"）。
⑨ 规矩：圆规与方矩（均为量具）。诚设：诚实设置。
⑩ 审：审慎。
⑪ 至：达（到）。

有权衡①者，不可欺以轻重；有尺寸者，不可差以长短；有法度者，不可诬以诈伪。（马总《意林》引《慎子》）

两文语意若合符节②，不过其功用一归诸礼、一归诸法而已。究竟两说谁是耶？吾宁取法家。何也？如荀子说，纯以计较效率为出发点，既计效率，则用礼之效率不如用法，吾敢昌言也。法度严明，诈伪不售③，吾能信之。谓"审礼则不可欺以诈"，则礼之名义为人所盗用，饰貌而无实者，吾侪可以触目而举证矣。故荀子之言，不彻底之言也。慎子④又曰：

一兔走，百人追之；积兔于市⑤，过而不顾⑥；非不欲兔，分定⑦不可争也。

荀子之以"分"言礼，其立脚点正与此同。质言之，则将权力之争夺，变为权利之认定而已。认定权利以立度量、分界，洵为⑧法治根本精神。揆诸⑨孔子所谓"道之以德，齐之以礼"者，恐未必然也。

———————

① 权衡：秤锤和秤杆。
② 若合符节：就像符节相合（符节：朝廷传达命令的凭证，用时双方各执一半，合之以验真假）。
③ 不售：不可得逞。
④ 慎子，即慎到，战国时法家学者，有《慎子》传世。
⑤ 积兔于市：堆积兔子于市场上。
⑥ 过而不顾：走过也不看一眼。
⑦ 分［fèn］定：按分规定。
⑧ 洵为：实为。
⑨ 揆［kuí］诸：审度于（揆：度。诸：之于）。

复次①，礼为合理的习惯，前既言之矣。欲使习惯常为合理的，非保持其弹力性不可，欲保持其弹力性，则不容有固定之条文。盖②必使社会能外之顺应环境、内之浚发③时代心理，而随时产出"活的良习惯"，夫然④后能合理。其机括⑤在个性与个性相摩，而常有伟大人物，出其人格以为群众表率，群众相与风⑥而习焉，反是则"众以为殃"，斯则所谓礼矣。《易传》曰：

　　通其变⑦，使民不倦；神而化之⑧，使民宜之⑨。

惟"不倦"，故"宜"。此礼之所以可尊也。荀派之言礼也，不然；其说在"立隆以为极，而天下莫之能损益"。吾闻之孔子矣：

　　殷⑩因于夏礼⑪，所损益，可知也。周因于殷礼，所损益，可知也。（《论语》）

_____

① 复次：还有、再说。
② 盖：因为。
③ 浚发：很快显出。
④ 夫然：这样。
⑤ 机括：亦作"机栝"，弩卜发矢的机件，喻事物的关键。
⑥ 风：风传。
⑦ 通其变：使其一直有变化。
⑧ 神而化之：使其神化。
⑨ 宜之：信其为当然。
⑩ 殷：即商朝。
⑪ 夏礼：夏朝之礼。

未闻以莫能损益为礼之属性也。荀派所以以此言礼者，盖由当时法家者流主张立固定之成文法以齐一①其民，其说壁垒甚坚，治儒术者不得不提出一物焉，与之对抗。于是以己宗夙②所崇尚之礼充之，于是所谓"礼仪三百，威仪三千"③者，遂成为小儒占毕④墨守之宝典，相与致谨⑤于繁文缛节。两《戴记》所讨论之礼文，什九⑥皆此类也。他宗⑦非之曰：

> 累寿不能尽其学，当年不能行其礼。⑧（《墨子·非儒》）

岂不以是耶？吾侪所以不满于法治主义者，以其建设政治于"机械的人生观"之上也。如荀派之所言礼，则其机械性与法家之法何择⑨？以《大清通礼》比《大清律例》《大清会典》，吾未见《通礼》之弹力性能强于彼两书也，等是机械也。"法"恃国家制裁，其机械力能贯彻；"礼"恃社会制裁，其机械力不贯彻。故以荀派之礼与法家之法对抗，吾见其进退失据而已。要而论之，无论若何⑩高度之文化，一成为结晶体，久之必僵腐而蕴

---

① 齐一：使一致。
② 宗夙：宗祖。
③ 语出《中庸》，意为"礼仪（总纲）有三百条，威仪（细则）有三千条"。
④ 占毕：诵读。
⑤ 致谨：极慎重。
⑥ 什九：十九（"十有八九"的减缩）。
⑦ 他宗：其他宗派。
⑧ 累寿不能尽其学，当［dàng］年不能行其礼：一辈子（累寿）也读不完他们的学说，花一年（当年）也学不会他们的礼仪。
⑨ 何择：如何选择（意为：一样，没得选择）。
⑩ 若何：怎样。

毒①，儒家所以不免有流弊为后世垢病者，则由荀派以"活的礼"变为"死的礼"使然也。虽然，凡荀子之言礼，仍一归于化民成俗，与孔子提高人格之旨不戾②。此其所以为儒也。

孔子常言君子。君子即指有伟大人格可以为群众表率者。如"君子笃于亲，则民兴于仁""君子之德风，小人之德草"③等，皆当如是解。

儒家言礼，与乐相辅，二者皆陶养人格之主要工具焉。荀子言乐，精论最多，善推本于人情而通之于治道。其言曰：

> 夫乐者，乐也④；人情之所必不免也。故人不能无乐，乐则必发于声音，形于动静……形而不为道⑤，则不能无乱。先王恶其乱也，故制雅颂之声以道之，使其声足以乐而不流⑥，使其文足以辨而不諰⑦，使其曲直繁省⑧、廉肉⑨节奏，足以感动人之善心，使夫邪污之气无由得接焉……凡奸声感人而逆气应之，逆气成象而乱生⑩焉。正声感人而顺气应之，顺气成象而治生焉。……故乐行而志清……耳目聪

---

① 蕴毒：蕴藏毒素。
② 不戾：不相背。
③ 引自《论语》，意为"君子之德如风，小人之德如草"（草受风吹动，小人受君子影响）。
④ 乐［yuè］者，乐［lè］也。
⑤ 道：守则。
⑥ 流：忘形。
⑦ 諰［shāi］：语有所失。
⑧ 繁省：乐句的繁密与简约。
⑨ 廉肉：乐声的高亢与婉转。
⑩ 生：性（承前王念孙曰）。

明，血气和平，移风易俗，天下皆宁，美善相乐。故曰：乐者，乐也。君子乐得其道，小人乐得其欲……故乐者所以道乐也……乐行而民乡方①矣。（《乐论》）

《荀子·乐论篇》与《小戴记》中之《乐记》，文义相同者甚多，疑《乐记》本诸荀子也。

此言音乐与政治之关系，可谓博深切明。"美善相乐"一语，实为儒家心目中最高的社会人格，社会能如是，则天下之平，其真犹运诸掌也。故儒家恒以教育与政治并为一谈，盖以为非教育则政治无从建立，既教育，则政治自行所无事也。

孔子谓《韶》②："尽美矣，又尽善也。"谓《武》③："尽美矣，未尽善也。"美善合一，是孔子理想的人格。

---

① 乡方：归于道。乡，通"向"；方：道（郑玄注："方，犹道也。"）。
② 《韶》：传说舜时乐曲，也称《箫韶》《大韶》《九歌》等，古朴淳厚。
③ 《武》：周代乐曲，颂武王伐纣。

章太炎简介

章太炎（1869—1936），名炳麟，字枚叔，号太炎，浙江余杭人，近代学者、国学大师。出身富家，自幼饱读经书。二十五岁时（即1894年甲午战争之年）在上海任《时务报》主笔，撰文宣传"排满"（推翻满清朝廷）。1898年戊戌变法失败，遭通缉，逃往台湾。翌年东渡日本，与梁启超联络，当年返回上海，在《亚东时报》任编辑。1920年春再次逃亡日本，寓梁启超《新民丛报》馆，并与孙中山结交；当年夏回国，计划写《中国通史》。1906年再度赴日本参加同盟会，和梁启超分道扬镳，并继任《民报》主笔，与梁启超主编的《新民丛报》论战。1911年辛亥革命，回到上海。1912年，民国成立，去北京任民国政府枢密顾问。翌年，因反对大总统袁世凯而遭软禁三年，至1916年袁世凯死后才恢复自由，返回上海，仍从事各种政治活动。至30年代初，逐渐脱离政治，主张读经，并于1935年在苏州开设"章氏国学讲习会"。但至翌年，即病逝于苏州寓所，享年六十七岁。其一生虽弈波颠离，却从未间断学术研究，其研究范围包括文字学、文学、历史学、哲学、政治学、佛学等。其著述甚丰，有四百余万字，除刊入《章氏丛书》和《章氏丛书续编》外，遗稿又刊入《章氏丛书三编》。1980至1994年，上海人民出版社陆续出版《章太炎全集》八卷。

原儒①

章太炎

儒有三科②，关③"达、类、私"之名。

达名④为儒，儒者，术士⑤也（《说文》）。太史公⑥《儒林列传》曰"秦之季世⑦，坑术士"，而世谓之"坑儒"。司马相如⑧曰："列仙之儒，居山泽间，形容甚臞⑨。"（《汉书·司马相如传》语。《史记》儒作传，误）赵太子悝⑩亦语庄子曰："夫子必儒服而见王，

---

① 原：（动词）还原（初见《汉书·薛宣传》："原心定罪。"注曰："原，谓寻其本也。"）。本文选自《章太炎全集》第三卷之《国故论衡》（1933）下卷。本文是对"儒"的考证，其要点是："儒"有三重含义，一为术士的统称（文中称为"达名"），一为"知礼、乐、射、御、书、数"之人的属称（文中称为"类名"），一为"出于司徒之官，助人君顺阴阳、明教化者"（类似于现今教育部雇员）的专称（文中称为"私名"）。这三种称呼，古时常有混淆，古今也有所不同，"于今专为师氏之守"（专用来称呼教师）。所以，"儒"很难准确界定。大概说来，其"类名"比较通用，也就是指通晓"六艺"（礼、乐、射、御、书、数）之人。

② 三科：三个层次。

③ 关：牵涉。

④ 达名：统称。

⑤ 术士：有术之人。

⑥ 太史公：即司马迁。

⑦ 季世：末世。

⑧ 司马相如，字长卿，西汉辞赋家。

⑨ 臞 [qú]：瘦。

⑩ 赵太子悝 [kuī]：赵国惠文王赵何的太子赵悝。

事必大逆①。"（《庄子·说剑》篇）此虽道家方士言儒也。《盐铁论》②曰：

> 齐宣王褒儒尊学，孟轲、淳于髡③之徒受上大夫之禄，不任职而论国事。盖齐稷下先生④千有余人，闵王⑤矜功⑥不休，诸儒谏不从，各分散。慎到、捷子⑦亡去⑧，田骈如薛⑨，而孙卿适楚⑩。（《论儒》）

王充⑪《儒增》《道虚》《谈天》《说日》《是应》，举儒书所称者，有鲁般⑫刻鸢、由基⑬中杨；李广⑭射寝石、矢没羽；荆轲⑮

---

① 大逆：非常不顺。
② 《盐铁论》：西汉桓宽所著。
③ 孟轲，即孟子。淳于髡［kūn］，齐国学者，较孟子年长。
④ 稷下先生：聚集在齐稷门之下的学者。
⑤ 闵王：齐闵王妫［guī］地，齐宣王之子。
⑥ 矜功：自傲。
⑦ 慎到、捷子，均为当时是"稷下先生"，后成大学者。
⑧ 亡去：不辞而别。《史记·项羽本纪》："良曰：'臣为韩王送沛公，沛公今事有急，亡去不义，不可不语。'"
⑨ 田骈［pian］，亦为"稷下先生"，后亦成大学者，与慎到齐名。如薛：到了薛国。
⑩ 孙卿适楚：孙卿（即荀卿，荀况，亦称荀子）去了楚国。
⑪ 王充，字仲任，东汉经学家，著有《论衡》等。
⑫ 鲁般，也称"鲁班"或"鲁盘"，春秋时鲁国工匠，据说他发明了曲尺（也叫矩或鲁班尺）、墨斗、刨子、钻子、锯子等工具，被后世尊为木匠始祖。
⑬ 由基，也称"繇基"，春秋时楚国将领、神射手，据说他能百步穿杨。
⑭ 李广，西汉名将，善射，人称"飞将军"。
⑮ 荆轲，也称"庆卿""荆卿""庆轲"，战国时刺客，曾行刺秦王，未成。

以匕首擿①秦王、中铜柱入尺；女娲②销石；共工③触柱；觟𧣾④治狱；屈轶⑤指佞；黄帝⑥骑龙；淮南王⑦犬吠天上、鸡鸣云中；日中有三足乌⑧；月中有兔、蟾蜍。是诸名籍⑨，道、墨、刑法、阴阳、神仙之伦⑩，旁有杂家所记、列传所录，一谓之"儒"，明其皆公族⑪。

儒之名盖⑫出于需⑬。需者，云上于天⑭，而儒亦知天文，识旱潦⑮。何以明之？鸟知天将雨者曰"鹬"（《说文》）。舞旱暵⑯者以为衣冠（《释鸟》：翠鹬，是鹬即翠。《地官·舞师》：教皇舞，帅而舞旱暵之事。《春官·乐师》有皇舞。故书"皇"皆作"翌"。郑司农云：翌，舞者，以羽覆冒头上，衣饰翡翠之羽，寻旱暵求雨而服翡翠者，以翠为知雨之鸟故）。鹬

---

① 擿：同"掷"。

② 女娲［wā］，传说中的女神，曾销石补天。

③ 共工，传说中的水神，与火神祝融不和（"水火不相容"由来），与其大战失败而怒触不周山。

④ 觟［xiè］𧣾［zhì］：古同"獬豸"，传说中的神羊，善判案治狱。

⑤ 屈轶：也称"指佞草""屈草""佞枝"，传说中神草，君王植于庭，佞臣入朝时，此草会指之。

⑥ 黄帝，也称"轩辕"，传说中的华夏始祖，乘龙而来。

⑦ 淮南王，王爵封号名，汉之后有多人受封淮南王，其中最有名的是汉高祖刘邦之孙刘安，其撰《淮南子》，为道家经典。

⑧ 三足乌：也称"踆乌"，俗称"太阳鸟"，传说中的神鸟。

⑨ 是诸名籍：此等记载。

⑩ 道、墨、刑法、阴阳、神仙之伦：道家、墨家、刑法家、阴阳家、神仙家之类。

⑪ 公族：公族大夫（朝廷所设学官）。《左传·成公十八年》："荀家、荀会、栾黡为公族大夫。"杜预注："公族大夫掌公族及卿大夫子弟之官。"

⑫ 盖：大概。

⑬ 需字从雨从而，"而"本义为"胡须"，"雨而"即胡须一样的雨，不大不小，人所求之。

⑭ 《周易》"需"卦之象为"云上于天"，为密云不雨之象，故有"需待"之意（《象传》：需，须也）。

⑮ 潦［lào］：古同"涝"。

⑯ 暵［hàn］：干热。

冠者，亦曰"术氏冠"（《汉·五行志》注引《礼图》），又曰"圜①冠"。庄周言儒者冠②圜冠者知天时，履③句屦④者知地形，缓⑤佩玦⑥者事至而断⑦（《田子方》篇文，《五行志》注引《逸周书》，文同《庄子》，圜字作鹬。《续汉书·舆服志》云：鹬冠前圜）。明⑧灵星午子⑨，吁嗟以求雨者，谓之儒。故曾晳⑩之狂而志舞雩⑪，原宪⑫之狷⑬而服华冠（华冠，亦名建华冠。《晋书·舆服志》以为即鹬冠。华皇亦一声之转）。皆以忿世为巫，辟易⑭放志于鬼道（阳狂为巫，古所恒有。曾、原二生之志，岂以灵保自命哉！董仲舒不喻斯旨，而崇饰土龙，乞效虾蟆，燔豭⑮荐脯，以事求雨，其愚亦甚）。古之儒知天文占候⑯，谓其多技，故号遍施于九能⑰，诸有术者悉晐⑱之矣。

---

① 圜［huán］：同"环"，圆之意。
② 冠：（动词）戴（帽）。
③ 履：（动词）穿（鞋）。
④ 句［jù］屦［jù］：方头鞋。
⑤ 缓：（动词）系。
⑥ 佩玦：系在腰间的佩玉。
⑦ 断：决断。
⑧ 明：知晓。
⑨ 灵星：又称天田星、龙星，主农事，古代以壬辰日祀于东南，祈年报功。午子：泛指时辰（午，中午。子，子夜）。
⑩ 曾晳，孔子的弟子。
⑪ 舞雩［yú］：鲁国求雨的祭坛。
⑫ 原宪：孔子的弟子。
⑬ 狷［juàn］：急躁。
⑭ 辟易：拜服。
⑮ 燔［fán］豭［jiā］：燔，焚烧；豭，公猪。
⑯ 占候：预言吉凶。
⑰ 九能：古大夫所具九种才能。《诗经毛传》："建邦能命龟、田能施命、作器能铭、使能造命、升高能赋、师旅能誓、山川能说、丧纪能诔、祭祀能语，君子能此九者，可谓有德者，可以为大夫。"
⑱ 悉晐［gāi］：悉，悉数；晐，同"赅"，具备。

类名①为儒，儒者，知礼、乐、射、御、书、数②。《天官》③曰：

儒以道得民。

说曰④：

儒，诸侯保氏⑤有六艺以教民者。

《地官》曰：

联师儒。⑥

说曰：

师儒，乡里教以道艺者。

———————————

① 类名：属称。
② 礼、乐、射、御、书、数：即"六艺"——礼法、乐舞、射箭、驾车、书法、算数。
③ 《天官》："八书"之一。"八书"即《史记》中的《礼》《乐》《律》《历》《天官》《封禅》《河渠》《平准》，为专题记述。此类记述后世正史皆称作"志"。
④ 说曰：解释。
⑤ 诸侯保氏：官名。《周礼·地官·保氏》："保氏掌谏王恶，而养国子以道，乃教之六艺。"郑玄注："谏者，以礼义正之。《文王世子》曰：'保也者，慎其身以辅翼之，而归诸道者也。'"
⑥ 联师儒：《周礼·地官·大司徒》："四曰联师儒，五曰联朋友。"郑玄注："师儒，乡里教以道艺者。"

此则躬备①德行为师，效其材艺为儒。养由基②射白猿，应矢而下；尹需③学御三年，受秋驾。《吕氏》曰：

皆六艺之人也。（《吕氏春秋·博志篇》）

明④二子皆儒者，儒者则足以为桢干⑤矣。

私名⑥为儒，《七略》⑦曰：

儒家者流，盖出于司徒之官⑧，助人君顺阴阳、明教化者也。游文⑨于《六经》之中，留意于仁义之际，祖述尧舜⑩，宪章文武⑪，宗师仲尼⑫，以重其言，于道为最高。

周之衰⑬，保氏失其守⑭，史籀之书、商高之算、蠭门之射、

---

① 躬备：具备。
② 养由基，春秋时楚国将领、神射手。
③ 尹需：见《淮南子》卷十二"道应训"："尹需学御，三年而无得焉。私自苦痛，常寝想之。中夜，梦受秋驾于师。明日往朝，师望之，谓之曰：'吾非爱道于子也，恐子不可予也。今日教子以秋驾。'"
④ 明：知道。
⑤ 桢干：原指筑墙时所用的木柱，喻关键人物。
⑥ 私名：专称。
⑦ 《七略》：汉刘向父子所编类书，内有"六艺略"、"诸子略"、"诗赋略"、"兵书略"、"术数略"、"方技略"，加上一个总论"辑略"，称为《七略》。略：概述。
⑧ 司徒之官：掌管百姓教化的官员，类似现代的教育部庸员。
⑨ 游文：潜心文字。
⑩ 祖述尧舜：以尧、舜为始祖。
⑪ 宪章文武：以周文王、周武王为楷模。
⑫ 宗师仲尼：以仲尼（孔子）为先师。
⑬ 周之衰：周朝衰落。
⑭ 守：地位。

范氏之御①，皆不自儒者传。故孔子曰：

吾犹及史之阙文也，有马者借人乘之，今亡矣夫。②

盖名契乱③，执辔调御之术，亦浸④不正，自诡鄙事⑤。言君
子不多能，为当世名士显人隐讳。及《儒行》称十五儒⑥，《七略》
疏⑦晏子以下五十二家，皆粗明德行政教之趣而已，未及六艺也。
其科⑧于《周官》⑨为师，"儒"绝而"师"假摄⑩其名。然自孟
子、孙卿，多自拟以天子三公⑪，智效一官⑫，德征一国⑬，则劣
矣。而末流亦弥以⑭哗世取宠，及郦生、陆贾、平原君之徒⑮，

---

① 史籀之书、商高之算、蠡门之射、范氏之御：史籀，周宣王时史官，善书
法。商高，西周人，善算数。蠡门，传说中的后羿弟子，善射箭。范氏，传说范
姓祖先受天赐，善驾车。
② 引自《论语·卫灵公》，大意是："我还能看出古史中有残缺，但用马驾
车让别人乘坐，现在不行了。"
③ 盖名契乱：大概因为（世事）纷乱。
④ 浸：渐渐。
⑤ 自诡鄙事：自己辩称（这是）粗俗之事。
⑥ 《儒行》：《礼记》第四十一篇，其中说到十五儒行，即容貌、备预、近
人、特立、刚毅、自立、仕、忧思、宽裕、举贤援能、任举、特立独行、规为、
交友、尊让。
⑦ 疏：解释。
⑧ 其科：这一层次（的儒）。
⑨ 《周官》：记载周代官制之书。
⑩ 假摄：替代。
⑪ 天子三公：辅助天子的三大臣，即太师、太傅、太保。
⑫ 智效一官：才智用于一官职。
⑬ 德征一国：德行仅施于一国。
⑭ 弥以：大多。
⑮ 郦生（即郦食其）和陆贾均为西汉儒家大臣。平原君，即赵胜，号平原
君，战国时赵国宗室大臣、赵武灵王之子、赵惠文王之弟。

哺歠不廉[①]，德行亦败，乃不如刀笔吏[②]。

是[③]三科者，皆不见五经家[④]。往者，商瞿、伏胜、谷梁赤、公羊高、浮丘伯、高堂生诸老[⑤]，《七略》格之[⑥]，名不登于儒籍（若《孙卿书叙录》云：“韩非号韩子，又浮丘伯，皆受业为名儒。”此则韩非、浮丘并得名儒之号，乃达名矣。《盐铁论·毁学》篇云：包丘子修道白屋之下，乐其志，或亦非专治经者）。儒者游文，而五经家专致[⑦]。五经家骨鲠守节[⑧]过儒者，其辩智弗如（传经之士，古文家吴起、李克、虞卿、孙卿而外，知名于七国者寡。儒家则孟子、孙卿、鲁连、宁越皆有显闻。盖五经家不务游说，其才亦未逮[⑨]也。至汉则五经家复以其术取宠，本末兼陨，然古文家独异是。古文家务求是，儒家务致用，亦各有适，兼之者李克、孙卿数子而已。五经家两无所当，顾欲两据其长，《春秋》断狱之言[⑩]，遂为厉于天下）。此其所以为异。自太史公始以“儒林”题齐鲁诸生，徒以润色孔氏遗业，又尚习礼乐弦歌之音，乡饮大射，事不违艺，故比而次之。及汉，有董仲舒、夏侯始昌、京房、翼奉之流，多推五胜[⑪]，又占

---

① 哺歠［chuò］不廉：吃喝无节制。

② 刀笔吏：春秋战国时文职小官（那时用竹简写字，写错了用刀刮掉，用笔也用刀，故有此称）。

③ 是：此。

④ 五经家：即汉代今文经学家（因只承认《五经》为经典，有别于承认其他经典的古文经学家）。

⑤ 商瞿、伏胜、谷梁赤、公羊高、浮丘伯、高堂生：均为战国或汉代今文经学家。

⑥ 格之：归类。

⑦ 专致：专心于致用。

⑧ 骨鲠守节：骨气节操。

⑨ 未逮：未获得。

⑩ 《春秋》断狱之言：意即引经断狱，也即根据经书来决定事物。

⑪ 五胜：五行相胜（即五行相克）：水胜火、火胜金、金胜木、木胜土、土胜水。

天官风角①，与鹬冠②同流。草窃③三科之间，往往相乱。晚有古文家出，实事求是，征于文不征于献④，诸在口说，虽游夏⑤犹黜之。斯盖史官支流，与儒家益绝⑥矣。

冒之⑦达名，道、墨、名、法、阴阳、小说、诗赋、经方⑧、本草⑨、蓄龟⑩、形法⑪，此皆术士，何遽⑫不言儒。局之⑬类名，蹴鞠⑭、弋道⑮近射⑯，历谱⑰近数⑱，调律⑲近乐⑳，犹虎门之儒㉑所事也（若以类名之儒言，赵爽、刘徽、祖恒之明算㉒，杜夔、阮咸、万宝常之知乐㉓，悉古之真儒矣）。今独以传经为儒，以私名则异㉔，以达

---

① 占天官风角：占天官和占风角，均为占卜法。

② 鹬冠：见前文，即达名之儒，术士也。

③ 草窃：剽窃。

④ 征于文不征于献：求之于经书，不求之于后世的解释和发挥（文：指经、史、历代会要和百家传记之书。献：指臣僚奏疏、诸儒评论、名流言谈、稗官记录等）。

⑤ 游夏：子游和子夏，均为孔子弟子。

⑥ 益绝：更加决裂。

⑦ 冒之：冠之以，称之为。

⑧ 经方：（开）药方。

⑨ 本草：（寻）药草。

⑩ 蓄龟：养龟。

⑪ 形法：骨相。

⑫ 何遽［jù］：亦作"何渠"，为何。

⑬ 局之：限之于。

⑭ 蹴［cù］鞠［jū］：踢球（蹴，踢；鞠，外包皮革、内实米糠的球）。

⑮ 弋［yì］道：跑步。

⑯ 近射：与射箭相近。

⑰ 历谱：即历法，年月日的推算。

⑱ 近数：与算数相近。

⑲ 调律：调试（琴的）音律。

⑳ 近乐：与奏乐相近。

㉑ 虎门之儒：泛指儒（魏·蔡邕《劝学篇》："周之师氏，居虎门左，敷陈六艺，以教国子。"）。

㉒ 明算：知晓算数。

㉓ 知乐：懂得音乐。

㉔ 以私名则异：归之以专称（之儒）也不同。

名、类名则偏①。要之，题号②由古今异③。儒犹道矣，儒之名于古④通为术士，于今专为师氏之守⑤；道之名于古通为德行道艺，于今专为老聃⑥之徒。道家之名，不以题诸⑦方技者，嫌与老氏混也。传经者复⑧称儒，即与私名之儒淆乱（《论衡·书解》篇曰："著作者为文儒，说经者为世儒。世儒易为，文儒之业，卓绝不循，彼虚说，此实篇。"案：所谓文儒者，九流六艺太史之属，所谓世儒者，即今文家。以此为别，似可就部，然世儒之称，又非可⑨加诸刘歆、许慎⑩也）。孔子曰：

今世命儒也，妄，常以儒相诟病。⑪

谓自师氏之守以外，皆宜去儒名，非独经师也。以三科悉称儒，名实不足以相检⑫，则儒常相伐⑬。故有理、情、性陈⑭王道，而不丽⑮保氏，身不跨马，射不穿札，即与驳者⑯，则

---

① 以达名、类名则偏：归之以统称、属称（之儒）也有偏差。
② 题号：给以名称（即达名、类名、私名）。
③ 由古今异：根据古代（情况），今天（情况）已不同。
④ 于古：在古代。
⑤ 师氏之守：为师之人的职守。
⑥ 老聃［dān］：即老子。
⑦ 不以题诸：不用来称呼。
⑧ 复：也。
⑨ 非可：不可。
⑩ 刘歆［xīn］，西汉古文经学家，与父刘向合编《山海经》。许慎，东汉古文经学家，撰《说文解字》。
⑪ 引自《礼记·儒行》，大意是："现在的人称呼儒，是乱来的，常常有儒者相互指责。"
⑫ 相检：相符。
⑬ 相伐：相互攻击。
⑭ 陈：陈述。
⑮ 丽：附丽、附着（兼）。
⑯ 即与驳者：即有责难者。

以呰窳①诟之，以多艺匡②之，是以类名宰③私名也。有审方圆、正书名，而不经品庶④，不念烝民⑤疾疢⑥，即与驳者，则以他技⑦诟之，以致远匡之，是以私名宰类名也。有综九流、庿⑧万物，而不一⑨孔父⑩，不蹩躠⑪为仁义，即与驳者，则以左道诟之，以尊师匡之，是以私名宰达名也。今令术士、艺人、闳眇⑫之学，皆弃捐儒名，避师氏、贤者路，名喻⑬则争自息。不然⑭，儒家称"师"，艺人称"儒"，其余各名其"家"，泛言曰"学者"；旁及诗赋，而泛言曰"文学"（文学名，见《韩子》，盖亦七国时泛称也），亦可以无相鏖⑮矣。礼、乐，世变易；射、御，于今麤粗⑯，无参连、白矢⑰、交衢、和鸾⑱之技，独书、数仍世益精博。凡为学者，未有能舍是者也。三科虽殊，要之，以书、数为本。

---

① 呰［zǐ］窳［yǔ］：懒惰。
② 匡：要求。
③ 宰：衡量。
④ 品庶：众人、百姓。
⑤ 烝［zhēng］民：众人。
⑥ 疾疢［chèn］：患病（疾作动词。疢，热病）。
⑦ 他技：旁技（无用之技）。
⑧ 庿［jǐ］：原义为细小、粉末，引申为精细、精通。
⑨ 一：（动词）和……一样。
⑩ 孔父：孔子的尊称。
⑪ 蹩［bié］躠［xiè］：奔波。
⑫ 闳［hóng］眇［miǎo］：虚玄。
⑬ 名喻：名分清晰。
⑭ 不然：若不，那就……
⑮ 鏖［áo］：喧扰。
⑯ 麤［cū］粗：粗浅（麤，即粗）。
⑰ 参连、白矢：均为古代射礼的五种箭法之一。
⑱ 交衢、和鸾：交衢即路口，和鸾即车铃，喻御车。

儒家之利病①

章太炎

儒者之称，有广狭二义。以广义言，凡士子皆得称之；以狭义言，如汉儒、宋儒始可谓儒。今姑论狭义之儒。

儒自古称"柔"，少振作②。《汉书·艺文志》云，儒家议论多而成功少，惟孔子及七十子则不然。春秋以后，儒家分为二宗：一曰孟子，二曰荀子，大抵经学之士多宗荀③，理学之士多宗孟④。然始之儒者能综合之，故兼有修身、齐家、治国、平天下之力。汉儒如贾谊⑤之徒，言词虽涉铺张，然文帝纳之，施之

---

① 本文系 1933 年作者于苏州国学会的演讲记录，后收入《太炎文录续编》（载《章太炎全集》第五卷），其要点如题目所示，论儒家的"利"（优）与"病"（劣）。按作者的独特见解，儒家之"利病"，源于春秋之后儒家分为"二宗"，即荀子与孟子。汉儒和唐儒大凡能综合荀孟，"兼有修身、齐家、治国、平天下之力"，故大多在政治、军事上有所作为、有所建树。此为儒家之"利"。至宋代，由于"尊孟抑荀"，儒家"病"矣，大多学者疏于国家大政，而且骄吝、迂腐，唯有范仲淹、顾炎武等人是少数例外。总之，作者认为"不重权谋"是宋儒及后世之儒的通"病"。

② 振作：激烈举动。

③ 宗荀：以荀子为宗师。

④ 宗孟：以孟子为宗师。

⑤ 贾谊，西汉儒生，世称贾生，文帝时任博士，迁太中大夫，受大臣周勃、灌婴排挤，谪为长沙王太傅，故后世亦称贾长沙、贾太傅。三年后被召回长安，为梁怀王太傅。梁怀王坠马而死，深自歉疚，抑郁而亡，时仅 33 岁。

于政，灿然可观。是时儒者，非惟能论政治，善用兵者亦多，段颎、张奂①平西羌，度尚②平南蛮，卢植③平黄巾。植④经学、政治、军略，均卓尔不群。即三分鼎足之刘备，亦师事卢植，及后即帝位，犹谆谆教其子读《礼记》，非儒而何？曹操、孙权皆举孝廉⑤，亦儒之流也。唐之儒亦能综合孟荀，故如魏征、陆贽⑥辈之相业⑦，彪炳千古。至有宋理学之儒出，尊孟抑荀，于是儒者皆绌于军国大事。窃谓孟子之学，虽抗言⑧王道，然其实郡县之才⑨也。如"五亩之宅，树之以桑，五十者可以衣帛矣……"⑩云云，足征其可造成循吏⑪。即孟子得时乘权，亦不过如黄霸、龚遂⑫耳，不如荀之规模扩大。故宋儒服官⑬者，多循吏，而于国家大政则疏⑭，其所由来者渐⑮矣。

昔人言⑯，儒相推葛、陆、范、马⑰。然诸葛治蜀，全任综

①　段颎、张奂，均为东汉初期儒将。
②　度尚，东汉中期儒将。
③　卢植，东汉后期儒将。
④　植：卢植。
⑤　举孝廉：汉以后的举荐制度，受荐之人即为"举人"，多为通晓经书的儒生。
⑥　魏征、陆贽，均为唐代名相。
⑦　相业：为相之业。
⑧　抗言：大声宣称。
⑨　郡县之才：治郡治县之才（小才能，不成大器）。
⑩　引自《孟子·梁惠王上》。
⑪　循吏：循规蹈矩的地方官员。
⑫　黄霸、龚遂，均为东汉臣僚，除做官，无建树。
⑬　服官：做官。
⑭　疏：生疏。
⑮　渐：原义为水慢慢流，引申为长久。
⑯　指曾国藩《圣哲画像记》。
⑰　葛、陆、范、马，即诸葛亮、陆贽、范仲淹、司马光。

核①，法家之流，非儒家也。当推魏征为宜。明之刘健、徐阶②，亦堪称之。余定古今儒相为魏、陆、范、马、刘、徐③六人，若姚崇、宋璟④，亦法家也。李泌⑤则道家也。李德裕、杨一清、张居正⑥则善用权谋者也。

后世之儒，少有论兵者。于王阳明⑦之武功，亦非群儒所喜，盖孟子之不论兵有以致之。若荀子则有《议兵篇》在（荀子《议兵篇》之论古兵制曰，齐之技击不可以遇魏氏之武卒，魏氏之武卒不可以遇秦之锐士，秦之锐士不可以当桓文⑧之节制，桓文之节制不可以敌汤武⑨之仁义，有遇者，若以焦熬投石⑩焉）。

骄吝⑪亦儒者之深病。子曰：

> 如有周公之才之美，使骄且吝，其余不足观也已。⑫

而宋儒率多⑬妄自尊大，其铿吝亦深。林栗⑭远道求学

---

① 综核：聚总而核之（技术手段）。
② 刘健，明朝中期名臣、内阁首辅。徐阶，明嘉靖朝名臣、内阁首辅。
③ 魏、陆、范、马、刘、徐，即魏征、陆贽、范仲淹、司马光、刘健、徐阶。
④ 姚崇，唐朝名相，历高宗、武后、中宗、睿宗、玄宗五朝，三次拜为宰相，兼兵部尚书。宋璟，唐朝名相，历武后、中宗、睿宗、殇帝、玄宗五朝，与姚崇同佐玄宗，创"开元盛世"。
⑤ 李泌，唐朝中期道家谋臣。
⑥ 李德裕，唐朝后期名相。杨一清，明朝中期大臣。张居正，明万历朝内阁首辅。
⑦ 王阳明，名守仁，字伯安，号阳明先生，明朝理学家。
⑧ 桓文：春秋五霸中齐桓公和晋文公的合称。
⑨ 汤武：商汤和周武王的合称。
⑩ 焦熬投石：（成语）用焦脆的东西去撞石头（喻必败）。
⑪ 骄吝，亦作"骄悋"，骄傲而吝啬。
⑫ 引自《论语·泰伯》。
⑬ 率多：大多。
⑭ 林栗，南宋大臣，官至礼部尚书。

于朱子①，朱子待之以脱粟饭②，致林栗怀恨去。然此非徒理学诸公有之，英雄如曹操，良相如司马温公③，亦不免有吝字。操临终时，尚恋其裘服④，最为可笑；温公遇某生欲纳妾，贷钱二千缗⑤，公以长函责之。如清末所称之曾国藩，政治不足述，军事有足纪，其战胜之关键，在熟读《方舆纪要》⑥，知地理，明形势，以扼敌于死也。然亦辞不得吝字：闻⑦李鸿章为其幕僚，月得薪水十二两；又观其家书，嘱其夫人日纺纱四两，何异臧文仲⑧之妾织蒲？张安世⑨家僮七百，各有手技。公仪休⑩为相，拔园葵，去织妇，以不欲与民争利也，而后世乃以此为美，亦异乎吾所闻矣。大抵儒之吝者，皆杂有墨家之风。荀子曰，墨子汲汲为天下忧不足。惟孟荀时，儒颇阔大，多不吝啬，以后之儒，则似不然。范文正、顾亭林⑪则出泥不染，可法也。

理学至宋之永嘉派陈止斋、叶水心⑫，专述制度，较余派为

---

① 朱子，即朱熹，南宋理学家。

② 脱粟饭：即糙米饭。

③ 司马温公，即司马光。

④ 裘服：毛皮大褂。

⑤ 缗［mín］：穿铜钱的绳子，也用以计量（钱十缗，即十串铜钱，一般每串一千文）。

⑥ 《方舆纪要》：全称《二十一史方舆纪要》，清初地理著作，顾祖禹撰。

⑦ 闻：听说。

⑧ 臧文仲，春秋时鲁国大夫。

⑨ 张安世，西汉大臣。

⑩ 公仪休，春秋时鲁国宰相。

⑪ 范文正，即范仲淹，北宋名相。顾亭林，即顾炎武，明末清初大学者。

⑫ 陈止斋、叶水心，南宋永嘉学派（也称"事功学派"）代表人物，因两人均为浙东永嘉（今温州）人，故名。

有实用，亦尚不免迂阔。如慕①唐府兵②，而以为不须糜铜③，此盖信"三时务农，一时讲武"④之说。然欲兵之选练，征兵亦须在行伍，岂得"三时务农"乎？至清颜习斋、李恕谷⑤之学，重礼、乐、射、御、书、数，而射、御尤重，可谓扼要。其说之夸大者，则谓一人可兼水火工虞⑥。若陆桴亭⑦之学，亦甚切实，惟误信"致知格物"之说，《思辨录》中喜论天文，其于兵法信《八阵图》（《八阵图》见唐李荃《太白阴经》）、戚继光⑧"鸳鸯阵"，亦不免于迂也。

孔子之门甚广大，非皆儒也，故云：夫子之门，何其杂也。子贡⑨纵横家，子路⑩任侠之士，而又兼兵家，然儒家之有权谋者，亦仍本乎道家。即前所指六相中，除魏、马、刘外，陆、范、徐皆善用权谋。即尚论周公⑪，岂非儒家之首，然其用太公⑫主兵，足征亦任权谋矣。太公，道家也，然其所使权谋，皆

① 慕：羡慕。
② 唐府兵：唐朝府兵制（以此强军）。
③ 糜铜：买粮食的钱（糜：黍。铜：钱）。
④ "三时务农，一时讲武"：即士卒用大量时间种地（以自给），用少量时间练武。
⑤ 颜习斋（即颜元）、李恕谷（即李塨），均为清初儒学家，因其学说相近，合称"颜李学派"。
⑥ 水火工虞：水虞和火虞（即和水有关的工务与和火有关的工务）。
⑦ 陆桴亭，明末清初理学家。
⑧ 戚继光，明朝将领，率兵在东南沿海抗击倭寇十余年。
⑨ 子贡，孔子弟子。
⑩ 子路，孔子弟子。
⑪ 周公，姬旦，周文王姬昌之子，周武王姬发之弟，辅佐周武王伐纣，世称周公。
⑫ 太公，即姜尚（或吕尚），字子牙，世称姜太公，辅佐周武王灭商，善用兵。

露而不隐，范蠡、陈平①即其流亚②，反不如管仲③处处守正，深沉不露，若老子④则尤微妙不可测矣。如范蠡在孔子之门，亦未必见摈⑤也，至孟荀⑥皆不尚权谋。然若本无其具⑦，强而效之，则反足致误。方孝孺⑧本无权谋，其反间燕世子⑨事，如邯郸效颦⑩，卒致于败。故知任天下之重者，权谋本非所禁，然亦非迂儒之所可效也。

（1933 年 10 月）

---

① 范蠡，春秋时越国重臣，辅佐越王勾践灭吴复国。陈平，汉初谋士，与张良同为刘邦辅佐。
② 流亚：同一类。
③ 管仲，春秋时齐国宰相，法家，助齐桓公称霸。
④ 若老子：若学老子。
⑤ 见摈：受排斥。
⑥ 孟荀：孟子与荀子。
⑦ 本无其具：本无此才能。
⑧ 方孝孺，明朝重臣、儒家文人。
⑨ 燕世子，即燕王朱棣，后为明朝第三位皇帝，年号永乐，世称永乐帝。
⑩ 邯郸效颦："邯郸学步""东施效颦"之合。

鲁迅简介

　　鲁迅（1881—1936），笔名，真名周树人，字豫才，浙江绍兴人，现代作家、学者。早年留学日本，回国后曾师从章太炎，并先后在杭州、绍兴任教。1911年辛亥革命后，曾任南京临时政府和北京政府教育部部员、佥事等职，兼在北京大学、女子师范大学等校授课。1918年，开始用"鲁迅"笔名发表小说、杂文和散文，成为新文化运动中的重要一员。1926年，南下到厦门大学任中文系主任。第二年辞职，到广州中山大学任教务主任。仅十个月又辞职，并离开广州，定居上海，成为职业作家，以稿费维持生计，直到1936年因病去世，享年五十五岁。其一生著有短篇小说集、杂文集和散文集多卷，重要的有短篇小说集《呐喊》《彷徨》、杂文集《坟》《华盖集》《而已集》《且介亭杂文》和散文集《野草》等。此外，他还搜集、研究、整理了大量古典文献：编著《中国小说史略》《汉文学史纲要》，整理《嵇康集》，辑录《会稽郡故书杂录》《古小说钩沉》《唐宋传奇录》《小说旧闻钞》等。尽管他对国学（或者说传统文化）基本持否定态度，但无论其创作，还是研究，都显示出深厚的、堪称大师的国学功底。自他去世后，有多种《鲁迅全集》出版，最近的是2005年人民文学出版社出版的《鲁迅全集》十八卷。

由中国女人的脚，推定中国人之非中庸，又由此推定孔夫子有胃病[①]

——"学匪"派考古学之一

鲁　迅

　　古之儒者不作兴[②]谈女人，但有时总喜欢谈到女人。例如"缠足"吧，从明朝到清朝的带些考据气息的著作中，往往有一篇关于这事起源的迟早的文章。为什么要考究这样下等事呢，现在不说它也罢。总而言之，是可以分为两大派的：一派说起源早，一派说起源迟。说早的一派，看他的语气，是赞成缠足的，事情愈古愈好，所以他一定要考出连孟子的母亲也是小脚妇人的证据来。说迟的一派却相反，他不大恭维缠足，据说，至早亦不

---

　　①　本文初刊于 1933 年 3 月 16 日《论语》第十三期，后收入《南腔北调集》（1934）。如题所示，本文先以女人缠足为例，认为中国古人并不中庸，而是常常走极端——儒家之所以提倡中庸，"正因为大家并不中庸的缘故"。既然儒家的中庸之道并不代表中国古人的普遍品行，那么儒家的其他言论，尤其是孔夫子的言论，也不必是什么"圣言"；譬如，孔夫子说"割不正，不食""食不厌精，脍不厌细"等，这只能说明他可能有胃病，其他什么也说明不了。由小见大，这里可见作者对儒家所持的大不以为然的批判态度。
　　②　不作兴；（吴越方言）不应该。

过起于宋朝的末年。

　　其实，宋末，也可以算得古的了。不过，不缠之足，样子却还要古，学者应该"贵古而贱今"，斥缠足者，爱古也。但也有先怀了反对缠足的成见，假造证据的。例如前明才子杨升庵①先生，他甚至于替汉朝人做《杂事秘辛》②，来证明那时的脚是"底平趾敛"③。

　　于是，又有人将这用作缠足起源之古的材料，说既然"趾敛"，可见是缠的了。但这是自甘于低能之谈，这里不加评论。

　　照我的意见来说，则以上两大派的话，是都错，也都对的。现在是古董出现的多了，我们不但能看见汉唐的图画，也可以看到晋唐古坟里发掘出来的泥人儿。那些东西上所表现的女人的脚上，有圆头履，有方头履，可见是不缠足的。古人比今人聪明，她决不至于缠小脚而穿大鞋子，里面塞些棉花，使自己走得一步一拐。

　　但是，汉朝就确已有一种"利屣"④，头是尖尖的，平常大约未必穿罢，舞的时候，却非此不可。不但走着爽利，"潭腿"⑤似的踢开去之际，也不至于为裙子所碍，甚至于踢下裙子来。那

---

　　① 杨升庵，即杨慎，字用修，号升庵，明代文人、"明三才子"之首，官至翰林修撰。
　　② 《杂事秘辛》：杨慎所作笔记小说，伪托为东汉佚书，题无名氏撰。书中写东汉桓帝（刘志）选梁莹为妃之事，其中写到梁莹"足长八寸，踁跗丰研，底平趾敛，约缣迫袜，收束微如禁中"。据此，杨慎在该书跋语中说："予尝搏考弓足原始，不得。及见'约缣迫袜，收束微如禁中'语，则缠足后汉已自有之。"用自己编造的证据，一本正经作出论断，无聊、可笑之至。
　　③ 底平趾敛：脚底是平的，脚趾是收拢的。
　　④ 利屣［xǐ］：尖头女鞋，一般用作舞鞋。见《史记·货殖列传》："今夫赵女郑姬，设形容，揳鸣琴，揄长袂，蹑利屣，目挑心招。"
　　⑤ 潭腿：一种踢腿术，相传为清代山东龙潭寺的和尚所创，故称。

时太太们固然也未始不舞，但舞的究以倡女①为多，所以倡伎②就大抵穿着"利屣"，穿得久了，也免不了要"趾敛"的。然而伎女的装束，是闺秀们的大成至圣先师，这在现在还是如此，常穿"利屣"，即等于现在之穿高跟皮鞋，可以俨然居炎汉③摩登女郎④之列，于是乎虽是名门淑女，脚尖也就不免尖了起来。先是倡伎尖，后是摩登女郎尖，再后是大家闺秀尖，最后才是"小家碧玉"⑤一齐尖。待到这些"碧玉"们成了祖母时，就入于利屣制度统一脚坛的时代了。

当民国初年，不佞⑥观光北京的时候，听人说，北京女人看男人是否漂亮（自按：盖即今之所谓"摩登"也）的时候，是从脚起，上看到头的。所以男人的鞋袜，也得留心，脚样更不消说，当然要弄得齐齐整整，这就是天下之所以有"包脚布"的原因。仓颉造字，我们是知道的，谁造这布的呢，却还没有研究出。但至少是"古已有之"，唐朝张鷟⑦作的《朝野金载》罢，他说武后朝有一位某男士，将脚裹得窄窄的，人们见了都发笑⑧。可见盛唐之世，就已有了这一种玩意儿，不过还不是很极

---

　　① 倡女：卖艺女（如歌女、舞女）。
　　② 倡伎：倡女、艺伎的简称。
　　③ 炎汉：即汉代。按阴阳家用金木水火土"五行"推算，汉属火，故称"炎汉"。
　　④ 摩登女郎：英文 modern girl 的旧译名，通译"现代女孩"或"时髦少女"。
　　⑤ 小家碧玉：碧玉原系人名，后常以此喻小康人家的少女。初见南朝乐府《碧玉歌》："碧玉小家女，不敢攀贵德。"
　　⑥ 不佞［nìng］：原意为无才（佞：有才），（谦语）自称。初见《论语·公冶长》："雍也，仁而不佞。"
　　⑦ 张鷟［zhuó］，字文成，自号浮休子，唐代小说家，作品有《朝野金载》《龙筋凤髓判》《游仙窟》等。
　　⑧ 此系作者误记，《朝野金载》中无此记载。

端，或者还没有很普及。然而，好像终于普及了。由宋至清，绵绵不绝，民元革命①以后，革了与否，我不知道，因为我是专攻考"古"学的。

然而，奇怪得很，不知道怎的（自按：此处似略失学者态度），女士们之对于脚，尖还不够，并且勒令它"小"起来了，最高模范，还竟至于以三寸为度。这么一来，可以不必兼买利屣和方头履两种，从经济的观点来看，是不算坏的，可是从卫生的观点来看，却未免有些"过火"。换一句话，就是"走了极端"了。

我中华民族虽然常常的自命为爱"中庸"，行"中庸"的人民，其实是颇不免于过激的。譬如，对于敌人吧，有时是压服不够，还要"除恶务尽"，杀掉不够，还要"食肉寝皮"。但有时候，却又谦虚到"侵略者要进来，让他们进来。也许他们会杀了十万中国人。不要紧，中国人有的是，我们再有人上去"。这真教人会猜不出是真痴还是假呆。而女人的脚尤其是一个铁证，不小则已，小则必求其三寸，宁可走不成路，摆摆摇摇。慨②自辫子肃清③以后，缠足本已一同解放的了，老新党的母亲们④，鉴于自己在皮鞋里塞棉花之麻烦，一时也确给她的女儿留了天足⑤。然而，我们中华民族是究竟有些"极端"的。不多久，老

---

① 民元革命：民国元年（即1912年）的革命。

② 慨：感慨。

③ 辫子肃清：指清帝退位、民国建立后男人剪掉辫子。

④ 老新党的母亲们：清末维新派被称为"新党"，到了民国初，维新派已成旧派，被戏称为"老新党"；此处的"母亲们"，是指拥护维新派的女人。

⑤ 天足：天然之足（即不缠足）。

病复发，有些女士们已在别想花样，用一枝细黑柱子将脚跟支起①，叫它离开地球。她到底非要她的脚变把戏不可。由过去以测将来，则四朝（假如仍旧有朝代的话）之后，全国女人的脚趾都和小腿成一直线，是可以有八九成把握的。

然则，圣人为什么大呼"中庸"呢？曰：这正因为大家并不中庸的缘故。人必有所缺，这才想起他所需。穷教员养不活老婆了，于是觉到女子自食其力说之合理，并且附带地向男女平权论点头；富翁胖到要发哮喘病了，才去打高而富球②，从此主张运动的紧要。我们平时是决不记得自己有一个头，或一个肚子，应该加以优待的，然而一旦头痛肚泻，这才记起了它们，并且大有休息要紧、饮食小心的议论。倘有谁听了这些议论之后，便贸贸然决定这议论者为卫生家，可就"失之十丈、差以亿里"了。

倒相反，他是不卫生家，议论卫生正是他向来的不卫生的结果的表现。孔子曰："不得中行而与之，必也狂狷乎。狂者进取，狷者有所不为也。"③ 以孔子交游之广，事实上没法子，只好寻狂狷相与，这便是他在理想上之所以哼着"中庸、中庸"的原因。

以上的推定假使没有错，那么，我们就可以进而推定孔子晚

---

① 指穿高跟鞋。

② 高而富球：英文 golf 的旧译名，通译"高尔夫"。

③ 语见《论语·子路》，大意是："找不到奉行中庸之道人交往，只能和狂者与狷者交往了。狂者一味进取，狷者萎缩不前。"朱熹注："行，道也。狂者，志极高而行不掩。狷者，知未及而守有余。"

年是生了胃病的了。"割不正，不食"①，这是他老先生的古板规矩。但"食不厌精，脍不厌细"②的条令，却有些稀奇，他并非百万富翁，或能收许多版税的文学家，想不至于这么奢侈的，除了只为卫生，意在容易消化之外，别无解法。况且"不撤姜食"③，又简直是省不掉暖胃药了。何必如此独厚于胃，念念不忘呢？曰：以其有胃病之故也。

倘说，坐在家里不大走动的人们很容易生胃病，孔子周游列国④，运动⑤王公，该可以不生病证的了。那就是犯了知今而不知古的错误。盖当时花旗白面⑥尚未输入，土磨麦粉多含灰沙，所以分量较今面为重；国道尚未修成，泥路甚多凹凸，孔子如果肯走，那是不大要紧的，而不幸他偏有一车两马。胃里袋着沉重的面食，坐在车子里走着七高八低的道路，一颠一顿、一掀一坠，胃就被坠得大起来，消化力随之减少，时时作痛；每餐非吃"生姜"不可了。所以，那病的名目，该是"胃扩张"；那时候，则是"晚年"，约在周敬王十年以后。

以上的推定，虽然简略，却都是"读书得间"的成功。但若急于近功，妄加猜测，即很容易陷于"多疑"的谬误。例如

---

① "割不正，不食"：语出《论语·乡党》，意为"（食物）切割得不方正，不吃"。

② "食不厌精，脍不厌细"：语出《论语·乡党》，意为"粮食越精越好，肉切得越细越好"。

③ "不撤姜食"：语出《论语·乡党》，全句为"不撤姜食，不多食"。撤：撤下。姜食：生姜做的食物（暖胃消食）。

④ 孔子周游列国：孔子于鲁定公十二年至鲁哀公十一年（前498—前484）离开鲁国，周游宋、卫、陈、蔡、齐、楚等国，游说诸侯，终不见用。

⑤ 运动：（动词）使有所行动。

⑥ 花旗白面：美国精白面粉（旧时称美国国旗为"花旗"）。

吧，二月十四日《申报》载南京专电云："中执委会令各级党部及人民团体制'忠孝、仁爱、信义、和平'① 匾额，悬挂礼堂中央，以资启迪。"看了之后，切不可便推定为各要人讥大家为"忘八"②；三月一日《大晚报》载新闻云："孙总理夫人宋庆龄女士自归国寓沪后，关于政治方面，不闻不问，惟对社会团体之组织非常热心。据本报记者所得报告，前日有人由邮政局致宋女士之索诈信□（自按：原缺）件，业经本市局派驻邮局检查处检查员查获，当将索诈截留，转辗呈报市府。"看了之后，也切不可便推定虽为总理夫人宋女士的信件，也常在邮局被当局派员所检查。

盖虽"学匪派考古学"，亦当不离于"学"，而以"考古"为限的。

二十二年三月四日夜

---

① "忠孝、仁爱、信义、和平"：当时由戴季陶根据儒家"孝、悌、忠、信、礼、义、廉、耻"八字信条提出的所谓"八德"，后国民政府教育部将此作为"小学公民训练标准"。

② "忘八"："孝、悌、忠、信、礼、义、廉、耻"八字信条第八字为"耻"，"忘八"即"忘耻""无耻"。

在现代中国的孔夫子[①]

鲁　迅

　　新近的上海的报纸，报告着因为日本的汤岛[②]，孔子的圣庙落成了，湖南省主席何键[③]将军就寄赠了一幅向来珍藏的孔子的画像。老实说，中国的一般的人民，关于孔子是怎样的相貌，倒几乎是毫无所知的。自古以来，虽然每一县一定有圣庙，即文庙，但那里面大抵并没有圣像。凡是绘画，或者雕塑，应该崇敬的人物时，一般是以大于常人为原则的，但一到最应崇敬的人物，例如孔夫子那样的圣人，却好像连形象也成为亵渎，反不如没有的好。这也不是没有道理的。孔夫子没有留下照相来，自然不能明白真正的相貌。文献中虽然偶有记载，但是胡说八道也说不定。若是重新雕塑的话，则除了任凭雕塑者的空想而外，毫无

---

　　① 本文原文为日文，初刊于日本《改造》月刊1935年6月号，中译文初刊于日本东京出版的《杂文》月刊1935年7月号，后收入《且介亭杂文二集》（1937）。本文的要点是：孔夫子生前并不显赫，他的名声是历代权势者捧起来的，为的是用他来达到他们的目的；也就是说，孔夫子一直是被当作敲门砖的。到了现代，仍有人想用孔夫子来当敲门砖。但这回，连敲门砖也当不成了——这就是"在现代中国的孔夫子"。

　　② 汤岛：东京街名，建有日本最大的孔庙"汤岛圣堂"（1923年被焚，1935年重建）。

　　③ 何键，时任湖南省政府主席。

办法，更加放心不下。于是儒者们也终于只好采取"全部，或全无"的勃兰特①式的态度了。

然而，倘是画像，却也会间或遇见的。我曾经见过三次：一次是《孔子家语》②里的插画；一次是梁启超氏亡命日本时，作为横滨出版的《清议报》上的卷头画，从日本倒输入中国来的；还有一次是刻在汉朝墓石上的孔子见老子的画像。说起从这些图画上所得的孔夫子的模样的印象来，则这位先生是一位很瘦的老头子，身穿大袖口的长袍子，腰带上插着一把剑，或者腋下挟着一枝杖，然而从来不笑，非常威风凛凛的。假使在他的旁边侍坐，那就一定得把腰骨挺的笔直，经过两三点钟，就骨节酸痛，倘是平常人，大约总不免急于逃走的了。

后来，我曾到山东旅行。在为道路的不平所苦的时候，忽然想到了我们的孔夫子③。一想起那具有俨然道貌的圣人，先前便是坐着简陋的车子，颠颠簸簸，在这些地方奔忙的事来，颇有滑稽之感。这种感想，自然是不好的，要而言之，颇近于不敬，倘是孔子之徒，恐怕是决不应该发生的。但在那时候，怀着我似的不规矩的心情的青年，可是多得很。

我出世的时候是清朝的末年，孔夫子已经有了"大成至圣文宣王"这一个阔得可怕的头衔，不消说，正是圣道支配了全国的时代。政府对于读书的人们，使读一定的书，即《四书》和

---

① 勃兰特，易卜生诗剧《勃兰特》中主人公，其名言是："要么全部，要么全无。"
② 《孔子家语》：又名《孔氏家语》，共十卷四十四篇，三国（魏）王肃注，书中附有王肃序和"后序"（即跋）。
③ 孔子是鲁国（即今山东）人，故有此"想"。

《五经》；使遵守一定的注释；使写一定的文章，即所谓"八股文"；并且使发一定的议论。然而，这些千篇一律的儒者们，倘是四方的大地，那是很知道的，但一到圆形的地球，却什么也不知道，于是和《四书》上并无记载的法兰西和英吉利打仗①而失败了。不知道为了觉得与其拜着孔夫子而死，倒不如保存自己们之为得计呢，还是为了什么，总而言之，这回是拼命尊孔的政府和官僚先就动摇起来，用官帑②大翻③起洋鬼子的书籍来了。属于科学上的古典之作的，则有侯失勒④的《谈天》、雷侠儿⑤的《地学浅释》、代那⑥的《金石识别》，到现在也还作为那时的遗物，间或躺在旧书铺子里。

然而，一定有反动。清末之所谓儒者的结晶，也是代表的大学士徐桐⑦氏出现了。他不但连算学也斥为洋鬼子的学问；他虽然承认世界上有法兰西和英吉利这些国度，但西班牙和葡萄牙的存在，是决不相信的；他主张这是法国和英国常常来讨利益，连自己也不好意思了，所以随便胡诌出来的国名。他又是一九〇〇年的有名的义和团的幕后的发动者，也是指挥者。但是，义和团完全失败，徐桐氏也自杀了。政府就又以为外国的政治法律和学问技术颇有可取之处了。我的渴望到日本去留学，也就在那时

---

① 和《四书》上并无记载的法兰西和英吉利打仗：指 1840 年和 1856 年的两次"鸦片战争"（法兰西、英吉利：法国、英国的旧译名）。

② 官帑：公费。

③ 翻：翻译。

④ 侯失勒，F. W. Herschel，通译"赫歇耳"，19 世纪英国天文学家、物理学家。

⑤ 雷侠儿，C. Lyel，通译"赖尔"，19 世纪英国地质学家。

⑥ 代那，J. D. Dana，通译"丹纳"，19 世纪美国地质学家、矿物学家。

⑦ 徐桐，清末大臣，光绪年间官至大学士。

候。达了目的，入学的地方是嘉纳先生所设立的东京的弘文学院①；在这里，三泽力太郎先生教我水是养气和轻气所合成，山内繁雄先生教我贝壳里的什么地方其名为"外套"。这是有一天的事情。学监大久保先生集合起大家来，说：因为你们都是孔子之徒，今天到御茶之水②的孔庙里去行礼罢！我大吃了一惊。现在还记得那时心里想，正因为绝望于孔夫子和他的"之徒"，所以到日本来的，然而又是拜么？一时觉得很奇怪。而且发生这样感觉的，我想决不止我一个人。

但是，孔夫子在本国的不遇，也并不是始于二十世纪的。孟子批评③他为"圣之时者也"④，倘翻成现代语，除了"摩登⑤圣人"实在也没有别的法。为他自己计，这固然是没有危险的尊号，但也不是十分值得欢迎的头衔。不过，在实际上，却也许并不这样子。孔夫子的做定了"摩登圣人"，是死了以后的事，活着的时候却是颇吃苦头的。跑来跑去，虽然曾经贵为鲁国的"警视总监"⑥，而又立刻下野，失业了；并且为权臣所轻蔑，为野人所嘲弄，甚至于为暴民所包围，饿扁了肚子。弟子虽然收了三千名，中用的却只有七十二⑦，然而真可以相信的，又只有一个

---

① 弘文学院：一所为中国留学生所设的学习日语和基础课程的预备学校，创办人是嘉纳治五郎。

② 御茶之水：东京地名（汤岛圣堂即在御茶之水车站附近）。

③ 批评：评论（无贬意）。

④ 引自《孟子·万章》，意为"圣人中合乎现时的"。

⑤ 摩登：英文 modern 一词的音译，意译为"现代"或"时髦"。

⑥ 警视总监：日本警局最高长官（孔子曾一度任鲁国司寇，与日本这一官职相当）。

⑦ 古人常说，孔子弟子三千，贤人七十二。

人①。有一天，孔夫子愤慨道："道不行，乘桴②浮于海，从我者，其由③与?"从这消极的打算上，就可以窥见那消息。然而连这一位由，后来也因为和敌人战斗，被击断了冠缨，但真不愧为由呀，到这时候也还不忘记从夫子听来的教训，说道"君子死，冠不免"④，一面系着冠缨，一面被人砍成肉酱了。连唯一可信的弟子也已经失掉，孔子自然是非常悲痛的，据说他一听到这信息，就吩咐去倒掉厨房里的肉酱云⑤。

孔夫子到死了以后，我以为可以说是运气比较的好一点。因为他不会噜苏了，种种的权势者便用种种的白粉给他来化妆，一直抬到吓人的高度。但比起后来输入的释迦牟尼⑥来，却实在可怜得很。诚然，每一县固然都有圣庙即文庙，可是一副寂寞的冷落的样子，一般的庶民，是决不去参拜的，要去，则是佛寺，或者是神庙。若向老百姓们问孔夫子是什么人，他们自然回答是"圣人"，然而这不过是权势者的留声机。他们也敬惜字纸，然而这是因为倘不敬惜字纸，会遭雷殛⑦的迷信的缘故；南京的夫子庙固然是热闹的地方，然而这是因为另有各种玩耍和茶店的缘

---

① 只有一个人：指子路（见下文）。

② 桴［fú］：木筏。

③ 由，仲由，即子路，孔子弟子。

④ 详见《左传·哀公十五年》："石乞、盂黡敌子路，以戈击之，断缨。子路曰：'君子死，冠不免。'结缨而死。"

⑤ 详见《孔子家语·子贡问》："子路……仕于卫，卫有蒯聩之难……既而卫使至，曰：'子路死焉。'夫子哭之于中庭……进使者而问故，使者曰：'醢之矣。'遂令左右皆覆醢，曰：'吾何忍食此！'"

⑥ 释迦牟尼，约公元前 6 世纪古印度迦毗罗卫国太子、佛教创始人。

⑦ 雷殛［jí］：雷劈。

故。虽说孔子作《春秋》而乱臣贼子惧①，然而现在的人们，却几乎谁也不知道一个笔伐了的乱臣贼子的名字。说到乱臣贼子，大概以为是曹操，但那并非圣人所教，却是写了小说和剧本的无名作家所教的。

总而言之，孔夫子之在中国，是权势者们捧起来的，是那些权势者或想做权势者们的圣人，和一般的民众并无什么关系。然而对于圣庙，那些权势者也不过一时的热心。因为尊孔的时候已经怀着别样的目的，所以目的一达，这器具就无用，如果不达呢，那可更加无用了。在三四十年以前，凡有企图获得权势的人，就是希望做官的人，都是读《四书》和《五经》，做"八股"，别一些人就将这些书籍和文章，统名之为"敲门砖"。这就是说，文官考试一及第，这些东西也就同时被忘却，恰如敲门时所用的砖头一样，门一开，这砖头也就被抛掉了。孔子这人，其实是自从死了以后，也总是当着"敲门砖"的差使的。

一看最近的例子，就更加明白。从二十世纪的开始以来，孔夫子的运气是很坏的，但到袁世凯时代②，却又被从新记得，不但恢复了祭典，还新做了古怪的祭服，使奉祀的人们穿起来。跟着这事而出现的便是帝制③。然而那一道门终于没有敲开，袁氏在门外死掉了。余剩的是北洋军阀，当觉得渐近末路时，也用它来敲过另外的幸福之门。盘据着江苏和浙江，在路上随便砍杀百

① 语出《孟子·滕文公下》："昔者禹抑洪水而天下平，周公兼夷狄，驱猛兽而百姓宁，孔子成《春秋》而乱臣贼子惧。"
② 袁世凯时代：即民国初期，袁世凯任临时大总统。
③ 指1915年12月袁世凯恢复帝制，国号"洪宪"，但仅三个多月便宣布退位。

姓的孙传芳①将军，一面复兴了投壶②之礼。钻进山东、连自己也数不清金钱和兵丁和姨太太的数目了的张宗昌③将军，则重刻了《十三经》，而且把圣道看作可以由肉体关系来传染的花柳病一样的东西，拿一个孔子后裔的谁来做了自己的女婿。然而，幸福之门，却仍然对谁也没有开。

这三个人，都把孔夫子当作砖头用，但是时代不同了，所以都明明白白的失败了。岂但自己失败而已呢，还带累孔子也更加陷入了悲境。他们都是连字也不大认识的人物，然而偏要大谈什么《十三经》之类，所以使人们觉得滑稽；言行也太不一致了，就更加令人讨厌。既已"厌恶和尚，恨及袈裟"，而孔夫子之被利用为或一目的的器具，也从新④看得格外清楚起来，于是要打倒他的欲望，也就越加旺盛⑤。所以，把孔子装饰得十分尊严时，就一定有找他缺点的论文和作品出现。即使是孔夫子，缺点总也有的，在平时谁也不理会，因为圣人也是人，本是可以原谅的。然而如果圣人之徒出来胡说一通，以为圣人是这样、是那样，所以你也非这样不可的话，人们可就禁不住要笑起来了。五六年前，曾经因为公演了《子见南子》⑥这剧本，引起过问题。在那个剧本里，有孔夫子登场，以圣人而论，固然不免略有欠稳重和呆头呆

①　孙传芳，北洋直系军阀。
②　投壶：古代宴会时一种礼仪，宾主依次投矢壶中，负者饮酒。
③　张宗昌，北洋奉系军阀。
④　从新：同"重新"。
⑤　意指新文化运动时的"打倒孔家店"。
⑥　《子见南子》：现代作家林语堂所作独幕剧（1929 年山东曲阜第二师范学校学生排演此剧时，当地孔氏族人以"公然侮辱宗祖孔子"为由，联名向教育部提出控告。结果该校校长被调职）。

脑的地方，然而作为一个人，倒是可爱的好人物。但是圣裔们非常愤慨，把问题一直闹到官厅里去了。因为公演的地点，恰巧是孔夫子的故乡，在那地方，圣裔们繁殖得非常多，成着使释迦牟尼和苏格拉第①都自愧弗如的特权阶级。然而，那也许又正是使那里的非圣裔的青年们不禁特地要演《子见南子》的原因罢。

中国的一般的民众，尤其是所谓"愚民"，虽称孔子为圣人，却不觉得他是圣人；对于他，是恭谨的，却不亲密。但我想，能像中国的"愚民"那样，懂得孔夫子的，恐怕世界上是再也没有的了。不错，孔夫子曾经计划过出色的治国的方法，但那都是为了治民众者、即权势者设想的方法，为民众本身的，却一点也没有。这就是"礼不下庶人"②。成为权势者们的圣人，终于变了"敲门砖"，实在也叫不得冤枉。和民众并无关系，是不能说的，但倘说毫无亲密之处，我以为怕要算是非常客气的说法了。不去亲近那毫不亲密的圣人，正是当然的事，什么时候都可以。试去穿了破衣，赤着脚，走上大成殿③去看看罢，恐怕会像误进上海的上等影戏院或者头等电车一样，立刻要受斥逐的。谁都知道这是大人老爷们的物事④，虽是"愚民"，却还没有愚到这步田地的。

四月二十九日

---

① 苏格拉第，通译"苏格拉底"，古希腊哲学家、西方哲学创始人。
② 详见《礼记·曲礼》："礼不下庶人，刑不上大夫。刑人不在君侧。"
③ 大成殿：孔庙（文庙）大殿。
④ 物事.（吴越方言）东西。

胡适简介

　　胡适（1891—1962），笔名，字适之，真名嗣穈，字希疆，徽州绩溪人，现代学者、作家、教育家，以倡导白话文和新文化运动闻名于世。早年留学美国，师从哲学家约翰·杜威。1917年获哥伦比亚大学博士学位；同年回国，受聘为北京大学教授。1918年加入《新青年》编辑部，大力提倡白话文，宣扬个性解放、思想自由，为新文化运动领袖之一。1920年兼任《努力周报》主编；1930年兼任《独立评论》主编。1938年至1942年，出任国民政府驻美大使。1946年至1948年，任北京大学校长。1949年赴美讲学。1952年定居台湾，任"中央研究院"院长。1962年因心脏病去世，享年七十一岁。其一生致力于新文化建设，因其学贯中西，不仅熟谙西方学术，于国学也属大师，故有"胡博士"之称。其学术研究广涉文学、哲学、史学、考据学、教育学等。其著述之丰，于现代学者中数一数二，除有诸多专著与论集外，另有《胡适文存》十二卷。2003年，安徽教育出版社出版《胡适全集》四十四卷。

说儒（选）①

胡　适

论殷商民族亡国后有一个"五百年必有王者兴"
的预言；孔子在当时被认为应运而生的圣者

儒是殷民族②的礼教的教士，他们在很困难的政治状态之
下，继续保存着殷人的宗教典礼，继续穿戴着殷人的衣冠。他们
是殷人的教士，在六七百年中渐渐变成了绝大多数人民的教师。
他们的职业还是治丧、相礼、教学；但他们的礼教已渐渐行到统
治阶级里了，他们的来学弟子，已有周鲁公族③的子弟了（如盘
剥、何忌、南宫适）；向他们问礼的，不但有各国④的权臣，还有齐、

---

① 本文系《说儒》（1934，载《胡适全集》第四卷）第四、第五章，文中标
题为原书所有。本文的要点是：儒原是商朝殷人的教士，商朝为周朝所灭后，殷人
受周人统治，但殷人的礼教仍代代相传，而且逐渐为周人所接受。殷人相信"五
百年必有王者兴"，期待有复国的一天。孔子就是在这种情况下被尊为"王者"
的。这样，原来泛指教士的"儒"，也就经由孔子而变成了一个学派，而且其影响
逐渐扩大。这不能不说是孔子的大贡献，因为他把原来仅仅是教士的"儒"改造
成了"仁以为己任"的"儒"，把原本柔懦的"儒"改造成了刚毅进取的"儒"，
从而使其在后来的政治、文化等诸多方面都发挥了极其重要的作用。

② 殷民族：即商朝子民（商亦称"殷商"。商为周所灭，殷人受周人统治）。

③ 周鲁公族：周人中封侯的家族。

④ 各国：指周天子所封的诸侯国。

鲁、卫①的国君了。

这才是那个广义的"儒"。儒是一个古宗教的教师，治丧、相礼之外，他们还要做其他的宗教职务。《论语》记孔子的生活，有一条说：

> 乡人傩②，（孔子）朝服而立于阼阶③。

"傩"是赶鬼的仪式。《檀弓》④说：

> 岁旱，穆公召县子而问焉，曰："天久不雨，吾欲暴尪⑤而奚若⑥?"曰："天久不雨而暴人之疾子，毋乃⑦不可欤⑧?""然则吾欲暴巫⑨而奚若?"曰："天则不雨而望之愚妇人⑩，于以求之，毋乃已疏⑪乎?""徙市⑫则奚若?"曰："天子崩，巷市七日。诸侯薨⑬，巷市三日。为之徙市，不

---

① 齐、鲁、卫：齐国、鲁国、卫国（均为诸侯国）。
② 傩［nuó］：腊月驱鬼仪式。
③ 阼［zuò］阶：大堂前东西台阶。
④ 《檀弓》：《论语》中一篇。
⑤ 暴［pù］尪［wāng］：古习俗，大旱不雨，则暴晒瘠病者，冀天哀怜之而降雨（"暴"：同"曝"。尪：驼背）。
⑥ 奚若：何如。
⑦ 毋乃：岂非。
⑧ 欤［yú］：文言助词，表疑问、感叹、反诘等语气。
⑨ 暴巫：古习俗，大旱不雨，则暴晒女巫，冀天哀怜之而降雨。
⑩ 愚妇人：指女巫。
⑪ 疏：原义为间隔，引申为不相干。
⑫ 徙［xǐ］市：亦称"巷市"。古礼，天子、诸侯丧，为示忧戚，将集市移至小巷以供急需（徙：迁）。
⑬ 薨［hōng］：诸侯、大臣死。

亦可乎?"

县子见于《檀弓》凡六次,有一次他批评子游①道:"汰②哉叔氏,专以礼许人!"这可见县子大概也是孔子的一个大弟子(《史记·仲尼弟子传》有县成,字子祺。《檀弓》称"县子琐")。天久不雨,国君也得请教于儒者。这可见当时的儒者是各种方面的教师与顾问。丧礼是他们的专门,乐舞是他们的长技,教学是他们的职业,而乡人打鬼,国君求雨,他们也都有事——他们真得要无所不知、无所不能的了。《论语》记达巷党人③称孔子"博学而无所成名",孔子对他的弟子说:

吾何执?执御④乎?执射⑤乎?吾执御矣。

《论语》又记:

大宰⑥问于子贡⑦曰:"夫子⑧圣者欤?何其多能也?"子贡曰:"因天纵之将圣,又多能也。"子⑨闻之曰:"大宰

---

① 子游,姓言,名偃,字子游,亦称"言游""叔氏",孔子弟子、"孔门十哲"之一。

② 汰:过分。

③ 达巷党人:或指七岁而为孔子师的项橐。《论语·子罕》:"达巷党人曰:'大哉孔子!博学而无所成名。'"朱熹《集注》:"达巷,党名。其人姓名不传。"

④ 执御:驾车。

⑤ 执射:射箭。

⑥ 大宰:官名。

⑦ 子贡,复姓端木,名赐,字子贡,孔子弟子、"孔门十哲"之一。

⑧ 夫子:指孔子。

⑨ 子:指孔子。

知我乎？吾少①也，贱②。故多能鄙事③。君子多乎哉？不多也。"

儒的职业需要博学多能，故广义的"儒"为术士的通称。

但这个广义的、来源甚古的"儒"，怎样变成了孔门学者的私名④呢？这固然是孔子个人的伟大成绩，其中也有很重要的历史的原因。孔子是儒的中兴领袖，而不是儒教的创始者。儒教的伸展是殷亡以后五六百年的一个伟大的历史趋势；孔子只是这个历史趋势的最伟大的代表者，他的成绩也只是这个五六百年的历史运动的一个庄严灿烂的成功。

这个历史运动是殷遗民的民族运动。殷商亡国之后，在那几百年中，人数是众多的，潜势力是很广大的，文化是继续存在的。但政治的势力都全在战胜的民族的手里，殷民族的政治中心只有一个包围在"诸姬"⑤的重围里的宋国⑥。宋国的处境是很困难的；我们看那前八世纪宋国一位三朝佐命的正考父⑦的鼎铭⑧："一命而偻⑨，再命而伛⑩，三命而俯⑪，循墙而走"，这是

---

① 少：年少时。
② 贱：贫贱。
③ 鄙事：各种杂事。
④ 私名：专称。
⑤ 诸姬：周天子姓姬，其所封诸侯也大多姓姬。
⑥ 宋国：周武王灭商后留给殷商王族的属地。
⑦ 正考父，姓子，春秋时宋国前愍公长子弗父何的曾孙。
⑧ 鼎铭：鼎上铸刻的铭文（当时有地位的人都铸鼎，为传家宝）。
⑨ 偻：屈背。
⑩ 伛：弯腰。
⑪ 俯：趴地。

何等的柔逊谦卑！宋国所以能久存，也许是靠这种相传的柔道。周室东迁①以后，东方多事，宋国渐渐抬头。到了前七世纪的中叶，齐桓公死后，齐国大乱，宋襄公邀诸侯的兵伐齐，纳齐孝公。这一件事成功（前六四二）之后，宋襄公就有了政治的大欲望，他想继承齐桓公之后作中国的盟主。他把滕子②、婴齐③捉了，又叫邾人④把鄫子⑤捉了，用鄫子来祭次睢之社⑥，"欲以属⑦东夷"。用人祭社，似是殷商旧俗。《左传·昭公十年》：

季平子⑧伐莒⑨，取郠⑩，献俘，始用人于亳社。

这样恢复一个野蛮的旧俗，都有取悦于民众的意思。宋襄公眼光注射在东方的殷商旧土，所以要恢复一个殷商宗教的陋俗来巴结东方民众。那时东方无霸国，无人与宋争长；他所虑者只有南方的楚国。果然，在盂之会⑪，楚人捉了宋襄公去，后来又放

① 公元前 771 年，申后之父申侯勾结犬戎攻破镐京。周幽王点起烽火求援，众诸侯因以前被烽火所戏而不加理会。周幽王最后被杀于骊山，西周灭亡。其后众诸侯拥立太子宜臼为王，是为周平王。因镐京曾发生过地震受损，残破不堪，又接近戎、狄等外患威胁之下，于是周平王在即位后第二年（公元前 770 年），在郑、秦、晋等诸侯的护卫下，将国都迁至洛邑。此为周室东迁，即西周变为东周。
② 滕子，春秋时滕国君主。
③ 婴齐，春秋时郯国君主。
④ 邾人，春秋时邾国人。
⑤ 鄫子，春秋时鄫国君主。
⑥ 次睢（古地名，今临沂城东北）之社：即"亳［bó］社"（亳即殷商之都：社：祭祀土地神），也作"殷社"。
⑦ 属：古同"嘱"，同"祝"，祭祀。
⑧ 季平子，即季孙意如，春秋时鲁国正卿。
⑨ 莒［jǔ］：莒国。
⑩ 郠［gěng］：古邑名，莒地（今山东省沂水县境内），后属鲁。
⑪ 盂之会：宋襄公为图霸而举行的诸侯之会。

了他。他还不觉悟，还想立武功，定霸业。泓之战（前六三八），楚人大败宋兵，宋襄公伤股，几乎做了第二次的俘虏。当泓之战之前，"大司马固谏（大司马是公子目夷，即子鱼。"固"是形容"谏"字的副词。杜预误解"固"为公孙固，《史记·宋世家》作子鱼谏，不误）曰：'天之弃商久矣。君将兴之，弗可赦也已。'"（杜预①误读"弗可。赦也已"。此五字当作一句读。子鱼先反对襄公争盟。到了将战，他却主张给楚兵一个痛快的打击，故下文力主趁楚师未既济时击之。丁声树②先生说"弗"字乃"不之"二字之合。此句所含"之"字，正指敌人。既要做中兴殷商的大事，这回不可放过敌人了。）这里忽然提出复兴殷商的大问题来，可见宋襄公的野心正是一个复兴民族的运动。不幸他的"妇人之仁"使他错过机会；大败之后，他还要替自己辩护，说："君子不重伤③，不禽二毛④。……寡人虽亡国之余，不鼓不成列⑤。""亡国之余"，这也可见殷商后人不忘亡国的惨痛。三百年后，宋君偃自立为宋王⑥，东败齐，南败楚，西败魏，也是这点亡国遗憾的死灰复燃，也是一个民族复兴的运动。但不久也失败了。殷商民族的政治的复兴，终于无望了。

但在那殷商民族亡国后的几百年中，他们好像始终保存着民族复兴的梦想，渐渐养成了一个"救世圣人"的预言，这种预言是亡国民族里常有的，最有名的一个例子就是希伯来（犹太）

---

① 杜预，西晋人，著有《春秋左氏经传集解》及《春秋释例》等。
② 丁声树，现代语言学家。
③ 不重伤：不伤已伤之人。
④ 不禽二毛：不抓年长之人（禽：古同"擒"。二毛：头发斑白）。
⑤ 不鼓不成列：不击鼓不进攻（成列：形成队列）。
⑥ 宋君偃自立为宋王：宋国本是封地，其君为"公"，周显王四十一年，宋国君主子偃自称为王（犯上之举）。

民族的"弥赛亚"（Messiah）① 降生救世的悬记②，后来引起了耶稣领导的大运动。这种悬记（佛书中所谓"悬记"，即预言）本来只是悬想一个未来的民族英雄起来领导那久受亡国苦痛的民众，做到那复兴民族的大事业。但年代久了，政治复兴的梦想终没有影子，于是这种预言渐渐变换了内容，政治复兴的色彩渐渐变淡了，宗教或文化复兴的意味渐渐加浓了。犹太民族的"弥赛亚"原来是一个复兴英雄，后来却变成了一个救世的教主，这是一变；一个狭义的，民族的中兴领袖，后来却变成了一个救度全人类的大圣人，这一变更远大了。我们现在观察殷民族亡国后的历史，似乎他们也曾有过一个民族英雄复兴殷商的悬记，也曾有过一个圣人复起的预言。

我们试撇开一切旧说，来重读《商颂》的《玄鸟》篇③：

> 天命玄鸟④，降而生商，宅殷土芒芒⑤。
> 古帝命武汤⑥，正⑦域彼四方。
>
> 方命厥后⑧，奄有九有⑨。

---

① "弥赛亚"（Messiah）：（希伯来语）救世主，与来自拉丁语的 Christ（基督）同义。
② 悬记：（佛教语）预言。
③ 《诗经·商颂·玄鸟》
④ 玄鸟：黑色燕子（传说有娀氏之女简狄吞燕卵而怀孕生契，契建商）。
⑤ 宅：居住。芒芒：同"茫茫"。
⑥ 武汤：即成汤，汤号曰武。
⑦ 正：同"征"。
⑧ 方：遍、普。后：君王（此指各部落首领）。
⑨ 奄：包括。九有：九州（传说禹划天下为九州）。

商之先后①，受命不殆②，在武丁③孙子。

武丁孙子——武王靡不胜④。
龙旗十乘⑤，大糦是承⑥。

邦畿⑦千里，维民所止⑧。
肇域彼四海⑨，四海来假⑩。

来假祁祁⑪，景员维河⑫。
殷受命咸宜⑬，百禄是何⑭。

此诗旧说以为是祀高宗的诗。但旧说总无法解释诗中的"武丁孙子"。也不能解释那"武丁孙子"的"武王"。郑玄解作"高宗之孙子有武功有王德于天下者，无所不胜服"。朱熹说：

---

① 先后：先王。
② 命：天命。殆：通"怠"，懈怠。
③ 武丁：即殷高宗，汤的后代。
④ 武王：即武汤，成汤。胜：胜任。
⑤ 乘：四马一车为乘。
⑥ 糦：同"饎"，酒食（本文作者认为"糦"为"饎" ［艰］的简笔）。承：载。
⑦ 邦畿：封畿、疆域。
⑧ 止：居住。
⑨ 肇域四海：始拥有四海之域（肇：始）。
⑩ 来假 ［gé］：来朝。
⑪ 祁祁：纷杂众多貌。
⑫ 景：景山（在今河南商丘），古称亳，为商之都城。员：古同"圆"，围绕。
⑬ 咸宜：均为适宜（咸：全、都）。
⑭ 何 ［hè］：通"荷"，承负。

"武王，汤号，而其后世亦以自称也。言武丁孙子，今袭汤号者，其武无所不胜。"这是谁呢？殷自武丁以后，国力渐衰；史书所载，已无有一个无所不胜服的"武王"了。我看此诗乃是一种预言：先述那"正域彼四方"的武汤，次预言一个"肇域彼四海"的"武丁孙子——武王"。"大糦"旧说有二：《韩诗》说糦为"大祭"，郑玄训糦为"黍稷"，都是臆说（朱骏声《说文通训定声》误记《商颂·烈祖》有"大糦是承"，训黍稷；又"玄鸟"有"大糦是承"，《韩诗》训为大祭。其实《烈祖》无此句）。我以为"糦"字乃是"饎"字，即是"艰"字（"艰"字籀文①作"㒫"字），损②为"糦"。《周书·大诰》："有大艰于西土，西土人亦不静。""大艰"即是大难，这个未来的"武王"能无所不胜，能用"十乘"的薄弱武力，而承担"大艰"；能从千里的邦畿而开国于四海。这就是殷民族悬想的中兴英雄（郑玄释"十乘"为"二王后，八州之大国"，每国一乘，故为十乘！）。

但世代久了，这个无所不胜的"武王"始终没有出现，宋襄公中兴，殷商的梦是吹破的了。

于是这个民族英雄的预言渐渐变成了一种救世圣人的预言。《左传·昭公七年》记孟僖子③将死时，召其大夫曰：

> 吾闻将有达者，曰孔丘，圣人之后也，而灭④于宋。其

---

① 籀［zhòu］文：古汉字书体，亦称"大篆"。
② 损：省（简笔）。
③ 孟僖子，姓姬，孟氏，名貜，谥僖，春秋时鲁国重臣。
④ 灭：匿。

祖弗父何①以有宋而授厉公。及正考父佐戴武宣②，三命益共③，故其鼎铭云："一命而偻，再命而伛，三命而俯。循墙而走，亦莫敢余侮。饘于是④，鬻⑤于是，以糊余口。"其共也如是。臧孙纥⑥有言曰："圣人有明德者，若不当世，其后必有达人。"今其将在孔丘乎？

孟僖子死在阳公二十四年（纪元前五一八），其时孔子已是三十四岁了。如果这种记载是可信的，那就可见鲁国的统治阶级那时已注意到孔子的声望，并且注意到他的家世；说他是"圣人之后"，并且说他是"圣人之后"的"达者"（适按：《论语》十二："子张问：'士何如斯可谓之达矣？'子曰：'何哉尔所谓达者？'子张对曰：'在邦必闻，在家必闻。'……"此可以解释"达者""达人"的普通意象）。孟僖子引臧孙纥的话，臧孙纥自己也是当时人称为"圣人"的，《左传·襄公二十二年》说：

> 臧武仲雨过御叔，御叔在其邑将饮酒，曰："焉用圣人！我将饮酒而已。雨行，何以圣为⑦！"

---

① 弗父何，姓子，名何，字弗父，宋前愍公长子，让位于弟鲋祀（宋厉公）。厉公封弗父何为宋国上卿，受采邑于栗（今河南商丘市夏邑县）。

② 佐戴武宣：辅佐宋戴公、宋武公、宋宣公。

③ 共：同"恭"。

④ 饘［zhān］；煮食。是：此。

⑤ 鬻［yù］：古同"育"，养育。

⑥ 臧孙纥［hé］，即臧武仲，又称臧孙、臧纥，谥"武"，臧文仲之孙，臧宣叔之子，鲁国大夫，封邑在防（今山东费县东北）。

⑦ 何以圣为：（倒装）何以为圣。

臧孙纥去国出奔时，孔子只有两岁。他说的"圣人有明德者，若不当世，其后必有达人"，当然不是为孔丘说的，不过是一种泛论。但他这话也许是受了当时鲁国的殷民族中一种期待圣人出世的预言的暗示。这自然只是我的一个猜想；但孟僖子说："吾闻将有达者曰孔丘"，这句话的涵义是说："我听外间传说，将要有一位达人起来，叫做孔丘。"这可见他听见了外间民众纷纷说到这个殷商后裔孔丘，是一位将兴的达者或圣人；这种传说当然与臧孙纥的预言无关，但看孟僖子的口气，好像民间已有把那个三十多岁的孔丘认做符合某种悬记的话，所以他想到那位不容于各国的圣人臧孙纥的悬记，说："今其将在孔丘乎？"这就是说：这个预言要应在孔丘身上了。这就是说：民间已传说这个孔丘是一位将兴的达者了，臧孙纥也有过这样的话，现在要应验了。

　　所以，我们可以假定，在那多数的东方殷民族之中，早已有一个"将有达者"的大预言。在这个预言的流行空气里，鲁国"圣人"臧孙纥也就有一种"圣人之后必有达者"的预言。我们可以猜想那个民间预言的形式大概是说："殷商亡国后五百年，有个大圣人出来。"我们试读《孟子》，就可以知道"五百年"不是我的瞎说。孟子在他离开齐国最不得意的时候，对他的弟子充虞说：

　　　　五百年必有王者兴，其间必有名世者。由周而来，七百有余岁矣。以其数则过矣；以其时考之则可矣。夫天未欲平治天下也。如欲平治天下，当今之世，舍我其谁也？（《公孙丑》下）

在这一段话里，我们可以看出"五百年必有王者兴"乃是古来一句流行的预言，所以孟子很诧异这个"五百年"的预言何以至今还不灵验。但他始终深信这句五百年的悬记。所以《孟子》最后一章又说：

> 由尧舜至于汤，五百有余岁。……由汤至于文王，五百有余岁。……由文王至于孔子，五百有余岁。……由孔子而来，至于今，百有余岁。去圣人之世若此其未远也，近圣人之居若此其甚也，然而无有乎尔，则亦无有乎尔①！（《尽心》下）

这样的低徊追忆不是偶然的事，乃是一个伟大的民族传说几百年流行的结果。

孔子生于鲁襄公二十二年（前五五一），上距殷武庚的灭亡②，已有五百多年。大概这个"五百年必有王者兴"的预言由来已久，所以宋襄公（泓之战在前六三八）正当殷亡后的第五世纪，他那复兴殷商的野心也正是那个预言之下的产儿。到了孔子出世的时代，那预言的五百年之期已过了几十年，殷民族的渴望正在最高度。这时期，忽然殷宋公孙的一个嫡系里出来了一个聪明睿智的

---

① 无有乎尔，则亦无有乎尔：没有这件事，那也就没有了。
② 商朝亡后，周武王为表示其仁义，封商纣王之子武庚（也称"禄父"）为商朝旧都殷（今河南安阳）的总管，同时又设"三监"予以监视。不久后，此"三监"统领管叔、蔡叔、霍叔竟然和武庚一起叛乱，而此时周武王已病逝，其子周成王嘱其叔父周公率军东征，最后诛杀武庚和管叔，放逐蔡叔，废霍叔为庶民，平定所谓"三监之乱"。

少年，起于贫贱的环境里，而贫贱压不住他；生于"野合"的父母，甚至于他少年时还不知道其父的坟墓，然而他的多才多艺，使他居然战胜了一个当然很不好受的少年处境，使人们居然忘了他的出身，使他的乡人异口同声的赞叹他：

大哉孔子！博学而无所成名！

这样一个人，正因为他的出身特别微贱，所以人们特别惊异他的天才与学力之高，特别追想到他的先世遗泽的长久而伟大。所以当他少年时代，他已是民间人望所归了；民间已隐隐的，纷纷的传说："五百年必有圣者兴，今其将在孔丘乎！"甚至于鲁国的贵族权臣也在背后议论道："圣人之后，必有达者，今其将在孔丘乎！"

我们可以说，孔子壮年时，已被一般人认作那个应运而生的圣人了。这个假设可以解决《论语》里许多费解的谈话。如云：

子曰："天生德于予，桓魋①其如予何?"

如云：

子畏于匡②，曰："文王既没，文不在兹乎？天之将丧

① 桓魋［tuí］，春秋时宋国司马，掌控宋国兵权。
② 畏于匡：临危于匡（畏：同"危"。匡：古地名，在今河南省长垣县西南）。

斯文①也，后死者不得与于②斯文也。天之未丧斯文也，匡
人其如予何?"

如云:

　　子曰:"凤鸟③不至，河不出图④，吾已⑤矣夫!"

这三段说话，我们平时都感觉难懂。但若如上文所说，孔子
壮年以后在一般民众心目中已成了一个五百年应运而兴的圣人，
这些话就都不难懂了。因为古来久有那个五百年必有圣者兴的悬
记，因为孔子生当殷亡之后五百余年，因为他出于一个殷宋正考
父的嫡系，因为他那出类拔萃的天才与学力早年就得民众的崇
敬，就被人期许为那将兴的达者——因为这些缘故，孔子自己也
就不能避免一种自许自任的心理。他是不满意于眼前社会政治的
现状的，"斗筲之人⑥，何足算也!"他是很有自信力的，"苟⑦
有用我者，期月⑧而已可也，三年有成"。他对于整个的人类是
有无限同情心的:"鸟兽不可与同群，吾非斯人之徒与⑨，而谁

---

①　斯文:此文 (孔子自称 "文"，以表自己为文王之后)。
②　与:给。
③　凤鸟:传说中的神鸟，其出现预示着吉祥。
④　河:黄河。出图:出现河图 (水的波纹，像图，古人认为河出图是天启)。
⑤　已:完结。
⑥　斗筲之人:小器之人 (斗、筲，都是容量不大的容器)。
⑦　苟:只要。
⑧　期月:一整年。
⑨　非斯人之徒与: (文言 "非" 之后倒装) 非与斯之徒，不和这等人在
一起。

与？天下有道，丘不与易①也。"所以他也不能不高自期许，把那五百年的担子自己挑起来。他有了这样大的自信力，他觉得一切阻力都是不足畏惧的了："桓魋其如予何！""匡人其如予何！""公伯寮其如命何！"② 他虽不能上应殷商民族歌颂里那个"肇域彼四海"的"武王"，难道不能做一个中兴文化的"文王"吗！

凤鸟与河图的失望，更可以证明那个古来悬记的存在。那个"五百年必有王者兴"的传说当然不会是那样干净简单的，当然还带着许多幼稚的民族神话。"天命玄鸟，降而生商"，正是他的祖宗的"感生帝"的传说。凤鸟之至，河之出图，麒麟之来，大概都是那个五百年应运圣人的预言的一部分。民众当然深信这些；孔子虽然"不语怪力乱神"，但他也不能完全脱离一个时代的民族信仰。他到了晚年，也就不免有时起这样的怀疑："凤鸟不至，河不出图，吾已矣夫！""《春秋》绝笔于获麟③"，这个传说，也应该作同样的解释。《公羊传》说：

自以告者曰："有麕而角者④。"孔子曰："孰为⑤来哉！

---

① 易：改变。

② 全句为"子曰：'道之将行也欤，命也；道之将废也欤，命也。公伯寮其如命何！'"公伯寮，鲁国人，曾阻碍子路（孔子弟子）出仕，有人告诉孔子，孔子以此作答。其如命何：他对命定之事能怎样。

③ 获麟：鲁哀公十四年猎获麒麟。古人认为获麟为凶兆，孔子作《春秋》至此而辍笔。

④ 有麕［jūn］而角者：（麕是一种鹿，无角）像麕而有角者（古人称为麒麟）。

⑤ 孰为：谁使其。

孰为来哉！"反袂拭面①，涕沾袍。颜渊死，子曰："噫，天丧予②！"子路死，子曰："噫，天祝③予！"西狩④获麟，孔子曰："吾道穷矣！"

《史记》节取《左传》与《公羊传》，作这样的记载：

> 鲁哀公十四年春，狩大野，叔孙氏⑤之车子钼商⑥获兽，以为不祥。仲尼视之，曰："麟也。"取之。曰："河不出图，雒不出书⑦，吾已矣夫！"颜渊死，孔子曰："天丧予！"及西狩见麟，曰："吾道穷矣！"

孔子的谈话里时时显出他确有点相信他是受命于天的。"天生德于予""天之本丧斯文也""天丧予""下学而上达，知我者其天乎！"此等地方，若依宋儒⑧"天即理也"的说法，无论如何讲不通。若用民俗学的常识来看此等话语，一切就都好懂了。《檀弓》记孔子将死的一段，也应该如此看法：

---

① 反袂［mèi］拭面：用衣袖擦脸。
② 予：同"余"，我。
③ 祝：同"嘱"，警示。
④ 西狩：在西边狩猎。
⑤ 叔孙氏：春秋时鲁国卿家贵族。
⑥ 车子：车夫。钼［chú］商：人名。
⑦ 雒：古同"洛"，古水名。出书：出现文字（水的波纹，像文字，古人认为雒出书是天启）。
⑧ 宋儒：宋代理学家。

孔子蚤作①，负手曳杖②，消摇③于门，歌曰："泰山其颓④乎？梁木其坏⑤乎？哲人其萎⑥乎？"既歌而入，当户⑦而坐。子贡⑧闻之，曰："泰山其颓，则吾将安仰？梁木其坏，哲人其萎，则吾将安放⑨？夫子⑩殆⑪将病也。"遂趋而入。夫子曰："赐⑫，尔来何迟也！夏后氏⑬殡⑭于东阶⑮之上，则犹在阼⑯也。殷人殡于两楹⑰之间，则与宾主夹之⑱也。周人殡于西阶之上，则犹宾之⑲也。而丘⑳也，殷人也。予畴昔㉑之夜，梦坐奠㉒于两楹之间。夫明王不兴㉓，而天下其孰能宗予㉔，予

---

① 蚤作：早起（蚤：古同"早"）。
② 负手曳杖：两手反交于背后拖着拐杖。
③ 消摇：同"逍遥"，踱步。
④ 颓：倒。
⑤ 坏：毁。
⑥ 萎：将死。
⑦ 当户：对着门。
⑧ 子贡，复姓端木，字子贡，孔子弟子。
⑨ 安放：怎么放置（去哪儿）。
⑩ 夫子：先生、老师。
⑪ 殆：大概。
⑫ 赐：子贡名。
⑬ 夏后氏：夏朝王族（代指夏人）。
⑭ 殡：停放灵柩。
⑮ 东阶：（殡主之屋的）东面台阶。
⑯ 犹在阼：就如在大堂（古人以东面台阶为主台阶）。
⑰ 两楹：门前两立柱。
⑱ 与宾主夹之：宾主两边相夹（宾在外，主在内）。
⑲ 犹宾之：就如当外人了。
⑳ 丘：孔子自称（孔子名丘，字仲尼）。
㉑ 畴昔：日前。
㉒ 坐奠：受奠。
㉓ 明王不兴：圣主不出现。
㉔ 宗予：管我。

殆将死也。"盖寝疾①七日而殁②。

看他将死之前，明知道那"天下宗予"的梦想已不能实现了，他还自比于泰山、梁木。在那"明王不兴，天下其孰能宗予"的慨叹里，我们还可以听见那"五百年必有王者兴"的古代悬记的尾声，还可以听见一位自信为应运而生的圣者的最后绝望的叹声。同时，在这一段话里，我们也可以看见他的同时人，他的弟子和后世的人对他的敬仰的一个来源。《论语》记那个仪封人③说：

> 二三子④何患于丧（丧是失位，是不得意）乎？天下之无道也，久矣。天将以夫子为木铎⑤。

《论语》又记一件很可玩味的故事：

> 南宫适⑥问于孔子曰："羿⑦善射，奡⑧荡舟，俱不得其死⑨焉。禹稷⑩躬稼⑪，而有天下。"孔子不答。南宫适出，

---

① 寝疾：卧病。
② 殁［mò］：亦作"没"，死。
③ 仪封人：地方官。
④ 二三子：你们几个。
⑤ 木铎［duó］：木钟（用以警众的响器）。
⑥ 南宫适，亦称南宫子，春秋时辅佐周天子的五大臣之一。
⑦ 羿，亦称后羿，传说中的远古君王，善射，其妻即嫦娥。
⑧ 奡［ào］，传说中的远古大力士，并能陆地行舟。
⑨ 不得其死：不得好死。
⑩ 禹，亦称大禹，传说中的远古君王，曾治水。稷，亦称后稷，传说中的远古君王，教民种植。
⑪ 躬稼：亲自种地。

子曰："君子哉若人①！尚德哉若人！"

南宫适是孟僖子的儿子，是孔子的侄女婿。他问这话，隐隐的表示他对于某方面的一种想望。孔子虽不便答他，很明白他的意思了。再看《论语》记子贡替孔子辩护的话：

仲尼，日月也。……人虽欲自绝，其何伤于日月乎？多见其不知量也。……夫子之不可及也，犹天之不可阶②而升也。夫子之得邦家③者，所谓立之斯④立，道⑤之斯行，绥⑥之斯来，动⑦之斯和⑧；其生也，荣；其死也，哀——如之何其及也！

这是当时的人对他的崇敬。一百多年后，孟子追述宰我⑨、子贡、有若⑩赞颂孔子的话，宰我说：

以予⑪观于夫子，贤于尧舜远矣！

---

① 若人：此人。
② 阶：（动词）一级级往上走。
③ 邦家：国家（此处指得君主赏识）。
④ 斯：此（指孔子所倡之"仁"）。
⑤ 道：同"导"。
⑥ 绥：安。
⑦ 动：举动。
⑧ 和：同"合"。
⑨ 宰我：孔子弟子。
⑩ 有若：孔子弟子。
⑪ 予：同"余"，我。

子贡说：

见其礼而知其政，闻其乐而知其德，由百世之后，等①百世之王，莫之能违也。自生民②以来，未有夫子也。

有若说：

岂惟民哉③？麒麟之于走兽，凤皇④之于飞鸟，太山⑤之于丘垤⑥，河海之于行潦⑦，类⑧也。圣人之于民，亦类也。出于其类，拔乎其萃，自生民以来，未有盛于夫子也。

孟子自己也说：

自生民以来，未有孔子也。

后来所谓"素王⑨"之说，在这些话里都可以寻出一些渊源线索。孔子自己也曾说过：

---

① 等：就是。
② 生民：有人。
③ 岂惟民哉：哪里只是一般人。
④ 凤皇：凤凰。
⑤ 太山：泰山（太：同"泰"）。
⑥ 丘垤［dié］：小山丘。
⑦ 行潦：小水沟。
⑧ 类：此类。
⑨ 素王：孔子的别称，意即没有国土、没有子民、没有权势之王。

文王既没①，文不在兹②乎？

这就是一个无冠帝王的气象。他自己担负起文王以来五百年的中兴重担子来了，他的弟子也期望他像"禹稷耕稼，而有天下"，说他"贤于尧舜远矣"，说他为生民以来所未有，这当然是一个"素王"了。

孔子是一个热心想做一番功业的人，本来不甘心做一个"素王"的。我们看他议论管仲③的话：

管仲相④桓公，霸⑤诸侯，一匡⑥天下，民到于今受其赐⑦。微⑧管仲，吾⑨其被发左衽⑩矣。岂若匹夫匹妇之为谅⑪也？自经于沟渎⑫而莫之知也。

这一段话最可以表示孔子的救世热肠，也最可以解释他一生栖栖皇皇⑬奔走四方的行为。《檀弓》记他的弟子有若的观察：

① 没［mò］：同"殁"，死。
② 兹：此（指他自己）。
③ 管仲，名夷吾，字仲，春秋时齐国贤相，助齐桓公称霸。
④ 相：（动词）为……之相（辅佐）。
⑤ 霸：（动词）称霸于。
⑥ 匡：定。
⑦ 赐：好处。
⑧ 微：若无。
⑨ 吾：吾辈。
⑩ 被［pī］发左衽：野蛮无知（"被"同"披"。左衽：衽，衣襟，当时按衣着礼仪，衣襟在右边，左衽是蛮族的衣着）。
⑪ 为谅：所想。
⑫ 沟渎：沟壑（喻困厄之境）。
⑬ 栖栖皇皇：亦作栖栖遑遑，原义为停停走走，转义为惶惶不安。

昔者夫子失鲁司寇①，将之荆②。盖先③之以子夏④，又申⑤之以冉有⑥，以斯⑦知不欲速贫⑧也。

《论语》里有许多同样的记载：

子欲居九夷⑨。或曰⑩："陋⑪，如之何？"子曰："君子居之，何陋之有？"

子曰："道不行，乘桴⑫浮于海，从我者其由⑬与？"

《论语》里记着两件事，曾引起最多的误解。一件是公山弗扰⑭召孔子的事：

公山弗扰以⑮费叛⑯召，子欲往。子路不悦，曰："末之

---

① 鲁司寇：鲁国司寇（之职）。
② 之：往。荆：荆国。
③ 先：（动词）以……为先（先遣）。
④ 子夏，姓卜，名商，字子夏，孔子弟子。
⑤ 申：吩咐。
⑥ 冉有，即冉求，字子有，通称"冉有"，孔子弟子。
⑦ 以斯：由此。
⑧ 速贫：一下子都没了。
⑨ 九夷：蛮族（居于今山东东部、淮河中下游江苏、安徽一带）。
⑩ 或曰：有人说。
⑪ 陋：闭塞（意谓蛮族之地荒僻）。
⑫ 桴：木筏。
⑬ 由，子路，姓仲，名由，孔子弟子。
⑭ 公山弗扰，亦称公山不狃，春秋时鲁国当政者季桓子的家臣。
⑮ 以：因。
⑯ 费叛：背叛（季桓子）。

也已①，何必公山氏之之②也？"子曰："夫召我者而岂徒哉③？如有用我者，吾其为东周乎④？"

一件是佛肸⑤召孔子的事：

佛肸召，子欲往。子路曰："昔者由⑥也，闻诸⑦夫子曰：'亲于其身⑧为不善者，君子不入⑨也。'佛肸以中牟⑩畔⑪（佛肸是晋国赵简子的中牟邑宰，据中牟以叛），子之往也，如之何？"子曰："然，有是言也。不曰⑫坚乎，磨而不磷⑬？不曰白乎，涅⑭而不缁⑮？吾岂匏瓜⑯也哉？焉能系⑰而不食？"

---

① 末之也已：没出路就算了。
② 公山氏之之：去公山氏那里。
③ 岂徒哉：怎么会无事呢。
④ 吾其为东周乎：我将为东周做事（东周：孔子欲见到的东方［即殷商所在地］的周朝）。
⑤ 佛［bì］肸［xī］，春秋末年晋卿赵鞅的家臣，为中牟的县宰，但投靠范氏、中行氏。
⑥ 由：子路自称。
⑦ 诸：之于。
⑧ 亲于其身：自身行为。
⑨ 入：接交。
⑩ 中牟：地名。
⑪ 畔：古同"叛"。
⑫ 不曰：不说。
⑬ 磷：薄。
⑭ 涅：染。
⑮ 缁［zī］：黑。
⑯ 匏［páo］瓜：葫芦。
⑰ 系：挂（意谓无所作为）。

后世儒者用后世的眼光来评量这两件事，总觉得孔子决不会这样看重两个反叛的家臣，决不会这样热中。疑此两事的人，如崔述①（《洙泗考信录》卷二），根本不信此种记载为《论语》所有的；那些不敢怀疑《论语》的人，如孔颖达②（《论语正义》十七），如程颐、张栻③（引见朱熹《论语集注》九），都只能委曲解说孔子的动机。其实孔子的动机不过是赞成一个也许可以尝试有为的机会。从事业上看，"吾其为东周乎？"这就是说，也许我可以造成一个"东方的周帝国"哩。从个人的感慨上说，"吾岂匏瓜也哉？焉能系而不食"，这就是说，我是想做事的，我不能像那串葫芦，挂在那儿摆样子，可是不中吃的。这都是很近情理的感想，用不着什么解释的（王安石有《中牟》诗："颓城百雉拥高秋，驱马临风想圣丘。此道门人多未悟，尔来千载判悠悠。"）。

他到了晚年，也有时感慨他的壮志的消磨。最动人的是他的自述："甚矣，吾衰也！久矣，吾不复梦见周公！"这寥寥两句话里，我们可以听见一个"烈士暮年，壮心未已"的长叹。周公是周帝国的一个最伟大的创始者，东方的征服可说全是周公的大功。孔子想造成的"东周"，不是那平王以后的"东周"（这个"东周"乃是史家所用名称，当时无用此名的），乃是周公平定四国后造成的东方周帝国。但这个伟大的梦终没有实现的机会，孔子临死时还说："夫明王不兴，而天下其孰能宗予，予殆将死也？"不做

① 崔述，字武承，号东壁，清代乾隆年间辨伪学者。
② 孔颖达，字冲远，唐代经学家。
③ 程颐，字正叔，号伊川，北宋理学家。张栻，字敬夫，号南轩，南宋理学家。

周公而仅仅做一个"素王"，是孔子自己不能认为满意的，但"五百年必有王者兴"的悬记终于这样不满意的应在他的身上了。

犹太民族亡国后的预言，也曾期望一个民族英雄出来，"做万民的君王和司令"（《以赛亚书》五五章，四节）"使雅各众复兴，使以色列之中得保全的人民能归回——这还是小事——还要作外邦人的光，推行我（耶和华）的救恩，直到地的尽头"（同书，四九章，六节）。但到了后来，大卫的子孙里出了一个耶稣，他的聪明仁爱得了民众的推戴，民众认他是古代先知预言的"弥赛亚"，称他为"犹太人的王"。后来他被拘捕了，罗马帝国的兵"给他脱了衣服，穿上一件朱红色袍子，用荆棘编作冠冕，戴在他头上，拿一根苇子放在他右手里；他们跪在他面前，戏弄他说：'恭喜犹太人的王啊！'戏弄过了，他们带他出去，把他钉死在十字架上"，犹太人的王"使雅各众复兴，使以色列归回"的梦想，就这样吹散了。但那个钉死在十字架上的殉道者，死了又"复活"了："好像一粒芥菜子，这原是种子里最小的，等到长起来，却比各样菜都大，且成了一株树，天上的飞鸟来宿在他的枝上"；他真成了"外邦人的光，直到地的尽头"。

孔子的故事也很像这样的。殷商民族亡国以后，也曾期望"武丁孙子"里有一个无所不胜的"武王"起来"大糦是承""肇域彼四海"。后来这个希望渐渐形成了一个"五百年必有王者兴"的悬记，引起了宋襄公复兴殷商的野心。这一次民族复兴的运动失败之后，那个伟大的民族仍旧把他们的希望继续寄托在一个将兴的圣王身上。果然，亡国后的第六世纪里，起来了一个伟大的"学而不厌，诲人不倦"的圣人。这一个伟大的人不久就得着了许多人的崇敬，他们认他是他们所期待的圣人；就是和他不同族的鲁国统治阶级里，也有人承认那个圣人将兴的预言要应在这个人身上。和他接近的人，仰望他如同仰望日月一样；相信他若得着机会，他一定能"立之斯立，道之斯行，绥之斯来，动之斯和"。他自己也明白人们对他的期望，也以泰山、梁木自待，自信"天生德于予"，自许要作文王周公的功业。到他临死时，他还做梦"坐奠于两楹之间"。他抱着"天下其孰能宗予"的遗憾死了，但他死了也"复活"了："人能弘道，非道弘人"，他打破了殷周文化的藩篱，打通了殷周民族的畛域，把那含有部落性的"儒"抬高了，放大了，重新建立在六百年殷周民族共同生活的新基础之上：他做了那中兴的"儒"的不祧的宗主①；他也成了"外邦人的光"，"声名洋溢乎中国，施及蛮貊②，舟车所至，人力所通……凡有血气者莫不尊亲"。

论孔子的大贡献：

（一）把殷商民族的部落性的儒扩大到"仁以为己任"的儒；

（二）把柔懦的儒改变到刚毅进取的儒。

孔子所以能中兴那五六百年来受人轻视的"儒"，是因为他

---

① 不祧［tiāo］的宗主：始祖（祧：祖庙。不入祖庙称"不祧"，而唯有始祖是不入祖庙的）。

② 蛮貊［mò］：南方原始部落（蛮）和北方原始部落（貊）。

认清了那六百年殷周民族杂居、文化逐渐混合的趋势，也知道那个富有部落性的殷遗民的"儒"竟无法能拒绝那六百年来统治中国的周文化的了，所以他大胆的冲破那民族的界限，大胆的宣言："吾从周！"他说：

> 夏礼，吾能言之，杞①不足征②也。殷礼，吾能言之，宋③不足征也。文献不足，故也。足，则吾能征之矣。

这就是说，夏、殷两个故国的文化虽然都还有部分的保存——例如《士丧礼》里的夏祝、商祝——然而民族杂居太长久了，后起的统治势力的文化渐渐湮没了亡国民族的老文化，甚至于连那两个老文化的政治中心，杞与宋，都不能继续保存他们的文献了。杞国的史料现在已无可考。就拿宋国来看，宋国在那姬周诸国④包围之中，早就显出被周文化同化的倾向来了。最明显的例子是谥法⑤的采用。殷人无谥法。《檀弓》说：

> 幼名⑥、冠字⑦、五十以伯仲⑧、死谥⑨，周道也。

---

① 杞：杞国，春秋时一诸侯国，国君为姒姓，大禹的直系后裔。
② 征：证明。
③ 宋：宋国，春秋时一诸侯国，国君为子姓，成汤的直系后裔，但不是（殷）商朝的直接延续。
④ 姬周诸国：周朝天子为姬姓，所封诸侯国国君也大多为姬姓。
⑤ 谥［shì］法：追谥法，即帝王、诸侯、卿大夫、大臣等死后，朝廷根据其生前事迹及品德，给予一个评定性的称号以示表彰，始于西周中叶稍后。
⑥ 幼名：幼时取名。
⑦ 冠字：二十岁时表字（冠：行加冠礼，即：可戴帽，一般在二十岁时）。
⑧ 以伯仲：获得"伯""仲"之称（长子称"伯"，次子称"仲"）。
⑨ 死谥：死后获谥号。

今考《宋世家》①，微子启②传其弟微仲，微仲传子稽，稽传丁公申，丁公申传潜公共，共传弟炀公熙，潜公子鲋弑炀公而自立，是为厉公。这样看来，微子之后，到第四代③已用周道，死后称谥了——举此一端，可见同化的速度。在五六百年中，文献的丧失，大概是由于同化久了，虽有那些保存古服古礼的"儒"，也只能做到一点抱残守缺的工夫，而不能挽救那自然的趋势。可是那西周民族在那五六百年中充分吸收东方古国的文化；西周王室虽然渐渐不振了，那些新建立的国家，如在殷商旧地的齐、鲁、卫、郑，如在夏后氏旧地的晋，都继续发展，成为几个很重要的文化中心。所谓"周礼"，其实是这五六百年中造成的殷周混合文化。旧文化里灌入了新民族的新血液，旧基础上筑起了新国家的新制度，很自然的呈显出一种"集然大备"的气象。《檀弓》有两段最可玩味的记载：

有虞氏④瓦棺，夏后氏⑤堲周⑥，殷人棺椁⑦，周人墙置翣⑧。周人以殷人之棺椁葬长殇⑨，以夏后氏之堲周葬中殇、

---

① 《宋世家》：《史记》中一篇。

② 微子启：商纣王之庶兄，亦姓子，但因庶出，故姓前加"微"字。

③ 第四代：即指潜［mǐn］公共，其中"潜公"为其谥号。

④ 有虞氏：上古部落，始祖是虞幕（即穷蝉），传说是黄帝的曾孙。

⑤ 夏后氏：第一个世袭王朝夏朝的君主氏族，以此代表夏朝。

⑥ 堲［xì］周：在（棺材）周围加上护罩。参见《盐铁论》："古者，瓦棺容尸，木板堲周，足以收形骸，藏发齿而已。"

⑦ 棺椁［guǒ］：在棺材外面套一个棺椁。

⑧ 墙置翣［shà］：即"葬墙置翣"。葬墙：棺材四壁。翣：棺饰物。参见《淮南子·齐俗训》："夏后氏其社用松、衸户，葬墙置翣……"

⑨ 长［zhǎng］殇：年长之殇（亡）。

下殇，以有虞氏之瓦棺葬无服之壑①。

仲宪②言于曾子曰："夏后氏用明器③，……殷人用祭器④，……周人兼用之……"

这都是最自然的现象。我们今日看北方的出殡，其中有披麻带孝的孝子，有和尚、有道士、有喇嘛、有军乐队、有纸扎的汽车马车，和《檀弓》记的同时有四种葬法，是一样的文化混合。孔子是个有历史眼光的人，他认清了那个所谓"周礼"并不是西周人带来的，乃是几千年的古文化逐渐积聚演变的总成绩，这里面含有绝大的因袭夏殷古文化的成分。他说：

殷因于夏礼，所损益⑤，可知也。周因于殷礼，所损益，可知也。

这是很透辟的"历史的看法"。有了这种历史见解，孔子自然能看破，并且敢放弃那传统的"儒"的保守主义。所以他大胆的说：

周监⑥于二代⑦，郁郁⑧乎文⑨哉！吾从周。

———————

① 无服：古丧制有"五服"（五种服饰代表五个等级），"五服"之外称"无服"（即平民百姓）。壑：原指深沟，兼指墓穴。
② 仲宪，即原宪，孔子弟子。曾子，即曾参，亦为孔子弟子。
③ 明器：即冥器，随葬物。
④ 祭器：祭奠物。
⑤ 损益：好坏、得失。
⑥ 监：古同"鉴"，借鉴。
⑦ 二代：夏代与商代。
⑧ 郁郁：丰盛貌。
⑨ 文：文采。

在这句"吾从周"的口号之下，孔子扩大了旧"儒"的范围，把那个做殷民族的祝人①的"儒"变做全国人的师儒了。"儒"的中兴，其实是"儒"的放大。

孔子所谓"从周"，我在上文说过，其实是接受那个因袭夏殷文化而演变出来的现代文化。所以，孔子的"从周"不是绝对的，只是选择的，只是"择其善者而从之，其不善者而改之"。《论语》里说：

> 颜渊②问为邦③。子曰："行夏④之时⑤，乘殷⑥之辂⑦，服⑧周⑨之冕⑩。乐则韶舞⑪。放⑫郑声⑬，远佞人⑭；郑声淫⑮，佞人殆⑯。"

这是很明显的折衷主义。《论语》又记孔子说：

---

① 祝人：祭司。
② 颜渊，字子渊，孔子弟子。
③ 为邦：治国。
④ 夏：夏代。
⑤ 时：时尚（喻习俗）。
⑥ 殷：商代。
⑦ 辂［lù］：大车（喻法规）。
⑧ 服：（动词）穿、戴。
⑨ 周：周代。
⑩ 冕：帽子（喻礼仪）。
⑪ 韶舞：亦作"韶武"，舜时乐舞。何晏《论语集解》："韶，舜乐也。尽善尽美，故取之。"
⑫ 放：弃。
⑬ 郑声：即郑卫之音，春秋时郑国和卫国的民间音乐，粗俗放浪。
⑭ 佞人：狡黠之人。
⑮ 淫：淫荡。
⑯ 殆：危险。

麻冕①，礼也；今也，纯②。俭③，吾从众。拜下④，礼也；今拜乎上⑤，泰⑥也。虽违众，吾从下。

这里的选择去取的标准更明显了。《檀弓》里也有同类的记载：

孔子曰："拜而后稽颡⑦，颓乎⑧其顺⑨也（郑注：此殷之丧拜也）。稽颡而后拜，颀乎⑩其至⑪也（郑注，此周之丧拜也）。三年之丧⑫，吾从其至者。"

殷既封⑬而吊⑭，周反哭⑮而吊。孔子曰："殷已悫⑯，吾从周。"

殷练⑰而袝⑱，周卒哭⑲而袝。孔子善⑳殷。

---

① 麻冕［miǎn］：（戴）麻布帽子。朱熹《论语集注》："麻冕，缁布冠也。"
② 纯：丝（以丝代麻）。
③ 俭：俭朴（指麻冕）。
④ 拜下：（求见大人时）拜于（堂）下。
⑤ 拜乎上：拜乎（堂）上。
⑥ 泰：古同"太"，过分。
⑦ 稽颡［sǎng］：稽首、磕头（颡：额）。
⑧ 颓乎：低垂以示。
⑨ 顺：恭顺。
⑩ 颀［qí］乎：高昂以示。
⑪ 至：同"致"，致意。
⑫ 三年之丧：父母亡，子女服丧三年。
⑬ 既封：于封墓时。
⑭ 吊：吊唁（死者）。
⑮ 反哭：（从墓地）返回后哭时（反：同"返"）。
⑯ 殷已悫［què］：殷人已顺从（周朝）（悫：恭谨）。
⑰ 练：祭名，父母去世十三个月时戴练冠祭于家庙，称作"练祭"。《荀子·子道》："鲁大夫练而床，礼邪？"
⑱ 袝［fù］：附祭、合葬。
⑲ 卒哭：祭名，父母去世百日时行"卒哭祭"（卒：结束）。
⑳ 善：喜欢。

这都是选择折衷的态度。《檀弓》又记：

> 孔子之丧，公西赤①为志②焉：饰棺墙，置翣，设披③，周也。设崇④，殷也。绸练设旐，夏也。
>
> 子张⑤之丧，公明仪⑥为志焉：褚幕丹质⑦，蚁结于四隅⑧，殷士也。

这两家的送葬的礼式不同，更可以使我们明了孔子和殷儒的关系。子张是"殷士"，所以他的送葬完全沿用殷礼。孔子虽然也是殷人，但他的教养早已超过那保守的殷儒的遗风了，早已明白宣示他的"从周"的态度了，早已表示他的选择三代礼文的立场了，所以他的送葬也含有这个调和三代文化的象征意义。

孔子的伟大贡献正在这种博大的"择善"的新精神。他是没有那狭义的畛域观念的。他说："君子周而不比。"又说："君子群而不党。"他的眼光注射在那整个的人群，所以他说：

---

① 公西赤，字子华，孔子弟子。
② 志：同"治"，治丧。
③ 披：（棺材上的）覆盖物。
④ 设崇：（送葬乘车上）插旌旗。
⑤ 子张，即颛孙师，字子张，孔子弟子。
⑥ 公明仪，子张弟子。
⑦ 褚幕丹质：清张沐《礼记疏略》："褚谓覆棺之物，若大夫以上，其形似幄，士则无褚。今公明仪尊敬其师，故特为褚，不得为幄，但似幕形，故云'褚幕'，以丹质之布而为之也。"
⑧ 蚁结于四隅：清张沐《礼记疏略》："蚁结者，蚁，蚍蜉也。又于褚之四角画蚍蜉之形，交结往来。"

君子之于天下也，无适①也，无莫②也，义之与比③。

他认定了教育可以打破一切阶级与界限，所以曾有这样最大胆的宣言："有教无类。"这四个字在今日好像很平常，但在二千五百年前，这样平等的教育观必定是很震动社会的一个革命学说。因为"有教无类"，所以孔子说"自行束修以上④，吾未尝无诲⑤焉"；所以他的门下有鲁国的公孙，有货殖的商人，有极贫的原宪，有在缧绁之中的公冶长。因为孔子深信教育可以推破一切阶级的畛域，所以他终身"为之不厌，诲人不倦"。

孔子时时提出一个"仁"字的理想境界。"仁者，人也"，这是最妥贴的古训。"井有仁焉"⑥ 就是"井有人焉"。"仁"就是那用整个人类为对象的教义。最浅的说法是：

樊迟⑦问仁。子曰："爱人。"

进一步的说法，"仁"就是要尽人道，做到一个理想的人样子，这个理想的人样子也有浅深不同的说法：

---

① 适：迎合。
② 莫：冷漠。
③ 与比：相邻（比：比邻）。
④ 自行束修以上：自己拿着肉干来的（束修：条状的干肉。那时以此充当学费）。
⑤ 无诲：无教诲。
⑥ 井有仁焉：典出《春秋左传》，意即有人落井，即便此人是仇人，你也要救他，此为"仁"。
⑦ 樊迟，即樊须，名须，字子迟，孔子弟子。

樊迟问仁。子曰："居处①，恭。执事②，敬。与人③，忠。虽之④夷狄⑤，不可弃⑥也。"

这是最低限度的说法了。此外还有许多种说法：

樊迟问仁。子曰："仁者先难而后获，可谓仁矣。"

比较孔子在别处对樊迟说的"先事后得"：

司马牛⑦问仁。子曰："仁者其言也，讱⑧。为⑨之难，言之得无讱乎？"

颜渊问仁。子曰："克己复礼⑩为仁。"

仲弓⑪问仁。子曰："出门如见大宾⑫，使民⑬如承⑭大祭。己所不欲，勿施于人。在邦⑮无怨，在家无怨。"

---

① 居处：平日相处。
② 执事：为人做事。
③ 与人：对待他人。
④ 之：往。
⑤ 夷狄：蛮族。
⑥ 弃：忘记。
⑦ 司马牛，名耕，字子牛，孔子弟子。
⑧ 讱［rèn］：谨慎。
⑨ 为：为人。
⑩ 克己复礼：约束自己，遵循礼仪。
⑪ 仲弓，即冉雍，字仲弓，孔子弟子。
⑫ 大宾：贵宾。
⑬ 使民：叫人做事（民：人）。
⑭ 承：承办。
⑮ 在邦：对于国家。

其实这都是"居处恭，执事敬，与人忠"引伸的意义。仁就是做人。用那理想境界的人做人生的目标，这就是孔子的最博大又最平实的教义。我们看他的大弟子曾参说的话：

> 士不可以不弘毅①；任重而道远。仁以为己任②，不亦重乎？死而后已，不亦远③乎？

"仁以为己任"，就是把整个人类看作自己的责任。耶稣在山上，看见民众纷纷到来，他很感动，说道："收成是好的，可惜做工的人太少了。"曾子说的"任重而道远"，正是同样的感慨。从一个亡国民族的教士阶级，变到调和三代文化的师儒；用"吾从周"的博大精神，担起了"仁以为己任"的绝大使命——这是孔子的新儒教。

"儒"本来是亡国遗民的宗教，所以富有亡国遗民柔顺以取容的人生观，所以"儒"的古训为柔懦。到了孔子，他对自己有绝大信心，对他领导的文化教育运动也有绝大信心，他又认清了那六百年殷周民族同化的历史实在是东部古文化同化了西周新民族的历史——西周民族的新建设也都建立在那"周因于殷礼"的基础之上——所以他自己没有那种亡国遗民的柔逊取容的心理。"士不可以不弘毅，任重而道远"，这是这个新运动的新精神，不是那个"一命而偻，再命而伛，三命而俯"的柔道所能

---

① 弘毅：坦荡而坚毅。
② 仁以为己任：（倒装）以仁为己任。
③ 远：长远。

包涵的了。孔子说：

> 志士仁人，无求生以害仁，有杀身以成仁。

他的弟子子贡问他：伯夷、叔齐饿死在首阳山下①，怨不怨呢？孔子答道：

> 求仁而得仁，又何怨？

这都不是柔道的人生哲学了。这里所谓"仁"，无疑的，就是做人之道。孟子引孔子的话道：

> 志士不忘在沟壑，勇士不忘丧其元②。

我颇疑心孔子受了那几百年来封建社会中的武士风气的影响，所以他把那柔儒的儒和杀身成仁的武士合并在一块，造成了一种新的"儒行"。《论语》说：

---

① 伯夷、叔齐饿死在首阳山下：见《史记·伯夷列传》："伯夷、叔齐，孤竹君（商孤竹国君主）之二子也。父欲立叔齐，及父卒，叔齐让伯夷。伯夷曰：'父命也。'遂逃去。叔齐亦不肯立而逃之。国人立其中子。于是伯夷、叔齐闻西伯昌（姬昌）善养老，曰：'盍往归焉？'及至，西伯卒，武王载木主（车载父尸），号为文王，东伐纣。伯夷、叔齐叩马而谏曰：'父死不葬，爰及干戈，可谓孝乎？以臣弑君，可谓仁乎？'左右欲兵（杀）之。太公（姜子牙）曰：'此义人也。'扶而去之。武王已平殷乱，天下宗周，而伯夷、叔齐耻之，义不食周粟。隐于首阳山，采薇而食之……遂饿死于首阳山。"

② 元：首。两句均为倒装句，实为：志士在沟壑不忘（仁），勇士丧其元不忘（仁）。

子路问成人。子曰："若臧武仲①之知、公绰②之不欲③、卞庄子④之勇、冉求⑤之艺，文⑥之以礼乐，亦可以为成人矣。"曰："今之成人者何必然？见利思义⑦、见危授⑧命、久要⑨不忘平生之言，亦可以为成人矣。"

"成人"就是"成仁"，就是"仁"。综合当时社会上的理想人物的各种美德，合成一个理想的人格，这就是"君子儒"，这就是"仁"。但他又让一步，说"今之成人者"的最低标准。这个最低标准正是当时的"武士道"的信条。他的弟子子张也说：

士见危致命⑩，见得思义⑪，祭⑫思敬，丧⑬思哀，其可已矣。

曾子说：

_____

① 臧武仲，亦称臧孙纥［hé］，臧文仲之孙，臧宣叔之子，春秋时鲁国大夫。
② 公绰，孟公绰，鲁国大夫，三桓孟氏族人。
③ 不欲：清静寡欲。
④ 卞庄子，春秋时鲁国大夫，曾徒手斗虎。
⑤ 冉求，字子有，亦称冉有，孔子弟子，多才多艺，尤善理财。
⑥ 文：（动词）教。
⑦ 思义：想到为人之义。
⑧ 授：献出。
⑨ 久要：旧交（老朋友）。
⑩ 见危致命：与前文"见危授命"同。
⑪ 见得思义：与前文"见利思义"同。
⑫ 祭：祭祖。
⑬ 丧：丧父（母）。

可以托六尺之孤①，可以寄百里之命②，临大节③而不可夺④也。君子人欤？君子人也。

这就是"见危致命"的武士道的君子。子张又说：

执德不弘⑤，信道不笃⑥，焉能为有⑦？焉能为亡？

子张是"殷士"，而他的见解已是如此，可见孔子的新教义已能改变那传统的儒，形成一种弘毅的新儒了。孔子曾说：

刚毅木讷⑧，近仁。

又说：

巧言令色，鲜⑨矣仁。

他提倡的新儒只是那刚毅勇敢，担负得起天下重任的人格。

---

① 六尺之孤：年幼孤儿。
② 百里之命：远道使命。
③ 大节：存亡安危之大事。
④ 夺：失（信）。
⑤ 弘：坦荡。
⑥ 笃：坚定。
⑦ 有：存（与后文"亡"相对）。
⑧ 木讷：憨厚。
⑨ 鲜：少有。

所以说：

> 仁者，己欲立而立人，己欲达而达人。

又说：

> 君子……修己以敬，……修己以安人，……修己以安
> 百姓。

这是一个新的理想境界，绝不是那治丧相礼以为衣食之端的
柔懦的儒的境界了。

孔子自己的人格就是这种弘毅的人格。《论语》说：

> 子曰："君子道者三，我无能焉；仁者不忧，知者不惑，
> 勇者不惧。"子贡曰："夫子自道也。"
>
> 子曰："不怨天，不尤人，下学而上达①。知我者其
> 天乎！"
>
> 叶公②问孔子于子路。子路不对③。子曰："汝奚④不曰
> '其为人也，发愤⑤忘食，乐以忘忧，不知老之将至'

---

① 下学而上达：下学人事而上达天命。
② 叶公，沈诸梁，字子高，春秋末期楚国宰相，因封地在叶邑（今河南叶县
南旧城），故称"叶公"。
③ 对：答。
④ 奚：何。
⑤ 发愤：同"发奋"。

云尔？"

《论语》又记着一条有风趣的故事：

> 子路宿于石门，晨门①曰："奚自②？"子路曰："自孔
> 氏。"曰："是知其不可而为之者故？"

这是当时人对于孔子的观察。"知其不可而为之"，是孔子的新精神。这是古来柔道的儒所不曾梦见的新境界。

但柔道的人生观，在孔门也不是完全没有相当地位的。曾子说：

> 以能问于不能；以多问于寡；有若无，实若虚；犯而不
> 校③；昔者吾友尝从事于斯矣。

这一段的描写，原文只说"吾友"，东汉的马融硬说"友谓颜渊"，从此以后，注家也都说是颜渊了（现在竟有人说道家出于颜回了）。其实"吾友"只是我的朋友，或我的朋友们，二千五百年后人只可"阙疑④"，不必费心去猜测。如果这些话可以指颜渊，那么，我们也可以证明这些话是说孔子。《论语》不说

---

① 晨门：管城门的人。
② 奚自：何自（从哪儿来）。
③ 犯而不校［jiào］：（有人）冒犯而不计较（校：同"较"）。
④ 阙［quē］疑：存疑。

过吗？——

　　子入太庙①，每事问。或曰②："孰谓③鄹人之子④知礼乎？入太庙，每事问！"子闻之曰："是礼也。"

　　这不是有意的"以能问于不能，以多问于寡"吗？这不是"有若无，实若虚"吗？——

　　子曰："吾有知乎哉？无知也。有鄙夫⑤问于我，空空如也。我叩其两端⑥而竭焉⑦。"

　　这不是"以能问于不能，以多问于寡；有若无，实若虚"吗？《论语》又记孔子赞叹

　　伯夷、叔齐不念旧恶⑧，怨是用希⑨。

---

　　① 太庙：帝王宗庙。
　　② 或曰：有人说。
　　③ 孰谓：谁说。
　　④ 鄹〔zōu〕人之子：指孔子（孔子父叔梁纥〔hé〕曾为鄹邑大夫）。
　　⑤ 鄙夫：粗俗之人。
　　⑥ 叩其两端："叩"同"扣"，去掉；两端，指日常琐事和鬼神之事（意谓太俗的事他不知，太玄的事他也不知）。
　　⑦ 竭焉：尽于此（即他的学问既不俗，也不玄）。
　　⑧ 见前注"伯夷、叔齐饿死在首阳山下"，其中"父欲立叔齐，及父卒，叔齐让伯夷。伯夷曰：'父命也。'"即指其"不念旧恶"。
　　⑨ 怨是用希：相互怨恨因此也就几乎没有（是：此、因此。用：所以。希：古同"稀"）。

这不是"犯而不校"吗？为什么我们不可以说"吾友"是指孔子呢？为什么我们不可以说"吾友"只是泛指曾子"昔者"接近的某些师友呢？为什么我们不可以说这是孔门某一个时期（"昔者"）所"尝从事"的学风呢？

大概这种谦卑的态度、虚心的气象、柔逊的处世方法，本来是几百年来的儒者遗风，孔子本来不曾抹煞这一套，他不过不承认这一套是最后的境界，也不觉得这是唯一的境界罢了（曾子的这一段话的下面，即是"可以托六尺之孤"一段；再下面，就是"士不可以不弘毅"一段。这三段话，写出三种境界，最可供我们作比较）。在那个标举"成人""成仁"为理想境界的新学风里，柔逊谦卑不过是其一端而已。孔子说得好：

恭而无礼①则劳②，慎而无礼则葸③，勇而无礼则乱④，直⑤而无礼则绞⑥。

恭与慎都是柔道的美德——孟僖子称正考父的鼎铭为"共（恭）"——可是过当的恭慎就不是"成人"的气象了。《乡党》一篇写孔子的行为何等恭慎谦卑！《乡党》开端就说：

---

① 恭而无礼：恭敬而不知礼仪。
② 劳：费神费力。
③ 葸［xǐ］：畏缩。
④ 乱：莽撞。
⑤ 直：率直。
⑥ 绞：烦人。

孔子于乡党①，恂恂②如也，似不能言者。其在宗庙、朝廷，便便言，唯谨尔③。（郑注：便便，辩也。）

《论语》里记他和当时的国君、权臣的问答，语气总是最恭慎的，道理总是守正不阿的。最好的例子是鲁定公问一言可以兴邦的两段：

定公问："一言而可以兴邦，有诸④？"孔子对曰："言不可以。若是，其几⑤也。人之言曰：'为君难，为臣不易。'如知为君之难也，不几乎⑥一言而兴邦乎？"

曰："一言而丧邦，有诸？"孔子对曰："言不可以。若是，其几也。人之言曰：'予无乐乎为君，唯其言而莫予违⑦也。'如其善而莫之违也，不亦善乎？如不善而莫之违也，不几乎一言而丧邦乎？"

他用这样婉转的辞令，对他的国君发表这样独立的见解，这最可以代表孔子的"温而厉""与人恭而有礼"的人格。

《中庸》虽是晚出的书，其中有"子路问强"一节，可以用

---

① 乡党：乡里乡亲（古时以五百家为"党"，一万二千五百家为"乡"，合称"乡党"）。

② 恂［xún］恂：木讷貌。

③ 唯谨尔：唯谨慎而已。

④ 有诸：有之于（有这种事）。

⑤ 几：少（如寥寥无几）。

⑥ 几乎：少有之。

⑦ 莫予违：（文言"莫"字后倒装）莫违予。

来做参考资料：

> 子路问强。子曰："南方之强欤？北方之强欤？抑而^①强欤？宽柔可教^②，不报无道^③，南方之强也，君子居之。衽金革^④，死而不厌^⑤，北方之强也，而强者居之。故君子和而不流^⑥，强哉矫^⑦。中立而不倚，强哉矫。国有道，不变塞^⑧焉，强哉矫。国无道，至死不变^⑨，强哉矫。"

这里说的话，无论是不是孔子的话，至少可以表示孔门学者认清了当时有两种不同的人生观，又可以表示他们并不菲薄那"宽柔以教，不报无道"（即是"犯而不校"）的柔道。他们看准了这种柔道也正是一种"强"道。当时所谓"南人"，与后世所谓"南人"不同。春秋时代的楚与吴，虽然更南了，但他们在北方人的眼里还都是"南蛮"，够不上那柔道的文化。古代人所谓"南人"似乎都是指大河以南的宋国、鲁国，其人多是殷商遗民，传染了儒柔的风气，文化高了，世故也深了，所以有这种宽柔的"不报无道"的教义。

这种柔道本来也是一种"强"，正如《周易·象传》说的

---

① 抑而：或许。
② 可教：可以教化。
③ 不报：不报复。无道：不知天道之人。
④ 衽［rèn］：古同"衽"，衣、穿。金革：铠甲。
⑤ 厌：辞。
⑥ 和而不流：和气而不随流。
⑦ 强哉矫：强而勇（矫：勇武）。
⑧ 不变塞：（君子）不妄为（塞：原义为封闭，转义为克制）。
⑨ 至死不变：（君子）至死不改初衷。

"谦尊而光，卑①而不可踰②"。一个人自信甚坚强，自然可以不计较外来的侮辱；或者他有很强的宗教信心，深信"鬼神害盈而福谦③"，他也可以不计较偶然的横暴。谦卑柔逊之中含有一种坚忍的信心，所以可说是一种君子之强。但他也有流弊。过度的柔逊恭顺，就成了懦弱者的百依百顺，没有独立的是非好恶之心了。这种人就成了孔子最痛恨的"乡原"；"原"是谨愿，乡愿是一乡都称为谨愿好人④的人。《论语》说：

> 子曰："乡原，德之贼⑤也。"

《孟子》末篇对这个意思有很详细的说明：

> 孟子曰："……孔子曰：'过我门而不入我室，我不憾焉者，其惟乡原乎？乡原，德之贼也。'"万章⑥曰："何如斯可谓之乡原矣？"曰："何以是嘐嘐也⑦！言不顾行，行不顾言，则曰'古之人！古之人！行何为踽踽凉凉⑧？生斯世⑨

---

① 卑：谦卑。
② 踰 [yú]：原义为中空，转义为懦弱。
③ 害盈而福谦：折损自满（之人）而赐福谦虚（之人）。
④ 谨愿好人：媚俗之人。
⑤ 贼：偷换者（假冒者）。
⑥ 万章，孟子弟子。
⑦ 何以是嘐 [jiāo] 嘐也：这有什么可多说的（嘐嘐：多言）。
⑧ 踽 [jǔ] 踽凉凉：孤寂冷清。
⑨ 斯世：此世。

也，为斯世也，善斯可矣'。阉然①媚于世也者，是②乡原也。"万章曰："一乡皆称原人③焉，无所往而不为原人，孔子以为德之贼，何哉？"曰："非之，无举也④；刺之，无刺也⑤。同乎流俗，合乎污世；居之似忠信，行之似廉洁，众皆悦⑥之，自以为是，而不可与入⑦尧舜之道。故曰德之贼也。孔子曰：'恶⑧似而非者。恶莠⑨，恐其乱⑩苗也。恶佞⑪，恐其乱义也。恶利口⑫，恐其乱信也。恶郑声⑬，恐其乱乐也。恶紫，恐其乱朱⑭也。恶乡原，恐其乱德也。'"

这样的人的大病在于只能柔而不能刚；只能"同乎流俗，合乎污世""阉然媚于世"，而不能有踽踽凉凉的特立独行。

孔子从柔道的儒风里出来，要人"柔而能刚""恭而有礼"。他说：

---

① 阉［yān］然：奴婢相。
② 是：此。
③ 原人：媚俗之人。
④ 非之，无举也：要非难他，却无证据。
⑤ 刺之，无刺也：要指责他，却无可指责。
⑥ 悦：喜欢。
⑦ 与入：与其同人。
⑧ 恶［wù］：（动词）憎恶。
⑨ 莠［yǒu］：亦称"狗尾草"，长在谷地里，穗有毛，很像谷子。
⑩ 乱：扰乱人辨认。
⑪ 佞［nìng］：谄媚。
⑫ 利口：夸口。
⑬ 郑声：轻佻之乐（初出于郑国，故称"郑声"）。
⑭ 朱：红色。

众好①之，必察②焉。众恶之，必察焉。

"乡原"决不会有"众恶之"的情况的。凡"众好之"的人，大概是"同乎流俗，合乎污世"的人。《论语》另有一条说此意最好：

> 子贡问曰："乡人皆好之，何如？"子曰："未可也。"
> "乡人皆恶之，何如？"子曰："未可也。不如乡人之善者好之，其不善者恶之。"

这就是《论语》说的"君子和而不同"；也就是《中庸》说的"君子和而不流，中立而不倚"。这才是孔子要提倡的那种弘毅的新儒行。

《礼记》里有《儒行》篇，记孔子答鲁哀公问"儒行"的话，其著作年代已不可考，但其中说儒服是鲁、宋的乡服，可知作者去古尚未远，大概是战国早期的儒家著作的一种。此篇列举"儒行"十六节，其中有一节云：

> 儒有衣冠，中③；动作，慎。其大让④，如慢⑤；小让，

---

① 好［hào］：喜好。
② 察：审察。
③ 中：中等、一般。
④ 大让：大事之谦让。
⑤ 慢：傲慢。

如伪①；大则如畏，小则如愧；其难进而易运②也，粥粥③若无能也。

这还是儒柔的本色。又一节云：

儒有博学而不穷④，笃行而不倦……人之以和为贵……举贤而容众，毁方而瓦合⑤，其宽裕⑥，有如此者。

这也还近于儒柔之义。但此外十几节，如云：

爱其死⑦，以有待⑧也；养其身，以有为⑨也。

非时不见⑩，非义不合。

见利不亏⑪其义，见死不更⑫其守⑬。其特立⑭，有如此者。

---

① 伪：虚伪。
② 难进而易运：少有进取而善于适应。
③ 粥粥：柔弱貌。
④ 不穷：不窘迫。
⑤ 毁方而瓦合：委曲求全（方：方正。瓦：曲）。
⑥ 宽裕：宽容。
⑦ 爱其死：惜死（不轻易死）。
⑧ 待：期待。
⑨ 为：作为。
⑩ 见［xiàn］：古同"现"，显露。
⑪ 亏：损。
⑫ 更：变。
⑬ 守：守则。
⑭ 特立：独立。

儒有可亲而不可劫①也，可近而不可迫②也，可杀而不可辱也。其过失，可微辞③而不可面数④也。其刚毅，有如此者。

身可危也，而志不可夺也。虽危，起居⑤竟伸⑥其志，犹将不忘百姓之病⑦也。其忧思，有如此者。

患难，相死⑧也；久，相待⑨也；远，相致⑩也。

儒有澡身而浴德⑪，陈言而伏⑫……世治⑬，不轻⑭；世乱，不沮⑮。同弗与⑯，异弗非⑰也。其特立独行，有如此者。

儒有上不臣天子，下不事诸侯，慎静⑱而尚宽⑲，强毅⑳

---

① 劫：强求。
② 迫：逼迫。
③ 微辞：稍示不满。
④ 面数：当面数落。
⑤ 起居：作息（喻时时）。
⑥ 竟伸：尽示。
⑦ 病：忧患。
⑧ 相死：以死相守。
⑨ 久：久离。相待：相互期待。
⑩ 远：远离。相致：相互致意。
⑪ 澡身而浴德：洁身而自好。
⑫ 陈言而伏：进言而自伏（伏：隐藏。意谓不再计较）。
⑬ 世治：世道治平。
⑭ 轻：轻佻。
⑮ 沮：沮丧。
⑯ 同弗与：同道不结邦。
⑰ 异弗非：异道不非议。
⑱ 慎静：谨慎、寂静。
⑲ 尚宽：高尚、宽厚。
⑳ 强毅：刚强、坚毅。

以与人①……砥厉廉隅②。虽分国③，如锱铢④。……其规
为⑤，有如此者。

这就都是超过那柔顺的儒风，建立那刚毅威严，特立独行的
新儒行了。

以上述孔子改造的新儒行：他把那有部落性的殷儒，扩大到
那"仁以为己任"的新儒；他把那亡国遗民的柔顺取容的殷儒，
抬高到那弘毅进取的新儒。这真是"振衰而起儒"的大事业。

---

① 与人：待人。
② 砥厉廉隅：孔颖达疏："以自磨厉，使成己廉隅也。"意谓自我磨炼而成方
正（砥厉：古同"砥砺"，磨刀石，[用作动词] 磨炼。廉隅：棱角）。
③ 分国：封国（分：古同"封"）。
④ 锱 [zī] 铢 [zhū]：均为很小的重量单位，喻微不足道（如"锱铢
必较"）。
⑤ 规为 [wéi]：欲所为。

新儒教之成立[①]

胡　适

一

　　"新儒教"是对于"原始的儒教"说的。孔子以后，孔门的弟子用一个"孝"字和一个"礼"字造成了一种宗教。这个宗教用"父母"作中心，用"祖宗"作扶助，可以叫做"孝父母，拜祖先"的宗教。这是"原始的儒教"。这个宗教虽然确是一个宗教，但原始的儒教徒却不是严格的宗教家。他们很像受了老子的自然主义的影响，故他们的"四时行焉，百物生焉，天何言哉?"的天道观念，和老子的"无为而无不为"的天道观念，实

　　① 　本文系20世纪50年代作者的演讲记录，后收入《胡适遗稿及秘藏书信》(1994，黄山书社)第八册，后收入《胡适全集》第八卷。本文的要点是：(一)汉代形成的儒教有别于原先的儒教，故而称为"新儒教"。(二)"新儒教"的"天"的观念，得之于远古民间信仰的有意志的"天"。这种"天"，孔子和老子都不信，唯有墨子承袭这种"天"的信仰，可见"新儒教"中渗入了墨家的成分。(三)"新儒教"实际上是倒退，有许多民间迷信的成分，为什么会成为汉代的"国教"？原因就在于秦汉统一中国之后，南北各地本来就有许多民间迷信，而汉代要"独尊儒术"，即要把它当成"国教"，也就不得不与民间迷信"妥协"；此外，西汉的创建者刘邦等人大多来自民间，其本身就很迷信，而其后继者又继承了这种传统，这也是"新儒教"之所以会具有民间迷信成分的一个原因。

在很相像。况且《易传》的宇宙观，实在带着很浓厚的"唯物主义"的色彩。况且他们虽然注重祖先的祭祀，却又不信有鬼。他们只是"祭如在①，祭神如神在"。这两个"如"字，写尽了当日儒家的心理。故儒教的宗教分子②，实在可说是很薄弱的，我们可以说"原始的儒教"确是一种偏于伦理方面的宗教。

但是汉代的儒教便不同了。这个儒教含有三个重要分子：（一）教育的；（二）政治的；（三）宗教的。教育的与政治的部分虽然也和"原始的儒教"有大不同的地方，但最大的不同却在宗教的方面。我们翻开两部《汉书》③，无论是《五行志》，或是《刘向传》《王莽传》④……总觉得一种很浓厚的宗教空气。当时的儒者心里都信着一个有意志、有知识、可以感动的天；这个天能喜能怒、能赏善罚恶。最特别的就是当时人信仰的"天人感应"的关系，又叫做"天人相与之际"。董仲舒⑤说：

> 人之所为，其美恶⑥之极，乃与天地流通而往来相应。
>
> （《对策》）

匡衡⑦说：

---

① 祭如在：祭祀什么就如有什么。
② 分子：因素。
③ 两部《汉书》：《前汉书》与《后汉书》，分别为东汉班固和南朝（刘宋）范晔所撰。
④ 《五行志》《刘向传》《王莽传》：均为《汉书》中的篇目。
⑤ 董仲舒，西汉经学家，其"罢黜百家，独尊儒术"的主张为武帝所采纳。
⑥ 美恶：好恶。
⑦ 匡衡，西汉经学家。

天人之际①，精授②有以相荡③，善恶有以相推④。事作乎下者，象⑤动乎上。阴阳之理，各应其感。(《汉书》八十一)

《天文志》说：

　　政失于此，则变见⑥于彼；犹影之象⑦形⑧，响⑨之应形。是以⑩明君睹之而寤⑪，饬身⑫正事⑬，思其答谢⑭，则祸除而福自至。

这种观念，董仲舒说的最明白。他说：

　　国家将有失道之败，而天乃先出灾害以谴告⑮之；不知自省，又出怪异以警惧之；尚⑯不知变，而伤败乃至。以

----

① 天人之际：天与人之间。
② 精授：精气。
③ 相荡：相互摇动。
④ 相推：相互推演。
⑤ 象：景象（如"万象更新"）。
⑥ 见［xiàn］：古同"现"，显现。
⑦ 象：像。
⑧ 形：形状。
⑨ 响：响声。
⑩ 是以：因此。
⑪ 寤：古同"悟"。
⑫ 饬［chì］身：警示自身。
⑬ 正事：端正从事。
⑭ 答谢：感恩。
⑮ 谴告：预告。
⑯ 尚：还。

此，见天心之仁爱人君，而欲止其乱也。自非①大亡道②之君者，天尽欲扶持而全安③之。

　　这样的一个"天"，是原始儒教里没有的。且不说那主张"天行有常，不为尧存，不为桀亡"的荀子，就是孟子也只说"莫之为④而为者，天也；莫之致⑤而致者，命也"。孟子有一次论舜禹时，说高兴了，几乎说到一个有意志的天，所以他的弟子万章就问他："天与⑥之者，谆谆然⑦命之乎？"孟子不承认这个"谆谆然命之"的天，故他立刻转舵收帆，最后引《泰誓》⑧说："天视自我民视，天听自我民听。"我们从孔子看到荀子、孟子，从不曾看见一个儒者主张那样一个有意志能感应的天。这是汉代儒教的最特别的一点，故我们叫它做"新儒教"。
　　我们仔细观察汉代的新儒教，又可以看出两个不同的时期。一是董仲舒的儒教，我们叫他做"今文家⑨的新儒教"。一是王莽、刘歆⑩的儒教，我们叫他做"古文家的新儒教"。这两个时

---

① 自非：除非。
② 大亡道：大逆不道。
③ 全安：成全、安定。
④ 莫之为：不知何为。
⑤ 莫之致：不知何致。
⑥ 与：同"予"，给予。
⑦ 谆 [zhūn] 谆然：反复告诫（如"谆谆教导"）。
⑧ 《泰誓》：《尚书》中的一篇。
⑨ 今文家：今文经学家（汉代有两种经学：今文经学和古文经学。所谓"今文经"，是指汉初由儒生口传，并用当时流行的隶书记录下来的经籍；所谓"古文经"，是指汉代前期从民间征集或孔子故宅壁间所发现的用先秦古籀文字写成的经籍）。
⑩ 王莽，西汉末孝元皇后王政君之侄，篡位而立新朝，在位期间主倡"复周礼"。刘歆，西汉宗室、经学家，曾与父亲刘向一起编订《山海经》。

期的区别，最大的有两点：

（一）今文家的儒教重在"灾异"，而古文家的儒教重在"符瑞①"。

（二）今文家的圣人（教主）是孔子，而古文家的圣人（教主）是周公。

后来刘歆倒了，王莽也倒了，但他们的周公却不曾倒。所以这二千年来的儒教便成了"周孔合璧"的儒教，其实还是董仲舒、刘歆、王莽的儒教。我这句话，并非贬词，毫无恶意；不过，我们若想真正了解儒教的真义，我们不可不先懂得这一段有趣味的历史。本篇的研究，先叙述新儒教的各种背景，次述它的两个时期的重要主张和变迁沿革的历史。

二

新儒教的背景，有很古的，有比较稍晚的。我们先说那稍古的背景。新儒教的宗教分子——它的"天"的观念，是从古代中国民族的宗教里得来的。我们读《诗三百篇》②，便可以知道古代民族把"天"看作一个有意志知识，能作威造福的主宰。如《大明篇》说的"有命自天，命此文王""天监③在下""上

---

① 符瑞：祥兆。
② 《诗三百篇》：即《诗经》。
③ 监：古同"鉴"。

帝临汝"；如《皇矣篇》说的"皇矣上帝，临下有赫，监观四方，求民之莫"；如《正月篇》说的"有皇上帝，伊谁云憎"？又如《极篇》说的"敬天之怒，无敢戏豫①；敬天之渝②，无敌驰驱"。这些例都可以使我们明白当日的人确然信仰一个有知觉感情的上帝。那个上帝发怒时是很可怕的，如《雨无正篇》说的：

> 雨其无极③，伤我稼穑。
>
> 浩浩昊天，不骏④其德，
>
> 降丧⑤饥馑，斩伐四国⑥。
>
> 昊天疾威，弗虑弗图⑦。
>
> 舍彼有罪，既伏其辜⑧；
>
> 若此无罪，沦胥以铺⑨。

自然界的灾异，在当时也被看作天怒的表示。《十月之交篇》说：

---

① 戏豫：嬉戏安逸。
② 渝：原义河流改道，引申为改变（如"忠贞不渝"）。
③ 极：终止。
④ 骏：古同"俊"，（动词）彰显。
⑤ 降丧：降灾。
⑥ 四国：（泛指）四方。
⑦ 弗虑弗图：不考虑，无意图（肆意妄为）。
⑧ 既伏其辜：那就服从其妄为（伏：古同"服"。辜：错）。
⑨ 沦胥以铺：颓然而已（用大白话说就是"没办法，算了吧"。沦胥：沦丧。铺：平放、躺倒）。

十月之交，朔日①辛卯②，

日有食之③，亦孔④之丑。

……

彼月而食⑤，则维其常；

此日而食，于何不臧⑥？

烨烨⑦震电，不宁不令⑧。

百川沸腾，山冢崒崩⑨。

高崖为谷，深谷为陵⑩。

哀今之人，胡憯莫惩⑪？

《春秋左氏传》⑫里记的许多宗教迷信，也可以用来互证。

但这种古代的宗教观念，到了西历纪元前第六世纪的哲人手里，便不能免很严厉的批评了。老子便是一个重要的代表。他说："天地不仁⑬，以万物为刍狗⑭。"老子的自然主义的天道观

----

① 朔日：（每月）初一。
② 辛卯：（干支）辛卯日。
③ 日有食之：有日食（亦作"日蚀"）（此处"食"指日食）。
④ 孔：很。
⑤ 彼月而食：那月亮有缺（此处"食"指月缺，非月食或月蚀）。
⑥ 臧：善。
⑦ 烨［yè］烨：明亮貌。
⑧ 令：好（如"令名"）。
⑨ 崒［zú］崩：倒塌。
⑩ 高崖为谷，深谷为陵：高崖变为深谷，深谷变为山陵（似有地震，日食不会如此）。
⑪ 胡：为何。憯［cǎn］：竟然（另见《诗经·大雅·云汉》："胡宁瘨我以旱？憯不知其故。"）。莫惩：不警觉。
⑫ 《春秋左氏传》：即《左传春秋》。
⑬ 不仁：无情。
⑭ 刍狗：祭祀时用草扎成的狗，用过后即被丢弃。

念，说天道是无意志的、自然的，"无为而无不为①"的，这种见解是破除宗教迷信的根本良药。自从老子的自然主义出世以后，思想界起一个大变化。自然主义的嫡派，如庄子、列子②、《淮南子》③、王充④……不消说了。孔子的一派也难逃自然主义的影响，我们看荀子的《天论》，便可以想见儒家的自然主义化了。

古代哲学极盛的时代，纪元前六○○至二三○——从老子到韩非⑤，可以算是古代宗教观念衰落的时代。那有意识感情的上帝，差不多完全被这四百年的思想家赶出思想界之外去了。但是这四百年之中，却有一个重要的例外，就是墨家的宗教。墨子⑥的哲学是常识的哲学，他的宗教也是当时民间的宗教。墨家的长处和短处，都在这里。墨教信鬼，又信一个有意志的天。这两项都是民间因袭的宗教观念；老子、孔子把他们丢了，墨子又把他们拾起来。他说：

我有天志⑦，譬若轮人⑧之有规⑨，匠人⑩之有矩⑪。(《天

---

① 无为而无不为："无为"之"为"，意为"欲为"；"无不为"之"为"，意为"作为"。
② 列子，即列御寇，战国时郑国道家学者。
③ 《淮南子》：西汉道学家、淮南王刘安所撰。
④ 王充，东汉道学家，著有《论衡》等。
⑤ 韩非，亦称"韩非子"，战国时韩国公子，师从荀子，后成法家，又熟谙道家学说。
⑥ 墨子，即墨翟［dí］，战国时宋国学者，墨家学派创始人。
⑦ 天志：(墨家用语)上天之志。
⑧ 轮人：做车轮的人。
⑨ 规：圆规。
⑩ 匠人：盖房子的人。
⑪ 矩：方矩（角尺）。

志上》）

　　天欲①人之相爱相利，而不欲人之相恶相贼也。（《法仪》）

　　故古者圣王明②天鬼之所欲，而避天鬼之所憎，以求兴天下之利，除天下之害。（《尚同中》）

他因为信天鬼，故反对自然主义一派的命定说；他的"非命③"说，并非是要破除迷信，只是因为他要维持天鬼的权威，他的"尚同④"说，只是想用"天"来统一天下。他说：

　　夫⑤既上同⑥乎天子，而未上同于天者，则天菑⑦将犹未止也。故当若⑧天降寒热不节⑨、雪霜雨露不时⑩、五谷不熟、六畜不遂⑪、疾灾戾疫⑫、飘风苦雨荐臻⑬而至者，此天之降罚也，将以罚下人之不上同乎天者也。故古者圣王……率天下之万民，斋戒沐浴，洁为酒醴粢盛⑭，以祭祀天鬼。

---

①　欲：要。
②　明：阐明。
③　非命：非议定命。
④　尚同：崇尚统一（同：古同"统"）。
⑤　夫：文言发声词，无义。
⑥　上同：即尚同（上：古同"尚"）。
⑦　天菑［zī］：天灾。参见《左传·定公九年》："上下犹和，众庶犹睦，能事大国，而无天菑，若之何取之？"杨伯峻注："菑，同灾。"
⑧　当若：如若。
⑨　节：调。
⑩　时：合时。
⑪　遂：顺。
⑫　疾灾戾疫：疾病瘟疫。
⑬　荐臻［zhēn］：接连。
⑭　酒醴［lǐ］：酒之统称。粢盛：谷物之统称。

其事鬼神也，酒醴粢盛不敢不蠲洁①，牺牲②不敢不腯肥③，
珪璧币帛④不敢不中⑤度量。春秋祭祀不敢失时几⑥，听狱⑦
不敢不中，分财不敢不均，居处不敢怠慢。（《尚同中》）

但是墨教的教条太刻苦了，不近于人情，况且在那战争的时
期，这种"兼爱""尚同"的宗教是不适用的。在战国末年，
《韩非》还说"世之显学，儒、墨也"。但战国末年的战祸最烈，
秦国把六国都一一征服了。这几十年的战祸好像把那个主张"非
攻、兼爱、尚同"的墨教也打散了（这也不足为奇。此次欧洲大战⑧，
不到四年，竟把欧美各国的"非战、和平"的团体，都弄成四分五裂，到于今还
不能恢复）。秦始皇统一中国⑨之后，实行一种政治上"尚同"的
政策，也容不得那"上同于天"的墨教。况且不久中国又分裂
了，楚、汉的战争接着起来。等到中国平定之后，墨家的经典著
述更零落散失了。司马谈、司马迁父子那样博学的人，好像竟不
曾见着墨家的书，当日与儒家中分天下的墨教好像完全消灭了。

但那样伟大的一个教门，决不会这样容易消灭的。墨家的精
神在汉朝有两种表现。第一，汉初的游侠颇有墨家先辈的精神。

---

① 蠲［juān］洁：清洁。
② 牺牲：祭祀所用猪、牛、羊。
③ 腯［tú］肥：壮而肥。
④ 珪璧：玉器。币帛：绸布。
⑤ 中［zhòng］：适合（如"中看"）。
⑥ 时几：时机。
⑦ 听狱：判案。
⑧ 此次欧洲大战：指第一次世界大战（1914—1918）。
⑨ 中国：中原诸国。下同。

第二，汉景帝、武帝以后，游侠的风气被政府摧残了，墨家的宗教不但仍旧存在民间，并且还得着一个最伟大的表现，就是董仲舒的新儒教。

董仲舒（约当西历前175—100）是一个儒墨的混合物。他受了墨教的影响，是无可疑的。我们且举几个证据。第一，墨家"兼爱"之说，与儒家的"慈善"的爱，是很不同的；孟子痛骂墨家的兼爱，说他是"无父"的"禽兽"。然而董仲舒却公然提倡兼爱的主义。他说：

> 仁者，所以爱人类也。（《仁义篇》）
>
> 质于①爱民②，以下至于鸟兽昆虫，莫不爱。不爱，奚足③谓仁？仁者，爱人之名也。（《仁义法篇》）
>
> 故王者爱及四夷④，霸者爱及诸侯⑤……亡者⑥爱及独身⑦。（同上）
>
> 天覆无外，地载兼爱。风行令而一⑧其盛，雨布施而均其德，王术之谓也。（《深察名号篇》）

第二，墨家的兼爱，本于"天志"；因为"天兼而爱之，兼

---

① 质于：基于。
② 民：古同"人"。
③ 奚足：何足。
④ 四夷：四方蛮族。
⑤ 诸侯：所封公侯。
⑥ 亡者：逃亡之人。
⑦ 独身：自己一个人。
⑧ 一：全。

而利之"，故我们也应该兼爱、兼利。董仲舒正是如此。他说：

圣人视天而行。是故①其禁而审②好恶喜怒之处也，欲合诸③天之非其时不出暖清寒暑也。……其不阿党④偏私而美⑤泛爱兼利也，欲合诸天之所以成物⑥者少霜而多露⑦也。（《天容》）

生育养长⑧，成⑨而更生⑩，终为复始。其事之所以利活⑪民者无已⑫。天虽不言，其欲赡足⑬之意可见也。古之圣人见天意之厚于人也，故南面而君天下⑭，必以兼利之⑮。（《诸侯》）

这不但承认一个有意志的天，并且还明说天的意志是兼爱人类。这正是墨家的宗教信条。

以上两条，我认为很完全的证据。至于新儒教的天，全是墨

---

① 是故：因此。
② 禁而审：所禁、所审。
③ 合诸：合之于。
④ 阿［ē］党：逢迎上意，结党营私。
⑤ 美：(动词) 乐于。
⑥ 成物：成全万物。
⑦ 少霜而多露：少冰霜而多雨露（喻少惩罚而多施恩）。
⑧ 生育养长：生、育、养、长（人生四阶段，相当于幼年、青年、中年、老年）。
⑨ 成：完成。
⑩ 更生：又有生出（之人）。
⑪ 利活：利、活（均为动词。如"利他"之"利"，"活命"之"活"）。
⑫ 已：终结。
⑬ 赡足：满足（人之需求）。
⑭ 南面而君天下：面朝南而称帝王（南面：皇宫均朝南。君天下：君临天下）。
⑮ 兼利之：兼顾多方利益。

教的天，而不是儒家的天，那一层我们在下文还要详说。大概墨家的"兼爱""尚同"，在战国时代虽不适用，到了汉代一统的时代，倒觉得适用了。因此，前四世纪的孟子不能不骂兼爱者为无父的禽兽，而前二世纪的董仲舒却不妨正式主张兼爱了。

以上说中国古代民间的宗教观念，暂时被哲学家打倒，中间幸有墨家的拥护。后来墨家消灭了，而这种宗教观念又从民间回到儒家来，经董仲舒的正式拥戴，遂成为新儒教的重要部分。

<h1 style="text-align:center">三</h1>

但是，以上说的还只是新儒教的远祖，还只是他的稍古的背景。我们要问：那幼稚的宗教观念何以到了汉代忽然受儒家的采纳，竟变成正宗的国教呢？要解答这个问题，我们不能不研究汉初的各种民族的宗教状况。

新儒教是时代的产儿，因为那时代是一个幼稚的、迷信的时代，所以那时代产生的宗教也是一个幼稚的、迷信的宗教。我们对于战国时代的文化，往往有一种谬误的见解，往往容易把他看的太高了。我们现在所有关于这几百年的史料，大都是哲学、文学的作品，大都是当时的"智识阶级"传下来的史料；至于当时的民间生活，当时各种民族的信仰、风俗、习惯、生活，我们几乎完全不知道。因此，我们往往容易推想战国时代的文化是很高的，那时代的民族是很有思想的，是很少幼稚的迷信的。这个见解是大错的（西洋人对于希腊，也有同样的错觉）。要晓得老子、庄子、荀子等人只能代表当时社会的极小部分；他们不能代表当时的社会，正如章炳麟①、蔡元培、陈独秀不能代表今日的同善社、悟善社，喇嘛教徒、佛教徒、道士教徒。到了秦汉统一中国之后，各方的种族都打成了一片，各民族的幼稚迷信都聚在一个国家里，有了比较，就容易惹起学者的注意。《史记》的《封禅书》、《汉书》的《郊祀志》，这两卷书供给我们许多极有趣的社会学的史料，使我们知道战国晚年到西汉初年的种种"民族的迷信"。懂得了这些"民族的迷信"，然后我们能真正了解汉代的新儒教（以下材料，多采《郊祀志》，参用《封禅书》）。

我们先说西北民族（秦）的迷信。秦民族本是西方的一种野蛮民族；当前八世纪的中叶，北方的犬戎②把周室赶跑了；周平王东迁，秦民族又把犬戎打败了，渐渐的据有西周的故地。这一种民族的大神叫做少昊③（后来变成上古五帝之一的），他的祭坛叫做"畤④"。这种民族迁徙所到的地方，都有这种"畤"，故雍⑤旁有"鄜畤"，雍东有"好畤"，秦襄公作"西畤"，秦文公迁居汧⑥，作"鄜畤"。他们祭少昊，用骝驹⑦、黄牛、羝羊⑧各一。用马祭神，乃是戎狄的风俗；如匈奴杀马祭天，如后来跖拔魏⑨

---

① 章炳麟，即章太炎，名炳麟，字太炎。
② 犬戎：西北蛮族，居今陕西、甘肃一带。
③ 少昊 [hào]，又称"白帝"，又作"少暤""少皞""少颢"等，传说是黄帝的长子。
④ 畤 [zhì]：帝王祭天之坛。
⑤ 雍：战国时秦国都城（今陕西宝鸡市凤翔县）。
⑥ 汧 [qiān]：汧阳（今陕西千阳县）。
⑦ 骝驹：赤身黑鬣的小马。
⑧ 羝 [dī] 羊：公羊。
⑨ 跖拔魏：即北魏（386—534），南北朝时北方一蛮族所建朝代。

用马祭最尊之神，皆是例证。最有趣的是陈宝祠①：

秦文公获"若石"②，于陈仓北阪城祠③之。其神④或岁⑤不至；或岁数来。来也常以夜；光辉若流星，从东方来，集于祠城，若雄雉⑥，其声殷殷⑦云，野鸡夜鸣。以一牢⑧祠之，名曰"陈宝"，作陈宝祠。

到了前七世纪，秦德公迁居雍（今凤翔县），在雍立了许多祠。当时又有"磔狗⑨邑⑩四门，以御蛊灾"的迷信。隔了二百多年，秦灵公（前422）作两畤，一个"上畤"，祭黄帝；一个"下畤"，祭炎帝（这两个神，后来成为五帝之二，又成为三皇之二）。这时候，孔子已死了五十年了。到了前四世纪，秦献公又恢复他们的民族之神白帝（少昊），作"畦畤"。过了一百多年，秦并天下，始皇帝听信当时的"五德终始"的话，以为周得火德，秦得水德，于是改名河⑪为"德水"，以冬十月为年首⑫，色尚黑⑬。于是秦民族从他们本有

---

① 陈宝祠：在今陕西宝鸡市，已毁。
② "若石"：宝石名。
③ 祠：（动词）供奉。
④ 神：神灵（古人认为宝石即神灵，会显现）。
⑤ 岁：一年。
⑥ 雄雉［zhì］：公鸡。
⑦ 殷殷：深沉（如"殷切"）。
⑧ 一牢：一殿。
⑨ 磔［zhé］狗：石狗（类似石狮）。
⑩ 邑：（动词）守。
⑪ 河：黄河。
⑫ 年首：一年首月。
⑬ 色尚黑：崇尚黑色。

的白帝转到青帝、黄帝、炎帝，又转到黑帝了（但此时无黑帝祠）。

《郊祀志》总记秦民族的宗教迷信最详细。如雍（秦旧都）一处，有日、月、参、辰、南北斗、荧惑、太白、岁星、填星、辰星、二十八宿、风伯、雨师、四海、九臣、十四臣，诸布、诸严、诸逐之属，共百有余庙！《郊祀志》又说：

雍四畤，上帝为尊。其光景，动人民①，唯陈宝②。故雍四畤，春以为岁祠祷③，因泮冻④。秋涸冻⑤，冬赛祠⑥。五月尝驹⑦，及四中之月⑧，月祠。若陈宝，〔则〕节⑨来一祠，春夏用骍⑩，秋冬用骝。畤⑪，驹四匹，木偶龙⑫一驷⑬，木偶车马一驷，各如其帝色⑭；黄犊羔⑮各四，圭币⑯各有数⑰，皆生瘗埋⑱，无俎豆之具⑲。

---

① 动人民：感动民众。
② 陈宝：陈宝祠。
③ 岁祠祷：一年之祠祷（祠：祭祖。祷：祭天）。
④ 泮〔pàn〕冻：解冻。
⑤ 涸〔hé〕冻：冻结（"涸"通"冱"）。
⑥ 赛祠：祭祖。
⑦ 尝驹：以马驹为祭品（君主郊祀）。
⑧ 四中之月：（十二个月分四季，其中，即）六月底、七月初。
⑨ 节：时节（春夏秋冬）。
⑩ 骍〔xīng〕：赤色的马或牛。
⑪ 畤：祭天。
⑫ 木偶龙：用木头雕制的龙。
⑬ 一驷：四条（驷：原义为同驾 车的四匹马，亦用作"四"）。
⑭ 帝色：帝王之色（秦为黑）。
⑮ 犊羔：小牛、小羊。
⑯ 圭币：（祭祀所用）圭玉和束帛。
⑰ 有数：若干。
⑱ 生瘗〔yì〕埋：活埋（瘗：葬）。
⑲ 俎〔zǔ〕豆之具：装祭品的器具。

秦并天下以后，令祠官常奉祠的名山大川，如下列的：

自崤①以东：

名山五：太室②（嵩高）、恒山、泰山、会稽③、湘山。

大川二：涑④、淮⑤。

自华⑥以西：

名山七：华山、薄山、岳山、岐山、吴山、鸿冢、渎山（岷山）。

大川四：河⑦（祠在临晋⑧）、沔⑨（祠在汉中）、湫渊⑩（祠在朝那）、江水⑪（祠在蜀）。

祭山川用牛犊各一，牢具、圭币各异。此外的小河、霸、产、丰、涝、泾、渭、长水，因为近咸阳（秦新都），故得比于山川之祠。更小的山川，如汧水，如蒲山，也有祭祠，但"礼不必同"。此外，还有西周遗传下来的迷信，如各地的"杜主祠"。"杜主，故周⑫之右将军，其在秦中，最小鬼之神者也。"

---

① 崤［xiáo］：崤山（在今河南省洛宁县北）。
② 太室：即嵩山。
③ 会稽：会稽山。
④ 涑［sù］：古水名（有多条，此处应指今河南省的涑水河）。
⑤ 淮：淮河。
⑥ 华：华山（在今陕西省华阴市东）。
⑦ 河：黄河。
⑧ 临晋：今山西省运城市临猗县临晋镇。
⑨ 沔［miǎn］：汉水上游（在今陕西省南部）。
⑩ 湫渊：实为一湖，今称"西海子"（在今宁夏回族自治区固原县西南）。
⑪ 江水：长江上游。
⑫ 故周：前周朝。

以上为秦民族的宗教迷信。其中大概也有周室的遗风，但有许多特别的祭祀一定是这种民族特有的。我们观察这些祭祀，可以看出他们的宗教是一种很幼稚的拜物教，把天然界的质力做崇拜的对象。那朴素的祖先崇拜，如何比得上这种种富于诗意的天然崇拜呢？

其次，我们且看东方民族（齐）的宗教迷信。齐民族本是东方近海的一种民族，后来强大，遂成一个重要的部落，由部落而成国家。太公①封于齐之说，大概也是一种神话（"太公"是极可疑的。孟子说的太公，竟是东海边上一个老叫化子，赶到陕西西边去受文王的供养！《史记·齐太公世家》列举三说，不下断语，可见太公的传说到西汉时尚无定论。至于"吾太公望子久矣"的话，更是可笑："太公望"竟成了一个绰号了！）。《封禅书》与《郊祀志》的记载，比较可信。这个民族当初奉有八个大神，名为"八神"，是"自古而有"的，"其祀，绝莫知起时"。最尊的神，名为"天齐""天主"，故最尊。齐字即是"脐"字（《索隐》云："临淄城南有天齐泉，五泉并出，有异于常，言如天之腹脐也。"）。"齐所以为齐，以天齐也"，这是最重要的史料。山东的地层最奇特，最多涌泉，至今还是如此。当时这个幼稚的民族，把这个涌泉的现象解作"天脐"，故这个民族就叫做"齐"。这更可以推动太公封于齐的传说了。八神之目如下：

（一）天主，祠天齐②。"天齐，渊水③，居临淄南郊山

---

①　太公，即姜太公，名尚，字子牙。
②　祠天齐：其祠庙在天齐。下同。
③　渊水：深潭。

下者。"

（二）地主，祠泰山梁父。"地贵阳①，祭之必于泽中圜丘②云。"

（三）兵主，祠蚩尤。"蚩尤在东平陆、监乡，齐之西境也。"（蚩尤后来也变成古史上的一个人物。）

（四）阴主，祠三山。

（五）阳主，祠之罘山。

（六）月主，祠莱山。

（七）日主，祠盛山。"盛山斗③入海，最居④齐东北阳⑤，以迎日出。"

（八）四时主，祠琅邪。"琅邪在齐东北，盖岁之所始⑥。"

这些祭祀还是那很幼稚的天然崇拜。但是东方近海的民族，感受那海光日色的奇美，感受那海市蜃楼（很自然的物理现象）的奇怪，感受那海上生活的奇伟，自然的养成一种很浪漫的想象力。这种想象力的结晶就是"神山与仙人"的传说。

这种"神山与仙人"的传说，却不限于齐民族，乃是燕、齐（东北）民族的共同信仰。神山就是"三神山"：蓬莱、方丈、

---

① 贵阳：必须朝阳，即朝东。
② 泽中圜［yuán］丘：水中圆形高坛（圜：同"圆"）。
③ 斗：古同"陡"，突然。
④ 最居：最在。
⑤ 阳：偏东。
⑥ 岁之所始：一年开始（喻春）（古人以东、南、西、北喻春、夏、秋、冬）。

瀛洲。

> 此三神山者，其传①在勃海中，去人不远。患②且至，则风至，盖③尝有至者。诸仙人及不死之药皆在焉④。其物，禽兽尽白，而黄金银为宫阙。未至，望之如云。及到，三神山反居水下。临之，风辄⑤引去，终莫能至云（此一段依《封禅书》，文理似胜于《郊祀志》）。

这种传说——在我们用社会学的眼光看来，这是根据于飘海舟人的经验，而加上想象的描写的——在战国时代，很引起了一般君主的注意；燕昭王、齐威宣王都是信徒；秦始皇、汉武帝更热心做求神仙的事业。这个"神山"的迷信，直到汉末三国海道大通的时代，方才渐渐消灭。

其次，我们且看南方（楚）民族的宗教迷信。在这一方面，我们不能用《封禅书》与《郊祀志》了。我们的重要史料是一部《楚辞》。《楚辞》的大部分，向来都说是屈原一个人做的。其实，这是很不可靠的传说。我们现在用批评的历史眼光来研究《楚辞》，可以断定那"屈原赋"二十五篇决不是一个人做的，也决不是一个时代产出的。大概《九歌》（其实有十一歌）最早，是南方的民间文学；《卜居》《渔父》最晚，是秦汉人的文学作

---

① 传：相传。
② 患：（此处指）海上遇险。
③ 盖：所以。
④ 焉：那里（如"心不在焉"）。
⑤ 辄：马上。

品。《离骚》也许是屈原作的。《天问》是一个极不通的人做的假古董。《远游》是模仿《离骚》而作的。《九辩》《大招》《招魂》是早已有古人怀疑过的了。其实"屈原"这个人的有无，也还是一个可讨论的问题（《史记·屈原列传》最可疑。此传不但称"孝武皇帝"①，还称"至孝昭时"，此时是后人所补入的。况且"及孝文②崩，孝武皇帝立"，中间忘了一个孝景③，更是不通。此传与《楚世家》的事实也多矛盾）。关于"楚辞"和屈原两个问题，我另有专文讨论，此时我只好很武断的承认《九歌》作南方民族的宗教史料，并且很武断的把向来"忠君忧国"的荒谬解释一齐丢开（汉朝的学究最荒陋，他们把《诗三百篇》和《楚辞》都"酸化"④ 了）。

《九歌》中的《湘夫人》说：

苏壁⑤兮紫坛⑥，播芳椒⑦兮盈堂⑧，
桂栋⑨兮兰橑⑩，辛夷楣⑪兮药房⑫。

---

　　① 孝武皇帝，即汉武帝。其实，西汉不称天子为"皇帝"（因秦始皇称"始皇帝"），故此篇是否出于西汉人司马迁之手，可疑。
　　② 孝文，即汉文帝。
　　③ 孝景，即汉景帝。
　　④ 酸化：指汉儒"酸溜溜地"把《诗经》和《楚辞》都解释成对君主的谀媚或怨恨。
　　⑤ 苏壁：苏草装饰墙壁。
　　⑥ 紫坛：紫贝砌成庭坛。
　　⑦ 播芳椒：播撒香椒。
　　⑧ 盈堂：满堂（都是）。
　　⑨ 桂栋：桂木做成栋梁。
　　⑩ 兰橑：木兰作为桁椽。
　　⑪ 辛夷楣：辛夷装饰门楣（辛夷：香草名）。
　　⑫ 药房：白芷装饰卧房（白芷亦称"药"，香草名）。

罔薜荔①兮为帷②，擗蕙榜③兮既张④。

白玉兮为镇⑤，疏石兰⑥兮为芳⑦。

芷葺⑧兮荷屋⑨，缭之⑩兮杜衡⑪。

合百草⑫兮实庭⑬，建芳馨⑭兮庑门⑮。

九疑缤⑯兮并迎⑰，灵⑱之来兮如云⑲。

《礼魂》说：

成礼⑳兮会鼓㉑，传芭㉒兮代舞㉓，姱女倡㉔兮容与㉕。

---

① 罔薜荔：编织薜荔（罔：古同"网"。薜荔：藤本植物，亦称"木莲"）。
② 为帷：作为帷幕。
③ 擗蕙榜：剖开蕙草。
④ 既张：就是桌布（张：铺）。
⑤ 镇：镇石（压住桌布之物）。
⑥ 疏石兰：撒上石兰（石兰：花名）。
⑦ 芳：芳香。
⑧ 芷葺［qì］：用芷草盖屋顶。
⑨ 荷屋：用荷叶筑成屋。
⑩ 缭之：周围环绕。
⑪ 杜衡：香草名，亦称"蘹薇香"。
⑫ 合百草：集百种香草。
⑬ 实庭：充满庭院。
⑭ 建芳馨：使芳香浓郁。
⑮ 庑［wǔ］门：廊门。
⑯ 九疑缤：九疑山缤纷。
⑰ 并迎：齐来欢迎。
⑱ 灵：巫师。
⑲ 如云：喻多。
⑳ 成礼：完成祭祀。
㉑ 会鼓：一起击鼓。
㉒ 传芭：传递鲜花（芭：同"葩"）。
㉓ 代舞：代替舞蹈。
㉔ 姱［kuā］女倡：美女唱（姱：美。倡：同"唱"）。
㉕ 容与：从容。

春兰兮秋菊，长无绝兮终古！

《东皇太一》说：

吉日兮辰良，穆将愉①兮上皇②。

抚长剑兮玉珥③，璆锵鸣④兮琳琅⑤；

瑶席⑥兮玉瑱⑦，盍将把⑧兮琼芳⑨。

蕙肴蒸⑩兮兰藉⑪，莫桂酒⑫兮椒浆⑬。

扬枹⑭兮拊鼓⑮，疏缓节⑯兮安歌⑰，陈竽瑟⑱兮浩倡⑲。

灵偃蹇⑳兮姣服㉑，芳菲菲㉒兮满堂。

---

① 穆将愉：肃穆而使（其）愉悦。
② 上皇：上天之皇。
③ 玉珥 [ěr]：剑柄上的突出物。
④ 璆 [qiú] 锵 [qiāng] 鸣：佩玉锵锵响（璆：古同"球"，圆形玉器）。
⑤ 琳琅：琳与琅（均为美玉，喻好看，如"琳琅满目"）。
⑥ 瑶席：华美席面（指祭席）。
⑦ 玉瑱 [tiàn]：压席的玉器。
⑧ 盍 [hé] 将把：（祭祀的人）一起放上（盍将：合作 [盍：同"合"]）。
⑨ 琼芳：色泽如玉的香草。
⑩ 蕙肴：以蕙草代肉（作祭品）。蒸：原指热气，引申为气味浓烈。
⑪ 兰藉：兰花作垫（藉：衬垫，如"枕藉"）。
⑫ 莫桂酒：不是桂花酒（就是……）。
⑬ 椒浆：花椒酒。
⑭ 扬枹 [fú]：挥树枝（枹：枹树）。
⑮ 拊 [fǔ] 鼓：击鼓。
⑯ 疏缓：同"舒缓"。节：节拍。
⑰ 安歌：安详地吟唱。
⑱ 陈竽瑟：吹竽鼓瑟（陈：同"呈"）。
⑲ 浩倡：齐声唱（倡：同"唱"）。
⑳ 灵偃 [yǎn] 蹇 [jiǎn]：巫师手舞足蹈（偃蹇：舞貌）。
㉑ 姣服：华美服饰。
㉒ 芳菲菲：香气浓郁。

五音纷①兮繁会②，君欣欣③兮乐康！

《云中君》说：

浴兰汤④兮沐芳⑤，华采衣⑥兮若英⑦；

灵连蜷⑧兮既留⑨，烂昭昭⑩兮未央⑪。

我们看这些歌，可以看出一种很特别的宗教。第一，这宗教里每次祭祀有一个"灵"，是一个"巫"装扮作受祭的人。这个制度颇像北方民族的"尸"（参看《小雅·楚楚者茨篇》）。第二，我们不看见马牛羊的牺牲，只看见香草鲜花的供献。第三，祭时有音乐歌舞。第四，祭时的仪式好像是很活泼的一种社交的欢会；严肃不足而欢乐有余。如《少司命》说的：

秋兰兮青青，绿叶兮紫茎；

满堂兮美人，忽独与余兮目成⑫。

---

① 五音纷：五音纷呈（五音：宫商角徵羽）。
② 繁会：热闹。
③ 君欣欣：君主欣喜。
④ 浴兰汤：用兰草汤洗澡。
⑤ 沐芳：浑身芳香。
⑥ 华采衣：彩衣华丽（采：同"彩"）。
⑦ 若英：像花（英：花，如"落英缤纷"）。
⑧ 灵连蜷：巫师扭身舞动（连蜷：亦作"连卷"，长而曲）。
⑨ 既留：就在哪儿。
⑩ 烂昭昭：灿烂夺目（烂：鲜红。昭昭：明亮貌）。
⑪ 未央：未已、未结束。
⑫ 目成：以目传情。

这竟是很艳丽的情诗了。这种希腊式的（美感的）宗教仪式，既不像中原老民族的祭礼（如《礼经》所载的），也不像西北东北各民族的宗教。

以上不过是略说当时三大系（西北、东北、南）的民族的宗教迷信。我们要知道这种种宗教迷信，到了秦汉统一中国之后，便都成了那统一帝国的宗教的一分子。《郊祀志》记汉高祖击项羽，还到关中：

> 悉召①故秦②祀官③，复置④太祝、太宰⑤，如其故仪⑥礼⑦。因⑧令县为公社⑨，下诏曰："吾甚重祠而敬祭。今上帝之祭，及山川诸神当祠⑩者，各以其时⑪祠之，如故。"

"吾甚重祠而敬祭"，真是一个深通人情世故的无赖天子的口气！这是一种怀柔⑫百姓的政策，所以过了几年，天下大定了（纪元前202），他做了皇帝，定都长安，在京城里设祠祀官，及女巫。请看女巫的地理上的分配：

---

① 悉召：悉数召回。
② 故秦：已故秦朝。
③ 祀官：祭司。
④ 复置：又设置。
⑤ 太祝、太宰：均为大祭司，太祝助天子祭天，太宰助天子祭祖。
⑥ 故仪：前秦朝仪式。
⑦ 礼：行祭祀礼仪。
⑧ 因：因而。
⑨ 县为公社：一县为一公祭土地神之单位（社：祭祀土地神）。
⑩ 祠：供奉。
⑪ 其时：那时（前秦朝）。
⑫ 怀柔：安抚（柔：同"揉"）。

（一）"其梁巫：祠天、地、天社、天水、房中，当上①之属。"

（二）"晋巫：礼五帝、东君、云中君、巫社、巫祠，族人炊②之属。"

（三）"秦巫：祠杜主、巫保，族累③之属。"

（四）"荆巫：祠堂下、巫先、司命，施糜④之属。"

（五）"九天巫：祠九天。"

（六）"河巫：祠河于临晋。"

（七）"南山巫：祠南山、秦中。秦中者，二世皇帝也。"（到武帝时）"两粤⑤既灭，粤人勇之曰，粤俗信鬼"（祠鬼的可以长寿；东瓯王敬鬼，活到百六十岁）"于是武帝乃立⑥。"

（八）"粤巫：祠天神帝、百鬼，而以鸡卜⑦。"

粤祠鸡卜起于此时。后来勇之又说："粤俗，有火灾，复起屋，必以大，用⑧压胜之。"于是武帝作建章宫，工程极奢侈。于是东至于海，西于梁州，北至于秦晋，南至于两粤，政治上的统一遂造成了宗教上的大混合了。

---

① 当上：当今皇上。
② 族人炊：灶神（《汉书》颜师古注："族人炊，古主炊母之神也。炊谓馈饔〔食灶〕也。"）。
③ 族累：人丁神。
④ 施糜：施粥神。
⑤ 两粤：东粤（今福建）、南粤（今广东）。
⑥ 立：允许。
⑦ 以鸡卜：用鸡占卜。
⑧ 用：用以。

故研究这时代的宗教思想和习惯的人，第一要丢开老子、孔子、庄子、荀子等等哲学家的高尚思想；第二要丢开儒教、墨教的比较地经过一番"理性化"的宗教；第三要知道秦汉的统一帝国把东南西北各民族的幼稚迷信都混合起来，给予国家的承认与保障，各成为"国教"的一部分；第四要知道汉朝的天子、外戚、功臣都来自民间——酒徒的天子①、狗屠的功臣②，还有许多卖唱、卖艺的妇女做皇后、皇太后③的；他们的幼稚迷信也有影响"国教"的势力。汉朝的新儒教的产生，决不能逃避这种幼稚的环境的渲染。

---

① 酒徒的天子：指刘邦。
② 狗屠的功臣：指樊哙。
③ 许多卖唱卖艺的妇女做皇后、皇太后：指刘邦的妻子吕雉等人。

傅斯年简介

傅斯年（1896—1950），字孟真，山东聊城人，现代学者、国学大师。1916年考入北京大学本科国文系，师从胡适，在校时和罗家伦等人一起创办新潮社，出版《新潮》月刊。1919年"五四"期间，为北大"学运"领袖之一。后退出"学运"，留学欧洲，先后在英国爱丁堡大学、伦敦大学和德国柏林大学攻读学位。1926年，应广州中山大学之聘回国任该校教授、文学院院长兼中文系和历史系主任。1928年，受蔡元培之聘，筹建中央研究院历史语言研究所，任所长，并创办《历史语言研究所集刊》，任主编。1929年，随中央研究院历史语言研究所从广州迁至北京，兼任北京大学教授。1939年，兼任北京大学文科研究所所长，代理校长。1948年，当选为南京中央研究院院士。1949年，随中央研究院迁至台北，兼任台湾大学校长。1950年，在工作中突发脑溢血去世，享年五十四岁。其主要著作有《东北史纲》《性命古训辨证》《民族与古代中国》《古代文学史》，另有百余篇论文，重要的有《夷夏东西说》《论孔子学说所以适应于秦汉以来的社会的缘故》《评秦汉统一之由来和战国人对于世界之想象》等。2003年，湖南教育出版社出版《傅斯年全集》七卷。

论儒家学说所以适应于秦汉以来的社会的缘故[①]

傅斯年

一

孟真[②]兄：

弟有一疑难问题，乞兄一决：

在《论语》上看，孔子只是旧文化的继续者，而非新时代的开创者。但秦汉以后是一新时代，何以孔子竟成了这个时代的中心人物？

用唯物史观来看孔子的学说，他的思想乃是封建社会的产物。

---

① 本文系 1926 年作者写给顾颉刚的一封信，后发表于 1927 年 12 月 6 日《国立第一中山大学语言历史学研究所周刊》第一集第六期，后收入《傅斯年全集》第一卷。本文所探讨的问题是：为什么儒家学说能适应秦汉以后的整个古代社会？顾颉刚的观点是：孔子学说含有"新时代的理想"，故能适应"新时代的要求"。本文作者的观点是：一、所谓"新时代"并不始于秦汉，而是在战国时就开始了，因而孔子的学说就是这个时代的产物。二、孔子政治学说的核心"强公室，杜私门"有利于集权，而中国历代政治都以集权为主要目标。三、孔子道德学说"纯是一个宗法社会的理性发展"，而中国始终没有脱离宗法社会。因此，儒家学说得以长期适应中国古代社会。

② 孟真，即傅斯年，字孟真。

秦汉以下不是封建社会了①，何以他的学说竟会支配得这样长久？

商鞅②、赵武灵王③、李斯④一辈人，都是新时代的开创者，何以他们造成了新时代之后，反而成为新时代中的众矢之的？

弟觉得对于此问题，除非作下列的解释才行：

孔子不是完全为旧文化的继续者，多少含些新时代的理想，经他的弟子们的宣传，他遂甚适应于新时代的要求。

商鞅们创造的新时代，因为太与旧社会相冲突，使民众不能安定，故汉代调和二者而立国。汉的国家不能脱离封建社会的气息，故孔子之道不会失败。汉后二千年，社会不曾改变，故孔子之道会得传衍得这样长久。

兄觉得这样解释对吗？请批评，愈详细愈好。

弟　颉刚⑤

十五、十一、十八

二

颉刚兄：

十八日信到，甚喜。

---

① 此处所说"封建社会"是狭义的，意指分地封侯的"分封制"社会（封建，"封侯建国"的简称），而秦汉以后实行的是"郡县制"，所以从这个意义上说，"秦汉以下不是封建社会"。至于广义的封建社会，则是指"帝王制"社会，相对于近代的"共和制"社会。

② 商鞅，战国时秦国宰相，在秦国实施变法，史称"商鞅变法"。

③ 赵武灵王，战国时赵国君主，实施军事变革，推行"胡服骑射"。

④ 李斯，秦朝初期重臣，辅佐秦始皇推行中央集权制。

⑤ 顾颉刚，现代学者，曾先后任教于厦门大学、中山大学、北京大学。

你提出的这个问题，我对于这个问题本身有讨论。你问："在《论语》上看……何以孔子成了这个时代的中心人物？"我想，我们看历史上的事，甚不可遇事为它求一理性的"因"，因为许多事实的产生，仅有一个"历史的积因"，不必有一个理性的因。即如佛教在南北朝、隋唐时在中国大行，岂是谓佛教恰合于当年社会？岂是谓从唯物史观看来，佛教恰当于这时兴盛于中国？实在不过中国当年社会中人感觉人生之艰苦太大（这种感觉何时不然，不过有时特别大），而中国当年已有之迷信与理性，不足以安慰之，有物从外来，谁先谁立根基，不论它是佛、是祆①、是摩尼②、是景教③，先来居势，并不尽由于佛特别适于中国。且佛之不适于中国固有历史，远比景教等大。那种空桑④之教，无处不和中国人传统思想相反。然而竟能大行，想是因为这种迷信先别种迷信而来，宣传这种迷信比宣传别种迷信的人多，遂至于居上。人们只是要一种"有说作⑤"的迷信，从不暇细问这迷信的细节。耶稣教西行⑥，想也是一个道理。我们很不能说那萨特的耶稣⑦一线⑧最适宜于庞大而颓唐的罗马帝国，实在那时罗马帝国的人们仅要一种"有说作"的迷信以安慰其苦倦，而恰有那

① 祆［xiān］：亦称"祆教""火祆教""拜火教"，古代波斯人的一种宗教。
② 摩尼：亦称"摩尼教"，古代波斯人的一种宗教，由其创始人摩尼而得名。
③ 景教：基督教的旧译名，基督教创始人耶稣（Jesus）的最初中译名是"景尊"，因而基督教最初被称为"景教"。
④ 空桑：《山海经》中一地名，相传是魔教之地，因而后被用来泛指蛊惑人心的东西。
⑤ 有说作：似有一套。
⑥ 耶稣教西行：指基督教传入欧洲（基督教最初诞生于中东的古代以色列）。
⑦ 那萨特的耶稣：通译"拿撒勒的耶稣"（拿撒勒，以色列北部一地名，耶稣在那里长大）。
⑧ 一线：一系（及其继承者）。

萨特的耶稣一线奋斗的最力，遂至于接受。我常想，假如耶稣教东来到中国，佛教西去欧洲，未必不一般的流行，或者更少困难些。因为佛教在精神上到底是个印度日耳曼人①的出产品，而希伯来传训中，宗法社会思想之重，颇类中国也（此等事在别处当详说）。

我说这一篇旁边话，只是想比喻儒家和汉以来的社会，不必有银丁扣②的合拍。只要儒家道理中有几个成分和汉以来的社会中主要部分有相用的关系，同时儒家的东西有其说，而又有人传，别家的东西没有这多说，也没有这多人传，就可以几世后儒家统一了中等阶级的人文。儒家尽可以有若干质素③甚不合于汉朝的物事④，但汉朝找不到一个更有力的适宜者，儒家遂立足了。一旦立足之后，想它失位，除非社会有大变动，小变动它是能以无形的变迁而适应的。从汉武帝到清亡，儒家无形的变动甚多，但社会的变化究不曾变到使它四方都倒之势。它之能维持二千年，不见得是它有力量维持二千年，恐怕是由于别家没有力量举出一个 alternative⑤（别家没有这个机会）。

儒家到了汉朝统一中国，想是因为历史上一层一层积累到势必如此，不见得能求到一个汉朝与儒家直接相对的理性的对当。

这恐怕牵到看历史事实的一个逻辑问题。

---

① 印度日耳曼人：意指远古移居印度的雅利安人，后成印度主要人种。
② 银丁扣：亦作"银锭扣"，石匠用以拼接两块石板的金属锁件。
③ 质素：因素。
④ 物事：东西。
⑤ alternative：（英文）替换物。

说孔子于旧文化之成就，精密外，更有何等开创，实找不出证据。把《论语》来看，孔子之人物①可分为四条。

（一）孔子是个入世的人，因此受若干楚人的侮辱②。

（二）孔子的国际③政治思想，只是一个霸道，全不是孟子所谓王道，理想人物即是齐桓、管仲④。但这种浅义，甚合孔子的时代（此条长信已说）。

（三）孔子的国内政治思想，自然是"强公室，杜私门⑤"主义。如果孔子有甚新物事贡献，想就是这个了。这自然是甚合战国时代的。但孔子之所谓"正名"，颇是偏于恢复故来⑥的整齐（至少是他所想象的故来），而战国时之名法家⑦则是另一种新势力之发展。且战国时之名法家，多三晋⑧人，甚少称道孔子，每每讥儒家。或者孔子这思想竟不是战国时这种思想之泉源。但这种思想，究竟我们以见之于孔子者为最早。

（四）孔子真是一个最上流十足的鲁人。这恐怕是孔子成为后来中心人物之真原因了。鲁国在春秋时代，一般的中产阶级文化，必然是比哪一国都高，所以鲁国的风气，是向四方面发展的⑨。齐之"一变至于鲁"，在汉朝已是大成就，当时的六艺，

------

① 孔子之人物：孔子作为人物。
② 受若干楚人的侮辱：指孔子受困于陈蔡之间。
③ 国际：当时的诸侯国之间。
④ 齐桓，齐桓公，春秋时齐国君主，曾称霸于诸国。管仲，齐桓公的宰相，助齐桓公称霸。
⑤ 强公室，杜私门：强化君主权力，杜绝地方派别。
⑥ 故来：过去（即指周朝）。
⑦ 名法家：名家与法家。
⑧ 三晋：战国时赵国、魏国、韩国的合称。
⑨ 指春秋时代各国的鲁国化。

是齐鲁共之的。这个鲁化到齐从何时开始，我们已不可得而知，但战国时的淳于髡、邹衍①等，已算是齐彩色的儒家。鲁化到三晋，我们知道最早的有子夏与魏文侯的故事②。中央的几国是孔子自己"宣传"所到，他的孙子是在卫的。荀卿③的思想，一面是鲁国儒家的正传，一面三晋的彩色那么浓厚。鲁化到楚，也是很早的。陈良④总是⑤比孟子前一两辈的人，他已经是北学于中国了。屈原的时代，在战国不甚迟，《离骚》一部书，即令是他死后恋伤他的人之作，想也不至于甚后，而这篇里"上称帝喾⑥，下道齐桓，中述汤武⑦，远及尧舜"四端中，三端显是自鲁来的。又《庄子·天下》篇，自然不是一篇很早的文，但以他所称与不称的人比列一下子，总也不能甚迟，至迟当是荀卿、吕不韦⑧前一辈的人。且这文也看不出是鲁国人做的痕迹。这篇文于儒家以外，都是以人为单位，而于邹鲁⑨独为一 collective⑩之论，这里边没有一句称孔子的话，而有一大节发挥以邹鲁为文宗。大约当时人谈人文者仰邹鲁，而邹鲁之中以孔子为最大的闻人。孔子之成后来中心人物，想必是凭借鲁国。

---

① 淳于髡［kūn］、邹衍，均为战国时齐国学者。
② 子夏与魏文侯的故事：即指魏文侯以子夏（孔子弟子）为师。
③ 荀卿，即荀子，名况，字卿，战国末期赵国学者，儒家继承人，与孟子齐名。
④ 陈良：见《孟子·滕文公上》："吾闻用夏变夷者，未闻变于夷者也。陈良，楚产也，悦周公、仲尼之道，北学于中国，北方之学者，未能或之先也，彼所谓豪杰之士也。"
⑤ 总是：肯定是。
⑥ 帝喾［kù］：相传为黄帝曾孙，上古"五帝"之一。
⑦ 汤武：商汤与周武王合称。
⑧ 吕不韦：战国末秦国宰相，作《吕氏春秋》。
⑨ 邹鲁：邹国与鲁国合称。
⑩ collective：集体的。

《论语》上使我们显然看出孔子是个吸收当时文化最深的人。大约记得的前言往行甚多，而于音乐特别有了解，有手段。他不必有什么特别新贡献，只要鲁国没有比他更大的闻人，他已经可以凭借着为中心人物了。

鲁国的儒化有两个特别的彩色：

（一）儒化最好文饰，也最长于文饰。抱着若干真假的故事①，若干真假的故器②，务皮毛者必采用。所以好名高的世主，总采儒家，自魏文侯以至汉武帝。而真有世间阅历的人，都不大看得起儒家，如汉之高宣③。

（二）比上项更有关系的，是儒家的道德观念，纯是一个宗法社会的理性发展。中国始终没有脱离了宗法社会。世界上自有历史以来，也只有一小部分的希腊及近代欧洲，脱离了宗法社会。虽罗马也未脱离的。印度日耳曼民族中，所以能有一小部分脱离宗法社会的原故，想是由于这些民族的一个最特别的风俗是重女子（张骞的大发明④）。因为女子在家庭中有力量，所以至少在平民阶级中，成小家庭的状态，而宗法因以废弛。中国的社会，始终以家为单位。三晋的思想家每每只承认君权，但宗法社会在中国的中等阶级以上，是难得消失的，这种自完其说⑤的宗法伦理渐渐传布，也许即是鲁国文化得上风的由来。

---

① 故事：往事、历史。
② 故器：文物。
③ 高宣：汉高祖刘邦、汉宣帝刘询。
④ 张骞［qiān］，字子文，西汉人，曾出使西域。大发明：大发现（当时尚无"发现""发明"之分，均言"发明"）。
⑤ 自完其说：今"自圆其说"（该成语最初用作贬义，同"自说自话"）。

本来宗法社会也仅是一个有产阶级的社会，在奴婢及无产业人从来谈不到宗法。宗法的伦理必先严父，这实于入战国以来专制政治之发达未尝不合。那样变法的秦伯①，偏谥②为"孝公"。秦始皇统一后，第一举即是到峄山③下，聚诸儒而议礼，迨④议论不成，然后一人游幸起来。后来至于焚书坑儒，恐俱非其本心。秦王是个最好功喜名的人，儒家之文饰，自甚合他的本味。试看峄山刻石，特提"孝道显明"，而会稽刻石，"匡饬⑤异俗"之言曰，"有子而嫁，倍死不贞⑥。防隔内外，禁止淫佚，男女絜诚⑦。夫为寄豭⑧，杀之无罪，男秉义程⑨。妻为逃嫁，子不得母⑩"。看他这样以鲁俗匡饬越俗的宗旨，秦国的宗法伦理，在上流社会上是不会堕的。故始皇必以清议而纳母归⑪。"孝"之一字必在世家方有意义，所以当时"孝"字即等于 decency⑫，甚至如刘邦一类下等流氓，亦必被人称为"大孝"，而汉朝皇帝无一不以孝为谥。暴发户学世家，不得不如此耳。有这个社会情

---

① 秦伯：秦国君主。
② 谥［shì］：死后封号。
③ 峄［yì］山：又名"邹峄山""邹山"，在今山东省邹城市东南。
④ 迨［dài］：至。
⑤ 匡饬［chì］：整治。
⑥ 有子而嫁，倍死不贞：（女子）有子女而再嫁人，要为此不贞行为该死几次。
⑦ 絜［jié］诚：洁身诚意。
⑧ 夫为寄豭［jiā］：丈夫若淫乱（寄豭：配种的公猪，喻乱交）。
⑨ 男秉义程：由儿子主持这一道义（男：儿子，如"长男"）。
⑩ 妻为逃嫁，子不得母：妻子若私自改嫁，没收其子女。母：（动词）为……母。
⑪ 始皇……纳母归：据《史记》，秦始皇母赵姬原为吕不韦之妻，怀孕后被吕不韦献于秦庄王（秦始皇之父）。后赵姬淫乱，被秦庄王贬为庶人。等秦始皇一统天下后，他明知母亲不堪，也要将其迎回，为的就是要昭示天下，他是"孝子"。
⑫ decency：礼仪。

形，则鲁儒宗之伦理传布，因得其凭借。

"封建"一个名词之下，有甚多不同的含义。西周的封建，是开国殖民，所以"封建"是谓一种特殊的社会组织。西汉的封建是割裂郡县①，所以这时所谓"封建"仅是一地理上之名词而已。宗周②或以灭国而封建③，如殷唐④等；或以拓新土而封建，如江汉⑤。其能封建稍久的，在内则公室⑥、贵族⑦、平民间相影响成一种社会的组织。其中多含人民的组织。人民之于君上⑧，以方域小而觉亲，以接触近而觉密。试看《国风》，那时人民对于那时公室的兴味何其密切。那时一诸侯之民，便是他的战卒，但却不即是他的俘虏。这种社会是养成的。后来兼并愈大，愈不使其下层人民多组织（因为如此最不便于虏使）。其人民对于其公室之兴味，愈来愈小。其为政者必使其人民如一团散沙，然后可以为治。如秦始皇之迁天下豪杰于咸阳，即破除人民的组织最显明的事。封建社会之灭，由于十二国、七国之兼并，秦只是把六国灭了罢了。封建的社会制早已亡，不待秦。

中国之由春秋时代的"家国"演进为战国时代的"基于征服之义"之国，是使中国人可以有政治的大组织，免于匈奴、鲜卑之灭亡我们的；同时也是使中国的政治永不能细而好⑨。因为

---

① 割裂郡县：划分国土为郡县。
② 宗周：即周朝。
③ 以灭国而封建：由于灭掉前朝而分（封）地建国。
④ 殷唐：殷与唐，周前古国，均为周所灭。
⑤ 江汉：长江与汉江一带，系周新辟疆土。
⑥ 公室：诸侯国君主家族。
⑦ 贵族：诸侯国内大户人家。
⑧ 君上：诸侯国君主。
⑨ 细而好：细分而安好。

从战国、秦的局面，再一变，只能变到中央亚细亚①大帝国之局面，想变到欧洲政治之局面，是一经离开封建制以后不可能的（从蒙古灭宋后，中国的国家，已经成了中央亚细亚大帝国之局面了。唐、宋的政治虽腐败，比起明、清来，到底多点"民气"）。

在汉初年，假如南粤赵氏②多传一百年，吴濞③传国能到宣元④时，或者粤、吴重新得些封建社会的组织……但国既那么大，又是经过一番郡县之后，这般想是甚不自然的。汉初封建只是刘家家略，刘邦们想如此可以使姓刘的长久，遂割郡县以为国⑤。这是于社会的组织上甚不相涉的。顶多能够恢复到战国的七雄，决不能恢复到成周春秋之封建。封建之为一种社会的组织，是在战国废的，不是在秦废的⑥。汉未尝试着恢复这社会的组织，也正不能。

我觉得秦国之有所改变，只是顺当年七国的一般趋势，不特不曾孤意的特为改变，而且比起六国来反为保守。六国在战国时以经济之发展，侈靡而失其初年军国之精神（特别是三晋），秦国则立意保存，从孝公直到秦皇。

汉初一意承秦之续，不见得有一点"调和二者"的痕迹。

---

① 亚细亚：Asia，通译"亚洲"。
② 南粤赵氏：南粤国即南越国，今广东，开国君主赵佗，国都番禺（今广州），建国于前204年，灭国于前112年。
③ 吴濞［bì］，汉初吴王，汉景帝时发动叛乱而被剿灭。
④ 宣元：汉宣帝、汉元帝。
⑤ 秦朝施行"郡县制"，汉朝重启"分封制"。
⑥ 意谓战国时诸侯国已被兼并成七大国，七大国内均由君主专权，已失"封建"原意。

这层，汉儒是很觉得的。太史公①把汉看得和秦一般，直到王莽②时，扬雄③剧秦美新④，亦只是剧汉美新耳。东汉的儒家，方才觉得汉不是秦。

儒家虽由汉武定为国教，但儒家的政治理想，始终未完全实现。东汉晚年"礼刑之辩"，实是春秋理想与战国理想之争，鲁国理想与三晋理想之争。鲁国以国小而文化久，在战国时也未曾大脱春秋时封建气。儒家的理想，总是以为国家不应只管政刑，还要有些社会政策，养生送死⑤，乃至仪节。三晋思想总是以为这都非国家所能为，所应为，国家仅执柄。其弊是儒家从不能有一种超予 Ethics⑥ 的客观思想，而三晋思想家所立的抽象的机作，亦始终不可见，但成君王之督责，独裁而已。

近代最代表纯正儒家思想者，如顾亭林⑦，其《封建十论》，何尝与柳子厚⑧所论者为一件事？柳子厚的问题是：封建（即裂土，非成俗）于帝室之保全，国内之秩序为便呢，或是仅是郡县？亭林的问题是：封建（即成俗，非裂土）能安民或者郡县？亭林答案，以为"郡县之弊，其弊在上"，必层层设监，愈不胜其监。刺史本是行官，旋即代太守；巡按本是行官，旋即代布政，愈防愈

---

① 太史公，即司马迁。
② 王莽，西汉末年篡权者，建立新朝。
③ 扬雄，西汉末大官吏、大学者。
④ 剧秦美新：指斥秦朝，美化新朝。
⑤ 养生送死：养生者，送死者。
⑥ Ethics：道德。
⑦ 顾亭林，即顾炎武，字宁人，号亭林，明末清初学者，与黄宗羲、王夫之并称"明末清初三大儒"。
⑧ 柳子厚，即柳宗元，字子厚，唐代诗人、学者，著有《封建论》等。

腐，以人民之中未有督责也。

中国离封建之局（社会的意义），遂不得更有欧洲政治的局面，此义我深信深持，惜此信中不能更详写下。

商鞅、赵武灵王、李斯实在不是一辈人。商鞅不是一个理想家，也不是一个专看到将来的人。他所行的法，大略可以分做四格：（一）见到晋国霸业时之军国办法，以此风训练秦国；（二）使警察成人民生活的习惯；（三）抑止财富的势力侵到军国。此亦是鉴于晋之颓唐；（四）使法令绝对的实行。商君到底是个三晋人。自孝公以来秦所以盛，我试为此公式："以戎秦①之粗质，取三晋之严文②。"

商鞅这种变法，是与后来儒家的变成法家，如王莽、王安石等，绝然不同的。

赵武灵王不曾变法，只是想使人民戎俗③而好战，以便开拓胡地、中山④，并以⑤并秦⑥。他是一个甚浪漫的人，但不见得有制度思想。

李斯的把戏中，真正太多荀卿的思想。荀卿所最痛言的"一天下，建国家之权称"，李斯实现之。他的事作与商君的事作甚不类⑦。商君是成俗，李斯是定权衡。

这些人不见得在当时即为"众矢之的"。我们现在读战国的

---

① 戎秦：军国主义秦国。
② 严文：缜密的法规。
③ 戎俗：军国主义风俗。
④ 开拓胡地、中山：开拓疆域。见《资治通鉴·赵武灵王胡服骑射》："赵武灵王北略中山（国名）之地……与肥义（宰相）谋胡服骑射，以教百姓，曰：'愚者所笑，贤者察焉。虽驱世以笑我，胡地、中山，吾必有之！'"
⑤ 并以：并以此。
⑥ 并秦：兼并秦国。
⑦ 不类：不同类。

历史，只能靠一部《史记》。《战国策》已佚，今存当是后人辑本（吴汝纶①此说甚是），而这部《史记》恰恰是一部儒家思想的人做的。商君的人格，想也是很有力量而超越平凡的。看他答公孙痤②之言，何其有见识而有担当。且后来一靠孝公，不为私谋，秦国终有些为他诉冤的人。即令有人攻击他，也必是攻击他的私人，不闻以他之法为众矢之的。至于李斯，后人比忠者③每称之。《史记》上有一个破绽："人皆以斯④极忠而被五刑⑤。察其本，乃与俗议⑥之异。不然，斯之功且与⑦周召⑧列⑨矣"。可见子长⑩时人尚皆称许李斯，非子长一人在《史记》上作翻案文章耳。子长最痛恨公孙弘⑪，最看不起卫、霍⑫一流暴发户，最不谓然的是好大喜功，故结果成了一部于汉武帝过不去的谤书。他这"一家之言"，我们要留神的。陈涉⑬造反，尚用扶苏⑭的名义，可见当时蒙将军⑮之死，必是世人歌泣的一件事。蒙氏有大

---

① 吴汝纶，字挚甫，晚清学者。

② 公孙痤［cuó］，战国时魏国宰相。

③ 比忠者：比较谁比谁忠。

④ 斯：李斯。

⑤ 五刑：五种刑法（汉之前是墨、劓、刖、宫、大辟；隋唐之后是笞、杖、徒、流、死）。

⑥ 俗议：一般人所说。

⑦ 且：堪、可。

⑧ 周召：周公、召公（辅佐周武王的功臣）。

⑨ 列：并列。

⑩ 子长，即司马迁，字子长。

⑪ 公孙弘，西汉名臣。

⑫ 卫、霍：卫青、霍去病，均为西汉名将。

⑬ 陈涉，即陈胜，字涉，秦末民反军首领（秦二世元年七月，与吴广率领戍卒九百人，在蕲县大泽乡揭竿而起，诈称公子扶苏、楚将项燕，时诸郡县苦秦苛法，云集响应）。

⑭ 扶苏，姓嬴，名扶苏，秦始皇长子。

⑮ 蒙将军，蒙毅，秦朝名将，遭赵高谗害，被秦二世处死。

功，而被大刑，不合太史公的脾胃，把他一笔抹杀，这岂能代表当年的舆论哉？如果《史记》有好处①，必是它的"先黄老②而后六经③，退处士④而进奸雄，羡货利而羞贱贫"⑤。但头一句尚是它的老子⑥的好处，他的儒家思想之重，使这书仅成"一家之言"。假若现在尚有当年民间的著述，必另是一番议论。我们现在切不可从这不充足的材料中抽结论。

到了后世甚远，儒家思想、儒家记载，专利了。当年民间真正的舆论，就不见了。

宋前，曹操在民间的名誉不坏；从宋起，儒家思想普及民间，而曹公变为"众矢之的"。当年何曾是如此的？

以上一气写下，一时想到者，意实未尽也。

弟　斯年

十五、十一、廿八

三

颉刚兄：

兄第六信⑦提出一事，弟于上次信叙了我的意思很多。我现

---

① 好处：特点。

② 黄老，黄帝、老子（道家鼻祖）。

③ 六经：《诗》《书》《礼》《易》《乐》《春秋》（儒家经典）。

④ 处士：有德才而隐居不仕之人。

⑤ 引自班固《汉书》，稍有出入，原句为："是非颇谬于圣人，论大道则先黄老而后六经，叙游侠则退处士而进奸雄，述货殖（经商）则崇势力而羞贱贫，此其所蔽也。"

⑥ 它的老子：指司马迁之父马谈，亦为太史公，崇尚黄老。

⑦ 第六信，即指前引顾颉刚 1926 年 11 月 18 日来信。

在补说下列几句：

中国社会的变迁，在春秋战国之交，而不在秦。七国制、秦制、汉制，都差不多。其得失存亡，在政而不在制。

商鞅一般人不见得在当时受恶名。我又举下列两事：（一）李斯上书，举商君以为客之益秦①之例；（二）公孙衍、张仪②，孟子的学生大称之，大约是当时时论，而遭了孟子大顿骂。孟子是儒家，不见得能代表当时的时论。

有一人颇有一部分像商君者，即吴起③，在其能制法明令以强国。而吴起所得罪的人，也正是商君所得罪的，即是当时的贵族。大约战国初年的趋势，是以削贵族的法子强国。

弟　斯年

十五、十二、七

---

① 客之益秦：异国人之有益于秦国（商鞅是卫国人，不是秦国人）。

② 公孙衍、张仪，战国时的所谓"说客"。公孙衍游说诸国，主张"合纵抗秦"；张仪游说诸国，则主张"连横亲秦"。

③ 吴起，战国时楚国名臣、大将，曾助楚悼王施行改革，史称"吴起变法"，其军事才能更名震天下，有《吴起兵法》传世，和《孙子兵法》合称"孙吴兵法"。

冯友兰简介

冯友兰（1895—1990），字芝生，河南唐河人，现代学者、国学大师。1915年二十岁时，考入北京大学中国哲学系。毕业后，赴美留学。六年后，即1924年，获哥伦比亚大学博士学位。同年回国，历任中州大学、广东大学、燕京大学教授，清华大学文学院院长兼哲学系主任。抗战期间，任西南联大哲学系教授兼文学院院长。1948年，当选为南京中央研究院院士。1949年，南京中央研究院迁往台湾，未同行，自动放弃院士席位；同年，当选为新成立的中国科学院哲学社会科学部常务委员，兼任清华大学教授兼校务会议主席。1952年，调往北京大学任哲学系教授，住北京大学燕南园五十七号，自名"三松堂"。"文革"期间，先遭批判和迫害，后被委为"梁效"写作班子"顾问"。"文革"后，重写"文革"时出版的《中国哲学史新编》。1990年，病逝于北京，享年九十五岁。其重要著作有出版于1931年至1934年的《中国哲学史》上下卷，以及出版于1937年至1946年的"贞元六书"，即《新理学》《新世训》《新事论》《新原人》《新原道》和《新知言》。2012年，河南人民出版社出版《三松堂全集》十五卷。

孔、孟与儒家[①]

冯友兰

庄子《天下篇》说："邹鲁之士、缙绅先生[②]"所能明者，只是诗、书、礼、乐等数度典籍。对于一般的儒说，这话是不错的。儒本来是一种职业。所谓儒者，就是以相礼、教书为职业的人。他们的专长就是演礼乐、教诗书。他们也就只能演礼乐、教诗书。他们真是如向秀[③]、郭象[④]所说，只能明"古之人"之迹，而不能明其"所以迹"。

但对于孔、孟，这话是不能说的。孔、孟虽亦是儒者，但他们又创立了儒家。儒家与儒者不同。儒者是社会中的教书匠、礼

---

① 本文系《新原道》（1945，载《三松堂全集》第五卷）第一章，原题为"孔、孟"，此题为编者所加。本文前半部分（前五节）阐述儒家的道德学说，即仁、义、礼、智；后半部分（后两节）进而阐述儒家道德学说的崇高目标，即孔子的"天地境界"和孟子的"浩然之气"。本文既为《新原道》之一章，"新"在何处？"新"就"新"在，作者将儒家道德学说理解为一种个人修养，而非社会戒律，从而使儒家道德学说与人们常说的封建制度"脱钩"；或者说，使从西汉以来几乎一直作为官方意识形态的儒家道德学说"还原"，恢复其孔孟时代的面貌。这样，儒家道德学说据信就有了适应新时代的"新意"。20世纪的"新儒学"就致力于此，而本文作者，公认是"新儒学"倡导者之一。

② 邹鲁之士、缙绅先生：庄子对儒者的称谓。

③ 向秀，字子期，魏晋"竹林七贤"之一，喜谈老庄之学，曾注《庄子》。

④ 郭象，字子玄，西晋玄学家，作有《庄子注》等。

乐专家。这是孔子孟子以前，原来有的。儒家是孔子所创立的一个学派。他们亦讲诗、书、礼、乐；他们亦讲"古之人"，但他们讲"古之人"，是"接着"古之人讲的，不是"照着"古之人讲的。孔子说，他"述而不作，信而好古"（《论语·述而》）。一般儒者本来都是如此。不过孔子虽如此说，他自己实在是"以述为作"。因其以述为作，所以他不只是儒者，他是儒家的创立人。

儒家是以"说仁义"见称于世的。在中国旧日言语中，"仁义"二字若分用，则各有其意义，若连用，则其意义就是现在所谓道德。《老子》说"绝仁弃义"，并不是说，只不要仁及义，而是说，不要一切道德。后世说，某人大仁大义，就是说，某人很有道德。说某人不仁不义，就是说，某人没有道德。儒家以说仁义见称，也就是以讲道德见称。

儒家讲道德，并不是只宣传些道德的规律，或道德格言，叫人只死守死记。他们是真正了解道德之所以为道德，道德行为之所以为道德行为。用我们所用的名词说，他们是真正了解人的道德境界与功利境界的不同，以及道德境界与自然境界的不同。

我们于以下先说明儒家所讲仁、义、礼、智。后人以仁、义、礼、智、信，为五常。但孟子讲"四端"则只说到仁、义、礼、智。此四者亦是孔子所常讲的，但将其整齐地并列为四，则始于孟子。

一、何 为"义"

先从"义"说起。孟子说：

仁，人心也。义，人路也。（《孟子·告子上》）

　　"义"是人所当行之路，是所谓"当然而然，无所为而然"者（陈淳①语）。所谓当然的意义，就是应该。说到应该，我们又须分别：有功利方面的应该，有道德方面的应该。功利方面的应该是有条件的。因其是有条件的，所以亦是相对的。例如我们说，一个人应该讲究卫生，此应该是以人类愿求健康为条件。求健康是讲究卫生的目的。讲究卫生是求健康的手段。这种手段，只有要达到这种目的者，方"应该"用之。如一人愿求健康，他应该讲究卫生。如他不愿求健康，则讲究卫生对于他即是不必是应该的了。这种应该，亦是"当然而然"，但不是"无所为而然"。"义"不是这种应该。

　　"义"是道德方面的应该。这种应该是无条件的。无条件的应该，就是所谓"当然而然，无所为而然"。因其是无条件的，所以也是绝对的。无条件的应该，就是所谓"义"。义是道德行为之所以为道德行为之要素。一个人的行为，若是道德行为，他必须是无条件地做他所应该做的事。这就是说，他不能以做此事为一种手段，以求达到其个人的某种目的。如他以做此事为一种达到其个人的某种目的的手段，则做此事，对于他，即不是无条件的。他若愿求达到这种目的，做此事，对于他，是应该的。但他若不愿求达到这种目的，做此事，对于他，即是不应该的了。他必须是无条件地做他所应该做的事。若是有条件地，他虽做了

―――――――――――

　　① 　陈淳，字道复，号白阳，明代文人、画家。

他所应该做的事，但其行为亦只是"合乎义的行为"，不是"义的行为"。

这并不是说，在道德境界中的人，做他所应该做的事，是漫无目的，随便做之。他做他所应该做的事，有确定的目的。他亦尽心竭力，以求达到此目的，但不以达到此目的为达到其自己的另一目的的手段。例如一个有某种职务的人，忠于他的职守，凡是他的职守内所应该做的事，他都尽心竭力去做，以求其成功。从这一方面说，他做事是有目的的。但他的行为，如果真是忠的行为，则他之所以如此做，必须是他应该如此做，并不是他欲以如此做，以得到上司的奖赏，或同僚的赞许。所谓无条件做应该做的事，其意如此。一个人必须无条件地做他所应该做的事，然后他的行为，才是道德行为。他的境界，才是道德境界。

一个人无条件地做他所应该做的事，其行为是"无所为而然"。一个人以做某种事为手段，以求达到其自己的某种目的，其行为是"有所为而然"。用儒家的话说，有所为而然的行为是"求利"，无所为而然的行为是"行义"。这种分别，就是儒家所谓"义利之辨"。这一点，是儒家所特别注重的。孔子说：

> 君子喻于义，小人喻于利。（《论语·里仁》）

孟子说：

> 鸡鸣而起，孳孳为善者，舜之徒也；鸡鸣而起，孳孳为

利者，跖①之徒也。欲知舜与跖之分，无他，利与善之间也。（《孟子·尽心上》）

求利与行义的分别，就是我们所谓功利境界与道德境界的分别。一个人的行为若是有所为而然的，他的行为，尽可以合乎道德，但不是道德行为。他的境界也只是功利境界，不是道德境界。

后来董仲舒②说："正其义，不谋其利；明其道，不计其功。"他的此话，也就是上述的意思。但是有些人对此不了解。例如颜习斋③批评这话说："世有耕种而不谋收获者乎？有荷网持钩而不计得鱼者乎？""这'不谋''不计'两个字，便是老无释空④之根。"（《言行录教及门》）此批评完全是无的放矢。既耕种，当然谋收获；既荷网持钩，当然谋得鱼。问题在于一个人为什么耕种、为什么谋得鱼。若是为他自己的利益，他的行为不能是道德行为。不过，不是道德行为的行为，也不一定就是不道德的行为。它可以是非道德的行为。

儒家所谓义，有时亦指在某种情形下办某种事的在道德方面最好的办法。《中庸》说"义者，宜也"，我们说一件事"宜"如何办理。"宜"如何办理的办法，就是办这一件事的最好的办

---

① 跖［zhí］，亦称"柳下跖"，春秋时鲁国贤臣柳下惠之弟，因其聚众作乱，亦称为"盗跖"（先秦古籍中常以"舜、跖"代表"善、恶"）。

② 董仲舒，西汉经学家，汉景帝时任博士，著有《春秋繁露》等，其"废黜百家，独尊儒术"之说为汉武帝所接受并推行。

③ 颜习斋，即颜元，字易直，号习斋，清代儒家学者、"颜李学派"创始人。

④ 老无释空：老子讲"无"（无为）、释迦牟尼讲"空"（四大皆空）。

法。某一种事，在某种情形下，亦有其"宜"如何办理的办法。这一种办法，就是，在某种情形下，办这一种事的最好的办法。所谓最好又有两种意思。一种意思，是就道德方面说；一种意思，是就功利方面说。就功利方面说，在某种情形下，一种事的最好的办法，是一种办法，能使办此种事的人，得到最大的个人利益。就道德方面说，一种事的最好的办法，是一种办法，能使办此种事的人，得到最大的道德成就。我们说"在某种情形下"，因为所谓"义者，宜也"的"宜"，又有"因时制宜"的意义。所以，孟子说：

> 大人者，言不必信，行不必果，惟义所在。(《孟子·离娄下》)

照此所说，儒家所谓"义"，有似乎儒家所谓"中①"——办一件事，将其办到恰到好处，就是"中"。所以，说"中"，亦是说办一件事的最好的办法。不过，"义"与"中"亦有不同。"中"亦可就非道德的事说，"义"只专就道德的事说。非道德的事，并不是不道德的事，是无所谓道德或不道德的事。例如，在平常情形下，吃饭是非道德的事。一个人吃饭不太多，亦不太少，无过亦无不及。这可以说是合乎"中"，但不可以说是合乎"义"。这里没有"义、不义"的问题。

我们可以说，以上所说二点，都是对于"义"的一种形式

---

① 中 [zhòng]：合适，如"中意"。

的说法。因为以上所说二点，并没有说出，哪些种的事，是人所无条件地应该做的事；也没有说出，对于某种事，怎样做是此种事的在道德方面的最好的做法。如果有人提出这个问题，我们可以说，儒家说：于社会有利或于别人有利的事，就是人所无条件地应该做的事；做某种事，怎样做能于社会有利，能于别人有利，这样做就是做此种事的在道德方面的最好的做法。

我们说："我们可以说，儒家说……"因为儒家并没有清楚地如此说。虽没有清楚地如此说，但他们的意思是如此。必了解这个意思，然后才可以了解儒家所谓"义利之辨"。

有人说，儒家主张"义利之辨"，但他们也常自陷于矛盾。如《论语》云：

> 子适①卫②，冉有③仆④。子曰："庶矣乎⑤！"冉有曰："既庶矣，又何加⑥焉？"曰："富之。"曰："既富矣，又何加焉？"曰："教之。"（《论语·子路》）

孔子亦注意于人民的富庶。人民的富庶，岂不是人民的利？又如《孟子》云：

---

① 适：到（如"无所适从"）。
② 卫：卫国。
③ 冉有，即冉求，字子有，通称"冉有"，孔子弟子。
④ 仆：跟从。
⑤ 庶矣乎：很不错啦（指卫国民情）。
⑥ 又何加：还要怎样。

孟子见梁惠王。王曰："叟①，不远千里而来，亦将有以利吾国乎？"孟子曰："王何必曰利，亦有仁义而已矣。"

孟子不以梁惠王言利为然，但他自己却向梁惠王提出一现代人所谓经济计划，欲使人可以"衣帛食肉""养生送死②无憾"。孟子岂不亦是言利？

发此问者之所以提出此问题，盖由于不知儒家所谓"义利之辨"之"利"，是指个人的私利。求个人的私利的行为，是求利的行为。若所求不是个人的私利，而是社会的公利，则其行为即不是求利，而是行义。社会的利、别人的利，就是社会中每一个人所无条件地应该求的。无条件地求社会的公利、别人的利，是"义"的行为的目的。"义"是这种行为的道德价值。凡有道德价值的行为，都是"义"的行为；凡有道德价值的行为，都涵蕴"义"。因为凡有道德价值的行为，都必以无条件地利他为目的。如孝子必无条件地求利其亲。慈父必无条件地求利其子。无条件地求利其亲或子，是其行为的目的。孝或慈是这种行为的道德价值。所以，所谓"利"，如是个人的私利，则此利与"义"是冲突的。所谓"利"，如是社会的公利，他人的利，则此利与"义"不但不冲突，而且就是"义"的内容。儒家严"义利之辨"，而有时又似为义利有密切的关系，如《易传·乾·文言》云：

---

① 叟：老头（梁惠王称孟子）。
② 养生送死：供养生者，送别死者。

利者，义之和①也。

其理由即在于此。后来程伊川②云：

义与利，只是个公与私也。（《遗书》卷十七）

二、何 为"仁"

求私利、求自己的利，是求利；求公利、求别人的利，是行义。孟子说：

仁，人心也。（《孟子·告子上》）

《中庸》说：

仁者，人也。

程伊川说：

公而以人体③之，谓之仁。（《遗书》卷十七）

---

① 和：相随。
② 程伊川，即程颐，字正叔，号伊川，"二程"之一，程颢之弟，北宋理学家。
③ 体：体会、体贴。

无条件地做与社会有利，与别人有利的事是行义。若如此做只是因为无条件地应该如此做，则其行为是"义"的行为。若一个人于求社会的利，求别人的利时，不但是因为无条件地应该如此做，而且对于社会，对于别人，有一种忠爱恻怛①之心，如现在所谓同情心，则其行为即不只是"义"的行为，而且是"仁"的行为。此所谓"公而以人体之，谓之仁"。体是体贴之体，人就是人的心，就是人的恻隐之心、同情心。以恻隐之心行义谓之"仁"。所以说"仁，人心也""仁者，人也"。孟子亦说：

　　　　恻隐之心，仁之端②也。（《孟子·公孙丑上》）

　　"义"可以包"仁"，是"仁的行为"，必亦是"义的行为"。"仁"涵蕴"义"，是"义的行为"，不必是"仁的行为"。儒家说无条件地应该，有似乎西洋哲学史中的康德③。但康德只说到"义"，没有说到"仁"。

　　仁人必善于体贴别人。因己之所欲体贴别人，知别人之所欲；因己之所不欲体贴别人，知别人之所不欲。因己之所欲，知别人之所欲，所以——

---

　　①　恻怛［dá］：恻隐。
　　②　端：始（如"开端"）。
　　③　康德，18世纪末、19世纪初德国哲学家，曾系统论述其所谓"道德律令"。

己欲立而立人，己欲达而达人。（《论语·雍也》）

老吾老，以及①人之老；幼吾幼，以及人之幼。（《孟子·
梁惠王上》）

此即所谓"忠"。因己之所不欲，知别人之所不欲，所
以——

己所不欲，勿施于人。（《论语·卫灵公》）

此即所谓"恕"。合"忠"与"恕"，谓之"忠恕之道"。
朱子②《论语注》说："尽己之谓忠，推己之谓恕。"其实应该
说："尽己为人之谓忠。""忠""恕"皆是推己及人。"忠"是
就推己及人的积极方面说，"恕"是就推己及人的消极方面说。
"忠""恕"皆是"能近取譬"（《论语·雍也》）、"善推其所为"
（《孟子·梁惠王上》）。朱子注云："譬，喻也。近取诸身，譬之他
人，知其所欲，亦犹是也。"此正是所谓"忠"。人亦可"以己
之所不欲，譬之他人，知其所不欲，亦犹是"。此是所谓"恕"。
如是"推其所为"，以推及他人，就是"为仁"的下手处。所
以，孔子说：

能近取譬，可谓仁之方也已。（《论语·雍也》）

————————

① 及：推及。
② 朱子，朱熹，字元晦，号晦庵，南宋理学家。

"仁"是孔子哲学的中心。而"忠""恕"又是"为仁"的下手处。所以，孔子说："吾道一以贯之。"曾子①解释之云："夫子之道，忠恕而已矣。"（《论语·里仁》）

三、何 为"礼"

"礼"是人所规定行为的规范，拟以代表义者，于上文我们说，义的内容是利他。"礼"的内容亦是利他。所以，《礼记·曲礼》说：

> 夫②礼，自卑而尊人，先彼而后己。

于上文我们说："义"有似乎"中"，我们可以说，"义"是道德方面的"中"。所以，儒家常以"中"说"礼"。《礼记·仲尼燕居》说：

> 子曰："礼乎礼！夫礼所以制中③也。"

我们于上文说"义者，宜也"的"宜"，有"因时制宜"的意思。儒家亦以为"礼"是随时变的。《礼记·礼器》说："礼，

---

① 曾子，名参，字子舆，孔子弟子。
② 夫：文言发声词。
③ 制中：同"制宜"（恰到好处）。

时为大①。"《乐记》说："五帝②殊时③，不相沿乐④。三王⑤异世，不相袭礼⑥。"

四、何 为 "智"

"智"是人对于仁义礼的了解。人必对于仁有了解，然后才可以有仁的行为；必对于义有了解，然后才可以有义的行为；必对于礼有了解，然后他的行为，才不是普通的"循规蹈矩"。如无了解，他的行为虽可以合乎仁义，但严格地说，不是仁的行为，或义的行为。他的行为虽可以合乎礼，但亦不过是普通的"循规蹈矩"而已。无了解的人，只顺性而行，或顺习而行，他的行为虽可合乎道德，但只是合乎道德的行为，不是道德行为。他的境界，亦不是道德境界，而是自然境界。人欲求高的境界，必须靠智。孔子说：

> 智及⑦之，仁不能守之。虽得之，必失之。（《论语·卫灵公》）

用我们的话说，人的了解，可使人到一种高的境界，但不能

---

① 时为大：以世时（所需）为大要。
② 五帝：指上古传说中的五位部落首领：黄帝、颛［zhuān］项［xū］、帝喾［kù］、尧、舜。
③ 殊时：不同时代。
④ 沿乐［yuè］：沿用音乐。
⑤ 三王：指最初三个朝代夏、商、周的开国帝王：大禹、商汤、武王。
⑥ 袭礼：袭用礼仪。
⑦ 及：达到。

使人常驻于此种境界。虽是如此，但若没有了解，他必不能到高的境界。

五、"仁义"与"礼智"

照以上所说，则仁、义、礼、智，表面上虽是并列，但实则"仁义"与"礼智"，不是在一个层次的。这一点，似乎孟子也觉到。孟子说：

> 仁之实，事亲①是也。义之实，从兄②是也。智之实，知斯二者③弗去④是也。礼之实，节文⑤斯二者。(《孟子·离娄上》)

这话就表示仁义与礼智的层次不同。

儒家注重"义利之辨"，可见功利境界与道德境界的分别，他们认识甚清。求利的人的境界是功利境界，行义的人的境界是道德境界。他们注重智，可见自然境界与其余境界的分别，他们亦认识甚清。孔子曰：

> 民可⑥，使由⑦之；不可，使知之。(《论语·泰伯》)

---

① 事亲：敬重双亲（即"孝"）。
② 从兄：服从兄长（即"悌"）。
③ 斯二者：此二者（即仁与义）。
④ 弗去：勿违背。
⑤ 节文：(动词) 使……具有形式。
⑥ 可：适合。
⑦ 由：遵循。

孟子曰：

　　行之而不著①焉，习矣而不察②焉，终身由之而不知其
道者，众③也。（《孟子·尽心上》）

"由之而不知"的人的境界，正是自然境界。

六、孔子与"天地境界"

　　不过，道德境界与天地境界的分别，儒家认识不甚清楚。因
此，儒家常受道家的批评。其批评是有理由的。不过，道家以
为，儒家所讲只限于仁义；儒家所说到的境界，最高亦不过是道
德境界。这"以为"是错的。儒家虽常说仁义，但并非只限于
仁义。儒家所说到的最高的境界，亦不只是道德境界。此可于孔
子、孟子自述其自己的境界之言中见之。我们于以下引《论语》
"吾十有五，而志于学"章，及《孟子》"养浩然之气"章，并
随文释其义，以见孔子、孟子的境界。孔子曰：

　　吾十有五而志于学，三十而立，四十而不惑，五十而知
天命，六十而耳顺，七十而从心所欲不逾矩。（《论语·为政》）

───────────

　　① 著：张扬。
　　② 察：觉察。
　　③ 众：很多人。

这是孔子自叙其一生的境界的变化。所谓三十、四十等，不过就时间经过的大端说，不必是——也许必不是——他的境界照例每十年必变一次。

"志于学"之学，并不是普通所谓学。孔子说：

> 朝闻道，夕死可矣。（《论语·里仁》）

又说：

> 士志于道，而耻^①恶衣恶食者，未足与议也。（同上）

又说：

> 志于道。（《论语·述而》）

此所谓志于学，就是有志于学道。普通所谓"学"，乃所以增加人的知识者。道乃所以提高人的境界者。老子说"为学日益，为道日损^②"，其所谓"学"，是普通所谓"学"，是与道相对者。孔子及以后儒家所谓"学"，则即是学道之"学"。儒家所谓"学道之学"，虽不必是日损，但亦与普通所谓"学"不同。我们说：自然境界及功利境界，是自然的礼物。道德境界及天地境界是人的精神的创造。人欲得后二种境界，须先了解一种

---

① 耻：（动词）耻于。
② 损：减少（即"弃智"）。

义理，即所谓"道"。人生于世，以闻道为最重要的事，所以说"朝闻道，夕死可矣"。孔子又说：

> 后生可畏，焉知来者之不如今也。四十、五十而无闻焉，斯亦不足畏也已。（《论语·子罕》）

无闻即无闻于道，并非没有名声。

"三十而立"，孔子说"立于礼"（《论语·泰伯》）。又说：

> 不知礼，无以立也。（《论语·尧曰》）

上文说：礼是一种行为的规范，拟以代表义，代表在道德方面的中者①。能立，即能循礼而行。能循礼而行，则可以"克己复礼"。"复礼"即"非礼勿视，非礼勿听，非礼勿言，非礼勿动"（《论语·颜渊》）。克己，即克去己私。在功利境界中的人，其行为皆为他自己的利益。这种人，就是有己私的人。行道德必先克去己私，所以"颜渊问仁"，孔子答以"克己复礼为仁"。

"四十而不惑"，孔子说"智者不惑"（《论语·宪问》）。上文说，智是对于仁、义、礼的了解。孔子三十而立，是其行为皆已能循礼。礼是代表义者，能循礼，即能合乎义。但合乎义的行为，不必②是义的行为。必至智者的地步，才对于仁义礼有完全的了解。有完全的了解，所以不惑。不惑的智者才可以有真正的

---

① 中［zhòng］者：得道者。
② 必：一定。

仁的行为，及义的行为，其境界才可以是道德境界。孔子学道至此，始得到道德境界。孔子说：

可与共学，未可与适道①。可与适道，未可与立②。可与立，未可与权③。（《论语·子罕》）

有人有志于学，但其所志之学，未必是学道之学。有人虽有志于学道，但未必能"克己复礼"。有人虽能"克己复礼"，但对于礼未必有完全的了解。对于礼无完全的了解，则不知"礼，时为大"。如此，则如孟子所谓"执中④无权⑤，犹执一也"⑥（《孟子·尽心上》）。执一，即执着一死的规范，一固定的办法，以应不同的事变。孟子说"言不必信，行不必果，惟义所在"，这就是所谓"可与权"。人到智者不惑的程度，始"可与权"。孔子此所说，亦是学道进步的程序。

"五十而知天命。"仁、义、礼都是社会方面的事，孔子至此又知于社会之上，尚有天。于是，孔子的境界又将超过道德境界。所谓天命，可解释为人所遭遇的宇宙间的事变，在人力极限之外，为人力所无可奈何者。这是以后儒家所谓"命"的

① 适道：循道。
② 立：立志。
③ 权：（动词）谋。
④ 执中：持平（指枰杆）。
⑤ 权：秤锤。
⑥ 此处所引，全句为："子莫执中，执中为近之，执中无权，犹执一也。"朱熹《四书集注》："权，称（同枰）锤也；所以称物之轻重，而取中也。执中而无权，则胶于一定之中而不知变，是亦执一而已矣。"

意义。所谓"天命"，亦可解释为上帝的命令。此似乎是孔子的意思。如果如此，则孔子所谓"知天命"，有似于我们所谓"知天"。

"六十而耳顺。"此句前人皆望文生义，不得其解。"耳"即"而已"，犹"诸"即"之乎"或"之于"。徐言之曰"而已"，急言之曰"耳"。此句或原作"六十耳顺"，即"六十而已顺"。后人不知"耳"即"而已"。见上下诸句中间皆有"而"字，于此亦加一"而"字，遂成为"而耳顺"。后人解释者，皆以耳为耳目之耳，于是此句遂费解（此沈有鼎①先生说）。"六十而已顺"，此句蒙上文而言，顺是顺天命，顺天命有似于我们所谓"事天"。

"七十而从心所欲不逾矩②。"我们说，在"道德境界"中的人，做道德的事，是出于有意的选择，其做之需要努力。在"天地境界"中的人，做道德的事，不必是出于有意的选择，亦不必需要努力。这不是说，因为他已有好的习惯，而是说，因为他已有高的了解。孔子从心所欲不逾矩，亦是因有高的了解而"不思而得，不勉而中"。此有似于我们所谓"乐天"。

我们说：宇宙大全，理及理世界，以及道体等观念，都是哲学的观念。人能完全了解这些观念，他即可以知天。知天，然后能事天，然后能乐天，最后至于同天。此所谓"天"，即宇宙或大全。我们于上文说：知天命有似于知天；顺天命有似于事天；从心所欲不逾矩，有似于乐天。我们说"有似于"，因为孔子所

---

① 沈有鼎，现代学者，曾先后任教于清华大学与北京大学。
② 不逾矩：不过度（即适度）。

谓"天"，似乎是"主宰之天"，不是宇宙大全。若果如此，孔子最后所得的境界，亦是有似于"天地境界"。

七、孟子与"浩然之气"

孟子自述他自己的境界，见于《孟子》论"浩然之气"章中。此章前人多不得其解，兹随文释之。《孟子》云：

（公孙丑问曰：）"敢问夫子恶乎①长②？"曰："我知言③，我善养吾浩然之气。""敢问何为浩然之气？"曰："难言也。其为气也，至大至刚④，以直⑤养而无害⑥，则塞⑦于天地之间。其为气也，配⑧义与道。无是⑨，馁⑩也。是⑪集⑫义所生者，非义袭⑬而取之也。行有⑭不慊⑮于心，则馁矣。我故

---

① 恶〔wū〕乎：何所。
② 长〔cháng〕：长处。
③ 知言：理解他人所言。
④ 刚：强。
⑤ 直：正直。
⑥ 害：妨害。
⑦ 塞：充。
⑧ 配：配合。
⑨ 是：此（指义与道）。
⑩ 馁〔něi〕：原意为"饿"，引申为"羸弱"。
⑪ 是：此（指浩然之气）。
⑫ 集：聚集。
⑬ 袭：强行。
⑭ 行有：若有。
⑮ 不慊〔qiàn〕：满足。

日告子①未尝知义，以其外之②也。必有事焉③而勿正④，心勿忘。勿助长也⑤……"（《孟子·公孙丑上》）

　　"浩然之气"是孟子所特用的一个名词。何为"浩然之气"？孟子亦说是"难言"，后人更多"望文生义"的解释。本章上文从北宫黝、孟施舍⑥二勇士的养勇说起。又说孟施舍的养勇的方法是"守气"，由此我们可知本章中所谓气，是勇气之气，亦即所谓士气，如说"士气甚旺"之气。孟子说"我善养吾浩然之气"，浩然之气之"气"，与孟施舍等守气之"气"，在性质上是一类的，其不同在于，其是浩然。浩然者，大也。其所以大者何？孟施舍等所守之气，是关于人与人的关系者，而浩然之气，则是关于人与宇宙的关系者。有孟施舍等的气，则可以堂堂立于社会间而无惧。有浩然之气，则可以堂堂立于宇宙间而无惧。浩然之气，能使人如此，所以说"其为气也，至大至刚，以直养而无害，则塞于天地之间"。孟施舍等的气尚须养以得之（其养勇就是养气），浩然之气更须养以得之。孟子说"其为气也，配义与道。无是，馁也"，"配义与道"，就是养浩然之气的方法。这个道，就是上文所说、孔子说"志于道"之道，也就是能使人有

------

　　①　告子，与孟子同时代人，可能受教于墨子，曾与孟子辩论。
　　②　外之："外"作动词，"之"（代词）指"义"（意即把"义"视为外物，而非内心所有）。
　　③　必有事焉：一定要从事于此（即培养自己的浩然之气）。
　　④　正：故同"止"。
　　⑤　助长：揠［yà］苗助长（意为心急而坏事）。
　　⑥　北宫黝、孟施舍，均为春秋时有名的勇士。

高的境界的义理。养浩然之气的方法有两方面：一方面是了解一种义理，此可称为"明道"；一方面是常做人在宇宙间所应该做的事，此可称为"集义"。合此两方面，就是"配义与道"。此两方面的工夫，缺一不可。若"集义"而不"明道"，则是所谓"不著不察"或"终身由之而不知其道"。若"明道"而不"集义"，则是所谓"智及之，仁不能守之。虽得之，必失之"。若无此二方面工夫，则其气即馁，所谓"无是，馁也"。

"明道"之后，"集义"既久，浩然之气自然而然生出，一点勉强不得。所谓"是集义所生者，非义袭而取之也"（朱子①说："袭，如用兵之袭，有袭夺之意。"〔《朱子语类》卷五十二〕），下文说"我故曰告子未尝知义，以其外之也"。告子是从外面拿一个义来，强制其心，使之不动。孟子则以行义为心的自然的发展。行义既久，浩然之气，即自然由中而出。

"行有不慊于心，则馁矣。"《左传》说"师直为壮，曲为老"，壮是其气壮，老是其气衰。我们常说："理直气壮。"理直则气壮，理曲则气馁。平常所说勇气是如此，浩然之气亦是如此。所以，养浩然之气的人，须时时"明道""集义"，不使一事于心不安。此所谓"必有事焉，而勿正，心勿忘"。"正之义通于止"，焦循②《孟子正义》说，"勿正"就是"勿止"，也就是"心勿忘"。养浩然之气的人所须用的工夫，也只是如此。他必须时时"明道""集义"，久之则浩然之气自然生出。他不可求速效，另用工夫。求速效，另用工夫，即所谓"助长"。忘

① 朱子，朱熹，字元晦，号晦庵，南宋理学家。
② 焦循，清代学者，著有《易通释》《孟子正义》等。

了，不用功夫，不可；助长，亦不可。养浩然之气，须要"明道集义，勿忘勿助"。这八个字可以说是养浩然之气的要诀。

有浩然之气的人的境界，是天地境界。孟子于另一章中云：

> 居天下之广居，立天下之正位，行天下之大道。得志与民由之①，不得志独行其道。富贵不能淫，贫贱不能移，威武不能屈。此之谓大丈夫。（《孟子·滕文公下》）

我们如将此所谓"大丈夫"与有浩然之气者比，便可知此所谓"大丈夫"的境界，不如有浩然之气者高。此所谓"大丈夫"，"居天下之广居，立天下之正位，行天下之大道"，不能说是不大，但尚不能说是"至大"。他"富贵不能淫，贫贱不能移，威武不能屈"，不能说是不刚，但尚不能说是"至刚"。何以不能说是"至大""至刚"？因为此所谓"大丈夫"的刚大，是就人与社会的关系说，而有浩然之气者的刚大，则是就人与宇宙的关系说。此所谓"大丈夫"所居的，是"天下"的广居，所立的是"天下"的正位，所行的是"天下"的大道，而有浩然之气者的"浩然之气"，则"以直养而无害，则塞于天地之间"。"天下"与"天地"，这两个名词是有别的。我们可以说"治国、平天下"，而不能说"治国、平天地"。我们可以说"天下太平"或"天下大乱"，不能说"天地太平"或"天地大乱"。"天下"是说人类社会的大全，"天地"是说宇宙的大全。此所

---

① 与民由之：与民同循（道）。

说"大丈夫"的境界，是道德境界，而有浩然之气者的境界，是天地境界。此所说"大丈夫"的境界，尚属于有限，而有浩然之气者，虽亦只是有限的七尺之躯，但他的境界已超过有限，而进于无限矣。

到此地位的人，自然"大行不加，穷居不损"，自然"富贵不能淫，贫贱不能移，威武不能屈"，但其"不淫""不移""不屈"的意义，又与在道德境界的人的"不淫""不移""不屈"不同。朱子说：

> 浩然之气，清明①不足以言之。才说浩然，便有个广大刚果意思，长江大河浩浩而来也。富贵、贫贱、威武，不能移屈之类皆低，不可以语此。（《语类》卷五十三）

朱子此言，正是我们以上所说的意思。到此地位者，可以说已到同天的境界。孟子所谓"塞于天地之间""上下与天地同流"（《孟子·尽心上》），可以说是表示同天的意思。

就以上所说，我们可以说，孟子所说到的境界，比孔子所说到的高。孔子所说的"天"，是主宰的天，他似乎未能完全脱离宗教的色彩。他的意思，似乎还有点是图画式的。所以，我们说，他所说到的最高境界，只是"有似于"事天、乐天的境界。孟子所说到的境界，则可以说是"同天"的境界。我们说"可以说是"，因为我们还没有法子可以断定，孟子所谓"天地"的

---

① 清明：清廉、贤明。

抽象的程度。

　　孔子是早期儒家的代表。儒家于实行道德中，求高的境界，这个方向是后来道学的方向。不过，他们所以未能分清道德境界与天地境界，其故亦由于此。以"极高明而道中庸"的标准说，他们于高明方面，尚未达到最高的标准，用向秀、郭象的话说，他们尚未能"经虚涉旷①"。

----

　　① 　经虚涉旷：经由虚幻，涉足旷渺（喻立意极高，视野极宽）。

林语堂简介

林语堂（1895—1976），笔名，真名林和乐，福建龙溪人，现代作家、学者，尤于道家有深入研究，被认为是"新道家"的代表人物。早年留学美国、德国，获哈佛大学文学硕士学位、莱比锡大学语言学博士学位。1923年，获博士学位后回国，任北京大学教授、北京女子师范大学教务长和英文系主任。1924年后，为《语丝》主要撰稿人之一。1926年，到厦门大学任文学院院长。1932年，创办《论语》半月刊；1934年创办《人间世》；1935又办《宇宙风》半月刊。1936年，举家迁往美国，开始长达三十年的海外生活，也是其英文写作的重要时期，其英文作品《吾国与吾民》（*My Country and My People*）、《生活的艺术》（*The Importance of Living*）和长篇小说《京华烟云》（*Moment in Peking*）使其于70年代两次获得诺贝尔文学奖提名。其间，1945年，赴新加坡筹建南洋大学，并任校长。1966年七十一岁时，迁居台湾。第二年，受聘为香港中文大学研究教授。1975年，任国际笔会副会长。1976年，病逝于香港，享年八十一岁。除小说和散文作品外，其学术性著作有《语言学论丛》《中国文化精神》《孔子的智慧》《老子的智慧》《中国新闻舆论史》和《信仰之旅——论东西方的哲学与宗教》等。2011年，群言出版社出版《林语堂全集》二十六卷。

孔子思想的特性^①

林语堂

　　时至今日，还能有人热衷儒家思想吗？若说是有，岂非怪事？其实，这全系于人对善念是否还肯执着，而对善念，一般人是不会有一股狂热的。更重要的，似乎是今日之人是否对儒家思想还存有信心。这对现代的中国人特别重要。这个问题是直接指向现代的中国人，而挥之不去，也无从拒绝的。因为现代有些中国人，甚至曾经留学外国，思想已趋成熟，他们对儒家所持的态度与观点，都显得心悦诚服。由此，我认为儒家思想是具有其中心性，也可以说有其普遍性的。儒家思想的中心性与其人道精神之基本的吸引力，其本身即有非凡的力量。在孔子去世后数百年间政治混乱、思想分歧的时期，儒家思想战胜了道家、墨家、法家、自然派思想，以及其他林林总总的学派，在两千五百年内中

---

　　① 本文节选自《孔子的智慧》（1982年中文版，张振玉译自1938年英文版，载《林语堂全集》第二十二卷）第一章，题目系原书所有。文中把孔子（也就是儒家）的思想归纳为五点：（一）"德治"思想，即政治与伦理合一；（二）"礼"的思想，即强调社会秩序；（三）"仁"的思想，即提倡同情与宽恕；（四）"修身"思想，即把个人修养视为治国、平天下的基础；（五）"士"的思想，即以"君子""贤士"为全民楷模。从这五点看——是好是坏姑且不论——中国似乎至今仍遵循着孔子的思想。

国人始终奉之为天经地义。虽然有时际遇稍衰，但终必衰而复振，而且声势益隆。与儒家思想抗衡者，除道家在纪元后第三至第六世纪①盛行之外，其强敌莫过于佛教。佛教多受宋儒所崇仰。佛教虽玄妙精微，在儒家人道精神及知识论的阐述上，也只能予以修正，然后即将重点移至儒家经典所已有之某些观念上，而予以更充分之重视，但也并不能将儒家思想根本推翻。这也许是纯由于孔子个人多年来的声望地位使然，但是儒家心中非凡的自负，对本门学说精当之信而不移，因而鄙弃佛教理论而侧目视之，或者给予宽容。当时的情形，可能正是如此。儒家也以平实的看法，否定了庄子的神秘思想，也以此等平实的思想，鄙弃了佛教的神秘思想。今天，儒家思想遇到了更大的敌手，但并不是基督教，而是整套的西方思想与生活，以及西方新的社会思潮。这种西方文明全是工业时代所引起的。儒家思想，若看作是恢复封建②社会的一种政治制度，就现代政治、经济的发展而言，被人目为陈旧无用，固然不错；但若视之为人道主义文化，若视之为社会生活上基本的观点，我认为儒家思想仍不失为颠扑不破的真理。儒家思想，在中国人生活上，仍然是一股活的力量，还会影响我们民族的立身处世之道。西方人若研究儒家思想及其基本的信念，他们会了解中国的国情民俗，会受益不

---

① 纪元后第三至第六世纪：公元三世纪到六世纪，即魏晋时期。

② 封建："封侯建国"的简称，狭义是指"分封制"（即帝王把国土分给家人或族人管理，建立各自的诸侯国。最典型的是周朝。而秦以后实行的是"郡县制"，即帝王把国土分成郡县，派官员去管理。在这个意义上，秦以后就不是"封建社会"了）；广义是指"帝王制"（即国家权力全部集中在帝王手里，而帝王是世袭的。在这个意义上，民国［共和制］之前的中国社会，均是"封建社会"）。

浅的。

在西方读者看来①，孔子只是一位智者，开口不是格言，便是警语。这种看法，自然不足以阐释孔子思想其影响之深、之大。若缺乏思想上更为深奥的统一的信念或系统，纯靠一套格言、警语，要支配一个国家，像孔子思想之支配中国，是办不到的。孔夫子的威望与影响如此之大，对此疑难问题之解答，必须另从他处寻求才是。若没有一套使人信而不疑的大道理，纵有格言、警语，也会久而陈腐、令人生厌的。《论语》这部书，是孔学上的"圣经"，是一套道德的教训，使西方人对孔子之有所知，主要就是靠这部书。但是，《论语》毕竟只是夫子自道的一套精粹语录，而且文句零散，多失其位次②，因此若想获得更为充分之阐释，反须要依赖《孟子》《礼记》等书。孔子总不会天天只说些零星断片的话吧。所以，对孔子的思想之整体系统若没有全盘的了解，欲求充分了解何以孔子有如此的威望及影响，那真是缘木求鱼了。

简而言之，孔子的思想是代表一个理性的社会秩序，以伦理为法，以个人修养为本，以道德为施政之基础，以个人正心、修身为政治修明之根柢。由此看来，最为耐人深思之特点，是在取消政治与伦理之间的差异。其方法为——伦理性之方法，与法家以讲严刑峻法为富国强兵之道截然不同。孔子的学说也是断然肯定的，要求人对人类与社会负起当负的责任，所谓以天下国家为

---

① 《孔子的智慧》一书是作者为外国读者而写，故文中常以外国读者为表述对象。

② 位次：顺序。

己任，此点与道家的适世、玩世又大有不同。实际上，儒家思想所持的是人道主义者的态度，对全无实用、虚无飘渺的玄学与神秘主义完全弃置不顾，而是只注重基本的人际关系。灵异世界、神仙不朽又有何用？这种独具特色的人道主义中最有力的教义，是"仁者，人也"①。就凭这条教义，一个常人只要顺着人性中的善去行，就算初步奉行儒家的为人之道了，并不必在什么神祇上去寻求神圣理想中的完美。

更精确点说，儒家思想，旨在从新树立一个理性化的封建社会，因为当时周朝的封建社会正在趋于崩溃。儒家思想当然主张阶级分明。要了解这种情形，我们必须回溯到孔子当时封建制度崩溃以及此后数百年内的状况。当时中国领土内有数百大大小小公、侯、伯、子、男②等级的国家，各自独立，其强者则国土与国力日增，时常与他国兵连祸结。周朝皇帝名为华夏君王，统治全国，实则徒拥虚名，衰微已极。甚至孔子及以后之孟子，虽周游列国，干谒③诸侯，求其施仁政，拯百姓于水火，但亦不屑于一朝周帝。这颇与其所主张之建立理性社会、尊崇周王之学说相矛盾。因当时国内情势纷乱已极，周室衰微，帝国荏弱，纵然前往朝见，终无大用。各国间虽订有条约，转眼粉碎，结盟和好，终难持久。养兵日众、捐税日增，强凌弱、众暴寡。国与国间时时会商，真是舌敝唇焦，不见成功。学人、智者开始定攻守之计、和战之策，别利害、辨得失。说来也怪，当时学者、智士之

① 引自《礼记·中庸》，全句为："子曰：'仁者，人也，亲亲为大。'"
② 公、侯、伯、子、男：周朝封侯的五个爵位。
③ 干谒：拜见。

间，国界之分渐渐泯灭，周游列国，朝秦暮楚，亲疏无常。而古礼失、尊卑乱，贫富悬殊、政教乖误，此等混乱、失常，遂使思想锐敏之士劳神苦思，以求拨乱返治之道。在此种气氛中，更兼以思想之极端自由，智慧明敏之士遂各抒己见，如百花齐放，竞妍争香，乃形成中国哲学之黄金时代。或蔑弃礼教如老、庄，或主张人人当亲手工作以谋生（如萌芽期之共产主义）如许行①及其门人；墨子②则倡单一神祇，崇爱上帝，教人重人道，勿自私，甚至窒欲③苦行，竟趋乎极端而排斥音乐，此外尚有诡辩家、苦行家、快乐主义者、自然主义者等等，不一而足。于是，不少人，如今日之欧洲人一样，开始对文化表示怀疑，而想返回太古之原始生活，正如今日若干思想家要返回非洲丛林中或到爪哇以东之巴利岛一样。而孔子，则如现代的基督徒，他相信道德力量，相信教育的力量，相信艺术的力量，相信文化历史的传统，相信国际间某种程度的道德行为，相信人与人之间高度的道德标准，这都是孔子部分的信念。

在《礼记·儒行》篇里，我们可以看出儒家与其他各派的差异。"儒"这个字，在孔子时便已流行。而称为儒的一派学者，大概是特别的一批人，他们在观点上持保守态度，精研经史，其儒冠儒服正表示他们对古代文化的信而不疑。下面的几段摘录文字，只以表示儒家的高度道德理想。

---

① 许行，战国时楚国学者，农家创始人。
② 墨子，名翟，战国时宋国学者，墨家创始人。
③ 窒欲：禁欲。

鲁哀公问于孔子曰："夫子之服，其儒服钦？"孔子对曰："丘①少居鲁②，衣③逢掖④之衣；长⑤居宋，冠⑥章甫⑦之冠。丘闻之也，君子之学也，博；其服也，乡⑧。丘不知儒服。"

哀公曰："敢问儒行？"孔子对曰："遽数之⑨，不能终其物⑩。悉数之⑪，乃留更仆⑫，未可终也。"哀公命席⑬，孔子侍曰："儒有席上之珍⑭，以待聘⑮；夙夜⑯强学，以待问；怀忠信，以待举⑰；力行，以待取⑱。其自立，有如此者。

"儒有衣冠，中⑲；动作，慎。其大让如慢⑳，小让如

---

① 丘：孔子自称（孔子名丘，字仲尼）。
② 少［shào］：年少时。居鲁：住在鲁国。
③ 衣：（动词）穿。
④ 逢掖：宽襟（逢：大。掖：袂）。
⑤ 长：年长后。
⑥ 冠：（动词）戴（帽）。
⑦ 章甫：殷（商）时冠名，即缁布冠（黑布帽）。
⑧ 乡：随俗。
⑨ 遽［jù］数之：快速说来（遽：急。数：说）。
⑩ 终其物：完全讲清这件事（终：完成。物：事）。
⑪ 悉数之：详细说来（悉：全，如"悉知"）。
⑫ 乃留更仆：字面义为"你留住打更报时的人"（乃：你。更仆：打更人），意为：你就是给我几个时辰。
⑬ 命席：命令摆酒席。
⑭ 珍：珍馐（美味）。
⑮ 聘：访客。
⑯ 夙夜：昼夜。
⑰ 举：任用。
⑱ 取：收获、成就。
⑲ 中：一般（不特殊）。
⑳ 大让如慢：大谦让时像是傲慢。

伪①；大则如畏②，小则如愧③。其难进而易退④也，粥粥⑤若无能也。其容貌，有如此者。

"儒有可亲，而不可劫⑥也；可近，而不可迫⑦也；可杀，而不可辱也。其居处，不淫⑧；其饮食，不溽⑨；其过失，可微辩⑩，而不可面数⑪也。其刚毅，有如此者。

"儒有今人，与居⑫；古人，与稽⑬。今世行之，后世以为楷⑭。适弗⑮逢世，上弗援⑯，下弗推⑰。谗谄之民，有比⑱党⑲而危之者。身可危也，而志不可夺也。虽危，起居竟⑳信其志，犹将不忘百姓之病㉑也。其忧思，有如此者。

---

① 小让如伪：小谦让时像是虚伪。
② 大则如畏：遇大事则像畏惧。
③ 小则如愧：遇小事则像羞愧。
④ 难进而易退：极少进取而经常退让。
⑤ 粥粥：拘泥状。
⑥ 劫：强求。
⑦ 迫：逼。
⑧ 淫：奢侈。
⑨ 溽〔rù〕：浓厚（重口味）。
⑩ 微辩：微言说明。
⑪ 面数：当面数落。
⑫ 与居：与其共处。
⑬ 与稽：向其请教。
⑭ 楷：楷模。
⑮ 弗：不。
⑯ 援：提拔。
⑰ 推：推举。
⑱ 有比：有如。
⑲ 党：党徒、结帮营私者。
⑳ 竟：终究。
㉑ 病：患。

"儒有博学而不穷①，笃行②而不倦，幽居③而不淫④，上通⑤而不困⑥。礼之以和为贵、忠信之美、优游⑦之法，慕贤⑧而容众⑨，毁方而瓦合⑩。其宽裕⑪，有如此者。"⑫

在此等列国纷争、王室陵夷⑬、封建制度日趋崩溃之际，孔子的教义自然不难了解，尤其是孔子以礼乐恢复封建社会的用心之所在。孔子的教义，我认为含有五项特点，对了解儒家教义上至为重要。

（一）政治与伦理的合一

孔子特别重视礼乐，关心道德这些方面，西方人往往不甚了解。可是，把孔子心目中的社会秩序表现得更好，再没有别的字眼儿比"礼乐"一词更恰当了。孔子回答弟子问为政之道时说（子张问政，子曰）：

---

① 穷：窘迫。
② 笃行：稳步行走（喻不急躁）。
③ 幽居：隐居。
④ 不淫：不张扬（淫：过度）。
⑤ 上通：上达（通达上天之意）。
⑥ 困：困惑。
⑦ 优游：悠闲自得。
⑧ 慕贤：赏识贤人。
⑨ 容众：容纳众人。
⑩ 毁方而瓦合：原义为"毁掉一艘船陵夷而成全一片瓦"（方：古同"舫"，船），舍大取小，引申为"舍己迁就"。
⑪ 宽裕：宽容。
⑫ 均引自《礼记·儒行》。
⑬ 陵夷：衰败。

师①乎，前②，吾语汝乎！君子明于礼乐，举而错之而
已③。（谓举礼乐之道而施之于政事。见《礼记》第二十八《仲尼燕居》）

听孔子说这种话，似乎过于幼稚天真。其实，从孔子的观点
看，这也容易了解。我们若记得孔子对"政"的定义是"政者，
正也"，自然不难了。换言之，孔子所致力者，是将社会之治安
置于道德基础之上，政治上之轨道，自然也由此而来。《论语》
上有这样的对话：

或问孔子曰："子奚④不为政？"子曰："《书》⑤云：'孝
乎。惟孝，友于兄弟，施于有政⑥。'是亦为政，奚其为政？"

换言之，孔子差不多可算作一个无政府主义者，因为他的最
高政治理想在于社会上大家和睦相处，因此管理社会的政府已然
没有必要。这个意思在这几句话里，也暗示出来，他说：

听讼⑦，吾犹人⑧也。必也⑨，使无讼乎！

---

① 师，即颛孙师，字子张，孔子弟子。
② 前：上前来。
③ 举而错之而已：拿来用就是（错：古同"措"）。
④ 奚：何。
⑤ 《书》：即《尚书》，亦称《书经》。
⑥ 有政：政事（有：助词，无义）。
⑦ 讼：诉讼。
⑧ 犹人：如同他人。
⑨ 必也：一定要。

但是如何才可以达到此等无讼的地步呢？他在后文里另有说明。但是切莫误解的是，孔子为政最后的目的，与刑罚礼乐的目的是相同的。在《礼记·乐记》中说：

> 礼以道①其志，乐以和②其声，政以一③其行，刑以防其奸。礼、乐、刑、政，其极④一⑤也，所⑥以同民心而出治道也。

孔子从不满足于由严刑峻法所获致的政治上的秩序，他说：

> 道⑦之以政，齐⑧之以刑，民免⑨而无耻。道之以德，齐之以礼，有耻且格⑩。

在政治上，孔子认为有两种等级，他曾说，齐国再往前进步，就达到鲁国的文化程度，也就是达到了第一阶段的治世；鲁国若再往前进一步，就达到了真正文明地步，也就是达到了第二阶段的治世。

---

① 道：（动词）通"导"。
② 和［hè］：（动词）伴随。
③ 一：（动词）整一。
④ 极：终极。
⑤ 一：同一。
⑥ 所：就是。
⑦ 道：（动词）通"导"。
⑧ 齐：（动词）使齐整（驯顺）。
⑨ 免：古同"勉"，执拗（如"勉强"）。
⑩ 格：何晏《集解》："格，正也。"

（二）礼——理性化的社会

儒家思想，在中国也称之为"孔教""儒教"，或是"礼教"。西洋的读者会立刻觉得"礼"字的含义比纯粹的礼仪要复杂得多，或者觉得孔子的思想是一套假道理。我们对这个问题必须严正从事，因为"礼乐"一词在孔门著作里屡见不鲜，似乎包括孔子对社会的整套制度，正如"仁"字似乎包括了孔子对个人行为的教训精髓一样。"礼乐"一词的精义及其重要性，在本书后面将有详尽的讨论。现在只需要指出孔子自己对"政"与"礼"的定义是"一而二，二而一"①的。政是"正"，而礼则是"事之治也"（见《礼记》第二十八）。中国这个"礼"字，是无法用英文中的一个字表示。在狭义上看，这个字的意思是"典礼"，也是"礼节"，但从广义上看，其含义只是"礼貌"；在最高的哲学意义上看，则是理想的社会秩序，万事万物各得其宜，所指尤其是合理中节的封建社会。如前所述，当时的封建社会正在崩溃当中。

孔子力求实现自己的理想，乃致力于恢复一种社会秩序，此种社会必须人人相爱，尊敬当权者。在社会上，公众的拜祭喜庆，必须表现在礼乐上。当然，这种拜祭的典礼一定是原始的宗教典礼，不过我们所谓的"礼教"，其特点为半宗教性质。因为皇帝祭天，这是宗教性质的一面，但在另一面，则是教导百姓在

---

① 一而二，二而一：（俗语）差不多。

家庭生活上要仁爱、守法、敬长辈。在祭天、祭当权者的祖先、祭地、祭河川、祭山岳，这等宗教性的祭祀则各有不同。在《论语》与《礼记》上有若干次记载，记孔子并不知道这些祭挽与皇室祖先的意义，如果知道，则治天下便易如反掌了。在这方面，儒家的思想类似大部分摩西的戒律①，若在儒家的教义上把孔子与摩西相比，则较与其他哲学家相比容易多了。儒家所倡的礼，也和摩西的戒律一样，是包括宗教的法规，也包括生活的规范，而且认为这二者是不可分的一个整体。孔子毕竟是他那个时代的人，他是生活在正如法国哲学家孔德②所说的"宗教的"时代。

再者，设若孔子是个基督徒，毫无疑问，他在气质上一定是个"高教会派"的教士（英国国教中重视教会权威及仪式之一派），不然便是圣公会教士，或是个天主教徒。孔子喜爱祭祀崇拜的仪式，所谓"我爱其礼"，当然不只是把仪式看作缺乏意义的形式，而是他清楚了解人类的心理，了解正式的礼仪会使人心中产生虔敬之意。而且，正像圣公会教士和天主教教士一样，孔子也是个保守派的哲人，相信权威有其价值，相信传统与今昔相承的道统。他的艺术的美感十分强烈，必然是会受礼乐的感动，《论语》上此种证明很多。祭天与皇室的祭祖会引起一种孝敬之感，同样，

---

① 摩西的戒律：即指《圣经·出埃及记》中的"摩西十诫"（摩西，犹太教创始人）。

② 奥古斯特·孔德，19世纪法国哲学家、"实证主义"创导者，认为人类文化史可分为三个时代，即：最初的宗教时代（或信仰时代）、其后的哲学时代（或思辨时代）和现在的科学时代（或实证时代），因而，其创导的"实证主义"，也就是"科学主义"。

宴饮骑射在乡村举行时，伴以歌舞跪拜，会使乡人在庆祝之时遵礼仪守秩序，在群众之中这也是礼仪的训练。

所以，从心理上说，礼乐的功用正复相同。儒家思想更赋予礼乐歌舞以诗歌的优美。我们试想，孔子本人就爱好音乐，二十九岁就师从音乐名家学弹奏乐器，并且虽在忧患之中，也时常弹琴自娱，因此他对礼乐并重，也就不足为奇了。孔子时代的"六艺"，在孔门经典中清清楚楚指出为"礼、乐、射、御、书、数"。孔子在六十四岁时，删定《诗经》，据说经过孔子编辑之后，其中的诗歌才算分类到各得其所，而且各自配上适当的音乐。事实上，据记载，孔子自己讲学的学校，似乎不断有弦歌之声。子游为武城宰时，开始教百姓歌唱，孔子闻之欣然而笑，并且和子游开玩笑。见《论语·阳货》第十七：

　　子之①武城，闻弦歌之声。夫子莞尔而笑曰："割鸡，焉用牛刀？"子游对曰："昔者，偃②也，闻诸③夫子曰：'君子学道则爱人，小人④学道则易使⑤也。'"子曰："二三子⑥，偃之言是也。前言⑦戏之耳。"

礼乐的哲学要义由《礼记·乐记》可见：

---

① 之：同"至"。
② 偃：子游自称（子游姓言，名偃，字子游）。
③ 诸：之于。
④ 小人：一般人。
⑤ 易使：容易使唤。
⑥ 二三子：（对身边学生的指称）你们几个。
⑦ 前言：即指"割鸡，焉用牛刀"？

观其舞，知其德。（见一国之舞，知其国民之品德。）

乐自中出，礼自外作。（音乐发自内心，礼仪生自社会。）

乐者，乐也。人情之所不能免也。（音乐表喜乐之感，此种情绪既不能抑而止之，又不能以他物代替之。）

乐由天作，礼以地制。（音乐代表天，是抽象的；礼仪代表地，是具象的。）

国不同，其乐不同，正足以见民风之不同。先王制礼乐，不只以餍①百姓耳目口腹之欲，亦所以教民正当之嗜好，明辨邪恶，民生和顺。

礼教的整个系统是包括一个社会组织计划，其结论是一门庞大的学问，其中有宗教祭祀的典礼规则、宴饮骑射的规则、男女儿童的行为标准、对老年人的照顾等等。将孔子的这门真实学问发扬得最好的莫若荀子②。荀子与孟子同时，在学术上为孟子的敌人③，其哲学思想在《礼记》一书有充分之阐述，足以反映荀子之见解。

对"礼"之重要有所了解，也有助于对孔子另一教义的结论之了解，即"正名"一说。孔子把他的当代及他以前两百年的政治历史写成《春秋》，其用意即在以"正名"为手段，而求恢复社会之正常秩序。比如帝王处死一叛将曰"杀"之，王公

---

① 餍：满足。

② 荀子，名况，字卿，战国时与孟子同时代的儒家学者，其学说特别强调"礼"与"礼治"。

③ 荀子重"礼"（主张以礼律人），孟子重"义"（主张以义自律），故荀、孟之说相对立。

或将相杀死其元首曰"弑"之。再如春秋那些国里，非王而自称王者①，孔子仍以其原有合法之头衔②称之，即所以示贬也。

（三）仁

孔子的哲学精义，我觉得是在他认定"仁者，人也"这一点上。设非如此，则整个儿一套儒家的伦理学说就完全破产，亦毫无实行的价值了。儒家整套的礼乐哲学只是"正心"而已，而神的国度正是在人心之中。所以，个人若打算"修身"，最好的办法就是顺乎其本性的善而坚持力行。这就是孔子伦理哲学之精义。其结果即"己所不欲，勿施于人"。关于仁，孔子有极精极高的涵义，除去他的两个弟子③及三个历史人物④之外，他是绝不肯以"仁"这个字轻予许可的。有时有人问他某人可否算得上"仁"，十之八九他不肯以此字称呼当世的人。在《中庸》一章里，孔子指出"登高必自卑⑤，行远必自迩⑥"。他有一次说，孝悌⑦即为仁之本。

"仁"一字之不易译为英文，正如"礼"字相同。中文的"仁"字分开为二人，即表示其意义为人际关系。今日此字之读

---

① 春秋初期，楚国君主首先称王，随后吴、越等国国君也相继称王，而在周朝，只有天子才能称王。

② 原有合法之头衔：原先受封时的头衔，如楚襄王（自称"王"），其实是楚襄"公"（受封为公爵），又如吴王，其实是吴"侯"（受封为侯爵）。

③ 两个弟子：即子渊和子游。

④ 三个历史人物：即尧、舜、周公。

⑤ 卑：低。

⑥ 迩：近。

⑦ 孝悌［tì］：敬父母曰"孝"，敬兄长曰"悌"。

法同"人"，但在古代其读音虽亦与"仁"相同，但只限于特殊词中，汉代经学家曾有引证，今日已无从辨别。在孔门经典中，"仁"这个字与今日之"人"字，在用法上已可交换，在《论语》一书还有明显的例证。在《雍也》篇："宰予①问曰：'仁者虽告之曰"井有仁焉②"，其从之也？……'"足见"仁"与"人"在这里通用。

由此可见，"仁"与"人"之间的联想是显然可见的。在英文里，human、humane、humanitarian、humanity③ 这些字，其中最后一字就含有mankind④ 和kindness⑤ 两字的意思。孔子与孟子二人都曾把"仁"字解释为"爱人"。但是此事并不如此简单。第一，如我所说，孔子不肯把"仁"字用来具体指某个真人，同时，他也未曾拒绝举个"仁人"的实例。第二，他常把这个"仁"字描写作一种心境。描写做人所"追寻"、所"获得"的状态，心情宁静时的感受，心情中失去"仁"以后的情况，心中依于"仁"的感受。而孟子则曾说"居于仁"，好像"居于室"中一样。

所以，"仁"的本义应当是他的纯乎本然的状态。准乎此，孟子开始其整套的人性哲学的精义，而达到人性善的学说。而荀子相信人性恶，关于教育、音乐、社会秩序，更进而到制度与德行上，则走了孔子学说的另一端，发展了"礼"字的观念，而

---

① 宰予，字子我，亦称宰我，孔子弟子。
② 井有仁焉：即"井有人焉"，有人落井。
③ human、humane、humanitarian、humanity：人、人的、人道的、人性的。
④ mankind：人类。
⑤ kindness：仁慈。

置其重心在"约束"上。在普通英文的用语里，我们说我们的相识之中谁是一个 real man 或 real person①，此词的含义则极为接近"仁"字。一方面，我们现在渐渐了解何以孔子不肯把"仁"这个徽章给予他当代那些好人而称之为"仁者"，而我们今天则愿意把 real man、real person 一词最高的含义给予我们的同代人。另一方面，依我们看来，一个人做人接近到"仁人"的地步并不那么困难，而且只要自己心放得正，看不起那些伪善言行；只要想做个"真人"，做个"仁人"，他都可以办得到。孔子都说，人若打算做个"仁人"，只要先做好儿女、好子弟、好国民，就可以了。我们的说法不是和孔孟的说法完全相符吗？我以为，我把中国的"仁"字译成英文的"truemanhood"是十分精确而适宜的。有时只要译成 kindness 就可以，正如"礼"字在有些地方可以译做 ritual（典礼）、ceremony（仪式）、manners（礼貌）。

　　实际上，孟子的理论已然发展到人性本善，已是人人生而相同的了，他还说"人可为尧舜"，也正是此义之引申。儒家说"登高必自卑，行远必自迩"，将此种近乎人情的方法用在德行方面，从平易平凡的程度开始。这一点足以说明其对中国人所具有的可爱之处，正好不同于墨子的严峻的"父道"与"兼爱"。儒家有合乎人情的思想，才演变出"仁者，人也"这条道理。这样，不仅使人发现了真正的自己，使人能够自知，也自然推论出"己所不欲，勿施于人"的恕道。孔子不仅以此作为"真人"

---

① 　real man、real person：均为"真正的人"之意。

"仁人"的定义，并且说他的学说是以恕道为中心的。"恕"字是由"如"与"心"二字构成的。在现代中文里，"恕"字常做"饶恕"讲，所以有如此的引申是不难看出的。因为你若认为在同一境况下，人的反应是相同的，你若与别人易地而处，你自然会持饶恕的态度。孔子就常常推己及人。最好的比喻是：一个木匠想做一个斧子的把柄，他只要看看自己手中那把斧子的把柄就够了，无须另求标准。"仁者，人也"，所谓推己及人是也。

（四）修身为治国、平天下之本

儒家对政治问题所采取的伦理方法已然讲解清楚。最简而明的说法是：孔子相信由孝顺的子孙、仁爱的弟兄所构成的国家，一定是个井井有条、安宁治安的社会。儒家把治国、平天下追溯到齐家，由齐家追溯到个人的修身①。这种说法颇类似现代教育家所说，现在天下大乱在于教育失败一样。把世界秩序作为最终目的，把个人修身作为摹本的开始。中国人对格言、谚语的重视，由此看来，自然不难明白，因为那些格言、谚语并非彼此独立毫无关联，而是一套内容丰富、面面俱到的哲学。

从现代心理学上看，这条道理可以分而为二，就是"习惯说"与"模仿说"。对孝道的重视（我不妨译做"当好儿女"）是以"习惯说"为其基础的。孔子、孟子都分明说，在家养成了敬爱

① 原是由小到大。"修身、齐家、治国、平天下"，此处是反推，由大到小。

的习惯，将来对别人的父母与兄长也一定会恭敬，对国家的元首也会敬爱。家家习于仁爱，则全国必习于仁爱；家家习于礼让，则全国必习于礼让；使弟子敬爱父母兄长及尊敬长辈，必在此后成为良善国民。

（五）士

"模仿说"，或可称之为"楷模的力量"，产生了知识阶级与"贤人政治"。知识分子这个上层阶级，同时必须是道德的上层阶级，否则便失去其为上层阶级的资格了。这就是孔子所说的君子的含义，是尽人皆知的。孔子所说的君子，绝不是德国哲学家尼采所说的"超人"。君子只是在道德上仁爱而斯文的人，他同时好学深思，泰然从容，无时无刻不谨言慎行，深信自己以身作则，为民楷模，必能影响社会。不论个人处境如何，无时不怡然自得，对奢侈豪华，恒存几分鄙视之心。孔子的道德教训全表现在绅士身上。中文里的"君子"一词，在孔子时已然流行，只是孔子另赋以新义而已。在有些地方，其过去的含义与"君王"相同①，决不可译成英文中之 gentleman；在其他地方，其含义显然是指有教养的绅士。由于有士大夫这种上层阶级，"君子"一词的两种含义便互相混合了②，其所形成的意思，颇类似希腊哲人柏拉图所说的"哲人帝王"。关于以身作则，或者说是身教，其力量如何，这种学说在《论语·述而》篇有充分的讨论。不

---

① 意即"君"一词有君王之意。
② 意即"君子"一词混合了"有地位"和"有教养"两层意思。

过，对于道德行为之影响力量，孔子是过于自信了。有一次，一个贪官季康子告诉孔子，他国内盗匪横行，窃贼猖獗，他深以为忧。孔子很直率地告诉他："苟子之不欲，虽赏之不窃。"（你本人若不贪，你赏窃贼让他去偷窃，他也不会去的。）

梁漱溟简介

梁漱溟（1893—1988），笔名，真名梁焕鼎，字寿铭，蒙古族，原籍广西桂林，生于北京，现代学者、国学大师、"新儒学"创始人之一。早年失学，自学成材。1914年二十一岁时，即发表《谈佛》一文。1916年二十三岁时，在《东方杂志》发表《究元决疑论》一文，同年受蔡元培之聘到北京大学任教。1924年，辞去北大教职，到山东创办乡村建设研究院，任院长。1928年，去广东省立第一中学任校长。1929年，赴河南辉县参与筹办村治学院。1931年，受国民政府教育部之聘，任民众教育委员会委员。1940年，到四川创办勉仁中学。1941年，中国民主政团同盟成立，任常务委员。1946年，移居重庆，参与"国共和谈"。1950年后，任全国政协委员，定居北京。1955年，遭政治批判，被免职。1978年后任全国政协常委、中国孔子研究会顾问、中国文化书院院务委员会主席等职，直至1988年病逝，享年九十五岁。其重要著作有《东西文化及其哲学》《中国文化要义》和《人心与人生》等。2010年，山东人民出版社出版《梁漱溟全集》八卷。

儒者孔门之学①

梁漱溟

　　孔子特被尊崇，奉为儒家宗主先师，乃后世渐渐演进之事。当初所谓儒，并不代表一学派，而是往古社会内少数通习文字有些知识的人一种泛称。经过几代时间，这种人传习的学识积渐发展丰富，思想主张不免分化，就出现后来的那些学派。既然学派歧出，而后儒家之称遂以归之孔子一派了。因此，既可以分化出来的各学派说为"诸子百家"，亦可以列儒家为诸子之一家。②

　　学术传习虽有口授，但主要总寄在文字图书而为古代社会上

---

　　① 本文约写于 20 世纪 50 年代，后收入文集《东方学术概观》（1986 年巴蜀书社初版，2008 年江苏文艺出版社再版），题目为原书所有。文中将"儒者孔门之学"称为"人生实践之学"，具体例证是颜回的"不迁怒，不贰过"，由此证明"儒者孔门之学"是"迥然不同其他学问的一种学问——人生至高无上的学问"。这种学问看似平常，实质"宏大深微，莫可测度"，因为它是"践形、尽性"之学，而其最高境界就是"慎独"，即《大学》《中庸》所说"君子必慎其独"。总之，作者把儒学解释为一种高明的个人品行修炼法，从而使儒学摆脱了它与人们常说的"封建礼教"之间的瓜葛。这样重新解释的儒学，就是 20 世纪的"新儒学"，而本文作者，就是"新儒学"倡导者之一。

　　② 《庄子·天下篇》叙说各学派之前，说出"诗书礼乐邹鲁之士缙绅先生多能明之"，又论列《诗》《书》《礼》《乐》《易》《春秋》的意义，显然不以儒为各学派之一，正是较古的看法。孔老相对，儒墨并称，皆是后来之事。——作者原注

层所谓"王官"所掌握，此外一般人劳于治生①，不暇问及。孔子所以在近二千数百年中国学术文化上有其特殊地位者，因为后世所诵习的古书皆远古祖先的事功学问著于典册，而经过孔子一道②整理后所贻留③下来者。后人重视这些书典，尊之曰"经"。治经遂为儒者之业，乃至一切读书人都算是儒。而其实孔子及其门弟子当时所兢兢讲求的学问，何曾在书册文章上？汉、唐经学称盛④，与孔门之学不为一事，干涉⑤甚少。我故标明"儒者孔门之学"严其区别，避免流俗浮泛观念。

一

孔门之学是一种什么学问？此从《论语》中孔子自道其为学经过、进境⑥的话，可以见得出来。

　　子曰："吾十有五而志于学，三十而立，四十而不惑，五十而知天命，六十而耳顺，七十而从心所欲，不逾矩。"

要认明孔子毕生所致力的是什么学问，当从这里"吾十有五而志于学"以下寻求去。然而所云"三十而立"，立个什么？却

---

① 治生：谋生。
② 一道：一番。
③ 贻留：同"遗留"。
④ 称盛：堪称盛行。
⑤ 干涉：涉及。
⑥ 进境：进一新境界。

不晓得其实际之所指。向下循求，"四十而不惑"，虽在字面上不惑总是不迷误之意，却仍不晓其具体内容。"五十而知天命"的"天命"果何谓乎？当然是说在其学问上更进一境，顾此进境究是如何，更令人猜不透。"六十而耳顺"，何谓"耳顺"？颇难索解。"七十而从心所欲，不逾矩"，字面上较"耳顺"似乎易晓，但其境界更高，实际如何，乃更非吾人所及知。试想：在孔子本人当其少壮时，固亦不能预知自己六十、七十的造诣实况，外人又何由知之？乃后儒①竟然对于如上一层一层进境随意加以测度，强为生解，实属荒唐。孔子训诲说："知之为知之，不知为不知，是知也。"末一"知"字，即内心自觉之明，正是此学吃紧②所在（详后）——这里马虎不得，我们断然反对。

我们局外人虽然无从晓得孔子一生为学那一层一层的进境，却看得十分明白，其学问不是外在事物知识之学，亦非某些哲学玄想，而是就在他自身生活中力争上游的一种学问。这种学问不妨称之为"人生实践之学"。假若许可，我们再多说一点，那便是其力争上游者力争人生在宇宙间愈进于自觉、自主、自如也。

以上所见，可自信其不诬③者，盖从孔门弟子方面恰可得到有力佐证。申说④如次——

---

① 后儒：后来的学者。
② 吃紧：关键。
③ 不诬：不瞎说。
④ 申说：进一步说。

二

从《论语》中看到孔子门下颜回是最邀①老师称叹嘉赏的好学生。其称叹之词在《论语》中屡见不一，且记其死，孔子痛悼之情。兹试摘取其可为此学明征者。

> 哀公②问："弟子孰③为好学？"孔子对曰："有颜回者好学，不迁怒④、不贰过⑤，不幸短命死矣！今也，则亡⑥，未闻好学者也。"

颜回所见赏于其师，独许⑦为好学者，乃非有他长⑧，只在"不迁怒，不贰过"两点上，讵不⑨大可注意乎！何谓"不迁怒"？何谓"不贰过"？切莫轻率地像后儒那样去了解它。若看得简单，则孔门那许多贤才为何竟然无人能及得他？这两点看似不难懂得，我们应当承认还是不懂。但又看得十分明白，它不属科学知识，不是哲学玄想，而恰同孔子一样是在自身生活

---

① 邀：使。
② 哀公：鲁哀公，春秋时鲁国君主。
③ 孰：谁。
④ 迁怒：转移怒气（即把怒气发泄在不相干的人身上）。
⑤ 贰 [èr] 过：重犯过失（贰：同"二"）。
⑥ 亡 [wú]：古同"无"。
⑦ 许：赞许。
⑧ 他长：其他长处。
⑨ 讵 [jù] 不：何不。

上勉力造达①一种较高境界。其勉力方向，仍是在自觉、自主、自如。

颜子②优长处，全于其自身生活上见之，非在其他方面有何专长，如其他同门诸子者。再摘《论语》记载，以资佐证：

> 子曰："贤哉，回③也！一箪④食、一瓢饮，在陋巷⑤，人不堪其忧，回也，不改其乐。贤哉，回也！"
>
> 子曰："回也，其心三月不违仁。其余⑥，则日月至焉⑦而已矣。"
>
> 子曰："语之而不惰⑧者，其回也欤！"
>
> 子谓⑨颜渊⑩曰："惜乎⑪！吾见其进⑫也，未见其止也！"

此外，则颜子勉力于学而自叹的话，亦可资参考。录之于次：

---

① 造达：营造并达成。
② 颜子，即颜回。
③ 回：颜回。
④ 箪［dān］：小篮子。
⑤ 陋巷：破旧小巷。
⑥ 其余：其他人（指弟子了）。
⑦ 日月至焉：某日某月。
⑧ 语之而不惰：对他说了而不惰怠。
⑨ 谓：称。
⑩ 颜渊，即颜回，字子渊。
⑪ 惜乎：可惜啊。
⑫ 进：进学。

颜渊喟然①叹曰："仰之弥②高，钻之弥坚；瞻之在前，忽焉在后③。夫子④循循然⑤善⑥人，博⑦我以文，约⑧我以礼，欲罢不能，既竭⑨吾才，如有所立，卓尔⑩。虽欲从之，末由也已⑪。"

　　通过前面叙列的那些事实，我们已经晓得颜子追随孔子全力以赴的不在其他学问，再看到他这番说话，虽远远不够懂得其内容实际，却更加明白、更加证实这是迥然不同其他学问的一种学问——人生至高无上的学问。

　　若不是内行人如颜子，那么，孔子生活真际⑫如何，在一般人是看不出来的。孔子教人总是从孝悌、忠信入手，既不说向高玄神妙处，而孔子本人亦绝无超妙神奇的行迹可见。其外面可见的，是谦谨和勤劳；只在必要时，偶尔吐露十分自信的话和其生活上的通畅⑬。例如：

---

　　①　喟［kuì］然：叹息貌。
　　②　弥：更加（如"欲盖弥彰"）。
　　③　瞻之在前，忽焉在后：看看自己好像在前，忽然发现自己在后（意即自己永远比不上老师）。
　　④　夫子：春秋战国时学生对老师的称谓。
　　⑤　循循然：一步一步。
　　⑥　善：（动词）教诲。
　　⑦　博：开导。
　　⑧　约：约束。
　　⑨　既：如此。竭：穷尽（竭：尽）。
　　⑩　卓尔：高也。
　　⑪　末由也已：就是没有跟上（末：通"莫"。由：随）。
　　⑫　真际：真情。
　　⑬　通畅：通达。

子畏于匡①，曰："文王既没，文不在兹②乎？天之将丧斯文③也，后死者④不得与于⑤斯文也，天之未丧斯文也，匡人其如予何⑥！"

叶公⑦问孔子于子路，子路不对。子曰："汝奚⑧不曰'其为人也，发愤忘食，乐以忘忧，不知老之将至'云尔！"

孔门之学却未得因颜子而传于后，传之者其为曾子⑨乎？孔子尝以"吾道一以贯之"语曾子，曾子应声曰"唯"，可见其是于此学夙有心得者。

今所见古籍，其能阐发此学者莫如《易经》中的《系辞传》及《礼记》中《大学》《中庸》两篇。其作者均不甚可考。或谓《系辞传》为孔子作，《大学》为曾子作，《中庸》为子思⑩作。殆不必然。自宋儒以来，特别表彰《大学》《中庸》。因之特指此学之传在曾子；由曾子而子思，由子思而孟子。其间事实关系虽不明确，而此学传递的重点，要不外是⑪。

---

① 子畏于匡：匡，地名（在今河南省长垣县西南）；畏，受到威胁。孔子曾从卫国到陈国去，经过匡地，匡人曾受到鲁国阳虎的掠夺和残杀，孔子的相貌与阳虎相像，匡人误以孔子就是阳虎，将他围困。

② 兹：此。

③ 斯文：孔子自谓。

④ 后死者：后人。

⑤ 与于：有于。

⑥ 如予何：拿我怎样。

⑦ 叶公，即沈诸梁，字子高，春秋末期楚国宰相，封地在叶邑（今河南叶县南旧城），故称"叶公"。

⑧ 奚：何。

⑨ 曾子，名参，字子舆，孔子弟子。

⑩ 子思，即孔伋 [jí]，字子思，孔子孙。

⑪ 要不外是：要点不外乎此。

三

人类生命从生物演进而来，已造乎通天地万物为一体之境。孔门之学原是人类"践形、尽性"① 之学。盖人心要缘人身乃可得见，是必然的；但从人身上得有人心充分见出来，却只是可能而非必然。尽性云者，尽其性所可能也。力争上游，使可能者成为现实之事，我故谓之"人生实践之学"。一面说来极平常，另一面则宏大深微，莫可测度。②

然弥足重视和玩味者，乃在为此学者之粗浅事验，有如昔人所云：

> 学至气质变化，方是有功。
>
> 不学便老而衰。
>
> 涵养到着落处，心便清明高远。
>
> （以上皆宋儒大程子③之言）

此所云"着落处"，指有受用说，盖学问不徒在知见上也。④

---

① 践形、尽性：基本同义，均指发挥天赋才能（"践形"一语出自《孟子·尽心上》："形色，天性也，惟圣人然后可以践形。""尽性"一词出自《易经·说卦》："穷理、尽性，以至于命。"）。

② 此如儒书下列之所云："致中和，天地位焉，万物育焉！……可以赞天地之化育，则可以与天地参矣！（以上见《中庸》）……充实之谓美；充实而有光辉之谓大；大而化之之谓圣；圣而不可知之之谓神。"（见《孟子》）——作者原注

③ 宋儒大程子：即"二程"中的程颢［hào］，字伯淳，号明道，程颐之兄，北宋理学家。

④ 按：孟子早有"睟然见于面，盎于背，施于四体；四体不言而喻"的话。——作者原注

此学要在力行实践，以故①后儒王阳明②揭举"知行合一"之说，不行不足以为知。

于是就要问：力行什么？此不必问之于人，反躬③自问此时此地我所当行者而行之，可已。请教旁人未尝不可，思量审决不仍在自心乎？孔子答宰我④问三年丧⑤，并不教人听信他的主张，却告以"汝安，则为之"，"君子不安，故不为也"。孔门之学岂有他哉！唯在启发各人的自觉而已。从乎自觉，力争上游，还以增强其自觉之明，自强不息，辗转前进，学问之道如是而已。⑥

四

宗教总是教人信从他们的教诫，而孔子却教人认真地、自觉地信自己而行事。孔子与宗教的分水岭在此。

一个人的自觉，果如是其可信、可恃⑦乎？

人心通常总是向外照顾⑧，寻求如何有利于自身生活的，其行事通常说为有意识。而意识（consciousness）之原义，即自觉。

---

① 以故：所以。
② 王阳明，即王守仁，字伯安，号阳明，明代理学家。
③ 反躬：反身。
④ 宰我，即宰予，字子我，孔子弟子。
⑤ 三年丧：古习俗，父母亡，守丧三年。
⑥ 附录：《论语》孔子管语于此——"宰我问：'三年之丧，期已久矣。君子三年不为礼，礼必坏，三年不为乐，乐必崩，旧谷既没，新谷既升，钻燧改火，期可已矣。'子曰：'食夫稻，衣夫锦，于汝安乎？'曰：'安。''汝安，则为之！夫君子之居丧，食旨不甘，闻乐不乐，居处不安，故不为也。今汝安，则为之！'……"——作者原注
⑦ 可恃：可靠（恃：依靠，如"有恃无恐"）。
⑧ 照顾：关注。

二者似乎分不开。但有必要注意其分别：从其对外活动，则曰"意识"；从其内蕴昭明①、非以对外者，则曰"自觉"。人的意识往往不足恃，不可信。其落于不足恃、不可信之故有二：

一者，向外适动时，则内蕴之明不足。——自觉与心静是分不开的。必有自觉于衷，斯可谓之心静，唯此心之静也，斯有自觉于衷焉。

二者，向外活动、进退取舍之间，决于利害得失的计较，而非从乎无私的感情。——具此无私的感情，是人类之所以伟大，而人心之有自觉，则为此无私的感情之所寄焉。

人有无私的感情存于天生的自觉中，此自觉在中国古人语言中，即所谓"良知"（见《孟子》），亦或云"独知"（见《大学》《中庸》），亦或云"本心"（宋儒陆象山、杨慈湖）者是已。自觉能动性为人类的特征，表现出至高无上的主动精神。但人们却可怜地大抵生活在被动中，被牵引、被诱惑、被胁迫、被强制……如是种种，皆身之为累，而心不能超然物外也。自觉能动性是无时不有的，无奈人要活命先于一切，不免易失而难存。所以，良知既是人人现有的，却又往往迷失而难见，不是现成的事情。孔门之学，就是要此心常在常明以至愈来愈明的那种学问功夫。

此心如何能常在常明以至愈来愈明呢？这必得反躬隐默地认取之，孔子说的"默而识之"正谓此。"识得"是根本，"不失"是功夫。这即是要自觉此自觉，庶几乎其相续不忘焉。然而大不易，大大不易！

---

① 内蕴昭明：自我反省。

《论语》上孔子称颜回"不迁怒，不贰过"，其在《易·系辞》则曰："颜氏之子，其殆①庶几乎？有不善未尝不知，知之未尝复行也。""怒"与"过"均所谓不善。不善是免不了，但一有不善立刻自己知道，知道了就如浮云之去而晴空无翳。其好学全在"未尝不知"的"知"上，即在自觉上。由于好学，便常在自觉中，一有忽失，不远而复。此岂寻常人之所及耶？

《大学》《中庸》两篇所以为此学之极重要典籍者，即在其揭出慎独②功夫，率直地以孔门学脉指示于人。"独"者，人所不及知而自己独知之地也，即人心内蕴之自觉也。吾人一念之萌，他人何从得知，唯独自己清楚；且愈深入于寂静无扰，愈以明澈开朗。③

《中庸》之说慎独："戒慎乎，其所不睹；恐惧乎，其所不闻。""不睹""不闻"状④其寂虚，"戒慎""恐惧"言其懔懔⑤，总在觉识其自觉中不放逸。《大学》之说慎独，则曰"诚其意者，无自欺"；"十目所视，十手所指，其严乎⑥！"隐微之间，不忽不昧。

《论语》中不见"慎独"一词，然颜子、曾子所为兢兢者，应不外此功夫。《中庸》《大学》为晚出之书，"慎独"应为后来

① 殆：大概。
② 慎独：谨慎对待自己（即自我反省。语出《礼记·中庸》："道也者，不可须臾离也，可离，非道也。是故君子戒慎乎其所不睹，恐惧乎其所不闻。莫见乎隐，莫显乎微，故君子慎其独也。"独：个人）。
③ 此如《孟子》书中所云之夜气、平旦之气者，俗语云半夜里扪心自问者，可以见之。——作者原注
④ 状：（动词）表示，如"不可名状"。
⑤ 懔［lǐn］懔：警觉状。
⑥ 其严乎：这严重啊。

提出之术语。其实《中庸》《大学》原文均为"君子必慎其独"，其简化成"慎独"一词固后来之事。事物发展大抵由简入繁，又由繁而趋求简要。孔子当初只教人敦勉于言行之间，虽其间有一贯不易①者在，却不点出而待人之自悟。颜子悟之最早，继之者其为曾子乎。

后来有功于此学者，必数孟子。孟子豪气凌人，其书未见有"慎独"字样，而言"修身"。"修身"亦或云"修己"，信乎其为传此学脉者（关于"修身"或"修己"可看后文）。

孟子而后，未闻有弘扬此学者，因遂谓之无传人云。

此学复兴于宋、明之世，盖②外受刺激于佛、老两家之学，从而寻得其旧绪者。宋儒中，大程子（颢）被称为上继孟子的一千四百年后之一人，我衷心钦服，不能有异词。其他人不具论，亦不敢妄肆议论也。

---

① 不易：不变。
② 盖：大概。

牟宗三简介

牟宗三（1909—1995），字离中，山东栖霞人，现代学者、国学大师。早年就读于北京大学，师从熊十力。1933年毕业后，先后任教于山东寿张乡村师范、广州学海书院、云南大理民族文化书院。1941年，赴重庆北碚任教于梁漱溟筹建的勉仁书院。翌年，因与梁漱溟意见不合，辞去教职，由唐君毅推荐至成都华西大学任哲学系讲师。1945年，由成都转至重庆，任教于中央大学哲学系。翌年，随中央大学迁回南京，任哲学系主任。1948年，随熊十力同往浙江大学哲学系任教。1949年，离开浙江大学，赴台湾任教于台湾师范学院，后转入东海大学。1960年，赴香港大学任教。1968年，由香港大学转至香港中文大学，任哲学系主任。1974年，从香港中文大学退休。1976年，移居台湾，受聘为"中央大学"荣誉客座教授。1995年，因病去世，享年八十六岁。其重要著作有《心体与性体》《才性与玄理》《中国哲学十九讲》《中西哲学之汇通》《现象与物自身》和《佛性与般若》等。2003年，台北联经出版事业公司出版《牟宗三先生全集》三十三卷。

儒家系统之性格[①]

牟宗三

今天我们就先来衡量儒家这个系统，来看它这个系统包含了哪些基本观念和基本问题，以及它内在的性格是如何。在先秦儒、墨、道、法这几家中，儒家的观念最多，也最复杂。道家就比较集中。我们了解先秦儒家并不单单是了解某一个人，而是把先秦儒家当作一个全体来看，通过一个发展把他们连在一起来看。因此，我们不采取单单以某一个人为标准的讲法，因为我们是要把先秦儒家整个通过一个发展来看，所以我们要先看看《论语》里面有些什么观念——儒家是从孔子开始——以后孟子兴起，《孟子》里面又有些什么观念？有些什么问题？然后再看看《中庸》《易传》《大学》里面有些什么观念。要估量先秦儒家这

① 本文系《中国哲学十九讲》（1983，载《牟宗三先生全集》第二十九卷）之第四讲，题目为原本所有。由于历代儒家学者对《论语》《孟子》《中庸》《易传》《大学》五部经典的不同解释，儒学内部是有分歧的，如宋代的朱熹学派用《大学》来阐述《论语》《孟子》《中庸》《易传》，而明代的阳明学派正好相反，用《论语》《孟子》来阐述《大学》，这就有了两个侧重点：儒学的核心到底是"理"，还是"心"？在本文中，作者从儒学的形而上学的角度系统地看待《论语》《孟子》《中庸》《易传》《大学》，从而认为这五部经典是相辅相成的，本不存在"理"与"心"的矛盾，朱熹学派和阳明学派都有失偏颇。

个系统的内在本质，你要先对这五部书里面主要的观念有相当的了解，这才能做恰当的消化。儒家从它最基本的义理、最核心的教义来看，就是这五部书。这五部书字数不算很多，但是其中的观念却很复杂。道家就没有这么复杂。儒家是个大教，它决定一个基本方向，尽管孔子在当时不得志，孟子也不得志，可是它一直在中国文化里边天天起作用。儒家这个教的性格并不是解决一个特殊问题的学问，它虽然天天起作用，可是要想解决特殊的问题，还是要有其他的知识。儒家、佛家、道家这三者都是大教，都决定一个人生的基本方向。但是，你要拿它来解决一个特殊的问题，那是不行的。比如说，经济问题就必须有经济学的知识才能解决。你不能说王阳明①的"良知"就能解决呀，这是瞎说。儒家在以前并不是当哲学讲，但是我们可以方便地把它当哲学讲，来看看它这个系统的形态是个什么样的形态。

一、《论语》《孟子》

那么，我们如何才能恰当地了解儒家这个系统的内在性格呢？这是一个重要的问题。我们要先了解一个系统的性格，当然要了解它的主要问题和主要观念。由这些问题、观念，它当然成一个系统。儒家的核心观念是什么呢？要了解儒家这个系统的性格，功大全在这个地方。这个地方我们不能凭空瞎想。有许多讲《论语》《孟子》的人自以为了解，其实是不是真的了解，还大

① 王阳明，即王守仁，字伯安，号阳明先生，明代理学家、"心学"大师，倡"良知说"。

有问题。即使你了解了，同时你也讲出一个道理来，可是你的了解是不是恰当的了解呢？这也有问题。现在的人，从左派起，瞎讲乱讲，曲解诬枉，比附拉扯，不成道理的，太多太多。这个时代是最不适宜于讲儒家的了！因为儒家的道理太平正，无奇特相，而现在的人在趣味上则喜欢偏邪，在学术上则专重科技，所以无法相应那平正的家常便饭。因为不相应，所以即使去讲，也多是邪曲。我们现在不能一一驳斥，但我们可有个总标准来决定你讲的对不对。有三个标准：一个是文字，一个是逻辑，还有一个是"见"（insight）。我们要了解古人必须通过文字来了解，而古人所用的文字尽管在某些地方不够清楚，他那文字本身是ambiguous①，但也并不是所有的地方通通都是 ambiguous，那你就不能乱讲。另外还有一点要注意的，你即使文字通了，可是如果你的"见"不够，那你光是懂得文字未必就能真正懂得古人的思想。

我们刚才说，我们了解先秦儒家并不单单是了解某一个人，而是把先秦儒家整个通过一个发展来看，所以我们不单单以某个人或某部书为标准。我们还说，儒家的五部书，观念虽然复杂，可是它们还是连在一起的。但是，现在有许多人并不是这样看。对儒家的这五部经典，他们抱有两种不同的态度。我们现在先来看看这两种说法。

第一种说法是认为，儒家的学问只限于孔子讲仁、孟子讲性

---

① ambiguous：（英语）模糊不清的。

善，纯粹是道德，不牵涉到"存在"的问题①。持这种态度的人认为，儒家完全是属于应当（ought）的问题，并不牵涉"存在"（being）的问题。他们把儒家限定在这个地方，因此不喜欢《中庸》《易传》。他们一看到《中庸》《易传》讲宇宙论，就把它和董仲舒②扯在一起，就说《中庸》《易传》是宇宙论中心。事实上，讲宇宙论并不一定是宇宙论中心。董仲舒那一套的确是宇宙论中心，而且还是气化的宇宙论中心。可是，《中庸》《易传》并不是宇宙论中心。如果照他们这种说法，儒家纯粹是道德而不牵涉到存在问题，那么这样一来，儒家除了《论语》《孟子》以外，以后就只有一个陆象山③，连王阳明都还不纯。这样儒家不是太孤寡了吗？当然，他们这种说法也自成一个理路，也不是完全没有道理。这种说法主要是照着康德④的道德哲学来讲的。

现在，我们先来看看康德是怎么讲的。首先，我们要先了解康德所说的 metaphysics of morals⑤ 这个 metaphysics 是什么意思？它和我们平常所说的形上学⑥是否相同？事实上，康德这个

---

① "存在"的问题：即存在论（或"宇宙论"）问题（哲学的基本问题，因为任何哲学体系都首先要解释世界［宇宙］为何"存在"、以何种形态"存在"，然后在此基础上提出相应的逻辑学、伦理学、政治学、社会学等理论，才成一哲学体系）。

② 董仲舒，西汉今文经学家，其学说以儒家宗法思想为中心，杂以阴阳五行说，把神权、君权、父权、夫权贯穿在一起，形成帝制神学体系。

③ 陆象山，即陆九渊，字子静，号象山先生，南宋理学家、"心学"开山鼻祖。

④ 伊曼努尔·康德，18 世纪末、19 世纪初德国哲学家、"德国古典哲学"开创者，其重要论著《纯粹理性批判》《实践理性批判》和《判断力批判》（合称"三大批判"）对近现代西方哲学具有深远影响。

⑤ metaphysics of morals：（英语）道德的形而上学。

⑥ 形上学：metaphysics，通译为"形而上学"（出自《易经》："形而上者谓之道，形而下者谓之器。"），意即抽象的哲学思维。

metaphysics 并不是我们一般所讲的形上学。我们一般讲形上学都是把形上学当作一个独立的学问来看，讲 cosmology[①] 和 ontology[②]，这就是形上学之本义。可是，康德这个 metaphysics，他是专就着"道德的纯粹"那一部分讲的，他称之为 metaphysics of morals，道德的形上学。这个"形上学"只是借用的说，它并不是一般所说的形上学。康德说道德的形上学，他只是借用"形上学"这个名词，他的重点并不是落在形上学而是在道德。可是，我们平常把形上学当成一个独立的学问来看，讲形上学并不一定要讲道德。所以，康德所用的这个 metaphysics 和我们平常所说的 metaphysics 是不同的。康德所谓的"道德的形上学"讲的是道德的先验而纯粹的那一部分，他把经验的那一部分都给你拿掉。现在的人从人类学、心理学的观点来看道德，照康德讲就是"不纯的"。康德的"道德的形上学"主要是讲道德，对存在界一点都没有讲。可是，一般说的形上学，它一定要讲存在，讲 being，这是 ontology；还要讲 becoming[③]，这是 cosmology。形上学主要就是这两部分，这是形上学最恰当的意义。可是，康德的"道德的形上学"单单分析道德这个概念，其他的都没有。所以，我们要了解他的 metaphysics of morals，就不能把它看成形上学。康德使用"形上学"这个名词只是借用的，他这个"道德的形上学"就等于是 metaphysical exposition of morals[④]，是道德的

---

① cosmology：（英语）宇宙论。
② ontology：（英语）存在论。
③ becoming：（英语）生成。
④ metaphysical exposition of morals：（英语）通译"道德的形而上学阐述"。

形而上的解释。所以，康德这个 metaphysics 是 metaphysical exposition 的意思，并没有我们平常所说的形上学的意思，因为我们平常说形上学一定讲到存在，但康德在这里并没有牵涉到存在的问题。

所以，就有人根据康德这个思想，就说孟子讲性善这个"性"是直接就着道德来讲的，这个"性"和存在没有关系，可以不牵涉到存在。他们认为，孟子讲性善这个"性"就是为了说明道德，也就等于是道德概念的分析讲法："性"这个概念是分析出来的，为的只是成就道德，和存在没有关系，它只限于 morality 这一部分。可是，这是儒家的态度吗？这样一来，《易传》《中庸》是涉及存在问题的，那不就和孟子相冲突了吗？所以，这些人一看到《中庸》《易传》就和董仲舒混在一起，就说这是宇宙论中心。他们是根据康德的思想来说的。可是，康德本人对存在问题是不是像他们这样完全不管呢？

事实上，康德本人讲"道德的形上学"固然是讲道德而不涉及存在，可是他并不只是限于道德这个观念。康德的三个设准①，其中"自由"一设准，是属于道德范围之内。可是，他还有其他两个设准，就是"灵魂不灭""上帝存在"。这就不光是道德问题。而且依康德的讲法，这三个设准是有关联的。康德也承认实践理性有一个"必然的对象"（necessary object），就是"最高善"②。"最高善"是属于实践理性、属于道德范围之内。但是，康德从"最高善"这个观念一定要追溯到上帝存在。从

① 设准：（英语）presupposition，通译"预设"或"前提"。
② 最高善：（英语）supreme goodness，通译"至善"。

"最高善"这个观念过渡到上帝存在，这就接触到存在问题。从自由之必然的对象过渡到上帝存在，这在康德就不叫做 metaphysics，而是叫"道德的神学"（moral theology）。康德非有道德的神学不可，你不能把它割掉。你可以不喜欢神学，可是存在问题你总要有个交代呀。这存在问题你交代给谁呢？在西方，存在是交代给上帝。你如果不讲这个话，那么存在问题如何解决呢？你如果又不赞成自由往上帝那里伸展，那么存在不就落空了吗？所以，康德在这里讲"道德的神学"（moral theology）。和道德的神学相对的还有一个名词是"神学的道德学"（theological ethics）。依照康德的讲法，moral theology 是可以的，theological ethics 就不行。theological ethics 是从神学来建立道德，是把道德基于神学，这是不行的。从神学建立道德就是宇宙论中心，就是董仲舒那一套。康德承认 moral theology，但是不承认 theological ethics，这分别是很重要的。

从这个地方我们也可以看出儒家的态度。儒家是不是一定只限于孟子所讲的道德那个地方呢？儒家是不是一定不涉及存在呢？儒家有"天"这个观念呀，有人想不要"天"。这"天"你怎么可以随便不要呢？当然，他也有个讲法，他把"天"讲成我们平常所说的命运，把"天"讲成是形而下的属于现象世界的条件串系①。可是，儒家的"天"哪里是这个意思呢？这些人虽然或可把握住孟子所讲的"道德"这个观念，但是不能把这个观念充其极②，反而把它拘死了。康德并不拘死，他不只讲

① 条件串系：事件系列（一系列事件）。
② 充其极：发挥到极致。

"自由"，他也讲"最高善"，也讲"上帝存在"。当然，他也有个关键，就是以"自由"为 focus①，为中心。康德把他全部的理性系统都归到"自由"这个地方来。"最高善"与"上帝存在"都从"自由"这个地方透出来。存在是靠什么来讲呢？靠"最高善"那个地方讲。在这里康德就不用 metaphysics 这个名词。照康德的讲法，metaphysics 有两层，就是"超绝形上学"（transcendent metaphysics）② 和"内在形上学"（immanent metaphysics）③。我们能够有知识的，是在"内在形上学"处，"超绝形上学"处，我们不能有知识。假定从"超绝形上学"这个地方想一个名词，那就是神学，道德的神学。康德有"道德的神学"而没有"神学的道德学"。基督教、天主教④、圣多玛⑤都是"神学的道德学"，站在康德的立场这是不可以的。在西方哲学史中，康德在这个地方是个很大的扭转。照儒家的立场来讲，和康德是一样的，但是儒家不讲神学。孟子所讲的是根据孔子的"仁"来讲"性善"，他讲"性善"固然直接是说明道德，但是儒家讲"性善"这个"性"并不拘限于道德，讲"仁"也不拘限于道德。儒家并不是只讲"应当"（ought）而不涉及存在的问题。他这个"仁"是封不住的，尽管这一点在孔子、孟子不很清楚。孔子不是哲学家，他讲道理不是以哲学家的态度来讲，他对于形上学也

① focus：（英语）聚焦点。

② transcendent metaphysics：（英语）通译"超越性的形而上学"。

③ immanent metaphysics：（英语）通译"内在性的形而上学"。

④ 天主教（Catholic Church）实为基督教一教派，并非一独立宗教。

⑤ 圣多玛，Sant Thomas，通译"圣托马斯"，即托马斯·阿奎那（Thomas Aquinas），中世纪天主教圣徒、经院哲学集大成者。

没有什么兴趣，对于存在、宇宙论这一套，圣人是不讲的，或者说他不是以哲学家的态度讲。但是，圣人尽管不讲这一套，然而他的 insight、他的智慧可以透射到存在那个地方。通过哪个观念可以透射到存在呢？就是"天"这个观念。

二、《中庸》《易传》

我们刚才说，在西方，存在是交代给上帝的，是通向上帝这个观念的。中国的"天"这个观念，也是负责万物的存在，所谓"天道生化①"。"天"这个观念，是从夏、商、周三代以来就有的，传到孔子的时候，固然孔子重视讲"仁"，但是对于"天"，他并没有否定呀。所以，有人把"天"抹掉，把它完全讲成形而下的，这是不行的。从这个地方讲，儒家这个 metaphysics of morals 就涵蕴一个 moral metaphysics，就好像康德的 metaphysics of morals 涵蕴一个 moral theology 一样。康德只说"道德的神学"而不说"道德的形上学"。moral metaphysics 和 moral theology 这个 moral 是形容词。就是说，这个宗教、形上学是基于道德。儒家不说"道德的神学"而说"道德的形上学"，因为儒家不是宗教。儒家有个"天"来负责存在，孔子的"仁"和孟子的"性"是一定和"天"相通的，一定通而为一。这个"仁"和"性"是封不住的，因此儒家的 metaphysics of morals 一定涵着一个 moral metaphysics。讲宇宙论并不一定就是宇宙论中

---

① 生化：生息化育（见《老子·上德》："地平则水不流，轻重均则衡不倾，物之生化也……"）。

心，就好像说神学并不一定涵着"神学的道德学"（theological ethics）。康德也讲神学，但是他的神学就不涵"神学的道德学"，他正好反过来，是"道德的神学"。"神学的道德学"是把道德基于宗教，"道德的神学"是把宗教基于道德，这两者的重点完全不同，正好相反。

依儒家的立场来讲，儒家有《中庸》《易传》，它可以向存在那个地方伸展。它虽然向存在方面伸展，它是"道德的形上学"（moral metaphysics），它这个形上学还是基于道德。儒家并不是 metaphysical ethics，像董仲舒那一类的就是 metaphysical ethics。董仲舒是宇宙论中心，就是把道德基于宇宙论，要先建立宇宙论然后才能讲道德，这是不行的，这在儒家是不赞成的，《中庸》《易传》都不是这条路。所以，有人把《中庸》《易传》看成是宇宙论中心而把它们排出去，是不行的。儒家这个系统的性格，虽然每部书只显出一个观念，但是它并不就停在这个观念上。因为以前的人讲话，他没注意到要成个系统。儒家从孔子到孟子，再从孟子发展到《中庸》《易传》，他们的生命是相呼应的。你把《中庸》《易传》排出去，这是不行的。

除了前面这一种态度以外，还有些人抱着另一种态度。这种态度和前面那一种正好相反。他们不喜欢理学家①，也不喜欢《论语》、不喜欢《孟子》。他们喜欢《中庸》《易传》。照他们这条路，就成了 metaphysical ethics，正好和前一种态度相反。他们不喜欢讲主体，因为他们道德意识不够，所以不喜欢讲主体。

① 理学家：即指宋明理学家，如程颢、程颐、朱熹、陆象山、王阳明等。

他们是用审美的兴会①，来讲儒家，说《论语》是"庸言庸行"②，这不过瘾，一定要讲《中庸》《易传》才过瘾。其实，这是很差劲的。历来无论智慧多高的人，也没有人敢轻视《论语》，就是佛教的那些大和尚，也不敢轻视《论语》。再如孟子，他们当然不能说孟子不是儒家，但是他们还是可以说孟子不是最高的境界，最高的境界是在《中庸》《易传》。严格来讲，他们以这种审美的趣味来讲儒家，这是不负责任的。你不能说我就是要这样讲，这是我的 taste③。这种讲法是不行的。

抱持以上这两种态度的人，虽然背景各有不同，但是都不能得儒家之实。我们说他们都不能得儒家之实，这是不是有根据呢？当然有。讲学问是不能凭空乱讲的。我们在前面说过，讲学问有三个标准，第一个是文字，第二个是逻辑，第三个是"见"（insight）。先秦儒家《论语》《孟子》《中庸》《易传》这个发展，他们的生命是相呼应的，这个眉目是很清楚的。它们息息相关，你不能拿《论语》《孟子》来排斥《中庸》《易传》；你也不能拿《中庸》《易传》来轻视《论语》《孟子》。虽然孔子离孟子一百多年，离《中庸》《易传》两三百年，但是这些人的生命是若合符节、是相贯穿的。孔子虽然把"天"包容下来，但是他不多讲话，"夫子之言性与天道，不可得而闻也"（《论语·公冶长》）。孔子的重点是讲"仁"，重视讲"仁"就是开④主体。

---

① 兴会：偶有所感而产生的意趣。
② 庸言庸行：平平常常的言行。
③ taste：（英语）品位。
④ 开：公开。

道德意识强就要重视主体，"仁"是我自己的事情呀，"我欲仁，斯仁至矣"（《述而》）、"一日克己复礼，天下归仁焉"（《颜渊》）。孔子从哪个地方指点"仁"呢？就从你的心安不安这个地方来指点"仁"。孔子的学生宰予说，三年丧^①太久了，改为一年行不行呢？孔子就问他："食夫^②稻，衣夫锦，于汝安乎？"（《阳货》）宰予说："安。"孔子就说他是"不仁"。你说"安"就是"不仁"，那么如果是"不安"，这"仁"不就显出来了吗？这就是自觉。用现在的话说，就是道德的自觉。道德的自觉心，当然是主体，你讲道德意识怎么可以不讲主体呢？就是因为道德意识强，所以主体才会首先透露出来。你不喜欢讲主体，那你怎么能讲中国文化呢？不只儒家重视主体，就是道家、佛家也同样重视主体，中国哲学和西方基督教不同就在这个地方，你反对讲主体，你能相应吗？有人以为，讲主体就没有客体了。其实，客体照样有，问题是如何讲法。中国文化、东方文化都从主体这里起点，开主体并不是不要"天"，你不能把天割掉。主体和"天"可以通在一起，这是东方文化的一个最特殊、最特别的地方，东方文化和西方文化不同最重要的关键，就是在这个地方。有人讨厌形上学，也讨厌那个"天"，他们说儒家的道理是在人伦日用之中，所以人同此心，心同此理，它有普遍性。这个意思是不错，儒家是有这一方面，所以它"极高明而道中庸"，你着重这一面是可以，但是你不能因为着重这一面而否定"天"那一面。

---

① 三年丧：古俗，父（母）亡，子女服丧三年。
② 夫：同"乎"。

近代还有一些人不喜欢讲道德，他们一听到道德就好像孙悟空听见紧箍咒一样，浑身不自在。其实，你怕道德作什么呢？你怕道德就表示你自己不行。现在的人总以为道德是来束缚人的，所以就讨厌道德、讨厌宋明理学家，因为理学家的道德意识太强。其实，道德并不是来拘束人的，道德是来开放人、来成全人的。你如果了解这个意思就不用怕。如果人心胸不开阔、不开放，那么人怎么能从私人的气质、习气、罪过之中解放出来呢？人天天讲理想，就是要从现实中解放出来，要解放出来，只有靠道德。

我这样点一点，就可以把儒家的系统性格给你们摆出来。我们说儒家重视主体，那么儒家的这五部经典中，有哪些观念是代表主体的呢？我们要知道，儒家主要的就是主体，客体是通过主体而收摄进来的，主体透射到客体而且摄客归主。所以，儒家即使是讲形上学，它也是基于道德。儒家经典中代表主体的观念，比如孔子讲"仁"，"仁"就是代表主体。"仁"也可以说是"理"、是"道"。假如把"仁"看成是"理""道"，那么仁也可以看成是客观的东西。但是，客观的东西并不就是客体，并不一定表示是外在的东西。我们说"仁"可以是客观的东西，这是从"理""道"的普遍性来规定的。说它是客观的，和说它是"外在的对象"（external object）是不一样的。我们说"仁"是个"理"、是个"道"，那它就是客观的。它之所以为客观，就是因为它是"理""道"的关系，因为"理""道"是客观的。"理""道"为什么是客观的呢？用康德的话来说，就是因为它有普遍性和必然性这两个特性。而且康德讲普遍性和必然性都是由主体出发。十二范畴①不是就有普遍性和必然性吗？它是从主体出发的，它也不是 external object 呀。我们说客观，就是这个意思。但是，我们固然可以把孔子的"仁"讲成是"理""道"，然而它不一定只是"理"和"道"，"仁"也是"心"。在理学家中，朱子②就把"仁"看成只是"理""道"，他不喜欢拿"心"来说"仁"。但是，孔子明明是从"心"来说"仁"。讲"仁"而不牵涉到"心"是不可能的。"仁"是"理"、是"道"，也是"心"。孔子从"心"之安不安来指点"仁"，就是要人从"心"这个地方要有"觉"，安不安是"心觉"。"仁"心没有了，"理""道"也就没有了。因此，"仁"就不只是"理""道"，"仁"也是"心"。

所以，到了孟子就以"心"讲"性"。孟子讲"性"，就是重视主体这个观念。儒家讲"性善"这个"性"，是真正的、真实的"主体性"（real subjectivity）。这个真实的主体性不是平常我们说的主观的主体，这是客观的主体，人人都是如此，圣人也和我们一样。人人都有这个善性，问题是在有没有表现出来。这样一来，这个"性"就是客观的主体性。心理学的主体，则是主观的主体。

除了《论语》《孟子》以外，《中庸》《易传》也一样讲主

---

① 十二范畴：康德在《纯粹理性批判》中列出的人的十二个知性先验范畴，即：量的范畴三个（1. 单一性，2. 多数性，3. 全体性）；质的范畴三个（4. 实在性，5. 否定性，6. 限制性）；关系的范畴三个（7. 依存性与自存性，8. 原因性与从属性，9. 协同性）；模态的范畴三个（10. 可能性与不可能性，11. 存有与非有，12. 必然性与偶然性）。所谓"先验"，就是先于经验，即人的知性天生所具有。

② 朱子，即朱熹，字元晦，号晦庵，南宋理学家。

体，《大学》也讲主体。《中庸》讲"慎独"①，就是讲主体，是从功夫上开主体。《大学》也讲"慎独"。《中庸》讲"诚"，基督教也可以讲"诚"，但是基督教不能讲主体，所以基督教开不出"慎独"这条路来，主体之门没开。"慎独"这个学问是扣紧道德意识而发出来的。"慎独"这个观念孔子没有讲，孟子也没讲。如果你要追溯这个观念的历史渊源，那当该追溯到谁呢？当该是曾子②。"慎独"是严格的道德意识。在孔门中道德意识最强的是哪一个？就是曾子。我们凭什么说"慎独"是由曾子开端的呢？我们能不能从文献中找出线索来呢？曾子不是说"吾日三省吾身"（《论语·学而》）吗？孟子曾经用两个字来说曾子，就是"守约"这两个字（《孟子·公孙丑上》）。"守约"就是"慎独"的精神。所以"慎独"这个观念，是紧扣孔门下来的。因此《中庸》《大学》都讲"慎独"。《中庸》怎么讲"慎独"呢？《中庸》首章说：

> 天命③之谓性④，率⑤性之谓道，修⑥道之谓教。道也
> 者，不可须臾离也；可离，非道也。是故君子戒慎乎其所不

---

① 慎独：谨慎对待自己，即自我反省。独：个人（自身）。语出《礼记·中庸》："君子慎其独也。"
② 曾子，名参，字子舆，孔子弟子，相传《论语》是其所编、《大学》《孝经》是其所著。
③ 天命：天所命定（即天生）。
④ 性：本性。
⑤ 率：遵循。
⑥ 修：传授。

睹，恐惧乎其所不闻①。莫见乎隐，莫显乎微②，故君子慎其独也。

这个"慎独"，是通过"天命之谓性"这个"性体"③表述的。"性"是首先提出来的。"性"是主体，但是这个主体必须通过"慎独"这个功夫来呈现。这个"慎独"的"独"、"独体"④的"独"，是从"性体"那个地方讲的。《大学》也讲"慎独"呀，它是从"诚意"讲：

所谓诚其意者，毋自欺也。如恶⑤恶臭，如好⑥好色⑦，此⑧之谓自谦⑨。故君子必慎其独也。小人闲居为⑩不善，无所不至；见君子而后厌然⑪，揜⑫其不善而著⑬其善。人之视己，如见其肺肝然⑭，则何益矣？此谓诚于中⑮，形⑯于外。故君子必慎其独也。

---

① "其所不睹""其所不闻"均指"道"之玄奥。
② "隐""微"均指"道"之玄奥。
③ 性体：即"本性"意。
④ 独体：即"个体"意。
⑤ 恶〔wù〕：（动词）嫌恶。
⑥ 好〔hào〕：（动词）喜好。
⑦ 好〔hǎo〕色：好色彩。
⑧ 此：指"毋自欺"。
⑨ 自谦：自我谦虚（即"毋自欺"）。
⑩ 为〔wéi〕：所作所为。
⑪ 厌然：安然（指小人不再"为不善"）。
⑫ 揜〔yǎn〕：同"掩"。
⑬ 著：显。
⑭ 如……然：就像……一样。
⑮ 中：内心。
⑯ 形：表现。

曾子曰：

　　十目所视，十手所指①，其严②乎！富润③屋，德润身，心广体胖④，故君子必诚其意。

　　这些都是严格的道德意识。所以"慎独"是最重要的。后来王阳明讲"致良知"，还是由"慎独"功夫转出来。你如果只是凭空讲个"良知"，那主体义就显不出来，所以他要"致良知"。"良知"就是"独体"，所以才说"无声无臭⑤独知时，此是乾坤万有基"。

　　现在我们再讲《易传》。《易传》固然是宇宙论、形上学的意味重，因为它牵涉到存在，是从天道讲。但是它从天道讲，它也贯通了主体方面这个"性"，它也不是凭空地来讲。《易传》讲"穷神知化"⑥（《系辞下》），这个"神"照儒家、照《易传》的立场，当该从哪个观点来了解呢？

　　神也者，妙万物而为言者也⑦。（《说卦》）

　　这个"神"是通过"诚"讲的。它不是像基督教的上帝那

---

① "十目""十手"：泛指众人。
② 严：严厉。
③ 润：（动词）使美好（如"润色"）。
④ 心广体胖：今"心宽体胖"。
⑤ 臭［xiù］：同"嗅"。
⑥ 穷神知化：穷究神妙，知晓造化。
⑦ 妙万物而为言者也：万物之妙言也。

个神，也不是从气化上讲的那个神。我们平常说一个人"有神采""神气的很"，这个"神采""神气"的神是 material①，是属于气的，是属于形而下的观念。儒家《易传》讲"神"，它是个形而上的。它之所以为形而上的，是靠什么观念来定住呢？是通过"诚"。《中庸》《易传》都讲"诚"，"诚"是一种德性，是属于道德的。因此，它这个神是形而上的，它不是属于 material，属于形而下的。所以，你如果把《易传》的"神"从气上来讲，那就是不对。可是，如果你把它讲成是人格神（personal God），那也不对，因为中国人没有这个观念。《易传》讲的这个神就是通过主体而呈现的，"穷神"你才能"知化"，"化"就是宇宙的生化。这就成了宇宙论。但是这个宇宙论并不是空头讲的宇宙论，你要"穷神"才能"知化"，从神这个地方讲天道、讲乾道，就是讲创生之道。所以，儒家发展到了《中庸》《易传》，它一定是"宇宙秩序即是道德秩序"（cosmic order is moral order），它这两个一定是合一的，这两者是不能分开的。如果照我们前面所说的那两种态度来看，这两者是合不在一起的，因此"宇宙秩序即是道德秩序"这句话，他们就不能讲。因为这两者是合一的，所以《易传》也不能离开道德意识来了解，尽管它讲"大哉乾元，万物资始"，好像形上学的意味很重，其实它背后的底子还是 moral。所以《坤·文言》里面讲：

_____

① material：（英语）物质的。

直①，其正②也；方③，其义④也。君子敬以直内⑤，义以方外⑥。敬义立⑦而德不孤⑧。直、方，大⑨，不习⑩无不利⑪。

有人就把"直、方，大"的"直"说成是几何学上的直线，"方"是 square⑫，"大"是"无限的空间"（infinite space），他就是不从道德方面讲。但是，在"直、方，大"上面明明说的是"敬以直内，义以方外"，这明明是道德，你怎么可以把它讲成几何学呢？

三、《大学》

最后，我们还要提一提《大学》。《大学》里面讲三纲领⑬、八条目⑭，它也是从主观的实践到客观的实践，它把儒家实践的

---

① 直：有理（如"是非曲直"）。
② 正：正当（如"正言厉色"）。
③ 方：有道（如"想方设法"）。
④ 义：公正（如"仗义执言"）。
⑤ 敬以直内：敬重于内心有理（内：指思想感情）。
⑥ 义以方外：行义于举止有方（外：指行为举止）。
⑦ 敬义立：有敬重、有行义（立：存在。如"势不两立"）。
⑧ 德不孤：其品德不孤单（意为有天助。见下文）。
⑨ 大：古通"天"（如《庄子·德充符》："仲尼曰：'死生亦大矣……'"）。
⑩ 习：同"袭"，因袭（照样做）。
⑪ 无不利：不会有损害（因为那是天定的）。
⑫ square：（英语）方形。
⑬ 三纲领：（一）明明德；（二）亲民；（三）止于至善。
⑭ 八条目：（一）格物；（二）致知；（三）诚意；（四）正心；（五）修身；（六）齐家；（七）治国；（八）平天下。

范围给你规定出来，但是它本身的方向却不确定。它主要是列举了这些实践纲领，可是却没有对这些纲领作什么解释。比如《大学》说"明明德"，但是什么是"明德"呢？"止于至善"，什么叫"至善"呢？"至善"究竟是落在哪个地方呢？这在《大学》里面都不清楚。所以，在这些地方就有不同的态度，讲《大学》的人也就有不同的讲法，最典型的两个态度，就是王阳明的讲法和朱夫子的讲法这两者。朱夫子那个讲法是顺着《大学》讲《大学》，这是最自然的讲法，一般人也最容易走朱夫子这条路。朱夫子讲儒家是以《大学》为标准。朱夫子的讲法尽管很自然，比如致知格物、格物穷理，这很自然，但是他有一个毛病，他拿《大学》作标准来决定《论语》《孟子》《中庸》《易传》，结果统统不对。可是，如果你把《大学》讲成王阳明那种讲法，那也太别扭。你怎么知道《大学》里面"致知"的"知"就是"良知"呢？这也很麻烦。《大学》里面的"致知""格物"未必就是王阳明的那种讲法。王阳明是用他的"良知教"套在《大学》里面讲，他这种讲法在文字上是没有根据的，但是他的讲法有一个好处：在义理上来说，他的讲法合乎儒家的意思。王阳明是拿《论语》《孟子》来规范《大学》，朱夫子是拿《大学》来决定《论语》《孟子》《中庸》《易传》。所以，儒家系统到后来就分歧了。

那么，我们看《大学》当该采取什么态度呢？《大学》只是把实践的纲领给你列出来，但是要如何实践，实践的哪个领导原则是哪个方向，《大学》里面不清楚。因为《大学》本身不明确，那么到底要如何来实践呢？这个道德实践后面的基本原则到底是什么呢？这个地方我们当该以《论语》《孟子》《中庸》《易传》来作标准，用它们来规范《大学》。我们不能反过来以《大学》为标准来决定《论语》《孟子》《中庸》《易传》。至于《大学》本身的原意究竟是什么，这是个很麻烦的问题。因为《大学》本身不明确，所以我们讲儒家的时候并不太着重《大学》。以前的人重视《大学》，是因为朱子的权威太大。朱子讲《大学》，所以人人讲《大学》。就是王阳明也是从《大学》入手，但是他把朱子的那个讲法扭转过来。王阳明是孟子学，他讲《大学》是孟子学的《大学》。朱夫子的《大学》则是以程伊川①的讲法为根据。

以上我们讲的就是先秦儒家这五部经典，透过刚才所讲的，我们就可以了解儒家这个系统的性格，以及儒家这个系统里面的主要观念和问题。如果我们把儒家当个哲学来看，那么儒家这个系统就可和康德那个系统相对照。这个眉目大家一定要把握住。讲儒家一定是这样讲，没有其他的讲法。这样了解儒家，才是相干的、恰当的了解。现在有些人讲儒家，或是通过圣多玛那一套来讲，或是通过柏拉图哲学、亚里士多德哲学来讲，这些统统是不行的。你赞成不赞成儒家是另一回事，你可以不赞成，但是儒家本身的义理、它的原意是如何，这你得先作恰当的了解才行。先作恰当的了解是第一个问题，了解了以后，你可以赞成，也可以不赞成，这赞成、不赞成是第二个问题。你不能一下就用圣多

---

① 程伊川，即程颐，字正叔，号伊川先生，北宋理学家。

玛、柏拉图那一套来讲儒家，这是比附、猜测。这种讲法是不行的。

我们现在讲中国学问是很困难的，因为中国以前的文献并不像西方哲学那样有系统，并没有那么清清楚楚的给你摆出来。中国的文献常常是这里一句、那里一句，这就必须靠你文献熟，你孤立的看是不行的。孤立地看一句话，可以有种种不同的讲法。洋人讲中国的东西困难也就在这个地方，因为他了解的文字是死的，他孤立地看这一句，他不知道每一句话在我们行文的时候有上下文的文气，你不看上下文而光看一句话是不行的。再进一步说，这句话也不只是套在上下文气中来讲，有时候它没有上下文气，那么要拿什么作它的文气呢？这个时候，就以全部儒家的义理作它的文气。假定你不了解儒家的义理，那你讲这句话就会讲错，因为它这句话是根据全部儒家经典而说的。比如，程明道①就说过这么一句话："观天地生物②气象③。"在他的语录里面劈空来这么一句话，没有上下文。这句话是个很简单的句子，文法也没有什么复杂，这要翻译成英文不是很容易吗？这句话要是你懂得儒家的经典，那你一看就知道它的意思；假定你不懂儒家的经典而把它孤立的看，那你就不了解，不了解你就翻错。这不但是洋人翻错，连中国人都翻错。有许多人都把这"观天地生物气象"中的"生物"看成名词，即是有生之物，这是不对的。这个"生物"应当是顺着《中庸》所说的"天地之道可一言而尽

---

① 程明道，即程颢，字伯淳，号明道先生，北宋理学家。
② 天地生物：天地产生万物。
③ 气象：景象。

也，其为物不二①则其生物不测"之"生物"来了解，"生物"即是创生万物，"生"是动词。这才是恰当的了解。

---

① 为物：作为物。不二：独一。

钱穆简介

钱穆（1895—1990），字宾四，江苏无锡人，现代学者、国学大师。出身诗书之家，幼年就读于私塾，后入常州中学堂。四年后，即1910年，转入南京私立钟英中学。翌年，逢武昌起义，全国大乱，学校停办，遂辍学。同年回无锡，去小学任教。1927年，转任教于苏州中学。1930年，因发表《刘向歆父子年谱》一文成名，受顾颉刚推荐，受聘为燕京大学国文讲师。此后居住北平八年，授课于燕京大学和北京大学，并在清华大学和北京师范大学兼课。1937年，北平沦陷，辗转任教于西南联大、齐鲁大学、武汉大学、华西大学和四川大学。1946年，赴昆明任教于五华学院和云南大学。1948年，回故乡无锡任江南大学文学院院长。1949年4月，南下广州，任教于华侨大学；同年10月，随华侨大学迁往香港，同时出任香港亚洲文商学院院长。1953年，在香港创立新亚研究所（后改名为新亚书院），任所长。1960年，应邀讲学于美国耶鲁大学，翌年回香港。1965年，辞去新亚书院院长职务，应聘去马来西亚吉隆坡马来亚大学任教。1967年，以"归国学人"身份移居台北。1968年，当选为"中央研究院"院士。1969年，受邀任台北中国文化大学史学教授，同时兼任台北故宫博物院特聘研究员。此后二十年，以此身份讲学和著述。1990年，病逝于台北，享年九十五岁。其重要著作有《先秦诸子系年》《中国近三百年学术史》《国史大纲》《中国文化史导论》《文化学大义》《中国历史精神》《中国思想史》《中国学术通义》等。2011年，九州出版社出版《钱穆先生全集》五十四卷。

中国儒学与文化传统[①]

钱　穆

　　讲到中国文化，便会联想到儒家学术。儒学为中国文化主要骨干，谁也承认。但现有两个问题须讨论：其一，儒学之内容，即儒家学术究竟是些什么？其二，为儒家在中国文化中其地位之比重究竟如何？吾人对此二问题当以客观的历史事实作说明。因此，本讲范围乃系有关中国文化史中之中国学术史部分，而又专就儒学史为本讲之题材者。即如此，已嫌范围过宽。又且中国儒学史一题，在国内学人中，似尚未有人对此作过系统之研寻。本讲题仅可谓对此问题作一开头，自有许多观点在此讲演中难作定论，只是提出些许观点，以待此后有人继续就此纲要而探讨，或因此可有一部比较完整的中国儒学史出现，这是一项饶有意义与

---

　　①　本文系 1961 年作者于香港新亚书院的演讲记录，后发表于《新亚生活》四卷十期，后收入《钱宾四先生全集》第二十五卷。本文实为一部"极简明中国儒学史"或"中国儒学史纲要"：自先秦至明清，共分六期：（一）"创始期"（先秦）、（二）"奠定期"（两汉）、（三）"扩大期"（魏、晋、南北朝）、（四）"转进期"（唐）、（五）"综汇期与别出期（上）"（宋、元、明）、（六）"综汇期与别出期（下）"（清）。至于如题所示"中国儒学与文化传统"，实际上儒学的传统（即其相传、变化、演进的历史）就是中国文化传统中最重要部分。所以，欲知中国文化传统，必先知儒学的传统——本文的题旨，即在于此。

价值的事。

要讲儒学内容，必须讲到儒学史，即中国儒学之演变历程。历史上任何事物，传递久远的，必有一番演变历程。儒学自孔子迄今，已逾两千五百年，自然有许多演变历程可讲。要讲演变历程，必先划分时期。以下将儒学演变，姑试划分为六时期。

一、儒学之"创始期"与"奠定期"

一、儒学之"创始期"。此在先秦时代，自孔子下及孟子、荀子①以及其他同时代儒者皆属之。此一时期，百家争鸣，儒家不仅最先起，且亦最盛行。韩非②《显学篇》说："今之显学③，儒、墨也。"又说："儒分为八④，墨分为三⑤。"可见当时儒学之盛，亦见在中国学术史上，儒学一开始，便就与众不同，巍然独出了。

接着讲第二期，此为两汉儒学。我姑名之为儒学之"奠定期"。也可说，儒学自先秦⑥创始，到两汉而确立，奠定了以后基础。有人说，先秦学术至汉代已中断，或说自汉武帝表彰《六经》，罢黜百家，而儒学始定于一尊。此两说均有非是。其实，

① 荀子，名况，字卿，战国时与孟子同时代的儒家学者。
② 韩非，亦称韩非子，战国末期韩国君主之子，师从儒家荀子，后成法家代表，曾辅佐秦国君主。
③ 显学：显赫一时的学科、学说、学派。
④ 儒分为八：（一）子张之儒；（二）子思之儒；（三）颜氏之儒；（四）孟氏之儒；（五）漆雕氏之儒；（六）仲良氏之儒；（七）孙氏之儒；（八）乐正氏之儒。
⑤ 墨分为三：亦称"三墨"，即：（一）相里氏之墨；（二）相夫氏之墨；（三）邓陵氏之墨。
⑥ 先秦：先于秦，一般指周朝末期，亦称"春秋战国"。

儒家在晚周①及汉初一段时间内，已将先秦各家学说，吸收融会，共冶一炉，组成一新系统。故说先秦各家学说到秦代统一已中断，并对此后历史无影响、无作用，实是一种无据臆说。至谓②汉后学术定于一尊，此说之非，待后再提。

今讲两汉儒学，亦可说此时代之儒学实即是经学。只读《史记》《汉书》两书中之《儒林传》，便见其时凡属儒林，都是些经学家。而凡属经生③，也都入《儒林传》。此后二十四史中凡有《儒林传》，莫非如此。故说"经学即儒学"，此说乃根据历史，无可否认，而在两汉时为尤显。我们也可说，中国儒家必通经学，不通经学，便不得为儒家。如此说之，亦决不为过。

现在试问，为何儒家必通经学？此即就先秦儒家言，如孔子、孟子、荀子诸人所讲，即多是诗、书、礼、乐，属于后世所谓经学范围。两汉以下承继孔孟此一传统，自然经学即成儒学了。

其次，论到两汉儒学对当时之贡献与作用。我们当说两汉时代一切政治制度、社会风尚、教育宗旨及私人修养种种大纲节④，无一非根据经学而来，故可说两汉经学实对以后中国文化传统有巨大之影响，此层亦属无可怀疑。至涉及经学内容，以非本讲范围，今姑不论。

---

① 晚周：即春秋战国时期，也称"先秦"。
② 至谓：至于说。
③ 经生：学经之人。
④ 大纲节：大纲大节（大是大非）。

二、儒学之"扩大期"

兹①再说及儒学之第三期，此指魏晋南北朝时代言。我姑将名之为儒学之"扩大期"。有人或将觉得此说奇怪，因大家习知魏晋南北朝人崇尚清谈，庄老玄学盛行，同时佛学传入，儒家在此时期，特见衰微，何以反说为儒学之扩大？然我此说，亦以历史事实作根据。其实此一时代之儒学，并不能说必不如佛学、玄学之盛，而较之两汉，亦非全无演进可言。

首先，且说后来的《十三经注疏》，此为中国经学上一大结集，而《十三经注疏》成于此一时代人之手者，却已占了一半。如《易》为〔魏〕王弼注，《论语》为〔魏〕何晏集解，《左传》为〔晋〕杜预集解，《谷梁》为〔晋〕范宁集解，《尔雅》为〔晋〕郭璞注。至于《尚书》孔安国传②，至今称之为"伪《孔传》"，实非出于西汉时之孔安国，而系魏晋时人所伪托。其作伪者，或说是王肃③，无论其是否，"《尚书》伪孔传"成于此一时代人之手，则无疑义。故全部《十三经注》，由魏晋人作者已占其六。且《尚书》有"伪《古文》"④，在此后学术史上影响亦大，乃亦为魏晋时人之伪作。则此一时代人之经学，较之汉

---

① 兹：此。

② 《尚书》孔安国传：原称由西汉经学家、孔子十世孙孔安国所传《古文尚书》，后被判定为晋代人伪造（并非全伪，而是有伪篇目），故被称作"伪《孔传》"（"伪《孔传古文尚书》"之简）。

③ 王肃，三国时曹魏经学家。

④ "伪《古文》"："伪《孔传古文尚书》"之简（此处似有误：伪《古文》即伪《孔传》，并非二书）。

儒，得失如何暂不论，而对此后儒学之影响，则断不该轻视。

并在此一时代之经学中，又特创有义疏①之学。惜至今此等著作皆不传，仅有皇侃《论语义疏》一部，此书在中国亡佚已久，清代始由日本得回，我们略可窥见此一时代人所谓义疏之学之一斑。而唐初孔颖达、贾公彦等作《五经正义》，即是根据此一时代人之材料而递禅②作成者。故一部《十三经注疏》，关于注的部分，此一时代人所作已占其一半，而疏的部分，却占了十之八九。又如陆德明《经典释文》，其书创始于陈代③，成书于未入隋④之前，其所运用之材料，亦多出此一时代人之功绩。根据上述，可见此一时代人致力经学的，实不在少数。而且影响后代者亦大。我们若有意再研经学，仍须先透过此一时代人之业绩，亦至明显。然则又何能谓此一时代乃无经学或儒学可言？

我们且试一翻《隋书·经籍志》，就其所载此一时代人对《六经》有关著作之部数与卷数作一统计如下：

经籍名称	现存著作部数	现存著作卷数	包括亡佚者之部数	包括亡佚者之卷数
《易》	六十九	五百五十一	九十四	八百二十九
《尚书》	三十二	二百四十七	四十一	二百九十六
《诗》	三十九	四百四十二	七十六	六百八十三
《礼》	一百三十六	一千六百二十二	二百一十一	二千一百八十六

---

　　① 义疏：古书注释体制之一，即疏通原书和旧注的文意，阐述原书思想，或广罗材料，对旧注进行考核，补充辨证。
　　② 递禅：逐步转化。
　　③ 陈代：陈朝，南北朝时南朝（宋、齐、梁、陈）最后一朝代。
　　④ 入隋：进入隋朝。

经籍名称	现存著作部数	现存著作卷数	包括亡佚者之部数	包括亡佚者之卷数
《乐》	四十二	一百四十二	四十六	二百六十三
《春秋》	九十七	九百八十三	一百三十	一千一百九十

上表所载现存云云，乃指在作《隋书·经籍志》时所存者。此等著作，在今言之，亦已大部亡佚，所存无几。然观上表，可见此一时期之经学，即论其著作数量，亦已惊人。今若以著作数量之多寡，来作为衡量当时人对经学中某一部门之重视与否之标记，则知此时代人在经学中最重《礼》，次为《春秋》，《易》居第三位，《诗》《书》占第四、第五位。此一简单之统计，实可揭示当时人对经学分别轻重之重大意义所在。又朱子①谓"《五经疏·周礼》最佳，《诗》与《礼记》次之，《书》《易》为下"，亦足证明魏、晋、南北朝人对此诸经用力深浅之一斑。

尤其在南北朝时，经学亦分为南北，所重各不同。北人②研究主要尤重《周官》③。《周官》虽是一部战国晚年人作品，然其书提出一种理想的政治制度，尤其掺进了战国晚年突飞猛进的新的经济问题，此乃中国古代的一部"《乌托邦》"。由于北方政治不上轨道，故一辈经生，尤其集中钻研此书，俾④能据以改进当时政治上之种种实际措施。在北周，有苏绰、卢辩两人，相交甚笃，同有志于《周官》研究。其后苏绰上了政治舞台，西魏、

---

① 朱子，即朱熹，字元晦，号晦庵，南宋理学家。
② 北人：南北朝时北朝（北魏、东魏、西魏、北齐、北周）人。
③ 《周官》，相传为周公所作，实为战国时后人伪托。
④ 俾：使。

北周新的政制规模皆其所创建，直至隋唐仍因袭此一传统，遂以重关中国历史上之光昌盛运。卢辩则始终在野，为一纯粹学者，彼曾作《周官注》，与苏绰同受当时及后世之推重。又如北齐有熊安生，亦当时北方经学大师。北周灭北齐，熊氏知周君①必来访，命童仆洒扫户庭以待，翌晨果如所言。西方拿破仑征德国，哥德②曾在路旁一观拿翁风采为荣。较之中国熊氏故事，岂可同日而语。正因熊安生乃当时"《周官》学"之权威，而《周官》乃当时北方经学所重，北周即凭《周官》建制，故熊氏亦知北周君必来相访。我们单凭此一则轶事，便可想知当时北方政府之重视经学，与经学对当时政治上之实际贡献了。

南人所重，尤在《丧服》③一门。宋④初雷次宗为当时《丧服》大师，乃与郑玄⑤同名，一时有"雷郑"之称。此因当时南方门第制度鼎盛，而此一时代之门第，亦实为当时文化命脉所寄。其所赖以维系此门第者，《礼》⑥中之《丧服》占有重要地位。唐后，门第制度渐坏，此一门学问，逐渐不为人所重。然唐代则门第制度尚在，故杜佑《通典》中所载魏晋、南北朝人所讲《丧服》要点尚甚多。

基于上述，可见此时代人所讲经学，对当时贡献亦甚大，实与两汉儒生之通经致用，事无二致。虽此时期中，甚多人讲究出

---

① 周君：北周君主。
② 哥德，通译"歌德"，18世纪末、19世纪初德国大诗人。
③ 《丧服》：《仪礼》中一篇（《仪礼》十七篇唯《丧服》有传）。
④ 宋：指南朝刘宋（刘裕所建）。
⑤ 郑玄，字康成，东汉经学家、注疏家。
⑥ 《礼》：指《仪礼》（非指《礼记》）。

世之佛学或讲老庄玄学，但论中国文化存亡绝续之命脉所系，则主要仍在此辈儒生手中。若果如一般人所想象，魏晋、南北朝四百年来只谈老庄玄学，只谈佛学出世，试问，如何能继续中国文化遗绪，以下开隋唐之盛？故知此一时代中，儒学基础实未破坏，而斡旋①世运、能自贞下而起元②，亦端赖③于此。

然我今天所以说魏晋、南北朝为儒学之"扩大期"者，其重点尚不在此。我认为此一时期人讲儒学，已不专囿于经学一门，而又能扩及到史学方面来。

史学本为经学之一部分，如《尚书》《春秋》《左传》均当属史学范围。唐刘知几作《史通》，分疏史书体例，即分《尚书》《左传》两大派。我们若更进一步言之，亦可谓孔子之学本即是史学。孔子尝曰：

> 甚矣，吾衰也！久矣，吾不复梦见周公。

又曰：

> 吾非生而知之者，好古、敏以求之者也。

又曰：

---

① 斡旋：扭转。
② 自贞下而起元：即成语"贞下起元"，与"承上启下"意同。
③ 端赖：依赖。

周监①于二代②，郁郁③乎文④哉！吾从周。

　　《论语》上如此一类话尚多，可见孔子所学，也即是在孔子当时的历史。孔门由于其所讲习之《诗》《书》《礼》《乐》，而获得其所从来之演变得失之全部知识，其与历史实无严格界限。故后人谓"《六经》皆史"，此说实难否认。下到汉武帝时，董仲舒⑤提出"复古更化⑥"之主张，其意即主不再近效秦代，而须上溯《六经》，复兴三代⑦之盛运。更可见汉儒治经，亦求通史。若不治经，试问，更何从而知三代？故谓汉儒之提倡经学，无异即是提倡史学，亦可不辨自明。

　　其次，再论到当时经学上所有今古文之争⑧。刘歆⑨提出的古文诸经，如《左传》《周官》《逸礼》⑩《毛诗》⑪四者，更见其偏重在史实方面。《左传》不必论，《周官》在当时目之为⑫周公致太平之书⑬，书中所载一切政治制度，当时人认为是古代真

---

①　监：古同"鉴"，借鉴。
②　二代：即周之前夏与殷（商）。
③　郁郁：丰盛貌。
④　文：有文（有章法）。
⑤　董仲舒，西汉初经学家，主张"独尊儒术"。
⑥　更化：改制。
⑦　三代：夏、商、周。
⑧　今古文之争：汉代有两种经学：今文经学和古文经学，所谓"今文经"，是指汉初由儒生口传，并用当时流行的隶书记录下来的经籍；所谓"古文经"，是指汉代前期从民间征集或孔子故宅壁间所发现的用先秦古籀文字写成的经籍。因而，就有两派经学家（即今文经学家和古文经学家）的相互争论。
⑨　刘歆，字子骏，西汉宗室，古文经学家。
⑩　《逸礼》：古文《礼经》。
⑪　《毛诗》：《毛传诗经》（相传为西汉鲁国毛亨、赵国毛苌所传）。
⑫　目之为：视为。
⑬　周公致太平之书：相传《周官》是周公为新朝廷长治久安而作。

实的历史。《毛诗》因各诗之首有序，较之《三家诗》① 更见有历史价值。以今传《韩诗外传》相比，岂不见《毛诗》更重历史性。故在汉代，由今文经学扩及古文经学，实是经学中之历史性愈趋浓重之证。其趋势至东汉而益显，即是在经学中根据古代史实的趋势，益胜过了凭空阐发义理的趋势之上。郑玄括囊大典，偏重早已在此方面。而王肃继起，显然更近于是一史学家。杜预作《春秋左氏集解》，显然亦偏重在史学。故可说"经学即史学，史学亦即经学"，二者间本难作严格分别。亦可说自经学中分出一支而成为史学，史学乃经学之旁支。如《史记·太史公自序》，自称即以孔子作《春秋》之精神而写《史记》，亦即是沿袭经学而发展出史学之一极好例证。班固《汉书·艺文志》，亦将《史记》列入《六艺略》中之"《春秋》门"。可见在当时人之观念中，经学即包有史学，亦可说当时尚无史学独立观念。故班固作《汉书》，批评司马迁《史记》未能完全一本儒家立说。此项批评，当否且勿论，然可知班氏作《汉书》，其所自负，仍为一本于儒学。则马、班史学渊源，皆从儒学经学来，事无可疑。

自马班② 以后，史学特受重视。新史籍接踵繁兴。下至晋时，荀勖③ 将古今著作分成甲、乙、丙、丁四部。经学列甲部，子学④ 为乙部，历史则为丙部，至是史学已成一独立部门。更下

---

① 《三家诗》：即齐人辕固传《齐诗》、鲁人申培公传《鲁诗》、燕人韩婴传《韩诗》的合称。

② 马班：司马迁、班固合称。

③ 荀勖［xù］，字公曾，西晋开国功臣、经学家。

④ 子学：诸子之学。

至《隋书·经籍志》，经学仍列甲部，而史学改列乙部。斯其益受重视可知。其时著名之史籍，如宋范晔①之《东汉书》及晋陈寿②之《三国志》，与马班《史》《汉》③ 齐称为"四史"。其他知名的史学家与史书不胜枚举，其中如汉荀悦④《前汉纪》及晋袁宏⑤《后汉纪》，更为有名。又如《宋书》《南齐书》《魏书》等正史，亦均为此一时期人所撰。

《隋书·经籍志》史学部门所收共分了十三类，今再统计其所收经、史两部书籍之部数卷数作一比较。计经书有六百二十七部，五千三百七十一卷，连亡佚则为九百五十部，七千二百九十卷。史书共八百十七部，一万三千二百六十四卷，连亡佚共有八百七十四部，一万六千五百五十八卷。史学著作之卷帙总数已超过经学卷帙一倍以上。而上述经学著述中，其承袭两汉前人所遗下者为数尚巨，史书则多为东汉、魏、晋以下人新撰。即此可知，当时在史学方面一种突飞猛进之成绩。而史学实即儒学，此因经学即儒学，而史学又即经学也。

在此尤值得提起者，则为隋末大儒"文中子"王通⑥，此人虽已在南北朝之后，然在此不妨兼述。他曾有意续经，如取汉以下人奏议、诏令之佳者编为《尚书》之续，称《续〈书〉》。又取汉以下人之诗赋，择其有关时代与足资教训者集为《续

---

① 范晔［yè］，字蔚宗，南朝刘宋（刘裕所建）史家。
② 陈寿，字承祚，西晋史家。
③ 《史》《汉》：《史记》《汉书》简称。
④ 荀悦，字仲豫，东汉史家。
⑤ 袁宏，字彦伯，东晋史家。
⑥ 王通，字仲淹，号文中子，隋初儒家学者。

〈诗〉》。后人或讥其狂妄，其实《六经》皆史，清儒章学诚①曾抉发②其精义，可谓已成定论。反言之，则史即是经。经、史既难严格划分，则王通之观点，殊亦无可厚非。只由③国人尊重经籍之心理沦浃④已深，牢不可拔，而王通径用"续经"之名，故为后人所不满。今欲阐明经、史同源之义，则王通之见解正可用来作证。而王通于河汾⑤讲学，对此后隋唐盛运重开之影响，亦属尽人皆知，不烦多及了。

今再就史学内容言，儒学主要本在"修、齐、治、平"⑥人事实务方面。而史学所讲，主要亦不出"治道隆污⑦"与"人物贤奸"之两途。前者即属治、平之道，后者则为修、齐之学。若史学家除却治道隆污、人物贤奸不辨，此外，更有何事可讲？又如，依先秦道、墨、法诸家意见，试问，如何能演变出后世史学来？其中唯墨家立论尚时引古史作证，庄、老、申、韩⑧立论，即全不重视史实。只取此诸家书与《论语》《孟》《荀》并看，便知其间异同。故谓"史学即儒学"，其说至明显。我们若把司马迁、班固、范晔、陈寿、荀悦、袁宏诸人，依照先秦学派，把他们分别归入，则大体上自当归属儒家无疑。而且，此一时代之

① 章学诚，字实斋，清代史家，有"古典史学终结者"之称，撰《文史通义》《校雠通义》《史籍考》等。
② 抉发：发掘。
③ 只由：只因。
④ 沦浃［jiā］："沦肌浃髓"之简，渗透。
⑤ 河汾：黄河、汾水（一带）。
⑥ 修、齐、治、平：修身、齐家、治国、平天下。
⑦ 治道隆污：盛衰兴替（隆污：高低）。语出《礼记·檀弓上》："道隆则从而隆，道污则从而污。"
⑧ 庄、老、申、韩：庄子和老子（道家）、申不害和韩非（法家）。

史学家，几乎都同时在经学方面有著作，此亦可以证我前说。最多我们只可说，在他们中有的尚不得为醇儒①，最多也只可说，他们在儒学中地位不高，只是游、夏文学②一途。然游、夏文学亦显在孔门四科之内。而且，我们也决不能说《左传》③《史》《汉》之价值，便不如《公羊》《谷梁》④。至于此一时期之史学书，甚多经乱亡失，也不能因此便谓其无价值。即如两汉十四博士⑤《诸经章句》，岂非全部亡失了吗？但我们并不能因此说两汉经学不值重视。何况魏晋、南北朝史学书籍之流传，还远多过两汉诸经之章句。因此我们说魏晋、南北朝为儒学之"扩大期"，正因于经学外，又增进了史学。从此以后，常是经史并称，并有了"经史之学"一新名目。此后历代大儒，则罕不兼通经史。即此一节言，魏晋、南北朝时代，儒学依然极盛，其贡献于当时及后世者亦极大，可不再多论。

三、儒学之"转进期"

下面述及儒学之第四期，即唐代儒学。我姑⑥亦再为特起一名称，谓之为儒学之"转进期"。唐代经史之学，均盛在初唐，

---

① 醇儒：纯儒。
② 游、夏文学：子游、子夏（均为孔子弟子）均善文而不善经，故称其为"文学"（非"经学"）。
③ 《左传》：《春秋左传》简称。
④ 《公羊》《谷梁》：《春秋公羊传》《春秋谷梁传》简称。
⑤ 两汉十四博士：汉代以一部经书设一学官，称为"博士"，如"《左传》博士""《公羊》博士"等，共有十四位。
⑥ 姑：姑且。

乃系承受魏晋、南北朝人遗产而来。我们也可说，隋唐盛运，早在南北朝晚期培育，学术也不例外。经学上最著者，如陆德明①《经典释文》，孔颖达等之《五经正义》。而后者尤为经学上一大结集，后来陆续增成为《十三经注疏》。但一则盛极难继，二则《五经正义》作为此后科举制艺②之准绳，功令所限，更使此后唐人在经学上少有新创。至论史学著述，如《晋书》《梁书》《陈书》《北齐》《北周书》《南史》《北史》《隋书》等，亦皆为唐初人所撰。主要亦多是承袭魏晋、南北朝人之遗绪。唯以前人写史，自马班以来，多系一人独撰，唐后开始有集体编撰之例。然此不即是史学一进步，无宁可说是不如前人了。而且，史学亦如经学，中唐以后，即不见有初唐之盛况。

但唐代儒学，于经史之学以外，却另有一番转进。我此所谓"转进"，与前时期之所谓"扩大"稍有别。据我所见，唐代儒学之新贡献，却在其能把"儒学"与"文学"汇合，从此于经史之学之外，儒学范围内又包进了"文学"一门，这是一件值得特别阐发之事。

本来经学中，原有文学成分，如《诗经》便是。且《书经》诸史，不能不说它都有绝高绝大的文学价值。但就古代人观念言，则似乎并无文学独立的一观念。而且，文学之与儒学，开始亦并无一种密切相关之联系。即如楚辞作者屈原，本非一儒家，只其所作楚辞《离骚》之内容却有与儒家暗合处，故为后来儒

---

① 陆德明，名元朗，以字行，唐代经学家，唐太宗十八学士之一。
② 制艺：八股文。

家所推崇，但在当时则断不能说楚辞即是一种儒家文学。下逮①汉人，以赋名者如司马相如、扬雄②之徒，明明与儒家、经生不同，故班氏《艺文志·六艺略》之外别有《辞赋略》③，显然不能以司马迁《史记》列入"春秋家"④为例。扬雄早年本效相如作赋，有意欲为一辞赋家。但晚而悔之，乃谓辞赋只是雕虫小技，壮夫不为。彼云：

> 诗人之赋丽⑤以则⑥，辞人之赋丽以淫⑦。如孔氏之门用赋⑧，则贾谊⑨升堂，相如⑩入室矣。但如其不用何⑪！

则扬子云⑫亦已明明指出文学与儒学分道扬镳，不走同一轨辙了。故当其转变思想以后，遂改从文学转入儒学，模仿《论语》作《法言》，模仿《易经》撰《太玄》。从此一例，可见西汉人心中唯经学才是儒学，而辞赋家言则另是一套，与儒学不相涉。故范晔《东汉书》，于《儒林传》之外，又增设《文苑传》，亦证"文苑"与"儒林"有别，即在范晔当时，儒学中仍未包

---

① 逮：得、到。
② 司马相如、扬雄，均为汉代辞赋名家。
③ 《艺文志·六艺略》《艺文志·辞赋略》均见《汉书》。
④ 《汉书·艺文志》将《史记》列于"春秋家"。
⑤ 丽：（动词）附带。
⑥ 则：规则。
⑦ 淫：无度。
⑧ 用赋：即用骈文（对仗和押韵）写作。
⑨ 贾谊，亦称贾生，西汉初政论家、辞赋家。
⑩ 相如，即司马相如。
⑪ 何：又怎样。
⑫ 扬子云，即扬雄，字子云。

涵有文学。

首先提出文学之独立价值者，应自汉末建安时代开始。魏文帝曹丕《典论·论文》有云："文章，经国之大业，不朽之盛事。年岁有时而尽，荣乐止乎其身，二者必至之常期①，未若文章之无穷。"纯文学之独立价值之提出，当推始于此。然曹氏父子②及建安诸子③，亦均非儒家。此后梁昭明太子④之《文选》⑤，仍循建安路线，提倡纯文学，力求与经史分途。其时如陶渊明诗，亦如屈原楚辞《离骚》之例，只可谓其与儒家有暗合，却非有意把文学来纳入儒学中。根据上述，故说文学与儒学本非一途，专从儒学中亦推衍不出文学来。至以文学汇通于儒学者，此一工作，乃自唐代人开始。

韩昌黎⑥诗云："国朝盛文章，子昂⑦始高蹈。"唐诗人自陈子昂之后有李太白，此两人皆有意上本于《诗经》来开唐代文学之新运。但此两人在唐代之"复古运动"或"开新运动"中仍未能达到明朗化，或说确切化。即所谓"汇通儒学与文学"之运动，即"纳文学于儒学中"之运动，其事须到杜甫，而始臻完成。杜诗称为"诗史"，其人亦被称为"诗圣"。杜诗之表现，同时亦即是一种儒学之表现。故说直到杜甫，才能真将儒

---

① 常期：通常期限。

② 曹氏父子：曹操、曹丕、曹植。

③ 建安诸子：亦称"建安七子"，指东汉建安年间七文人，即孔融、陈琳、王粲、徐干、阮瑀、应玚、刘桢。

④ 梁昭明太子：南北朝时期南朝梁之太子萧统，谥号"昭明"。

⑤ 《文选》：即《昭明文选》。

⑥ 韩昌黎，即韩愈，字退之，自称"郡望昌黎"，世称"韩昌黎"，唐代大儒、诗人。

⑦ 子昂，即陈子昂，字伯玉，初唐大诗人。

学、文学汇纳归一。换言之，即是把儒学来作文学之灵魂。此一运动，到韩愈又进一步。韩愈之"古文运动"，其实乃是将儒学与散体文学之合一化。韩愈散体文之真价值，一面能将魏晋以下之纯文学观念融入，一面又能将孔孟儒学融入。此是韩愈在文学史上一大贡献，亦是在儒学史上一大贡献。故韩氏自述其作文功夫，谓当"行之乎仁义之途，游之乎《诗》《书》之源"。又谓其"好古之文，乃由好古之道"。后人称其"约《六经》以为文，约《风》《骚》以成诗"。若明白阐述，即是把文学与儒学挽归一途。论其文之内容，则实莫非是儒家言，其集中如《原道》《谏迎佛骨表》等诸文固可不论，即随手就韩集中拈其任何一篇，固可谓无不根据儒学而立言，亦可谓无一非融摄孔孟之道以立言者。故自唐代起，自杜诗、韩文始，儒学复进入了文学之新园地。自此以后，必须灌入儒家思想才始得成为大文章。此一新观点，实为以前所未有。必至此后，经学、史学与文学，均成为寄托儒学、发挥儒学之工具。于是四部中之集部①，亦遂为儒学所包容。我特称唐代为儒学之"转进期"，意即在此。

四、儒学之"综汇期与别出期（上）"

以下再讲到儒学之第五期，即宋、元、明时代，我将称之为儒学之"综汇期与别出期"。此当分两面言：一说其"综汇"，

---

① 四部中之集部：古人分书籍为四大类，称为"四部"，分别是：经部、史部、子部、集部（亦称甲部、乙部、丙部、丁部），其中集部（丁部）中收散文、骈文、诗、词、曲和文论等文学著作。

乃指其综合汇通两汉、魏晋南北朝下迄隋、唐之经、史、文学以为儒学之发挥之一方面而言。此方面之代表人物，可举欧阳修①为例。欧文②宗③昌黎，亦是粹然儒家言。但永叔④除文学外，在史学、经学方面，造诣俱深，著述并富。我们固可说欧阳氏乃一文学家，同时亦可说其是一史学家与经学家。但欧阳氏乃一大儒，则无可异议。

北宋诸儒，大体全如此，他们都能在经、史、文学三方面兼通汇合，创造出宋儒一套新面目。其间所有差别，则不过于三者⑤间，有倚重倚轻、偏长偏短。如王荆公⑥偏重在经学，司马温公⑦偏重在史学。荆公可说是儒家中之"理想派"，主要在讲《六经》、三代，崇奉上古史。温公可说是儒家中之"经验派"，主要在讲汉、唐中古史。北宋新旧党争，就儒家立场言，亦可谓是一种经学、史学之争。故新党执政时，太学诸生便趋于研究经学。迨⑧旧党得势，太学诸生又转而注重史学。此一种学风动鉴，直到南宋尚受波及。其次再说到二程"洛学"⑨，他们较近

---

① 欧阳修，字永叔，号醉翁、六一居士，北宋大臣、史家、文豪。

② 欧文：欧阳修之文。

③ 宗：（动词）以……为宗。

④ 永叔，即欧阳修，字永叔。

⑤ 三者：经、史、文学。

⑥ 工荆公，即工安石，字介甫，号半山，北宋大臣、文豪，封荆国公，世称"王荆公"，曾说服宋神宗变法，史称"王安石变法"。

⑦ 司马温公，即司马光，字君实，号迂叟，封温国公，世称"司马温公"，北宋大臣、史家，著《资治通鉴》。

⑧ 迨 [dài]：等到。

⑨ 二程"洛学"：北宋理学家程颢、程颐兄弟俩，称为"二程"，因其长居洛阳，其学说称为"洛学"。

于经学派。苏东坡"蜀学"①，则较近于史学派。但严格言之，苏氏父子②在当时及后代，均不目为纯儒。即就他们的文章看，其中颇多杂有纵横家、庄老道家言。在司马温公以后之洛、蜀、朔三党③分歧，若我们纯从学术立场上来看，大体当如我上之所指。因此三派间，学术立场本有不同，并不即就地区分党分派。

以上是说了北宋诸儒在综汇经、史、文学而成其为儒学之一面。但在另一面，则别有一种新儒家出现，我姑称之为"别出儒"，以别于上述之"综汇儒"，如周濂溪④、张横渠⑤、程明道、程伊川⑥诸儒皆是。他们与"综汇儒"之所异：一则他们都不大喜欢作诗文，似乎于文学颇轻视，另则他们亦似乎不大注意谈史学。即在经学方面，对两汉以下诸儒治经功绩，彼辈皆不甚重视。故他们之所学所创，后人又别称之为"理学"。我今乃就两汉以下儒学大传统言，故说宋代理学诸儒，乃系儒学中之"别出派"。

亦可说宋代理学诸儒与两汉以下儒学传统不同处即在此。然亦不宜过分作严格之划分。即如周濂溪《通书》，与其《太极图

①　苏东坡"蜀学"：苏东坡，即苏轼，字子瞻，号东坡居士，因其是四川人，其学说称为"蜀学"。
②　苏氏父子：苏洵、苏轼、苏辙，亦称"三苏"。
③　洛、蜀、朔三党：程颢、程颐（长居洛阳）为首一党，称为"洛党"；苏洵、苏轼（四川人）为首一党，称为"蜀党"，刘挚、梁焘（北方人）为首一党，称为"朔党"。三党均反对王安石变法，同时又相互攻讦。
④　周濂溪，即周敦颐，字茂叔，号濂溪，北宋理学家。
⑤　张横渠，即张载，字子厚，因是凤翔郿县横渠（今陕西眉县横渠镇）人，亦称"张横渠"，北宋理学家。
⑥　程明道、程伊川，即程颢、程颐。程颢，字伯淳，号明道，世称"明道先生"；程颐，字正叔，因长居洛阳伊川（今河南洛阳伊川县），亦称"程伊川"。

说》，则根据于《易经》而兼融之以《中庸》。横渠之学，亦以《易》为宗，以《中庸》为体，而于《六经》中《礼》之一部分尤其所特重。其所作《西铭》，二程取以与《大学》同时开示学者。程子①尝言《西铭》此文："我虽有此意，惜无此笔力。"可见"别出"诸儒，未尝不注意到文章之重要。但却不能说他们亦有一种文学观。明道在荆公行新法时，曾有上神宗皇帝《陈②治法十事疏》，可见明道亦未尝不注意历史往事与治平实绩。二程言义理，尤皆溯源《六经》，所谓"反求于《六经》，然后得之"，决非是一种门面语。而伊川尤穷其一生精力，著为《易传》。可见宋儒中"别出"一派，未尝不于儒学旧传统中所重之经、史、文学同时注意。唯彼等更注意在与当时之道、释③争衡，换言之，则是更注重在思想义理方面，故对两汉以来儒学旧传统，比较不如其对此后儒学开新方面之更受重视。彼等意见，认为超乎此传统的经、史、文学之上，当另有一番甚深义理须开发，因此遂成为"理学"，亦称"道学"，今人则称之为"义理之学"。元人修宋史，特为立《道学传》，以示别于从来之《儒林传》，此事颇滋后人非议。其实，在当时人观念中，经学诸儒与理学新儒，确乎有一种分别存在，《元史》为之别立一传，其事未可厚非。只是定要举道学而卑儒林，则落入门户之见，未得为平允而已。

---

① 程子：指程颢。
② 陈：陈述。
③ 道、释：道教、佛教。

自二程下传至南宋，有李延平①，为朱子②师，朱子于其师李延平之为学为人，描述甚备。我们即举李为例，便可想见我上面所谓"理学别出之儒与经、史、文学综汇之儒"之不同所在。但朱子虽出李氏门下，其学术门径又有一大变。朱子乃中国儒学史中一杰出之博通大儒，至今读其全书，便可窥见其学术路径之宏通博大，及其诗文辞章之渊雅典懿。朱子在此方面，可谓实是承绩北宋欧阳一派综汇之儒之学脉而来。但朱子之特所宗主钦奉者，则在濂溪、横渠、二程，所谓"别出之儒"之一支。于二程，尤所推尊。其所著《伊洛渊源录》一书，即以孔孟道统直归二程。朱子之学，可谓是欲以综汇之功而完成其别出之大业者。因此其对经学传统，亦予以甚大之改变，彼将《小戴礼》③中《大学》《中庸》两篇抽出，合《论语》《孟子》而定为《四书》。又另定《五经》读本。于《易》有《本义》，于《诗》有《集传》。《书经集传》则嘱咐其弟子蔡沈为之。史学方面，则承袭司马温公路向，认为司马氏之《资治通鉴》，即犹孔子当时之《春秋》，而特为加以纲目，此实远承王通"续经"之意见者。后人于王通则加轻视，于朱子则加推尊，此亦未为公允。于《礼》则有《仪礼经传通解》，以十七篇为主，取《大小戴》④及他书传所载系于礼者附之，又自为《家礼》一书，以当时可通行者私定之。于文学，则有《韩文考异》《楚辞集注》，所下

---

　　① 李延平，即李侗，字愿中，号延平，南宋理学家，二程弟子。
　　② 朱子，指朱熹，字元晦，又字仲晦，号晦庵，南宋理学家。
　　③ 《小戴礼》：《小戴礼记》，西汉经学家戴圣所编《礼记》（其叔父戴德所编《礼记》称为《大戴礼记》）。
　　④ 《大小戴》：《大戴礼记》《小戴礼记》合称。

功夫亦甚精湛。在经、史、文学三方面，皆有极深远之贡献，所影响于后来儒学者，可谓已远超北宋欧阳一派综汇诸儒之上。而观其《伊洛渊源录》一书，则知朱子所特别恭奉，乃在二程、周、张"别出"之一支。

朱子之学，大概如上述。然在朱子当时，即有与朱子极相反对之两学派出现。一派出自朱子好友吕东莱①之史学，下传而成浙东永嘉学派②，如叶水心③、陈龙川④等。朱、吕两人曾合编《近思录》，朱子又特命其子从学于东莱。然朱、吕二人究自有分别，一偏经，一偏史，门户划然，不啻如王安石之与司马光。而叶、陈二人则明白反对朱子，他们所提出之意见亦极有力量。水心反对朱子所定《四书》，否认孔、曾、思、孟⑤一线单传之观点。龙川则反对朱子《伊洛渊源录》之传统，认为汉唐儒学亦各有其地位，不得谓唯有北宋伊洛一派⑥始为孔孟传人。此两种意见实有使朱子难于自圆其说之处。

而当时反对朱子者，除浙东史学一派外，尚有江西心学一派，主要者为陆象山⑦。象山亦朱子好友，论学贵于简易直截。尝有问其学术传统者，象山答云"我读《孟子》而已"之一语。

① 吕东莱，即吕祖谦，字伯恭，世称"东莱先生"，南宋理学家、史家。
② 永嘉学派：南宋提倡事功之学的儒家学派，因其代表人物叶水心、陈龙川等均是浙东永嘉人，故名。
③ 叶水心，即叶适，字正则，号水心居士。
④ 陈龙川，即陈亮，字同甫，号龙川。
⑤ 孔、曾、思、孟：孔子、曾子（孔子弟子）、子思（孔子孙）、孟子。
⑥ 伊洛一派：即指二程学派，因二程讲学于伊洛一带，故名（伊、洛：河南二水名，即伊川、洛水）。
⑦ 陆象山，即陆九渊，字子静，因讲学于象山书院（位于今江西省贵溪县），亦称"象山先生"，南宋理学家。

故象山又曰：

> 学苟有本①，《六经》皆我注脚，尧舜以前曾读何书来②？

又曰：

> 即不识一字，亦将还我堂堂地做一个人。

儒学发展到了可以不读一书，甚至不识一字，可以自得于心，直接先圣真传，此诚可谓别出中之尤别出者。朱子欲令人先从事于泛观博览，而后归之约③。象山则欲先发明④人之本心，而后再及于博览，所谓"先立乎其大"。故象山以朱子教人为支离⑤，其贻⑥诗有云：

> 易简工夫终久大，
> 支离事业竟浮沉。

两人之相异，于此可见。然象山对明道、濂溪⑦仍极佩服。

---

① 苟有本：只要有本心。
② 尧舜以前曾读何书来：以前尧舜有何书可读？
③ 约：简约。
④ 发明：发现、明了。
⑤ 支离：琐碎。
⑥ 贻〔yí〕：赠。
⑦ 明道、濂溪：即程颢（号明道）、周敦颐（号濂溪）。

尤所佩服者，在明道。故曰：

> 二程见周茂叔①后吟风弄月而归，有"吾与点也"②之意，后来明道此意却存，伊川已失此意⋯⋯

故若谓濂溪、横渠、二程为儒学之别出，则象山实当为此"别出派"中之尤别出者。但此后儒学，终是朱子一派得势。抑且朱子后学，终是于经、史、文学，即朱子之兼采于北宋综汇之儒之一派，即象山所讥为"支离"者，实为最有成绩。其著③者，如金履祥、黄震、王应麟④下及胡三省、马端临⑤诸人皆是。他们都是兼通经史，亦不鄙视文学，虽承朱子上接伊洛，却与北宋"综汇儒"一派未见隔绝，抑且甚相近似。此一趋势，观《通志堂经解》⑥，即可知其梗概。即陆学传人，到底也仍会归到这一条路上来。

以下讲到元代。近代国人讲学，似对两个时代有所偏忽：一为忽视了魏晋、南北朝。此一时代人在经史、儒学方面之贡献，已在上提过。另一为忽视了元代人之学问。元儒讲经史之学，多流衍自朱子，其成就亦可观。其所为诗文亦皆卓有渊源，有传绪

---

① 周茂叔，即周敦颐（字茂叔）。
② 吾与「yǔ」点也：我予以点赞（与；「动词」同"予"）。语出《论语·先进》："夫子喟然叹曰：'吾与点也。'"
③ 著：著名。
④ 金履祥、黄震、王应麟，均为南宋后期儒家学者。
⑤ 胡三省、马端临，均为元代儒家学者。
⑥ 《通志堂经解》：清人徐乾学、纳兰成德所编撰之儒家经义丛书，收录先秦、唐、宋、元、明经解 138 种，共计 1800 卷。

可寻。明代开国规模，如政治制度、经济措施、社会改革、教育设计诸要项，实全有赖于元代人之学业遗绩。即如明初金华诸儒宋濂①、刘基②等，都在元代时孕育成材。此一情形，恰如隋唐盛运之有赖于南北朝时代之学术余绪，事同一律。中国儒学最大精神，正因其在衰乱之世而仍能守先待后，以开创下一时代而显现其大用。此乃中国文化与中国儒学之特殊伟大处，吾人应郑重认取。

明初却有许多与唐初相似处。明人有《〈五经〉〈四书〉大全》，正如唐初之有《五经正义》。此乃根据宋代朱学传衍，而此后即悬为功令③。一次大结集之后，即不能急速再有新创辟，因此明代经学不见蓬勃，亦如唐代。史学则元儒本不曾在此方面有大贡献，如马端临、胡三省等，皆偏重在旧史整顿，而于新史撰述则极少概见，远不能与魏晋南北朝相比，因此明代史学更见不振。而且，另有一点为唐、明两代之相似处。唐代自臻盛治，即轻视了南北朝。明人亦然，一入治平之境，也即轻视元人。唐、明两代人之兴趣与心力，多着眼到现实功业上面去，因此对前一代人之学术传统转多忽过。

以下再略论明代之文学，主要为前后七子④所倡导之"文必

① 宋濂，字景濂，号潜溪，祖籍金华潜溪（今浙江义乌），明初"开国文臣之首"。
② 刘基，字伯温，处州青田县（今温州文成县）人，故亦称"刘青田"，朱元璋谋士，明初"开国功臣"。
③ 功令：法律、命令。
④ 前后七子：前七子是指明代弘治、正德年间的七位学者，即：李梦阳、何景明、徐祯卿、边贡、康海、王九思、王廷相；后七子是指明代嘉靖、隆庆年间的七位学者，即：李攀龙、王世贞、谢榛、宗臣、梁有誉、徐中行、吴国伦。

秦汉，诗必盛唐"之拟古主义。但他们没有把握到唐代杜甫、韩愈以儒学纳入诗文中之一种绝大主要精神。即是说，他们没有体会到韩、欧①因文见道、以文归儒之新传统。因此，前后七子提倡文学，只知模拟古人之躯壳与声貌，却未得古人之神髓。这一运动尚不如建安②虽无灵魂，却能自见性情，他们所开创之新文学，纵不与儒学合流，但仍还有在文学上自己的立场。前后七子之模古，较之杜、韩③以后之复古运动，实是貌是神非，到头只落得一场大失败。迨嘉靖间，唐顺之④起，始走回北宋欧、曾⑤通顺之文体，以矫当时之俗弊。而唐顺之亦是一儒家，其学得自阳明⑥门下之王龙溪⑦，自谓对龙溪只少一拜，故到他手里，又能窥见了因文见道、以文归儒之大统绪。他撰有《文编》，所选大体依于儒家之准绳。较前有真德秀⑧选《古文正宗》，则太偏重在义理，而较忽略于辞章，重理不重文。荆川⑨文理两重，实为有胜蓝之功。接起有茅坤⑩、归有光⑪。茅鹿门⑫始著有《唐宋八大家⑬文钞》，实递承于唐顺之之《文编》而专选唐宋人之

① 韩、欧：韩愈、欧阳修。
② 建安：指魏晋时的"建安七子"。
③ 杜、韩：杜甫、韩愈。
④ 唐顺之，字应德，号荆川，明代儒学家、散文家。
⑤ 欧、曾：欧阳修、曾巩。
⑥ 阳明，指王阳明，即王守仁，字伯安，号阳明，明代理学家。
⑦ 王龙溪，即王畿，字汝中，号龙溪，"阳明学派"主要成员。
⑧ 真德秀，字景元，号西山，南宋后期理学家。
⑨ 荆川，即唐顺之（号荆川）。
⑩ 茅坤，字顺甫，号鹿门，明代散文家。
⑪ 归有光，字熙甫，号震川，明代散文家。
⑫ 茅鹿门，即茅坤（号鹿门）。
⑬ 唐宋八大家：唐两家，韩愈、柳宗元；宋六家，苏洵、苏轼、苏辙、欧阳修、王安石、曾巩。

文，八家之名于焉乃定。归有光亦是一儒家，兼通经史，沿续唐、茅一路，仍走上文学纳入儒学之新路向，下开清代之桐城派①。然上述诸人，均起在嘉靖后，以下又未能有继起之人，故明代文学，实无足称，远难与唐宋相比。

论及明代之理学，自必提到王阳明。阳明推尊象山，主"心即理"，并提出"良知"之说，后人合称为陆、王。陆、王之学为理学中之别出，而阳明则可谓乃"别出儒"中之最是登举造极者。因别出之儒，多喜凭一本或两本书，或凭一句或两句话作为宗主，或学的②，如二程常以《大学》《西铭》开示学者，象山则专举《孟子》，又特提"先得乎其大者"语。而阳明则专拈孟子"良知"二字，后来又会通之于《大学》而提出"致良知"三字，作为学者之入门，同时亦是学者之止境，彻始彻终只此三字。后来王门大致全如此，只拈一字或一句来教人。直到明末刘蕺山③又改提"诚意"二字。总之是如此，所谓"终久大"之"易简工夫"，已走到无可再易再简，故可谓之是④登举造极。然既已登举造极，同时也即是前面无路。至于阳明在文学方面之成就，则王门各派都已摆弃，远不逮⑤二程后有朱子，更可谓是王门"别出儒"中一大缺点。现在我们再总说"明儒"之路子，可谓其只有"别出儒"，而无"综汇儒"。而到晚明，则又爆出

---

① 桐城派：清代最大的散文流派，亦称"桐城古文派"，因其始祖戴名世、方苞、刘大櫆、姚鼐均系江南桐城（今安徽桐城）人，故名。

② 学的〔dì〕：学说之标的。

③ 刘蕺〔jí〕山，即刘宗周，字起东，号念台，因讲学于山阴蕺山（位于今绍兴市内），亦称"蕺山先生"，明代后期理学家。

④ 之是：至此。

⑤ 不逮：不及。

大反动。

五、儒学之"综汇期与别出期（下）"

现在说到儒学之第六期，即清代儒学，我仍将名之为儒学之"综汇期与别出期"。虽取名与第五期相同，但论其内容则不同。最先如晚明"三大儒"顾亭林①、黄梨洲②、王船山③，他们都又走上经、史、文学兼通并重即北宋"综汇儒"之一路，而都成为一代博通之大儒。此三人中，顾亭林大体一本④程、朱，还是朱子学之路向。船山在理学方面虽有许多不同意程、朱而一尊横渠⑤之处，但其为学路向，则仍还是朱子遗统。此三人中，最可注意者，乃是黄梨洲。梨洲学宗阳明，但他的学术路向实与亭林、船山相仿佛，亦主张多读书，亦博通经史，注重于文学，实亦极像北宋"综汇儒"一路。故他说：

> 读书不博，无以证斯理之变化。博而不求于心，是谓俗学。

此两句中更重要者乃在上一句，因下一句乃当时"别出儒"

---

① 顾亭林，即顾炎武，字宁人，号亭林，明末清初史家、训诂家。
② 黄梨洲，即黄宗羲，字太冲，号梨洲，明末清初经学家、史家。
③ 王船山，即王夫之，字而农，号姜斋，自署"船山遗老"（因居四川石船山），明末清初经学家、政论家。
④ 一本：一贯基于。
⑤ 横渠，即张载，亦称"横渠先生"。

之旧统绪，而上一句则另开了新方面，即是由别出重归到综汇，则和朱子学风实已无大分别。他的一部《明儒学案》，乃是一部极好的明代学术史，或说思想史。在他著此书前，他所须诵读之书何止数百千卷。而且，此书虽宗奉阳明，依然罗列各家，细大不捐①。此一路向，显然与陆、王当时意味有了甚大不同。我们正须在此等处看出学术之变化来。本来宋、明讲学之风，主要是"别出儒"，尤其是陆、王一派所重，而梨洲特称之为"讲堂锢习"，可想当时学术路向转变之急剧了。

黄梨洲之后有李穆堂②，他崇奉象山③，但他读书之多，也堪惊人。穆堂同时友生④有全谢山⑤，上接梨洲父子⑥有志未竟之稿而作《宋元学案》，此书之主要内容自在所谓"别出儒"理学之一面。但谢山此书，显然更是"综汇儒"之规辙，故他说：

> 此书以濂、洛之统⑦，而综合诸家，如横渠之礼教，东莱⑧之文献，艮斋⑨、止斋⑩之经制⑪，水心⑫之文章，莫不旁推而交通，联珠而合璧。

---

① 捐：弃。
② 李穆堂，即李绂［fú］，字巨来，号穆堂，清代理学家、诗文家。
③ 象山，即陆九渊，亦称"象山先生"。
④ 友生：门生（同学）。
⑤ 全谢山，即全祖望，字绍衣，号谢山，清代史家。
⑥ 梨洲父子：黄宗羲（号梨洲）及其子黄百家。
⑦ 濂、洛之统：濂溪（周敦颐）、伊洛（二程）之传统。
⑧ 东莱，即吕祖谦，世称"东莱先生"。
⑨ 艮斋，即薛季宣，号艮斋，南宋永嘉学派创始人。
⑩ 止斋，即陈傅良，号止斋，前承薛季宣，后启叶适（水心）。
⑪ 经制：经理节制。
⑫ 水心，即叶适，号水心居士。

此种学风，与濂溪、二程以下理学精神显有歧出。而与朱子之崇奉伊、洛而最走综汇诸儒之路，有其极大的相似。

梨洲、谢山以后有章实斋①，亦承黄、全②学风，那时已是清代乾嘉③盛时，他分析并时④学派，谓梨洲以下为"浙东之学"，属史学；亭林以下为"浙西之学"，属经学。又谓浙东渊源阳明，浙西渊源朱子。此一分别，在彼亦谓是根据史实。唯此处须再指出者，实为当时学风之转向。亭林尝言：

> 古今安得别有所谓理学哉？经学即理学也。

我们若套用亭林此语来替实斋说话，亦可谓"古今安得别有所谓心学哉？史学即心学也"。由陆、王一派之心学，转出梨洲、谢山、实斋之史学来，此事大堪注意。故我谓清初诸儒之学，虽一面承接宋儒理学传统，而其实已由"别出儒"重回到"综汇儒"。而最可注意者，则正是由梨洲至实斋这一派所谓的"浙东史学"。而同时他们亦都注重文学。他们自称承接陆、王，而学风之变如此，则浙西亭林一派渊源朱子的自可不问而知。

近人又常说清代史学不振，此亦未必全是。清人只于近代史方面以多所避忌，而少发展。但清儒在史学上仍有大贡献。即就浙东黄、全一派言，其最大贡献有两方面：一则为学术史与人物

---

① 章实斋，即章学诚，字实斋，号少岩，清代史家。
② 黄、全：黄梨洲（黄宗羲）、全谢山（全祖望）。
③ 乾嘉：乾隆、嘉庆。
④ 并时：同时代。

史方面，试读清人之《碑传集》，此实为一种创辟之新文体，不仅唐宋古文家昌黎、永叔①无此造诣，即《史》《汉》②以下各代正史、列传亦不能范围其所成就。此一新文体实渊源于梨洲《学案》，迄于谢山《鲒埼亭集》中所为之新碑传而栋宇大致，规模始立。此为清儒在史学上一大贡献。清儒史学之又一贡献，则为章实斋所提倡之方志学，此为历史中之方域史或社会史，其渊源乃自谢山表彰乡土人物递禅③而出。若更远溯之，则东汉及魏晋诸儒已开了此史学之两面，实已远有端绪。唯全、章④新有创辟之功，也不该抹杀。

现在，我们再转到清代经学方面。自亭林下至乾嘉盛时之戴东原⑤，恰与实斋同时，经学之盛，如日中天。但最先是由儒学而治经学，其后则渐渐离于儒学而经学成为别出，又其后则渐渐离于经学而考据成为别出，此为清儒经学之三大变。最先经学尚未脱离儒学之一时期，如阎百诗⑥之辨《古文尚书》、胡朏明⑦之辨《易图》与考《禹贡》、顾栋高⑧之治《春秋左传》，如此之例，莫非经史景通⑨，综汇包举，不失为一种有体、有用之学。越后则经学脱离了儒学，他们说："训诂⑩明而后义理明。"于是

---

① 昌黎、永叔，即韩愈、欧阳修。
② 《史》《汉》：即《史记》《汉书》。
③ 递禅：逐步转化。
④ 全、章：全谢山、章实斋。
⑤ 戴东原，即戴震，字东原，清代经学家，精于考据、训诂。
⑥ 阎百诗，即阎若璩，字百诗，清代经学家。
⑦ 胡朏明，即胡渭，字朏明，清代经学家。
⑧ 顾栋高，字震沧，清代经学家。
⑨ 景通：相通。
⑩ 训诂：古文字解释。

只讲训诂，而把义理转搁一旁。他们又要追溯两汉博士家法，专为两汉博士重立门户，于是变成经学独立，渐与儒学无关。又后则更不是经学了，而仅见为是一种考据之学。考据独立成为一种学问，经学亦仅视为一堆材料。他们把同样的目光来治史，史亦成为一堆材料。材料无尽，斯考据工作亦无尽。此后清儒论学，乃若唯有考据一途始可上接先圣真传，此实可谓"考据学之别出"。又于考据学中别出了一种训诂学，此即所谓"小学"。故清人乾嘉以下论学，乃若孔孟以下，特足重视者，唯有许叔重、郑康成①两人。其后又超越了许、郑而特别重视汉博士中《公羊》一家②，于是儒学传统中，只剩了董仲舒与何休③。我无以名之，则只有仍名之为是一种别出之学，即宋儒别出之学之又一变相，而不免每下愈况了。宋代别出诸儒只尊《孟子》，此后即直接伊、洛。清代别出之儒只尊《六经》，许、郑以后即直接清儒。下至晚清今文学《公羊》一派，此犹明代理学中有陆、王，可谓亦已登举造极，于《六经》中只尊《春秋》，于"三传"④中只尊《公羊》，则又是别出中之别出了。

在此须连带提及清代之桐城文派，此派承续明代归有光，上接唐宋八家，主张因文见道，以文归儒道一路。其中心人物姚

① 许叔重、郑康成，即许慎（字叔重）、郑玄（字康成），均为东汉学者。许慎作《说文解字》，训诂学始祖；郑玄注《毛诗》《周易》《论语》，注疏学始祖。

② 《公羊》一家：即汉《春秋公羊传》博士，董仲舒曾任这一学官。

③ 何休，即何子，东汉今文经学家。

④ "三传"：《春秋》的三个版本，即《春秋左传》（春秋末鲁国史官左丘明所传）、《春秋公羊传》（战国时齐国人公羊所传）、《春秋谷梁传》（战国时孔子门徒子夏的弟子谷梁赤所传）。

鼐，与同时经学大师戴震，均倡义理、考据、辞章三者不可偏废之说，应可说其均是综汇之儒之主张。可惜当时经学诸儒兴趣已太集中在考据、训诂方面，而桐城文派中亦少有大气魄人，真能从义理、考据、辞章三面用力。他们只在修辞方面，遵守宋儒义理，如不虚饰、不夸大，不失儒家榘矱①。而论其文章内容，则颇嫌单薄，甚至空洞无物。直到曾国藩②"湘乡派"，由姚氏《古文辞类纂》扩大而为《经史百家杂钞》③，又主于义理、考据、辞章以外，再增"经济"④一目，可谓求于文学立基而加进综汇功夫，可以上承北宋欧阳遗绪⑤。而经学家中自阮元⑥下逮⑦陈澧⑧，亦渐有主张"经史兼通、汉宋兼采"之趋势，双方渐相接近。而陈澧亦极重韩文⑨，但此双方之力量，依然抵不住后起今文学家之掩胁⑩，而终于别出一派单独主持了一时的风尚。

此刻要谈到中国后半部儒学史中之所谓"道统⑪"问题。因凡属"别出之儒"，则莫不以道统所归自负。此一观念，实由昌

① 榘［jǔ］矱［yuē］：规矩、法度。
② 曾国藩，字伯涵，号涤生，晚清重臣、理学家、散文家、"湘乡派"鼻祖。
③ 《经史百家杂钞》：曾国藩所编纂之古文精华集。
④ 经济："经国济世"之简称（泛指民生杂务）。
⑤ 遗绪：传统。
⑥ 阮元，字伯元，号芸台，清代学者、朝廷重臣，历乾隆、嘉庆、道光三朝，先后任礼部、兵部、户部、工部侍郎。
⑦ 逮：及、至。
⑧ 陈澧［lǐ］，字兰甫，号东塾，晚清学者，受聘为"学海堂"学长，达 27 年之久，其弟子被称"东塾学派"。
⑨ 韩文：韩愈之文。
⑩ 掩胁：影响。
⑪ 道统：传道系统（尤指儒家）。

黎韩氏①首先提出②。《原道》③ 云：

> 尧以是④传之舜，舜以是传之禹、汤、文、武、周公，
> 文、武、周公传之孔子，孔子传之孟子，孟子之死，而不得
> 其传。

韩氏则隐然以此道统自负。此一观念，显然自当时之禅宗⑤
来，盖唯禅宗才有此种一线单传之说法。而到儒家手里，所言道
统，似乎尚不如禅宗之完美。因禅宗尚是一线相继，绳绳不绝。
而儒家的道统则变成斩然中断，隔绝了千年以上⑥，乃始有获得
此不传之秘的人物突然出现。这样说来，总是不大好。因此，宋
儒虽承受昌黎此观念，但觉自孟子到昌黎，中间罅缝⑦太大，遂
为补进董仲舒、扬雄、王通数人。但仍还是数百年得一传人，中
间忽断忽续，前后相望，寥若晨星，即求如千钧一发、不绝如缕
的情形而亦不可得。下至程伊川⑧，又谓须至其兄明道⑨始是直

---

① 昌黎韩氏，即韩愈（号昌黎）。
② 其实最早出自孟子。见《孟子·尽心下》："由尧、舜至于汤，五百有余
岁，若禹、皋陶，则见而知之；若汤，则闻而知之。由汤至于文王，五百有余岁，
若伊尹、莱朱，则见而知之；若文王，则闻而知之。由文王至于孔子，五百有余
岁，若太公望、散宜生，则见而知之；若孔子，则闻而知之。由孔子而来至于今，
百有余岁，去圣人之世若此其未远也，近圣人之居若此其甚也，然而无有乎尔，
则亦无有乎尔！"
③ 《原道》：韩愈名文"三原"（《原道》《原性》《原毁》）之一。
④ 以是：以此。
⑤ 禅宗：佛教一宗派，为汉人所创。
⑥ 从孟子到韩愈，有一千多年。
⑦ 罅［xià］缝：间隔。
⑧ 程伊川，即程颐（号伊川）。
⑨ 明道，即程颢（号明道）。

继孟子真传，中间更无别人插入。以此较之崇拜昌黎的一般说法，意态更严肃，而门户则更狭窄了。朱子始在二程同时又补进了濂溪与横渠①。但以前那一段大罅缝，终是无可填补。那岂不是孟子死后，道统之传，已成一大秘密，而此世界，亦成一大黑暗！抑且②孔孟之间亦早有一段脱节，于是朱子再根据二程意见，特为补进曾子、子思③，于是总算自孔子起一线单传了四代，但亦总觉得太孤伶、太萧索了。当时叶水心即根本反对此说，认为孔子之学并非只传了曾子一人。即连孟子，也未必可说由他一人尽获得了孔子之真传。陈龙川则谓汉唐诸儒，也不能说他们全不得孔子之传。这中间一段长时期，也不能说全是黑暗，无丝毫光明。但到陆象山又要抛开濂溪、二程，把他自己来直接孟子。此后虽像程、朱传统较占了上风，而到明代王阳明，又是尊陆抑朱④。此等争持，也绝似禅宗之有南能北秀⑤，究是谁得了道统真传，其实并无证据，则争辩自可永无了局。此实又不如禅宗，一面尚还有衣钵信物作证⑥，而曹溪⑦以下不再把衣钵传人，则更为一项绝顶聪明之办法。此下禅学大盛，也可说六祖⑧之摒弃衣钵亦是一大因缘。惜乎宋明道学诸公，却不了解此中意味。

---

① 濂溪与横渠，即周敦颐（号濂溪）与张载（号横渠）。
② 抑且：况且。
③ 曾子，名参，字子舆，孔子弟子。子思，即孔伋，字子思，孔子孙子。
④ 尊陆抑朱：尊陆象山，抑朱熹。
⑤ 南能北秀：南禅祖师惠能、北禅祖师神秀。
⑥ 指北禅祖师神秀。
⑦ 曹溪：指惠能（惠能弘扬"南宗禅法"始于华南寺，而华南寺位于广东曹溪之畔，因而人称"曹溪惠能"）。
⑧ 六祖：即惠能（南禅认其为第六祖）。

关于宋明两代所争持之道统，我们此刻则只可称之为是一种主观的道统，或说是一种一线单传的道统。此种道统是截断众流，甚为孤立的，又是甚为脆弱，极易中断的。我们又可说它是一种易断的道统。此种主观的、单传孤立的、易断的道统观，其实纰缪①甚多。若真道统，则须从历史文化大传统言，当知此一整个文化大传统即是道统。如此说来，则比较客观，而且亦决不能只是一线单传，亦不能说它老有中断之虞。韩昌黎所谓：

孔子之道，大而能博，门弟子学焉，而皆得其性之所近。其后，源远而末②益分③。

此说可谓近于实情。故自孔孟以至今日，孔孟之道其实何尝中断！亦可谓："孔孟之道未坠于地，在人，贤者识其大，不贤者识其小，何莫非有孔孟之道！"如此说来，好似把讲孔孟者的地位抑低些，但却把孔孟之道的地位更抬高了。若定要抬高自己身份，认为只有他乃始获得孔孟真传，如此则把孔孟之道反而抑低了。又且如宋儒，一面既是盛推曾点④与漆雕开⑤，像是别具只眼，其实如照此等说法推演，难道孔子复生，反不把荀卿、董仲舒、王通、韩愈诸人也当作他的传人，而定要摈之门墙之外

---

① 纰缪：纰漏、谬误。
② 末：最后。
③ 益分：溢分（水多而分流）（益：古同"溢"）。
④ 曾点，字皙，孔子弟子曾参之父，比孔子仅小6岁，为孔子早期弟子之一。
⑤ 漆雕开，姓漆雕，字子开，孔子弟子，著有《漆雕子》十三篇。

吗？故就历史文化大统言，宋儒此种道统论，实无是处。黄梨洲弟子万斯同，曾作《儒林宗派》一书，此书虽亦尽多可议①，然把儒学门户广大开放，较之宋儒主观的、一线单传的、孤立的、易断的道统观，则确已开明多了。

此后，清儒立意反宋学，却想不到又来高抬汉学，严立门户，似乎孔孟之学，到宋儒手里，反又中断了。不仅如此，即宋儒以前如《十三经注疏》等，清儒也看不起，就中②只看重了郑康成③一人。后来连郑康成也不信任，定要推到西汉董仲舒，但又不得不牵上了东汉之何休。这直④可谓进退失据，而末流推衍所及，出来一个康有为，自认只有他，才能再接上此一统绪。试问此种说法，岂不荒唐可笑！但推原⑤其始作俑者，则不得不仍回到宋儒道学诸公的身上。固然，宋明道学诸儒在中国儒学传统里有其甚大之成就与贡献，但此一狭窄的道统观，却不能不说由他们创始。至于清代诸儒，存心要反对宋儒理学一路，而不知自己仍陷在理学家的道统圈里，依着别人家的墙壁，来建造自己的门户，那就更可笑了。

以上分着六时期大体叙述中国的儒学演进史，到此已粗可完毕。若我们真要对中国文化传统有一真认识，关于上面所讲六时期之儒学演进，决不能搁置不理。若此后中国文化传统又能重获

---

① 可议：可商议。
② 就中：其中。
③ 郑康成，即郑玄（字康成）。
④ 直：简直。
⑤ 推原：追溯。

新生，则此一儒学演进必然会又有新途径出现。但此后的"新儒学"究该向哪一路前进？我想此一问题，只一回顾前面历史陈迹，也可让我们获得多少的启示。不烦我们再来作一番具体的预言，或甚至高唱一家一派式的强力指导。如韩愈所谓"开其为此，禁其为彼"，总不是一好办法。韩愈尚所不为，我们自可不走此绝路。昔邵雍①临终，伊川②与之永诀，雍举两手示伊川，曰："面前路径须令宽，路窄则自无着身处，况能使人行？"我们今天来讲中国文化，也就不该只讲一儒家，又况在儒家中标举出"只此一家、别无分出"的一项充满主观意见的、又是孤立易断的道统来？这是我这一番讲演最终微意所在，盼在座诸君体取此意，各自努力去。

---

① 邵雍，字尧夫，北宋理学家。
② 伊川，即程颐（号伊川）。

儒道佛系列之二 【详注本】

梁启超 章太炎 胡适 林语堂 等著

十位国学大师

论道

刘文荣 选注

文匯出版社

图书在版编目（CIP）数据

十位国学大师论道／梁启超等著；刘文荣选注. —
上海：文汇出版社，2020.7
（儒道佛系列. 十位国学大师说儒、论道、谈佛）
ISBN 978 - 7 - 5496 - 2953 - 4

Ⅰ.①十… Ⅱ.①梁… ②刘… Ⅲ.①道教—中国—
文集 Ⅳ.①B958 - 53

中国版本图书馆 CIP 数据核字（2020）第 085856 号

十位国学大师论道

著　　者／梁启超　章太炎　胡　适　林语堂　等
选　　注／刘文荣

责任编辑／陈今夫
封面装帧／薛　冰

出版发行／文汇出版社
　　　　　上海市威海路 755 号
　　　　　（邮政编码 200041）

经　　销／全国新华书店
排　　版／南京展望文化发展有限公司
印刷装订／启东市人民印刷有限公司
版　　次／2020 年 7 月第 1 版
印　　次／2020 年 7 月第 1 次印刷
开　　本／890×1240　1/32
字　　数／590 千字
印　　张／27.75

ISBN 978 - 7 - 5496 - 2953 - 4
定　　价／128.00 元（全 3 册）

前言

　　道学是中国传统文化的核心之一，欲知传统文化，不可不晓道家学说。

　　何为"道"？其实，先秦百家，儒家、法家、墨家、纵横家，都说"道"；只是，各家所说的"道"，意思并不一样。道家专说"道"，以"道"立说，所以称其为"道家"。那么，道家所说的"道"，是指什么？据道家始祖老子称，"有物混成，先天地生。寂兮寥兮，独立而不改，可以为天地母。吾未知其名，字之曰'道'……"（《道德经》第25章）。什么意思？他是说："有一个东西混然而成，在天地形成以前就已经存在。听不到它的声音也看不见它的形体，寂静而空虚，不依靠任何外力而独立长存、永不停息，循环运行而永不衰竭，可以作为万物的根本。我不知道它的名称，所以勉强称之为'道'。"可见，他所说的"道"，没有确切定义，而是一个含混概念。不过，根据老子在《道德经》里对"道"一词的使用，大致可以归纳出"道"的六种含义，分别是：（1）泛指万物之通理；（2）泛指万物之本源；（3）泛指万物之现象；（4）专指人伦之美德；（5）专指个人之修行；（6）专指人格之状态。这六种含义，显然是相互关联的，而且都指向同一种东西。但是，这种东西又难以命名，或者说，难以用语言直接表述，因为它超越了语言本身。所以，老子在《道德经》一开始就说："道可道，非常道。"——"道"是只可意会、不可言传的（详见本书所选唐君毅《老子言道之六义》一文）。

那么，何谓"道家"？或者说，道家由何而来？据考证，道家起源于战国末年的"黄老之学"（相传老子之学源于黄帝，故合称"黄老之学"），而"黄老之学"，则起源于春秋时齐国的阴阳五德之说和神仙之说。因为这一派强调自然变化的天道观念，所以称作"道家"。不过，需要说明的是，并非在老子的时候就有"道家"之名。实际上，"道家"之名要晚至汉代才有，指的是战国后期新起的"黄老之学"。道家在西汉初年可谓人丁兴旺，但自汉武帝采纳董仲舒"废黜百家，独尊儒术"之言后，道家从此就只能"屈居第二"了（详见本书所选胡适《道家的来源与宗旨》一文）。

那么，道家所持的是怎样一种学说呢？简单说来，就如儒家以人之道为核心，道家以天之道为核心。所谓天之道，就是自然之道，就是以自然为最高准则。老子说："人法地，地法天，天法道，道法自然。"这里的"自然"，是自然而然的意思，不是指具体的自然界，而是指抽象的自然法则。既然人最终必须"法"（遵循）自然法则，所以其自身是没什么可做的，也无须做什么，遵循天道（自然法则）、顺其自然就行了，而且是最佳选择。这就是"无为"，道家学说的核心概念——道家的其他思想都是从这一概念推演出来的。譬如，道家的处世思想，强调谦恭，强调柔和、忍耐、与世无争，认为"上善若水，水善利万物而不争"（《道德经》第8章），就基于"无为"。再譬如，道家的生死观，"生也，死之徒（同类）；死也，生之始，孰知其纪（端绪）！人之生，气之聚也；聚则为生，散则为死。若死生之徒，吾又何患！"（《庄子·知北游》）也同样基于"无为"（详见本书所选林语堂《〈老子的智慧〉序论（二）》一文）。

那么，道家的政治思想又如何呢？一句话，"无为而治"。用老子的话来说，"我无为而民自化。我好静而民自正。我无事而民自富。我无欲而民自朴"（《道德经》第57章）。这里的"我"，拟指君主。君主"无为""好静""无事""无欲"（也就是不折腾），民众"自化""自正""自富""自朴"，此乃自然之道；反之，"天下多忌讳而民弥贫；民多利器，国家滋昏；民多伎巧，奇物滋起；法令滋彰，盗贼多有"（《道德经》第57章），就是因为"有为"。总之，"罪莫大于可欲，祸莫大于不知足，咎莫大于欲得"（《道德经》第46章），所以要清静、无为——这是道家的处世之道，也是道家的政治理想（详见本书所选梁启超《道家思想》一文）。

道家学说作为传统文化的核心之一，其影响不言而喻。如果说，儒家的影响主要在政法文教方面，那么道家的影响主要是在市井民俗方面。譬如，民间的许多俗语，如"多一事不如少一事""多做多错，少做少错，不做不错"等，就浸透着道家的无为思想。至于历代士大夫，道家的"谦让、忍耐、不争"之说对于他们来说，则往往成为其官场失意时的一种安慰剂，即所谓"进有孔孟，退有老庄"——官场得意，治国平天下；官场失意，且作逍遥游。儒家和道家，可说是中国传统文化的两大支柱（后来引进的佛教，其作用和道学差不多），两者相互支撑而保持平衡，从而使中国传统文化在两千多年间平稳延续。

然而，到了 20 世纪初，中国传统文化遭遇了前所未有的危机。原因是西方文化的"入侵"。在与西方文化几经较量（这种较量甚至直接表现为军事冲突）后，中国传统文化最终失败了。面对这一事实，中国不得不迅速求变，迅速建立新文化，以适应世界——或者，毋宁说，适应强势的西方文化。基于此，作为传统文化的核心之一的道家学说，也和儒家学说一样受到诸多学者的猛烈批判。

确实，不批判旧文化，新文化无以建立。然而，建立新文化不是换一双新鞋，只要扔掉旧的、穿上新的就行。旧有的传统文化渗透在方方面面，你只能把它一步步更新，而不可能把它一下子扔掉。换句话说，文化只能"旧翻新"，不可能"旧换新"。既然是"旧翻新"，过程一定很漫长。而这，就是我们今天仍有必要关注传统文化、关注道家学说的原因所在，因为即使到了今天，传统文化的影响、道家学说的影响，仍然随处可见。

如何看待这些影响，是当代人的课题。本书的选编，就旨在为当代人提供重要参考。因为本书所选篇目，均出自近现代国学大师之手，而且有十位之多，很能代表近现代中国学界对道家学说的认知与反思，可供读者了解和探讨。

刘文荣

2018 年 8 月于上海

目录

梁启超简介

梁启超（1873—1929），字卓如，一字任甫，号任公、饮冰子，别署饮冰室主人，广东新会人，近代政治家、国学大师。幼年时从师学习，十七岁中举，后师从康有为。戊戌变法前，与康有为一起联合各省举人发起"公车上书"运动。戊戌变法（1898）失败后，与康有为一起流亡日本。1912年（已成立民国），返回北京，在民国政府中任职。后辞去职务，自建党派和团体继续从事政治活动，至五十六岁时突然罹病去世。其学术研究和著述大多与其政治活动相关，即致力于"新政"与"新学"（即现代新政治与新文化）之建立，因而堪称"新文化运动"先驱。基于其有如此宏愿，其研究范围亦极广，古今中外，哲学、文学、史学、经学、法学、伦理学、宗教学，无不关注，且均有建树；尤其于国学方面，堪称"新国学"开创者。其著述之丰，也属罕见，在其二十岁后的三十六年生涯中，平均每年有近四十万字著述，总数达一千四百多万。其文集《饮冰室合集》在其生前就陆续出版，直至其去世后的1936年，共出版一百四十册。1999年，北京出版社出版《梁启超全集》二十一卷。

道家思想①

梁启超

　　道家哲学，有与儒家根本不同之处。儒家以人为中心，道家以自然界为中心。儒家、道家皆言"道"，然儒家以人类心力为万能，以"道"为人类不断努力所创造，故曰："人能弘②道，非道弘人。"道家以自然界理法为万能，以"道"为先天的存在

---

①　本文系《先秦政治思想史》（1922，载《梁启超全集》第十二卷）第八章，题目为原书所有。顾名思义，本文论述的是道家的政治思想。这是我国最早对照西方政治理论就道家政治思想所作的全面论述（注：虽然文中只有几处直接提到西方政治理论，但作者的视野显然已超越前辈论者，其立意也显然高于前辈论者）。本文的要点是：（一）道家崇尚"道"，"道法自然"，即"道"是万物的尽极原因，一切都源于"道"；然而"道"又是不可认识的（"道可道，非常道"），所以只能顺应，不可对它有所作为（即"无为"）。（二）基于此种哲学，道家的政治思想核心也就是"无为而治"，即君主不可想方设法"治"国，而是要顺应自然，否则会越治越乱；因为道家相信，"民莫之令而自正"（这是由"道"决定的）。（三）"无为而治"并非君主无所事事，而是仍须有所"为"，只是此"为"是"为无为"，亦即是"无为"而"为"；具体做法就是君主自己要"少私寡欲"，同时"常使民无知无欲"，也就是君民一起自觉愚化（因为"大道废，有仁义；智慧出，有大伪"，"愚"才合乎"道"，"愚"的状态，也就是"治"的状态）。（四）对于道家思想，作者有两点看法：一是道家之"失"，在于"以人与物同视"，亦即"不体验人生以求自然"，而"以物理界或生物界之自然"规范"人生之自然"，"结果处处矛盾而言之不复能成理"。二是道家之"得"，在于"将人类缺点尽情揭破，使人得反省以别求新生命"，更使人"撇却卑下的物质文化，去追寻高尚的精神文化"，这不能不说是其极有价值之处。

②　弘：弘扬。

且一成不变，故曰：

人法地，地法天，天法道，道法自然①。（《老子》）

"道"何自来耶？彼宗②以为：

有物混成，先天地生③。寂兮寥兮，独立不改，周行而
不殆，可以为天下母④。吾不知其名，强字之曰⑤"道"。
（《老子》）

"道"不惟在未有人类以前而且在未有天地以前，早已自然
而然的混成，其性质乃离吾侪⑥而独立，且不可改。因此之故，
彼宗以为，以人类比诸"道"所从出之"自然"，则人实极么
么⑦且脆弱，故曰：

吾在天地之间，犹小石、小木之在大山也。（《庄子·秋
水篇》）

---

① 法：（动词）效法。自然：自己（老子所说"自然"，不是后世所说的自然
界。后者是指"天地"，而老子称，道"先天地生"，是"天下母"；也就是说，
在道之前，没有任何东西。因而，道可"法"的，只有其自身。换言之，道无所
"法"，本来如此，永远如此）。

② 彼宗：那一派（指道家）。

③ 混成：混沌而成。先：（动词）先于。

④ 寂兮寥兮：无声无息。改：变。周行：周而复始。殆：停息。可以为：可认
为（是）。天下母：天下（万物）之母。

⑤ 强字之曰：勉强称之为。

⑥ 吾侪 [chái]：吾辈、我们。

⑦ 么么：同"末末"，粉末中的粉末，微小。

此天地间幺麽脆弱之人类，只能顺着自然界——最多不过补助一二，而不能有所创造。故老子曰：

以辅万物之自然而莫敢为①。

韩非子②引喻以释之曰：

宋人有为其君以象为楮叶③者，三年而成。丰杀茎柯，毫芒繁泽，乱诸楮叶之中而不可别也④。此人遂以功食禄⑤于宋邦。列子闻之曰："使天地三年而成一叶，则物之有叶者，寡矣。"⑥ 故不乘天地之资，而载一人之身⑦，不随道理之数⑧，而学一人之智，此皆一叶之行也。故冬耕之稼，后稷不能羡也⑨；丰年大禾，臧获不能恶也⑩。以一人力，后稷不足，随自然则臧获有余，故曰"恃万物之自然而不敢

---

① 辅：辅助。自然：本然（原本怎样）。为：有所作为（即想改变"道"）。
② 韩非子，即韩非，战国末期韩国君主之子，师从儒家荀子，后成法家代表，曾辅佐秦国君主。
③ 以象为楮［chǔ］叶：用象牙雕刻成楮叶的样子（楮：树名，叶如桑）。
④ 丰杀茎柯，毫芒繁泽：宽狭、筋脉、绒毛、色泽（都很像）。乱诸：随便放之于。
⑤ 食禄：食以俸禄（得官衔）。
⑥ 列子，即列御寇，战国时郑国道家学者。寡：少。
⑦ 乘：乘坐（利用）。资：资源。载：依靠。
⑧ 道理之数：道与理的天数。
⑨ 冬耕之稼：冬天耕种庄稼。后稷不能羡也：后稷也不可能指望（收成）（后稷，传说中的天帝之子，教民耕种。羡：希望）。
⑩ 大禾："大"作动词，使成长；禾：谷物。臧获不能恶也：奴隶也不可能弄坏（收成）（臧获，字面义为"好获"，原指俘虏，因俘虏通常沦为奴隶，后用来指称奴隶。恶：作动词，使不好）。

为"也。(《喻老》)

此论正否认人类之创造能力，以为吾人所自诧①为创造者，其在自然界中，实渺小不足齿数。以吾观之，人类诚不能对于自然界有所创造，其所创造者乃在人与自然界之关系及人与人之关系。虽然，彼宗不承认此旨，盖儒家以宇宙为"未济"的，刻刻正在进行途中。故加以人工，正所以"弘道"。道家以宇宙为已"混成"的，再加人工，便是毁坏它。故老子曰：

为者败之，执者失之②。

庄子设喻③曰：

南海之帝为儵，北海之帝为忽，中央之帝为浑沌。儵与忽时相与遇④于浑沌之地，浑沌待之甚善。儵与忽谋报浑沌之德，曰："人皆有七窍以视听食息⑤，此独无有⑥，尝试凿之。"日凿一窍，七日而浑沌死。(《应帝王》)

---

① 诧［chà］：骗（如"甘言诧语"）。
② 为者败之：有为者必败（"为"指不合天道之作为。老子倡"无为"，意即：顺其自然）。执者失之：进取者必失（按老子意，进取不合天道，故必失之）。
③ 设喻：设置比喻。
④ 时相与遇：时而相遇。
⑤ 七窍：人头部七个孔，双目、双鼻孔、双耳和嘴。视听食息：目视、耳听、嘴食、鼻息（呼吸）。
⑥ 此独无有：只有这个浑沌没有（七窍）。

彼宗认"自然"为绝对的美、绝对的善，故其持论正如欧洲十八世纪末卢梭①一派所绝叫的"复归于自然"，其哲学上根本观念既如此，故其论人生也，谓：

　　含德之厚者，比于赤子②……骨弱筋柔而握固……精之至也③。终日号而不嘎，和之至也④（《老子》）。

比言⑤个人之"复归于自然"的状态也。其论政治也，谓：

　　民莫之令而自正⑥。（《老子》）

此与儒家所言"子率以正，孰敢不正⑦"正相针对。又谓：

　　我无为而民自化⑧。我好静而民自正。我无事而民自富。我无欲而民自朴。（《老子》）

---

　　① 卢梭，18世纪法国启蒙哲学家、欧洲浪漫主义先驱，其哲学宗旨是"返回自然"，以此制衡当时的主流思潮——理性主义。
　　② 含德之厚，比于赤子：有德而淳厚的人，就如婴儿般（纯真自然）（赤子：婴儿，喻无杂念，如"赤子之心"）。
　　③ 握固：双手有力。精之至也：精神所导致。
　　④ 号：呼号。嘎［gā］原指鸭叫，转义为声音嘶哑。和之至也：和气所导致。
　　⑤ 比言：比喻。
　　⑥ 民莫之令而自正：民众不用对其发号施令而会走正道。
　　⑦ 子率以正，孰敢不正：你（指君主）带头走正道，谁敢不走正道。
　　⑧ 我无为而民自化：君主不折腾而民众自会化育（即无为而治。我：拟指君主。自化：自然醇化）。

此与儒家所言"上①好礼，则民莫敢不敬……""君子笃于亲②，则民兴于仁……"等语，其承认心理感召之效虽同，然彼为有目的的选择，此为无成心之放任，两者精神乃大殊致③。道家以为必在绝对放任之下，社会乃能复归于自然，故其对于政治，极力的排斥干涉主义。其言曰：

> 马，蹄可以践霜雪，毛可以御风寒，龁④草饮水，翘足而陆（司马彪云：陆，跳也），此马之真性也。……及至伯乐曰："我善治马。"烧之、剔之、刻之、锥之⑤，连之以羁絷、编之以皂栈，马之死者十二三矣⑥。饥之、渴之、驰之、骤之、整之、齐之⑦，前有橛饰之患，而后有鞭箠之威⑧，而马之死者已过半矣。陶者曰："我善治埴，圆者中规，方者中矩。"⑨匠人曰："我善治木，曲者中钩，直者应绳。"⑩夫埴、木之性，岂欲中规矩、钩绳哉⑪。然且世世称之曰："伯乐善治马，而陶、匠善治埴、木。"此亦治天下者之过⑫

---

① 上：指君主（皇上）。
② 笃［dǔ］于亲：固守孝心（笃：定。亲：孝）。
③ 大殊致：大不同。
④ 龁［hé］：嚼。
⑤ 烧之、剔之、刻之、锥之：钉马蹄所做的。
⑥ 连之以羁絷：戴上马笼头。编之以皂栈：系在马厩里。十二三：十有二三。
⑦ 饥之、渴之、驰之、骤之、整之、齐之：驯马所做的。
⑧ 前有橛饰之患：前面有马衔的控制（橛：衔）。后有鞭箠之威：后面有马鞭的抽打（鞭箠：鞭子。箠：古通"鞭"）。
⑨ 陶者：制陶人。埴［zhí］：（制陶用的）黏土。中：符合。规：圆规。矩：方矩。
⑩ 匠人：木匠。钩：木匠用以画曲线的工具。绳：木匠用以画直线的工具。
⑪ 夫：文言发声词，无义。
⑫ 过：过失。

也。(《庄子·马蹄篇》)

"龁草饮水，翘足而陆"，此为马之自然状态。伯乐治马，则为反于自然，陶、匠之治埴、木也亦然。道家以人类与马及埴、木同视，以为只要无他力以挠之，则其原始的自然状态便能永远保存。其理想的人类自然社会如下：

> 小国寡民，使有什伯之器而不用，使民至死而不远徙①。虽有舟舆，无所乘之；虽有甲兵，无所陈之；使人复结绳而用之②。甘其食，美其服，安其居，乐其俗，邻国相望，鸡犬之声相闻，民至老死，不相往来。(《老子》)

然则现社会何故不能如此耶？道家以为：

> 罪莫大于可欲，祸莫大于不知足，咎莫大于欲得③。(《老子》)

救之之法，惟有：

> 见素抱朴④，少私寡欲。(《老子》)

---

① 什伯：十百（数十数百）。徙［xǐ］：迁移。
② 舟舆：船与车。陈之：列阵（打仗。陈：通"阵"）。结绳：上古原始记事法（大事打大结，小事打小结）。
③ 可欲：引起欲念的事物。咎：错。
④ 见素抱朴：现其本真，守其纯朴（见：通"现"）。

惟有：

　　常使民无知无欲。(《老子》)

　　然则人性究以"不知足""欲得"为自然耶？抑以"知足""不欲得"为自然耶？换言之，人类自然状态究竟有私、有知、有欲耶？抑本来无知、少私、寡欲耶？道家之指，乃大反于常识之所云，彼盖以未凿窍①之浑沌为人类自然状态，则无知、无私、无欲，其本来矣。然则本来无知、无私、无欲之人，何故忽然有知、有私欲，且多私欲耶？彼宗分两层答此问题。

　　第一层，谓由自然界之物质的刺戟②，所谓：

　　五色令人目盲，五音令人耳聋，五味令人口爽③。(《老子》)

　　曷由④使之复归于自然耶？曰：

　　不见可欲，使民心不乱。(《老子》)

　　第二层，谓由人事界之政治的或社会的诱惑及干涉，所谓：

----

① 未凿窍：未开窍。
② 刺戟：同"刺激"。
③ 爽：通"失"（如爽约。此处意为失味）。
④ 曷［hé］由：怎样（曷：何）。

天下多忌讳而民弥贫①；民多利器，国家滋昏；民多伎巧，奇物滋起；法令滋彰，盗贼多有②。（《老子》）

曷由使之复归于自然耶？曰：

绝圣弃知，大盗乃止；摘玉毁珠，小盗不起；焚符破玺，民乃朴鄙；掊斗折衡，而民不争③。（《庄子·胠箧篇》）

质言之，吾侪所谓文明或文化者，道家一切悉认为罪恶之源泉。故文字，罪恶也；智识，罪恶也；艺术，罪恶也；礼俗，罪恶也；法律，罪恶也；政府，罪恶也；乃至道德条件，皆罪恶也。然则彼宗对于政治究作何观念耶？彼之言曰：

常有司杀者杀，夫代司杀者杀，是谓代大匠斫④。夫代大匠斫者，希有⑤不伤其手者矣。（《老子》）

---

① 忌讳：禁忌、避讳（指各种禁令）。弥贫：多贫（弥：满）。

② 利器：武器。国家：国与家。滋：增（更加）。伎巧：技巧（好技艺。巧：灵巧）。彰：彰显。多有：常有。

③ 绝圣弃知：弃绝（所谓）圣人和知者。大盗：窃国者。摘玉毁珠：销毁玉器和珠宝。小盗：窃物者。焚符破玺：焚毁官符，打碎玉玺［xǐ］（玺：君主的印章）。朴鄙：质朴无知。掊［pǒu］斗［dǒu］折衡：砸了斗，折了枰（掊：重击。斗：量器。衡：枰）。

④ 常有司杀者杀：恒常有管杀人的人（司法者）杀人。夫代司杀者杀：若代替管杀人的人杀人。是谓代大匠斫［zhuó］：可说是代替木匠（大匠）砍（斫）木头。

⑤ 希有：稀有（希：古通"稀"）。

彼宗盖①深信"自然法"万能，儒家亦尊自然法，但儒家言"天工人其代之"②，谓自然法必借"人"而后能体现也。而彼宗则以自然为不容人代也。故又曰：

> 闻在宥③天下，未闻治天下也。在之也者，恐天下之淫其性也④；宥之也者，恐天下之迁其德也⑤。天下不淫其性，不迁其德，有治天下者哉？（《庄子·在宥篇》）

"在宥"云者，使民绝对自由之谓也。曷为能使民绝对自由？释以俗语，则曰"别要管他"；文言之，则曰"无为"。故曰：

> 涤除玄览，能无"疵"乎⑥？爱民治国，能无"知"⑦乎？天门开合，能无"雌"乎⑧？明白四达，能无"为"

---

① 盖：因而。

② 天工人其代之：天的职责由人代替。见《尚书·皋陶谟》："无旷庶官，天工人其代之。"

③ 在宥：在，居住；宥，接受。

④ 在之也者：居于天下者。恐天下之淫其性也：害怕天下（人）放纵本性。

⑤ 宥之也者：接受天下者。恐天下之迁其德也：害怕天下（人）改变德性。

⑥ 涤除玄览［jiàn］：（想）清除人心（玄览：亦作"玄镜"，览通"鉴"，指人的内心）。疵：毛病。

⑦ 知：同"智"（道家认为，"智"有悖"道"，因而要无"智"，才会顺"道"）。

⑧ 天门：即"玄牝［pìn］之门"，喻"道"。雌：即玄牝（牝：母）。见《老子·第六章》："谷神不死，是谓玄牝。玄牝之门，是谓天地根……"又见前引文：道"周行而不殆，可以为天下母"。此句意为：干预（开合）道（天门），怎么可能不"生出事"（"雌"）来。

乎①？（《老子》）

彼宗于是分治术为数等，曰：

> 上德，无为而为不为②；上仁，为之而无以为；上义，
> 为之而有以为；上礼，为之而莫之应，则攘臂而扔之③。故
> 失道而后德，失德而后仁，失仁而后义，失义而后礼。
> （《老子》）

其意谓上德者以无为为为也；上仁者，无所为而为；上义
者，有所为而为；上礼者，则为其所不能为也。彼又将人民对于
此四种治术所起之反应列为等第，曰：

> 太上，下不知有之；其次，亲而誉之；其次，畏之；其
> 次，侮之。（《老子》）

所云"太上"，盖指尚德者，其次、其次……则尚仁、尚
义、尚礼者。而尚德之治，结果则：

> 功成事遂，百姓皆谓我自然④。（《老子》）

---

① 明白四达：（想）知晓四方之事（明：知。白：晓。四达：东南西北）。为：
作为（"为"是道家最反对的）。
② 上：同"尚"，崇尚。为不为：即无为。
③ 莫之应：无法应对。攘：捋。
④ 我：拟指君主。自然：自然而然。

此即政治上之复归于自然也。百姓各自谓此我之自然而然，而不知有其上，此为道家之理想的政治。质言之，即"无治主义"也。道家以彼宗之哲学为出发点，以至政治上得此种结论。今请评其得失。

道家之大惑①，在以人与物同视，"龁草饮水，翘足而陆"，诚为马之自然的状态，世苟无②治马之伯乐，则马必能长保此状态。而马即常得其所，此吾侪所绝对承认也。顾③所当注意者，马中无伯乐，而伯乐非马，伯乐乃立乎"马的全体"之外，而伤害马的"自然之朴"。人类何如耶？处此自然状态中（指道家所谓自然状态言耳）者固"人"，厌此自然状态、坏此自然状态者亦"人"也。且人究以何者为其自然状态耶？彼宗之说，以"埴、木之性不欲中规矩、钩绳"喻"人之性不欲中……"，然埴与木固确然无知无欲也，中规矩、钩绳，乃"陶者匠者"之欲。人类何如耶？人性确欲"中……""中……"，而非有立乎其外如"陶者、匠者"者强之使"中"。他勿具论④，即彼老子、庄子，岂非自欲"中"其"无欲无为之规矩、钩绳"，且欲人人皆中此规矩、钩绳者哉？谁欲为陶匠以矫揉⑤老庄之自然，而使之"中"此者？故知"不欲中规矩、钩绳"者，为遣⑥木之性之自然，欲如何、欲如何者，正乃人性之自然也。而彼宗必欲反此

---

① 大惑：大问题。
② 苟无：若无。
③ 顾：（表转折）但。
④ 他勿具论：其他不多说。
⑤ 矫揉：勉强揉和。
⑥ 遣：打发。

自然、灭此自然，则虐马之伯乐，矫揉埴、木之陶、匠，非他宗而彼宗也。质言之，则戕贼①自然者，莫彼宗若也②。彼宗谓有欲为非自然，然"欲"之从何来？则第一层指为受自然界之刺戟，如所谓"五色令人目盲……"云云者，夫自然界之有五色声味，自然界之自然状态也。人类之有耳、目、舌，又人类之自然状态也。今谓色、声、味戕贼耳、目、舌，岂非自然戕贼自然耶？欲使彼自然勿戕贼此自然，其术③乃在"不见可欲，使民心不乱"。殊不知，能见可欲者，乃目之自然，能见而使之不见，孰自然，孰不自然耶？荀子曰：

> 今使人④生而未尝睹刍豢⑤、稻粱也，惟菽藿⑥、糟糠之为睹，则以至足为在此也⑦。俄而粲然有秉刍豢、稻粱而至者⑧，则瞯然⑨视之曰："此何怪也。"彼臭⑩之而无嗛于鼻，尝之而甘于口，食之而安于体，则莫不弃彼而取此矣。（《荣辱篇》）

此即见"可欲而心乱"之说也，夫此正乃人类自然状态之

---

① 戕［qiāng］贼：残害。
② 莫彼宗若也：没有比那一派（道家）更像了。
③ 术：办法。
④ 今使人：假如有人。
⑤ 刍［chú］豢［huàn］：肉类。
⑥ 菽［shū］藿［huò］：豆和豆叶。
⑦ 足为在此也：以此为满足了。
⑧ 俄而：不久。粲然：突然。秉：拿着。
⑨ 瞯［xuè］然：惊视状。
⑩ 臭［xiù］：同"嗅"。无嗛［qiǎn］于鼻：无异味（嗛：同"歉"）。

所不能避者也，而"明自然"之彼宗乃欲杜灭①之，何也②？彼宗论"欲"之第二来源，归诸人为的诱惑，谓假使无"刍豢、稻粱"，则终无以夺"菽藿、糠糟"。斯或然也③，殊不思④"刍豢、稻粱"，非由天降，非由地出，非彼自出，人实好之⑤。质言之，凡"人为"云者，皆"人"所为也。人能有所为且不能不有所为，即人之自然状态也。彼言"绝圣弃智，民利百倍""法令滋彰，盗贼多有"，夫⑥人之能为圣智、法令也，犹⑦其能为刍豢、稻粱也，皆其自然。彼言"掊斗折衡，而民不争"，夫人能争——人能为斗、衡以求免争，人又能争于斗、衡之中——皆其自然，而"明自然"之彼宗，乃欲杜灭之，何也？

要而论之，彼宗不体验人生以求自然，乃以物理界或生物界之自然例⑧人生之自然，于是欲以人所能弘之道弘人⑨，结果处处矛盾而言之不复能成理。此真《庄子》所谓"其所谓道者非道，而所言之韪⑩不免于非"（《天下篇》）也。孟子曰："生于其心，害于其政，发于其政，害于其事。"⑪道家既否定人类有创

---

① 杜灭：杜绝、消灭。
② 何也：为什么。
③ 斯或然也：也许是这样吧。
④ 殊不思：殊不知。
⑤ 人实好之：人确实很喜欢。
⑥ 夫：然而。
⑦ 犹：犹如。
⑧ 例：（动词）比喻。
⑨ 欲以人所能弘之道弘人：想用人所能弘扬的道来弘扬人。
⑩ 韪：是、对（如冒天下之大不韪）。
⑪ 此为孟子向公孙丑解释何为"知言"时所说的，全句为："诐辞知其所蔽，淫辞知其所陷，邪辞知其所离，遁辞知其所穷。生于其心，害于其政，发于其政，害于其事。圣人复起，必从吾言矣。"（见《公孙丑上》）

造性能，且认人为的文化皆为罪恶，然而事实上人类终不能以彼宗所谓"无为"者为常态也。则如之何①？曰：吾姑为消极受动的"为"，不为积极自动的"为"，其秘诀在：

不敢为天下先。（《老子》）

在：

以天下之至柔，驰骋乎天下之至刚②。（《老子》）

《庄子》尝总述老子学说之要点曰：

知其雄，守其雌，为天下溪③；知其白，守其黑，为天下谷④。人皆取先，己独取后，曰受天下之垢⑤。人皆取实，己独取虚。无藏也，故有余，岿然而有余⑥。其行身也，徐而不费⑦。无为也，而笑巧⑧。人皆求福，己独曲全，曰苟

---

① 则如之何：那么（道家）又是怎样的呢。
② 至柔：最柔和。至刚：最刚强。
③ 知其雄，守其雌：知道自己是强者（"雄"表强），却以弱者自居（"雌"表弱）。溪：沟溪，指地处卑下。
④ 知其白，守其黑：知道自己是明白的（"白"表明白），却以糊涂自居（"黑"表糊涂）。谷：山谷，指地处卑下。
⑤ 受天下之垢：承受天下人之诟病（责难）。
⑥ 无藏也，故有余：无所藏匿，也就无所欠缺（有余：不缺）。岿然：像山一样。
⑦ 行身：行事立身。徐而不费：慢而不停（费：同"废"）。
⑧ 无为也，而笑巧：无所追求，因而笑对（他人的）取巧。

免于咎①……曰：坚则毁矣，锐则挫矣②……（《天下篇》）

庄子书中言此意者亦最多，如：

今之大冶铸金，金踊跃曰："我且必为镆铘。"大冶必以为不祥之金③。……（《大宗师篇》）

又曰：

……是不材之木也，无所可用，故能若是之寿④。（《人间世篇》）

此等论调，其病仍在混人物为一谈⑤。吾侪为金耶？为木耶？诚宜如此⑥。虽然⑦，吾侪人也。使人性果能为庄子所谓"祥金"与"不材之木"，亦曷尝非善事⑧，然而不能以反于自然状态，故不能。不能而以此导之，结果徒教取巧者以藏身之固耳⑨。

① 曲全：委曲求全。苟免于咎：只求不受人怪罪。
② 坚则毁矣，锐则挫矣：坚硬（之物）易碎，锐利（之器）易钝。
③ 大冶：铁匠。铸金：铸铁（金：泛指金属，如冶金）。踊跃：跳起来。镆铘：亦作"莫邪"，古之宝剑名。不祥之金：不好的铁。
④ 是：此。故能若是之寿：所以才能这样多年活着（不被砍伐）。
⑤ 混人物为一谈：把人与物混为一谈。
⑥ 诚宜如此：真想是这样。
⑦ 虽然：（表转折）虽如此，然而……
⑧ 使：假使。曷尝：何尝。
⑨ 导之：教导之。徒教：白白教导。取巧者：指相信道家的人。藏身之固：躲藏的方法。

"子路问政。子曰：'先之……'"——此与彼宗"不敢为天下先"之义最相反者也。《易传》言："君子以自强不息。"《中庸》言："不变塞焉，强哉矫！"①《孟子》言："浩然之气，至大至刚。"此与彼宗"柔弱胜刚强"之义最相反者也。欲以人弘道耶？非有为之先者不可，非刚强不可，而道家以为是不"毁"则"挫"，而惟当"不为先"以"曲全"而"苟免于咎"。吾侪诚不解"曲全免咎"在人生中有何意义、有何价值，而宇宙间从何处有不毁不挫之事物，又岂有坚与锐而已？故彼宗之说，徒奖励个人之怯懦巧滑的劣根性，而于"道"无当也。鸣呼！此种学说，实形成我国民性之主要部分，其影响于过去及将来之政治者非细②也。

不为天下先，与儒家所谓礼让若③相近，而实大异。礼让由同情心发出，其性质属于社会的，不为先之目的，在以不材保天年，其性质纯为个人的。

然则，道家思想竟无价值耶？是又不然。其一，彼宗将人类缺点，无容赦的④尽情揭破，使人得反省以别求新生命。彼宗之言曰：

　　　　大道废，有仁义；慧智出，有大伪；六亲不和，有孝

---

　　①　全句为："故君子和而不流，强哉矫！中立而不倚，强哉矫！国有道，不变塞焉，强哉矫！"不变塞焉：不变道，不塞道。强哉矫：强中之强（矫与强同义）。
　　②　非细：不小。
　　③　若：好像。
　　④　无容赦的：无保留地。

慈；国家昏乱，有忠臣。（《老子》）

又曰：

为之斗斛以量之，则并与斗斛而窃之①；为之权衡以称之，则并与权衡而窃之；……为之仁义以矫之②，则并与仁义而窃之；……彼窃钩者诛，窃国者为诸侯③。诸侯之门而仁义存焉，是非窃仁义圣知耶④?（《庄子·胠箧篇》）

彼宗固极力诅咒文明者也，然文明之本质，孰敢谓其中不含有宜⑤诅咒者存！古今来⑥人类所谓文明，大部分皆为拥护强者利益之工具，此其宜诅咒者，一也。即不尔⑦，而文明成为结晶体之后，流弊必滋⑧，故曰："水积，则生相食之鱼；土积，则生自穴之兽；礼义饰，则生伪匿之本⑨。"（《淮南子·齐俗训》）凡烂熟之文明，必流为形式以相率于伪，此其宜诅咒者，二也。道家对于此等毒害之文明，揭破其假面目，高叫赤裸裸的

---

① 为之斗斛［hú］以量之，则并与斗斛而窃之：有了斗与斛来计量，而连斗与斛一起被人窃取（斗斛：均为量器，十斗为一斛）。权衡：秤锤与秤杆。
② 矫之：端正（人的行为）。
③ 窃钩者诛，窃国者为诸侯：成语"窃钩者诛，窃国者侯"即出于此。
④ 诸侯之门而仁义存焉：在诸侯那里也讲仁义。是非：这不是（是：此）。仁义圣知：仁义和圣知。是非窃仁义圣知耶：这不是窃取仁义和圣知吗（是：此。非：不是）。
⑤ 宜：应该（受）。
⑥ 古今来：古往今来。
⑦ 即不尔：即使不这样（尔：如此）。
⑧ 滋：滋生。
⑨ 自穴之兽：自挖洞穴的野兽。伪匿之本：虚伪的根源。

"自然"一语以逼之，使如汤沃雪①，实刷新人心之一良剂也。夫自然主义之为物②，能使人怀疑、烦闷乃至洶惧而失其所守③，或益招社会之混乱④。此征诸⑤近代之欧洲而最易见者也。虽然，此如药经瞑眩，乃可以瘥疾⑥。故刷新人心，以求第二期之创造，必以此为驱除难⑦焉。此即道家学说之价值也。罗素⑧最心醉道家言，盖⑨彼正诅咒现代文明之一人也。

其二，道家最大特色，在撇却⑩卑下的物质文化，去追寻高尚的精神文化；在教人离开外生活以完成其内生活。此种见解，当时最流行之儒、墨两家皆不如此说，而实为道家所独有。精神文化与内生活究是何物？道家所言是否得其真？此属别问题，但此为人生最高目的，吾人决当向此路进行，此吾所绝对承认，毫不迟疑者也。离却外生活有内生活，在常识上几无从索解⑪。吾侪亦深信此种生活不能适用于一般人——不能作为社会教育或政治的一种标帜。但吾侪不谓此事为不可能，盖人类之自由意志，吾侪虽不敢指为万能，然确信其力之伟大实不可思议。自己欲作

① 如汤沃雪：如把热水浇在雪上（喻顿时见效）。
② 夫：因为。为物：作为一物。
③ 洶惧：惶恐。失其所守：失去其固有信念（即动摇人心）。
④ 益招：有利于致使。社会之混乱：意为固有社会秩序的失效。
⑤ 征诸：求证之于。
⑥ 药经瞑眩：用药使人不舒服。瘥疾：治病。见《尚书·说命》："若药弗瞑眩，厥疾弗瘳。"孔颖达疏："瞑眩者，令人愤闷之意也。"
⑦ 第二期之创造：再次创造（意即人类自新。第一期创造应为上帝之创造）。驱除难：排除困难。
⑧ 罗素：伯特兰·罗素（1872—1970），英国科学家、哲学家、文学家，曾来华讲学，对中国文化有其独特看法。
⑨ 盖：因为。
⑩ 撇却：抛弃。
⑪ 几无从索解：几乎无法得到解释。

何种生活，最少可以凭自己意力作一大半主，故将物质生活减杀至最低限度，而将精神生活发育到最高限度，人类实有此可能性。道家观察人生之出发点，谓：

> 其耆欲深者，其天机浅①。（《庄子·大宗师篇》）

救治之法在：

> 去甚、去奢、去泰②。（《老子》）
>
> 为道日损，损之又损，以至于无为③。无为而无不为④。（《老子》）

其理想的人生，则：

> 生而不有，为而不恃，长而不宰⑤。（《老子》）

谓信能如此，则：

> 既以为人，己愈有；既以与人，己愈多⑥。（《老子》）

---

① 耆［shì］欲：嗜欲（嗜好与欲念）。天机：天赋。
② 去甚、去奢、去泰：除去过大、除去过多、除去极端。
③ 为道日损．学道要日日自损（即放弃欲念）。无为：无欲念。
④ 无为而无不为：无欲念而又无所不作为（无为之"为"，意为"欲"；无不为之"为"，意为"作"）。
⑤ 生而不有：有生养而不据有。为而不恃：有作为而不依赖。长而不宰：有成就而不居上。
⑥ 既以为人，己愈有：越是为他人，自己越充实。既以与人，己愈多：越是给予他人，自己越富有。

此种生活，不以生活为达任何目的之手段，生活便是目的。换言之，则为生活而生活——为学问而学问，为劳作而劳作。再换言之，则一切皆"无所为而为"。再换言之，则将生活成为艺术化，夫生活成为艺术化，则真所谓"既以为人，己愈有；既以与人，己愈多"矣。此种生活，虽非尽人而能，然智慧愈多者，其可能性愈大，则甚章章①也。天下之大患，在有智慧之人耽溺于私欲，日出其智慧以扩张其溪壑无厌的物质生活，于是所产生劣等文化愈丰，而毒害社会亦愈甚。道家欲救此病，故以"见素抱朴，少私寡欲"为教，其哲学基础在此，其政治思想基础亦在此。此果为复归于自然耶？吾不敢承②。吾以为老子、庄子所活动之遗迹，与其主义矛盾③，彼辈实努力为"反自然的创造"④，而所创造者⑤，则人类极有价值的作品也。

---

① 章章：彰显、明了。
② 承：承认。
③ 意为：老子、庄子的"主义"是"无为"，而其竭力宣扬"无为"的行为，却明明是"有为"，故自相矛盾。
④ 实：其实。"反自然的创造"：摆脱自然（原始）状态的人为创造（意为老、庄的思想活动本身就是"人为"，而非"自然"）。
⑤ 所创造者：所创造的（指老、庄的学说）。

章太炎简介

章太炎（1869—1936），名炳麟，字枚叔，号太炎，浙江余杭人，近代学者、国学大师。出身富家，自幼饱读经书。二十五岁时（即 1894 年甲午战争之年）在上海任《时务报》主笔，撰文宣传"排满"（推翻满清朝廷）。1898 年戊戌变法失败，遭通缉，逃往台湾。翌年东渡日本，与梁启超联络，当年返回上海，在《亚东时报》任编辑。1920 年春再次逃亡日本，寓梁启超《新民丛报》馆，并与孙中山结交；当年夏回国，计划写《中国通史》。1906 年再度赴日本参加同盟会，和梁启超分道扬镳，并继任《民报》主笔，与梁启超主编的《新民丛报》论战。1911 年辛亥革命，回到上海。1912 年，民国成立，去北京任民国政府枢密顾问。翌年，因反对大总统袁世凯而遭软禁三年，至 1916 年袁世凯死后才恢复自由，返回上海，仍从事各种政治活动。至 30 年代初，逐渐脱离政治，主张读经，并于 1935 年在苏州开设"章氏国学讲习会"。但至翌年，即病逝于苏州寓所，享年六十七岁。其一生虽奔波颠离，却从未间断学术研究，其研究范围包括文字学、文学、历史学、哲学、政治学、佛学等。其著述甚丰，有四百余万字，除刊入《章氏丛书》和《章氏丛书续编》外，遗稿又刊入《章氏丛书三编》。1980 至 1994 年，上海人民出版社陆续出版《章太炎全集》八卷。

原道①

章太炎

上

孔父受业于征藏史②，韩非传其书③。儒家、道家、法家异也，有其同。庄周述儒、墨、名、法之变，已与老聃分流④。尽道家也，有其异。是樊然者⑤，我乃知之矣。老聃据人事嬗变，

---

① 原：（动词）还原（初见《汉书·薛宣传》："原心定罪。"注曰："原，谓寻其本也。"）。本文选自《章太炎全集》第三卷之《国故论衡》下卷（1933）。本文分上、中、下三篇。上篇要点有三：（一）道家与儒家、法家皆有所同，道家自身，如老子与庄子，则有所异；（二）道家要义，看似在"愚民"（"古之善为道者，非以明民，将以愚之。"），实为"废私智、绝县嫭"（废黜一得之见，弃绝浮华之言）。（三）老子之道初兴于汉文帝之时，原因在于道家与名家、法家本有牵连。中篇要点有二：（一）道家"不尚贤"，墨家"极尚贤"，看似相对，实不相干，因道家之"贤"与墨家之"贤"并不同义；（二）道家所称之"贤人"不为君主所需，唯墨家所称之"贤人"，君主之需也。下篇要点有三：（一）道家看似在论"为君之术"，实则非也；（二）韩非不明老子之意，故其不免偏颇；（三）庄子深谙老子之意，故言"齐物"，视万物并行不悖，从而得以明了"天下之至柔，驰骋天下之至坚"。

② 孔父：孔子尊称。征藏史：上古主管典籍之官（老子曾为征藏史）。此句意为儒道有同。

③ 韩非，也称韩非子，战国末期韩国君王之子，师从儒家荀子，后成法家代表，曾辅佐秦国君主，有《韩非子》传世。此句意为儒法有同。

④ 庄周，即庄子。老聃［dān］，即老子。

⑤ 是：此。樊然：纷乱状。

议不逾方①；庄周者，旁罗死生之变、神明之运，是以巨细有校②。儒、法者流，削小老氏以为省③。终之其殊④在量，非在质也。然自伊尹、太公有拨乱之材⑤，未尝不以道家言为急⑥（《汉·艺文志》道家有《伊尹》五十一篇，《太公》二百三十七篇）。迹其行事，以间谍、欺诈取人⑦，异于儒、法。今可见者，犹在《逸周书》⑧。故周公诋齐国之政⑨，而仲尼不称伊、吕⑩。管子者，祖述太公⑪。谓之小器⑫，有由也。《管子》八十六篇⑬，亦在道家。

老聃为周征藏史，多识故事⑭，约《金版》《六张》之旨⑮，著五千言以极其情，则伊、吕亡所用⑯。亡所用，故归于朴，若

---

① 人事：世事。方：道。《礼记·乐记》："乐行而民乡方，可以观德矣。"郑玄注："方，犹道也。"
② 旁罗：旁涉。是以：此为。校［jiào］：比较、对照。
③ 削小：减缩。省［xǐng］：领会。
④ 终之：说到底。殊：不同。
⑤ 伊尹［yīn］，夏末商初名相，辅佐成汤建商灭夏。太公，也称姜太公，即吕尚（或姜尚），字子牙，商末周初名相，辅佐武王建周灭商。
⑥ 急：重（如急农、急义、急贤）。
⑦ 迹：（动词）查看。间谍：间，挑拨；谍，刺探取人：选择人。《史记·仲尼弟子列传》："孔子闻之曰：'吾以言取人，失之宰予；以貌取人，失之子羽。'"
⑧ 《逸周书》：原名《周书》，晋代始称此名，先秦史籍。
⑨ 周公，周武王姬发之弟姬旦，辅佐周武王之子周成王，世称周公。诋：非议。齐国之政：周成王封姜太公为齐国公，姜太公以道家之法施政。
⑩ 仲尼，即孔子（名丘，字仲尼）。伊、吕：伊尹、吕尚（即姜太公）。
⑪ 管子，即管仲，名夷吾，字仲，春秋时齐国名相，辅佐齐桓公称霸。祖述：效法。
⑫ 小器：小才具。《论语·八佾》："管仲之器小哉。"汉扬雄《法言·先知》："或曰：'齐得管夷吾而霸。'仲尼曰：'小器。'"
⑬ 《管子》一书，汉刘向编定时共86篇，今本实存76篇，其余10篇仅存目录。
⑭ 故事：过去之事。
⑮ 约：遵循。《金版》《六张》：均远古祭天告文。
⑯ 五千言：即指《道德经》。亡所用：不被采用。

墨翟守城矣，巧过于公输般，故能坏其攻具矣①。谈者多以老聃为任权数，其流为范蠡、张良②。今以庄周《胠箧》《马蹄》相角，深黜圣知，为其助大盗，岂遽与老聃异哉③！老聃所以言术，将以撢前王之隐慝，取之玉版，布之短书，使人人户知其术，则术败④。会前世简毕重滞，力不行远，故二三奸人得因自利⑤。及今，世有赫蹏雕镂之技⑥，其书遍行，虽权数亦几无施矣。老聃称：

> 古之善为道者，非以明民，将以愚之；民之难治，以其智多⑦。（《老子》第六十五章）

愚之，何道哉？以⑧其明之，所以愚之。今是粗伧⑨，则欺

---

① 墨翟［dí］，即墨子，春秋末、战国初墨家创始人，除其学说，还善技艺，曾制作守城之具。公输般，姓公输，名般，春秋末、战国初鲁国能工巧匠，也称"鲁班"（"班"与"般"同音，古时通用）。攻具：攻城之具。

② 任权数：重权谋。流：后继者。范蠡，春秋时道家军师，助越王勾践灭吴复国。张良，秦末汉初道家军师，助刘邦灭楚兴汉。

③ 《胠［qū］箧［qiè］》《马蹄》两篇，均庄子贬斥仁义之文。相角：并举。深黜：彻底否定。为：认为。岂遽：亦作"岂渠""岂钜"，犹怎么、难道。

④ 术：权术。撢［dǎn］：探。隐慝［tè］：不可告人的罪恶。《左传·僖公十五年》："震夷伯之庙，罪之也，于是展氏有隐慝焉。"孔颖达疏："隐蔽之恶，不见于外，非法令所得绳也。"玉版：亦作"玉板"，泛指上古典籍（多为上有图形或文字、象征祥瑞、盛德或预示凶吉的玉片）。短书：亦作"短简"，即短于二尺四寸的竹简或木简，泛指史书、杂记之类的书籍（古时官方认定的经书或文书用二尺四寸竹简或木简书写，其他书籍必须短于二尺四寸）。人人户知：家喻户晓。

⑤ 会：鉴于。前世：远古。简毕：简札（竹简或木简）。重滞：沉重。得因：得以。

⑥ 赫蹏：纸的别称。雕镂：指制版（即在木板上刻字，用以印刷）。

⑦ 明民：（"明"作动词）使民众聪明。愚之：（"愚"作动词）使其（民众）愚昧。以：由于。

⑧ 以：因为。

⑨ 今是：今此（就如）。粗伧：流氓、骗子之类。

冈人，然不敢欺冈其同类，交知其术也①，故耿介甚②。以是③知，去民之诈，在使民户知诈。故曰"以智治国，国之贼；不以智治国，国之福"。知此，两者亦稽式④。何谓稽式？谓人有发奸摘伏之具⑤矣。"粤无镈、燕无函、秦无卢、胡无弓车……"⑥——夫⑦人而能之，则工巧废矣。"常知稽式，是谓玄德；玄德深远，而与物反。"⑧ 伊尹、太公、管仲虽知道⑨，其道，盗⑩也。得盗之情，以网捕者，莫若老聃。故老聃反⑪于王伯⑫之辅，同于庄周。嬗及⑬儒家，痟⑭矣。若其开物成务以前民用⑮，玄家⑯弗能知，儒者扬雄⑰之徒亦莫识也，知此者韩非最贤⑱（凡周秦解故之书，

---

① 交知其术也：相互知道其伎俩。
② 耿介甚：老实得多。
③ 以是：以此。
④ 稽式：准则。
⑤ 发奸摘〔tī〕伏之具：发现奸计、揭露（摘）隐情（伏）的办法。
⑥ 引自《周礼·考工记·总序》，全句为："粤（广东）无镈〔bó〕（乐钟）、燕（河北）无函（铠甲）、秦（陕西）无卢（房屋）、胡（西域）无弓车（弓与车）。粤之无镈也，非无镈也，夫（发声词）人而能为镈也；燕之无函也，非无函也，夫人而能为函也；秦之无卢也，非无卢也，夫人而能为卢也，胡之无弓车也，非无弓车也，夫人而能为弓车也。"
⑦ 夫：发声词。
⑧ 引自《道德经》第五十六章。玄德：玄妙之德。与物反：与事物（常态）相反。
⑨ 知道：懂得道。
⑩ 盗：诡计。
⑪ 反：同"返"。
⑫ 王伯：王霸（称霸之王）。
⑬ 嬗〔shàn〕及：演变至。
⑭ 痟〔xiāo〕：原意为体弱，转义为情势衰微。
⑮ 若其：譬如说。开物成务：知物和从事。以前民用：（"前"作动词）用以引导民众。语出《易经·繫辞上》："是以明于天之道，而察于民之故，是兴神物以前民用。"高亨注："前，先导也。"
⑯ 玄家：两汉由道家演变而来的学派，至魏晋臻其鼎盛，史称"魏晋玄学"。
⑰ 扬雄，西汉儒家学者，其学说夹杂道家玄理。
⑱ 贤：能。

今多亡佚，诸子尤寡。《老子》独有《解老》《喻老》① 二篇。后有说《老子》者，宜据韩非为大传，而疏通证明之。其贤于王辅嗣②远矣。《韩非》他篇亦多言术，由其所习不纯③。然《解老》《喻老》未尝杂以异说，盖其所得深矣）。非④之言曰：

先物行，先理动之，谓前识⑤。前识者，无缘而妄意度⑥也。……以詹何⑦之察，苦心伤神，而后与五尺之愚童子同功。……故曰："前识者，道之华也，而愚之始也。⑧"（《解老》）

夫不事前识，则卜筮废、图谶断，建除、堪舆、相人之道默矣⑨。巫守⑩既绝，智术、穿凿⑪亦因以废，其事尽于征表⑫，此为道艺之根、政令之原。是故私智不效⑬则问人，问人不效则求

---

① 《解老》《喻老》：韩非所著解析《老子》之作。
② 王辅嗣：即王弼，字辅嗣，三国时玄学家、"魏晋玄学"主要代表，著有《老子注》《老子指略》等。
③ 由其所习不纯：理由是他所师从的不是单一（学派）。
④ 非：韩非。
⑤ 前识：（道家语）先见之明。
⑥ 无缘而妄意度：没有根据的妄自猜度。
⑦ 詹何，战国时楚国术士。
⑧ 道之华：道之精华。引自《老子》。王弼注："前识者，前（于）人而识也，下德之伦也。竭其聪明以为前识，役其智力以营庶事。"
⑨ 卜筮［shì］：占卦。图谶［chèn］：预言。建除：占星。堪舆：风水。相人：看相算命。
⑩ 巫守：巫术。
⑪ 智术：计谋权术。穿凿：牵强附会。
⑫ 尽于征表：完全看事物的特征。《吕氏春秋·观表》："圣人之所以过人以先知，先知必审征表，无征表而欲先知，尧舜与众人同等。"
⑬ 私智不效：自己的智力不行。

图书①，图书不效则以身按验②。故曰：绝圣去智者③，事有未来④，物有未睹，不以小慧隐度⑤也。绝学无忧者⑥，方策⑦足以识梗概。古今异、方国⑧异、详略异，则方策不独任⑨也。不上贤⑩使民不争者，以事观功，将率必出于介胄⑪，宰相必起于州部⑫；不贵豪杰，不以流誉⑬用人也（按：不上贤之说，历世守此者寡。汉世选吏多出掾史⑭，犹合斯义，及魏晋间而专询虚名矣。其后停年格⑮兴，弊亦差少。选曹之官⑯，即古司士⑰，所不得废也。观远西⑱立宪之政，至于朋党争权⑲，树标揭鼓以求选任；处大官者，悉以苞苴酒食⑳得之。然后知老子、

---

① 图书：八卦图与经书。
② 以身按验：亲自去试一试。
③ 绝圣去智者：不相信圣智（无所不知）的人。
④ 未来：未发生的。
⑤ 以小慧隐度：用小聪明私自度量。
⑥ 绝学无忧者：不相信巧智之学而且不心存忧虑的人。
⑦ 方策：亦作"方笑"，即方册、典籍。《礼记·中庸》："哀公问政。子曰：'文武之政，布在方策，其人存，则其政举；其人亡，则其政息。'"郑玄注："方，版也。策，简也。"
⑧ 方国：四方之国。
⑨ 独任：独自信用（意即都可用）。
⑩ 不上贤：不崇尚（"上"同"尚"）有贤名之人。
⑪ 将率：同"将帅"。介胄：铠甲和头盔，喻士兵。
⑫ 州部：地方官府。
⑬ 流誉：没有根据的称誉。《荀子·致仕》："凡流言、流说、流事、流谋、流誉、流愬、不官而衡至者，君子慎之。"杨倞注："流者，无根源之谓。"
⑭ 掾[yuàn]史：助理（掾，佐助。史，同"使"）。
⑮ 停年格：以年资浅深为准的升迁制度。
⑯ 选曹之官：（为朝廷）遴选部门主管的官员（曹：司曹，部门主管）。
⑰ 司士：古代官职，负责管理百官调遣之事（类似今组织部）。《礼记·曲礼》："天子之五官：曰司徒、司马、司空、司士、司寇，典司五众。"
⑱ 远西：西欧。
⑲ 朋党争权：党派竞争（指西方多党议会制度）。
⑳ 苞苴[jū]酒食：鱼肉酒食（苞苴：装鱼肉用的草袋，喻鱼肉）。

韩非所窥深远矣。顾炎武、黄宗羲①皆自谓明习②法制，而多扬③破格用人之美，攻④选曹拘牵之失，夫乌⑤知法？）。

名其为简，繁则如牛毛。夫繁，故足以为简矣；居⑥，故不足以为整暇⑦矣。庄周因之以号"齐物"⑧。齐物者，"吹万不同，使其自己"⑨。官⑩天下者，以是为北斗招摇⑪，不慕往古，不师异域，清问⑫下民以制其中。故相地以衰征、因俗以定契⑬自此始。韩非又重申束之⑭曰：

> 凡物之有形者，易裁割⑮也。何以论之？有形则有短长，有短长则有小大，有小大则有方圆，有方圆则有坚脆，有坚脆则有轻重，有轻重则有白黑。短长、小大、方圆、坚

---

① 顾炎武、黄宗羲，均为明末清初大学者。
② 明习：明了和熟悉。
③ 扬：赞扬。
④ 攻：攻击。
⑤ 乌：哪里。
⑥ 居：居守。
⑦ 整暇：从容（整暇以待：从容不迫）。
⑧ 号：称。齐物：齐万物（视万物为等同）。
⑨ 引自《庄子·齐物论》。吹万不同：风吹万窍，声音不同。使其自己：使其各有自己。
⑩ 官：通"管"。
⑪ 北斗招摇：北斗七星分别为天枢星、天璇星、天玑星、天权星、玉衡星、开阳星和招摇星（也称摇光星），其中招摇星在北斗杓端，主指示，故称"北斗招摇"，意为指示者。
⑫ 清问：清审详问。《尚书·吕刑》："皇帝清问下民。"孔颖达疏："帝尧清审详问下民所患。"
⑬ 相地以衰［cuī］征：根据土地（好坏）分等级征税（衰：等差）。因俗以定契：根据习俗制定契约。
⑭ 束之：总结。
⑮ 裁割：裁剪与分割。

脆、轻重、白黑之谓理。理定而物易割。故议于大庭而后言则立①，权议之士②知之矣。故欲成方圆而随其规矩，则万物之功形③矣。万物莫不有规矩。议言之士，计会④规矩也。圣人尽⑤随于万物之规矩，故曰：不敢为天下先。（《解老》）

推此以观，其用至纤悉⑥也。

玄家或佚荡为简，犹高山之与深渊、黑漆之与白垩也⑦。玄家之为老，息废事服⑧，吟啸以忘治乱。韩非论之曰：

随时以举事，因资而立功，用万物之能而获利其上，故曰不为而成⑨。（《喻老》）

明不为在于任官，非旷务也⑩。又曰："法令滋章⑪，盗贼多

---

① 议于大庭而后言则立：先商议于大庭广众，然后说话才能成立。
② 权议之士：权衡、商议的人。
③ 形：（动词）显示。
④ 计会：计虑、商量。
⑤ 尽：完全。
⑥ 至纤［xiān］悉：至纤至悉（纤：通"纤"，细致。悉：详尽）。《汉书·食货志》："古之治天下，至纤至悉也。"
⑦ 佚荡为简：超脱为要（佚荡，或读作［tiě］［tǎng］，同"倜傥"）。犹高山之与深渊、黑漆之与白垩也：与前文韩非所言相比。
⑧ 老：老学（道学）。息废：颓废。事服：对待。
⑨ 随时：随时机。因资：凭资质。能：可能。获利其上：获利于这（用万物之能）之上。不为：无为。
⑩ 明：阐明。不为在于任官：无为对于做官而言（即不是为了做官）。非旷务：不是不做事。
⑪ 滋章：多而严。

有。"① 玄家以为老聃无所事法②。韩非论之曰：

> 一人之作，日亡半日③，十日亡五人功。万人之作，日亡半日，十日亡五万人功矣。然则数变业者④，其人弥众，其亏弥大矣。（《解老》）

明官府征令不可函易⑤，非废法也。综是数者，其要在废私智、绝县嬬⑥。不身质疑事而因众以参伍，非出史官、周于国闻者，谁与领此⑦？然故去古之宥，成今之别，其名当，其辞辩，小家珍说，无所容其廷，诸以伪抵谰者，无所阅其奸欺⑧。老聃之言，则可以保傅人天矣⑨。"大匠不斫，大庖不豆"⑩，故《春秋》宝书之文，任之孔、左⑪。断神事而《公孟》言无鬼，尚裁

---

① 引自《老子》第十八章。
② 无所事法：无所事，无所从（法），即"无为，无拘"。
③ 作：劳作。亡：失。
④ 数变业者：数次（经常）改变职业者。
⑤ 函易：多变。
⑥ 是：此。要：要点。私智：个人一得之见。县嬬［tuǒ］：浮华骄饰（县同"悬"，悬空；嬬同"婍"，华美）。
⑦ 身质：身试。疑事：三思。参［sān］伍：亦作"三五"，或三或五（意为说长论短）。周于国闻：周知于全国。领：领受。
⑧ 故去：故意去掉。宥：宽仁。别：别有一派（指玄家）。其名当，其辞辩：其名称（"玄"）恰当，其言辞诡辩。珍说：少见之说。廷：朝廷。诸：之于。以伪抵谰［lán］：以谎言抵拒隐讳。阅：看清。
⑨ 保傅：《大戴礼·保傅》："保，保其身体；傅，傅其德义。"
⑩ 引自《吕氏春秋·贵公》，全句为："处大官者，不欲小察，不欲小智。故曰：大匠不斫，大庖不豆，大勇不斗，大兵不寇。"大匠不斫［zhuó］：高明的匠人不用斧头乱砍乱削（斫：砍）。大庖不豆：高明的厨师不用华贵的碗具装模作样（豆：古时祭祀用的盛具，形似高脚盘）。
⑪ 任之：由……担当。孔、左：孔子（作《春秋》）、左丘明（作《春秋左传》）。

制而公孙论坚白①，贵期验而王充作《论衡》，明齐物而儒、名、法不道天志②（按：儒家、法家皆出于道，道则非出于儒也。韩愈疑田子方③为庄子师。按：《庄子》所称巨人明哲，非独一田子方；其题篇者，又有则阳、徐无鬼④辈，将悉是庄子师耶？俗又云：《庄子》述《天下》篇，首列六经⑤，明其尊仰儒术。六经者，周之史籍，道、墨亦诵习之，岂专儒家之业？）。

老子之道，任于汉文⑥。而太史公《儒林列传》言孝文帝"本好刑名之言"，是老氏固与名、法相倚也⑦。然孝文假借便佞，令邓通铸钱布满天下，既悖刑名之术⑧；信任爰盎、淮南之狱，不自责躬，而迁怒县传不发卦者，枉杀不辜，戾法已甚，岂老氏所以莅政哉⑨！盖公汲黯以清净不扰为治，特其一端⑩。世

① 《公孟》：墨子所作墨家经典。裁制：形式。公孙：公孙龙，战国时赵国名家师祖，作《坚白论》辨析逻辑概念，其名言"白马非马"，意思就是：子概念不同于母概念。

② 期验：现时之体验。王充，东汉经学家，作《论衡》八十五篇，辨析万物异同。不道天志：不用天意解释人事。

③ 田子方，战国时魏国道家学者。庄子作有《田子方》篇。

④ 庄子作有《则阳》篇和《徐无鬼》篇。则阳、徐无鬼均为人名。

⑤ 六经：《诗》《书》《礼》《易》《乐》《春秋》。

⑥ 任于汉文：受信任于汉文帝时。

⑦ 太史公，即司马迁。孝文帝，即汉文帝刘恒，汉高祖刘邦第四子。本好［hào］刑名之言：原本就喜欢刑名家（即名家）的言论。刑，原义是杀（开刀），"开刀"于"名"，就是解析"名"，而"名"是事物的名称，代表概念，所以"刑名"就是解析概念，与现代逻辑学相近。相倚：相关。

⑧ 假借便佞［nìng］：巧立名目（便佞：巧言善辩）。邓通，汉文帝男宠。

⑨ 爰盎，汉文帝廷臣，与大臣晁错有过节。淮南之狱：汉高祖刘邦之孙、淮南王刘长，年少时受文帝骄纵，后谋反，事泄被拘，朝臣议以死罪，文帝赦之，贬谪蜀郡，途中不食而死。责躬：反躬自责。县传：驿传。不辜：无辜。戾［lì］法：悖法。莅［lì］政：掌管政事。

⑩ 盖：因为。公：尊称。汲黯［àn］，西汉名臣。特其一端：有所特点。

人云：汉治本于黄老①。然未足尽什一②也。诸葛治蜀，庶有冥符③。夫其开诚心、布公道，尽忠益时者，虽仇必赏；犯法怠慢者，虽亲必罚；服罪输情者，虽重必释；游辞巧饰者，虽轻必戮④。庶事精练，物理其本；循名责实，虚伪不齿；声教遗言，经事综物，文采不艳，而过于丁宁周至⑤。公诚之心，形于文墨，老氏所经⑥，盖尽于此（诸葛之缺，犹在上贤⑦。刘巴方略未箸，而云运筹帷幄，吾不如子初运矣⑧。马谡言过其实，优于兵谋，非能亲莅行陈者也⑨。而违众用之，以取覆败⑩。盖汉末人士，务在崇奖虚名，诸葛亦未能自外尔⑪）。汉世学者，数言救僿以忠，终其所尚，乃在正朔、服色、徽识之间，不悟礼为忠信之薄，外炫仪容，适与忠反⑫。不有诸葛，谁

---

① 汉治：汉之政治。黄老：黄帝和老子（世称老子之道源自黄帝，故合称"黄老"或"黄老之术"）。

② 什一：十分之一（什同"十"）。

③ 诸葛：诸葛亮，道家，三国时蜀国丞相。庶有：万物。冥符：暗合。

④ 戮 [lù]：杀。

⑤ 声教遗言：指《出师表》。丁宁：叮咛。

⑥ 老氏所经：老子所作《道德经》。

⑦ 上贤：尚贤（看重所谓能人。贤：能）。

⑧ 刘巴，字子初，三国时名士。而云：而（诸葛亮与其）谈论。子：指诸葛亮。初运：本意。

⑨ 马谡，字幼常，三国时蜀国将领。行陈：军阵。

⑩ 以取覆败：以至失败（指失街亭）。

⑪ 务在：专注于。自外：自处其外。

⑫ 僿 [sài]：闭塞（指君主听不到忠言）。终：（动词）归结。乃在正朔、服色、徽识之间：乃在"改正朔、易服色、殊徽号"之间。《礼记·大传》："立权度量，考文章，改正朔、易服色、殊徽号、异器械、别衣服，此其所得与民变革者也。"改正朔：汉代每朝皇帝登基都要改正朔。所谓"正朔"，就是一年的第一天，"改正朔"就是重新指定哪一天（通常是皇帝登基日）是一年的第一天。易服色：汉代每朝皇帝都有自己崇尚的龙袍颜色，因而要改。殊徽号：汉代每朝皇帝都要改用自己的徽号（某种图案）。改正朔、易服色、殊徽号，都要按阴阳五行提出一套冠冕堂皇的理由，当时的学者几乎无不津津乐道于此。礼为忠信之薄：制定礼仪是因为忠信缺失。

知其所底哉①！杜预为黜陟②课，云"使名不越功而独美，功不后名而独隐"③，亦有不上贤遗意。韩延寿治郡、谢安柄国，并得老氏绪言，而延寿以奢僭致戮，谢安不综名实，皆非其至④。其在下者，谈迁父子其著也⑤。道家出于史官，故史官亦贵⑥道家。然太史持论，过⑦在上贤。不察功实，李广数败而见称，晁错立效而被黜⑧，多与道家背驰。要，其贵忠任质，则是也⑨。黄生以汤武弑君⑩，此不明《庄子》意者。七国齐晋之主，多由强臣盗位，故庄生言之，则为抗⑪；汉世天位已定，君能恣行，故黄生言之，则为诌⑫。要，与伊、吕殊旨，则犹老氏意也。杨王孙⑬之

---

① 不有诸葛，谁知其所底哉：没有诸葛亮，谁知道这里的底细啊（诸葛亮尽忠，与此适成对照，因而使人看清汉代重视礼仪的根本原因）。

② 杜预，西晋道家，官至司隶校尉。为黜陟课：关于（官员的）罢免与晋升的建议（杜预作《上黜陟课法略》。陟：登高）。

③ 引自《晋书·杜预传》，大意是："不要使'名'超过'功'而虚有（独美），'功'不得'名'而无闻（独隐）。"

④ 韩延寿，西汉道家，曾任颍川太守。治郡：治理郡县。谢安，东晋道家，官至太保兼都督十五州军事兼卫将军。柄国：执掌朝政。并得老氏绪言：同得知老子所言（绪言：原义为前言，此处为泛泛而言）。奢僭〔jiàn〕致戮：奢侈逾礼而被杀。不综名实：名实不符。其至：老子的至理。

⑤ 其在下者：更下一等。谈迁父子：司马谈、司马迁父子，均为太史公，亦为道家。

⑥ 贵：（动词）推重。

⑦ 过：过失。

⑧ 李广，西汉将领，善射，称"飞将军"，然其屡战屡败，司马迁却不吝称道。晁错，西汉大臣，辅佐文景两帝，卓有功效，司马迁却予以贬低。

⑨ 要：关键是。贵忠任质：推重忠信、讲究品质（李广虽是常败将军，却是忠心耿耿，晁错虽是有功之臣，却非德才兼优）。

⑩ 黄生以汤武弑君：黄生（西汉道家）对汉景帝说商汤（讨伐夏桀）、周武（讨伐商纣）是弑君，犯上作乱。

⑪ 抗：抗议。

⑫ 恣行：恣意行事。诌：诌媚。

⑬ 杨王孙，西汉道家，重养生，临终前立下遗嘱，要求裸葬：布袋盛尸，以身亲土。

流，徒有一节，未足多尚。晋世嵇康①，愤世之流，近于庄氏。李充亦称老子②，而好刑名之学，深抑虚浮之士。阮裕谓人不须广学，应以礼让为先，皆往往得其微旨③。葛洪④虽抵拒老、庄，然持论必与前识、上贤相反，故其言曰：

> 叔向之母⑤、申氏之子⑥，非不一得⑦，然不能常也。陶唐稽古而失任⑧，姬公钦明而谬授⑨；尼父远得崇替于未兆⑩，近失澹台于形骸⑪；延州审清浊于千载之外⑫，而蔽奇士于

---

① 嵇康，魏晋时道家，娶曹操曾孙女为妻，官至中散大夫，后隐居不仕，屡拒为官，因得罪钟会，遭其构陷，为司马昭所杀。

② 李充，东晋学者，著有《论语注》《学箴》等。称：称道。

③ 阮裕，东晋道家，官至金紫光禄大夫，以爽快无私著称。其：老子。

④ 葛洪，自号抱朴子，东晋道教炼丹术士，著有《抱朴子·内篇》《抱朴子·外篇》和《神仙传》等。

⑤ 叔向之母：叔向，春秋时晋国大夫。年轻时，其母嫉妒，不让其父与新娶美妾同房。叔向劝她，她才勉强同意，但说："这个女人生出来的孩子，会祸害我们家族。"后来，这个女人所生儿子叔虎，果真导致他们家族灭亡。见《左传·昭公二十八年》。

⑥ 申氏之子：春秋时楚国大夫申叔时的儿子申叔跪，曾随父到楚国京城郢，遇亲戚申叔巫臣。申叔巫臣说来办公事，但申叔跪对父亲说，申叔巫臣还有"桑中之喜"（男女艳事）。后来果真，申叔巫臣从楚国公子那里骗取楚国美女夏姬，携之逃往郑国。见《左传·成公二年》。

⑦ 非不一得：不是不可能（一得：可能）。

⑧ 陶唐，即尧（小时先随外祖父家的姓为伊耆氏，后又称陶唐氏）。稽古：明察古事。失任：用人失误（指尧曾任命鲧治水，未成。后任命鲧之子禹，才成）。

⑨ 姬公，即周公旦。钦明：英明。谬授：不当任用（指周公用管叔、蔡叔两人监管纣之子武庚后，管叔、蔡叔串通武庚谋反）。

⑩ 尼父，孔子尊称（孔子字仲尼）。远得崇替于未兆：远知世代交替于尚未有朕兆之时。

⑪ 澹台，即澹台灭明，字子羽，孔子弟子。形骸：外貌。《史记·仲尼弟子列传》："孔子闻之曰：'吾以言取人，失之宰予，以貌取人，失之子羽。'"

⑫ 延州，即春秋时吴国公子季札。审清浊于千载之外：明察千年前的清浊（好人与坏人）。

咫尺之内①。知人之难，如此其甚。郭泰所论②，皆为此人过上圣乎③！但其所得者，显而易识④；其失者，人不能纪⑤。（《抱朴子·清鉴篇》）

是亦可谓崇实者矣。

若夫扇虚言以流闻望，借玄辞以文膏粱，适与老子尚朴之义相戾⑥。然则晋之乱端⑦，远起汉末。林宗、子将，实惟国蠹⑧。祸始于前王，而衅彰于叔季⑨。若厉上贤之戒，知前识之非⑩，浮民夸士，何由至哉！王粹尝图庄周于室，欲令稽含为赞⑪。含援笔为吊文⑫曰：

> 帝婿王弘远⑬，华池丰崖⑭，广延贤彦⑮，图庄生垂

---

① 蔽奇士于咫尺之内：看不清身边的奇逸之士。《左传·鲁襄公二十九年》："吴公子札来聘，见叔孙穆子……好善而不能择人……"

② 郭泰，字林宗，东汉名士。所论：相传郭泰擅长说辞，口若悬河，声音嘹亮。

③ 皆为此人过上圣乎：（人们）都认为此人超过大圣人啊。

④ 所得者：（其说）有道理的。显而易识：常识，人人知道。

⑤ 其失者：（其说）没道理的。人不能纪：别人不能记录（当真）。

⑥ 若夫：如果。流闻望：扩大声望。文：（动词）赚取（"文"作名词，一义为"钱"，如一文不值，转作动词，即赚钱义）。膏粱：好饭好菜（膏：肥肉。粱：细粮）。朴：崇尚朴实。相戾：相违背。

⑦ 乱端：混乱之开端。

⑧ 林宗，即郭泰，字林宗。子将，即许劭〔hào〕，字子将，东汉名士，与郭泰合称"许郭"。国蠹〔dù〕：国之蠹虫。

⑨ 衅：争端。叔季：原义弟辈，转指后世。

⑩ 厉：严行。上贤之戒：指老子的训诫（"戒"同"诫"）。前识：道家所谓先见（常沦为臆说）。

⑪ 王粹，字弘远，西晋大将军。图庄周于室：在家里画庄周的像。图：（动词）画。稽含，字君道，西晋将领，能文会书。为赞：为图像写赞语。

⑫ 含，稽含。为吊文：写成吊唁之文。

⑬ 帝婿王弘远：皇帝的女婿王弘远（王粹，字弘远）。

⑭ 华池丰崖：大湖高山（喻王粹量大德高）。

⑮ 广延贤彦：广交有才有德之人。

纶之象①，记先达辞聘之事②，画真人于刻楄之室③，载退士于进趣之堂④，可谓托非其所⑤，可吊不可赞也。（《晋书·嵇含传》）

斯足以扬榷诚伪、平章白黑矣⑥。

中

老聃不尚贤，墨家以尚贤为极，何其言之反也！循名异，审分同矣⑦。老之言贤者，谓名誉、谈说、才气也；墨之言贤者，谓材力、技能、功伐⑧也。不尚名誉，故无朋党；不尊谈说，故无游士；不贵才气，故无骤官⑨。然则，材力、技能、功伐举矣⑩。墨者曰：

以德就列，以官服事，以劳殿赏⑪。（《尚贤上》篇）

---

① 垂纶之象：垂钓之像（传说姜太公未出仕时曾隐居渭滨垂钓，后"垂纶"即寓隐居之意）。

② 先达：先辈达人。辞聘：辞官和受聘为官。

③ 真人：天尊的别称（道教讲修真得道而成仙，得道成仙者即为天尊或真人，此处指庄周）。刻楄［jué］之室：椽子（楄）上刻有花纹的居室。

④ 退士：隐退之士（亦指庄周）。进趣：同"进趋"，也作"进趱"，举动，此处意为宽敞（举动不受限）。

⑤ 托非其所：所托（指托他写赞）不得要领（真人、退士无须赞）。

⑥ 扬榷［què］：彰显。平章：判明。

⑦ 循名：按名称。审分：审职分。

⑧ 功伐：建功立业。

⑨ 朋党：同道。骤官：办事利索之官。

⑩ 然则：既然这样。举：全（如举世无双）。

⑪ 就列：任职。服事：服务（于朝廷）。殿赏：领赏。

世之言贤，侈大而不可斠试①。朝市之地，渠井之间，扬徽题褚，以炫其名氏，选者尚曰任众②。众之所与，不繇质情③，徒一二人眩之也。会在战国，奸人又因缘外交，自暴其声④；以舆马瑞节之间而得淫名⑤者众。既不校练，功楛未可知，就有祯材，其能又不与官适⑥。夫茹黄之骏而不可以负重，囊佗之强而不可以从猎⑦。不检其材，猥以"贤"遍授之官，违分职之道，则管仲、乐毅交困⑧。是故古之能官人者，不由令名⑨。问其师学，试之以其事，事就则有劳⑩，不就则无劳，举措之分以此。故韩非曰：

> 视锻锡而察青黄，区冶不能以必剑⑪；水击鹄雁，陆断驹马，则臧获不疑钝利⑫。发齿吻形容，伯乐不能以必马⑬；

---

① 侈大：宽泛。斠 [jiào] 试：校验（斠：同"校"）。

② 朝市：朝廷与市集（喻指名利之场）。渠井：水渠与水井（喻指日常之所）。扬徽题褚：张扬招摇（徽：标识。题：[动词] 装饰。褚：衣袍）。选者：有人。任众：出众。

③ 不繇 [yáo] 质情：无动于衷（繇：同"摇"。质情：本有之情）。

④ 会在：就是在。因缘外交：与外交有缘。自暴其声：自吹自擂。

⑤ 舆马瑞节：车马与官符（舆：车。瑞节：朝廷聘官时用作凭信的玉制符节）。淫名：虚名（淫：原义雨过多，引申为过度、虚妄）。

⑥ 功楛 [kǔ]：功枯（楛：通"枯"）。祯 [zhēn] 材：良好才质（祯：祥。《礼记·中庸》："必有祯祥。"材：通"才"）。不与官适：不适做官。

⑦ 茹黄：古之良犬，跑得快（骏）。囊 [gāo] 佗：古之良马，力气大（强）。

⑧ 检：挑选。猥：马虎。管仲：战国时齐国名相。乐 [yuè] 毅：战国时魏国名将。

⑨ 令名：好名声。

⑩ 师学：从师（于何人）。事就：事成。有劳：可用。

⑪ 视锻锡而察青黄，区冶不能以必剑：王先慎集解："冶剑必锻以锡，然色之青黄，仍不能决其剑之利钝。"

⑫ 水击鹄雁，陆断驹马，则臧获不疑钝利：（用剑）到水上去砍大雁，到陆上去劈驹马，那么就是傻瓜也不会弄不清（剑的）钝利（臧获：春秋时鲁国人，愚笨而不会驾车，后人将其名字用作傻瓜的代名词）。

⑬ 发齿吻形容，伯乐不能以必马：（只看马的）毛发、牙齿、嘴巴和外形，就是伯乐也不能判断马（好坏）（必：断定）。

授车就驾而观其末涂，则臧获不疑驽良①。观容服，听辞言，仲尼不能以必士②；试之官职，课其功伐，则庸人不疑于愚智③。（《题学》篇）

此夫所谓不尚贤④者也。尚贤者，非舍功实而用人；不尚贤者，非投钩⑤而用人，其所谓"贤"不同，故其名异。不征其所谓而征其名，犹以鼠为璞矣⑥。慎子蔽于法，故曰"无用贤圣，夫块不失道⑦"（《庄子·天下》篇）。汲黯蔽于世卿，故愤用人如积薪⑧，使后来者居上。诚若二子言，则是名宗、大族世为政也⑨。夫老聃曰：

三十辐共一毂，当其无，有车之⑩用。埏埴以为器⑪，

---

① 授车就驾而观其末涂，则臧获不疑驽良：把马套上车看它能跑多远，那么就是傻瓜也不会弄不清马的优劣。
② 观容服，听辞言，仲尼不能以必士：只看容貌和服饰，只听言谈，孔子也不能断定（某个）读书人（有没有学问）。
③ 试之官职，课其功伐，则庸人不疑于愚智：在官职上测试，用办事成效来考察，那么就是一般人也不会弄不清其愚智（庸：平庸、普通）。
④ 不尚贤：不崇尚有贤名之人。
⑤ 投钩：抓阄、抽签。
⑥ 征：求。犹：犹如。以鼠为璞：（成语）名实不符之意。见《战国策·秦策三》："郑人谓玉未琢者璞。周人谓鼠未腊者璞。周人怀璞过郑贾曰：'欲买璞乎？'郑贾曰：'欲之。'出其璞视之，乃鼠也。因谢不取。"（腊：腌制。贾〔gǔ〕商人。）
⑦ 慎子，即慎到，战国时赵国人，齐宣王聘其为大夫，法家。蔽于法：只相信法。无用贤圣，夫块不失道：不用贤人圣人，因为土块也不会背离天道。
⑧ 汲黯蔽于世卿：汲黯只相信世袭。愤：愤慨。积薪：堆柴。
⑨ 诚若……，则是……：真如……，那么……：世：世代。
⑩ 三十辐共一毂：三十根辐插在一根毂上（指车轮）。当其无：当中是空的。有车之用：车辆才有用。
⑪ 埏埴以为器：和土做成陶器（埏〔shān〕：用水和土。埴〔zhí〕：黏土）。

当其无，有器之用。凿户牖以为室①，当其无，有室之用。故有之以为利，无之以为用②。

今处中者已无能矣，其左右又益罢，是重尪也③。重尪者，安赖有君吏④。明其所以任使者，皆股肱毕强、技术辐凑，明刑辟而治官职者也⑤，则此言不尚贤者，非慎、汲之所守也⑥。

君之不能，势所踧矣⑦。何者？辩⑧自己成艺、自己出器、自己造之，谓能；待群⑨而成者，非能。往古黔首僻陋侗愚⑩，小慧之士得前民造作⑪，是故庖牺⑫作结绳、神农尝百药、黄帝制衣裳、少康为秫酒，皆以其能，登用为长⑬。后世官器既

① 凿户牖〔yǒu〕以为室：开门窗成为居室（户：门。牖：窗）。
② 故有之以为利，无之以为用：所以"有"（以车辆、陶器、居室喻之的"政"）作为便利，是"无"（空）使其有用（此处"无"，即指看不见、摸不着的"道"）。
③ 处中者：即指"当其无"，中间空的部分（也就是"道"）。无能：不起作用（即"大道废"）。其左右：即指"有"（为政）。又：也。益罢：好处没有了。重尪〔wāng〕：严重的虚弱。
④ 安赖：完全依赖。君吏：君主和官吏。
⑤ 明……，明……：知道……，也就知道……。所以任使者：所以会被用来干活的人。股肱毕强、技术辐凑：腿臂健壮、技术娴熟。刑辟而治官职：设刑法而置官职。
⑥ 此言：指老子所言。非慎、汲之所守也：不是慎到、汲黯所坚持的。
⑦ 不能：无能、无用。势所踧〔cù〕矣：势所必然（踧：同"蹙"，逼迫）。
⑧ 辩：回答是。
⑨ 待群：合群。
⑩ 黔首：黎民百姓。僻陋：孤陋寡闻。侗愚：无知愚昧（侗：幼稚）。
⑪ 小慧之士：小聪明的人。前民造作：前人所造所作。
⑫ 庖牺：庖牺氏，又称"伏羲"，相传为远古先民，最初知结绳为网（捕鱼）、造弓箭、养六畜、种五谷。
⑬ 登用：进用（做出有用的事）。为长：成为长者。

备①，凡学道立方者，必有微妙之辩、巧竘之技②，非绝人事，苦心焦形以就③，则不至。人君者，在黄屋羽葆之中，有料民听事之劳矣④。心不两役，欲与畴人百工⑤比巧犹不得，况其至深察者！君之能，尽乎南面之术⑥矣。其道简易，不名一器，下不比于瓦壶，上又不足当玉卮⑦，又其成事，皆待众人。故虽斥地万里，破敌巨亿，分之即一人斩一级矣；大施钩梯，凿山通道，分之即一人治一坎矣⑧。其事至微浅，而筹策者犹在将吏，故夫处大宫、载神器者，佻人之功，则剽劫之类也⑨。己无半技，则奄尹之伦也⑩。然不竟废黜者，非谓天命所属与其祖宗之功足以垂远也⑪。《老子》固曰："无之以为用。"君人者既不觉悟，以是自庶侈，谓名实皆在己⑫。为民主者又弥自意，是故齐物之论

---

① 官器：官制（即各种制度）。

② 学道立方：学道成道（方：道）。巧竘［kǒu］：巧妙。

③ 非绝人事：不努力之极。苦心焦形以就：劳心损形以从事。

④ 黄屋：皇宫（多为黄色，喻五行中之金）。羽葆：仪仗（多用羽毛缀成华盖）。料民听事：预料民意、听取事务。

⑤ 畴人：世代相传为业者。百工：各种各样的工匠。

⑥ 南面之术：亦称"人君南面术"，即治国之术（帝王以坐北朝南为尊，谓"南面称王"）。

⑦ 名：拥有（如一文不名）。玉卮［zhī］：玉杯。

⑧ 分之：将其平分。级：首（头颅）。大施钩梯：大规模使用钩子和梯子。坎：土堆。

⑨ 故夫：所以。处大宫、载神器者：指君主。佻［tiāo］：偷。剽劫之类：和剽窃差不多。

⑩ 己：指君主。奄［yǎn］尹［yǐn］之伦：宦官（太监）之类（奄：同"阉"。尹：官名，如"令尹"）。

⑪ 不竟：没有。非谓：不是说。垂远：长久保持。

⑫ 君人者：君临万人者（指君主）。以是：于是。庶侈：赞许。谓名实皆在己：说自己有名有实。

作，而达尊之位成①。一国之中，有力不辩官府，而俗以之功、民以之慧、国以之华者，其行高世，其学巨子，其艺大匠，其辞瑰称②。有其一者，权藉虽薄也，其尊当拟人主而已矣③。

下

人君者，剽劫之类，奄尹之伦。老聃明君术④，是同于剽劫、奄尹也？曰：异是。道者，内以尊生，外以极人事，笢析之以尽学术，非独君守矣⑤。故韩非曰：

> 道者，万物之所然，万理之所稽⑥也。理者，成物之文；道者，万物之所以成⑦也。……物有理，不可以相

---

① 为民主者：作为万民之主者（指君主）。弥：满足。齐物之论作，而达尊之位成：既有齐物之论（万物平等），又有达尊之位（君主至尊至上）。自"然不竟废黜者……"至此，意为：君主之存在，就如道之存在，看似"无之"，实为有用——这是道家的君主论。

② 有力不辩官府：有见识者不与官府辩论（老子曰："善者不辩。"）。俗以之功：读作"俗，以之功"，字面义为"对于民俗，予以功劳"，即"有益于民俗"之意。民以之慧、国以之华：对于民众，予以智慧；对于国家，予以荣耀。其行高世：读作"其行，高世"，意即"其品行，高于世人"。下同。瑰称：以瑰丽而见称。

③ 权藉虽薄：权势虽小。其尊当拟人主而已：其尊严应当比作君主才是。

④ 明君术：阐明为君之术。

⑤ 尊生：尊性（尊重天性。生：古同"性"）。极人事：尽人事。笢［mǐn］析之：剖析之（笢：作动词，剖开）。非独君守：不仅仅为了君主（君守：君主之守卫）。

⑥ 稽：包容。

⑦ 所然：所以这样（的原因）。所稽：所考核。成物之文：已有事物的表象（文：外表，与"质"对）。

薄①……（而）道尽稽万物之理，故不得不化②。不得不化，故无常操；无常操，是以死生气禀③焉、万智斟酌焉、万事废兴焉。天得之以高，地得之以臧；维斗得之以成其威，日月得之以恒其光④；五常得之以常其位，列星得之以端其行⑤；四时得之以御其变气，轩辕得之以擅四方⑥；赤松得之与天地统⑦，圣人得之以成文章。道与尧舜俱智，与接舆⑧俱狂，与桀纣俱灭，与汤武俱昌。（《解老》）

譬诸饮水，溺者多饮之即死，渴者适饮之即生；譬若剑戟，愚人以行忿则祸生，圣人以诛暴则福成。故得之以死，得之以生，得之以败，得之以成。此其言道，犹浮屠⑨之言如耶（译皆作"真如"，然本但一"如"字⑩）。有差别，此谓理；无差别，此谓道。

---

① 相薄：相互混淆（薄：靠近）。

② 化：变化。

③ 常操：恒常操守（不变模式）。气禀：亦称"禀气"，呼吸（死生气禀：死、生、呼、吸，指变化）。

④ 臧［zāng］：好（此处指肥沃）。维斗：北斗星的别称。威：威力（此处指引导方向）。

⑤ 五常：应指"五行"，即金、木、水、火、土（儒家"五常"，即仁、义、礼、智、信，成于汉，战国时尚无）。端其行：开始其运行。

⑥ 四时：春、夏、秋、冬。御其变气：调整其气候变化。轩辕：即黄帝，华夏之祖（此处用以代表所有帝王）。擅四方：独占四方。

⑦ 赤松：一种松树，寿命特别长。与天地统：与天地统一（同在）。

⑧ 接舆：春秋时楚国隐士，姓陆，名通，字接舆，因不满时政，剪发佯狂不仕，故称"楚狂人"。

⑨ 浮屠：佛陀之异译。

⑩ 真如：（佛教术语）即非真如，假名真如，真如无我，无我一切皆真如。真如者，非实非虚，非真非妄，非有非无，非是非非，非生非灭，非增非减，非垢非净，非大非小，非子非母，非方非圆，等等，不可尽说。本但一"如"字：原本只是一个"如"字（意谓：对"真如"的解释，其实就是"如"——既有既无。参见后文"无差别，此谓道"）。

死生、成败，皆道也。虽得之，犹无所得，齐物之论，由此作矣。韩非虽《解老》，然佗篇娖娖，以临政为齐，反于政，必黜①。故有《六反》之训、《五蠹》之诟②。夫曰：

> 斩敌者受赏，而高慈惠之行③；拔城者受爵禄，而信廉爱之说；坚甲厉兵以备难，而美荐绅之饰④；富国以农，距敌侍卒，而贵文学之士⑤；废⑥敬上畏法之民，而养游侠私剑之属。举行如此，治强不可得也。（《五蠹》）

然不悟政之所行与俗之所贵⑦，道固相乏，听赏者当在彼，所贵者当在此⑧。今无⑨慈惠廉爱，则民为虎狼也；无文学，则士为牛马也。有虎狼之民、牛马之士，国虽治，政虽理，其民不人⑩。世之有人也，固先于国，且建国以为人乎，将人者为国之虚名，役也⑪。韩非有见于国，无见于人；有见于群，无见于

---

① 佗〔tā〕篇：他篇（佗："他"之异体字）。娖〔chuò〕娖：拘谨貌。以临政为齐：以亲理政务为齐物。反于政：逆于政务（即倒行逆施）。

② 《六反》之训、《五蠹》之诟：《六反》之训诫、《五蠹》之诟病（《六反》《五蠹》均为韩非著作，前者陈述为君之道；后者痛斥害国之蠹）。

③ 高：（动词）提倡。

④ 美：（动词）讲究。荐绅之饰：缙绅（官服）的装饰。

⑤ 距敌侍卒：（距同"拒"）抵御敌人有待于士卒。贵：（动词）优待。

⑥ 废：（动词）灭（使没有）。

⑦ 不悟：不知。政之所行：政务之实施。俗之所贵：民俗之重要。

⑧ 道固相乏：为君之道肯定相应失效。听赏者当在彼，所贵者当在此：领赏者（指官员）应当在那里（远处——相对不重要），所贵者（指民俗）应当在这里（近处——相对重要）。

⑨ 今无：若无。

⑩ 不人：不是人（即无人性）。

⑪ 将人者为国之虚名：把人当作国家的附属物。役：奴役（人）。

子①。政之弊，以众暴寡，诛岩穴之士②；法之弊，以愚割智③——"无书简之文，以法为教；无先王之语，以吏为师④。"（《五蠹》）今是"有形之类，大必起于小；行久之物，族必起于少"⑤（《喻老》），韩非之所知也。众所不类，其终足以立烝民⑥；蓬艾之间，有陶铸尧舜者⑦。故众暴寡，非也。其有回遹乱常、与众不适者⑧，法令所不能治。治之益甚，民以情伪相攻⑨，即自败。故《老子》曰：

　　常有司杀者杀，夫代司杀者杀，是谓代大匠斲⑩。

　　韩非虽贤，犹不悟。且韩非言大体⑪，固曰"不引绳之外，

不推绳之内；不急法之外，不缓法之内"① 矣（《大体》）。明行法不足俱得奸邪，贞廉之行可贱邪?②"不逆天理，不伤情性"（《大体》），人之求智慧辨察者，情性也③，文学之业可绝邪?"荣辱之责，在于己，不在于人"（《大体》），匹夫之行可抑邪?④

庄周明老聃意，而和之以齐物⑤：推万类之异情，以为无正味正色，以其相伐，使并行而不害⑥。其道在分异政俗，无令干位⑦。故曰"得其环中，以应无穷⑧"者，各适其欲，以流解说⑨；各修其行，以为工宰⑩；各致其心，以效微妙⑪而已矣。政之所具，不过经令；法之所禁，不过奸害⑫。能说诸心，能研诸

① 大意是："不拉到准绳的外面，也不推到准绳的里面；对法禁以外的事情不苛刻，对法禁以内的事情不宽容。"

② 明行法不足俱得奸邪：知道了施行法律不能完全捕获奸邪之人。贞廉之行可贱邪：贞洁、廉洁的行为还可以轻视吗？

③ 情性也：本于情、本于性也。

④ 匹夫之行可抑邪：普通人的行为可以压制吗？

⑤ 和之以齐物：加入了齐物之论。

⑥ 无正味正色：没有真正的本味本色（味与色都是相对的，而非绝对）。以其相伐：因其相互矛盾（汉王充《论衡·问孔》："案贤圣之言，上下多相违，其文前后多相伐者"）。不害：（佛教语）意为一视同仁（《大乘广五蕴论》："云何不害？谓害对治，以悲为性"）。

⑦ 分异政俗，无令干位：区分政治与民俗，使其不相互干扰。

⑧ 引自《庄子·齐物论》。环中：圆环的中心，喻无是非之境。

⑨ 各适其欲：各人得到其所要的。以流解说：以消散怨言（解：放开）。

⑩ 各修其行：各人端正其行为。以为工宰：以此为主旨（工宰：主宰。《荀子·正名》："心也者，道之工宰也"）。

⑪ 各致其心：各人专心致志。以效微妙：以此效法天道（微妙：玄妙。《老子》："玄之又玄，众妙之门。"谓"道"之深奥微妙，万物皆出于此，后以"玄妙"指"道"）。

⑫ 政之所具，不过经令：政治所具备的，仅限于公文。法之所禁，不过奸害：法律所禁止的，仅限于危害（行为）。

虑，以成天下之亹亹者，非政之所与也①。采药以为食，凿山以为宫，身无室家农圃之役，升斗之税不上于王府②，虽不臣天子、不耦群众，非法之所禁③。版法格令，不得剟一字也④，操奇说者能非之⑤。不以非之剟其法，不以尊法罪其非⑥。君臣上下、六亲之际，雅俗所守，治眇论者所驳也⑦；守之者不为变，驳之者无所刑⑧。国有群职，王公以出治师以式民⑨，儒以通古今会文理⑩，百工以审曲面势立均出度⑪，其权异，其尊不异⑫。地有九州，赋不齐上下、音不齐清浊、用不齐器械、居不齐宫室⑬，

---

　　① 说诸心：说之于心。研诸虑：琢磨之于思虑（多思多虑）。亹［wěi］亹者：忧国忧民者（《周易·系辞上》："探赜索隐，钩深致远，以定天下之吉凶，成天下之亹亹者，莫大乎蓍龟。"）。非政之所与也：不是政治所给予的。

　　② 升斗：（容量单位）喻少量（十升为一斗）。不上于：不上交于。

　　③ 臣：（动词）臣服。耦［ǒu］：藕合、亲和。非法之所禁：不是法律所禁止的。

　　④ 版法格令：颁布法令。剟［duō］：删除。

　　⑤ 操奇说者：（对法令）有异议者。非之：否定它。

　　⑥ 不以非之剟其法：（颁布法令者）不因为（有异议者）否定而删除其法令。不以尊法罪其非：不因为遵守法令而怪罪其否定。

　　⑦ 六亲之际：泛指民间（六亲：父、子、兄、弟、夫、妻）。雅俗所守："雅"指"君臣上下"，"俗"指"六亲之际"；所守：所遵守（法令）。治眇［miǎo］论者所驳也：对付妄议者的非难（治：对付。眇论：妄议。驳：非难）。

　　⑧ 守之者不为变：遵守（法令）者不改变。驳之者无所刑：非难（法令）者不获刑。

　　⑨ 国有群职：国内有许多职业。以出治师以式民：以治理有方（出治）而指导（师以）普通民众（式民）。

　　⑩ 儒：儒生、读书人。会：领会。

　　⑪ 百工：各种工匠。审曲面势：看（材料）曲直，看情况（审：看。面：看）。立均出度：原指调音律（立均：确定音阶中各音的位置。出度：确定各种音律振动体的长度），引申为特定各种工艺。

　　⑫ 其权异，其尊不异：其（王公、儒、百工）权势有区别，其尊严无区别。

　　⑬ 地有九州：地域有九州之分（九州，据《尚书·禹贡》，为：冀州、兖州、青州、徐州、扬州、荆州、豫州、梁州、雍州）。赋不齐上下：（读作："赋，不齐上下"）税赋，有上下不同（不齐·不同）。下同。

其枢同，其取予不同，皆无使相干也①。夫是之谓大清明，夫是之谓"天下之至柔，驰骋天下之至坚"②。

法家者，削小老氏以为省③，能令其国称娖，而不能与之为人④。倘得庄生诸言以自饬省⑤，赏罚不厌一，好恶不厌歧⑥；一者以为群众，歧者以优匹士⑦；因道全法⑧，则君子乐而大奸止。其后独王弼能推庄生意，为《〈周易〉略例》，明"一"以《彖》⑨，曰：

自统而寻之，物虽众，则知可以执"一"御也⑩。由本以观之，义虽博，则知可以一名举也⑪。处旋机以观大运⑫，

---

① 其枢同：其要点相同（枢：原义为门的转轴，引申为关键、要点）。取予：取舍（指具体做法）。皆无使相干也：都不要使其相互干扰。

② 夫是：若此。大清明：全国清廉而贤明。"天下之至柔，驰骋天下之至坚"：引自《老子》，意为："天下最柔和的（指'道'），行之于天下而坚强之极。"

③ 削小老氏以为省［xǐng］：减缩老子学说以为领会。

④ 称娖［chuò］：行列齐整（有秩序）。《后汉书·中山简王焉传》："今五国各官骑百人，称娖前行。"李贤注："称娖，犹齐整也。"与之为人：使其合乎人性。

⑤ 倘得：倘若懂得。饬［chì］省［xǐng］：反省。

⑥ 赏罚不厌一，好恶不厌歧：赏罚不避一致，好恶不辟分歧。

⑦ 一者以为群众：一致可使众人合群（群众："群"作动词，使众成群）。歧者以优匹士：分歧可使读书人变得聪明（"优"作动词。匹士：下层读书人）。

⑧ 因道全法：遵循天道，健全法律。

⑨ 王弼，三国时魏国道家，魏晋玄学创始者之一，作《〈老子〉注》《〈老子〉指略》《〈周易〉注》《〈周易〉略例》《〈论语〉释疑》等。明"一"以《彖》［tuàn］：用《明彖》（《〈周易〉略例》一部分）阐明"一"（《彖传》为《周易》一部分，即对"卦"的解释）。

⑩ 自统而寻之：从"统"的角度看。可以执"一"御也：可以用"一"来统称（即万物一统，也就是"齐物"）。

⑪ 由本以观之：从"本"的角度看。义虽博：（事物的）含义（概念）虽然广博。可以一名举也：可用一个名称（一个概念）予以说明（"一名"即"有"——存在。万物形形色色，均为"有"）。

⑫ 旋机：即"枢"，门的转轴，喻关键处。大运：天道。

则天地之动未足怪也；据会要以观方来，则六合辐凑未足多也①。故举卦之名，义有主矣②；观其《象》辞，则思过半矣③！夫古今虽殊，军国异容，中之为用，故未可远也④。品制万变，宗主存焉⑤。（《明象》）

明"歧"以《爻》⑥，曰：

　　情伪之动，非数之所求也⑦。故合散屈伸，与体相乖⑧。形躁好静、质柔爱刚⑨，体与情反，质与愿违。巧历不能定其算数，圣明不能为之典要⑩。法制所不能齐⑪，度量所不

---

① 会要：交会要害处。方来：将来。六合辐凑：天地上下、四面八方（六合：上、下、东、西、南、北。辐凑：像轮辐一样从各个方向集中于轮毂）。

② 举卦之名，义有主矣：只要使用八卦的各种卦名，事物的含义就确定了。

③ 观其《象》辞，则思过半矣：只要看看《象传》所说，对事物的思考已经有一大半了。

④ 殊：不同。军国异容：统军治国情况不同（异容：不同样）。中之为用：其中的功用。未可远也：不可能相差很远。

⑤ 品制：原义为等级，引申为排秩。宗主：宗旨、主导。

⑥ 《爻》[yáo]：《明爻通变》（《〈周易〉略例》一部分）。

⑦ 情伪之动：真真假假的举动（情伪：真伪）。非数之所求也：都不是天数所要求的（即不合天数）。

⑧ 合散屈伸，与体相乖：（动作的）合、分、屈、伸，与身体不协调（相乖：相违逆）。

⑨ 形躁好静、质柔爱刚：身体多动而内心好静、体质柔弱而喜爱刚毅（内外矛盾）。

⑩ 巧历：精于历法（《庄子·内篇·齐物论》："一与言为二，二与一为三。自此以往，巧历不能得。而况其凡乎？"）。算数：推算天数。圣明：英明圣哲。为之典要：制定法则（《周易·繫辞下》："变动不居，周流六虚，上下无常，刚柔相易，不可为典要。"）。

⑪ 法制：法律制度。齐：使平等。

能均也。……召云者龙，命吕者律①。二女相违，而刚柔合体②。隆坻永叹，远壑必盈③。投戈散地④，则六亲不能相保；同舟而济，则吴越何患乎异心⑤。故苟识其情，不忧乖违⑥；苟明其趣，不烦强武⑦。（《明爻通变》）

推而极之，大象准诸此，宁独人事之云云哉⑧！道若无歧，宇宙至今如抟炭，大地至今如埘乳已⑨。

---

① 命吕者律：决定六吕的是音律（古乐十二律中的六阴律，称为"吕"）。
② 二女相违，而刚柔合体：两个女人相互违抗，刚毅和柔弱合在一起（女人柔弱，相违刚毅）。
③ 隆坻永叹：看着隆坻（河中的高地）长叹（河中有高地显现，即水面下降，水少了）。远壑必盈：远处的沟壑里一定水满了（水都流到那儿去了）。
④ 投戈散地：相互投掷的长矛散落一地。
⑤ 吴越何患乎异心：吴国和越国何必还要担忧相互有异心。
⑥ 苟识：稍知。乖违：反常。
⑦ 苟明：稍懂。强武：粗暴。
⑧ 大象：天地（八卦之象：乾、坤、震、巽、坎、离、艮、兑。其中乾、坤为大象——乾即天，坤即地）。准诸此：合乎此义。宁独：哪里仅仅是。云云：说。
⑨ 道若无歧：天道若无歧路（演变、分化）。抟〔tuán〕炭：一团泥炭（无日月星辰）。埘乳：一摊乳水（无山川平原）。

胡适简介

胡适（1891—1962），笔名，字适之，真名嗣穈，字希疆，徽州绩溪人，现代学者、作家、教育家，以倡导白话文和新文化运动闻名于世。早年留学美国，师从哲学家约翰·杜威。1917年获哥伦比亚大学博士学位；同年回国，受聘为北京大学教授。1918年加入《新青年》编辑部，大力提倡白话文，宣扬个性解放、思想自由，为新文化运动领袖之一。1920年兼任《努力周报》主编；1930年兼任《独立评论》主编。1938年至1942年，出任国民政府驻美大使。1946年至1948年，任北京大学校长。1949年赴美讲学。1952年定居台湾，任"中央研究院"院长。1962年因心脏病去世，享年七十一岁。其一生致力于新文化建设，因其学贯中西，不仅熟谙西方学术，于国学也属大师，故有"胡博士"之称。其学术研究广涉文学、哲学、史学、考据学、教育学等。其著述之丰，于现代学者中数一数二，除有诸多专著与论集外，另有《胡适文存》十二卷。2003年，安徽教育出版社出版《胡适全集》四十四卷。

道家的来源与宗旨[①]

胡 适

战国晚年以后，中国思想多倾向于折衷混合，无论什么学派，都可以叫做"杂家"。总括起来，这时候有三个大思想集团都可以称为"杂家"：

1. 秦学[②]，可用《吕氏春秋》和李斯[③]作代表。

2. 鲁学[④]，即儒家。

3. 齐学[⑤]，即"黄老[⑥]"之学，又叫做"道家"。

---

① 本文系《中国中古思想史长编》（1930，载《胡适全集》第六卷）第四章第一节，题目为原书所有。如题所示，本文一要说明道家的来源——简单说来，道家起源于战国末年的"黄老之学"，而"黄老之学"，则起源于春秋时齐国的阴阳五德之说和神仙之说。二要说明道家的宗旨——重在清静无为，重在不扰民，即"无为主义"。当然，"无为"不是无所作为，只是"不为物先"而"因时为业"，也就是：顺应时势，顺应人意。

② 秦学：秦国学派，即法家。

③ 《吕氏春秋》：战国时秦国宰相吕不韦所撰著作。李斯，战国时继吕不韦之后的秦国宰相，助秦王灭六国，一统天下。

④ 鲁学：鲁国学派。

⑤ 齐学：齐国学派。

⑥ 黄老：黄帝与老子（相传老子之学源于黄帝）。

秦学已在前面详细说过了，鲁学在下文另有专篇，在本章里我要讨论齐学的道家。

秦学与齐学同是复合学派，同用自然主义的思想作中心，而其中颇有根本的不同。秦是一个得志的强国，有吞并天下的野心，故凡可以有为的人才，凡可以实行的思想，在秦国都有受欢迎的机会。故吕不韦、李斯的思想里很少玄想的成分，而很多实用的政论。

秦学也侧重自然主义，也提倡无知无为的君道，而同时又特别反对偃兵①，又特别提倡变法的哲学；它注重个人主义，提倡贵生重己，却还没有出世的意味；燕齐海上②的阴阳家言③已在混合之中了，但神仙方术之说还不见称述（秦始皇统一之后，大信神仙之事，此是齐学的胜利）。

故秦学还不失为一个有为的国家的政术，虽然称道"无为"，而韩非④、李斯的成分很浓厚，故见于政治便成为秦帝国的急进政策。

齐学便不然。燕齐海上之士多空想，故迂怪大胆的议论往往出于其间。司马迁说：

---

① 偃兵：休兵、停战。
② 燕齐：燕国与齐国，位于今山东半岛与河北东部。海上：沿海一带。
③ 阴阳家言：阴阳家所说（阴阳家：战国末期齐国人邹衍所创学派，主倡"阴阳五行说"，故称）。
④ 韩非：战国时韩国公子，法家代表，曾辅佐秦王，后遭李斯暗害。

齐带山海①，膏壤千里，宜桑麻②，人民多文采③、布帛、鱼盐……其俗④宽缓阔达而足智，好议论。（《史记》一二九）

　　齐民族的原始宗教有八神将：天主、地主、兵主、阴主、阳主、月主、日主、四时主（《史记》二八）。阴阳五德之说，神仙之说，都起于这个民族，毫不足奇怪。《封禅书》⑤说：

　　蓬莱、方丈、瀛洲，此三神山者，其传⑥在渤海中，去人不远，患且至，则船风引而去⑦。盖尝有至者，诸仙人及不死之药皆在焉，其物、禽、兽尽白，而黄金银⑧为宫阙。未至，望之如云；及到，三神山反居水下；临之⑨，风辄⑩引去，终莫能至云。世主⑪莫不甘心焉。（《史记》二八）

　　《史记》记阴阳家和神仙方术的混合，很值得我们的注意。《封禅书》说：

---

① 齐带山海：齐国有山有海。
② 宜桑麻：适合种植（桑麻：泛指农作物）。
③ 文采：装饰物。
④ 俗：风俗。
⑤ 《封禅书》：即《史记》第二十八卷。
⑥ 其传：据说。
⑦ 患且至，则船风引而去：好像就要到了，船却会被风引向别处。
⑧ 银：（动词）装饰。
⑨ 临之：到了（它）面前。
⑩ 辄：马上。
⑪ 世主：国君。

自齐威宣①之时，邹子②之徒论著"终始五德"③之运④……而宋毋忌、正伯侨、充尚（《汉书》二五作元尚）、羡门子、高最后，皆燕人，为方仙道，形解销化⑤，依于鬼神之事。

邹衍以阴阳主运，显于诸侯，而燕齐海上之士传其术，不能通，然则（则字疑衍）怪迂、阿谀、苟合之徒自此兴，不可胜数也。

这个齐系的思想和别的思想一样有"托古改制"的必要。儒、墨都称道尧、舜，尧、舜成了滥套，不足借重了，故后起的齐系思想用老子一系的哲学思想作底子，造出了无数半历史、半神话的古人的伪书。

其中，最古、最尊的便是那骑龙上天的仙人黄帝。他们讲神仙，必须归到清静寡欲，适性养神；他们讲治术，必须归到自然无为的天道。阴阳的运行、五行的终始，本是一种自然主义的宇宙论，但他们又注重祥灾异⑥，便已染上了墨教⑦的色彩了。

大概民间宗教迷信的影响太大，古代不甚自觉的自然主义抵抗不住民间迷信的势力，于是自然主义的阴阳五行遂和祥灾异的

---

① 齐威宣：齐威王、齐宣王。
② 邹子，即阴阳家始祖邹衍。
③ "终始五德"：即"五行说"（五行——金、木、水、火、土——相生相克之说）。
④ 运：天运。
⑤ 形解销化：修道成仙，魂魄离体，留下形骸，亦作"形解尸化"。
⑥ 祥灾异：作法消灾。
⑦ 墨教：墨家言鬼神、求吉祥，具宗教性质，故亦称"墨教"。

阴阳五行混在一处了。

又如，清静适性也本是自然主义的人生观。但他们又去寻种种丹药和方术来求长生不死，形解尸化，这便不是自然主义的本意。然而当日的学者却没有这种自觉，于是，这些思想也就混成一家了。

老子太简单了，不能用作混合学派的基础，故不能不抬出黄帝等人来；正如儒家孔子之外不能不有周公、尧、舜等人一样。于是这一个大混合的思想集团就叫做"黄老之学"。因为这一系思想都自附于那个自然变化的天道观念，故后来又叫做"道家"。

秦以前没有"道家"之名，"道家"只是指那战国末年以至秦汉之间新起来的黄老之学。汉朝学者也知道这个学派起来甚晚。《汉书·艺文志》道家有《黄帝四经》四篇，《黄帝铭》六篇，《黄帝君臣》六篇，原注云："起六国时，与《老子》相似也。"

又《杂黄帝》五十八篇，原注云："六国时贤者所作。"又《力牧》二十二篇，原注云："六国时所做，托之力牧①。力牧，黄帝相。"司马迁也说：

　　百家言黄帝，其文不雅驯②，荐绅先生③难言之。（《史记》一）

---

　　① 力牧，传说中黄帝三大臣之一。
　　② 不雅驯：不着边际（雅驯：规范）。
　　③ 荐绅先生："荐"通"缙"，亦作"缙绅先生"，指有教养的人（缙：上等的帛，有钱人的衣料。绅：宽大的衣袍，上等人所穿）。

《汉书·艺文志》很明白的说黄帝、力牧之书出于六国时。其实，此派起于六国末年，成于秦汉之际。司马迁在《乐毅①传》末说的最明白：

> 乐氏之族有乐瑕公、乐巨公（今本作"乐臣公"，《集解》与《索隐》皆云，"臣"一作"巨"。《汉书》三七《田叔传》作"乐钜公"，可证原本作"巨"，讹作"臣"。今改正），赵且为秦所灭（在始皇十八九年，前229—228），亡之齐高密②。乐巨公善修黄帝、老子之言，显闻于齐，称贤师。
>
> 太史公曰……乐巨公学黄帝、老子，其本师号曰"河上丈人"，不知其所出。河上丈人教安期生③；安期生教毛翕公；毛翕公教乐瑕公；乐瑕公教乐巨公；乐巨公教盖公；盖公教于齐高密、胶西，为曹相国④师。

安期生《封禅书》里称为"仙者"，大概河上丈人也是乌有先生一流的仙人。毛翕公以下，大概是黄老之学的初期之师。他们的地域不出于高密、胶西一带，时代不过秦始皇到汉高祖时三四十年而已。

在这时期里，热衷的人便跑出去宣传"方仙道"，替秦始皇帝候星气、求神仙去了。一些冷淡的学者，亡国的遗民，如乐

---

① 乐［yuè］毅，战国时燕国上将军，受封昌国君，辅佐燕昭王振兴燕国。
② 亡之齐高密：死于齐国高密（今山东省高密市）。
③ 安期生，传说中的黄老道家传人，方仙道创始人。
④ 曹相国：即曹参［cān］，西汉开国功臣之一，继萧何后第二位相国，史称"曹相国"。

瑕、乐巨之流，他们不愿在新朝献媚求荣，便在高密、胶西一带编造古书，讲述黄帝、老子。这便是"黄老之学"的起源。

在秦始皇时代，齐学曾得着皇帝的宠用。齐人徐市（即徐福）说动了始皇，带了童男女数千人入海求仙。卢生、韩终、侯公、石生（皆燕齐之士）等都被派入海求神仙，求不死之药。

但这一位皇帝是不容易服事①的，他是要求实效的，"不验辄死"②。后来徐市入海不返，韩终去不报，卢生、侯生也逃走了。始皇大怒，于是有坑杀术士儒生四百六十人的惨剧。

不久，天下又大乱了。大乱之后，直到汉武帝时，七八十年中，求神仙的风气因为没有热心的君主提倡，故稍稍衰歇。而齐学之中的黄老清静无为的思想却因为时势的需要，得着有力的提倡，成为西汉初期的"显学"。

韩非在前三世纪中叶说"世之显学"，只举儒、墨二家，其时齐学还不够为显学。黄老之学成为显学，始于汉初，而第一个黄老学者受尊崇的，便是高密乐巨公的弟子胶西盖公。盖公是汉相国曹参的老师。

这一个学派本来只叫做"黄老之学"。"道家"之名不知起于何时。陈平③晚年曾有"我多阴谋，是道家之所禁"的话（《史记》五六）。后来武帝初年有儒道争政权的一案，司马迁记此事，有云：

---

① 服事：同"服侍"。
② 不验辄死：无效果马上处死。
③ 陈平，西汉开国功臣之一，曾为汉惠帝右丞相、汉文帝丞相。

窦太后①好黄老之言，而魏其、武安、赵绾、王臧等务②隆推儒术，贬道家言。(《史记》一〇七)

　　这里上文说"黄老之言"，而下文说"道家言"，可见这两个名词是同义的了。

　　从秦始皇到汉武帝，这一百多年的道家学者可考见的，略如下表：

　　毛翕公

　　乐瑕公

　　田叔（学黄老术于乐巨公，至景帝时尚生存，见《汉书》三七本传。)

　　盖公（应前200年尚生存。)

　　曹参（前190年死。)

　　陈平（《史记》传赞说他学黄老。)

　　王生（见《张释之传》，"善为黄老言"，至景帝初年尚生存。《邹阳传》有"齐人王先生，年八十余，多奇计"，似同是一个人。)

　　黄生（景帝时，约当前二世纪中叶。)

　　邓章（见《晁错传》之末，约当武帝时，"以修黄老言，显诸公间"。)

　　邻氏（有《老子经传》四篇。)

　　傅氏（有《老子经说》三十七篇。)

---

① 窦太后，汉景帝之母。
② 务：致力。

徐氏（字少季，临淮人，有《老子经说》六篇。以上三人时代不明，见《艺文志》。）

捷子（齐人，有《捷子》二篇，《艺文志》云，武帝时说。）

曹羽（有书二篇，《艺文志》云，"楚人，武帝时说于齐王"。）

郎中婴齐（有书十二篇，《艺文志》云，武帝时人。）

司马谈（前110年死；"学道论于黄生"。）

汲黯（前112年死；《史记》一二〇说他"学黄老之言"。）

郑当时（约前100年死；《史记》一二〇说他"好黄老之言"。）

杨王孙（武帝时人，学黄老之术，家颇富，厚自奉养，实行"养生"的主义。后来他有病，先立遗嘱，说"吾欲裸葬，以反吾真。死则为布囊盛尸，入地七尺，既下，从足引脱其囊，以身亲土"。他的朋友劝阻他，他说："吾裸葬，将以矫世也。"《汉书》六七有传。据《西京杂记》，王孙名贵，京兆人。）

在秦始皇坑术士之后，汉武帝大求神仙丹药之前，这七八十年中的道家似乎经过了一番刷清作用，神仙迂怪之说退居不重要的地位，而清静无为的思想特别被尊崇，故这时期的道家思想差不多完全等于清静无为的政术。

故曹参师事盖公，治齐治汉，都用黄老术，清静无为，以不扰民为主。

故窦太后信黄老之言，而"孝景①即位十六年，祠官各以岁时祠②如故，无有所兴"（《史记》二八）。

---

① 孝景：即景帝，全称"孝景帝"（西汉以孝治天下，所有帝号前均有孝字，如"孝文帝""孝武帝"）。
② 祠官：掌管祭祀之官。以岁时祠（之）：按岁按时祭祀。

故汲黯①

　　学黄老之言，治官理民好②清静，择丞史而任之，其治责大指而已，不苛小③。黯多病，卧闺阁内不出，岁余，东海大治，称之。上闻，召以为主爵都尉，列于九卿，治务在④无为而已，弘大体，不拘文法⑤。天子方招文学、儒者⑥，上曰吾欲云云，黯对曰："陛下内多欲而外施仁义，奈何欲效唐虞⑦之治乎？"（《史记》百二十）

　　这都是道家的政治思想，重在清静无为，重在不扰民，与民休息。

　　司马谈⑧学天文于方士⑨唐都，受《易》于杨何，习道论于黄生，可算是一个杂博的学者。他在建元、元封之间（前140—110年）做太史令，也不得不跟着一班方士儒生"议祠后土，议泰畤坛"⑩（均见《史记》二八）。但他的《论六家之要指》（《史记》百三十）述道家的宗旨，仍是这自然无为的治道。他说：

　　《易·大传》曰："天下一致而百虑⑪，同归而殊途。"

---

　　① 汲黯，字长孺，西汉名臣，汉武帝称其为"社稷之臣"。
　　② 好［hào］：喜欢。
　　③ 责大指而已，不苛小：要求大致（不错）就行，不苛求小事情。
　　④ 务在：注重于。
　　⑤ 文法：表面之法。
　　⑥ 文学、儒者：文官、学者（文学：汉时朝廷所设一官职名）。
　　⑦ 唐虞：尧舜（尧，亦称"唐尧"；舜，亦称"虞舜"）。
　　⑧ 司马谈，汉初太史令、太史公，司马迁之父。
　　⑨ 方士：方术之士。
　　⑩ 议祠后土：讨论祭祀土地娘娘（后土：远古母系社会崇拜的女神）。议泰畤坛：讨论国泰于祭坛。
　　⑪ 一致而百虑：目的一样而想法各式各样。

夫阴阳、儒墨、名法、道德，此务为治者也，直①所从言②之异路，有省③有不省耳。

他把一切学派的思想都看做"务为治"的政术，不过出发点有不同——"所从言之异路"——有"省不省"的分别，故主张也有不同。他从这个论点观察各家，指出他们各有长处，也各有短处。只有道家是"无所不宜"的一种治道。他说：

道家使人精神专一，动合无形，赡足万物④。其为术也，因阴阳之大顺⑤，采儒墨之善，撮名法⑥之要，与时迁移，应物变化，立俗施事⑦，无所不宜。指约而易操⑧，事少而功多。

这是说道家无所不包，无所不宜。他又说：

道家无为，又曰"无不为"。其实易行，其辞难知⑨。

---

① 直：只是。
② 从言：听从之言。
③ 省：简略。
④ 动合无形，赡足万物：行动合乎无形之"道"，使万物丰足。
⑤ 术：学术。因阴阳之大顺：依据阴阳家关于四时运行顺序之说。
⑥ 名法：名家与法家。
⑦ 立俗施事：树立风俗，施行世事。
⑧ 指约而易操：意旨简约而容易掌握。
⑨ 实：实际主张。辞：行文言辞。

其术以虚无为本，以因循①为用。无成势，无常形②，故能
究万物之情。不为物先，不为物后③，故能为万物主。有法
无法，因时为业④。有度无度，因物与合⑤。故曰：圣人不
朽，时变是守⑥。

道家承认一个无为而无不为的天道，道是自然流动变迁的，
故"无成势，无常形"。一切依着自然变迁的趋势，便是"因
循"，便是守"时变"。时机未成熟，不能勉强，故"不为物先"。
时机已成熟了，便须因时而动，故"不为物后"。在政治上
的态度便是既不顽固，也不革命，只顺着时变走。这是道家的无
为主义。无为并不是不做事，只是"不为物先"，只是"因时为
业"。这便是《淮南子》⑦所谓：

漠然⑧无为，而无不为也；澹然⑨无治，而无不治也。
所谓无为者，不先物为也；所谓无不为者，因物之所⑩为
也。所谓无治者，不易⑪自然也；所谓无不治者，因物之

---

① 因循：顺应（自然）。
② 无成势，无常形：（道家认为）无一成不变之势，无常存不变之形。
③ 不为物先，不为物后：不做超越物情的事，不做落后物情的事。
④ 有法无法，因时为业：法似有似无，要看时势而定。
⑤ 有度无度，因物与合：度似有似无，要看是否与事物相合。
⑥ 时变是守：以时与变为守则。
⑦ 《淮南子》：又名《淮南鸿烈》，西汉刘安所著道家经典。
⑧ 漠然：清静貌。
⑨ 澹［dàn］然："澹"同"淡"，安静貌。
⑩ 因物之所：随事物的原样。
⑪ 不易：不改变。

相①然也。(《原道训》②)

大凡无为的政治思想，本意只是说人君的聪明有限，本领有限，容易做错事情，倒不如装呆偷懒，少闹些乱子罢（《吕氏春秋·任数篇》说："耳目心智，其所以知识甚阙③，其所以闻见甚浅。"《君守篇》说："有识则有不备④矣，有事则有不恢⑤矣。"）。

然而直说人君知识能力不够，究竟有点难为情，所以只好说："您老人家的贵体非同小可，请您保养精神，少操点心罢。"司马谈也有这样一种养神保形的政术，他说：

儒者则不然，以为人主，天下之仪表⑥也，主倡而臣和，主先而臣随。如此，则主劳而臣逸。至于大道之要，去健羡（健羡似是古时一种成语，有贪欲之意。《荀子·哀公篇》，孔子曰："无取健。"杨倞注："健羡之人。"下文孔子曰："健，贪也。"杨注："健羡之人多贪欲。"），黜聪明⑦。释此而任术⑧，夫⑨神⑩大用则竭，形⑪大劳而敝⑫。神形早衰，欲与天地长久，非所闻也。

---

① 因物之相：随事物的特征。
② 《原道训》：《淮南子》首篇。
③ 甚阙［quē］："阙"同"缺"，非常少。
④ 备：完备。
⑤ 恢：原样（如恢复）。
⑥ 仪表：表率。
⑦ 黜聪明：罢黜聪明人。
⑧ 释此而任术：舍此而相信权术。
⑨ 夫：文言发声词，无义。
⑩ 神：精神。
⑪ 形：身体。
⑫ 敝：损坏。

他又说：

> 凡①人所生者，神也；所托者，形也。神大用，则竭；形大劳，则敝；形神离，则死。死者不可复生，离者不可复反②，故圣人重之。由是观之，神者，生之本也；形者，生之具也。不先定其神，而曰"我有以③治天下"，何由哉?④

他这样反复叮咛，很像嘱咐小孩子一样，在我们今日看了似乎好笑，但在当时为此说者自有一番苦心。

道家主张无为，实含有虚君政治之意，慎到⑤所谓"块⑥不失道"，《吕氏春秋》所谓"无唱有和，无先有随⑦……其所为少，其所因多⑧。因者，君术也⑨，为者，臣道也⑩"，都是这个意思。

司马谈也主张"无唱有和，无先有随"，故他反对儒家"主倡而臣和，主先而臣随"的治道论，但君主之权既已积重难返了，学者不敢明说限制君权，更不敢明说虚君，故只好说请人君

---

① 凡：凡是。
② 反：古同"返"。
③ 有以：可以。
④ 何由哉：凭什么呢？
⑤ 慎到，尊称慎子，战国时赵国人，专攻"黄老之术"。
⑥ 块：原义为"土块"，用作形容词为"块然"，喻安适自得（见《荀子·性恶》："块然独立天地间。"）。
⑦ 无唱有和，无先有随：没有人唱却有人和，没有人在先却有人跟随（与前文所引儒家的"主倡而臣和，主先而臣随"正好相反，这是道家的"虚君"主张）。
⑧ 所为：所做。所因：所循（天道）。
⑨ 因者：循（天道）者。君术：为君之术。
⑩ 为者：做（事情）者。臣道：为臣之道。

保养精形，贵生而定神。人君能"精神专一"，则能"动合无形，赡足万物"了。这是他们不得已的说法。

试看司马迁记汲黯的事：

> 天子方招文学儒者，上曰吾欲云云，黯对曰："陛下内多欲而外施仁义，奈何欲效唐虞之治乎？"上默然怒，变色而罢朝①。公卿皆为黯惧②。上③退，谓左右曰："甚矣，汲黯之戆也④！"（《史记》百二十）

这样一句话便使皇帝气的变色而罢朝，使满朝公卿都震惧。怪不得那些和平的道家学者只好委婉的提出保养精神的论调了。

无为的政治思想是弱者的哲学，是无力的主张。根本的缺陷只在于没有办法，没有制裁的能力。他们说："你们知识不够，不如无知罢。你们不配有为，不如无为罢。"

但是君主愚而偏好自用，他们有什么办法呢？不配有为而偏要有为，他们又有什么办法呢？他们只好说："您老人家歇歇罢，不要主劳而臣逸。"但是君主偏不肯歇，偏爱骚动形神，他们又有什么办法呢？

汉初七十年的政治，可算是有点无为的意味，也不能说是没有成效。

---

① 罢朝：退朝。
② 皆为黯惧：都为汲黯感到害怕。
③ 上：皇上、天子。
④ 甚矣：太过分了。戆：鲁莽。

但我们仔细想想，汉初的无为政治都是由君主、丞相发动：孝惠①的"垂拱②"是因为他无权无能；吕后的"政不出房户"是因为她本来没有多大见识，又怕别人有为；曹参、窦太后的行黄老术，都是强有力者的自动③。等到汉武帝立志要有为，于是七十年的无为政治全推翻了。

十九、三、卅一夜初稿成
十九、四、一—四、四重写定

---

① 孝惠：即汉惠帝。
② 垂拱：垂衣拱手，谓不亲理事务。
③ 意谓曹参、窦太后本是有权势的人，他们自己愿意行黄老术，并非道家的功劳。

就《淮南子》论道家哲学[①]

胡　适

一、何为"道家"

汉代哲学的第一时代是道家全盛时代。如今须说"道家"之名作何意义。古代本没有什么"道家"。道是一个"达名"[②]，所包极广。《庄子·天下篇》所举老聃、关尹、墨翟、慎到[③]等等，都称"道术"。道即是路，即是方法。故老子、孔子、墨

---

　　①　本文系作者约写于 20 世纪 30 年代的讲稿《中国哲学史大纲卷中》（载《胡适全集》第六卷）第二、第三章，原题为"道家""《淮南子》"，此题目为编者所加。本文称《淮南子》为汉代道家哲学的代表作，故而以其为据，论述汉代道家哲学：（一）关于道家的"道"，本文认为除了指"天地万物自然之理"，还有一层意思是指"道术"，即应对万物的方法。（二）关于道家的"自然"，本文认为就是指"道"，而《淮南子》说自然，可谓发挥得淋漓尽致。（三）关于道家的"无为"，本文认为《淮南子》赋予"无为"以积极意义，这是它的主要特色。（四）关于道家的"天与人"，本文认为《淮南子》综合庄子和荀子两家之说，阐述了一种"天人互助"的哲学。（五）道家的"是非"，本文认为《淮南子》综合庄子和韩非子两家之说，且具有"进化的精神"，这是它不同于老庄之处。（六）关于道家的知识论，本文认为《淮南子》吸收了儒家和墨家之说，故而很有价值。总之，就这六个方面，本文最后论定，《淮南子》是一部中国古代哲学的"集大成"之作。
　　②　达名：大概念。
　　③　老聃［dān］，即老子。关尹，春秋时周大夫，有《关尹子》（也称《文始真经》）传世。墨翟［dí］，即墨子。慎到，也称慎子，战国时赵国人，在齐国讲道。

子……所要得的，都只是"道"。

但其间却有个分别。老子的道，完全是天道，是自然之理。孔子、荀子、孟子的道，偏重人道，是人事之理。墨子所说，以"天志"为本，是有意志的天道。

后来这个"达名"的道，渐渐的范围狭小下来，单指老子一派的自然之理。《庄子》《韩非子》所说的道，都属于此派。"达名"竟变成"类名"① 了。

到了后来，"道家"一名竟成"私名"②，起初单指那一派以天道（自然）作根本的哲学，后来汉末道教发生，道家竟成了道士的名称。自从道教称"道家"以后，那一派自然哲学便改称"老氏"，或混称"老庄"，不叫做"道家"了。

汉代的道家乃是专指那自然派的哲学。当秦汉之际，儒墨之争虽已消灭，儒法之争却甚激烈。那时的焚书大祸，便是儒法之争的结果。秦时法家战胜，儒家大失败。

到了汉初，如上章所说，儒生又战胜了。这个时代，只有那与人无忤、与世无争的自然派哲学，不曾受政治上的影响。这一派的哲学，当秦汉之际，不但没有消灭，还能吸收各家的长处，融会贯通，渐渐的变成一个集大成的学派。

依我看来，汉初一百年的道家哲学竟可以算得是中国古代哲学的一个大结束。古代的学派，除了墨家一支之外，所有精华，都被道家吸收进去，所以能成一个集大成的学派。这是汉代道家的特色。如今且引司马谈《论六家要指》的话作我这段议论的

---

① 类名：中概念。
② 私名：小概念。

证据。他说：

夫①阴阳、儒墨、名法、道德，此务为治者也，直②所从言③之异路，有省④有不省耳。（此下论各家得失）……道家使人精神专一，动合无形，赡足万物⑤。其为术也，因阴阳之大顺⑥，采儒墨之善，撮名法⑦之要，与时迁移，应物变化，立俗施事⑧，无所不宜。指约而易操⑨，事少而功多。……（此下分论各家得失）道家无为，又曰"无不为"。其实易行，其辞难知⑩。其术以虚无为本，以因循⑪为用。无成势，无常形⑫，故能究万物之情。不为物先，不为物后⑬，故能为万物主。有法无法，因时为业⑭。有度无度，因物与合⑮。故曰：圣人不朽，时变是守⑯。

虚者，道之常也。因⑰者，君之纲也。群臣并至，使各

_____

① 夫：文言发声词，无义。
② 直：只是。
③ 从言：听从之言。
④ 省：简略。
⑤ 动合无形，赡足万物：行动合乎无形之"道"，使万物丰足。
⑥ 术：学术。因阴阳之大顺：依据阴阳家关于四时运行顺序之说。
⑦ 名法：名家与法家。
⑧ 立俗施事：树立风俗，施行世事。
⑨ 指约而易操：意旨简约而容易掌握。
⑩ 实：实际主张。辞：行文言辞。
⑪ 因循：顺应（自然）。
⑫ 无成势，无常形：（道家认为）无一成不变之势，无常存不变之形。
⑬ 不为物先，不为物后：不做超越物情的事，不做落后物情的事。
⑭ 有法无法，因时为业：法似有似无，要看时势而定。
⑮ 有度无度，因物与合：度似有似无，要看是否与事物相合。
⑯ 时变是守：以时与变为守则。
⑰ 因：循（道）。

自明也。其实中其声者①谓之端②，实不中其声者谓之窾（音款，空也）。窾言不听，奸乃不生，贤不肖③自分，白黑乃形④。在所⑤欲用耳，何事不成？乃合大道，混混冥冥⑥，光耀天下，复反无名⑦。

凡⑧人所生者，神也；所托者，形也。神大用，则竭；形大劳，则敝；形神离，则死。……不先定其神，而曰"我有以⑨治天下"，何由哉？⑩（《史记》卷一三○）

看他说道家"因阴阳之大顺，采儒墨之善，撮名法之要"，便是说道家是一个集大成的学派。

读者须知"集大成"三个字，不过是"折衷派"的别名。看得起它，就说是"集大成"；看不起它，就说是"折衷派"。汉代道家属于折衷派，自不可讳。

但这一派却真能融合各家的好处，真能把各家的学说格外发

----

① 其实中〔zhòng〕其声者：其实际所做的合乎其所说的（中：〔动词〕符合，如中奖、中意）。

② 端：正直（如端正）。

③ 贤不肖：贤（有才）与不肖（无才）。

④ 形：（动词）显形、显现。

⑤ 在所：这样。

⑥ 混混冥冥：以混待混，以冥待冥（混混的前一个混为动词，冥冥的前一个冥也为动词）。

⑦ 复反无名："反"古同"返"。无名：无限（无界定，即指"道"）。见《老子》第一章："道可道，非常道。名可名，非常名。无名，天地之始；有名，万物之母。"又见第二十五章："……大道无名，长养万物；吾不知其名，强名曰'道'。"

⑧ 凡：凡是。

⑨ 有以：可以。

⑩ 何由哉：凭什么呢？

挥得明白晓畅，所以我觉得它颇当得起"集大成"的称号。

汉代的道家哲学最完备的莫如《淮南子》一部书。故下章用这书代表道家的哲学。

二、淮南王刘安

淮南王刘安为高祖少子淮南厉王刘长的儿子。孝文①六年，厉王谋反被废，不食而死。孝文八年，封刘长四子为列侯，时年"七八岁"(据《汉书·四十四》)。十六年，徙封为淮南王。至武帝元狩②二年，淮南王谋反，被诛。是年为西历纪元前一二一年(刘安生时约在前一八〇年)。

> 淮南王为人好书鼓琴③，不喜弋猎④狗马驰骋，亦欲行阴德⑤，拊循⑥百姓，流⑦名誉，招致宾客、方术之士数千人，作为⑧《内书》二十一篇，《外书》甚众，又有《中篇》八卷，言神仙黄白之术⑨，亦二十余万言。(《汉书·四十四》)

---

① 孝文：汉文帝。
② 元狩：汉武帝第四个年号。
③ 好[hào]书鼓琴：喜欢写字和弹琴（鼓琴，见《诗经·小雅·鹿鸣》："我有嘉宾，鼓瑟鼓琴。"）。
④ 弋猎：射猎。《国语·越语下》："王其且驰骋弋猎，无至禽荒。"
⑤ 阴德：暗中积德。
⑥ 拊[fǔ]循：抚慰。
⑦ 流：(动词)使……流传。
⑧ 作为：写成。
⑨ 黄白之术：炼丹术（相传道家有烧炼丹药点化金银之术，故称）。

今所传只有《内书》二十一篇，名为《鸿烈》。

据高诱①序说，淮南王"与苏飞、李尚、左吴、田申、雷被、毛被、伍被、晋昌等八人，及诸儒大山、小山②之流，共讲论道德，总统③仁义，而著此书。……号曰《鸿烈》。鸿，大也。烈，明也。以为大明道之言也"。

淮南王谋反被杀时，汉吏"尽捕王宾客在国中者……上下公卿治④，所连引与淮南王谋反之列侯二千名、豪杰数千人，皆以罪轻重受诛"（《汉书·四十四》）。此次大狱，杀了许多学者，如上文所举的伍被、左吴等皆在其内（《汉书·四十五》）。这是道家哲学中衰⑤的一个原因。

那时汉武帝本在提倡儒学，罢黜百家，如今道家变成了反叛的学派，自然更容易沉沦消灭了。这是道家中衰的第二个原因。从此汉代的哲学，便完全成了"道士的儒学"时代。

三、道 家 的 "道"

《韩非子》⑥内有《解老》《喻老》两篇，文笔与《五蠹》《显学》⑦诸篇不类⑧，决不是韩非所作，大概是秦汉时的道家所

---

① 高诱：汉代注释家，曾注《吕氏春秋》。
② 大山、小山：或为两兄弟名。
③ 总统：概括。
④ 上下公卿治：上下官员一起治（其罪）。
⑤ 中衰：中途衰落。
⑥ 《韩非子》：战国时韩国公子韩非的著作集。
⑦ 《五蠹》《显学》：韩非的名篇。
⑧ 类：类同。

作（章太炎极推崇这两篇，以为"说老子者宜据韩非为大传"，但太炎亦知"韩非他篇亦多言术，由其所习不纯"①。不知此正足证此两篇本非韩非之书。韩非生平最痛恨"微妙之言，上知之论"，他岂肯费工夫去替老子作大传?）。《解老篇》说：

> 道者，万物之所然，万理之所稽②也。理者，成物之文；道者，万物之所以成③也。故曰：道，理之者也。物有理，不可以相薄④。有理不可以相薄，故理之为物之制⑤。
>
> 万物各异理，而道尽稽万物之理，故不得不化⑥。不得不化，故无常操⑦；无常操，是以死生气禀⑧焉、万智斟酌焉、万事废兴焉。……凡道之情，不制不形⑨，柔弱⑩随时，与理相应。万物得之以死，得之以生⑪；万物得之以败，得之以成。

这一段论"道"，是道家哲学的根本。"道"即是天地万物自然之理。《淮南子》论"道"，与此相同。《原道训》说：

---

① 见章太炎《原道》一文。
② 所然：所以这样（的原因）。稽：稽查、考核。所稽：所考核。
③ 成物之文：已有事物的表象（文：外表，与"质"对）。
④ 相薄：相互混淆（薄：靠近）。
⑤ 制：限制、限定。
⑥ 化：变化。
⑦ 常操：恒常操守（不变模式）。
⑧ 气禀：亦称"禀气"，呼吸（死生气禀：死、生、呼、吸，指变化）。
⑨ 不制不形：无限制，无形体。
⑩ 柔弱：喻不制不形。
⑪ 万物得之以死，得之以生：万物生死均源自天道（之：指天道）。

夫①道者，覆天载地，廓②四方，柝③八极；高不可际④，深不可测；包裹天地，禀授无形⑤；……故植⑥之而塞于天地，横之而弥于四海，施之无穷而无所朝夕；舒之幎于六合⑦，卷之不盈于一握；……横四维而含阴阳，纮宇宙而章三光⑧；甚淖而滒⑨，甚纤而微⑩；山以之⑪高，渊以之深，兽以之走，鸟以之飞，日月以之明，星历⑫以之行。

这段论"道"，一为万物"所以成"的原因，二为无所不在（看《庄子·知北游篇》"东郭子问"一节）。这就是天道，就是自然，属于宇宙论。

但"道"还有一个意思。《人间训》说：

居，知所为⑬；行，知所之⑭；事，知所秉⑮；动，知所

---

① 夫：文言发声词，无义。
② 廓：（动词）扩大（如廓张）。
③ 柝［tuò］：古同"拓"，开拓。
④ 际：（动词）交接（如交际）。
⑤ 无形：精气。
⑥ 植：（动词）使直立。
⑦ 舒：舒展。幎［mì］：匀。六合：上下四方。
⑧ 纮［hóng］：维系。章：古同"彰"，彰显。三光：日、月、星。
⑨ 甚淖而滒：又黏又稠（淖：泥泞。滒［gē］：黏稠。意为无处不在）。
⑩ 甚纤而微：又细又小。
⑪ 以之：由此（指道）而。
⑫ 星历：星辰。
⑬ 为：目的。
⑭ 之：去向。
⑮ 秉：性质。

由①，谓之"道"。道者，置之前而不轾②，错之后而不轩③，内④之寻常而不塞，布之天下而不窕⑤。

这个"道"，是道术，是方法，一切知识论、名学、人生观、政治哲学，都属于这个"道"。

四、道家的"自然"

道就是自然，这是从老子以来的道家所公认的。《淮南子》说自然，发挥得更尽致。《俶真训》⑥说：

> 有"始"者⑦，有未始有"有始"者⑧，有未始有夫"未始有'有始'"者⑨；有"有"者⑩，有"无"者⑪，有未始有"有'无'"者⑫，有未始有夫"未始有'有

---

① 由：缘由。
② 轾：原义为前低后高的车，转义为阻挡。
③ 错：同"措"，放回。轩：原义为前高后低的车，转义为拖拉。
④ 内：（动词）深入。
⑤ 布：（动词）散布。窕［tiǎo］：稀疏。
⑥ 《俶真训》：《淮南子》卷二。
⑦ 有"始"者：有"开始"的时候。
⑧ 有未始有"有始"者：有并非一开始就有的"有开始"的时候（意为其开始不是"原"始，即"后来"）。
⑨ 有未始有夫"未始有'有始'"者：有并非一开始就有的那个"并非一开始就有的'有开始'"的时候（意为其开始是继"后来"之后的"再后来"）。
⑩ 有"有"者：有"存在"的事物。
⑪ 有"无"者：有"不存在"的事物。
⑫ 有未始有"有'无'"者：有并非一开始就有的"有'不存在'"的事物（意为并非一开始就"不存在"，即本来就存在）。

"无"'"者①。

最初的时代是"未始有夫'未始有"有无"'"的时代，那时

天地未剖②，阴阳未判③，四时未分，万物未生；汪然平静，寂然清澄，莫见其形。

第二时代是"未始有夫'未始有"有始"'"的时期，那时

天含和④而未降，地怀气⑤而未扬，虚无寂漠，萧条霄窕⑥，无有仿佛⑦；气遂⑧而大通冥冥者⑨也。

第三个时代是"未始有'有无'"的时代，那时

----

① 有未始有夫"未始有'有"无"'"：有并非一开始就有的那种"并非一开始就有的'有"不存在"'"的事物（意为并非一开始就"不存在"的那种"不存在"，即它"存在"［有］，但又"不存在"［无］，也就是"无"的"存在"）。
② 剖：分开。
③ 判：决定。
④ 含和：含有祥和。
⑤ 怀气：怀有灵气。
⑥ 霄窕：同"逍遥"，自在、无拘束。
⑦ 无有仿佛：似无似有。
⑧ 气遂：上下之气顺畅。
⑨ 大通：贯通。冥冥者：幽暗而混沌处。

包裹天地，陶冶万物，大通混冥①；深闳②广大，不可为外③；析毫剖芒④，不可为内⑤；无环堵之宇⑥而生有无之根⑦。

第四个时代是"未始有'有始'"的时代，那时

　　天气始下，地气始上，阴阳错合⑧，相与竞畅于宇宙之间；被⑨德含和，缤纷茏苁⑩，欲与物接而未成兆朕⑪。

第五个时代是"有'始'"的时代，那时

　　繁愤⑫未发，牙蘗⑬，未有形埒垠堮⑭；无无蠕蠕⑮，将欲生兴而未成物类。

---

① 混冥：无分无迹、无始无终者。
② 闳［hóng］：同"宏"。
③ 不可为外：不可越出（无边无际）。
④ 析毫剖芒：劈开毫毛，剖开麦芒（喻细分）。
⑤ 不可为内：不可深入（深不可测）。
⑥ 无环堵之宇：没有四方上下之限定（环堵：围墙。宇：屋顶）。
⑦ 有无之根：有（存在）与无（不存在）之根源。
⑧ 错合：交错相会。
⑨ 被［pī］：古同"披"，覆盖。
⑩ 茏［lóng］苁［cōng］：聚集貌。
⑪ 兆朕：朕兆。
⑫ 繁愤：繁殖之力。
⑬ 牙蘗［niè］：发芽（"牙"同"芽"），喻刚有一点迹象。
⑭ 形埒［liè］：疆域。垠堮［è］：边际。
⑮ 无无蠕蠕：隐隐约约。

第六个时代是"有'有'"的时代，那时

　　万物掺落①，根茎枝叶，青葱苓茏，薙扈②炫煌；蠉飞蠕动③、跂行喙息④；可切循把握⑤而有数量。

以上说这是万物发生的时代，同时又是"有'无'"时代。因为万"有"虽然发生了，但若无"无"，还不能有生长变化的作用。那"无"便是"有"的作用。"无"的性质是：

　　视之不见其形，听之不闻其声，扪⑥之不可得也，望之不可极也；储与扈冶⑦（高注：褒大意也），浩浩瀚瀚，不可隐仪揆度⑧而通光耀者⑨。

以上说天地万物初起，都由于自然，循序变化，无有主宰。"有有"以后，万物自然变迁，自然进化，也无有主宰。《原道训》说：

---

① 掺［chān］落：茂盛貌。
② 薙［wéi］扈：花叶鲜艳。
③ 蠉飞蠕动：蛾子飞，蠕虫动。
④ 跂行喙息：用脚行走，用嘴呼吸。
⑤ 切循把握：——知晓。
⑥ 扪［mén］：摸。
⑦ 储与、扈冶：均为广大貌（"冶"通"野"）。
⑧ 隐仪：暗暗端。揆度：公开测量。
⑨ 通光耀者：与光亮耀眼（的情形）相似。

夫①萍树②根于水，木树根于土，鸟排虚③而飞，兽蹠实④而走，蛟龙水居，虎豹山处，天地之性也。两木相摩而然⑤，金火相守而流⑥，员⑦者常转，窾⑧者主浮，自然之势也。

是故春风至，则甘雨降，生育万物，羽者妪伏⑨，毛者⑩孕育，草木荣华，鸟兽卵胎⑪，莫见其为者⑫而功既成矣。秋风下霜，倒生⑬挫伤，鹰雕搏鸷⑭，昆虫蛰藏⑮，草木注根⑯，鱼鳖凑渊⑰，莫见其为者，灭而无形⑱。

木处榛巢⑲，水居窟穴⑳，禽兽有芺㉑（高注，蓐也。旧作芺，今依王念孙校改），人民有室㉒；陆处宜牛马㉓，舟行宜多

---

① 夫：文言发声词，无义。
② 萍树：浮萍。
③ 排虚：腾空。
④ 蹠［zhí］实：踏地。
⑤ 然：古同"燃"。
⑥ 相守：相遇。流：融化。
⑦ 员：古同"圆"。
⑧ 窾［kuǎn］：中空。
⑨ 羽者：鸟类。妪伏：孵卵。
⑩ 毛者：兽类。
⑪ 鸟兽卵胎：鸟类卵生，兽类胎生。
⑫ 莫见其为者：不知其为何。
⑬ 倒生：草木（因其由下往上生长，故称）。
⑭ 搏鸷：亦作"搏挚"，打架。
⑮ 蛰藏：蛰伏藏匿。
⑯ 注根：根部吸满水（准备越冬）。
⑰ 凑渊：聚集于深水（准备越冬）。
⑱ 灭而无形：（春天的景象）消失得无影无踪。
⑲ 木处：住在树上的（指鸟类）。榛巢：筑巢。
⑳ 水居：住在水里的（指鱼鳖）。窟穴：挖洞。
㉑ 芺［jiāo］：草垫。
㉒ 室：居室。
㉓ 陆处：住在陆地上的（人）。宜牛马：宜于牛马（有牛马就方便）。

水①；匈奴出秽裘②，干越生葛③；各生所急，以备燥湿④，各因所处，以御寒暑；并得⑤其宜，物便其所⑥。由此观之，万物固以自然，圣人又何事⑦焉？

这一段末节所说很合近人所说"适者生存"的道理。万物的处境不同，若不能适合于所处境地的种种天行地利，便不能生存。所以不得不"各生所急以备燥湿，各生所处以御寒暑"。能如此适合处境，能如此"并得其宜，物便其所"，方才可以生存。《修务训》说：

夫天之所覆⑧，地之所载⑨，包于六合之内，托于宇宙之间，阴阳之所生，血气之精⑩，含牙戴角，前爪后距⑪，奋翼攫肆⑫，蚑行蛲动⑬之虫，喜而合、怒而斗，见利而就，避害而去，其情一也。

虽其所好恶与人无以异，然其爪牙虽利，筋骨虽强，不

---

① 宜多水：宜于多水（水多就方便）。
② 出秽裘：出产皮毛。
③ 干越：南方蛮族。生葛：生产葛麻。
④ 以备燥湿：以对待干燥（北方）和潮湿（南方）。
⑤ 并得：同得。
⑥ 物便其所：物随其所用。
⑦ 何事：何必干预。
⑧ 覆：覆盖。
⑨ 载：承载。
⑩ 血气之精：有血液、会呼吸之活物。
⑪ 含牙戴角，前爪后距：泛指兽类（前脚称"爪"，后脚称"距"）。
⑫ 奋翼攫肆：泛指鸟类（攫肆：拍击）。
⑬ 蚑［qí］行蛲［náo］动：爬来爬去。

免制于①人者，知②不能相通，才力不能相一③也。各有其自然之势④，无禀受于外⑤，故力竭功沮⑥。夫⑦雁顺风而飞，以受气力⑧，衔芦而翔，以备矰弋⑨。

蚁知为垤⑩，貛貉为曲穴⑪。虎豹有茂草⑫。野彘有艽莦①③槎栉，堀虚连比⑭，以像宫室，阴以防雨，景（王引之云，景当作晏⑮）以蔽日。此亦鸟兽之所以知（"所以知"疑当作"以所知"），合求乎其所利⑯。

这一段说物竞天择，适者生存的道理，更为明白。共分三层说。

第一，各种生物都有"见利而就，避害而去"的天性。这种天性，近世生物学者称为"自卫的天性"。

---

① 制于：受制于。
② 知：知识。
③ 相一：相互一致（即合力）。
④ 势：倾向。
⑤ 无禀受于外：没有能力（禀赋）适应外界（环境）的变化。
⑥ 力竭功沮 [jǔ]：力气用完，事情也就中断。
⑦ 夫：譬如。
⑧ 气力：空气之力。
⑨ 衔芦：口衔芦苇。以备矰 [zēng] 弋：以对付有人用箭射它（矰弋：系有丝绳专射飞鸟的短箭。此是古人的误解，雁衔芦苇其实是为筑巢）。
⑩ 蚁知为 [wéi] 垤：蚂蚁知道筑出蚁塚（为：作。垤：小土堆）。
⑪ 貛 [huān] 貉 [hé]：貛与貉。曲穴：弯弯曲曲的地道。
⑫ 有茂草：躲在草丛里。
⑬ 野彘 [zhì]：野猪。有艽莦 [xiāo] 槎 [chá] 栉 [zhì]：吃草根、杂草。
⑭ 堀虚：挖洞。连比：相连。
⑮ 晏：晴。
⑯ 求合于其所利：寻求合乎其有利的（东西）。

第二，各种生物，虽同有自卫的天性，却有种种极不相同的自卫的能力。这种能力，限于天成，若不能随外境变化，便不能应付外境的困难，便不能自卫（"无禀受于外"，当作"若外境之势力不能发生相当之变化"解）。

第三，生物都能随外境而发生形体机能上之变化，以"求合于其所利"以自谋生存。一切生物进化，都由于此。

五、道 家 的 "无 为"

《淮南子》因深信"万物固以自然"，故主张"无为"。《原道训》说：

> 是故①圣人内修其本，而不外饰其末，保其精神，偃其智故②，漠然③无为，而无不为也；澹然④无治，而无不治也。所谓无为者，不先物为也；所谓无不为者，因物之所⑤为也。所谓无治者，不易⑥自然也；所谓无不治者，因物之相⑦然也。

道家下"无为"的界说，以此为最明白。所说"不先物

---

① 是故：因此。
② 偃：停止。智故：机巧。
③ 漠然：清静貌。
④ 澹［dàn］然："澹"同"淡"，安静貌。
⑤ 因物之所：随事物的原样。
⑥ 不易：不改变。
⑦ 因物之相：随事物的特征。

为"，"不易自然"，只是一个"因"字。《原道训》说：

> 九疑①之南，陆事②寡而水事众，于是人民被③发文身，以像鳞虫④，短绻不绔⑤，以便涉游⑥，短袂攘卷⑦，以便刺舟⑧，因之⑨也。雁门⑩之北，狄⑪不谷食⑫，贱长贵壮，俗尚气力，人不弛⑬弓，马不解勒⑭，便之⑮也。

这就是"因物之所为""因物之相然"。

《淮南子》论"无为"，注重一个"因"字，已如上文所说。他又恐怕人误会"无为"的真义，把"无为"解作完全消极的意思，所以他又有《修务》一篇，反复申明"无为"是积极的主张。这是《淮南子》的特色。《修务训》说：

> 或曰"无为者，寂然无声，漠然不动，引之不来，推之

---

① 九疑：九疑山（在今湖南省南部）。
② 陆事：陆地上的事。
③ 被［pī］：古同"披"。
④ 鳞虫：蜥蜴、鳄鱼一类的两栖爬行动物。
⑤ 绻［quǎn］：围裙。绔［kù］：同"裤"。
⑥ 涉游：涉水和游泳。
⑦ 袂［mèi］：袖。攘卷：捋或卷。
⑧ 刺舟：撑船。
⑨ 因之：顺应（水事众）。
⑩ 雁门：雁门山（在今山西省北部）。
⑪ 狄：古时对北方游牧民族的统称。
⑫ 不谷食：不吃谷物（吃肉）。
⑬ 弛：松弛。
⑭ 勒：（套住马首的）勒口、笼头。
⑮ 便之：适宜（北方）。

不往。如此者，乃得道之像①"。吾以为不然。尝试问之矣。若夫②神农、尧、舜、禹、汤，可谓圣人乎？……以五圣③观之，则莫得④无为，明矣⑤。……（以下历论五圣之功业）……此五圣者，天下之盛主⑥，劳形尽虑，为民兴利除害而不懈。……且夫⑦圣人者，不耻⑧身之贱而愧⑨道之不行，不忧命之短而忧百姓之穷。……圣人之忧民如此，其明也，而称以"无为"，岂不悖⑩哉？

以上论消极的"无为"是不可有的。以下更论"无为"的积极意义：

夫地势⑪水东流，人必事⑫焉，然后水潦⑬得谷行⑭。禾稼⑮春生，人必加功⑯焉，故五谷得遂长⑰。听其自流，待其

---

① 像：样子。
② 若夫：如那。
③ 五圣：即神农、尧、舜、禹、汤。
④ 莫得：并非。
⑤ 明矣：明确无误。
⑥ 盛主：同"圣主"。
⑦ 且夫：而且那。
⑧ 不耻：不怕。
⑨ 愧：羞愧于。
⑩ 悖：悖理。
⑪ 地势：地形致使。
⑫ 事：做点事（指治水）。
⑬ 水潦：到处乱流的水。
⑭ 得谷行：才会沿着山谷流。
⑮ 禾稼：禾苗庄稼。
⑯ 加功：加点功夫。
⑰ 得遂长：才会继续成长。

自生，则鲧禹①之功不立，而后稷之智不用②。

若吾所谓无为者，私志不得入公道③，嗜欲不得枉正术④；循理而举事，因资⑤而立功，推⑥自然之势而曲，故不得容⑦者（旧脱"功"字，"推"作"权"。王念孙依《文子·自然篇》校补"功"字，改"权"为"推"）。事成而身弗伐⑧，功立而名弗有⑨，非谓其感而不应、攻而不动⑩者。

若夫以火熯⑪井，以淮⑫灌山，此用己（"己"即上文所谓"私志"）而背自然，故谓之"有为"。若夫水之用舟⑬、沙之用鸠⑭、泥之用辀⑮、山之用蔂⑯藤，夏渎而冬陂⑰，因高为田、因下为池⑱，此非吾所谓"为之"。

这不但是《淮南子》的特色，正是"无为"与佛家的"寂

---

① 鲧禹：鲧与禹父子（治水先祖）。
② 后稷：尧舜时农官，教民耕种。不用：无用。
③ 私志：个人意愿。公道：公共事务。
④ 嗜欲：个人嗜好。正术：国家法律（正：古同"政"，通"法"）。
⑤ 资：资质。
⑥ 推：阻挠。曲：使其扭曲。
⑦ 容：容忍。
⑧ 身弗伐：不自夸（伐：炫耀）。
⑨ 名弗有：不扬名。
⑩ 感而不应、攻而不动：指被人误解的无为。
⑪ 熯［hàn］：烘烤。
⑫ 淮：泛指河水。
⑬ 水之用舟：水面上用船只。
⑭ 沙之用鸠：沙地里用草垫（"鸠"通"纠"。"纠"的意思是缠绕，即把草缠在一起做垫子）。
⑮ 泥之用辀［chūn］：泥淖地里用木橇（辀：类似雪橇，无轮）。
⑯ 山之用蔂［léi］：爬山用藤条（蔂：藤）。
⑰ 渎［dú］：（开）渠。陂［bēi］：（挖）塘。
⑱ 因高为田、因下为池：在高的地方造田、在低的地方掘池。

灭"的根本不同之处。

六、道家的"天与人"

荀子批评庄子的哲学说道："庄子蔽①于天而不知人。由天谓之道，尽因②矣。"道家的流弊在于信天太过，以为人事全无可以为力之处，势必造成一种听天安命，"靠天吃饭"的恶劣心理。

《淮南子》似乎能斟酌庄子、荀子两家的长处，造成一种天人互助的哲学，上文所引的"地势水东流，人必事焉，然后水潦得谷行。禾稼春生，人必加功焉，故五谷得遂长"，便是这个道理。《原道训》说：

> 所谓天者，纯粹朴素，质直皓白，未始③有与杂糅者也。所谓人者，偶睉④智故，曲巧⑤伪诈，所以俯仰⑥于世人而与俗交者也。故牛岐蹄⑦而戴角，马被髦⑧而全足⑨者，天也。络⑩马之口、穿牛之鼻⑪者，人也（《庄子·秋水篇》："牛马

---

① 蔽：偏信。
② 因：顺应。
③ 未始：从未。
④ 睉［cuó］：《说文》："目小也。"此处意为"看到一点点"。
⑤ 曲巧：机巧。
⑥ 俯仰：迎奉。
⑦ 岐蹄：偶蹄（分为两瓣的蹄）。
⑧ 被髦："被"同"披"；髦：鬃毛。
⑨ 全足：奇蹄（单一的蹄）。
⑩ 络：笼络（用笼头套住）。
⑪ 穿牛之鼻：在牛鼻上钻一个洞，穿上绳子。

四足，是谓天。络马首，穿牛鼻，是谓人。"）。

《淮南子》虽然把天与人分得这样明白，但他却并不完全任天不任人。

老子任天太过，要废去一切人为的制度，以归于无名之朴，所以说"绝圣弃智""绝学无忧"。庄子任天太过，故说"庸讵①知吾所谓天之非人乎？所谓人之非天乎？"。

《淮南子》虽极崇拜自然，同时却又极注重人事。故《修务训》说：

世俗废衰，而非学者②多。人性各有所修短③，若鱼之跃，若鹊之驳④，此自然者，不可损益⑤。

吾以为不然。夫鱼者跃，鹊者驳也，犹人、马之为人、马，筋骨形体，所受于天不可变。以此论之，则不类⑥矣。夫马之为草驹⑦之时，跳跃扬蹄，翘尾而走，人不能制；龁咋⑧足以嚼⑨肌碎骨，蹶蹄⑩足以破颅陷胸。及至围人扰

---

① 庸讵〔jù〕：何以。
② 非学者：非议学问的人。
③ 修短：长短。
④ 驳：（毛色）斑驳。
⑤ 不可损益：不可减增（即不可改变）。
⑥ 不类：不像样（不成立）。
⑦ 草驹：幼马。
⑧ 龁〔hé〕咋〔zǎ〕：啮咬。
⑨ 嚼〔zǎn〕：嚼。
⑩ 蹶蹄：用后腿踢。

之①，良御②教之，掩以衡扼③，连以辔衔④，则虽历险超堑⑤，弗敢辞。故其形之为马，马不可化；其可驾御，教之所为也。马，聋虫⑥也，不可以通气志⑦，犹待教而成，又况人乎？

这就是荀子所说的"化性起伪⑧"。这就是《淮南子》的教育学说。《修务训》又说：

今夫⑨盲者不能别⑩昼夜，分白黑。然而搏琴抚弦，参弹复徽⑪，攫援摽拂⑫，手若蔑蒙⑬，不失一弦。使⑭未尝鼓琴者，虽有离朱之明⑮，攫掇之捷⑯，犹不能屈伸其指。何则？服习积贯⑰之所致。

---

① 圉［yǔ］人：养马人。扰：阻止。
② 良御：优秀的赶车人。
③ 掩以衡扼：制之以车轭（"扼"同"轭"）。
④ 连以辔衔：套之以辔头和衔口。
⑤ 历险超堑：经历险境，逾越鸿沟。
⑥ 聋虫：无知的畜类。
⑦ 通气志：（与人）情智相通。
⑧ 化性起伪：改变本性而达到人为目的（伪：人为）。
⑨ 今夫：譬如。
⑩ 别：区别。
⑪ 参弹复徽：右手弹弦，左手依徽位按音。
⑫ 攫援摽［biāo］拂：弹奏古琴的四种手势。
⑬ 蔑蒙：亦作"蔑蠓"，小飞虫。
⑭ 使：假使。
⑮ 离朱之明：像离朱一样明察（离朱，亦作离娄，传说中"能视于百步之外，见秋毫之末"的人）。
⑯ 攫［jué］掇［duō］之捷：像攫掇一样敏捷（攫掇，传说中动作无比敏捷的人）。
⑰ 服习积贯：（指盲人）长期的学习与习惯（贯：古同"惯"）。

故弓待檠①而后能调，剑待砥②而后能利③。……木直中绳④，揉以为轮⑤，其曲中规⑥。栝之力⑦，唐碧⑧坚忍之类，犹可刻镂，揉以成器用。又况心意⑨乎？

"木直中绳"三句直抄《荀子·劝学篇》。老庄的天道论如今竟和荀子、韩非的人事论合为一家。这又是"折衷派"的一种特色了。

七、道家的"是非"

庄子说一切生物"无动而不变，无时而不移"，所以说"是亦一无穷，非亦一无穷"。这种观念，认定天下无一成不变的是非，本是极重要的学说。可惜庄子因此便生出一种消极的是非观念，以为是非既然都无穷尽，我们何必又去斤斤的争是非呢？所以他说："与其誉尧而非桀⑩也，不如两忘而化其道。"这就错了。

人类社会的进步，全靠那些斤斤争是非的维新家。若是人人都"不谴是非"，决没有人为的改良进步。所以到了后来，韩非

———————————

① 檠［qíng］：校弓器。
② 砥［dǐ］：磨刀石。
③ 利：锋利。
④ 木直中［zhòng］绳：木料直是因为合乎墨绳（中：投中）。
⑤ 揉以为轮：（将木料）摆弄成轮子。
⑥ 其曲中规：其弯曲是因为合乎圆规。
⑦ 栝［guā］之力：桧树之硬。
⑧ 唐碧：玉石。
⑨ 心意：人的心情和意念。
⑩ 誉尧而非桀：赞誉尧（明君）而非议桀（昏君）。

一方面承认历史进化论，一方面却主张人为的变法。

所以韩非说"世异则事异，事异则备变①"；又说"圣人不期修古②，不法常可③，论世之事，因为之备④"。《淮南子》论是非，也是折衷于庄子和韩非两派。《齐俗训》说：

> 天下是非无所定。世⑤各是其所是，而非其所非。所谓是与非各异，皆自是而非人⑥。由此观之，事有合于己者，而未始有是也⑦；有忤于⑧心者，而未始有非也⑨。
>
> 故求是者，非⑩求道理也，求合于己者也。去非者，非批邪施⑪也，去忤于心者也。忤于我，未必不合于人也，合于我，未必不非于俗⑫也。

这种完全主观的是非论，比庄子还要更激烈些，竟和希腊哲学家 Protagoras⑬ 所说"人是万物的准则：有便是有，无便是无，都以人为准则"，极相像。《齐俗训》举了几条例来证明是非，全由于"观点"的不同。

---

① 备变：准备（其）变。
② 不期修古：（字面义）不期待延长古代（修：长），意即：不照搬前人。
③ 不法常可：不效法惯常认可（之事）。
④ 为之备：为其（变）作准备。
⑤ 世：世人。
⑥ 自是而非人：自我肯定而否定他人。
⑦ 未始有是也：并非就是对的。
⑧ 忤于：不合乎。
⑨ 未始有非也：未必就是错的。
⑩ 非：不是。
⑪ 邪施：原意为斜行，引申为不当行为。
⑫ 俗：常人。
⑬ Protagoras，通译"普罗泰戈拉"，古希腊诡辩派代表人物。

一例是《老子》的"治大国若烹小鲜"①；或以为宜宽，或以为宜严②。

二例是师旷以琴撞晋平公③，平公不罪④师旷，孔子以平公为是，韩非以为非。

三例是亲母为儿子"治疙秃⑤而血流至耳"，人皆以为爱儿子；若是继母，人便以为恨儿子了。

四例是"从城上视牛如羊，视羊如豕⑥"。

五例是"窥面于盘水则员，于杯则隋⑦"。

以上各例都只是由于"所从观者异也"。

不但是观点不同，故是非之见不同。时势不同，是非也不同。《齐俗训》说：

> 当舜之时，有苗⑧不服，于是舜修政偃兵⑨，执干戚⑩而

---

① "治大国若烹小鲜"：语出《老子》第六十章，意为"治国就如煮鱼"（小鲜：鱼［大鲜：羊］）。一般理解为：煮鱼时不能翻动，否则鱼肉会碎掉，以此比喻治国要"无为"，不要折腾。

② "宜宽"与"宜严"：基于"治大国若烹小鲜"，有人认为对民"宜宽"（不多管）；有人则正好相反，认为"烹小鲜"要时时谨慎，因而对民"宜严"（要多管）。

③ 师旷，春秋时晋国大夫。相传有一次晋平公宴请众大夫，席间晋平公说："君主之乐，就乐在没有人敢违抗他。"此时正在抚琴的师旷抱起琴就向晋平公撞去。晋平公一闪身，琴撞在柱子上。众大夫大惊失色，问师旷怎敢这样？师旷说："刚才我听到有个小人在胡说八道。"众大夫纷纷指责他犯上。晋平公却说："你们不要这么说，他这么做是对我的警告。"

④ 不罪：不怪罪。

⑤ 疙［gǔ］秃：头疮（"疙"通"疙"）。

⑥ 豕［shǐ］：猪。

⑦ 窥面于盘水则员，于杯则隋：用盘子里的水照脸，脸是圆的；用杯子里的水照脸，脸就是椭圆的（"员"通"圆"；"隋"通"椭"）。

⑧ 有苗：苗人（蛮族）。

⑨ 修政：修明政教。偃兵：休兵停战。

⑩ 干：盾。戚：斧。

舞之。当禹之时，天下大雨，禹令民聚土积薪，择丘陵而处之。武王伐纣①，载尸而行②，海内未定，故为三年之丧③（原文有误，今依王念孙校改正）。禹遭洪水之患，陂塘④之事，故朝死而暮葬。此皆圣人之所以应时耦变⑤、见形而施宜⑥者也。

今之修干戚⑦而笑插⑧，知三年而非⑨一日，是从牛非马⑩，以徵笑羽⑪也。以此应化⑫，无以异于⑬弹一弦而会《棘下》（高注，乐名）。夫以一世⑭之变，欲以耦化应时⑮，譬犹冬被⑯葛而夏被袭。夫一仪⑰不可以百发，一衣不可以出岁⑱。仪必应乎高下，衣必适乎寒暑。是故世异则事变，时移则俗易。故圣人论世而立法，随时而举事⑲。

---

① 武王伐纣［zhòu］：周武王讨伐商纣王。
② 载尸而行：车载父亲文王尸体而同行。
③ 丧：丧期。
④ 陂塘：池塘。
⑤ 应时耦变：随机应变。
⑥ 见形：看形势。施宜：施与合适（之法）。
⑦ 修干戚：重视盾与斧。
⑧ 插：（农具）锄锹。
⑨ 非：非难。
⑩ 从牛非马：用牛来非难马。
⑪ 以徵［zhǐ］笑羽：用徵音来嘲笑羽音（古乐五音：宫商角徵羽，相当于现代简谱的１２３５６）。
⑫ 应化：应对变化。
⑬ 无以异于：无异于。
⑭ 一世：一代人。
⑮ 耦化应时：相与变化，应对时势。
⑯ 被：同"披"，穿。
⑰ 一仪：一种仪式。
⑱ 出岁：（穿）一整年。
⑲ 随时而举事：随时势而施政。

这不是合庄子、韩非于一炉吗？

道家常说"因"，往往作"仍①旧"解，所以有守旧的流弊。《淮南子》虽属道家却极力主张变法改良。所以有道家的好处，而没有道家的短处。上文所引一节的末两句，竟是全用韩非的话。《淮南子》中有好几处反复申明这个变法革新的道理。如《氾论训》说：

> 先王之制，不宜②则废之；末世③之事，善则著④之。是故礼乐未始⑤有常也。故圣人制礼乐，而不制于⑥礼乐……苟⑦利于民，不必法古⑧；苟周⑨于事，不必循旧。……故圣人法与时变，礼与俗化；衣服、器械，各便⑩其用；法度、制令，各因⑪其宜。故变古未可非⑫，而循俗未足多⑬也。

这和庄子的"不谴是非，以与世俗处"绝不相同了。两家所以不同之故，都由于两家的进化论有根本的不同。庄子蔽于天

---

① 仍：依照、还是。
② 不宜：不适宜。
③ 末世：朝代衰亡时期。
④ 著：彰显。
⑤ 未始：并非。
⑥ 制于：受制于。
⑦ 苟：只要。
⑧ 法古：效法古人。
⑨ 周：周全。
⑩ 便：随。
⑪ 因：循。
⑫ 非：非议。
⑬ 多：赞。

而不知人，故他说生物进化都是被动的适合，如"鹄不日浴①而白，乌不日黔②而黑"之类。所以他主张要人随顺天然，"正而待之"。《淮南子》说生物进化都由于"以所知求合于其所利"，这个"求合"的"求"字，便是自动的适合。《泛论训》说：

> 故民迫其难③，则求其便；困其患④，则造其备⑤。人各以其所知，去其所害，就其所利。

这是完全自动的适合。故说：

> 法度⑥者，所以论⑦民俗而节⑧缓急也。器械者，因时变而制⑨宜适也。故圣人作法⑩，而万物制焉；贤者立礼，而不肖者拘焉⑪。……夫殷变夏、周变殷、春秋变周⑫，三代⑬之礼不同，何古之从？……知法治⑭所由生，则应时而变。

———————

① 鹄〔hú〕不日浴：天鹅并不天天洗澡。
② 乌不日黔：乌鸦并不天天晒太阳。
③ 迫其难：迫于有难处。
④ 患：担忧。
⑤ 造其备：作准备。
⑥ 法度：法则、制度。
⑦ 论：参照。
⑧ 节：调节。
⑨ 制：制成。
⑩ 作法：制定法度。
⑪ 不肖者：不规矩者。拘焉：受拘于此。
⑫ 殷变夏、周变殷、春秋变周：殷（商）朝变于夏朝、周朝变于殷朝、春秋变于周朝。
⑬ 三代：即夏、商、周。
⑭ 法治：法与治。

不知法治之源，虽循古，终乱。今世之法，籍与①时变，礼义与俗易②。为③学者，循先袭业，据籍守旧教④，以为非此不治，是⑤犹持方枘而周员凿⑥也，欲得宜适致固⑦焉，则难矣。

这种进化的精神，是《淮南子》的特别长处。学者往往把《淮南子》看作老庄的一流，知其同而不知其大异，故我特别为它详细表章出来，要人知道这书是"集大成"的，不单是一种"折衷派"。

八、道家的知识论

《淮南子》的知识论，也很有价值。《原道训》说：

人，生而静，天之性也。感⑧而后动，性之害⑨也。物至而神⑩应，知之动⑪也。知与物接而好憎⑫生焉。好憎成

---

① 籍与：成文于（"与"同"于"）。
② 与俗易：随风俗而变易。
③ 为：作为。
④ 籍守：固有文书。旧教：旧时教义。
⑤ 是：此。
⑥ 持方枘而周员凿：拿着方榫头而画圆榫眼（枘：榫头。周：圈。员：同"圆"。凿：榫眼）。
⑦ 宜适致固：合适而牢固。
⑧ 感：有感。
⑨ 害：损害。
⑩ 神：精神。
⑪ 动：起动。
⑫ 好憎：喜好与憎恶。

形①而知诱于外，不能反己②，而天理灭矣（《礼记·乐记》作"人，生而静，天之性也。感于物而动，性之欲也。物至知知③，然后好恶形④焉。好恶无节⑤于内，知诱于外，不能反躬⑥，天理灭矣"）。

这是当时儒家学说的影响。荀子论心，也主张"虚一⑦而静"。上文所引《原道训》一节，大概是当时公认的知识论。

"物至而神应……知与物接而好憎生焉"，不但合儒家的学说，并且与墨家所说也无冲突。这一段的前面，有一段道：

夫镜水⑧之与形接⑨也，不设智故⑩，而方圆曲直弗能逃也⑪。

这与荀子所说"人心譬如盘水⑫，正错⑬而勿动，则湛浊⑭

---

① 成形：形成。
② 反己：反省自己。
③ 知知：知其所知。
④ 形：形成。
⑤ 节：节制。
⑥ 反躬：反身。
⑦ 虚一：虚心专一。
⑧ 镜水：平静的水面。
⑨ 与形接：与物体形状相联系（即水面映照出物体形状）。
⑩ 智故：机巧。
⑪ 方圆曲直弗能逃也：方的、圆的、曲的、直的（物体）都不能隐匿（即都被映照出来）。
⑫ 盘水：一盘水。
⑬ 正错：平正放置（"错"通"措"）。
⑭ 湛浊：沉淀（物）。

在下，而清明①在上，则足以见须眉②而察理③"，同一道理。

因为外物变化纷繁、头绪千万，若人心不能镇静，必被外物拖来扯去，决不能作一身的主宰，也决不能应付百物的纷繁。儒家的正心、佛家的禅定、后世学者的主静主敬，都只是这个道理。

凡是主静，并不把主静作最后目的。因为那些学者以为心不静不能应物，故要主静。主静只是应变的预备。《齐俗训》说：

　　若转化而④与世竞走，譬犹逃雨也，无之⑤而不濡⑥。

此说不纯静的害处，又说：

　　故通于道者，如车轴不运于己⑦而与毂⑧致千里，转⑨无穷之原也。不通于道者，若迷惑，告以东西南北，所居聆聆⑩，一曲而辟⑪，忽然不得⑫，复迷惑也。

---

① 清明：清爽明亮（的水）。
② 须眉：胡须和眉毛（喻细小）。
③ 察理：明察事理。
④ 转化而：转而。
⑤ 无之：无往。
⑥ 濡：湿。
⑦ 不运于己：不靠自己。
⑧ 毂［gǔ］：车毂。
⑨ 转：转走。
⑩ 所居聆聆：在原地很清楚。
⑪ 一曲而辟：转了个弯而到陌生处。
⑫ 忽然不得：一下子找不到（方向）。

荀子论心的应用，用"权"作譬喻，说"人无动而不与权俱"。《淮南子》也用"权"作譬喻。《泛论训》说：

> 是故①圣人论事之局曲直，与之屈伸偃仰②：无常仪表③，时屈时伸。卑弱柔如蒲苇，非摄（通"慑"）夺④也；刚强猛毅，志厉青云，非夸（旧作"本"，今从王读）矜⑤也，以乘时应变也。
>
> 夫君臣之接⑥，屈膝卑拜，以相⑦尊礼也；至其迫于患⑧也，则举足蹴⑨其体，天下莫能非⑩也。……孝子之事亲⑪，和颜卑体，奉带运履⑫；至其溺也，则捽⑬其发而拯之，非敢骄侮，以救其死也。……此，权之所设也。……故忤⑭而后合者，谓之知权；合而后忤者，谓之不知权。

这是说心的应用，全在能"知权"。上文说生物进化全靠能"以所知求合于其所利"；全靠能"迫其难则求其便，困其患则

---

① 是故：因此。
② 偃仰：俯仰。
③ 常仪表：恒常不变之表现。
④ 摄夺：害怕。
⑤ 夸矜：夸耀
⑥ 接：相见。
⑦ 相：相互。
⑧ 患：急事。
⑨ 蹴［cù］：踢。
⑩ 非：非议。
⑪ 事亲：对待双亲。
⑫ 奉带运履：（为其）系衣带、拿鞋子。
⑬ 捽［zuó］：抓。
⑭ 忤［wǔ］：逆。

造其备"。"困其患，迫其难"便是"忤"境。遇着"忤"境，要能应付得适宜。这就是"忤而后合"。不能"忤而后合"，便是不知权，便是废物，便是腐儒。

九、结　　论

以上说《淮南子》的哲学说完了。据我看来，《淮南子》的哲学，不但是道家最好的代表，竟是中国古代哲学的一个大结束。《淮南子》的自叙说：

> 若刘氏之书，观天地之象，通古今之事，权事①而立制，度形②而施宜；……玄眇之中，精摇靡览③，弃其畛挈④，斟其淑静⑤，以统天下。理万物，应变化，通殊类⑥，非循一迹之路、守一隅之指⑦、拘系⑧牵连之物⑨而不与世推移也。（《要略》）

这是自认这书是一部"集大成"的书。这一家哲学兼收各家的长处，修正各家的短处，真可算是周秦诸子以后第一家最有

---

① 权事：权衡事物。
② 度形：度量情形。
③ 精摇：精到。靡览：博览。
④ 畛［zhěn］挈［qiè］：污浊。
⑤ 斟：斟酌。淑静：清澄。
⑥ 通殊类：贯通万殊之类。
⑦ 指：意向。
⑧ 拘系：拘泥于。
⑨ 牵连之物：相关事物。

精采的哲学。其中所说无为的真义、进化的道理、变法的精神，都极有价值。

只可惜淮南王被诛之后，他手下的学者却遭杀戮，这种极有价值的哲学，遂成了叛徒的学派，倒让那个"天不变，道亦不变"的董仲舒①做了哲学的五宗②。思想学术到了"天不变，道亦不变"的时代，再也不会有进步了！

---

① 董仲舒，西汉经学家，其"罢黜百家，独尊儒术"的主张为武帝所采纳。
② 五宗：原指五代，即高祖、曾祖、祖、父、己身，后用以泛指宗师。

熊十力简介

熊十力（1885—1968），笔名，真名熊继智，字子真，湖北黄冈人，现代学者、国学大师、"新儒学"创始人之一（与其三弟子牟宗三、唐君毅、徐复观，以及张君劢、梁漱溟、冯友兰、方东美，合称"新儒学八大家"）。出身贫寒，早年辍学，主要靠自学，逐渐掌握国学要领。1919年，经人介绍，受聘于天津南开学校，讲授国文。1920年，由梁漱溟推荐，入南京支那内学院，学习佛学。1922年，受梁漱溟等人举荐，受蔡元培之聘，任北京大学特约讲师，后升为教授。抗战爆发后，离开北京大学，转到四川教书。1943年，受北京大学校长蒋梦麟之聘，回北京大学任文学院教授。1954年，辞去教职，移居上海，专心著述。1966年，"文革"爆发，被定为"反动学术权威"遭批斗。两年后，因心力衰竭病逝，享年八十三岁。其重要著作有《新唯识论》《原儒》《体用论》《明心篇》《佛教名相通释》《乾坤衍》等。2001年，湖北教育出版社出版《熊十力全集》二十七卷。

释"道"[①]

熊十力

　　……今将略谈老子。老子书中之"道"字，最难解说，必须完全了解老子思想之整个的、博大深微的体系，然后才能了解其所谓"道"。然欲了解老子思想之整个的、博大深微的体系，虽在读其书而求之其文字之间，但切不可泥执文字，而必会其意于文字之外，即必虚怀以体会老子之思路，而又必于老子所用之工夫有相当尽力，始能体会老子之思路。否则，徒执其文字，而妄以己意训释，必与老子真意全不相干。……

　　老子首章，最为重要。中国从来学者，为之注释，不下数百家（但多失传），大抵各本其所见以说老，而其言之较有理致者，

---

　　①　本文节选自《熊十力学术文化随笔》之《中国哲学之特色》一文，题目和文中序号均为编者所加。《中国哲学之特色》一文选自《十力语要》卷二（1947），原题《答马格里尼》，系作者写给意大利汉学家马格里尼的一封信，此题目系《熊十力学术文化随笔》编者所加。本文详解《老子》（也称《道德经》）第一章（即："道可道，非常道；名可名，非常名。无名，天地之始；有名，万物之母。故常无欲，以观其妙；常有欲，以观其徼。此两者同，出而异名，同谓之玄。玄之又玄，众妙之门。"），以此解释"道"的含义。其中有些虽是常识——因对外国人讲，不得不从常识讲起——但全文仍表述了作者对"道"的深入见解，即便是国人，也值得一读。

独推魏晋间人王辅嗣①氏。今吾欲先取首章而为之解，亦不必王辅嗣也。兹以首章文字分段列出，而各为解说如次：

一

道可道②，非常道③；名可名，非常名。

句首"道"字，即前所谓真理也。此目④宇宙实体。但西洋哲学谈实体，似与现象界分离，即计⑤现象之背后有其本质，说为实体。而中国哲学上则无持此等见解者，即如老子所谓"道"，决不是超脱现象界之外而别有物，乃谓现象界中一切万有，皆"道"之显现。易言之⑥，一切万有皆以"道"为其体。强⑦以喻明，如一切冰相皆以水为体，非离水而别有冰相之自体。既冰以水为体，则水固非离冰而别有物。一切万象，以"道"为体，则"道"固非离一切万有而别有物（理之极至，微妙难言，不得已而举喻以明，欲使学者善会⑧其指，但不可缘譬喻而妄起执着。设将

　　① 王辅嗣，即王弼，字辅嗣，魏晋时经学家，重要著作有《老子注》《老子指略》等。
　　② 道可道：前一"道"为名词（道路，喻法则），后一"道"为动词（行道，喻遵循）（后文"名可名"，亦作此解）。
　　③ 常：恒常之道，喻天道。全句意为：天道不可（主动）遵循（因不可知，只可"被动"服从）。
　　④ 目：视为。
　　⑤ 计：认为。
　　⑥ 易言之：换言之。
　　⑦ 强：勉强。
　　⑧ 善会：意会。

"至道"作呆板事物一般理会，则其人终不可与语"道"已）。若谓"道"果超越于一切万有之外者，则"道"亦顽空①，而何得名为宇宙实体耶？老子之后学②庄周③，曾有妙语云："道在屎尿。"④可见"道"不离一切万有而独在也。

可道之"道"，犹言说也。常道之"道"，与句首"道"字同义。常者，真常。此"道"真实，无有虚妄，不可变坏⑤，故说"名'常'"。

真常之"道"，本非言说所及。言说所以表诠物事，而"道"不可说是一件物事。使"道"而可言说，则必非"常道"矣。故曰"道可道，非常道"。下句首名字，谓依"道"而立"道"之名也。可名之名，诠召之谓也（诠者，诠释；召者，呼召。如白纸之名，即呼召白纸之物，而且诠释其为此物也）。"道"之一名，原是假立，非名可应其实也，故"道"毕竟不可名⑥。缘⑦名之起，必由知与物接⑧，乃斥指⑨事物，造作⑩形象，遂⑪从而制之⑫名。故名之所可诠召者，唯物象耳，必非真常之名也。此真常"道"，无物无象，何可执名以求之乎？故曰"名可名，非常名"。

---

① 顽空：无知无觉、无思无为之虚无。
② 后学：后之学者。
③ 庄周：即庄子，继老子后道家宗师，与老子合称"老庄"。
④ 见《庄子·外篇·知北游》。
⑤ 不可变坏：不可变，不可坏（损）。
⑥ 不可名：不可名状。
⑦ 缘：因为。
⑧ 接：相交接。
⑨ 斥［chì］指：表示。
⑩ 造作：勾画。
⑪ 遂：于是。
⑫ 制之：给予。

上言"道"之得名，亦是假立，不可缘名而起执①也。

二

　　无名，天地之始；有名，万物之母。

　　此言"道"之发用。"无名"者何？谓精神是也。精神者，运而不已，而未始有形，故说为无。以无形故名无，非空无之无也。然不但言无而曰无名者，凡②有形者可名（名生于形），无形者不可名。精神无形，故谓之"无名"（"无名"一词，其意义仍是一"无"字）。

　　有名者何？谓由精神凝摄③而显现为形本是也。形本者，形之始成而微者也。形本生而众形已具。异④无形故，应复说"有"。缘"有"起名，故云"有名"（"有名"一词，其意义仍是一"有"字）。

　　精神寂寞无形（寂寞者，虚无义），故全（有形则滞于一方，而不得全矣）。全，故万化而未始有屈（屈者，穷义），天地资始焉。

　　形本者，形之造端⑤而微者也。由微至著⑥，故为"万物母"。母者，因义。物之众著，莫不因于微也。

---

① 起执：固执（认为就是这样）。
② 凡：大凡。
③ 凝摄：凝结。
④ 异：不同于。
⑤ 造端：开始。
⑥ 微：微小。著：显著。

从来注《老子》者，于"有""无"义，都无确解。虽以辅嗣之睿智，亦只浮游其词曰"凡'有'皆始于'无'"，终不明依何而言"无"。至唐陆希声①辈，或以"无"为体，以"有"为用。其说近是②，而犹欠精审，当别为论。

今此以"无"言精神，以"有"目形本，此非吾之臆说也。按《庄子·知北游》云：

> 夫昭昭③生于冥冥④，有伦⑤生于无形，精神生于道（生者，发现义，下仿此），形本生于精，而万物以形相生。（以上诸生字，皆约义言之，非有次第。精神非异道而有自体，即道之发现⑥也。形本，依精神而有，即与精神同为道之发现，自非后精神而生也。）

非《老子》首章之确解耶？夫"道"，一而已（"一"者，绝对义，非算数之一）。使其唯"一"而不化（化者，变化及分化，即发起作用之谓），即不能显现万有，而何得说为天地万物之始母乎？故知"道"之发用⑦，"一"方必发现为精神，所谓寂寞无形，而谓之无名者是也；"一"方又由精神而发现一种反作用，即凝成形本。形本者，形之初凝而极微者也（形之造端而为众形之本，故名形本。与今云原子、电子者不必同，以其异于已成的物事故也）。以其成形将著，

---

①　陆希声，字鸿磬，唐代道家学者，有《道德经传序》传世。
②　近是：大体不错。
③　昭昭：明亮。
④　冥冥：幽暗。
⑤　有伦：有类（有形之物）。
⑥　发现：显现。
⑦　发用：发现（显现），运用。

故谓之"有名"。《庄子》所云"精神",根据老氏之言"无";所云"形本",根据老氏之言"有";至"万物以形相生",则明①物种嬗变,义亦征实②,而衍③老氏未尽之旨矣。然则以《庄》说证《老》,而"有""无"皆有实义("无"谓精神,"有"谓形本,故云皆有实义)。世④或以"有""无"为玄谈,岂其然乎?

又即《老子》本书征之,第四十二章云:

> 道生一,一生二,二生三,三生万物。万物负阴而抱阳,冲气以为和。

按:"道生一"者,谓"道"之发现为精神也。生者,发现义。下言生者准此。夫⑤即神而言,便谓之"一"。然言神,则涵⑥形(神者,精神;形者,形体。下皆仿此),其与精神俱时发现者,则为形本(俱时,犹言同时)。形、神对峙成二,故曰"一生二"也。有二则有三。此"三"者,非一非二,而有一二,故有"三"。下文云"万物负阴而抱阳,冲气以为和",阳则"一",阴则"二",冲和"三"也。夫阳为神而阴为形,阴阳和,万物生焉。故知首章所云始万物之无⑦,即是精神;其母万物之有⑧,

---

① 明:阐明。
② 征实:同"证实"。
③ 衍:衍生(发挥)。
④ 世:世人。
⑤ 夫:若夫(如若)。
⑥ 涵:包涵。
⑦ 始万物之无:即指"无名,天地之始"。
⑧ 母万物之有:即指"有名,万物之母"。

即是形本也。第四十章云：

> 天下万物生于有，有生于无。

夫①"有"者，形之始凝者也，其始虽微，而万物资生焉，微所以成著也。无者，神也；神虚而形实，虚能生实，实不能生虚也。第十一章云：

> 故有之以为利，无之以为用。

夫神至虚而谓之"无"，明②其无滞迹也。此虽"道"之发现，然即于此而"道"存焉，所谓"即用而言，'体'在'用'也"（神即"无"，乃"道"之用。体者，实体，即"道"是也。言乎神，而"道"即神矣，离神不可得"道"也；言乎"用"，而"体"即"用"矣，离"用"亦不可得"体"也）。形之始成而谓之"有"，虽依神故有，但已为形本，则与神之无滞迹者相反，而既成为物矣。虽推原而言，亦可说形与神同为"道"之发现，然形之既成，毕竟自成为物而离失"道"之本然矣。故成形之"有"，但为③精神作用所凭借之具，故云"'有'之以为利，'无'之以为用"（如人视之明，必借于目及色；听之聪，必借于耳及声。夫耳目、声色等形，皆谓之"有"，而视之明、听之聪等等精神作用，则虚而无形，故谓之"无"，唯"无"乃能用

---

① 夫：那、这。
② 明：表明。
③ 但为：仅为。

"有"）。夫神，以其至虚而"无"，故能用"有"而无不利也。然则体无而全神①者，其至②矣乎（"体无"之体，是体合义，谓反③之自心，而失其逐物之累，即"体"合于"无"，而神全矣）。

三

故常无，欲以观其妙；常有，欲以观其徼④。

此言体道之功（体者，体认。斯道非思度所及，故必有体认功夫而后证得之也）。吾心之本体，即是宇宙之本体，非有二也，故不可外吾心而求道（吾心与宇宙之本体，即"道"是也。本体原无内外可分，故不可于吾心外而求道）。吾心发用处，即是"道"之发用，故善体"道"者（体者，体认，下同），体之自心而得矣，岂外求哉？按故"常无"云云者，谓于此心常无之相，而欲以观其始物之妙。"常无"（注家多主作一逗，今从之，下"常有"仿此），神用不测，名"妙"，故"常有"云云者，谓于此心常有之相，而欲以观其徼物之几⑤。徼字，辅嗣⑥训⑦"归终"也，非是。按徼，有"希求"义。《左传》"徼福于太公、丁公"，是其证也。夫"神"之必资于"形"也，"无"之必待乎"有"也，此徼求之不容已者。如

---

① 全神：纯精神。
② 至：极致。
③ 反：同"返"。
④ 徼〔jiǎo〕：求。
⑤ 几：多少。
⑥ 辅嗣，即王辅嗣，王弼。
⑦ 训：解释。

无徼求，则形物之成，但由①偶尔。真知化②者，必不云然。

常无而常有，常有而常无，此"道体"之本然也。其在于人，则谓之"本心"。此心"不住诸相"③（住者，住着，泯绝一切攀援妄想，于所缘相④，都无坚执⑤，都无留碍，名为"不住"），故常无（离相寂然，故无）。行一切相⑥（此心无不起⑦时，而心起必有所缘境相⑧，心于一切相，无所不行），故常有（所谓冲寞无朕⑨，而万象森然）。心常无，即神全（心不能无，即非其本心；非其本心，则丧其神也），故可观始物之妙⑩（始物之妙者，神也）。心常有者，神之不得不显也（必待形有，神乃显发）。于此，观物之成，以有徼求，故也。

四

此两者同，出而异名，同谓之玄。玄之又玄，众妙之门⑪。

两者，"有"与"无"也。"同"字逗（从严又陵⑫点本）。形、

————————————

① 但由：仅由。
② 知化：知晓变化。
③ 不住诸相：（佛教语）不留恋世间万象（"相"通"象"）。《华严经》："无所依，无所作，不住诸相，永断分别。"
④ 所缘相：（佛教语）所相关的景象。
⑤ 坚执：（佛教语）执着。
⑥ 一切相：（佛教语）即诸相（世间万象）。
⑦ 起：（佛教语）起念。
⑧ 境相：景象。
⑨ 冲寞：虚静。朕：迹象（如朕兆）。
⑩ 观始物之妙：即指"故常无，欲以观其妙"。
⑪ 众妙：众多玄妙。门：出处。
⑫ 严又陵，即严复。

神毕竟不异，即"有""无"毕竟不异，以同体故，故说为"同"。云何同体？谓形、神皆"道"之发用故，出者别出。虽形、神同体，而相用差别故，故于神言"无"，于形言"有"，其名异也。下"同"字，一顿。由同体言之，则谓之"玄"，玄者，冥也，默然无"有"也（绝诸戏论）。玄之又玄，极赞之，而又无可形容之词也。神用周遍（周者，充周，无穷尽也；遍者，圆满，无限量也），说名"众妙"。"众妙"从"同"而出，故曰"众妙之门"也。

……

老子之书，文辞虽约，而理趣奥博，广大如天，博厚如地。吾国历来学者，虽多留意钻研，然罕能追其宏通微妙，但各有所窥而已。又凡中国发抒哲学思想之文字，皆词约义丰，其意理广远，恒寓诸文言①之外。善读书，必于言外得意②。故非深识精思之士，则读孔、老诸氏之书，必漠然无所得也。即中土学人，求了解先哲之书已属凤毛麟角，而况学术思想素不同途之西洋人士乎③？闻西洋有《老子》译本多种，往往谬误不堪，此其可惜。吾甚愿有高瞻远瞩而能留意中西文化者，设法培植中西兼通之人才，为未来世界新文化植其根，以训至④于吾孔子所蕲向⑤之大同主义。人愿同归至善，共臻至治，岂不休⑥哉？

---

① 文言：文字、语言。
② 得意：得其含意。
③ 此文节选自作者致意大利汉学家马格里尼的书信，故有此言。
④ 训至：努力而至。
⑤ 蕲［qí］向：理想。
⑥ 休：美。

林语堂简介

林语堂（1895—1976），笔名，真名林和乐，福建龙溪人，现代作家、学者，尤于道家有深入研究，被认为是"新道家"的代表人物。早年留学美国、德国，获哈佛大学文学硕士学位、莱比锡大学语言学博士学位。1923年，获博士学位后回国，任北京大学教授、北京女子师范大学教务长和英文系主任。1924年后，为《语丝》主要撰稿人之一。1926年，到厦门大学任文学院院长。1932年，创办《论语》半月刊；1934年创办《人间世》；1935年又办《宇宙风》半月刊。1936年，举家迁往美国，开始长达三十年的海外生活，也是其英文写作的重要时期，其英文作品《吾国与吾民》（My Country and My People）、《生活的艺术》（The Importance of Living）和长篇小说《京华烟云》（Moment in Peking）使其于70年代两次获得诺贝尔文学奖提名。其间，1945年，赴新加坡筹建南洋大学，并任校长。1966年七十一岁时，迁居台湾。第二年，受聘为香港中文大学研究教授。1975年，任国际笔会副会长。1976年，病逝于香港，享年八十一岁。除小说和散文作品外，其学术性著作有《语言学论丛》《中国文化精神》《孔子的智慧》《老子的智慧》《中国新闻舆论史》和《信仰之旅——论东西方的哲学与宗教》等。2011年，群言出版社出版《林语堂全集》二十六卷。

《老子的智慧》序论（二）[①]

林语堂

一

在孔子的名声远播西方之前，西方少数的批评家和学者早已研究过老子，并对他推崇备至。其实，我胆敢说，在这些了解东方的学者中，致力于老子研究的，超过研究孔子。由于老子《道德经》的篇幅少，才会成为中文书中外文译本最多的书籍，包括有十二种英译本和九种德译本。

西方读者都认为，孔子属于"仁"的典型人物，道家圣者——老子，则是"聪慧、渊博、才智"的代表者。实则约在

---

① 本文选自《老子的智慧》（2004 年中文版，黄嘉德译自 1948 年英文版。载《林语堂全集》第二十四卷）。该书为美国读者而写，本文是该书的两篇序论之一。全文要义有三：一是老子与庄子的对比（作者认为，两者虽风格不同，但庄子深得老子精义，因而可借助庄子来了解老子）；二是老子与爱默生的类比（这是为美国读者着想，因为爱默生可说是美国的"圣贤"，通过爱默生，美国读者或许会进一步理解老子）；三是老子与现代物理学的类比（这是尝试从科学角度理解老子之"道"，即：老子与现代物理学家的背景和知识虽大不相同，但他们关注的却是同一对象——自然）。由于是为美国读者而写，本文深入浅出，虽然谈论的是艰涩难懂的老庄哲学，读来却令人轻松愉快。

西元①前一三九年汉武帝独尊儒术前，我国的学者已发表过这种观点。

儒、道两家的差别，在西元前一三六年之后，被明显地划分了出来：官吏尊孔，作家、诗人则崇老庄②；然而，一旦作家、诗人戴上了官帽，却又走向公开激赏孔子，暗地研究老庄的"道"（有某些例外。从历史上来着，道家文体在西元二、四世纪时，曾经风行一时。全唐朝〔西元八至十世纪〕连皇帝也正式鼓励人们研究老庄之学。我开始接触道家的思想，是由于看了王先谦③的著作，他花了半生时间为《庄子》注解，却在一九〇八年，故意在序文中反对《庄子》，借以贬低自己的作品。魏源④对《老子》的注释也是如此，舆论本就认为儒家的学说是最好的，而对《庄子》的评价一向不高）。

换言之，若以"箴言"作为鉴别中国圣者的条件，老子确实当之无愧，因为老子的箴言传达了激奋，实非孔子沉闷乏味的"善"所能办到的。孔子的哲学，是维护社会秩序的哲学，它所处理的是平凡世界中的伦常关系，非但不令人激奋，反易损人对精神方面的渴慕及幻想飞驰的本性。这两家最大的异点：儒家崇理性，尚修身；道家却抱持反面的观点，偏好自然与直觉。喜欢抗拒外物的人，似乎总站在高处，比易于接受外界事物的人更能吸引人。代表这两种典型的人，便是尊崇礼教的孔子和喜欢抗拒外物的自然主义者——老聃⑤。

---

① 西元：即公元。
② 老庄：老子与庄子。
③ 王先谦，清末学者。
④ 魏源，清道光年间学者。
⑤ 老聃〔dān〕，即老子。

当一个人扮演过尽责的好父亲后，我们能够感觉到，在奥妙的知识领域里，对宇宙的神秘和美丽、生与死的意义、内在灵魂的震撼，以及不知足的悲感，究竟能体会多少？或许没有人能说出他确切的感受；但在《道德经》①里，却把这些感受都泄露出来了。

看过《道德经》的人，第一个反应，便是大笑；接着，就开始自嘲似的笑；最后才大悟到，这才是目前最需要的教训。老子说：

> 上士②闻道（真理），勤而行之。中士闻道，若存若亡③。下士闻道，大笑之。不笑不足以为道。

老子说：

> 言有宗④，事有君⑤。夫⑥唯无知⑦，是以不我知⑧。

其对生命及宇宙的哲学观，四处散见于他的晶莹隽语中。有关老子的身世臆测和教条，我会在后文中详细剖析。老子的隽语

① 《道德经》：也称《老子》。
② 上士：上等士人（读书人）。
③ 若存若亡：似有似无。
④ 言有宗：（我）说话有宗旨。
⑤ 事有君：（我）做事有主见。
⑥ 夫：文言发声词，无义。
⑦ 唯无知：就是因为不知（这个）。
⑧ 是以：因而。不我知：不知我（文言"不"后动宾倒装，如"时不我待"）。

是出于现世见识的火花，和爱默生①的《直觉谈》一样，对后人造成了很大的影响。若要了解他二人的隽语，势必先得深切透视其思想方可。

老子的隽语，像粉碎的宝石，不需装饰便可自闪光耀。然而，人们心灵渴求的却是更深一层的理解，于是，老子这谜般的智慧宝石，便传到变化繁杂的注释者手中。甚至在我国，许多学者将它译给了与本国思想、观念完全不同的另一个世界——英语世界。

有人认为，要了解老子，最好去研读早期道家学者——韩非和淮南子②的转述，因为他们距离老子的时代非常近。韩非（西元前？至前二三四年）曾经写过两篇对老子的注释（《解老》《喻老》）。他在后篇描述老子隽语的功用论（人类生活及政治的实际运用）时，比前篇的哲学原理花费的工夫更多，所以内容也比较详尽。

淮南子（刘安，约西元前一七九年至一二二年）也阐述了不少《老子》一书中的章节。此外，列子和文子③的作品中，亦包含了相关的节数（请参看杨树达④的《老子》一书，一九二二年出版，一九二八年修订，除自《庄子》中取三四例为《老子》作直接引句外，他省去了《庄子》其余

---

① 拉尔夫·爱默生，19世纪美国思想家、确立美国文化精神的代表人物。因为《老子的智慧》一书主要是为美国读者写的，所以作者有意用美国学者和诗人来比拟老子，以求理解。

② 韩非，也称韩非子，战国时韩国公子，师从荀子，又对老子深有研究，有文集《韩非子》传世。淮南子，即西汉淮南王刘安，道家学者，有文集《淮南子》传世。

③ 列子，即列御寇，战国时郑国道家学者，有文集《列子》传世。文子，姓辛氏，号计然，春秋时人，老子弟子，有《文子》（也称《通玄真经》）一书传世。

④ 杨树达，现代学者。

的部分）。

不过，我以为了解老子的最好方法，便是配合庄子来研读。毕竟庄子是他的弟子，是最伟大的道家代表人物。就时间而言，庄子比韩非更接近老子思想的发展体系，除此之外，他们①的观点几近完全一致。因此，从一万多字的《庄子》一书中选择精华，便不难说明老子思想的意蕴了，但一般人却很少做这种尝试。

远在基督诞生前几世纪②，人们心目中的道家是"黄老学"③。随后情况稍微改变，庄子渐受人喜爱，大家把他的名字与老子并列，并且公认他们的思想如出一辙。尤其到了秦汉两朝（西元四世纪），人们已不再视道家为"黄老之学"，而改称为"老庄哲学"。

道家文学及学者所以受人欢迎，主要原因便是庄子散文的魅力。就吸引人的标准和思想形态来说，庄子不愧是古典时期的散文泰斗。

庄子的举止庄严高雅，言语活泼坚实，思想主观深奥，而外观却又极其古怪。如果强说他有什么缺点的话，或许就是他谈话诙谐，言辞过多，文句比喻和隐喻稍嫌敏锐吧！

写本书时，我几度钻研庄子的作品，发现其间许多用语，大都是他透过严格的文学手法创造出来的，甚至连最早以同法为文

---

① 他们：指庄子和老子。
② 基督诞生前几世纪：即公元前几世纪（公元以基督诞生的那一年为公元1年）。
③ 黄老学：相传老子的学说源于黄帝，故合称"黄老"。

的《论语》，也赶不上他。

一般说来，老、庄思想的基础和性质是相同的。不同的是，老子以箴言表达，庄子以散文描述；老子凭直觉感受，庄子靠聪慧领悟；老子微笑待人，庄子狂笑处世；老子教人，庄子嘲人；老子说给心听，庄子直指心灵。

若说老子像惠特曼①，有最宽大慷慨的胸怀；那么，庄子就像梭罗②，有个人主义粗鲁、无情、急躁的一面。再以启蒙时期的人物作比，老子像那顺应自然的卢梭③，庄子却似精明狡猾的伏尔泰④。庄子尝自述：

> 思之无涯，言之滑稽，心灵无羁绊。

可见，他是属于嬉戏幻想的一型，站在作家的立场，他又是极端厌恶官吏的一派。

当然，一位看到儒家救世愚行的虚无主义者，多少想从其他方面获取某些娱乐性的补偿，如果只因儒家的失败，便期望他戴上一副沮丧的假面具，确是极不公平的要求。因此，西方人不必再批评孔子，因为单单庄子一人对他的攻击就已经够严苛了。

关于老子的事迹，我们几无所知，仅知他生于西元前五七一

---

① 瓦尔特·惠特曼，19世纪美国诗人、美国文学的代表人物。
② 亨利·梭罗，19世纪美国作家，著有散文集《瓦尔登湖》等。
③ 让-雅克·卢梭，18世纪法国启蒙哲学家，其哲学宗旨是"返回自然"。
④ 伏尔泰，18世纪法国启蒙思想家弗朗索瓦-马利·阿鲁埃的笔名。

年的苦县，和孔子同一时代，年龄或较孔子长二十岁，出身世家，曾做过周守藏室的官，中年退隐，活了相当大的岁数（可能超过九十，但绝不似司马迁所说在一百六十岁以上），子孙繁多，其中某一世孙还做过官。

西元前三〇〇年的少数作品中，除了庄子曾谈到老子并加以注解外，就只有代表他本人的《道德经》提到过他自己了。因此有些学者对"是否有老子这个人的存在"抱着极大的怀疑。导致这项怀疑的主因，是清代批评中的怀疑主义盛行，尤其是梁启超①的评论，更使老子的书遭到致命的打击。他认为，老子的书是在西元前三〇〇年由某些人杜撰的。

这许多没有依据、意欲惊人的言论，使得一般人几乎无法区别何为伪书？何为真著？因此，如果听到某位学者说哪本《老子》或《庄子》是伪书，却又无法提出充分的证据和理由时，我们还是不轻易置信。这种随意批评的风气，带给人们许多不便和反感（苏东坡认为《庄子》二八、二九、三〇、三一等章，皆不是庄子的作品，而是后人加进去的篇幅，这个说法较为学者所接受）。

庄子大约死于西元前二八六年，活了多大岁数不太清楚。他和孟子是同时代的人，是惠施②最亲密的朋友，祖籍蒙县，曾任"蒙漆园吏"，结过婚，有没有小孩，史籍未记载。

一般人对他印象最深刻的是：当他妻子的棺木搁在屋角待葬时，他坐在地上"鼓盆而歌"。他的弟子问他何以如此时，世上

① 梁启超，近代学者。
② 惠施，战国时宋国学者、名家创始人。

最玄奥的生死谈便流露了出来①。庄子最有名的智语，便是谈到他本身的死就是一大玩笑——那带着诗人感触的玩笑。

另一件有趣的事，便是有关他形态的变化。有一次他梦见自己变成了蝴蝶，在花丛间轻快地飞舞着，那时的他，一心认为自己就是蝴蝶。但当他清醒后，发觉刚才的一切不过南柯一梦，顿然若失，不禁自语道：

不知周②之梦为蝴蝶欤？蝴蝶之梦为周欤？

庄子尖锐的矛总是指向官方的奢华和显贵，当时的他真是极尽挖苦之能事，下面就是一例：有一位寒生（宋国人）去京城晋谒君主后，带着君主送他的大批马车和随员衣锦还乡。他对自己的晋谒成功颇为自得，不时在人前露出骄傲的神色，一般人对他钦慕不已，唯独庄子说："秦王有病召医，破痈溃痤③者得车一乘，舐痔④者得车五乘，所治愈下，得车愈多。子⑤岂治其痔邪？得车之多也？"

写本书前，我为自己做了一篇老庄思想索引，发现他二人教的特性虽一致，表达的方法却颇不相同：

---

① 原文见《庄子·内篇》："庄子妻死，惠子吊之，庄子则方箕踞鼓盆而歌。惠子曰：'与人居，长子老身，死不哭亦足矣，又鼓盆而歌，不亦甚乎！'庄子曰：'不然。是其始死也，我独何能无慨然！察其始而本无生，非徒无生也而本无形，非徒无形也而本无气。杂乎芒芴之间，变而有气，气变而有形，形变而有生，今又变而之死，是相与为春夏秋冬四时行也。人且偃然寝于巨室，而我噭噭然随而哭之，自以为不通乎命，故止也。'"

② 周：庄子名庄周，此为自称。

③ 破痈［yōng］溃痤［cuó］：剖开痈、割开痤（痈、痤均为皮肤和皮下组织的化脓性炎症）。

④ 舐痔：舔舐痔疮（喻厚颜无耻巴结权贵的成语"吮痈舐痔"即典出于此）。

⑤ 子：你。

（一）老子教人的原则在谦恭，他再三重复柔和、忍耐，争论之无益（"不敢为天下先"）、柔弱的力量，以及就低位的战术优势等思想，而在庄子的理论中，是绝不可能看到这些言辞的。尽管如此，我们仍可确信他们二人的哲学基础极为相同。庄子不是不喜欢谦恭，只是不愿说这两个字而已。

老子的不争，正是庄子口中的寂静、保守，以及透过平和以维持精神均衡的超然力量；老子认为水是"万物之至柔"和"寻向低处"的智慧象征，庄子则坚信水是心灵平静和精神澄澈的征象，是保存"无为"的巨力。

老子激赏失败、表现失败（老子是最早的伪饰家），庄子则嘲笑成功；老子赞扬谦卑者，庄子苛责自大的人；老子宣扬知足之道，庄子让人的精神在身体之外"形而上学"中徜徉；老子无时不谈"柔"胜"刚"的道理，庄子则很少提到这个主题。

（二）庄子不仅发展了一套完整的"知识、现实、语言"三者无用的理论，更由于深切体会到人类生命的悲哀，而将老子的哲学转为自己的言谈，作为慰藉。从这种哲学的滋润，和对人类生命的感触中，他说出了惊古震今的生死论：

> 梦饮酒者，旦①而哭泣；梦哭泣者，旦而田猎②。

---

① 旦：早上（醒来）。
② 田猎：狩猎。此段引文（引自《庄子·齐物论》）意为"梦者以为梦醒"，殊不知（见后文）："方其梦也，不知其梦焉。梦之中又占其梦焉，觉而后知其梦也。且有大觉而后知此其大梦也，而愚者自以为觉，窃窃然知之。"意思是："愚者"不知，梦醒之后仍是梦；只有"大梦"醒时（死亡时），才有"大觉"（成语"人生如梦"即出典于此）。

是①其所美者为神奇，其所恶者为臭腐。臭腐复化为神奇，神奇复化为臭腐②。

这篇"灵魂的颤动"，实是庄子或昔日我国所有作家的最佳创作。

二

老子爱唱反调，几成怪癖。"无为而无不为""圣人非以其无私，故能成其私"，这种反论的结构恰如水晶之形成：把某一物质的温度改变，即成水晶，但成品却是许许多多的水晶体。

一件事理的基本观点和价值，与另一种普遍为人接受的观点完全相反时，便产生了反论。耶稣的反论是："失去生命者，获得生命。"这种反论的起因，乃是把两类特殊的生命观（精神与身体）融而为一，呈现在表面的，就是反论。

到底什么思想使老子产生了那么多强调柔弱的力量、居下的优势和对成功的警戒等反论呢？答案是：宇宙周而复始的学说——所谓生命，乃是一种不断地变迁，交互兴盛和腐败的现象，当一个人的生命力达到巅峰时，也正象征着要开始走下坡了；犹如潮水的消长，潮水退尽，接着开始涨潮。老子说：

---

① 是：此。
② 此段引文（引自《庄子·知北游》）的前句是"人之生，气之聚也；聚则为生，散则为死。若死生之徒，吾又何患"！可见，这里的"神奇"和"臭腐"是指生与死，意为"死而复生，生而复死"（成语"化腐朽为神奇"即出典于此）。

心困焉而不能知，口辟①焉而不能言，尝为汝议乎其将②。至阴③肃肃，至阳④赫赫，肃肃出乎天，赫赫发乎地；两者交通成和⑤，而"无"⑥生焉。或为之纪⑦，而莫见其形⑧；消息满虚⑨，一晦一明⑩，日改月化，日有所为⑪，而莫见其功⑫。生有所乎萌⑬，死有所乎归⑭，始终⑮相反⑯乎无端⑰，而莫知其所穷⑱。非是也⑲，且⑳孰为之宗㉑。

另外一种研究老子之法，乃从爱默生的短文《循环论》着手。这篇文章的观点，基于道家思想，爱默生运用诗歌顿呼语"循环哲学家"中之"循环"，导出了与老子同样的思想体系。

爱默生强调："终即始，黑夜之后必有黎明，大洋之下另有

---

① 辟：古同"避"。
② 将：将领、要领。
③ 至阴：极冷。
④ 至阳：极热。
⑤ 交通成和：交织而混合在一起。
⑥ "无"：无冷无热。
⑦ 纪：法则。
⑧ 莫见其形：（法则是）看不见的（即无形中的）。
⑨ 消息满虚：消（落）、息（升），指太阳；满（圆）、虚（缺），指月亮。
⑩ 一晦一明：一暗一亮。
⑪ 日有所为：天天有所作为（变化）。
⑫ 莫见其功：这种作为（功）是看不见的（即无形中的）。
⑬ 萌：生长。
⑭ 归：归宿。
⑮ 始终：开始与终结。
⑯ 相反：古同"返"，相往返。
⑰ 无端：无中断。
⑱ 穷：穷尽。
⑲ 非是也：若不如此。
⑳ 且：那么。
㉑ 孰为之宗：谁在做主。此段引文转引自《庄子·田子方》。

深渊。"惠施亦言:"日方中方睨①。"另外,庄子也说道:"在太极②之先,而不为高;在六极③之下,而不为深。"爱默生更谈到"自然无定""人亦无定";所以,"新大陆建于旧行星的毁灭,新种族兴于祖先的腐朽"。

从这些循环论,爱默生发展了一套类似老子的反论:"最精明即最不精明""社会的道德乃圣者之恶""人渴望安定,却得不到安定",读者可在庄子的精选中,发现爱默生的这种论点。

由此可知,爱默生的两篇短文《循环论》及《超灵论》,和道家的主张确有异曲同工之妙,看过《老子》一书后,读者自可体会出其中滋味。爱默生对相对论深信不疑,他曾说:"一人的美是另一人的丑;一人之智慧是另一人的愚蠢。"且引用美国北佬农夫常说的典型道家谚语:"不必祝福,事情愈坏,情况愈好。"

以哲学观点而论,"道"可概括如下:它是天地万物的主要单元(一元论),是"反面立论""阴阳两极""永久循环""相对论""本体论"的主体;它是神智,是复归为一和万物的源泉。

了解这个道理,你争我夺的欲念顿化无形,而基督登山宝训④中"仁"与"柔"的教诲,也会在人们心中播下和平、理性

---

① 日方中方睨 [nì]:太阳刚升到正中,就开始西斜了(与庄子所说"方生方死"同义)。

② 太极:天地之始。

③ 六极:金、木、水、火、土。

④ 基督登山宝训:见《圣经·马太福音》:"虚心的人有福了,因为天国是他们的。哀恸的人有福了,因为他们必得安慰。温柔的人有福了,因为他们必承受地土。饥渴慕义的人有福了,因为他们必得饱足。怜恤人的人有福了,因为他们必蒙怜恤。清心的人有福了,因为他们必得见神。使人和睦的人有福了,因为他们必称为神的儿子。为义受逼迫的人有福了,因为天国是他们的。"

的种子。就"无法抵抗的恶"这个思想来说，无疑的，老子是某些思想家比如托尔斯泰所说"仁爱的基督徒（道德家）"中之先驱。

如果世上的领导者看过老子的战争论就好了；如果希特勒在猛扑之前有一些老子"持而盈之，不如其已"[①] 的智慧，人类就不会空洒那么多的鲜血。

三

昔时，我就希望能找到一种被科学家所接受的宗教。倘若强迫我在移民区指出我的宗教信仰，我可能会不假思索地对当地从未听过这种字眼的人，说出"道家"二字。

道字的"道"是宇宙的神智、万物的根源，是赋予生命的原理；公正无私、含蓄无形，看不见摸不着。它创造了万物，改变了万物；它是不朽的本体。道家不和我们谈上帝，只再三强调不能名，可名之道就不是"道"。最重要的是："道"给物质世界带来了一统和灵性。

我曾观察科学思想进展的程序，有理由相信十九世纪愚钝机械的唯物论已经不住考验，尤其在近代物理学之光的照耀下，它再也稳不住阵脚了。一位新英格兰哲人在他的书中写道："新的法则不足畏，如此的愚蠢的思想难道会强迫你降低自己的精神理论？不要反抗它，它不但损不了你的精神理论，反而会使你的物

---

① 持而盈之，不如其已：拥有许多，不如没有。

质理论更加精纯。"

这是在一八四七年出版的书籍，当时的物理学家已探究出物质本身的基础，尤其爱丁顿①（Eddington）还简述了一世纪来的研究报告说："我曾四处探索固体物质，从液体到原子，再从原子到电子，结果在电子里失去了它的踪影。"电子在原子里究竟做些什么呢？他说："一种不知名的东西正在进行我们不知道的事。"因为某处的光，电子和非电子相遇而混合，竟引起了人类追求真理的欲念。

自爱默生后，求真的研究已过了一世纪，业已完成了一个周期，而爱丁顿又紧跟着写道："从近代科学争论可导致出一个结论：一九二七年左右，重理性的科学家将会接受宗教。不仅如此，到那个时候，这些专讲乏味理论的科学家们，甚至对最普通的事物，也会极感兴趣，说不定还会失去他一向强调的理性而坠入爱河。假如在一九二七年，我们能看到海森堡②（Heisenberg）、玻尔③（Bohr）、波恩④（Born），及其他学者将因果关系推翻，那年势必会被命名为哲学发展史中最伟大的一年。"（爱丁顿，A. S. Eddington，所著《大自然的物质世界》第三一八页）

---

① 亚瑟·爱丁顿，20世纪英国天文学家、物理学家、数学家，是第一个用英语宣讲相对论的科学家，自然界密实物体的发光强度极限被命名为"爱丁顿极限"。

② 维尔纳·海森堡，20世纪德国物理学家，量子力学的主要创始人，哥本哈根学派的代表人物，1932年诺贝尔物理学奖获得者。

③ 尼尔斯·玻尔，20世纪丹麦物理学家，提出互补原理来解释量子力学，1922年获得诺贝尔物理学奖。

④ 马克斯·波恩，20世纪德国犹太裔理论物理学家，量子力学奠基人之一，因对量子力学的基础性研究尤其是对波函数的统计学诠释，获得1954年诺贝尔物理学奖。

神秘（自然）主义常使得有理性的人害怕，主要的原因是由于某些皈依者的放肆言行所致。但老子、惠特曼、爱丁顿的神秘（自然）主义却非如此。

以方程式操作的科学工具——数学，除了给我们方程式及物质空虚论的新知外，别无他用。老庄虽谈道之"捉摸不到"，却并非意味着他们就是神秘主义者，我们只能说他们是观察生命入微的人。

这两者的关系，就好像一位在实验室里思考的科学家，突然碰到生命"捉摸不定"的本质正在进行，科学家拼命敲门，没有得到回音，这时正是他急欲发现生命秘密的时刻，而生命之门却关闭了。他搜索物质，竟在电子中失去了它；他探索生命，又在原形质中失去它；他追寻意识，却又在脑波中失去它。然而，当他面对数学方程式时，一切又都显得那么清楚明白。

忍耐、坚毅、意义、爱、美和意识，均无法以科学的方法去探讨；直觉和数学的观念永不相遇，因为它们所依恃的是不同的平面。数学是人类心灵的工具，透过心灵察觉物质现象的一种表达法，此外毫无他途可循；直觉却不同于此，它不是数学或者其他象征性知识的附属品，无法以方程式表达出来。

耶鲁大学的教授诺斯洛普（F. S. C. Northrop）了解认知直觉知识——美学——的重要，这类知识比区别理性心灵的知识还要来得现实。老子常警告人们抵御"分"① 所带来的危险，或许是这个缘故吧！

---

① 分：区分。

由于需要，物理学家必须谨慎地控制自己去观察形态、物质和活动等现象，他服从数学计算，忠于研究主题，然而，有关生命、心灵、意识等数学所无法解决的问题，还是得留给非科学家去处理。因此，对我们来说，能够远离科学的大门，确是非常幸运的事。

爱丁顿以严密的"不法之地"，即意义和价值的范围为例，描绘出科学性的"象征性知识"和由生活体验得来的"精湛知识"之间的不同。他机智地反驳那些称其神秘的观点为"胡说"或"该死"的批评家。他问道："物理的基础能胡说些什么？"

某些评论家有权批评他"胡说"，而平实主义者却无权如此，"胡说"和"该死"都属于价值观的领域，站在平实的立场，那确实是不合逻辑的。"在醚或电子的世界中，我们或可邂逅'胡说'，但绝非'该死'。"所以，我们虽离开了科学的大门，却拥有了意义和价值的世界。"身为科学家，我们了解颜色只是波长的颤动，但它并没有因反射在波长 5 300 的色彩特别微弱，就驱散了反射在波长 4 800 的强烈视感。"

美国科学界领袖密立根①（Robert A. Millikan）阅读了一九四七年四月二十九日美国物理协会出版的刊物后，就宗教方面发表了极为重要的声明：

> 我以为，纯粹的物质哲学是极为无知的，因为每个时代的智者，都有使自己的心对任何事均充满虔诚和敬意。借用

① 罗伯特·密立根，20 世纪美国实验物理学家。

爱因斯坦的名言："沉思不朽的生命之秘密，熟虑微觉的宇宙之构造，谦卑地接受出现在自然界的极为微小的启示等，对我而言，这些就足够了。"那就是我最需要的"上帝"之定义。

我很少将自己的"明断"认为是我个人的荣誉，为什么呢？当上帝把早期的进化程序展现在我们眼前时，它所创造的万物便开始以惊人的步伐迈入进化的过程，所以，我们的责任只是尽可能地扮演好我们的角色。

不论任何国家，任何时代的智者，似乎都已看到宇宙伟大的真理。虽然米里坎、爱因斯坦、爱丁顿、爱默生、老子和庄子等人的背景和知识不大相同，但是他们研究的重点几乎都回归到同样的一桩事——自然。

相信前面有关信仰的陈述，近代有思想的人必然都能接受，其中具有代表性的是"我思足矣""自然表达的智慧""我们能微微地察觉""它的一部分变成了我们"，及爱默生所说，他是"自然神"的一部分。爱默生百年前所写的东西至今仍是真理：

　　　　我们每人都需具备左右世界宗教的正确观念，刻意在牧场、池中的船、林中鸟儿的对答声中寻找寄托，那是绝对看不到基督教的。

换句话说，现在我们站着的地方就是我们最需要的所在。老子也说：

其心以为不然①者，天门②弗开矣！③

四

一九四二年，我翻译了《道德经》和《庄子》三十三篇中的十一篇，刊载在《中印思潮》这本书内。后来我修改过一部分，并将庄子的余篇翻译了出来，本书选自《庄子》的精选，堪称是庄子作品及思想的代表。

《道德经》修改得并不多，主要是将"爱""德"易以"仁""性"。

简言之，本书前半部的四十章为哲学原理，余则为功用论——可直接运用人类的各种问题。在说明《庄子》的精选时，我曾竭力为他们澄清彼此的关系，并指出其间的重点，避免加入我个人的意见。

由《庄子》来介绍老庄时代的思想背景和特性，实是再恰当不过。

一九四八年八月

---

① 以为不然：不以为然。

② 天门：天机（悟道）之门。

③ 此言其实出自《庄子·天运》，全句为："故曰：正者，正也。其心以为不然者，天门弗开矣。"其中"正者，正也"的意思是"政者，正之也"（"正"通"政"，见《汉书·陆贾传》："夫秦失正，诸侯豪杰并起。"颜师古注："正，亦政也。"）。

冯友兰简介

冯友兰（1895—1990），字芝生，河南唐河人，现代学者、国学大师。1915年二十岁时，考入北京大学中国哲学系。毕业后，赴美留学。六年后，即1924年，获哥伦比亚大学博士学位。同年回国，历任中州大学、广东大学、燕京大学教授，清华大学文学院院长兼哲学系主任。抗战期间，任西南联大哲学系教授兼文学院院长。1948年，当选为南京中央研究院院士。1949年，南京中央研究院迁往台湾，未同行，自动放弃院士席位；同年，当选为新成立的中国科学院哲学社会科学部常务委员，兼任清华大学教授兼校务会议主席。1952年，调往北京大学任哲学系教授，住北京大学燕南园五十七号，自名"三松堂"。"文革"期间，先遭批判和迫害，后被委为"梁效"写作班子"顾问"。"文革"后，重写"文革"时出版的《中国哲学史新编》。1990年，病逝于北京，享年九十五岁。其重要著作有出版于1931年至1934年的《中国哲学史》上下卷，以及出版于1937年至1946年的"贞元六书"，即《新理学》《新世训》《新事论》《新原人》《新原道》和《新知言》。2012年，河南人民出版社出版《三松堂全集》十五卷。

《老子》 与道家[①]

冯友兰

　　传统的说法是，老子是楚国（今河南省南部）人，与孔子同时代而比孔子年长，孔子曾问礼于老子，很称赞老子。以《老子》为名的书，后来也叫作《道德经》，因而也被当作中国历史上第一部哲学著作。现代的学术研究，使我们改变了这个看法，认为《老子》的年代晚于孔子很久。

------

　　① 本文系《中国哲学简史》（1985 年中文版，涂又光译自 1948 年英文版。载《三松堂全集》第六卷）第九章，原题"道家的第二阶段：老子"，文中标题为原书所有。既为哲学史之一章，而非专论，本文旨在较全面地论述老子其人其书。关于老子其人，本文认为老子或有其人，而且是孔子的同时代人，比孔子稍年长。但关于《老子》一书，本文的观点很独特，认为《老子》并非老子所写，而是很晚才出现的——最早也不会早于战国中期——可能是老子的弟子所编撰。这一观点的根据是，《老子》中有许多关于"有名""无名"的讨论，这些讨论显然参考了战国中期名家（亦称"刑名家"）的论述。不过，《老子》使用"无名"一说，旨在阐明"道"的不可言说（即无法分类、定义等等）。按《老子》说，"道"就是万物之本源——它存在，而且决定一切，但它不可捉摸，因而人必须而且必然要遵"道"而行（实质上，《老子》所说之"道"，很大程度上类似于今人所说"自然"或"自然规律"）。基于此，也就决定了《老子》所提出的处世方法，即"不为天下先"；同时也决定它的政治学说，即"绝圣弃智""无为而治"。

一、老子其人和《老子》其书

在这方面有两个问题。一个是老子其人的年代问题，另一个是《老子》其书的年代问题。两者并没有必然联系，因为完全有可能的是，的确有个名叫"老聃"的人年长于孔子，但是《老子》这部书却成书在后。这也就是我所持的看法，这个看法就没有必要否定传统的说法，因为传统的说法并没有说老子这个人确实写过《老子》这部书。所以，我愿意接受传统的对老子其人的说法，同时把《老子》一书放在较晚的年代。事实上，我现在相信这部书比我写《中国哲学史》时假定的年代还要晚些。我现在相信，这部书写在（或编在）惠施、公孙龙①之后，而不是在他们之前。在《中国哲学史》里我是假定它在惠施、公孙龙之前。这个改变，是因为《老子》里有许多关于"无名"的讨论，而要讨论"无名"，就得先要讨论过"名"，所以它出现在惠施、公孙龙这些名家之后。

这种立场，并不需要我坚持说老子其人与《老子》其书绝对没有联系，因为这部书里的确有一些老子的原话。我所要坚持的，只是说，整个地看来，这部书的思想体系不可能是孔子以前或同时的产物。可是，为了避免学究气，往下我宁愿用"老子如何如何说"，而不用"《老子》一书如何如何说"，正如今天我们还是说"日出""日落"，虽然我们完全知道日既不出又不落。

---

① 惠施、公孙龙，均为战国中期学者、名家创始人。

二、道， 无 名

在前一章里，我们已经知道，名家的哲学家通过对于名的研究，在发现"超乎形象"的世界方面，获得成功。可是，绝大多数人的思想都限于"形象之内"，即限于实际世界。他们见到了实际，都限于"形象之内"，即限于实际世界。他们见到了实际，要表达它也并不困难；他们虽然使用"名"来指"实"，可是并不自觉它们是"名"。所以到了名家的哲学家开始思索"名"的本身，这种思想就标志着前进一大步。思索"名"，就是思索思想。它是对于思想的思想，所以是更高层次的思想。

"形象之内"的一切事物，都有"名"；或者至少是有可能有"名"。它们都是"有名"。但是老子讲到与"有名"相对的"无名"，并不是"超乎形象"的一切事物都是"无名"。例如，共相①是超乎形象的，但是并非"无名"。不过，另一方面，"无名"者都一定超乎形象。道家的"道"就是这种"无名"的概念。

《老子》第一章说：

　　道可道，非常道②；名可名，非常名。无名，天地之始，有名，万物之母。

————————————

① 　共相：（哲学名词）universal 的译名，意指普遍和一般。

② 　道可道：前一"道"为名词，后一"道"为动词（后文"名可名"，亦作此解）。常道：恒常之道。全句意谓：常道不可道。

第三十二章说：

　　道常①无名，朴②。……始制有名。

第四十一章说：

　　道隐无名。

　　在道家体系里，有"有"与"无"、"有名"与"无名"的区别。这两个区别实际上只是一个，因为"有""无"就是"有名""无名"的省略。天地、万物都是"有名"。因为天有天之"名"，地有地之"名"，每一类事物有此类之"名"。有了天、地和万物，接着就有天、地和万物之"名"。这就是老子说的"始制有名"。但是，道是"无名"；同时一切"有名"都是由"无名"而来。所以，老子说：

　　无名，天地之始，有名，万物之母。

　　因为道"无名"，所以不可言说。但是，我们还是希望对于道有所言说，只好勉强给它某种代号。所以是我们称它为"道"，其实"道"根本不是名。也就是说，我们称道为"道"，不同于称桌子为"桌子"。我们称桌子为"桌子"，意思是说，

---

①　道常：道与常。
②　朴：原义为原木，引申为原始、原初。

它有某些属性，由于有这些属性，它就能够名为"桌子"。但是，我们称道为"道"，意思并不是说，它有任何这样的"有名"的属性。它纯粹是一个代号，用中国哲学常用的话说，"道"是无名之"名"。《老子》第二十一章说：

自古及今，其名不去，以阅众甫①。

任何事物和每个事物都是由"道"而生。永远有万物，所以"道"永远"不去"，"道"的"名"也永远"不去"。它是万始之始，所以它见过万物之始（"以〔已〕阅众甫〔万物之始〕"）。永远"不去"的"名"是"常名"，这样的"名"其实根本不是名。所以说：

名可名，非常名。

"无名，天地之始"，这个命题只是一个形式的命题，不是一个积极的②命题。就是说，它对于实际没有任何肯定。道家的人这样想：既然有万物，必有万物之所从生者。这个"者"，他们起个代号叫作"道"，"道"其实不是名。"道"的概念，也是一个形式的概念，不是一个积极的概念。就是说，这个概念，对于万物之所从生者是什么，什么也没有说。能够说的只有一点，

①　以阅众甫：阅，见；众甫同"众父"，万物的开始。王弼注："众甫，万物之始也，以无名阅万物始也。"
②　积极的·实质的。

就是，既然"道"是万物之所从生者，它必然不是万物中之一物。因为它若是万物中之一物，它就不能同时是万物之所从生者。每类物都有一"名"，但是"道"本身不是一物，所以它是"无名，朴"。

一物生，是"一有"；万物生，是"万有"。"万有"生，蕴涵着首先是"有"。"首先"二字在这里不是指时间上的"先"，而是指逻辑上的"先"。举例来说，我们说"先有某种动物，然后才有人"，这个"先"是时间上的先。但是我们说"是人，一定先要是动物"，这个"先"是逻辑上的先。对于"物种起源"的论断，是对实际的肯定，需要查尔斯·达尔文多年观察、研究，才能够作出。但是，上面我们说的第二句话对实际无所肯定。它只是说，人的存在逻辑上蕴涵动物的存在。用同样的道理可以得出：万物的存在蕴涵"有"的存在。老子说"天下万物生于'有'，'有'生于'无'"(第四十章)，就是这个意思。

老子这句话，不是说，曾经有个时候只有"无"，后来有个时候"有"生于"无"。它只是说，我们若分析物的存在，就会看出，在能够是任何物之前，必须先是"有"。"道"是"无名"，是"无"，是万物之所从生者。所以在是"有"之前必须是"无"，由"无"生"有"。这里所说的属于本体论，不属于宇宙发生论。它与时间、与实际，没有关系。因为在时间中，在实际中，没有"有"，只有"万有"。

虽然有"万有"，但是只有一个"有"。《老子》第四十二章说：

道生一，一生二，二生三，三生万物。

这里所说的"一"是指"有"。说"道生一"等于说"有"生于"无"。至于"二""三",有许多解释。但是,说"一生二,二生三,三生万物",也可能只是等于说万物生于"有"。"有"是"一""二"和"三",是"多"的开始。

三、自然的不变规律

《庄子》的《天下》篇说,老子的主要观念是"太一""有""无""常"。"太一"就是"道"。"道"生一,所以"道"本身是"太一"。"常"就是不变。虽然万物都永远可变,在变,可是万物变化所遵循的规律本身不变。所以《老子》里的"常"字表示永远不变的东西,或是可以认为是定规的东西。老子说:

> 取天下常,以无事①。(第四十八章)

又说:

> 天道无亲,常与善人。(第七十九章)

万物变化所遵循的规律中最根本的是"物极必反"。这不是老子的原话,而是中国的成语,它的思想无疑是来自老子。老子

① 事:从事(有意去做)。

的原话是"反①者道之动"（第四十章）和"逝日远，远日反"（第
二十五章）。意思是说，任何事物的某些性质如果向极端发展，这
些性质一定转变成它们的反面。

这构成一条自然规律。所以"祸兮福之所倚，福兮祸之所
伏"（第五十八章）"少则得，多则惑"（第二十二章）、"飘风不终朝，
骤雨不终日"（第二十三章）、"天下之至柔，驰骋天下之至坚"（第
四十三章）、"物或损之而益，或益之而损"（第四十二章）。所有这些
矛盾的说法，只要理解了自然的基本规律，就再也不是矛盾的
了。但是，在那些不懂这条规律的一般人看来，它们确实是矛盾
的，非常可笑的。所以，老子说：

下士闻道，大笑之，不笑不足以为道。（第四十一章）

或可问：假定有一物，到了极端，走向反面，"极端"一词
是什么意思？任何事物的发展，是不是有一个绝对的界限，超过
了它就是到了极端？在《老子》中没有问这样的问题，因而也
没有作出回答。但是，如果真要问这样的问题，我想老子会回答
说，划不出这样的绝对界限，可以适合一切事物，一切情况。就
人类活动而论，一个人前进的极限是相对于他的主观感觉和客观
环境而存在的。以艾萨克·牛顿为例，他感觉到，他对于宇宙的
知识与整个宇宙相比，简直是一个在海边玩耍的小孩所有的对于
海的知识。牛顿有这样的感觉，所以尽管他在物理学中已经取得

───────────────

① 反：古同"返"。下同。

伟大的成就，他的学问距离前进的极限仍然很远。可是，如果有一个学生，刚刚学完物理教科书，就感觉到凡是科学要知道的他都已经知道了，他的学问就一定不会有所前进，而且一定要后退。老子告诉我们：

富贵而骄，自遗其咎。（第九章）

骄，是人前进到了极端界限的标志。骄，是人应该避免的第一件事。

一定的活动也相对于客观环境而有其极限。一个人吃得太多，他就要害病。吃得太多，本来对身体有益的东西也变成有害的东西。一个人应当只吃适量的食物。这个适量，要按此人的年龄、健康以及所吃的食物的质量来定。

这都是事物变化所遵循的规律。老子把它们叫作"常"。他说：

知常日明。（第十六章）

又说：

知常，容①。容乃公②。公乃王。王乃天。天乃道。道乃久，没身不殆③。（同前）

————————

① 容：宽容。
② 公：公正。
③ 没身不殆：终身不败。

四、处世的方法

老子警告我们："不知常，妄作，凶。"(同前) 我们应该知道自然规律，根据它们来指导个人行动。老子把这叫作"袭明"①。人"袭明"的通则是，想要得些东西，就要从其反面开始；想要保持什么东西，就要在其中容纳一些与它相反的东西。谁若想变强，就必须从感到他弱开始；谁若想保持资本主义，就必须在其中容纳一些社会主义成分。

所以，老子告诉我们：

圣人后②其身而身先，外③其身而身存。非以其无私邪？故能成其私。(第七章)

还告诉我们：

不自见④，故明。不自是⑤，故彰⑥。不自伐⑦，故有

---

① 袭明：见《老子》第三十一章："是以圣人恒善救人，故无弃人；恒善救物，故无弃物。是谓袭明。"因袭之明（老子倡"无为"。"无为"即因袭"常道"）。

② 后：(动词) 置后。

③ 外：(动词) 置外。

④ 自见 [xiàn]：自我表现（见：古同"现"）。

⑤ 自是：自以为是。

⑥ 彰：彰显。

⑦ 自伐：自夸。

功。不自矜①，故长②。夫唯不争，故天下莫能与之争。（第二十二章）

这些话说明了通则的第一点。

老子还说：

大成若缺，其用不弊③。大盈若冲④，其用不穷。大直若屈。大巧若拙。大辩若讷⑤。（第四十五章）

又说：

曲则全。枉则直。洼⑥则盈。敝⑦则新。少则得。多则惑。（第二十二章）

这说明了通则的第二点。

用这样的方法，一个谨慎的人就能够在世上安居，并能够达到他的目的。道家的中心问题本来是全生避害，躲开人世的危险。老子对于这个问题的回答和解决，就是如此。谨慎地活着的人，必须柔弱、谦虚、知足。柔弱是保存力量因而成为刚强的方

---

① 自矜：自傲。
② 长［zhǎng］：上位（为人之首长）。
③ 弊：出错。
④ 冲：虚空。
⑤ 讷：口讷（口齿不伶俐）。
⑥ 洼：低陷之地。
⑦ 敝：破旧。

法。谦虚与骄傲正好相反，所以，如果说骄傲是前进到了极限的标志，谦虚则相反，是极限远远没有达到的标志。知足使人不会过分，因而也不会走向极端。老子说：

知足不辱①，知止不殆②。（第四十四章）

又说：

是以圣人去甚③，去奢④，去泰⑤。（第二十九章）

所有这些学说，都可以从"反者道之动"这个总学说演绎出来。著名的道家学说"无为"，也可以从这个总学说演绎出来。"无为"的意义，实际上并不是完全无所作为，它只是要"为"得少一些，不要违反自然地任意地"为"。

"为"，也像别的许多事物一样。一个人若是"为"得太多，就变得有害无益。况且为的目的，是把某件事情做好。如果为得过多，这件事情就做得过火了，其结果比完全没有做可能还要坏。中国有个有名的"画蛇添足"的故事，说的是两人比赛画蛇，谁先画成就赢了。一个人已经画成了，一看另一个人还远远落后，就决定把他画的蛇加以润饰，添上了几只脚。于是另一个

---

① 辱：屈辱。
② 殆：危险。
③ 去甚：弃绝过分。
④ 去奢：弃绝过多。
⑤ 去泰：弃绝过好。

人说："你已经输了，因为蛇没有脚。"这个故事说明，做过了头就适得其反。《老子》里说：

> 取天下常，以无事；及其有事，不足以取天下。（第四十八章）

这里的"无事"，就是"无为"，它的意思实际上是不要"为"得过度。

人为、任意，都与自然、自发相反。老子认为，道生万物。在这个生的过程中，每个个别事物都从普遍的道获得一些东西，这就是"德"。"德"意指 power（力）或 virtue（德）。"德"可以是道德的，也可以是非道德的。一物自然地是什么，就是它的"德"。老子说：

> 万物莫不尊道而贵德。（第五十一章）

这是因为，道是万物之所从生者，"德"是万物之所以是万物者。

按照"无为"的学说，一个人应该把他的作为严格限制在必要的、自然的范围以内。"必要的"是指对于达到一定的目的是必要的，决不可以过度。"自然的"是指顺乎个人的"德"而行，不作人为的努力。这样做的时候，应当以"朴"作为生活的指导原则。"朴"（simplicity）是老子和道家的一个重要观念。"道"就是"璞"（uncarved block，未凿的石料），"璞"本身就是

"朴"。没有比无名的"道"更"朴"的东西。其次最"朴"的是"德",顺"德"而行的人,应当过着尽可能"朴"的生活。

顺"德"而行的生活,超越了善恶的区别。老子告诉我们:

> 天下皆知美之为美,斯恶已①;皆知善之为善,斯不善已。(第二章)

所以,老子鄙弃儒家的仁、义,以为这些德性都是"道""德"的堕落。因此,他说:

> 失道而后德,失德而后仁,失仁而后义,失义而后礼。夫礼者,忠信之薄而乱之首。(第三十八章)

由此可见道家与儒家的直接冲突。

人们丧失了原有的"德",是因为他们欲望太多,知识太多。人们要满足欲望,是为了寻求快乐。但是他们力求满足的欲望太多,就得到相反的结果。

老子说:

> 五色令人目盲。五音令人耳聋。五味令人口爽②。驰骋

---

① 斯恶已:这就不好了(斯:此)。
② 爽:错失(如"屡试不爽")。

畋猎①，令人心发狂。难得之货，令人行妨②。（第十二章）

所以，

祸莫大于不知足，咎莫大于欲得。（第四十六章）

为什么老子强调寡欲，道理就在此。

老子又同样强调弃智。知识本身也是欲望的对象。它也使人能够对于欲望的对象知道得多些，以此作为手段去取得这些对象。它既是欲望的主人，又是欲望的奴仆。随着知识的增加，人们就不再安于知足、知止的地位了。所以《老子》中说

智慧出，有大伪。（第十八章）

五、政 治 学 说

由以上学说老子演绎出他的政治学说。道家同意儒家的说法：理想的国家是有圣人为元首的国家。只有圣人能够治国，应该治国。可是两家也有不同，照儒家说，圣人一旦为王，他应当为人民做许多事情；而照道家说，圣王的职责是不做事，应当完全无为。道家的理由是，天下大乱，不是因为有许多事情还没有

---

① 畋猎：同"田猎"，狩猎。
② 行妨：行恶（妨：损害）。

做，而是因为已经做的事情太多了。《老子》中说：

天下多忌讳，而民弥①贫。民多利器，国家滋昏②。人多伎巧③，奇物滋起。法令滋彰，盗贼多有。（第五十七章）

于是，圣王的第一个行动就是废除这一切。老子说：

绝圣弃智，民利百倍。绝仁弃义，民复孝慈。绝巧弃利，盗贼无有。（第十九章）

又说：

不尚贤④，使民不争。不贵难得之货，使民不为盗。不见⑤可欲，使民心不乱。是以圣人之治，虚其心，实其腹，弱其志，强其骨，常使民无知无欲。（第三章）

圣王首先要消除乱天下的一切根源。然后，他就无为而治。无为，而无不为。《老子》中说：

---

① 弥：多。
② 昏：混乱。
③ 伎巧：同"技巧"。
④ 尚贤：崇尚能力（贤：能）。
⑤ 见［xiàn］：古同"现"，呈现。

我①无为而民自化②。我好静而民自正。我无事而民自富。我无欲而民自朴。(第五十七章)

"无为，而无不为"，这是道家的又一个貌似矛盾的说法。《老子》中说：

道常③无为，而无不为。(第三十七章)

"道"是万物之所以生者。"道"本身不是一物，所以它不能像万物那样"为"。可是万物都生出来了。所以"道"无为而无不为。道，让每物做它自己能做的事。照道家说，国君自己应该效法"道"。他也应该无为，应该让人民自己做他们能做的事。这里有"无为"的另一种含义，后来经过一定的修改，成为法家的重要学说之一。

孩子只有有限的知识和欲望。他们距离原有的"德"还不远。他们的淳朴和天真，是每个人都应当尽可能保持的特性。老子说：

常德不离④，复归于婴儿⑤。(第二十八章)

———————————

① 我：拟指君主。
② 自化：自会教化。
③ 道常：道与常。
④ 常德不离：常与德不背离。
⑤ 婴儿：喻"朴"。

又说：

含德之厚①，比于赤子②。（第五十五章）

由于孩子的生活接近于理想的生活，所以圣王喜欢他的人民都像小孩子。老子说"圣人皆孩之"（第四十九章），他"非以明民，将之愚之"（第六十五章）。

"愚"在这里的意思是淳朴和天真。圣人不只希望他的人民愚，而且希望他自己也愚。老子说：

我愚③人之心也哉！（第二十章）

道家说的"愚"不是一个缺点，而是一个大优点。

但是，圣人的"愚"，果真同孩子的"愚"、普通人的"愚"完全一样吗？圣人的"愚"是一个自觉的修养过程的结果。它比知识更高；比知识更多，而不是更少。中国有一句成语："大智若愚"。圣人的"愚"是大智，不是孩子和普通人的"愚"。后一类的"愚"是自然的产物，而圣人的"愚"则是精神的创造。二者有极大的不同。但是，道家似乎在有些地方混淆了二者。在讨论庄子哲学时，这一点就看得更清楚。

---

① 含德之厚：富有德性。
② 赤子：初生婴儿。
③ 愚：（动词）使……愚。

《庄子》与道家[①]

冯友兰

　　庄子（公元前约 369—前约 286 年），姓庄，名周，可算是先秦的最大的道家。他的生平，我们知之甚少，只知道他是很小的蒙国（位于今山东省、河南省交界）人，在那里过着隐士生活，可是他的思想和著作当时就很出名。《史记》上说："楚威王闻庄周贤，使使[②]厚币迎之，许以为相[③]。庄周笑谓楚使者曰：'……子亟去！无污我……我宁游戏污渎之中自快，无为有国者[④]所羁，终身不仕，以快吾志焉。'"（《老子韩非列传》）

---

　　① 本文系《中国哲学简史》（1985 年中文版，涂又光译自 1948 年英文版。载《三松堂全集》第六卷）第十章，原题"道家的第三阶段：庄子"，文中标题为原书所有。既为哲学史之一章，而非专论，本文旨在较全面地论述庄子其人其书。关于《庄子》一书，本文认为是庄子的弟子所编，其中哪些篇目出自庄子本人之手、哪些篇系后人伪托，虽无法辨明，但此书代表先秦道家的最高思想，则无疑。据此，本文分述其"相对幸福论""政治社会论""情理论""绝对幸福论""有限论""更高论""知识论""神秘论"。其中的要点是：《庄子》书中视一切为相对，唯认"道"为绝对，然而"道"即是"无"（"无名"，不可指认），所以结论只能是"齐生死、齐是非、齐万物"（齐：等同、无差别）——这是《庄子》一书的核心理念。

　　② 使使：派使节。

　　③ 相：宰相。

　　④ 有国者：国君。

一、庄子其人和《庄子》其书

庄子与孟子同时，是惠施①的朋友，但是今天流传的《庄子》，大概是公元三世纪郭象②重编的。郭象是《庄子》的大注释家。所以，我们不能肯定，《庄子》的哪几篇是庄子本人写的。事实上，《庄子》是一部道家著作的汇编，有些代表道家的第一阶段，有些代表第二阶段，有些代表第三阶段。只有第三阶段高峰的思想，才真正是庄子自己的哲学，而就连它们也不会全都是庄子自己写的。因为，虽然庄子的名字可以当作先秦道家最后阶段的代表，但是他的思想体系，则可能是经过他的门人之手，才最后完成。例如，《庄子》有几篇说到公孙龙③，而公孙龙肯定晚于庄子。

二、获得相对幸福的方法

《庄子》第一篇题为《逍遥游》，这篇文章纯粹是一些解人颐④的故事。这些故事所含的思想是，获得幸福有不同等级；自由发展我们的自然本性，可以使我们得到一种相对幸福；绝对幸福是通过对事物的自然本性有更高一层的理解而得到的。

---

① 惠施，战国中期宋国学者、名家创始人。
② 郭象，字子玄，西晋玄学家。
③ 公孙龙，战国后期赵国学者、名家代表人物。
④ 解人颐：有趣。

这些必要条件的第一条是自由发展我们的自然本性，为了实现这一条，必须充分自由发挥我们自然的能力。这种能力就是我们的"德"，"德"是直接从"道"来的。庄子对于"道""德"的看法同老子的一样。例如他说：

> 泰初有无①。无有无名②，"一"之所起。有"一"而未形。物得以生，谓之"德"。(《庄子·天地》)

所以我们的"德"，就是使我们成为我们者。我们的这个"德"，即自然能力，充分而自由地发挥了，也就是我们的自然本性充分而自由地发展了，这个时候我们就是幸福的。

联系着这种自由发展的观念，庄子作出了何为天、何为人的对比。他说：

> 天③在内，人在外……牛马四足，是谓天；落④马首、穿牛鼻⑤，是谓人⑥。(《庄子·秋水》)

他认为，顺乎天是一切幸福和善的根源，顺乎人是一切痛苦和恶的根源。天指自然，人指人为。

---

① 有无：即无。
② 有无名：即无名。
③ 天：天然。
④ 落：古同"络"，笼络（即在马首上套辔头）。
⑤ 穿牛鼻：在牛鼻上穿一根绳（即牵牛绳）。
⑥ 人：人为。

万物的自然本性不同，其自然能力也各不相同。可是有一点是共同的，就是在它们充分而自由地发挥其自然能力的时候，它们都是同等的幸福。《逍遥游》里讲了一个大鸟和小鸟的故事。两只鸟的能力完全不一样。大鸟能飞九万里，小鸟从这棵树飞不到那棵树。可是只要它们都做到了它们能做的，爱做的，它们都同样地幸福。所以，万物的自然本性没有绝对的同，也不必有绝对的同。《庄子》的《骈拇①》篇说：

　　凫胫②虽短，续之③则忧。鹤胫虽长，断之④则悲。故性⑤长非所⑥断，性短非所续，无所⑦去忧也。

三、政治、社会哲学

可是，像这样断长、续短的事，恰恰是"人"尽力而为的事。一切法律、道德、制度、政府的目的，都是立同禁异。那些尽力立同的人，动机也许是完全值得钦佩的。他们发现有些东西对他们有好处，就迫不及待，要别人也有这些东西。可是他们的好心好意，却只有把事情弄得更惨。《庄子》的《至乐》篇有个故事说：

---

　　①　骈［pián］拇：（一只手上）两个拇指（骈：原意是并驾一车的两匹马，引申为一双、一对）。
　　②　凫：野鸭。胫：腿。
　　③　续之：使其长。
　　④　断之：使其短。
　　⑤　性：本性。
　　⑥　非所：不可
　　⑦　无所：无所为（即顺其自然）。

昔者，海鸟止于①鲁郊②。鲁侯御③而觞之④于庙，奏《九韶》⑤以为乐，具太牢⑥以为膳。鸟乃眩视⑦忧悲，不敢食一脔⑧，不敢饮一杯，三日而死。此以己养⑨养鸟也，非以鸟养⑩养鸟也。……鱼处水而生，人处水而死。彼必相与⑪异，其好恶故异也。故先圣不一⑫其能，不同⑬其事。

鲁侯以他认为是最尊荣的方式款待海鸟，的确是好心好意。可是结果与他所期望的恰恰相反。政府和社会把法典强加于个人以同其事，也发生这样的情况。

为什么庄子激烈反对通过正规的政府机器治天下，主张不治之治是最好的治，原因就在此。他说：

闻在宥⑭天下，不闻治天下也。"在"之也者，恐天下之淫⑮其性也。"宥"之也者，恐天下之迁⑯其德也。天下不

---

① 止于：停留在。
② 鲁郊：鲁国郊外。
③ 御：驾到。
④ 觞之：设席欢迎它。
⑤ 《九韶》：古乐名，隆重仪式上演奏。
⑥ 具：备。太牢：祭祀所用牛、羊、猪之总称。
⑦ 眩视：眼花。
⑧ 脔［luán］：小块肉。
⑨ 己养：自己的生活方式。
⑩ 鸟养：喂养鸟的方法。
⑪ 相与：相对。
⑫ 一：（动词）使一律。
⑬ 同：（动词）使同样。
⑭ 在宥：成玄英疏："宥，宽也。在，自在也。"
⑮ 淫：放纵。
⑯ 迁：变。

淫其性，不迁其德，有治天下者哉？（《庄子·在宥》）

"在""宥"，就是听其自然，不加干涉。

如果不是"在宥"天下，而是以法律、制度"治"天下，那就像是"落马首、穿牛鼻"；也像是把凫腿增长，把鹤腿截短。把自然自发的东西变成人为的东西，庄子称之为"以人灭天"（《庄子·秋水》）。它的结果只能是痛苦和不幸。

庄子和老子都主张不治之治，但是所持的理由不同。老子强调他的总原理"反者道之动"。他的论证是，越是统治，越是得不到想得到的结果。庄子强调天与人的区别。他的论证是，越是"以人灭天"，越是痛苦和不幸。

以上所说，仅只是庄子的求得相对幸福的方法。只需要顺乎人自身内在的自然本性，就得到这样的相对幸福。这是每个人能够做到的。庄子的政治、社会哲学，目的正在于为每个人求得这样的相对幸福。任何政治、社会哲学所希望做到的，充其量都不过如此吧。

四、情 和 理

相对幸福是相对的，因为它必须依靠某种东西。这当然是真的：人在能够充分而自由地发挥自然能力的时候，就很幸福。但是这种发挥在许多情况下受到阻碍，例如死亡、疾病、年老，所以佛家以老、病、死为四苦中的三苦，是不无道理的。照佛家说，还有一苦，就是"生"的本身。因此，依靠充分而自由地发挥自然能力的幸福，是一种有限制的幸福，所以是相对幸福。

人可能有许多大祸临头，最大的大祸是死亡，《庄子》中有很多关于死亡的讨论。畏惧死亡，忧虑死亡的到来，都是人类不幸的主要来源。不过，这种畏惧和忧虑，可以由于对事物自然本性有真正理解而减少。《庄子》里有个故事，讲到老子之死。老子死了，他的朋友秦佚来吊唁，却批评别人的痛哭，说：

> 是①遁天倍情②，忘其所受。古者谓之遁天之刑③。适来④，夫子时也⑤。适去⑥，夫子顺⑦也。安时而处顺，哀乐不能人⑧也。古者谓是帝之悬解⑨。（《养生主》）

别人感到哀伤的范围，就是他们受苦的范围。他们受苦，是"遁天之刑"。感情造成的精神痛苦，有时候正与肉刑一样地剧烈。但是，人利用理解的作用，可以削弱感情。例如，天下雨了，不能出门，大人能理解，不会生气，小孩却往往生气。原因在于，大人理解得多些，就比生气的小孩所感到的失望、恼怒要少得多。正如斯宾诺莎⑩所说：

① 是：此。
② 遁天倍情：逃避天意，有悖情理（倍：古同"悖"）。
③ 刑：古同"形"，模样。
④ 适来：安然来到（人世）。
⑤ 夫子：指老子。时：时运。
⑥ 适去：安然离开（人世）。
⑦ 顺：顺命。
⑧ 人：人为。
⑨ 帝：天帝。悬解：挂起与拿下。
⑩ 斯宾诺莎，17世纪荷兰哲学家、欧洲理性主义哲学创始人之一。

心灵理解到万物的必然性，理解的范围有多大，它就在多大的范围内有更大的力量控制后果，而不为它们受苦。

（《伦理学》，第五部分，命题 VI）

这个意思，用道家的话说，就是"以理化情"。

庄子本人有个故事，很好地说明了这一点。庄子妻死，惠施去吊丧，却看到庄子蹲在地上，鼓盆而歌。惠施说，你不哭也就够了，又鼓盆而歌，不是太过分了吗！

庄子曰："不然。是其始①死也，我独何能无概然②？察其始，而本无生；非徒无生也，而本无形；非徒无形也，而本无气。杂乎芒芴③之间，变而有气，气变而有形，形变而有生。今又变而之死，是相与为春秋冬夏四时行也。人且偃然④寝于巨室，而我嗷嗷然⑤随而哭之，自以为不通乎命⑥，故止⑦也。"（《庄子·至乐》）

郭象注："未明而概，已达而止，斯⑧所以诲⑨有情者，将

---

① 始：初始（原本）。
② 概〔kǎi〕然：慨然（概：古通"慨"）。
③ 芒芴〔wù〕：亦作"茫惚"，同"恍惚"。
④ 偃〔yǎn〕然：静止貌。
⑤ 嗷〔jiào〕嗷然：悲切貌。
⑥ 不通乎命：不通达于性命（即不达观于生死）。
⑦ 止：制止（哭）。
⑧ 斯：此。
⑨ 诲：教诲。

令①推至理以遣累②也。"情可以以理和理解抵消。这是斯宾诺莎的观点，也是道家的观点。

道家认为，圣人对万物的自然本性有完全的理解，所以无情。可是这并不是说他没有情感。这宁可说是，他不为情所扰乱，而享有所谓"灵魂的和平"。如斯宾诺莎说的：

> 无知的人不仅在各方面受到外部原因的扰乱，从未享受灵魂的真正和平，而且过着对上帝、对万物似乎一概无知的生活，活着也是受苦，一旦不再受苦了，也就不再存在了。另一方面，有知的人，在他有知的范围内，简直可以不动心，而且由于理解他自己、上帝、万物都有一定的永恒的必然性，他也就永远存在，永远享受灵魂的和平。(《伦理学》，第五部分，命题 XLII)

这样，圣人由于对万物自然本性有理解，他的心就再也不受世界变化的影响。用这种方法，他就不依赖外界事物，因而他的幸福也不受外界事物的限制。他可以说是已经得到了绝对幸福。这是道家思想的一个方向，其中有不少的悲观认命的气氛。这个方向强调自然过程的不可避免性，以及人在自然过程中对命的默认。

---

① 将令：将使其。
② 推至理以遣累：推出至理而排遣愁苦。

五、获得绝对幸福的方法

可是道家思想还有另一个方面，它强调万物自然本性的相对性，以及人与宇宙的同一。要达到这种同一，人需要更高层次的知识和理解。由这种同一所得到的幸福才是真正的绝对幸福，《庄子》的《逍遥游》里讲明了这种幸福。

这一篇里，描写了大鸟、小鸟的幸福之后，庄子说有个人名叫列子，能够乘风而行。

> 彼于致福者，未数数然①也。此②虽免乎行③，犹有所待④者也。

他"所待者"就是风，由于他必须依赖风，所以他的幸福在这个范围里还是相对的。接着庄子问道：

> 若夫⑤乘天地之正⑥而御六气之辩⑦，以游无穷者，彼且恶乎⑧待哉？故曰：至人⑨无己，神人无功，圣人无名。

---

① 数数然：斤斤计较貌。
② 此：指乘风而行的能力。
③ 行：步行。
④ 待：期待。
⑤ 若夫：如若。
⑥ 正：性。
⑦ 辩：古通"变"。
⑧ 恶乎：何乎。
⑨ 至人：达人。

庄子在这里描写的就是已经得到绝对幸福的人。他是至人、神人、圣人。他绝对幸福，因为他超越了事物的普通区别。他也超越了自己与世界的区别，"我"与"非我"的区别。所以他无己，他与"道"合一。"道"无为而无不为。"道"无为，所以无功。圣人与"道"合一，所以也无功。他也许治天下，但是他的治就是只让人们听其自然，不加干涉，让每个人充分地、自由地发挥他自己的自然能力。"道"无名，圣人与"道"合一，所以也无名。

六、"有限"的观点

这里有一个问题：一个人怎样变成这样的至人？要回答这个问题，就要分析《庄子》的第二篇——《齐物论》。在《逍遥游》里，庄子讨论了两个层次的幸福；在《齐物论》里，他讨论了两个层次的知识。我们的分析，且从第一个层次即较低的层次开始。在本书讲名家的一章里，我们说过，惠施和庄子有某些相似。在《齐物论》中庄子讨论的较低层次的知识，正与惠施"十事"中的知识相似。

《齐物论》的开始是描写风。风吹起来，有种种不同声音，各有特点。《齐物论》把这些声音称为"地籁"。此外还有些声音名为"人籁"。地籁与人籁合为"天籁"。

人籁由人类社会所说的"言"构成。人籁与由风吹成的"地籁"不同，它的"言"由人说出的时候，就代表人类的思想。它们表示肯定与否定，表示每个个人从他自己特殊的"有限"的观点所形成的意见。既然"有限",这些意见都必然是片面的。可是大多数人,不知道他们自己的意见都是根据"有限"的观点,总是以他们自己的意见为是,以别人的意见为非。"故有儒墨之是非①,以是②其所非,而非③其所是"。

人们若这样各按自己的片面观点辩论,既无法得出最后的结论,也无法决定哪一面真是真非。《齐物论》说:

既使我与若④辩矣,若胜我,我不若胜⑤,若果是也,我果非也邪?我胜若,若不吾胜,我果是也,若果非也邪?其或是也,其或非也邪?其俱是也,其俱非也邪?我与若不能相知也,则人固受其黮暗⑥。吾谁使⑦正之?使同乎若者正之?既与若同矣,恶⑧能正之?使同乎我者正之?既同乎我矣,恶能正之?使异乎我与若者正之?既异乎我与若矣,恶能正之!使同乎我与若者正之?既同乎我与若矣,恶能正之!

这就是说:假使我跟你辩,你胜了我,我不胜你,这就能证明你的意见一定正确吗?我胜了你,你不胜我,这就能证明我的

---

① 儒墨之是非:儒家与墨家的争论。
② 是:(动词)肯定。
③ 非:(动词)否定。
④ 若:你。
⑤ 不若胜:不胜若(文言"不"字后的动宾倒装,如成语"时不我待")。
⑥ 黮〔dàn〕暗:黑暗。
⑦ 谁使:(倒装)使谁。
⑧ 恶:何。

意见一定正确吗？或者你我中间，有一个人的意见是正确的，或者都是正确的，或者都是不正确的，我跟你都不能决定。叫谁决定呢？叫跟你的意见相同的人来决定，既然跟你的意见相同，怎么能决定？叫跟我的意见相同的人来决定，既然跟我的意见相同，怎么能决定？叫跟你、我的意见都不同的人来决定，既然跟你、我的意见都不同，怎么能决定？叫跟你、我的意见都同的人来决定，既然跟你、我的意见都同，怎么能决定？

这一段使人联想起名家的辩论态度。只是名家的人是要驳倒普通人的常识，而《齐物论》的目的是要驳倒名家，因为名家确实相信辩论能够决定真是真非。

庄子在另一方面，认为是、非的概念都是每人各自建立在自己的"有限"的观点上。所有这些观点都是相对的。《齐物论》说：

> 方生方死，方死方生①。方可方不可，方不可方可②。因是因非，因非因是③。

事物永远在变化，而且有许多方面。所以对于同一事物可以有许多观点。只要我们这样说，就是假定有一个站得更高的观

---

① 方生方死，方死方生：一生下来就开始死了，一死掉就开始生了（古人相信万物死后都会重生）。

② 方可方不可，方不可方可：一说（这个）"可"就是说（那个）"不可"，一说（这个）"不可"就是说（那个）"可"。

③ 因是因非，因非因是：肯定（这个）就是否定（那个），否定（这个）就是肯定（那个）。

点。如果我们接受了这个假定，就没有必要自己来决定孰是孰非。这个论证本身就说明了问题，无需另作解释。

七、更 高 的 观 点

接受这个前提，就是从一个更高的观点看事物，《齐物论》把这叫作"照之于天"。"照之于天"就是从超越有限的观点——即"道"的观点——看事物。《齐物论》说：

> 是①亦彼也，彼亦是也。彼亦一是非，此亦一是非。果且②有"彼是"乎哉？果且无"彼是"乎哉？"彼是"莫得其偶③，谓之"道枢④"。枢始得⑤其环⑥中，以应无穷⑦。是亦一无穷，非亦一无穷也⑧。故曰：莫若以明⑨。

"明"就是"照之于天"。这段话换句话说，"是"（此）和"彼"，在其是非的对立中，像一个循环无尽的圆。但是从道的观点看事物的人，好像是站在圆心上。他理解在圆周上运动着的

---

① 是：此。
② 果且：果真。
③ 莫得其偶：独一无二。
④ 道枢：道之门枢。
⑤ 始得：一开始就在。
⑥ 环：放置门枢的凹洞（门枢在其中转动）。
⑦ 无穷：喻旋转（圆）。
⑧ 是亦一无穷，非亦一无穷也："是"是一个圆（会转成"非"），"非"是一个圆（会转成"是"）。
⑨ 莫若以明：（倒装）莫以明若（不能明确对你说）（下文"'明'就是'照之于天'"似有误）。

一切，但是他自己则不参加这些运动。这不是由于他无所作为，听天由命，而是因为他已经超越有限，从一个更高的观点看事物。在《庄子》里，把"有限"的观点比作井底之蛙的观点（《秋水》）。井底之蛙只看见一小块天，就以为天只有那么大。

从道的观点看，每物就刚好是每物的那个样子。《齐物论》说：

可乎可①。不可乎不可。"道"行之而成，"物"谓之而然②。恶乎③然？然于然④。恶乎不然？不然于不然。物固有所然，物固有所可⑤。无物不然，无物不可。故为是⑥举⑦莛与楹⑧、厉与西施⑨，恢诡谲怪⑩，"道"通⑪为一。

万物虽不相同，但是都"有所然"，"有所可"，这一点是一样的。它们都是由道而生，这也是一样的。所以从道的观点看，万物虽不相同，可是都统一为一个整体，即"通为一"。

---

① 可乎可：可就是可。
② 谓之而然：说来就这样。
③ 恶乎：何乎。
④ 然于然：这样就是这样（本来就这样）。
⑤ 可：可用。
⑥ 为是：为此。
⑦ 举：举例。
⑧ 莛［tíng］与楹［yíng］：草茎与柱子（喻小与大）。
⑨ 厉与西施：麻风病与西施（喻丑与美）（厉：古同"疠"，同"癞"，麻风病）。
⑩ 恢诡谲怪：千奇百怪。
⑪ 通：同"统"。

《齐物论》接着说：

> 其分①也，成②也。其成也，毁也。凡物无成无毁，复
> 通为一。

例如，用木料做桌子，从这张桌子的观点看，这是"成"。从所用的木料的观点看，这是"毁"。可是，这样的"成""毁"，仅只是从"有限"的观点看出来的。从"道"的观点看，就无"成"无"毁"，这些区别都是相对的。

"我"与"非我"的区别也是相对的。从"道"的观点看，"我"与"非我"也是"通为一"。《齐物论》说：

> 天下莫大于秋毫之末，而泰山为小。莫寿乎殇子③，而
> 彭祖④为夭⑤。天地与我并生，而万物与我为一。

这里又得出了惠施的结论："泛爱万物，天地一体也。"

八、更高层次的知识

《齐物论》接着说：

---

① 分：区分。
② 成：成物。
③ 殇子：早亡幼童。
④ 彭祖：传说中的寿星，活了八百岁。
⑤ 夭：夭折。

既已为一矣，且得①有言乎②？既已谓之一矣，且得无言乎？一与言为二，二与一为三③，自此以往，巧历④不能得，而况⑤其凡⑥乎？故自"无"适⑦"有"以至于"三"，而况自"有"适"有"乎？无适焉，因是已⑧。

在这段话里，《齐物论》比惠施更进了一步，开始讨论一种更高层次的知识。这种更高的知识是"不知之知"。

"一"究竟是什么，这是不可言说的，甚至是不可思议的。因为，如果"一"对它有所思议，有所言说，它就变成存在于这个思议、言说的人之外的东西了。这样，它无所不包的统一性就丧失了，它就实际上根本不是真正的"一"了。惠施说："至大无外⑨，谓之大一。"他用这些话描写"大一"，确实描写得很好，他殊不知正由于"大一"无外，所以它是不可思议、不可言说的，因为任何事物，只要可以思议、可以言说，就一定有外，这个思议、这个言说就在它本身以外。道家则不然，认识到"一"是不可思议、不可言说的。因而他们对于"一"有真正的理解，比名家前进了一大步。

---

① 且得：还能。
② 此句前文是："天地与我并生，而万物与我为一。"
③ 一与言为二，二与一为三：成语"一而再，再而三"即出典于此。
④ 巧历：精明历算。
⑤ 而况：何况。
⑥ 凡：凡人。
⑦ 适：到。
⑧ 因：因循。是：此。已：而已。
⑨ 无外：无边。

《齐物论》里还说：

> "是"、"不是"，"然"、"不然"①。"是"若果"是"
> 也，则"是"之异乎"不是"也，亦无辩②。"然"若果
> "然"也，则"然"之异乎"不然"也，亦无辩。忘年忘
> 义③，振于无竟④，故寓诸⑤无竟。

"无竟"是得道的人所住之境。这样的人不仅有对于"一"
的知识，而且已经实际体验到"一"。这种体验就是住于"无
竟"的经验。他已经忘了事物的一切区别，甚至忘了他自己生活
中的一切区别。他的经验中只有浑沌的"一"，他就生活在
其中。

以诗的语言描写，这样的人就是"乘天地之正而御六气之
辩，以游无穷者"。他真正是独立的人，所以他的幸福是绝对的。

在这里我们看出，庄子怎样最终解决了先秦道家固有的问
题。这个问题是：如何全生避害⑥。但是，在真正的圣人那里，
这已经不成其为问题。如《庄子》中说：

> 夫天下也者，万物之所，"一"也。得其所"一"而同

---

① 此句前义是："何谓和之以天倪（郭象注：'天倪者，自然之分也。'）？
曰：……"
② 无辩：无可争辩。
③ 忘年忘义：忘记年月（生死），忘记礼义（是非）。
④ 振于无竟：求助于虚无之境（振：古同"赈"，救济。竟：古同"境"）。
⑤ 寓诸：寓之于。
⑥ 全生避害：保全生命，避开祸害。

焉，则四支百体①，将为尘垢，而死生终始，将为昼夜②而莫之能滑③，而况得丧④祸福之所介⑤乎？（《田子方》）

就这样，庄子只是用取消问题的办法，来解决先秦道家固有的问题。这真正是用哲学的方法解决问题。哲学不报告任何事实，所以不能用具体的、物理的方法解决任何问题。例如，它既不能使人长生不死，也不能使人致富不穷。可是它能够给人一种观点，从这种观点可以看出生死相同，得失相等。从实用的观点看，哲学是无用的。哲学能给我们一种观点，而观点可能很有用。用《庄子》的话说，这是"无用之用"（《人间世》）。

斯宾诺莎说过，在一定的意义上，有知的人"永远存在"。这也是庄子所说的意思。圣人，或至人，与"大一"合一，也就是与宇宙合一。由于宇宙永远存在，所以圣人也永远存在。《庄子》的《大宗师》说：

夫藏舟于壑⑥，藏汕⑦于泽⑧，谓之固⑨矣。然而夜半，

---

① 四支百体：即成语"四肢百骸"，指人体。
② 昼夜：喻循环往复。
③ 滑：幸免。
④ 得丧：得失。
⑤ 介：介意。
⑥ 壑：山谷。
⑦ 汕：渔具。
⑧ 泽：湖。
⑨ 固：牢靠。

有力者负之而走，昧者不知也。藏小大①有宜，犹有所遁②。若夫藏天下于天下③，而不得所遁，是④恒⑤物之大情⑥也。……故圣人将游于物之所不得遁⑦而皆存⑧。

正是在这个意义上，圣人"永远存在"。

九、神秘主义的方法论

为了与"大一"合一，圣人必须超越并且忘记事物的区别。做到这一点的方法是"弃知"。这也是道家求得"内圣"之道的方法。照常识看来，知识的任务就是作出区别；知道一个事物就是知道它与其他事物的区别。所以弃知就意味着忘记这些区别。一切区别一旦都忘记了，就只剩下浑沌的整体，这就是"大一"。圣人到了这个境界，就可以说是有了另一个更高层次的知识，道家称之为"不知之知"。

《庄子》里有许多地方讲到忘记区别的方法。例如，《大宗师》篇中有孔子和他最爱的弟子颜回的一段虚构的谈话：

---

① 藏小大：藏小于大。
② 遁：失。
③ 藏天下于天下：即天下无所藏（故无所遁，即所谓"无藏无遁"）。
④ 是：此。
⑤ 恒：恒定为。
⑥ 大情：常情。
⑦ 物之所不得遁：即天下。
⑧ 皆存：（与天下）共存。

颜回曰："回①益②矣。"仲尼曰："何谓也③?"曰："回忘仁义矣。"曰："可矣,犹未也④。"他日复见。曰："回益矣。"曰："何谓也?"曰："回忘礼乐矣。"曰："可矣,犹未也。"他日复见。曰："回益矣。"曰："何谓也?"曰:"回坐忘⑤矣。"仲尼蹴然⑥曰："何谓坐忘?"颜回曰："堕⑦肢体,黜⑧聪明,离形⑨去知⑩,同于大通⑪,此谓坐忘。"仲尼曰："同⑫则无好⑬也,化⑭则无常⑮也,而果其贤⑯乎!丘⑰也,请从而后⑱也。"

颜回就这样用弃知的方法得到了"内圣"之道。弃知的结果是没有知识。但是"无知"与"不知"不同。"无知"状态是原始的无知状态,而"不知"状态则是先经过有知的阶段之后

---

① 回:颜回自称。
② 益:受益。
③ 何谓也:怎样讲。
④ 犹未也:还不行。
⑤ 坐忘:坐落忘情。
⑥ 蹴然:震惊貌。
⑦ 堕:古同"惰",(动词)使无知觉。
⑧ 黜:排除。
⑨ 离形:即"堕肢体"。
⑩ 去知:即"黜聪明"。
⑪ 大通:大道(天道)。
⑫ 同:即指"同于大通"。
⑬ 好［hào］:喜好。
⑭ 化:即指"离形去知"。
⑮ 常:常态。
⑯ 贤:有德有才。
⑰ 丘:孔子自称(孔子名丘,字仲尼)。
⑱ 从而后:跟从于(你)之后。

才达到的。前者是自然的产物，后者是精神的创造。

这个不同，有些道家的人看得很清楚。他们用"忘"字表达其方法的诀窍，这是很有深意的。圣人并不是保持原始的无知状态的人。他们有一个时期具有丰富的知识，能作出各种区别，只是后来忘记了它们。他们与原始的无知的人之间区别很大，就和勇敢的人与失去知觉而不畏惧的人之间的区别一样大。

但是，也有一些道家的人，包括《庄子》有几篇的作者在内，却没有看出这个不同。他们赞美社会和人类的原始状态，把圣人比作婴儿和无知的人。婴儿和无知的人没有知识，作不出什么区别，所以都像是属于浑沌的整体。可是，他们的属于它，是完全不自觉的。他们在浑沌的整体中，这个事实他们并无觉解。他们是无知的人，不是不知的人。这种后来获得的不知状态，道家称之为"不知之知"的状态。

钱穆简介

钱穆（1895—1990），字宾四，江苏无锡人，现代学者、国学大师。出身诗书之家，幼年就读于私塾，后入常州中学堂。四年后，即1910年，转入南京私立钟英中学。翌年，逢武昌起义，全国大乱，学校停办，遂辍学。同年回无锡，去小学任教。1927年，转任教于苏州中学。1930年，因发表《刘向歆父子年谱》一文成名，受顾颉刚推荐，受聘为燕京大学国文讲师。此后居住北平八年，授课于燕京大学和北京大学，并在清华大学和北京师范大学兼课。1937年，北平沦陷，辗转任教于西南联大、齐鲁大学、武汉大学、华西大学和四川大学。1946年，赴昆明任教于五华学院和云南大学。1948年，回故乡无锡任江南大学文学院院长。1949年4月，南下广州，任教于华侨大学；同年10月，随华侨大学迁往香港，同时出任香港亚洲文商学院院长。1953年，在香港创立新亚研究所（后改名为新亚书院），任所长。1960年，应邀讲学于美国耶鲁大学，翌年回香港。1965年，辞去新亚书院院长职务，应聘去马来西亚吉隆坡马来亚大学任教。1967年，以"归国学人"身份移居台北。1968年，当选为"中央研究院"院士。1969年，受邀任台北中国文化大学史学教授，同时兼任台北故宫博物院特聘研究员。此后二十年，以此身份讲学和著述。1990年，病逝于台北，享年九十五岁。其重要著作有《先秦诸子系年》《中国近三百年学术史》《国史大纲》《中国文化史导论》《文化学大义》《中国历史精神》《中国思想史》《中国学术通义》等。2011年，九州出版社出版《钱穆先生全集》五十四卷。

道理①

钱 穆

一

今先讲第一论题，即"道理"两字。"道理"两字，在中国社会，已变成一句最普通的话。我们可以说，中国思想之主要论题，即在探讨"道理"。我们也可说，中国文化，乃是一个特别尊重"道理"的文化。中国历史，乃是一部向往于"道理"而

---

① 本文系《中国思想通俗讲话》（1955，载《钱穆先生全集》第二十四卷）第一讲，题目系原书所有。本文题为"道理"，意即"道与理"。这里的"道"，不仅指道家的"道"，而是指各家所说的"道"，意即"最高准则"。但各家所说的"道"，又有区别。譬如道家的"道"，通常指"天道"（亦称"大道"，即自然之道，如《老子》称"大道无形，生育天地；大道无情，运行日月；大道无名，长养万物"），而儒家的"道"，则通常指"人道"（即人伦之道，如"中庸之道"）。同样，"理"也不仅指宋明理学所说的"理"，而是各家都说的"理"，意即"对'道'的解释"。既然各家所说的"道"有区别，各家所说的"理"当然也不同。譬如最初提出"理"的，是东汉道家学者，其意是"明道"（阐明"道"）（按：这在道家是一大蜕变，因为当初老庄认为"道"是不可"明"的，"道可道，非常道"）；而儒家所说的"理"，则通常是指"天理"（天下不变之理），并以此来规范"道"（规范也是一种解释）（按：在道家看来，"道"是不变的，因而"理"只是用来"明道"；然而在儒家看来，"理"是不变的，"道"是可变的，如孔子称"人能宏道，非道宏人"——这里的"道"是实现"理"的途径。简单地说，在道家，"道"大于"理"；在儒家，"理"大于"道"）。不过，不管儒、道两家在"道""理"两字的用法上有何不同，"道""理"作为中国古代哲学中的两个核心概念，其重要性是不言而喻的。

前进的历史。中国社会，乃一极端重视"道理"的社会。中国民族，乃一极端重视"道理"的民族。因此，中国人常把"道理"两字来批判一切。如说"这是什么道理？""道理何在？"又如问："你讲不讲道理？"这一句质问，在中国人讲来是很严重的。又如说"大逆不道""岂有此理"，那都是极严重的话。"道理"两字，岂不是普遍存在于中国现社会人人之心中与口中，而为中国人所极端重视吗？但中国人如此极端重视的所谓"道理"，究竟是什么一种"道理"呢？这不值得我们注意来作一番探讨吗？

依照常俗用法，"道理"两字，已混成为一名，语义似乎像是指一种规矩、准绳言。在中国人一般思想里，似乎均认为宇宙（此指自然界）乃至世界（此指人生界），形上及于形下，一切运行活动，均该有一个规矩、准绳，而且也确乎有一个规矩、准绳，在遵循着。但此项规矩、准绳的具体内容是什么呢？我们人类的知识能力，又何从而认识此项规矩、准绳呢？这正是中国思想史上所郑重提出而又继续不断讨论的一个大问题。

若我们进一步仔细分析，则"道"与"理"两字，本属两义，该分别研讨，分别认识。大体言之，中国古代思想重视"道"，中国后代思想则重视"理"。大抵东汉以前重讲"道"，而东汉以后则逐渐重讲"理"。《宋史》有《道学传》，而后人则称"宋代理学家"。今天我们通俗讲话，则把此两字联结起来，混成为一观念。这正是两三千年来中国思想家所郑重提出而审细讨论的一个结晶品。

二

现在依次先讲"道"。"道"究竟指的是什么呢？《庄子》说：

> 道行之而成。

这犹如说，道路是由人走出来的。唐代韩愈在《原道》篇里说："由是①而之焉，之谓道。"这是说，"道"指的由这里往那里的一条路。可见，"道"应有一个向往的理想与目标，并加上人类的行为与活动，来到达完成此项理想与目标者始谓之"道"。因此"道"必由我们之理想而确定，必又由我们之行动而完成。人之行动，必有其目的，由于实践了整个历程而到达此目的，若再回头来看，此整个历程便是"道"。因此"道"实乃是人生欲望所在，必然是前进的，是活动的，又必然有其内在之目的与理想的。

由是演绎开来说，"道"是"行之而成"的。谁所行走着的，便得称为谁之"道"。因此"道"可得有许多种。如说"天道""地道""鬼神之道""人道"等是。即就"人道"言，既是"由是而之焉，之谓道"，则由此至彼，也尽可有好多条相异不同的"道"。而且由此至彼，由彼至此，皆可谓之"道"，于

---

① 是：此。

是遂可有相反、对立之"道"。故说"王道""霸道""大道""小道""君子之道""小人之道""尧舜之道""桀纣之道",皆得称为"道"。譬如说,你走你的路,我走我的路。孔子说:

> 道不同,不相为谋。

《中庸》又说:

> 道并行而不相悖。

而且"道"有时也可行不通,孔子说:

> 道不行,乘桴浮于海。

这是指"大道"言。子夏说:

> 虽小道,必有可观者焉,致远①恐泥②。

这是指"小道"言。《易经》又说:

> 君子道长,小人道消。小人道长,君子道消。

---

① 致远:去远处。
② 泥:泥泞。

因有相反、对立之"道",故若大家争走着那一条,这一条一时便会行不通。于是又有所谓"有道"与"无道"。"无道"其实是走了一条不该走的"道",那条该走的"道"反而不走,这等于无路可走,故说"无道"。

以上述说了"道"字大义。何以说先秦思想重于讲"道"呢?如《论语》《孟子》多言"道",六经亦常言"道",少言"理"。庄老也重言"道",所以后世称之为"道家"。但《庄子》书中已屡言"理",惟《庄子》书中的"理"字,多见于外杂篇。在《内篇》七篇,只有《养生主》"依乎天理"一语。若说《庄子》外杂篇较后出,则"理"的观念,虽由道家提出,而尚在晚期后出的道家。又如《韩非子·解老篇》:

道者,万物之所然也,万理之所稽①也。

《管子·君臣篇》:

顺理而不失之,谓道。

上引两语,都可归入晚期道家。他们都提到"理"字,与"道"字并说,但"理"字的地位显然在"道"字之下。

又如《易·系辞》:

―――――――――

① 稽:稽查、核准。

易简而天下之理得。

《说卦传》：

穷理尽性以至于命。

乃及《小戴礼·乐记》① 篇：

天理灭矣。

此为经籍中言及"理"字之最要者。然《易传》与《小戴记》本非正经②，皆属晚出，殆③亦受道家影响。而后，汉郑康成④注《乐记》"天理灭矣"一语，云：

理犹性也。

可见直至东汉儒家，他们心中，还是看重"性"，看重"道"，而"理"字的观念，尚未十分明白透出，因此遂把"性"来解释"理"。许叔重⑤《说文解字》曰：

---

① 《小戴礼》：即《小戴礼记》，西汉经学家戴圣所编，以区别于其叔父戴德所编《大戴礼记》。
② 正经：正统经典。
③ 殆：大概。
④ 郑康成，即郑玄，字康成，东汉末经学家。
⑤ 许叔重，即许慎，字叔重，东汉小学（文字学）家。

理，治玉也。

又谓：

知分理之可相别异也。

玉不琢不成器，玉之本身，自有分理①，故需依其分理加以琢工。孔门儒家重"人"，不重"天"，故仅言"道"不言"理"。但到宋儒，乃亦重言"理"字，却说"性即理"，才开始把上引"理犹性也"一语倒转过来，把"理"来解释"性"。这是中国古代和后代人对"理"字的观念看得轻重不同一个绝好的例证。此外如高诱②《淮南子·原道训》③注，说：

理，道也。

《吕氏春秋·察传篇》④注，说：

理，道理也。

可见汉儒一般都对"理"字观念不清楚，看得不重要，因此

---

① 分理：纹理。
② 高诱，东汉经学家。
③ 《淮南子》：西汉淮南王刘安所撰道家经典。
④ 《吕氏春秋》：战国时秦国宰相吕不韦所编撰的道家名著。

都把"道"来解释"理"。但到宋儒则都把"理"来解释"道"。

三

开始特别提出一"理"字，成为中国思想史上一突出观念，成为中国思想史上一重要讨论的题目者，其事始于三国时王弼①。王弼注《易经》说：

> 物无妄然，必有其理。

这是说宇宙间一切万物，决不是随便而成其为这样的，宇宙万物，必有其一个所以然之理。天地间任何一事物，必有其所以然，而决不是妄的。妄然即是没有其所以然之理，而随便地成为这样了。当知庄老②亦只言自然，这一"理"字，乃经王弼特别提出，在《易经》本书中，并不曾如此说。即在《易·系辞传》也只说：

> 一阴一阳之谓道。

又说：

> 形而下者谓之器，形而上者谓之道。

---

① 王弼，字辅嗣，魏晋玄学家。
② 庄老：庄子与老子。

这是说宇宙间一切万物，皆由阴阳之气聚散分合，而才有形象之万殊。有形象的便谓之"器"，故器是形而下。至于那气如何由阴转阳，由阳转阴，如何聚散分合，那些运行活动，则只是一项过程。过程是变动不居的，是去而不留的，是无形象可指的。因此说它是形而上，而此形而上者则是"道"。《易·系传》只说到如此，而王弼却于《易经》原有的道的观念之外，另提出一"理"的观念来，说宇宙万物，各有它一个所以然之"理"。这是一个新观点，而在后来的中国思想史上，却衍生出大影响。

王弼又接着说：

> 统之有宗①，会之有元②。故自统而寻之，物虽众，则知可以执一御③也。由本④以观之，义⑤虽博，则知可以一名⑥举也。

这是说，宇宙间万事万物，既各有一个所以然之"理"，而万事万物又不胜其复杂，既是每一事物有每一事物之理，岂不理也成为很多、很复杂吗？但王弼的意思并不然。他说，事物之理好像很多很复杂，但若我们把它编排起来，会合起来，便成为一

---

① 宗：宗旨。
② 元：同"原"，本原。
③ 御：掌握。
④ 本：本质。
⑤ 义：衍义。
⑥ 一名：一名称（一概念，如"道"或"理"）。

个"元"（即是同一的起始），一个"宗"（即同一的归宿），由是才见得宇宙万事万物，在其背后，有一个最原始最基本的"理"，为宇宙一切万象所由生。这真是一番了不起的大理论，后来的中国思想家，遂多转移目光，注意到这一问题上。

郭象①注《庄子》，也说：

> 物无不理，但当顺之。

以前道家着重在"道"字，故老子说：

> 道生之，德畜②之。

又说：

> 人法③地，地法天，天法道。

宇宙万物皆生于"道"，故宇宙万物皆当法于"道"，即依顺于"道"。而郭象则说，宇宙万物皆有"理"，故当依顺于"理"。这在说法上，便有些不同。王弼、郭象是魏晋时代的道家，其实已可说他们是新道家，与先秦庄老道家有不同。其次我

----

① 郭象，字子玄，西晋玄学家。
② 畜：养。
③ 法：效法（遵循）。

们要提到稍后佛门中大和尚竺道生①，即后代有名的"生公"，他也说：

> 理不可分，悟语极照②，以不二③之悟，符不分之理，谓之顿悟。

他说"理不可分"，这即是王弼所谓"统之有宗，会之有元"了。从前人只说求"道"明"道"，而竺道生则转移重点来说悟"理"。他在佛法中惊天动地的"顿悟"之说，原来是根据于"理不可分"的观点上。而后来在唐代的华严宗④，又演变出"事理无碍⑤，事事无碍"的理论来。既是宇宙间每一事物之后面各有一个"理"，而那些"理"又是可以统宗会元，合一不分的，则自然可见"事理无碍"，甚至于"事事无碍"了。既是"事理无碍，事事无碍"，则何必有形上形下之分，又何必有入世、出世之别？于是佛法便渐转成世法，而开启出后代宋儒的理学来。

宋儒称为"理学家"，他们重视"理"的观念，不问可知。所以朱子⑥说：

---

① 竺［zhú］道生，本姓魏，幼年跟从竺法汰出家，改姓竺，东晋佛学家。
② 极照：普天光亮。
③ 不二：彻底。
④ 华严宗：佛教一宗派。
⑤ 事理无碍：事与理互不相碍（即事与理相符）。
⑥ 朱子，即朱熹，字元晦，号晦庵，南宋理学家。

合天地万物而言，只是一个理。有此理，便有此天地，若无此理，便亦无此天地。

朱子这一番话，好像是重述了王弼意见，只是把王弼的文言翻译成语体。若论其内容涵义，朱子、王弼之间，可说没有大分别。所以朱子又说：

今日格一物①，明日格一物，一旦豁然贯通，众物之表里精粗无不到，吾心之全体大用无不明。

朱子这一番话，又很像竺道生。格物虽是渐②，而悟理则属顿③。惟其理一而不可分，所以有一旦豁然贯通之悟境，而"众物之表里精粗可以无不到，吾心之全体大用可以无不明"。试问朱子与竺道生所说，又有何甚大的分别呢？

所以，"理"字观念的提出，虽由先秦道家已开始，而直要到魏晋新道家，始发挥得精彩。佛家也因把握了这一观点而阐扬出新佛法，而后来的宋明儒④，他们注重"理"字，显已融进了道、佛两家观点，因此造成了儒、释、道三教合一的新儒学。

---

① 格物：探究事物（儒家修养的第一步：格物致知）。
② 渐：慢慢。
③ 顿：突然。
④ 宋明儒：宋代和明代学者（即指宋明理学家）。

四

以上约略说明了东汉以上中国思想偏重在讲"道"，魏晋以下中国思想偏重在讲"理"，而简单地举出些实证。至于更详细的证明，大家可向书本上自己寻求，我想是可以无需再多说了。

根据上述说法，我们若要和别人讲"道理"，若要讲我们中国人所传统重视的"道理"，自然该懂得一些中国思想史的大概内容了。现在让我再进一步，把此"道""理"两字，根据中国传统思想，来作一更细的比较。

"道"是行之而然的，即是要人走了才有路，没人走，即不成为是路。因此"道"是可以选择的，如我爱向这边走，你爱向那边走。若有某一条路容易走得通，于是人人尽走向那一条，积而久之，这便成为大道了。因此大话①"道"是常然的，又可说是当然的。譬如吃饭后需休息，不休息常易发胃病，因此饭后休息是当然。因其当然而大家如此，则成为常然。至于"理"，则是一个所以然。为何生胃病？因其饭后不休息，这是所以然。既有所以然，便连带有必然。饭后不休息，便必然会发胃病。此项所以然与必然，我们则说是"理"。所以"道"是教人该怎样，"理"是告诉人必这样。为何该这样呢？因其是常常这样的。可以说，常然之谓"道"。又可说，当然之谓"道"。而"理"则是必然这样的。如二加二等于四，此之谓"数理"，但

---

① 大话：大体说来。

只能说是"数之理"如此，却不能说它是"数之道"。又如基督教徒宣扬耶稣教言，我们称之为"传道"，称之为"播道"，却不能说是"传理"或"播理"。可见即在今天常俗用语，"道""理"两字，也分别得很清楚。

惟其"理"是事物之所以然，所以"理"应该先事物而存在。譬如二加二等于四，此是一"数理"，即在人类没有明白这一"数理"之前，那项"数理"早该已存在。又如苹果落地，此是一"物理"，我们又称之为"万有引力之理"，但在牛顿没有发现此"万有引力之理"以前，那"理"也早该已存在。因此"理"也可说是本然的，而"道"则待人行之而始然，并不是本然。故二加二等于四，是"数理"。若我先有两个，想凑成四个，则必再加上两个，那种再加上两个来凑成四个的行为与活动，则可说是"道"。所以"道"是须待行为而始完成的，因此"道"字的观念里，必然已加进了某种的事业行为与活动。至于"理"，则不需有事业，不需有行为与活动，而早已存在着。

因此"道"可以创造，孔子说：

人能宏①道，非道宏人。

若没有人的活动与行为，即就没有"道"。既如此，"道"何能来宏大人，只是人在宏大"道"。浅言之，道路是由人开辟

─────────

① 宏：宏扬、宏大。

修造的，人能开辟修造一条便利人的"道"，故说"人能宏道"。但纵使有了这条道，若人不在此道上行，则仍等于没有这条道，而这条道也终必荒灭了。所以说"非道宏人"。惟其如此，所以既说"宏道"，又说"行道""明道""善道"。总之，"道"脱离不了人事，脱离不了人的行为与活动。没有"道"，可以辟一条。"道"太小，可以放宽使之成"大道"。"道"之主动在于人。

但"理"则不然，人只能发现"理"，发明①"理"，却不能创造"理"。从前人不懂飞机之"理"，现在给人发现了、发明了。但人最多也只能发明此飞机之"理"，并不能说人创造了飞机之"理"。因飞机之"理"，乃飞机之所以然，在没有飞机以前，应该先已有了飞机之"理"之存在。人类只能依据此早已存在的飞机之"理"来创造出飞机，但人类不能因想造飞机，先创造一飞机之"理"。一切创造替得依于"理"，不能于无"理"处创造出"理"来。因此，"道"是待人来创辟来完成的，其主动在于人，而"理"则先事物而存在，不待于人之创，其主动不在人。因此，"理"先在，一成不变；"道"创生，变动不居。这是"道"与"理"之间一很大的不同点。

再言之，"理"是规定一切的，"道"是完成一切的。求完成，不限于一方法，一路线，所以道属于多，可以变，而规定一切的"理"，则是唯一的，绝对的，不变的。即就以茶或咖啡解渴之例来说，茶可以解渴，咖啡也可以解渴，所以有些地区喝

---

① 发明：发现和明了。

茶，有些地区饮咖啡。解渴之"道"多端，尽可以不同，但论其所以能解渴之"理"则是一。茶与咖啡之所以能解渴，则有同一"理"存在。所以"道"虽多端，而"理"则一致。"道"虽可变，而"理"则前定。在人类未有发明茶与咖啡作为饮料之前，而如何始可以解渴之"理"则早已存在。人类发明了饮茶与喝咖啡之后，对于此项"解渴之理"之存在，则并没有增添。在未发明茶与咖啡以前，对于此项"解渴之理"之存在，也并没有减少。因此，"理"是不受摇动的，而"道"则是尽可变通的。只要合乎"解渴之理"，将来除却茶与咖啡外，人类还尽可发明新饮料。唯其理是唯一的，绝对的，不变的，所以通常俗话也只说"合理"与"不合理"。简言之，则只是对不对。合了便对，不合便不对。不合于"解渴之理"，即不解渴。不合于"起飞之理"，即不起飞。而"道"则可以多端，容许变通，所以我们通常也只说"近于道"，或"远于道"，或说"违道不远"，却不说"合道"与"不合道"。

五

现在我们试再进一步，另换一方向讲。"理"先事物而存在，唯一而不可变。我们虽不能创造"理"，却能发现"理"，发明"理"。换言之，"理"则是可知的。因"理"既然早已在那里，而且又是老在那里而不变，因此我们今天容或①不知有此

---

① 容或：或许。

"理"之存在，而慢慢地终可知。格物穷"理"之学，即由此而建立。而"道"则根本并不在那里，尚有待于某一主动者之由行动来创出"道"，而"道"又可常常变，因此"道"属不可知。譬如他渴了，你哪能知道他必然会找到饮料，又哪能知道他必然会喝茶而不饮咖啡呢？此又是"理"与"道"之间一绝大不同处。

上面说，"理"前定先在而可知，但人又何从来认识此先万物而已存在、已决定之"理"呢？其实此话也只是一"理"，在人类智识是无法认取此"理"而与以证实的。在人类，只认为宇宙间一切事物均有其所以然之"理"，在宇宙间，则并无"无理"而存在之事物，事物决不能"无理"而出现。既然事物出现，必然附有"理"，因此我们说"理"先事物而存在。若"理"不先事物而存在，岂不在宇宙间可以出现"无理"之事物？若此宇宙，容许有"无理"而出现而存在之事物，则此宇宙，可能有多角之圆形，可能没有生而死，一切不可想象。明天的宇宙，可能变成一绝不可知的宇宙，人类将不能一日安心居住在此宇宙间，将无处可用心，并亦无所措手足。所幸者，则在此宇宙间一切事物，均有一所以然之"理"。纵使人类今日智识尚有许多说不出的"理"，但一切事物则老是这般存在着，好待人慢慢去思索，去探求，去发现。而且既然每一事物都有"理"，则最先必出于一"大理"。此一"大理"，在宋儒①则称之为"天理"。

---

① 宋儒：宋代学者（即指宋代理学家）。

何以说宇宙一切"理"，最先必出于一"理"？因宇宙间若有两"理"或两"理"以上，则此两"理"必然形成两宇宙，而且此两宇宙将会永远冲突，则仍是一不能安住，不可想象之宇宙。因此宇宙只是一完整的，故此形成此宇宙之"理"，其最先也必然只是一个"理"。我们只可说"道并行而不相悖"，却不能说"理并在而不相悖"。若不相悖，则可会通，仍然是一"理"。因此，就"理"言，宇宙间必有"理"存在，而且像是先事物而存在，并且统宗会元，该是只有一个"理"，即"天理"，最大而无所不包之"理"，老是如此存在着。否则若不先有此一"理"存在，又或并不止一"理"存在，又或虽存在而仍可变，则此宇宙到底为一不可想象者，到底将不能使人一日安心居，并亦不能活下去。因此就人类理智言，必然该信此宇宙，有一前定先在而终极为人可知之"理"存在着。宋儒提出"天理"一观念，又提出"理先气而存在"的观念，大意只如此。其实此一说法，则仍只是一纯抽象之"理"，而无法具体求实证。这一说法，其实在王弼时早已说尽了，即在宋儒也逃不出王弼所说之范围。因为此一说法，仅只是"理"当如此而止，无法具体说。具体说了，则又落到事象上，并非此先宇宙而存在的绝对唯一的"大理"。

六

讲到此处，不免又要牵连到另一新问题。宇宙万物同一"理"，但并不同一"道"。有些"道"属于人，但有些"道"

则并不属于人。此等不属于人之"道"，就整个宇宙论，显见比"人道"的范围更伟大，因此也更重要。中国古人则混称凡此等"道"为"天道"。而"天"又是个什么呢？此又是一不可知。《孟子》说：

> 莫之为而为者谓之天。

我们明见有此等"道"，但不知此等"道"之背后主动者是谁，于是统归之于"天"。人生则是从可知（人道）而进向于不可知（天道），也可说，乃由于不可知（天道）而产生出可知（人道），而可知则永远包围在不可知（天道）之内。换言之，天之境界高出于人，而人又永不能逃离天。因此人求"明道""行道""善道""宏道"，必先知"道"之有不可知，此乃孔孟儒家所谓"知天、知命"之学。

所谓"知天、知命"，浅言之，则是须知其有不可知。此一理论，道家庄周①，亦如是主张。但人心不肯老包围在此不可知之内，总想穿破此不可知，而达成为可知。老子即抱此想法。故老子乃试把"道"的地位倒装在"天"之上，他说"人法地，地法天，天法道""道生天地"。但那生天地之"道"，又是谁在背后作主动呢？这一问，不能不回答，不能不解决。于是老子又说：

---

① 庄周，即庄子，姓庄，名周，字子休。

道法自然①。

在老子之意，他只说，"道"只是自己在如此，背后更没有主动，故称之为"自然"。既属"道"自己在如此，则不须再求谁是其主动者。然就上述"道"字涵义说，"道"必该在其背后有一个主动。若说"道"自己在如此，"道法自然"，则"道"之本身，似乎已没有一个规矩准绳了。"道法自然"之说，究是太无把柄，难于捉摸，所以又逼出王弼来，改提出一个"理"字，使问题较易于解决。

因"天道"虽不可知，而"天理"则可知。"道"之背后应有一个主动者，而"理"则是一切事物之所以然，在"理"之背后更不必求其一主动。这一说法，落到宋儒，便说得更清楚。朱子说：

帝是理为主。

这是说，纵使是天帝，也得依照"理"，故"理"便成为天帝的主宰了。若说天帝能创造世界，创造万物，但天帝也得依照于"理"而创造。天帝创造了世界，但不能创造此创造世界之"理"。"理"规定了一切，同时也可以规定了天帝，因此天帝也只能遵照此"理"去创造出世界。或者你可说，天帝本身即是此创造世界之"理"，但天帝的地位，最高也仅能至此而止。

① 自然：自然而然（本来怎样就怎样，意即"自己"）。

故朱子要说，"理"即是天帝，天帝也由"理"为主了。因此宋儒说"天理"，那是"理"的地位高过了天。"天理"的"天"字，只成为"理"字的形容词，与古人说"天道"绝不同。

若说"天道"，则是天在那里走它的路，行它的道。如日月循环、寒暑往来，太阳下去，月亮上升，夏天完了，冬天来到，这是天在那里行它的路。但我们只能知道天在如此行，却不知天究竟要行向何处去，而且也保不住它是否永远如此般行。换言之，天是否有意志，有计划，它的意志与计划究竟是怎样呢？这是一不可知。但若说自然①，固然"天"的不可知的问题可以不存在，但自然也该有一个"理"，我们不能说"自然"便了，更不问它"理"。在此上，郭象思想便不如王弼。因郭象注《庄子》，重视自然更胜过了"理"。而老子思想，也不如庄周。因庄周言"道"，还保留有一"天"，而老子想把那"天"轻淡地抹去，而仅存有一"道"。《易系传》则承续老子思想，也只存有一"道"，不再有"天"了。因此才逼出王弼来。现在再说到"理"，则显见与"道"不同。因"理"是先定而不变的。正如此刻，诸位听我讲话，究竟不知道我下面定要讲一些什么。但若看我演算，则几乎可以不必看，只要懂得了公式，答数一定可得。不论是你演或我演，若不如此答，则准是演算者错了。

---

① 此"自然"是指自然界，而非老子所说的"自然"。

七

我们如此讲，岂不是宋儒的"穷理"精神，已远胜过先理秦儒的"明道"精神吗？这却又不尽然。讲到这里，则又须牵进到另一问题上去。我们只听说"天道""人道"，却不曾听人说"物道"。我们也只听说"天理""物理"，却很少有人说"人理"。可见若注重在讲"道"，则"天"与"人"对立。若注重在讲"理"，则成为"天"与"物"对立。"人"只包在"物"之内，不见有它自主自行的地位。若论"天道"，"天"属不可知，因此"天"的地位高了，而"人"的地位也随而高。若论"天理"，"天"属可知，不仅"天"的地位低了，而"人"的地位也随而低。因"道"之背后必有一主动，人类自身亦为"道"之主动，而有所谓"人之道"。因此"天""人"对立，而"人"的地位自高了。由于"天""人"对立而可以求达"天""人"相通、"天""人"合一的境界，那是古代中国人求能"明道"之最高一境界。至于万物，则并不能主动，因此不能有"物之道"，"物之道"则包括在"天道"之内了。至于"理"，它是先在那里规定一切，主宰一切的。"人"也得受"理"之规定与主宰，因此"人"也包括在"物"之内而仅成为一"物"。因此只有"天理""物理"，"天""物"对立，另外更没有"人"的地位了。而且"天"也只成为一"物"，也在受"理"之规定与支配。如是则"天""地""万物"合成一体，只有"理"高出于其上。

如是讲来，唯"理"的世界，其实只是一唯"物"的世界。不仅没有天帝，而且也没有人。此宇宙则仅是一"理"在主宰而支配着，而此"理"又只有在"物"上去求，所以说"格物穷理"。所以此唯"理"的世界，其实仍是人类所不能忍受的世界。因此，偏重"道"与偏重"理"，必然会形成两种宇宙观，与两种人生观。"道"的宇宙，是在创造过程中，有多种可能的变动，而且有些处尽可由人来作主。"理"的宇宙，则先已规定了，在此规定中，无法有变动，谁也不能另有主张，另有活动之余地。

然则哪一种看法对了呢？我想，照中国人看法，即是照中国思想史来讲，宇宙本可有此两种的看法。从某一角度看，此宇宙是动的，能创造，许①人插手做主的。另从某一角度看，此宇宙是定的，被规定了，不许人插手做主的。宇宙如此，人生也如此。再换言之，此一宇宙，有些是可知的，而有些则终极不可知。此宇宙决不是全不可知，但也决不是全可知。此宇宙决不是全不可改造，但也决不是全可改造的。此宇宙是被限定的，而在其被限定之内，却有无限的可能。宇宙如此，人生亦如此。

我想，中国人所讲宇宙人生的大道理，应该是如上所述的。因此我们若要问，这一个世界，照中国人看法，究竟是"道"的世界呢？抑还是"理"的世界？则不如说这一世界乃是"道""理"合一相成的世界。不过，古代中国人，在"道"字的观念上，多用了些思想，而后代中国人，则在"理"字的观念上，

---

① 许：允许。

多用了些思想。因此，王弼、郭象虽与庄、老立说有异，而毕竟是大处仍相通。程颐①、朱熹虽与孔孟立说有异，而毕竟也是大处仍相通。而孔孟与庄老，也仍有其大处之相通，这便成其为中国思想之共通性。

<h1 style="text-align:center">八</h1>

现在，我们若把中国思想来和西方欧洲人思想相比，让我们仅从粗大处看，我想，中国人讲"道"，有些处颇近于西方宗教的精神。而中国人讲"理"，则有些处颇近于西方科学的精神。此只如耶稣教"传道"，不能说"传理"，物理学不能称"物道学"，即可见。在中国人思想，相信此整个宇宙，应该有一个内在当然之"道"在遵循着，也应该有一个主宰，这一个主宰，虽为人类智识之所不可知，而人类仍可就其所知而上通于此不可知，而使此二者之合一而相通，这便是中国人的宗教精神之所在。

中国人又相信此宇宙有一个必然之"理"在规定着，而此项必然之"理"，就人类智识，可以随时随地随于每一事物而研讨穷格之，以达于豁然大通之一境，此即中国人的科学精神之所在。中国没有自创的宗教而爱讲"道"，中国没有现代西方那一套完整的科学而爱讲"理"。在西方，宗教和科学，分道扬镳，各走一端，正苦无法调和。而在中国则认为"道"即"理"，

---

① 程颐，字正叔，号伊川先生，北宋理学家。

"理"即"道"。"道"与"理"，虽有时应分言之，而有时又常合言之，似乎虽可分而不必严格分。若我们依照朱子"格物穷理"的精神直推下去，就成为科学。若我们依照孔子"天生德于予，知我者其天乎"的精神直推下去，也就成为宗教。正因为中国人抱着一种"道理合一相成"的宇宙观，因此宗教和科学的界线，在中国思想里，也就融会调和，不见有甚大的冲突。兹再大体比较言之，似乎中国人更重讲"道"，而西方人则偏向于求"理"。

在西方中古时期，因于宗教精神之太偏于一条路上发展，而彼方遂有所谓黑暗时代之出现。最近两百年来，又因于新科学之突飞猛进，仍是太偏发展，而与社会人文脱了节，又引生出种种毛病。更有一辈思想家，试想把自然科学方面的种种律令，来推测整个宇宙，于是唯物论哲学风行一时。若就中国思想观点来评判，那是只见了"理"世界，而不见有"道"世界，仍然只见了此宇宙之一面相，而忽略了另一面。尤其是他们试将自然科学的律令，应用到人文界，不知在人类社会中，个人的因素占有重要的成分。而人类的一切活动与创造，在此有限宇宙的规定中，还容许有无限之可能。他们重视了"物理"，忽略了"人道"。如我上面所讲，他们是把在天的观念中所应有的"人"的成分抹去了，而仅留着"物"的成分。最多是只见"天理"，没有见"天道"。因此，又把"天"的观念中之"神"的成分，即为人类智识中所不可知的那一面抹去了。

只有在中国，不纯粹讲理智，不认为纯理智的思辨可以解答一切宇宙奥秘。中国人认定此宇宙在"理"的规定之外，尚有

"道"的运行。人性原于"天"，而仍可通于"天"，合于"天"。因此在"人道"中，亦带有一部分"神"的成分。在"天"，有部分可知，而部分不可知。在"人"，也同样地有部分可知，而部分不可知。而在此不可知之部分中，却留有人类多方活动之可能。因此，宇宙仍可逐步创造，而非一切前定。这有待于人之打开局面，冲前去，创辟一新"道"。此等理论，即带有宗教精神，而非纯科学观者所肯接受。这是中国全部思想史所不断探讨而获得的一项可值重视的意见。

徐复观简介

徐复观（1903—1982），湖北浠水人，现代学者、国学大师。早年留学日本，入陆军士官学校学习军事。1931年回国，先后任团长、军参谋长、师管区司令。1943年抗战期间，受命任国民政府军令部驻延安高级联络参谋。1944年返回重庆，任蒋介石侍从室机要秘书，授少将军衔。同年，以四十七岁大龄拜熊十力为师，潜心古籍研究。1949年，移居台湾，弃政从文，与唐君毅、牟宗三（均为熊十力弟子）等人一起推动儒学现代化研究，成为第二代"新儒家"领军人物之一。1951年，任台湾省立农学院教授。不久，应聘为私立东海大学教授兼中文系主任。1969年，移居香港，应聘为香港中文大学客座教授、新亚研究所教授兼导师、香港中文大学中华文化研究所研究员。1980年，因患胃癌回台湾治疗。1982年，因胃癌复发在台北去世，享年七十九岁。1987年，亲属遵其遗嘱，将其骨灰移回故里（湖北浠水）安葬。尽管年近五十才致力于学术，但在此后三十年间，其著述甚丰，重要的有《中国人性论史》《两汉思想史》《中国思想史论集》《公孙龙子讲疏》《儒家政治思想与民主自由人权》《周官成立之时代及其思想性格》《中国经学史基础》《中国艺术精神》《石涛研究》《中国文学论集》等。2014年，九州出版社出版《徐复观全集》二十六卷。

道家的所谓 "道" 与艺术精神[①]

徐复观

　　首先我应指出的是：老、庄所建立的最高概念是 "道"；他们的目的，是要在精神上与 "道" 为一体，亦即是所谓 "体道"[②]，因而形成 "道的人生观"，抱着 "道" 的生活态度，以安顿现实的生活。说到 "道"，我们便会立刻想到他们所说的一套形上性质的描述，但是究极地说，他们所说的 "道"，若通过思辨去加以展开，以建立由宇宙落向人生的系统，它固然是理论地形上学的意义；此在老子，即偏重在这一方面，但若通过工夫在现实人生中加以体认，则将发现他们之所谓 "道"，实际是一种最高的艺术精神；这一直要到庄子而始为显著。他们不曾用 "艺

---

　　①　本文系《中国艺术精神》（1966，载《徐复观全集》第四卷）第二章第二节，题目系原书所有。本文的观点新颖而独特，认为老子的 "道" 和庄子的 "道" 虽然都体现了 "道的人生观"，但两者有所不同：老子的 "道" 偏重于思辨，具有形而上的意义，而庄子的 "道"，则偏重于行为，具有艺术含义，即 "艺术人生观"。所谓 "艺术人生观"，就是把人生看作自我创造、自我表现、自我陶醉的艺术活动，是对 "道" 的艺术精神的体认。《庄子·养生篇》中的 "庖丁解牛" 就是最好例子：庖丁解牛，并不是为了解牛，而是借此实现其自我创造、自我表现和自我陶醉。总之，本文用 "艺术精神" 来理解庄子的 "道"，并认为庄子的 "道" 是老子的 "道" 的自然展现，真正代表了 "道" 的最高境界。

　　②　体道："体悟大道" 的简称。

术"这一名词，是因为当时之所谓"艺"，如《论语》"游于艺"
"求也艺"之"艺"，及《庄子》"说圣耶，是相于艺也"（《在宥》
367 页）的"艺"字，主要指的是生活实用中的某些技巧能力。
称"礼、乐、射、御、书、数"为"六艺"，乃是艺的观念的扩
大。西汉初年，则以《六经》为"六艺"，故《汉书·艺文
志》① 称刘歆② "奏其《七略》，有《六艺略》"。《世说新语》
卷下之上，列有《巧艺》一目，其性质与今日之所谓艺术相当。
及魏收③作《魏书》，将占候④、医卜⑤、堪舆⑥诸人，列为《艺
术列传》，唐初所修各史因⑦之；虽其中也列有篆书、音律，但
大体上无异于陈寿⑧《三国志》所创立之《方伎列传》。惟《新
唐书·艺文志》⑨ 中之《杂艺术类》、《通志》⑩ 之《艺文略》、
《通考·经籍考》⑪ 之《艺术类》，其内容可谓系《世说新语·
巧艺篇》⑫ 内容的发展。而清初所修《图书集成》⑬，却仍视方
伎为艺术而将其与书画等列在一起，这反而将上一发展的意义混

---

① 《汉书·艺文志》：西汉史家班固所著《汉书》中一部。
② 刘歆［xīn］，字子骏，西汉宗室、古文经学家，编撰《七略》，为中国第
一部类书。
③ 魏收，字伯起，南北朝时史家。
④ 占候：占星预言。
⑤ 医卜：行医算命。
⑥ 堪舆：看风水。
⑦ 因：因袭。
⑧ 陈寿，字承祚，西晋史家。
⑨ 《新唐书·艺文志》：北宋文豪、史家欧阳修所撰《新唐书》中一部。
⑩ 《通志》：南宋史学家郑樵所撰纪传体通史。
⑪ 《通考·经籍考》：清代学者马端临所撰《文献通考》中一部。
⑫ 《世说新语·巧艺篇》：南朝刘宋学者刘义庆所撰《世说新语》中一部。
⑬ 《图书集成》：全称《古今图书集成》，亦称《古今图书汇编》，清代学者
陈梦雷所编大型类书。

淆了。

近数十年来，因日本人用"艺术"一词，对译英文、法文的"Art"，而近代之所谓"Art"，已从技术、技能的观念中净化了出来，于是我们使用此一名词时，也才有近代的意义。在这以前，只有个别的名称，如绘画、雕刻、文学等等，而没有纯净地统一的名称。在现时看来，老、庄之所谓"道"，深一层去了解，正适应于近代的所谓艺术精神。这在老子还不十分显著；到了庄子，便可以说是发展得相当显著了。

不过，在这里应当预先说明的是：儒、道两家，虽都是为人生而艺术；但孔子是一开始便是有意识地以音乐艺术为人生修养之资，并作为人格完成的境界。因此，他不仅就音乐的自身以言音乐，并且也就音乐的自身以提出对音乐的要求，体认到音乐最高的意境。因而关于先秦儒家艺术精神的把握，便比较显明而容易。庄子则不仅不像近代美学的建立者，一开始即以美为目的，以艺术为对象，去加以思考、体认，并且也不像儒家一样，把握住某一特定的艺术对象，抱定某一目的去加以追求。老子乃至庄子，在他们思想起步的地方，根本没有艺术的意欲，更不曾以某种具体艺术作为他们追求的对象。因此，他们追求所达到的最高境界的"道"，假使起老、庄于九原①，骤然听到我说的"即是今日之所谓艺术精神"，必笑我把他们的"活句"当作"死句"去理会。不错，他们只是扫荡现实人生，以求达到理想人生的状态。他们只把"道"当作创造宇宙的基本动力；人是"道"所

---

① 九原：亦称"九泉"，泛指墓地。

创造，所以"道"便成为人的根源地本质；克①就人自身说，他们先称之为"德"，后称之为"性"。从此一理论的间架和内容说，可以说"道"之与艺术，是风马牛不相及的。但是，若不顺着他们思辨地形上学的路数去看，而只从他们由修养的工夫所到达的人生境界去看，则他们所用的工夫，乃是一个伟大艺术家的修养工夫；他们由工夫所达到的人生境界，本无心于艺术，却不期然而然地会归于今日之所谓艺术精神之上。也可以这样的说，当庄子从观念上去描述他之所谓"道"，而我们也只从观念上去加以把握时，这"道"便是思辨地形而上的性格。但当庄子把它当作人生的体验而加以陈述，我们应对于这种人生体验而得到了悟②时，这便是彻头彻尾的艺术精神，并且对中国艺术的发展，于不识不知之中，曾经发生了某程度的影响。但因为他们本无心于艺术，所以当我说他们之所谓"道"的本质实系最真实的艺术精神时，应先加两种界定：

一是在概念上只可以他们之所谓"道"来范围③艺术精神，不可以艺术精神去范围他们之所谓"道"。因为"道"还有思辨（哲学）的一面，所以仅从名言④上说，是远较艺术的范围为广的。而他们是面对人生以言"道"，不是面对艺术作品以言"道"；所以他们对人生现实上的批判，有时好像是与艺术无关的。

另一是说"道"的本质是艺术精神，乃就艺术精神最高的

---

① 克：严格。
② 了悟：明了、领悟。
③ 范围：（动词）意同"覆盖"。
④ 名言：逻辑。

意境上说。人人皆有艺术精神；但艺术精神的自觉，既有各种层次之不同，也可以只成为人生中的享受，而不必一定落实为艺术品的创造；因为"表出"与"表现"，本是两个阶段的事。所以老、庄的"道"，只是他们现实地、完整地人生，并不一定要落实而成为艺术品的创造。

但此最高的艺术精神，实是艺术得以成立的最后根据。并且就庄子来说，他对于"道"的体认，也非仅靠名言的思辨，甚至也非仅靠对现实人生的体认，而实际也通过了对当时的具体艺术活动，乃至有艺术意味的活动，而得到深的启发。例如《齐物论》："地籁，则众窍①是已。人籁，则比竹是已。"而所谓"道"的直接显露的天籁，实际即是"自己""自取"的地籁、人籁。并非另有一物，可称为天籁。所以天籁实际只是一种精神状态。但我们不妨设想，庄子必先有作为人籁的音乐（比竹，即箫管等乐器）的体会，才有地籁的体会，才有天籁的体会。因此，便也可以说，庄子之所谓"道"，有时也是就具体地艺术活动中升华上去的。《庄子》一书，这种例子到处都是。正因为如此，所以如本文后面所述，庄子对艺术，实有最深刻的了解；而这种了解，实与其所谓"道"，有不可分的关系。

现在先看庄子下面的一段文章：

庖丁②为文惠君③解牛，手之所触，肩之所倚，足之所

---

① 众窍：指各种天然洞穴（因风吹过会发出声音，故称"地籁"）。
② 庖丁：厨师。
③ 文惠君：即梁惠王。

履①，膝之所踦②，砉然③响然，奏刀騞然④，莫不中⑤音；合于《桑林》之舞（成《疏》⑥：殷汤乐名），乃中《经首》之会⑦（成《疏》：《经首》，《咸池》乐章名，则尧乐也）。文惠君曰："嘻，善哉，技盖至此乎？"庖丁释刀对曰："臣之所好者，道也，进⑧乎技矣。始臣之解牛之时，所见无非牛者。三年之后，未尝见全牛也。方今之时，臣以神遇而不以目视，官⑨知止而神欲行。依乎天理……动刀甚微，謋然⑩已解，如土委⑪地。提刀而立，为之四顾，为之踌躇满志。善刀⑫而藏之。"（《养生主》117—119页，中华书局《庄子集释》本。后同）

在上面的一段文章中，首先应注意"道"与"技"的关系。"技"是技能。庖丁说他所好的是"道"，而"道"较之于"技"是更进了一层，由此可知"道"与"技"是密切地关连着。庖丁并不是在"技"外见"道"，而是在"技"之中见"道"。如前所述，古代西方之所谓艺术，本亦兼技术而言。即在今日，艺术创作，还离不开技术、技巧。不过，同样的技术，

---

① 履：踩。
② 踦〔yǐ〕：指一条腿的膝盖顶住。
③ 砉〔huā〕然：（象声词）"哗"的一声。
④ 騞〔huō〕然：比砉然更大的响声。
⑤ 中〔zhòng〕：合乎。
⑥ 成《疏》：（唐代道家学者）成玄英《庄子疏》。
⑦ 会：节奏。
⑧ 进：超过。
⑨ 官：器官（指眼睛）。
⑩ 謋然〔huò〕：迅疾裂开貌（"豁啦"一下）。
⑪ 委：落。
⑫ 善刀：（"善"作动词）弄干净刀。

到底是艺术性的？抑是纯技术性的？在其精神与效用上，实有其区别；而庄子，则非常深刻而明白地意识到了此一区别。就纯技术的意味而言，解牛的动作，只须计较其实用上的效果。所谓"莫不中音，合于《桑林》之舞，乃中《经首》之会"，可以说是无用的长物①。而一个人从纯技术上所得的享受，乃是由技术所换来的物质性的享受，并不在技术的自身。庄子所想象出来的庖丁，他解牛的特色，乃在"莫不中音，合于《桑林》之舞，乃中《经首》之会"，这不是技术自身所须要的效用，而是由技术所成就的艺术性的效用。他由解牛所得的享受，乃是"提刀而立，为之四顾，为之踌躇满志"，这是在他的技术自身所得到的精神上的享受，是艺术性的享受。而上面所说的艺术性的效用与享受，正是庖丁"所好者，道也"的具体内容。至于"始臣之解牛之时"以下的一大段文章，乃庖丁说明他何以能由"技"而进乎"道"的功夫过程，实际是由技术进乎艺术创造的过程，这在后面还要提到。并且《庄子》一书，还有其他的由"技"进乎"道"的故事，这也会在后面提到。

然则庖丁解牛，究竟与庄子所追求的"道"，在什么地方有相合之处呢？第一，由于他"未尝见全牛"，而他与牛的对立解消了，即是心与物的对立解消了。第二，由于他的"以神遇而不以目视，官知止而神欲行"，而他的手与心的距离解消了，技术对心的制约性解消了。于是他的解牛，成为他的无所系缚的精神游戏。他的精神由此而得到了由技术的解放而来的自由感与充实

---

① 长物·（佛教语）指多余的东西（如成语"身无长物"）。

感；这正是庄子把"道"落实于精神之上的逍遥游的一个实例①。因此，庖丁的"技"而进乎"道"，不是比拟性的说法，而是具有真实内容的说法。但上述的情境，是"道"在人生中实现的情境，也正是艺术精神在人生中呈现时的情境。

这里应另提出的问题是：像上面所说的由"技"进乎"道"的"道"，如何可以被庄子看作是人生、宇宙的根源，而赋予以"无""一""玄"等的性格呢？关于这，先不作分解性的陈述，而只先指出近代的美学探索到底时，也有人在人生宇宙根源之地来找美何以能成立的根据。并且由此所把握到的，也只是"无""一""玄"。最显著的例子是薛林②（Schelling, 1775—1854）的《艺术哲学》（Philosophic der Kunst），他是想在宇宙论的存在论上设定美和艺术。他把存在所以有差别相的原因，归之于展相（Potenz）③。展相有三：第一展相是"实在地形成的冲动"；第二展相是"观念的、内面化的冲动"（见Lotze：Geschichte der Athetik in Deutschland，I. Bd. S. 122.）④；二者都是差别化的展相。第三展相则是无差别的，是将世界、万有归入于"一"、归入于"绝对者"的展相。而可以给美及艺术以基础的，正是此第三展相（请参阅圆赖三著《美的探索》257—270页）。

---

① 本章及以下诸章中所引《庄子》中的"道"字和徐复观作为哲学范畴使用的"遊"字，不改为"游"字。——《徐复观全集》编者注
② 薛林，通译"谢林"，19世纪德国哲学家、德国"古典哲学"代表人物之一、黑格尔的先驱。
③ 展相（Potenz）：德文 Potenz 通译为"力""力量"（同英文 power）。
④ Lotze：Geschichte der Athetik in Deutschland：（德文）洛采（赫尔曼·洛采，19世纪德国哲学家）《德国美学史》。

在第三展相，是"一"，也可以说是"无"。而左尔格①
(Solger, 1780—1819) 便以为："理念是由艺术家的悟性持向特殊之中，理念由此而成为现在的东西。此时的理念，即成为'无'；当理念推移向'无'的瞬间，正是艺术的真正根据之所在。"(同上，271 页) 不过，在这里我得先声明一点，上面我引薛林和左尔格乃至以后还引到其他许多人的艺术思想时，不是说他们的思想与庄子的思想完全相同，也不表示我是完全赞成每一个人的思想，而只是想指出，西方若干思想家在穷究美得以成立的历程和根源时，常出现了约略与庄子在某一部分相似相合之点，则庄子之所谓"道"，其本质是艺术性的，可由此而得到强有力的旁证。

在进入具体分析以前，我再引两段庄子的文章在下面。由庄子所说的学"道"的工夫，与一个艺术家在创作中所用的工夫的相同，以证明学"道"的内容，与一个艺术家所达到的精神状态，全无二致。

> 南伯子葵问乎女偊②曰："子之年长矣，而色若孺子③，何也？"曰："吾闻道矣。"南伯子葵曰："道可得学邪？"曰："恶④！恶可！子非其人也。夫⑤卜梁倚⑥有圣人之才而

---

① 左尔格，通译"索尔格"，18 世纪末、19 世纪初德国哲学家，以其对浪漫主义的论述而著名。
② 南伯子葵、女偊 [yǔ]：均为人名。旧注曾疑"南伯子葵"即"南郭子綦"。
③ 孺子：幼儿、孩童。
④ 恶 [wū]：不。
⑤ 夫：文言发声词。
⑥ 卜梁倚：人名。

无圣人之道①，我有圣人之道而无圣人之才②，吾欲以教之，庶几③其果为圣人乎！不然，以圣人之道告圣人之才，亦易矣。吾犹守④而告之，三日而后能外⑤天下；已外天下矣，吾又守之，七日而后能外物；已外物矣，吾又守之，九日而后能外生；已外生矣，而后能朝彻⑥（成《疏》：朝，旦也。彻，明也。）；朝彻，而后能见独⑦……"（郭《注》⑧："忘先后之所接，斯见独者也。"）（《大宗师》251—253页）

梓庆⑨削木为鐻⑩，鐻成，见者惊犹鬼神。鲁侯⑪见而问焉，曰："子何术以为焉?"对曰："臣，工人⑫，何术之有！虽然⑬，有一焉。臣将为鐻，未尝敢以耗气⑭也。必斋⑮以静

---

① 圣人之道：指虚淡内凝的心境。
② 圣人之才：指明敏的、外用的才质。
③ 庶几：也许、大概。
④ 守：持守（这里指内心凝寂，善于自持而不容懈怠）。
⑤ 外：忘却（"外"是相对于"内"的，思想上、精神上既然能凝寂虚空，身外之物，包括天地、死生都好像虚妄而不存在，故有以天下为外，以物为外，以生为外的说法）。
⑥ 朝彻："朝"指朝阳，"彻"指明彻（这里用早晨太阳初升时的清新明彻，喻指物我皆忘的凝寂空灵的心境）。
⑦ 独：庄子哲学体系中的又一重要概念，指不受任何事物影响，也不对任何事物有所依待。能够独立而无所依待的就只有所谓的"道"，故这句中的"独"实际指的就是"道"。
⑧ 郭《注》：（西晋玄学家）郭象《庄子注》。
⑨ 梓庆：名叫庆的梓人（梓人：周时官名，主造笋鐻、饮器及射侯者）。
⑩ 鐻 [jù]：悬挂钟鼓的架子。
⑪ 鲁侯：鲁国国君。
⑫ 工人：工匠之人。
⑬ 虽然：虽此，然……（表转折，意同"不过"）。
⑭ 耗气：耗费气力。
⑮ 斋：素食（吃素）。

心。斋三日，而不敢怀庆赏爵禄；斋五日，不敢怀非誉巧拙；斋七日，辄然忘吾有四肢形体也。当是时也，无①公朝②，其巧专③而外滑④消（成《疏》：消除外乱之事）；然后入山林，观天性⑤，形躯⑥至矣，然后成见镰，然后加手⑦焉；不然则已⑧。则以天合天，器之所以疑神⑨者，其是与！"（《达生》658—659页）

上面两个故事，前者是以人的自身为主题，后者是以一个乐器的创造为主题。前者是庄子思想的中心、目的；后者只不过是作为前者的比喻、比拟而提出来的。同时，人的自身是无限定的，而一个艺术品，是被限定的；因此，在其起点与最后的到达点上，好像有广狭不同的意味。但从工夫的过程上讲，女偊所说的"圣人之道"，其内容不外于《人间世》所说的"心斋"，实同于梓庆所说的"必斋以静心"。女偊所说的"外天下""外物"，实同于梓庆所说的"不敢怀庆赏爵禄""不敢怀非誉巧拙"。女偊所说的"外生"，实同于梓庆所说的"忘吾有四肢形体"。女偊所说的"朝彻"，实同于梓庆所说的"以天合天"。修养的过程及其功效，可以说是完全相同：梓庆由此所成就的是一

① 无：忘却。
② 公朝：朝廷治事之所。
③ 巧专：内心专一。
④ 外滑：外物的滑乱。
⑤ 观天性：观察树木的天然质性。
⑥ 形躯：指树木的形体。
⑦ 加手：着手（取木）。
⑧ 已：止。
⑨ 疑神：疑是鬼神所作。

个"惊犹鬼神"的乐器,而女偶由此所成就的是一个"闻道"的圣人、至人、真人,乃至神人。而且上面所引的两段文章的内容,决非偶然出现,而是在全书中不断以不同的文句出现。因此,我可以这样的指出:庄子所追求的"道",与一个艺术家所呈现出的最高艺术精神,在本质上是完全相同。所不同的是:艺术家由此而成就艺术作品,而庄子则由此而成就艺术人生。庄子所要求、所待望的圣人、至人、神人、真人,如实地说,只是人生自身的艺术化罢了。费夏①(F. T. Vischer, 1807—1887)认为,观念愈高,便含的美愈多。观念的最高形式是人格。所以,最高的艺术,是以最高的人格为对象的东西(见日译托尔斯泰《什么是艺术?》,"河出文库"本,27—28页)。费夏所说,在庄子身上正得到了实际的证明。

---

① 费夏,通译"菲舍尔",19世纪德国美学家、文艺评论家。

唐君毅简介

唐君毅（1909—1978），四川宜宾人，现代学者、国学大师。出身于富家，从小受国学熏陶。1925年，考入北京大学哲学系，师从熊十力，后转入南京中央大学哲学系。1932年从中央大学毕业后，先回四川教中学，后回母校中央大学任助教。抗战爆发后，南京沦陷，回四川成都任华西大学讲师。不久，又回母校中央大学（当时由南京迁至重庆）任讲师。1944年，升为教授，兼哲学系主任。抗战胜利后，于1946年随中央大学迁回南京。1949年，时局动荡，先南下广州，任教于华侨大学，后去香港，与钱穆等人一起创办新亚书院，任教授。1963年，新亚书院并入新成立的香港中文大学，受聘为教授，兼任文学院院长。1974年，由香港中文大学退休。1978年，因病去世，享年六十九岁。其重要著作有《文化意识与道德理性》《中国文化之精神价值》《中国哲学原论》和《生命存在与心灵境界》等。2016年，九州出版社出版《唐君毅全集》三十九卷。

老子言道之六义[①]

唐君毅

道之第一义——有通贯异理之用之道

"道者，万物之所然也。"万物各异理，言物各有其不同之理。道之第一义即应为：通贯万物之普遍共同之理，或自然或宇宙之一般律则或根本原理也。

老子书中，"道"之一词，共凡六十七见。试析其义，略得其六。今按老子书中所谓"道"之第一义，为略同于今所谓自然律则，宇宙原理，或万物之共同之理者。韩非子《解老篇》谓：

---

① 本文选自《唐君毅全集》第十九卷之《中国哲学原论·原道篇》（香港新亚研究所，1977）。老子言"道"，并无确切定义，时而指这，时而指那，似乎"道"是一个多义词。本文就旨在解释老子所称"道"的六种含义，即：（1）泛指万物之通理；（2）泛指万物之本源；（3）泛指万物之现象；（4）专指人伦之美德；（5）专指个人之修行；（6）专指人格之状态。显然，这六种含义是相互关联的，而且都指向同一种东西，但这种东西又难于言说。实际上，老子自己也对此作过解释，见《道德经》第25章："有物混成，先天地生。萧呵！寥呵！独立而不改，可以为天地母。吾未知其名，强名之曰'道'。"因为"道可道，非常道"，能说出来的，就不是"常道"了。

道者，万物之所然也。……万物各异理，而道尽稽①万物之理。

韩非子②《解老》，乃别理于道。万物各异理，言物各有其不同之理。谓"道尽稽万物之理"，即言道遍于万物之异理，有通贯一切异理之用者。道何以有此用？或不易言；然将此义，连于道为万物之所然一语以观，则此所然者，即万物之所共是、共然而共表现；而道之第一义即应为：通贯万物之普遍共同之理，或自然或宇宙之一般律则或根本原理也。

所谓万物之共同之理，可非实体，而可只为一虚理。故今此所谓第一义之老子之道，即就其尚非实体只为虚理说。所谓虚理之虚，即表状此理之自身，无单独之存在性，虽为事物之所依循，所表现，或所是、所然，而并不可视同于一存在的实体。此义之道，乃由中文之"道"之一字之原义，即人所行之道路，引申而来。原道路之所以为道路，在其有为人所行所经过之用。此所经过处，并非一存在的实体，而只是一空间中之路线或方式。儒家言"人道"，即由此义直接引申，故以人所行于其父母者，为"孝道"，人所行于其兄者，为"友道"。此人所行之孝道、友道，初固只为一行为之方式，非存在的实体，乃附属于人之存在的实体，而不能离人之自身以存在者也（至后儒之谓道自在天壤，不随人而绝续，则当别说）。而道家之言"天地万物之

---

① 尽稽：包容。
② 韩非子，即韩非，战国时韩国公子，师承荀子，对道家学说颇有见解，《解老》《喻老》为其论道名篇。

道"之一义，亦当为天地万物之所由行，而非一存在的实体之义。如谓此道之义，同于万物共同之理，或自然律则、宇宙原理，则其为理或律则，亦为虚理虚律，而非其自身能实际存在者也。

对此老子所谓"道"之第一义，兹只举一例以明之。

《老子》七十七章：

> 天之道，其犹①张弓②欤？高者抑之③，下者举之④，有余者损之⑤，不足者补之⑥。天之道，损有余而补不足。

夫⑦日中则昃⑧，月盈则亏⑨，川谷日满⑩，丘陵日卑⑪，凡此有余者之日损，不足者之日益，皆可谓天之所为。此天，固可视如一实有之存在者。然此天道，则只此"损有余而补不足"之事中之一规律或其形式。此规律形式，简言之，即"凡极必反"，故以张弓之形式喻之。此凡极必反，亦即道家与后之阴阳家及《易传》所共最重视之万物之共理，或普遍的自然律，而可联系于其他种种对于自然之中国科学思想者。老子盖为首重此

---

① 其犹：就如。
② 张弓：拉弓射箭。
③ 高者抑之：（弓）拿得太高就向下压低一点（抑：压低）。
④ 下者举之：（弓）拿得太低就向上抬起一点（举：抬高）。
⑤ 有余者损之：（弓）拉得过多就放掉一点（损：使减少）。
⑥ 不足者补之：（弓）拉得不够就再拉一点（补：使增加）。
⑦ 夫：文言发声词，无义。
⑧ 昃 [zè]：日偏西。
⑨ 亏：月缺损。
⑩ 日满：一天天被填满。
⑪ 日卑：一天天被削低。

自然律之必然性者，所谓"天网恢恢①，疏而不漏"是也。然喻之如网之疏，则克②就此义之道而言，固尚非一存在的实体之谓也。

道之第二义——形上道体

老子书所谓"道"之第二义，则为明显的指一实有之存在者，或一形而上之存在的实体或实理者。此与上述之一义之道，只为万物之共理，或普遍之自然律者，其分别在一虚而一实。所谓虚者，谓其本身不能单独存在，非自有实作用、亦非自有实相者。如佛家所谓"假法"，西哲所谓"抽象的有"。所谓实者，即谓其非假法、非抽象的有，而自有实作用及实相之真实存在之实体或实理。此虽非如形体之具体，然亦非抽象的思维所对之规律形式之只为抽象的有，而为形而上之具体的存在者也。此义之道，为论老子之形而上学者，恒最重视之一义。而克就老子之论及此义之道者而言，亦决不能直接以上一义之"道"，为之训释，兹亦举一例为证。

《老子》二十五章：

> 有物混成，先③天地生。寂兮寥兮，独立而不改④，周

---

① 恢恢：宽阔广大貌。
② 克：克意。
③ 先：先于。
④ 改：变。

行①而不殆②，可以为天下母。吾不知其名，字之曰"道"。

在此章中，老子言"道"，直谓之为"有物混成"，而"为天下母"，则道明③为一形而上之存在者，乃有生物之实作用，如母之能生子；且有"寂兮寥兮，独立而不改，周行而不殆"之实相者。喻如有物，则其如物之具实体性可知。而自道之有生物之实作用言，亦即为物之所以成。故韩非子《解老》篇，又谓"道者万物之所以成也"。此"所以成"，非只指其成之所依之律则、形式，而实有使之成者。此或为韩非子《解老》篇释道最重要之一义，而此义与上节所引"道尽稽万物之理"与"道为万物之所然"二语，所合涵之"道为万物之普遍的共同之理"之一义，应彼此有一分别。此有生物成物④之实作用之形而上之道，初非孔孟荀⑤之言中之所有。唯中庸谓"天之道……其为物不贰⑥，则其生物不测"，此天之道，方可视为形而上之生物者。而《大戴礼记》⑦哀公问谓"大道者，所以变化，而凝成万物者也"，亦可释为实有一道，凝成万物。其言亦与《解老》篇之"道为万物之所以成"之言相类似。此皆儒家之形而上学

---

① 周行：周而复始。
② 殆：古同"怠"，懈怠。
③ 道明：说明。
④ 生物成物：生成万物。
⑤ 孔孟荀：孔子、孟子、荀子，儒家宗师。
⑥ 贰：二。
⑦ 《大戴礼记》：西汉末礼学家戴德所编，称《大戴礼记》，以区别于戴德的侄子戴圣所编《小戴礼记》。

思想之进一步的发展。至①在道家，则庄子言"道"，在内篇②中除《大宗师》篇"夫道有情有信"一段，乃视道为"自本自根，自古固存"，道如为一实体而有实作用外，其余言及道者，多为下文所论之第五义之道。而《庄子》之内篇之精神，在论人生，亦尚不重此纯形而上之生物成物之道也。然《淮南子》③之《原道训》④等篇，论道之覆天载地，始生万物，则道之实体义最重。后之道教思想，沿此发展，而道之为物，宛然先天主宰，有如西方言"三位一体"之神，其第二位之为道。然魏晋以降，王弼、何晏、嵇康、阮籍、郭象、向秀⑤之言老、庄，又皆不重此实体义之道，而求加以解消者也。

道之第三义——道相之道

老子书中第三义之道，乃以第二义之实体义之道之相为道。第二义之实体义之道，为物本始或本母之道体，此第三义之道，则可简名之为"道相"（此相为佛家之名词，然其义正与老子之所谓"象"或"大象"⑥，无大殊别）。此"道相"初即道体之相，故此第三义之道，亦可由第二义之道引申而出。

---

① 至：至于。
② 内篇：《庄子》中一部分，另有"外篇"与"杂篇"。唐代成玄英《庄子注疏序》："内则谈于理本，外则语其事迹。"
③ 《淮南子》：西汉淮南王刘安所撰道家名著。
④ 《原道训》：《淮南子》卷一。
⑤ 王弼、何晏、嵇康、阮籍、郭象、向秀：均为魏晋时期的玄学名家。
⑥ 象：物像（象：古同"像"）。大象：万物之像。

此上所述之老子之第二义之道，自其自身之为形而上之存在者，而"独立不改"言，初无相之可言，亦非属于可说、可道、可名之范围中。凡言相者，皆对它而言；道体本身，固无相可说，然此道体既为生物者，而为物之本始或本母，则对其所生之物言，彼固有异于其所生之万物之相者。即其相可由其对照万物之相而见，亦可由其为万物之所自生之本始或本母，以对万物而见。如自此道体之对照万物之有形，而异于万物之万形言，则可说为"大象无形""道冲①而用之""虚而不屈"，而道呈"无"之相，及"冲""虚"之相，而可以"无"或"冲""虚"说之。又自道为万物所自生之本母处言，则万物既有，其本母亦应有，而道亦为有，遂呈"有"之相，而可以"有"说之，如上文之"有"物混成是也。此道之"无"相"有"相，即皆道之对照于万物，关联于万物所呈之相也。即上文所谓道之本身之非可说、非可道、非可名，如自其对照万物之可说、可道、可名者言；则此"非可说""非可名"，亦为道之"不可说相""不可道相"或"不可名相"。简言之，即道之无名相也。又自道之为万物之本母，而可视为有，并以有说之，以"有"名之，或"强为之名"而"字之曰'道'"言，则道固有名，亦呈"有名相""有字相"。即在所谓"道隐无名"一语中，如吾人视此"无名"为一名，则谓其为无名，亦为以"无名"名之之事，而使道兼呈一有名相也。斯则道之有名与无名，不可道与可道，不可说与可说，尽可并行不悖。其自"道体"而观之，为不可说，不可

---

① 冲［chòng］：古通"中"［zhòng］，正好对上（如中奖、中用）。

名者；自"道相"而观之，则尽是大有可说、可道、可名者在。因自"道相"而观，则说其"不可说"，道其"不可道"，名其"不可名"，亦皆是有所说、有所道、有所名，而皆在"说""道"与"名"范围中；说其无一切相，即说其具无相之相，如老子所谓"无状之状、无物之象"，仍是状是象也。

"道相"乃"道体"对万物而呈之相，其义本与"道体"有别。然因"道相"依于"道体"，而"道"之一词，遂可专指"道体"，亦可以兼指"道相"。进而人亦可以"道"之一词，专指"道相"，并以"道相"即"道"，或以能观"道相"，能循"道相"以观世间之心之所存，即"道"之所存。此即第三义之道。人之可以此第三义之道，代第二义之道者，则以人原为万物之一，而居万物之中；人之知有为万物之本始或本母之"道体"，惟赖①逆溯万物之所自②，并由此所自之本始、本母之"道体"之相，其异于万物之相者，以默识此"道体"；则人固可以"道相"摄③"道体"，进而以指"道相"之词指"道"，而意涵"道相"即"道体"之义；而观"道相"或循"道相"，以观世间，即亦可同于观"道"矣。兹亦举二例，以明此第三义之道。

《老子》四十章：

　　反④者道之动，弱者道之用。天下万物生于有，有生于无。

---

① 赖：依据。
② 自：由来。
③ 摄：取。
④ 反：古同"返"。

又二十五章：

> 吾不知其名，字之曰"道"。强①而名之曰"大"，
> "大"曰"逝"，"逝"曰"远"，"远"曰"反"。

老子言道生万物，上所引四十章，言"天下万物生于有"，
则此"有"应即指目②"道"，而此"有"固只为上言之"道之
相"之名，是以"道相"之名指"道"也。老子又谓"有生于
无"，盖言道之生物：初乃无物，又必先反其先之物，此即道之
一动。道一方反物，一方生物，而道即兼呈此有相与无相；则此
有生于无之"无"，即所以目③"道"。然此处直言天下万物生于
有、有生于无，更不言"道"。此即以道之"有相"与"无相"
摄道，是即意涵"道"之一词，可同于指"道相"之词也。

二十五章于"道"，即"字之曰'道'"，又名之曰大，曰
逝，曰远，曰反。此大、逝、远、反，皆为形容词，唯所以状④
道之运行之相。四十五章"反者道之动"，此"反"亦可视如道
之一相。今谓"字之曰'道'"者，即名之以大、逝、远、反
者，是亦以"道相"指目"道体"，而意涵"道"之一词，义可
同于"道相"之大、逝、远、反者也。

除上文之"有""无"等为"道相"外，如老子以道为常、

---

① 强：勉强。
② 指目：指称。
③ 目：视为。
④ 状：（动词）形容。

为久，又谓"道生一"，此"常""久""一"，亦皆为"道相"。而老子言知"常"即知"道"，袭①"常"即袭"道"，抱"一"即道"，是则明②即③"道相"以言"道"也。

然克就老子之书而论，以"道相"之言指目"道体"者，虽不少，然直④以指"道相"之词代"道"之一词者，则不多。后之论释老子者，庄子《天下篇》于古之道术之在于关尹、老聃⑤者，谓老子"建之以常、无、有，主之以太一"，更不另出"道"之一词，则为特重以"常""无""有""一"等，原为指目"道相"之词，以代"道"之一词者。至于王弼之谓道为"无之称也"，此即特重"无"之"道相"者。又王弼喜以说"自然"代说"道"。老子谓"道法⑥自然"，盖言"道"只是自己如此如此之谓。此"自然"亦实只是"道相"。王弼沿此而谓"道法自然"即"在方法方，在圆法圆"，则观一切物之如此如此，而任之自为自造，即法自然。是见此"自然"，只是物之"如此如此"之相，而非实体。今王弼谓"法自然"即"法道"，即一循"自然"之"道相"以观物，而生之论也。因王弼之特重无与自然之"道相"，"道体"之为"有"之义遂不彰。而为万物之本母或本始之"道体"，亦如归于寂，而此寂然之境相，

---

① 袭：因袭。
② 明：明示。
③ 即：就。
④ 直：直接。
⑤ 关尹：道书中称"关令尹喜"或"关令尹"，春秋时道家楼观派始祖，据称后得道成仙，为"无上真人""玉清上相"（"天府四相"之一）。老聃［dān］，即老子。
⑥ 法：（动词）效法。

亦即成"本"。此即王弼之"寂然至无,是其本也"之论所从出也。

复次,"玄"之一词,在老子初亦为指"道相"之词。老子第一章于言"道"之有名、无名、常无、常有(或常有欲、常无欲)之后,又曰:"此两者同出而异名,同谓之'玄',玄之又玄,众妙之门。"则"玄"与"妙",为兼综①"有""无"二相之"道相"。然老子书并未明②以"玄"指"道体"。后扬子云③著《太玄》,葛洪④著《抱朴子》,乃明以"玄"目形而上之"道体"。魏晋人复以"玄学"一名,摄昔之道术、道家之学之所涵。此与王弼解老之重"道相",实同表示有关"道相"一类之概念与言辞,逐渐增加其重要性。而魏晋玄学之论有、无、自然、独化等玄理,实皆本⑤虚灵之心,以观照"理相""道相",而新义日孳⑥,遂与老子论道之明文——乃实有"道体"以成"用"而呈"相"者——有异。此俟⑦后文再及之。

道之第四义——同德之道

老子书中所谓"道"之第四义,为同于"德"⑧之义者。老

---

① 兼综:兼有、综合。
② 明:明确。
③ 扬子云,即扬雄,字子云,西汉道学家。
④ 葛洪,字稚川,自号抱朴子,东晋道学家、炼丹士。
⑤ 本:(动词)基于。
⑥ 孳〔zī〕:生。
⑦ 俟〔sì〕:等。
⑧ 德:性(性质)。

子书中，"道""德"二名，本有分别。依上文所述之"道"之第一义及第二义，"道"乃为万物所循之共理，或其所自生之本始或本母；则"德"为人、物之各得之以自生或自循①者。如三十八章之所谓"上德""下德"是也。然自另一义，则"道"之能生物而畜物，亦为道之德，如谓"道生之，德畜②之"；"道"之反物而顺物，亦为"道"之玄德③，如谓"玄德深矣，远矣，与物反矣，然后至于大顺"；"生而不有④，为而不恃⑤，长而不宰⑥，是谓玄德"。要之，老子之言"德"，或就人、物之得于道名说，或就"道"之反物而生物、畜物、顺物等处说，此皆为连"道"与人、物之关系而说者。此即"道""德"二名之别也。

　　然在老子书中，"道""德"二名，虽大皆有别，亦复不可一概而论。"道"之义亦未尝不可同于"德"之义。盖谓物有得于"道"者为"德"，则此"德"之内容，亦只是其所得于"道"者；此其所得于"道"者，固亦只是"道"而已。而"道"之畜物、生物，亦只是以其自身去畜物、生物。彼虽畜物、生物而有"德"，仍不失其为"道"，则有"德"亦同于有"道"也。夫然⑦，故"道"之一义，亦即可同于"德"，或同于物所得、所有之"德"，或同于"道"之畜物、生物之"德"。

---

① 循：亡。
② 畜：养。
③ 玄德：内在之德（性）。
④ 生而不有：求生而不拥有。
⑤ 为而不恃：有作为而不倨傲。
⑥ 长而不宰：为长者而不做主。
⑦ 夫然：既然（如此）。

如老子六十二章谓"道者，万物之奥①，善人之宝②，不善人之所保③"。"奥"为屋之一隅，宝者人之一物。今谓道为"万物之奥"，人之宝，则此道明为属于人、物，而为人、物之所具得者。是见此道之义，明同于人、物所得、所有之"德"。至如三十四章之谓"大道泛④兮，其可左右，万物恃⑤之而生而不辞⑥，功成不名有⑦，衣养万物而不为主"。此则实言"道"之畜物之玄德之状，而以此言"道"，即同于言"道"之玄德也。

由上所言，老子之言"道"乃可别于"德"，亦可同于"德"。同于"德"者，即"道"之第四义。自"道"之别于"德"上说，则"道"乃从天地万物之共同之本始或本母上言，即自天地万物之全体之公上言；"德"乃从"道"之关联于分别之人、物言。人、物之德，即从人、物之个体之私（私犹自己）之所得上言；"道"之玄德，则为再就此"德"之属于"道体"之自己而言。老、庄在汉志⑧列为道家，然司马谈⑨《论六家要旨》，则名"道德家"。老、庄皆同喜言"道""德"，而老、庄之言"道""德"，实不全同。大率老子尊"道"而贵"德"，重有"德"、积"德"、不失"德"，冀有得于无私之道，亦以成

---

① 奥：原指暗室，引申为深处。
② 宝：宝贝，喻珍视。
③ 所保：被保有（意为"道"不分善不善）。
④ 泛：宽泛。
⑤ 恃：依仗。
⑥ 辞：推辞。
⑦ 不名有：（"不"字后倒装）不有名。
⑧ 汉志：汉代分类书。
⑨ 司马谈：西汉史家，司马迁之父，官至太史令、太史公。

其私；而庄子则既游心于"德"之和，放"德"而行，遗"德"而往，以大通于"道"，而相忘乎道术，亦相忘于"德"行。故在庄子，"道""德"二名之别经①，分言则可互代，并言亦非即相对成名。而在老子，则"道""德"并言时，乃相对成名，公私义别；故"道""德"二名之别，实较显著，乃有失"道"而后"德"之言。昔人分老子书为《道经》与《德经》②，盖亦有见于此。故老子所谓"道"之同于"德"之义者，此在老子书中，实较少。申此义以泯③"道""德"之分者，乃庄学而非老学。后之为老学者，无论以老子之言，为人君南面之道者，或由老子以得长生久视之道者，皆重老子之"德"义，过于"道"义。亦即重此第四义之同于"德"之"道"，而又轻前三义之"道"，未能如庄子之放"德"，忘"德"，以大通于"道"者也。

道之第五义——修德之道及其他生活之道

老子书中之"道"之第五义，为人欲求具有同于"道"之"玄德"，而求有"德"时，其修"德"积"德"之方，及其他生活上自处处人之术，政治军事上之治国、用兵之"道"。此义之"道"，就其本身而言，乃低于上述之"德"之一层面之"道"，亦即纯属于应用上之"道"。如今所谓修养方法，生活方

---

① 别经：有别。
② 《老子》也称《道德经》。
③ 泯：消除。

式，或处世应务之术之类，简言之，即人之生活之"道"也。如《老子》四十一章，谓"上士①闻道，勤而行之；中士闻道，若存若亡②；下士闻道，大笑之，不笑不足以为道"。此所谓"道"，唯待人之勤行，则明不同于第二义之有、物混成之"道"，亦非此"形上之道"之"道相"，复非第一义之自然律。人闻此"道"，或行或笑，则闻"道"不同于有"德"，而与第四义之道亦异。然此"道"之义，要不外人之求所以有"德"之修"德"、积"德"之方。如老子所谓"致虚守静，生而不有，为而不恃，专气致柔，涤除玄览"，及"治人事天"之啬道③，及所谓三宝中之"慈、俭、不敢为天下先"，及"见素抱朴，少私寡欲"等，即皆老子修"德"积"德"之方。是皆老子以之为教，上士闻之，则勤行，而下士闻之，则大笑不止者也。

除此修"德"、积"德"之道外，老子复言其他种种人之生活上之自处处人，及政治、军事之道等。如只就《老子》一书所言者之字数而观，则其言之涉及此第五义之"道"者，在老子书中，实最多。老子之思想，对中国之政治社会与一般人之人生观，其影响最大者，亦在于是。然老子所言之此类之"道"，亦尽可离上述之数义之"道"，以为人之所了解而奉行。此亦即谓老子所言此类之"道"，尽可离其形上学而独立。后人之持不

---

① 上士：上等士人（有识之士）。
② 若存若亡：似有似无。
③ 此处似有误。原文见《老子》第五十九章："治人事天，莫若啬。"治人事天：指做官。啬：古同"穑"，收割庄稼。

同之形而上学者，亦可有相类之言，或于此径采①老子之说。至如老子之所以教人修积其所谓"德"之方，如"致虚守静""少私寡欲""生而不有""为而不恃"等，虽在其系统中有特定之意义，在不同派别之学者，亦未尝不可兼依之而行，以达不同于老子之做人目标。如荀子、庄子及宋明儒者，皆"尚虚静"而重"去私欲"；今之罗素②亦盛赞"生而不有、为而不恃"之言；佛家言慈悲，亦可容纳老子之言慈，以为其一端是也。又此老子书中之第五义之"道"，在老子书中，吾人虽可将其互相关联，使人见其乃相辅相成；然人之只取其一而不取其二，亦未尝不可。如人之有取于老子之言"慈""俭"，而不取其"不敢为天下先"，有取于老子之言"专气致柔"，而不取其"将欲废之，必固兴之；将欲取之，必先与之"等类似权术之言，皆未尝不可。此即老子之此义之"道"，虽影响最大，而徒就此义之老子之"道"之一端，亦最不足以见老学之全与根本精神所在也。

道之第六义——为事物及心境人格状态之道

老子书中所谓"道"之第六义，为指一种事物之状态，或一种人之心境或人格状态，而以"道"之一名，为此事物状态或心境、人格状态之状词。《老子》第八章谓：

---

① 径采：直接采用。
② 伯特兰·罗素，20世纪英国数学家、哲学家、教育家、散文家，曾获诺贝尔文学奖，20世纪20年代曾来华讲学。

上善若水，水善利万物而不争，处众人之所恶，故几于道。

此所谓"几于道"，犹近于道（尔雅释诂：几，近也）。此近自非空间上之接近义。唯因老子以弱为"道"之用①，以处下、处卑为教，以慈为宝，水至柔弱，而处众人之所恶之卑下之地，而泽及于物，正有类于是，即可说其如能体现此"道"，而近于"道"；于是"道"亦如表现于水上，而可视如一加于水上之状词。此外，又如老子常言"天下有道"，此"道"之在天下，亦必非谓"道"为"天下"之所得而具有，以成为天下之"德"。因此"天下"一名，乃总天下事物之集体名词，非如个体人物之能实有得于此"道"，以具为己"德"也。故所谓"天下有道"，乃泛言天下之人之行为或其政治社会等，合于宜有之方式或"道"之谓。然当此之际，人亦即可由"道"之普泛的表现于天下，以言天下有合乎"道"之状态，而此"道"即可视如"天下"之状词也。

按《老子》十六章曰：

……知常②，容③。容乃公④。公乃王。王乃天。天乃道。道乃久，没身不殆⑤。

---

① 用：运用。
② 常：常道。
③ 容：宽容。
④ 公：公正。
⑤ 没身不殆：终身不败。

此中所谓"知常""容"而"公"，可直说为人能知道、行道，而有得于"道"者之"德"。然人既有此"德"，他人复见其有此"德"，则他人即可以此"德"状①其为人。是即见前所谓第四义之"道"（即"德"）与此义之"道"，本可相通。然此中仍有毫厘之辨②。即谓人有此"德"，乃以人为主体，而谓此"德"属于彼之一人。此中所重者乃在人。至以"德"状其为人，则由于先念彼人之合此"德"之标准，然后举此"德"以名其人。此中先所重者，乃在"德"。是此二义，仍不得相混。而老子此章谓"知常"者之"容"而"公"，乃明是③重在以"容"与"公"，状"知常"者之为人之心境或人格形态者，其义乃为一状词。此下之"王""天""道"等之本身，初非"德性"之名；而在此章中，此诸名又非照其原义，各指一存在的实有之物，则更应唯是状彼"知常"者之缘其"容"与"公"而有之心境与人格状态者。所谓"容乃公。公乃王。王乃天。天乃道。道乃久"者，即谓彼能"容"能"公"者，其心境与人格形态，即同于"王"，同于"天"，而同于"道"，并同于"道"之长久也。此同于"道"，即谓有一合于"道"之心境与人格形态，而此"道"及"道"之"久"，即可转化为此心境与人格形态之状词。此处之"道"与"久"，乃皆附于人而说，故于下文又曰"没身不殆"也。

又《老子》十五章：

---

① 状：(动词)表现。
② 毫厘之辨：些微差别。
③ 是：此。

古之善为士者，微妙玄通，深不可识。夫唯不可识，故强①为之容②。豫③焉，若冬涉川，犹④兮⑤若畏四邻，俨⑥兮其若客，涣⑦兮若冰之将释⑧，敦⑨兮其若朴⑩，旷⑪兮其若谷⑫，混⑬兮其若浊⑭。孰⑮能浊以止⑯？静之徐⑰清。孰能安以久⑱？动之徐生⑲。保此道者不欲盈⑳，夫唯不欲盈，故能蔽不新成㉑。

此章所谓"保此道"，如直指"形而上之道"，则疏远而不切。如直指前文之"静之徐清，动之徐生"等，则义较切，而此"道"即指修"德"、积"德"之方而言，而属于上述之第五义之"道"。然如通全章以观，则所谓"保此道"，亦可为遍指

① 强：勉强。
② 容：形容。
③ 豫：犹豫。
④ 犹：同"忧"。
⑤ 兮［xī］：（文言助词）啊、呀。
⑥ 俨：恭敬。
⑦ 涣：疑虑。
⑧ 释：融化。成语"涣然冰释"出典于此。
⑨ 敦：忠厚。
⑩ 朴：未加工过的原木。
⑪ 旷：旷达。
⑫ 谷：山谷。
⑬ 混：糊涂。
⑭ 浊：浊流。
⑮ 孰：谁。
⑯ 能浊以止：（倒装）能以止浊，能够改变浊流。
⑰ 徐：慢慢。
⑱ 能安以久：（倒装）能以久安，能够活得长久。
⑲ 生：活。
⑳ 不欲盈：不求满足。
㉑ 蔽不新成：旧不换新（蔽：破旧）。

"强为之容"以下所说之善为士者之心境与人格状态，而保任之之谓。此亦未尝不切。若然，则此"道"之一词，即所以指心境及人格状态之合于"道"处，而此"道"，即兼为此心境与人格状态之状词。至此章之谓"保此道者不欲盈"，则犹谓"为无为，事无事"，常虚而小盈，此乃以无工夫为工夫，为修"德"、积"德"之方，以保任此心境与人格状态。然此工夫，亦实不外此微妙玄通之心境与人格状态之自保自任，另无外此①之工夫，或修"德"、积"德"之方。是即以此义之道涵摄第五义之"道"也。

此第六义之作为人之心境或人格状态之状词之"道"，亦即所以表状此"得道"或"有德"之心境，与人格状态，对外（即对他人或对加以反省之心）所呈之相。此可名之为"人之道相"。为后世之"道人"一名所自始。"道人"之道，固所以表状得道之人之"道相"，而为一状词也。此得道之人之内具"德"，而有其外呈之"道相"，亦如形而上之"道体"之自具"玄德"，而呈其"道相"于人、物之前。此二"道相"，可相孚应②。故凡依上述之第三义，以"道"同于"道相"时，一切状此"道"及此"道相"之言，亦无不可移用以状得道之人之心境与人格状态，反之亦然。如吾人前以"玄"与"妙"为"形上之道体"之"道相"。又十四章谓"视之不见名曰'夷'，听之不闻名曰'希'，搏之不得名曰'微'"，此"希""夷""微"，皆"形上道体"之"道相"。今此十五章，谓"古之善为

---

① 另无外此：除此无他。
② 孚应：呼应。

士者，微妙玄通，深不可识"，此"玄""妙""微"，又成"人之道相"。斯即"道体之道相"与"人之道相"之相通之证也。唯"形上道体"之"道相"，乃如由"道体"及其"玄德"之自身，自上而下而昭垂以见；而得道之人之"道相"，乃由人之积"德"、修"德"工夫，以上合于道，由内而外之所显。故二义之"道相"，仍毕竟不同也。

老子之论"得道者"之心境及人格形态上所呈之"道相"，除上述之第十六章外，二十章亦几全章言及此。此外，则老子书中言及此者不多。盖在老子，以"人之道相"，依于其所得于"道"者之"德"；此正如"形而上之道体"之"玄德"，为此"道体"之"道相"如"玄""妙"等之所依；而老子实有更重"道体""玄德"之本身及人之"内德"之本身之色彩。故其言中，较少直指"道相"为"道"，如前言之第三义之道，及今兹之第六义之道者。然在庄子，则上已言，其不重"道"与"德"之分。庄子之"放①德而行"，即使"德"充于内者，皆形于外。由是而庄子遂更善于即"人之道相"以言人之所得于"道"之"德"。人之"德"、之"道"充内形外，而在外者，即在内，斯乃有"目击而道存，不可以容声②矣"之言。故以老子与庄子较，则在老子思想中，"形上之道体"固有深隐而不可识处，而得道有德之人，其"德"其"道"，亦有深隐而不可识处；而在庄子，则"放德而行""充内形外"，此深隐者，亦全幅呈现，"德"充于内而形于外，其神乃可游于万化。《庄子·天下篇》

---

① 放：弃。
② 容声：听说。

论老子曰"建之①以常、无、有","以本②为精，以物为粗……澹然③独与神明居④"，尚有"内本外末""由变复常"之意。其论庄子⑤，则曰"芴漠⑥无形，变化无常，死欤⑦？生欤？天地并⑧欤？神明往⑨欤？""其于本也，深闳⑩而肆⑪""不敖睨⑫于万物"。斯则其神明无定居，而无所不往，更无"本末""内外""常变"之相对，以游心于万化⑬，而可与天地精神相往来矣。此境界固别于老子，而庄子思想之精义，亦可无待于先立一形而上之"道体"。故吾人不可即以释⑭老者释庄。然《庄子》全书所言之"至人""天人""真人"，固皆是就其人之心境及人格状态所具之"道相"上说，而即此人之"道相"之所在，以为"道体"之所存。此正为以"人之道相"为"道之义"，而特重"人之道相"者也。

按汉之《淮南子》，承道家言，除重"道"之第二义等外，亦喜论"真人""至人"之生活情态等，而为著⑮重言"人之道

---

① 建之：建立（学说）。
② 本：即"道"。
③ 澹［dàn］然："澹"同"淡"，安静貌。
④ 居：相处。
⑤ 即庄子自论。
⑥ 芴［wù］漠：寂漠。成玄英疏："'妙'本无形，故寂漠也。"
⑦ 欤［yú］：文言助词，表示疑问、感叹、反诘等语气。
⑧ 并：合。
⑨ 往：过（去）。
⑩ 闳［hóng］：同"宏"。
⑪ 肆：肆意。
⑫ 敖［áo］睨［ní］：侧目斜视，喻骄矜。全句为："独与天地精神往来而不敖睨于万物，不谴是非，以与世俗处。"成玄英疏："敖睨，犹骄矜也。"
⑬ 万化：千变万化（喻世态）。
⑭ 释：解释。
⑮ 为著：写书。

相”者。后之道教之徒、神仙家及隐逸之流，其修真养性，皆恒①自觉在求形成某一具“道相”之心境及人格之状态，亦为以“人之道相”为“道之所存”，而重此义之“道”者也。

---

① 恒：恒常。

牟宗三简介

牟宗三（1909—1995），字离中，山东栖霞人，现代学者、国学大师。早年就读于北京大学，师从熊十力。1933年毕业后，先后任教于山东寿张乡村师范、广州学海书院、云南大理民族文化书院。1941年，赴重庆北碚任教于梁漱溟筹建的勉仁书院。翌年，因与梁漱溟意见不合，辞去教职，由唐君毅推荐至成都华西大学任哲学系讲师。1945年，由成都转至重庆，任教于中央大学哲学系。翌年，随中央大学迁回南京，任哲学系主任。1948年，随熊十力同往浙江大学哲学系任教。1949年，离开浙江大学，赴台湾任教于台湾师范学院，后转入东海大学。1960年，赴香港大学任教。1968年，由香港大学转至香港中文大学，任哲学系主任。1974年，从香港中文大学退休。1976年，移居台湾，受聘为"中央大学"荣誉客座教授。1995年，因病去世，享年八十六岁。其重要著作有《心体与性体》《才性与玄理》《中国哲学十九讲》《中西哲学之汇通》《现象与物自身》和《佛性与般若》等。2003年，台北联经出版事业公司出版《牟宗三先生全集》三十三卷。

道家玄理之性格[①]

牟宗三

　　道家的兴起及系统的性格，决定于以前所讲的诸子起源问题，即针对周文疲弊[②]而发。在此种概观之下，我们现在正式讲道家的内在义理。第一步先问"道"的观念如何了解？道家提出的"无"如何了解？再进一步了解"无"和"有"的关系，道家如何讲"有"？第三步了解"无"与"有"和"物"之关

---

　　① 　本文系《中国哲学十九讲》（1983）（载《牟宗三先生全集》第二十九卷）之第五讲。本文对照西方古典哲学中的"无""有""物"三个基本概念，探讨道家的哲理（玄理）。首先是，"道"与"无"，文中认为，道家讲"道"，根本上是要讲"无为"，而道家的"无为"，不同于西方古典哲学中的"无"，是指人的行为特征，而非抽象的"无界定"或"无区别"。其次，"无"与"有"，文中认为，道家的"无"是指"无为"，那么道家的"有"就是指"为"，而道家的"为"也不同于西方古典哲学中的"有"，同样是指人的行为特征，而非抽象的"有界定"或"有区别"。最后是，"无""有"与"物"，文中认为，道家的"物"，是指"天地万物"，而非西方古典哲学中的"物"（抽象的"存在物"）的意思；"无""有""物"三者的关系，按《道德经》："无，名天地之始；有，名万物之母也。"这里的"无"，是"无为"的意思，即"无目的"，也就是说，"天地之始"本无目的；这里的"有"，是"为"的意思，即"有作为"，也就是说，"万物之母"有所作为。将两者合在一起，就是"无为而无不为"（其中"无不为"即"为"，也就是"无为而为"），以此说明天地万物的本质——无（最终）目的，而有种种动静。用之于人也一样：人生本无意义（无为），而又热闹非凡（无不为）。
　　② 　周文疲弊：周朝文化已"疲"（无力）而"弊"（有害）。

系如何？由这三层了解，可以把道家玄理的性格全部展示出来。

一、"道"与"无"

假定有人问：老子所讲的"无"，是什么意义的无？应如何答复？这就需要对中国的文化生命和所发出的智慧有相当的理解才行。在这个文化背景下表现出来的智慧就和在希腊①的背景下所表现出来的智慧、思路不同，和印度②的也不一样。因此要扣紧文化生命讲，凭空讲就不切，而且对于其观念决不能有相应的了解。

现在一代的年轻人的头脑渐渐都变成横剖面的，纵贯的文化背景、文化生命的意识亦渐渐变淡薄了，但对这种问题就需要纵的态度。生命严格说不只是横剖面地挂搭在现在的时空中，若只是那样，生命就没有意义；一定还要有纵贯线，因此有生长、觉悟过程。所谓觉悟，就是要把人的纵贯线唤醒，这才是生命的扩大。横断面的扩大要保得住、要有意义，得靠纵贯的扩大才行，那才是真正的扩大。所以不能将生命只限制在眼前时间的这一瞬、空间的这一点。一旦横切，人就什么也没有了。现在的年轻人渐渐地横断面的意识特别强，或表现得特别明显，这样，纵贯的线索就连不起来了，因此没有文化生命，不了解文化背景，因而也就不了解这套智慧之根源、性格以及其在人生中的作用。横断面的观念较容易了解，亦容易表达，可是这也是现代文明最大

---

① 希腊：指古希腊。
② 印度：指古印度。

的症结。

　　大家要由纵贯线的文化背景来了解老子的"无为"何在战国时代出现。凡是这种问题都有永恒性，凡真理都有真理的普遍性。不要以为那是两千年前的，现在没有用了。现在的状况还是个战国时代。中国的古代文化发展至春秋战国时代为最高峰。照史宾格勒①（Spengler）讲，每个民族都有个"十九世纪"，这"十九世纪"是象征的意义，譬如春秋战国就是个"十九世纪"。按照史宾格勒的"文化断灭论"，一个民族只能有一个"十九世纪"，只开一次花，希腊、罗马、近代文明都是如此，开过就衰了、完了。所以他那部书名曰 *The Decline of the West*（《西方的没落》）。西方人依据其西方的文化发展史，容易有此看法。兴衰在中国无所谓，有兴必有衰，是波浪式的连续（continuity），生生不息，永远螺旋式地往前进。假定站在自然生命、生物生命的立场来讲，确是只开一次花。但文化生命不如此，它可以从自然生命跳上来找一个超越的根据来润泽、提撕②我们的自然生命，这样就可以永远持续下去，这就不是文化的断灭论。"十九世纪"可以有，而且可以无穷地出现，这只有靠纵贯的意识才能了解、才能把握。

　　那么你看道家的"无"是对何而发呢？如何了解"无"这个观念？

---

　　①　史宾格勒，通译"斯宾格勒"，20世纪德国哲学家、文学家，著有《西方的没落》等。

　　②　提撕：提携。

天下万物生于有，有生于无。（《四十章》）

"无"就是"没有"（nothing，nothingness）。"无"这个观念若是当作一个逻辑概念或存有论①的概念看，在西方哲学中也有，但那是完全不同的讲法。假定你了解了老子的文化背景，就该知道"无"是简单化地总持的说法，他直接提出的原是"无为"。"无为"对着"有为"而发，老子反对"有为"，为什么呢？这就由于他的特殊机缘（particular occasion）而然，要扣紧"对周文疲弊而发"这句话来了解。"有为"就是造作。照道家看，一有造作就不自然、不自在，就有虚伪。造作很像英文的artificial，人工造作。"无为"主要就是对此而发。他的特殊机缘是周文疲弊。周公所造的礼乐典章制度，到春秋战国时代，贵族的生命堕落腐败，都只成了空架子，是窒息我们生命的桎梏②。因此周文的礼乐典章制度都成了外在的（external），或形式的（formal），如此没有真生命的礼乐就是造作的、虚伪的、外在的、形式化的，这些联想通通出现。任何礼节仪式，假定你一眼看它是外在的，那么它完全就是个没有用的空架子。只有外在的、在我们生命中没有根的、不能内在化的，才可以束缚我们；若是从生命发出来的，就不是束缚。道家就是这样把周文看成束缚，因为凡是外在的、形式的空架子，都是属于造作有为的东西，对我们生命的自由自在而言都是束缚桎梏，在这个情形之下，老子才提出"无为"这个观念来。

---

① 存有论：ontology 的译名，通译"存在论"。
② 极楷：桎梏。

"无为"是高度精神生活的境界，不是不动。西方人或一般译者把它译成 inaction（不动），这是完全失指①的。讲"无为"就函②着讲自然。道家所说的"自然"，不是我们现在所谓自然世界的自然，也不是西方所说的自然主义（naturalism）。自然主义和唯物论相近，就是一种唯物主义，指的是自然科学所对的自然世界。自然科学研究的都是物理现象，所指的自然是物理世界的自然。就西方宗教讲，自然是"被造物"（creature），被上帝所创造的有限物属于自然，上帝是"超自然"（super-nature），"自然"和"超自然"相对反。道家的自然是个精神生活上的观念，就是自由自在、自己如此，无所依赖。我们现在只知道那借用中国老名词来翻译西方的概念这个"自然"之意义，而我们原来本有的"自然"一词之意义倒忘掉了，这中间有个曲折需要拆开，要返归到自己原有的意义上来。道家讲的"自然"就是自由自在、自己如此，就是无所依赖、精神独立。精神独立才能算自然，所以是很超越的境界。西方人所讲的自然界中的现象，严格讲都是他然、待他而然、依赖旁的东西而如此。自然界的现象都在因果关系里面，你靠我、我靠你，这正好是不自然、不自在，而是有所依待。所以，庄子讲逍遥、无待。现实上哪有无待呢？例如坐要依待椅子、肚子饿了要吃面包，这都属于西方人所说的自然现象。道家老庄所说的"自然"不是这个意思，它就是自己如此，就是无待。所以讲"无为"函着自然这个观念，马上就显出它的意义之特殊。它针对周文疲弊这个特殊机缘

_____

① 失指：失实。
② 函：包含。

而发，把周文看成是形式的、外在的，所以向往自由自在，就一定要把这些虚伪造作通通去掉，由此而解放、解脱出来，才是自然。道家就在这个意思上讲"无为"。

从"无为"再普遍化、抽象化而提炼成"无"。"无"首先当动词看，它所否定的就是有依待、虚伪、造作、外在、形式的东西，而往上反显出一个无为的境界来，这当然就要高一层。所以一开始，"无"不是一个存有论的概念（ontological concept），而是个实践、生活上的观念；这是一个人生的问题，不是知解的形而上学之问题。人生的问题广义说都是 practical①，"无"是个实践上的观念，这样不就很容易懂吗？因为在春秋战国时代，文化出了问题，道家一眼看到把我们的生命落在虚伪造作上是一个最大的不自在，人天天疲于奔命，疲于虚伪形式的空架子中，非常的痛苦。基督教首出的观念是"原罪"（original sin）；佛教首出的观念是"业识"（karma），是"无明"；道家首出的观念，不必讲得那么远，只讲眼前就可以，它首出的观念就是"造作"。虚伪造作最使得人不自由自在，道家对此有真切的感受。所谓"存在的感受"（existential susceptibility），从这里开始可以说到"原罪"，也可以说到"业识"，不管罪恶多么深也还是这个问题。一个人能够像道家所说的，一切言论行动好像行云流水那样的自由自在，这需要很大的工夫，这是很高的境界。所谓成熟、炉火纯青的时候才有这点味道，可见需要很大的工夫，可见人生在此是很麻烦的。

---

① practical：实践的。

譬如说"矜持"这个观念。儒家也讲矜持，理学家谢上蔡①一生做工夫就在化掉这个"矜"字，可见很难。矜持就是造作不自在，谁能免除矜持呢？这是任何人随时都感到头疼的现象。就像佛教的"去无明"一样，到成佛时才能"去无明"。道家以为不必说得这么玄远，只说"矜"字就可以了，把"矜"完全去掉就是圣人，不是一样吗？就道家讲，"矜"就是造作、不自然，能把它化掉就是"真人"。从"真人"这个层次讲"无"、讲自然，所以是个生活实践上的观念。道家向往的是"真人"（authentic man），"真实不假的人"才是真正的人。我们的人生、人的存在，都多少有虚假、不真实的成分，好像假钻石是人造品。道家对此感受非常强，从这里就讲出一大套道理来。

　　先了解"无为"这个观念，把它再普遍化，就是"无"这个观念。"无"开始作动词看，就特殊机缘讲它所否定的是周文，其实周文就包括一切东西；再把这个特殊机缘抽掉，往前进：为什么反对造作呢？大概可以分成三层来说。最低层的是自然生命的纷驰②使得人不自由、不自在。人都有现实上的自然生命，纷驰就是向四面八方流散出去。这是第一层人生的痛苦。这在现在的世界特别显，现代人都是在现实自然生命的纷驰上找刺激，不过瘾又找麻醉，所以老子说：

---

　　① 谢上蔡，即谢良佐，字显道，上蔡（今属河南）人，人称"谢上蔡"，北宋理学家，曾师从程颢、程颐。
　　② 纷驰：（佛教语）惑见纷驰，意为受迷惑而忙碌。

五色令人目盲，五音令人耳聋，五味令人口爽①，驰骋
畋猎②令人心发狂。（《十二章》）

"爽"当差失讲，如"爽失""爽约"之爽；五色纷纷令人
眼都糊涂了；拿现代的话总起来说就是自然生命的纷驰，生命向
四面八方像马一样的跑出去了。再上一层，是心理的情绪，喜怒
无常等都是心理情绪，落在这个层次上也很麻烦。再往上一层属
于思想，是意念的造作。现在这个世界的灾害，主要是意念的灾
害，完全是 ideology（意识形态）所造成的。意念的造作最麻烦，
一套套的思想系统，扩大说都是意念的造作。意念造作、观念系
统只代表一些意见（opinion）、偏见（prejudice），说得客气些就
是代表一孔之见的一些知识。所以任何大教都以智慧为目标，而
不提供知识，智慧的不同就在把知识、观念的系统、意念的造作
化掉。凡是意念的造作，都是一孔之见的系统，通过这些孔有点
光明，但周围就环绕了"无明"，只有把它化掉，才全部是
"明"，智慧就代表"明"。道家就在这里讲"无"，不讨论系统
而反要将系统化掉。自然生命的纷驰、心理的情绪，再往上，意
念的造作，凡此都是系统，要把这些都化掉。周文虽说适应那个
时代的生活，但也不过是一套典章制度的系统。假定找不出周文
在理性上的、内在的根据，把它看成外在的、只是个造作的系
统，就当该否决。老子就这样看周文，儒家当然不这样看，所以

---

① 爽：失（如屡试不爽）。
② 畋猎：田猎（"畋"同《田》）。

说"礼仪三百，威仪三千，莫非性情中出"。孔子也不讲"无"（非无此义），而是正面提出"仁"的观念来。道家否定周文，扩大而讲"无为"，反对造作的"为"，用现代的语言表示出来，就是否定自然生命的纷驰、心理的情绪和意念的造作这三层。光说"五色令人目盲，五味令人口爽"那只是个人的、一时的感性追逐，而且是很粗浅的；意念造作的影响太大了，它的根最深，一发作便成灾害，所以是最高层的。"无"就是要化去这些。

如此，"无"先作动词看，就是要否定这些。经此否定已，正面显示一个境界，用名词来表示就是"无"。将名词的 nothing（无）拆开转成句子就是 no thing（没有东西）。所以 nothing（nothing）不是存有论的"无"（没有东西）。当我们说存有论时，是在西方哲学的立场，照希腊传下来的形而上学的存有论讲。"无"没有存有论的意味，但当"无"之智慧彻底发展出来时，也可以函有一个存有论，那就不是以西方为标准的存有论，而是属于实践的（practical），叫"实践的存有论"（practical ontology）。中国的学问都是实践的，像儒家的 moral metaphysics①也是实践的。实践取广义。用道家的话讲，实践的所表现的就是"解脱""洒脱""无为"这类的字眼。是这种智慧全部透出来以后，可以函有一个实践的存有论。"解脱"用于佛教比较恰当，道家没有这个名词，但后来有"洒脱"之类的名词，意思稍有不同。总言之，就用 practical 这个字吧！一旦智慧透出来了，因为智慧无外②，那么它对天地、万物当该有所解释与说明，因此可以有个

---

① moral metaphysics：道德的形而上学。
② 无外：无边际。

实践的存有论，也可谓"实践的形而上学"（practical metaphysics）。这实践的形而上学、存有论就寄托于对"无"的了解。

了解了"无"的来源，那么"无"，照它所显示的境界而言，当该如何了解？这是道家所说的"道"。"道"是个共通的老名词，大家都可以讲。道家是通过"无"来了解"道"，来规定"道"，所以"无"是重要的关键。光"无"也不行，"无"中又有"有"，那么"无"如何了解？"有"如何了解？"无"与"有"和天地万物之关系又如何了解？"无"和"物"、"有"和"物"的关系如何了解？这可分三层说，先分别地了解"无"，然后再分别地了解"有"，最后再了解"无""有"与"物"之关系。《道德经》说："天下万物生于有，有生于无。"（《四十章》）明讲"无""有""物"三层。到这种话头出现时，不就成了形而上学了吗？形而上学就是要解释天下万物。西方哲学是由存在上讲，从存有论、知识论上讲，因此将"无"当作一个存有论的概念；道家不如此，所以首先不能由这路来了解，要从生活上来了解。

"无"所显示的境界，用道家的话讲就是"虚"。"虚一而静"，本来是荀子①的话（《荀子·解蔽篇》），《道德经》曰"致虚极，守静笃"（《十六章》），虚静是道家的工夫，荀子这话就来自道家。"无"的境界就是"虚一而静"，就是使我们的心灵不黏着固定于任何一个特定的方向上。生命的纷驰、心理的情绪、意

---

① 荀子，名况，字卿，战国时与孟子同时代的儒家学者。

念的造作都有特定的方向，黏着在这个地方，就着于此而不能通于彼，你生命黏着于此，我生命黏着于彼，各是其是，冲突矛盾就出现了。佛家讲的"执着"就是黏着（attachment），是将心思封限在一个特定的方向上。所以第一步先分解地了解"无"，就是"虚一而静"。"虚"则灵，心思黏着在一特定的方向上，则心境生命即为此一方向所塞满所占有，就不虚了，不虚则不灵。"一"就是纯一无杂。没有乌七八糟的冲突矛盾纷杂，把生命肢解得七零八散，就是"一"；用康德的名词讲就是把"杂多"（manifold）通通化掉，不是把"杂多"综合统一而是化掉如水通流。"静"就是不浮动。人随着生命的纷驰，顺着意念的造作，天天在浮动之中，把这些化掉就静下来了。道家喜言"静"；儒家常言"定"，《大学》谓"知止而后有定，定而后能静，静而后能安，安而后能虑，虑而后能得"。又讲"贞定"。佛教讲"止"；意思相通。"静"不是物理学中相对的"运动和静止"（motion and rest）的"静"，而是绝对的心境，是"定"，是随时将心灵从现实中超拔出来，浮在上层的一种境界，是"精神的"（spiritual）。"无""自然""虚一而静"，都是精神的境界，是有无限妙用的心境。所以，无不是西方哲学中存有论的观念，像康德将"无"分作四类，都是从对象的"有"或"没有"，或概念是空的或不空来说"无"（参阅史密斯英译本《纯粹理性批判》页294—296），道家不这样讲，所以首先从这里划分开。

道家通过"无限妙用"来了解"虚一而静"的心境。"灵"就是无限的妙用。假定你的心境为这个方向所限制，就不能用于别处，这就叫"定用"，以道家的名词说即"利"。在老子《道德经》中"利"和"用"是分开的，《十一章》曰"有之以为利，无之以为用"，利（功用）即"定用"；"用"名之曰"妙用"。凡妙用都是"无限的"（infinite），所以说"妙用无方"。"方"乃方所，是空间观念，借用到"孝廉方正"上就成了virtue①，以形容道德人格。"妙用无方"取原初的意义。有定所，"用"就不妙了。"利"（定用）是有方所、有限定的用；"用"（妙用）是无限定、无方所的用。这是智慧，谁能达到这种境界呢？譬如说我们处在这个困难的时代，就能显出有没有工夫修养，心境能不能"虚一而静"，照察得清清楚楚。不要为外在的纷杂所分裂，首先要显②这个境界，这个本。

显这个"无"的境界的目的是要你应世，所以"无为"一定连着"无不为"。有无限的"妙用"才能应付这千差万别的世界，所以道家的学问在以前叫"帝王之学"。要做"王者师"，一定要学道家。在现实历史上最好的代表是张良③，此人绝顶聪明，心思灵活，事情观察得清清楚楚。在楚汉之争中，刘邦、楚霸王等身在其中不一定清楚。刘邦最后能成功，就因为他的心灵较灵活。楚霸王论打仗有万夫不当之勇，但心思很枯滞，有范增④而不能用。刘邦也不清楚，但张良一指点，马上就明白了，那就不犯错误。一个时代哪有什么一定的呢？事在人为，走对了就有好的结果，走错了就有坏的结果，所以学问最重要。平常这

---

① virtue：善。
② 显：显现。
③ 张良，字子房，秦末汉初道家学者、汉高祖刘邦的谋臣。
④ 范增，楚霸王项羽的谋臣，劝项羽杀刘邦，项羽不听，反中了刘邦谋臣陈平的离间计，猜疑范增，使其辞官返乡，中途病死。

方面没有修养，就是我所说的"富而无教"。任何人都要使自己的生命超越一层，要用点功训练自己。

所以说"无为而无不为"（《三十七章》），"无不为"是作用，"无为"是本。知道了这个意思，进一步要了解"有"。道家很完备，"无"是本，但并不只讲"无"，将生命抽象了、只挂在"无"也不行，一定要"无""有""物"三层都讲才完备，才显其全体大用。

二、"无"与"有"

老子如何讲"有"呢？"有"开始也不是西方的存有论的概念，它还是要从以"无"作本的心境上讲。这个心境固然是要化掉对任何特定方向的黏着，但也不要把任何特定方向消化掉了就停住了，那就挂空了。这只是分解的一种表达，用黑格尔①的话讲，第一步先这样了解的"无"是在抽象状态（in abstract stage）中的"无"；若只停于此，就只是了解了抽象的"无"的本体性，即作为本的特性，也就是只抽象地了解了作为黑格尔所谓"纯粹的普遍性"的"无"自己。

什么叫"纯粹的普遍性"（pure universality）？为什么我们可以用黑格尔的这个名词来说挂空阶段的"无"？即为什么我们可以用"纯粹的普遍性"来说在抽象状态中的"无"？"无"是本，当然是普遍的（universal），转成名词就是普遍性（universality）。

---

① 黑格尔，18世纪末、19世纪初德国哲学家、德国古典哲学集大成者。

凡本都有普遍性。我们说"无"是"纯粹的普遍性"表示这时它没有内容，不能具体化，只在抽象的状态中挂空了。没有具体的内容，只看"无自己"（nothing itself）就只是个纯粹的普遍性。这不是"道"，光显这个本只是方便，还要进一步再讲"有"，讲"有"就是由"纯粹的普遍性"接触到具体的内容（concrete content）。具体就是因为有内容。所以，"无"可以借用"纯粹的普遍性"这个名词来表示。

那么，这具体的内容"有"当该如何了解？"有"不是外在现成的，拿来往里面填放，那样，"无"就成了可以填东西的框子。抽象地先了解"无"并不很困难，到了解"有"时，就相当微妙。因为"无"是个"虚一而静"、有无限妙用的心境，灵活得很。无限的妙用何由得见？即从"有"处见。"有"就是无限妙用、"虚一而静"的心境的矢向性，用《道德经》的话讲就是徼向性。"常有，欲以观其徼"之"徼"（音"腰"，如要求之"要"，即《易·系辞下》"原始要终"之"要"）。一有"徼"，就有一个方向，即徼向性，一有徼向性就有突出。无限心原是"虚一而静"：无声无嗅，没有任何朕兆的，徼向性就代表端倪朕兆，就在此处说"有"。这是完全主观地、就无限心境的徼向性说"有"，不是客观地由存在上讲。《道德经》首章说：

常无①，欲以②观其妙；常有，欲以观其徼③。

---

① 常无：恒常之无。
② 欲以：可以。
③ 徼［jiǎo］：王弼注："徼，归终也。"

"常无"句即刚才所说"无"的境界，"其妙"其指道。心境不单单要处在"无"的状态中以观"道"的"妙"，也要常常处在"有"的状态中，以观"道"的徼向性，反过来说，徼向性就是"道"的"有"性。《道德经》通过"无"与"有"来了解"道"，这叫作"道"的"双重性"（double character）。"道"随时能"无"，随时又有徼向性，这就是道性。

　　为什么有徼向性？"无"不是个死东西，而是灵活的心境，不管有没有这个世界，世界上有没有万事万物，它都可以活动。并不是说要有对象，它才可以有徼向性；没有现成的对象，一样可以露端倪、有徼向性。我们平常起现一个观念，不一定要有个对象。必先有对象，那是知识论的讲法。有时也可以没有对象而突然间由根源上创发出一个观念来，这就是创造。发出一个观念，就是心灵的一个徼向性，不是徼向任何对象，而是根据这个徼向性来创造对象。这在日常生活上也有，当然在这层次上大部分的观念是有对象的，至少也总和对象有牵连。讲创造就要和对象直接、间接的任何牵连通通没有，也可以发一个徼向性，才叫创造。譬如说作文章，文思一来，不能说每个词语都要有典故，就是用典故也不一定要抄袭别人，我也可以造个典故你们来用好了。所以才有妙文妙思出现。

　　从无发有，完全是内发、创造地发，类比刚才所说的，"有"不是对应对象而起。单从无限妙用的心境本身来说徼向性，这样才可以说"无"与"有"是"道"的双重性。"无"是本，"无"又要随时起徼向的作用。平常所谓"深藏不露"就代表"无"的状态，但不能永远深藏不露，总有露的地方就是徼向性，道家如此讲"有"，所以很微妙。若客观地从存在上讲，哲学家不论讲得多玄，都是思想上的玄，实际上很容易了解，并不微妙。道家这一套出自中国的文化生命，发自春秋战国的文化背景，完全从人生上讲，很真实，也很玄妙，作用更大。愈是复杂的人生、高度的文化，愈是需要；尤其是担当大事的人，需要这套学问，所以是帝王之学。

一露端倪有徼向性，就倾向于成"有"，to be a certain being，要成一个"有"。从这里讲，这徼向性之有带有创造性，是故它不属于认识论的"有"，而是属于实践的存有论的"有"，就是说不属于海德格①所谓"表象的思想"（representative thought）中的"有"，而是往后反上一步属于 original thinking②。"表象的思想"中的"有"是往外散看的"有"，对应于对象而讲的。

可是，这里有个问题。一有徼向性出现而落在"有"中，假定心思不灵活，就又限于此而不能通于彼，所以又不能停于此，"玄"就在这里出现。凡徼向都有一特定的方向（a certain direction 或 orientation），若停在这徼向上，"有"就脱离了"无"。"有"不要脱离"无"，它发自"无"的无限妙用，发出来又化掉而回到"无"，总是个圆圈在转。不要再拆开来分别地讲"无"讲"有"，而是将这个圆圈整个来看，说"无"又是"有"，说"有"又是"无"，如此就有一种辩证的思考

① 海德格，Heidegger，通译"海德格尔"，20世纪德国哲学家，存在主义哲学代表人物。
② original thinking，原创思想。

（dialectical thinking）出现。"有"而"不有"即"无","无"而"不无"即"有",好像玩弄字眼（play of words）——不懂就是玩弄字眼,若懂得它的规则,亦很简单。这个圆周之转就是"玄",《道德经》"玄之又玄,众妙之门"的"玄"。

"玄"不像分别讲得那么清楚,玄者,黑也,水深了才黑,所以"玄"表示深（profound）的意思,又表示不像分别说那么清浅,好像隐晦（obscure）。其实"玄"既不浅也不隐晦。凡分别说的,都要遵守逻辑的法则,无论讲得如何复杂都不"玄"。凡要遵守数学逻辑法则的都不"玄",这是大原则的分别。"玄"是个圆圈,说它"无",它又"无"而"不无",就是"有";说它"有",它又"有"而"不有",就是"无",因此是辩证的（dialectical）。凡辩证的,都是"玄",就深。假定一条鞭地①向着一个方向走,动者恒动,静者恒静,动永远依直线而动,就没有"玄"。只有辩证的才"玄"、才深,就是道家所说的"玄"。所以辩证只能用在人生的实践、精神生活方面,离开这个层面讲都不对。

"玄"是深奥,"深"本质的意义就以辩证的意思来规定。平常讲辩证,以为只是个方法,只重视它发展的过程,其实把分解消化掉,意思不就深一层了吗?它既 profound② 又是 mystery③,就是《道德经》中所说的"玄"。首章谓"此两者,同出而异名。同,谓之玄。玄之又玄,众妙之门"。两者指道之双重性

---

① 一条鞭地：一直不变地。
② profound：深刻。
③ mystery：神秘。

"无"与"有"，"无"与"有"同属一个根源，发出来以后才有不同的名字，一个是"无"，一个是"有"。同出之同就是"玄"。以上是先分别地使你了解"无"与"有"以及"无"与"有"混融而为一之"玄"。

三、"无""有"与"物"

现在再进入第三步："无"与"有"和天地万物之"物"的关系如何？"无"与"有"虽然主观地讲，但也都是绝对的普遍的原则。因为绝对普遍才能涵盖并关联天地万物。《道德经》①说"无，名天地之始；有，名万物之母"。天地是万物的总名，万物就是天地的散开，实际上是一样的。从天地万物的开始（beginning）说，是始于"无"。假定"有"始于"有"，这"有"还始于"有"，一直往后追问就永远不能停止。所以没有始则已，若有始就一定是"无"。所以从天地万物之始这方面讲，我们名之曰"无"，以"无"为本。所以"无"和天地万物的关系，关连着万物是"向后反的"（backward），反求其本。下一句就是向前看（forward），"有，名万物之母"，"有"关联天地万物是向前看，就把天地散开了。"母"是 formal ground②的意思。中国人讲道理喜欢用具体的字眼、象征的比喻，例如用

---

① 《道德经》：即《老子》。

② formal ground：形式因。亚里士多德认为事物的存在和变化的主要原因有四种，即：形式因、目的因、质料因和动力因。

"母"。万物是在"有"中生之、育之、亭①之、毒②之，在"有"的范围之内生长变化，所以"有"是万物生长变化的"母"（mother ground），就是形式的根据。一说"有"，"有"是徼向性，徼向到这里实现出来就是一个物，"有"就是物得以实现的根据。

向后看，说"无"是一元的（monistic），是"一"；向前看，说"有"、说徼向性是多元的（pluralistic）。因为是多元的，才可以作为万物之母之形式根据。老子通过"无"与"有"来了解"道"。"无""有"混在一起就是"玄"。"玄之又玄，众妙之门"的"玄"，就是创造万物的根据。分开地、直接地说，"有"是万物的根据，"无"是总持说的天地之开始。因为"有"从"无"出，而且"有""无"混一，名之曰"玄"，"玄"才能恢复"道"的具体性，即"道"之具体真实的作用。停在"无""有"任一面，"道"的具体性就没有了，就不能恢复并显出"道"创生天地万物的妙用。严格讲到最后，只是一句话——"道创生天地万物"，"无""有"都属于"道"的一面，与之相对的是天地万物之物。"有"虽两头属，但不是外来的，而是发自无限的心境，所以直接的意思是"无""有"在一边而与物相对。

"物"与"无""有"相对，但一出了"有"，有了徼向，就向着一物而落到物上；所以一般将道家之"有"和"物"

---

① 亭：原义为正午（如亭午），引申为成年。
② 毒：毒害。

（thing）连在一起了解。这其实是引申出来的第二义（derivative, secondary meaning），它 primary①、original② 的意义首先应了解为与"无"在一起，因为"有"从"无"发，所以"道"有双重性，而"物"不是"道"的性格。"无"作为天地万物的本体，有一徼向性就要实现一个物，创造一个东西。一般人一说"有"就由徼向性落到物上来讲，其实在《道德经》中"有"是万物之母，用现代的话讲就是"物"的形式根据③。形式的根据总牵连着"物"说，所以一般人可以把"有"和"物"拉在一起讲，其实"有"可以提起来归属于"无"。

这不同于西方人的讲法，西方人由"物"讲的"有"（being）就提不起来。例如柏拉图的 idea④ 是对"物"而讲的，它没有创造性。创造属于 Demiurge⑤，后来等于上帝，就是造物主。造物主把 idea 这个 form⑥ 加到 matter⑦ 上，就成功这个东西。因此柏拉图的 idea 属 intelligible world⑧，但它本身并无创造性。所以到了亚里士多德就只说形式与质料，他批评柏拉图为 transcendent⑨，而他的 universal⑩ 是 immanent⑪。假定对着物讲，最后一定落在 immanent。柏拉图事实上只是抽象地在思想上把它

---

① primary：最初的。
② original：原本的。
③ 形式根据：即 formal ground（形式因）。
④ idea：观念、理念。
⑤ Demiurge：（古希腊人的）造物主。
⑥ form：形式。
⑦ matter：事物。
⑧ intelligible world：可理解的世界。
⑨ transcendent：超凡之人。
⑩ universal：宇宙。
⑪ immanent：内在的。

提起来，格讲还是提不起来。后来如海德格讲存有论，讲 being①
也是一样。

此处说可以提起来，是从"道"讲，"无"性、"有"性是
道的双重性，"有""无"合一为"玄"就是"具体的道"，才能
恢复"道"的创造性。先笼统地说这个创造的方向，不就有形
而上学的意义了吗？这是道家式的形而上学，说存有论就是道家
式的存有论，特点就在以主观的方式讲"无"讲"有"，这正好
可以创造对象，这是个创造的讲法。

道家式的形而上学、存有论是实践的，实践取广义。平常由
道德上讲，那是实践的本义或狭义。儒、释、道三教都从修养上
讲，就是广义的实践的。儒家的实践是 moral②，佛教的实践是
"解脱"，道家很难找个恰当的名词，大概也是解脱一类的，如
"洒脱""自在""无待""逍遥"这些形容名词，笼统地就说实
践的。这种形而上学因为从主观讲，不从存在上讲，所以我给它
个名词叫"境界形态的形而上学"；客观地从存在讲就叫"实有
形态的形而上学"，这是大分类。中国的形而上学——道家、佛
教、儒家——都有境界形态的形而上学的意味。但儒家不只是个
境界，它也有实有的意义；道家就只是境界形态，这就规定它
系统性格的不同。由和儒家、佛教及西方哲学的分别就显出它
系统性格的不同，这个和其他系统不同的智慧很特别，所以要
注意。

---

① being：存在。
② moral：道德。

现在还剩下最后一个问题。刚才说"无""有"是"道"的双重性，合在一起就是"玄"，"玄"才能恢复"道"创生万物的具体作用。通过徼向性就实现一个东西，即创生它、使它出现，所以徼向性（有性）是万物之母。如此就不只限于主观的生活上，天地万物也出不了这"无"与"有"的范围。这样当然是个形而上学，也想对存在有个说明，但这说明仍只是个主观的、从实践上说的，而且还是境界形态的说明。这和西方哲学直接客观地由对象方面讲实有形态的形而上学显然不同，这不同是大分类，是很容易分开的。那么再看看它和儒家、佛教各有何不同，借此以作详细的分别。中国三大教都是实践的，都从主观面讲，那为何还有儒、释、道的不同？道家是纯粹的境界形态，和儒家、佛教的分别相当微妙，当该如何了解？关键就寄托在这第四个问题，就是"玄"恢复"道之创生万物"之具体的创造性。说创生、创造，是暂时方便笼统地先如此说，以与知识论相对。知识论只是论认识对象，而不是论创造对象。讲"道"不可以知识论水平（horizontal）态度讲，而是要把横的态度竖起来，是从上往下直贯地讲，这是纵的（vertical）；纵的表示"道"之创造性。

道家的"道"和万物的关系就在负责万物的存在，笼统说也是创造。这种创造究竟属于什么形态？例如"道生之，德畜①之"（《五十一章》），道也创生啊！庄子也说"生天生地，神鬼神帝"（《庄子·大宗师》）。天地还要靠"道"来创生，何况万物？

① 畜：养。

《道德经》又说"天下万物生于有，有生于无"（《四十章》），这不明明用"生"吗？所以要用现在的话说创生、创造不能算错，但你要是再进一步了解，就知道用"创造"这个名词不很恰当。尽管也用"生"字，但照道家的讲法这"生"实在是"不生之生"。儒家就是创生，《中庸》说"天地之道可一言而尽也：其为物不贰①，则其生物不测"，那个"道"就是创生万物，有积极的创生作用。道家的"道"严格讲没有这个意思，所以结果是不生之生，就成了境界形态，境界形态的关键就寄托于此。

因此创造（creativity, creation）用在儒家是恰当的，却不能用于道家，至多笼统地说它能负责物的存在，即使物实现。"实现"更笼统，说创造就太落实了。所以我们不要说创造原则，而叫它"实现原则"（principle of actualization）。实现有许多种方式。基督教的上帝创造万物是一个意义，以《创世纪》神话的方式讲，上帝从无创造万物。儒家讲"天道不已，创生万物"又是一个意义，那不是从"无"而造，而是"妙万物而为言"的那运用的创造。二家都讲创造也还有不同，但都可以用实现原则说。佛教根本不能用创造，说涅槃②、法身③，说般若④创生万法⑤是不通的。即使说实现也不恰当。但到圆教⑥也总能维持住"法的存在"之必然性。若勉强说实现，这是天台家⑦所说的

---

① 贰：二。
② 涅槃：（佛教语）指跳出轮回后的虚无境界，亦作"寂灭""圆寂"等。
③ 法身：（佛教语）即无漏无为、无生无灭。
④ 般若：（佛教语）意为"妙智慧，微妙智慧"。
⑤ 万法：（佛教语）指事物及其现象。
⑥ 圆教：（佛教语）指究竟圆满之佛教。
⑦ 天台家：佛教天台宗。

"理具事造①"之实现，实即是必然地一起带着呈现。是故不管是耶教②的"上帝"、儒家的"道体"、道家的"玄"、还是佛教的"般若""法身"，若笼统地都用实现原则说，这"实现"的意义也不一样，尤其在佛教方面为特别。这个问题甚为微妙。现在只简单地如此说，以后将有机会较详细地讲。

道家只能笼统地说实现原理，不好把它特殊化，说成创造，因此道家是彻底的境界形态。若要再多说些，多加点颜色，那把它规定成"上帝"好呢？还是儒家的"道体"？还是"般若""法身"？《道德经》中都不规定，只一个"玄"字就够了。在这个意义上我也说道家最为哲学性，最 philosophical③、formal④，对实现原理没有特殊的决定（no special determination）。若决定它为"梵天⑤"、"上帝"或是于穆不已⑥的"天命""道体"等，照道家看都是对实现原理的特殊规定，严格讲都有特殊的意向。道家没有这些决定，所以最 philosophical，最有哲学中逻辑的普遍性，也可说是逻辑的空洞性。"玄"创生天地万物之生其实是"不生之生"。假定你了解不生之生，那么前面所讲的你都能懂。这很微妙，读读《道德经》就会知道，仔细了解就可以看出这是很深的智慧。

---

① 理具事造：（佛教语）"理具"，即本性，先天具有之如实本性；此本有之性，随因缘显现而造诸现象，称"事造"。
② 耶教：耶稣教，即基督教。
③ philosophical：哲学的。
④ formal：形式的。
⑤ 梵天：印度教的创造之神。
⑥ 于穆不已：出自《诗经·周颂·维天之命》："维天之命，于穆不已。"意为不可揣知。

由"不生之生"，才能说境界形态。假定实是生就成了实有形态，譬如儒家天命不已的"道体"就实有创生万物的作用，就成了客观的实有、创生的实体了。道家的"道"是"无"，"无"起徼向性，从徼向性说生万物。因此，首先不能客观地说客观世界有个东西叫"无"来创生万物，而要收进来主观地讲，靠我们有无限妙用的心境，随时有徼向性，由徼向性说明客观事物的存在。它又是"不生之生"，完全以消极的态度讲。前面说徼向性没有对象，"无"本身就可以发，由此说创造性比较容易了解，以作文章为例说明创造。当"有""无"混一成了"玄"，在具体的生活上运用表现，乃是连着这个世界而说的，不能把世界暂时拉掉，专讲创造之源。分析地讲的"道"，当然是超越的，但"道"也是内在的。既超越而又内在才是具体的"道"，东方思想都是如此。既然内在，那"道"具体的运用一定和万物连在一起说，就是连着万物通过徼向性而生"物"，这就是不生之生。若不和万物连在一起，徼向性完全从"无"说，使你了解道的创造性，那只是开始的分解的了解，一时的方便。圆满的说法是"无"与"有"合一的"玄"做为万物之母、之根据，"玄之又玄，众妙之门"，一切东西都由此出。若没有天地万物也可以讲"道"的徼向性，那就是耶教式的创造万物，即儒家亦不如此，因儒家是"妙万物而为言"的运用的创造。故亦必须和万物连在一起说。

何谓"不生之生"？这是消极地表示生的作用。王弼[①]的

———————

① 王弼，字辅嗣，魏晋玄学的主要代表人物。

《注》① 非常好，很能把握其意义。在道家生之活动的实说，是物自己生、自己长。为什么还说"道生之，德畜之"呢？为什么又说是消极的意义呢？这里有个智慧，有个曲折。王弼《注》曰："不禁其性，不塞其源。"如此它自己自然会生长。"不禁其性"，禁是禁制，不顺着它的本性，反而禁制、歪曲、戕贼②它的本性，它就不能生长。"不塞其源"，就是不要把它的源头塞死，开源畅流，它自会流的。这是很大的"无"的工夫，能如此就等于生它了，事实上是它自己生，这就是"不生之生"，就是消极的意义。譬如说你通过"道"的徼向性徼向到这个杯子，就使得它存在。其实并不是你的徼向性真正能创造出这个杯子，还是它自生自在。这是要你让开一步，你若操纵、把持它，它不能生长就毁灭了。

自由主义（liberalism）的兴起，就是要把操纵、把持解开，成为 open society③，所以在自由民主的政治体制下，尽量减少政府的权力，并且用社会上的人民来制衡，给它一个 check④，limitation⑤，事情由人民自己做，政府在一旁监督大家冲突过分的地方。这是英美的民主精神。社会上有许多社团，整个社会的充实饱满，一切的活动作业，都是各社团自己在做，照拉斯基⑥

---

① 《注》：即王弼的《老子注》。
② 戕［qiāng］贼：残害。
③ open society：开放社会。
④ check：检查。
⑤ limitation：限制。
⑥ 哈罗德·拉斯基：20世纪英国工党领袖、"民主社会主义"倡导者。

（Harold Laski）讲的国家哲学，政府的作用只是 co-ordination①，调解冲突而已。

Co-ordination 在几何学上名曰"坐标"。平常的使用，则不能说坐标。张君劢②先生翻成"平停酌剂的作用"，是意译，很文雅也很恰当。co-ordination 就是四面的四个点、四个社团互相制衡，互相对列。这字本身的意义严格讲就是"对列之局"，相对摆在那儿，而有一个结构，成一个局面。与此相反的是 sub-ordination③，是下向上的隶属。co-ordination 就是《大学》所讲的"絜矩之道④"。"絜矩"的作用是使社会上的各社团互不隶属(并非无关系)，各有各的作用（function）与职务，调和得很好，成一个方形。"絜"当"合"讲，"矩"是方形，合成方形天下才能平。若是 sub-ordination，天下都隶属希特勒，那怎么能平呢？《大学》中早就说"治国、平天下"，如何平？依"絜矩之道"才能平，sub-ordination 就不能平。一个国家之内，政府的作用就是依"絜矩之道"来尽责任，来行"絜矩"的作用，就是"平停酌剂的作用"，这样才自由，才是 open society。

道家深切感受到操纵、把持、"禁其性"、"塞其源"最坏，所以一定教人让开，这就是"不生之生"，开其源让它自己生，不就等于生它了吗？这是个大工夫，能做到这一步就合"道"、有"道"，做不到就不合"道"、无"道"。

---

① co-ordination：协调。
② 张君劢，现代学者，早期"新儒家"代表人物之一。
③ sub-ordination：隶属。
④ 絜［jié］矩之道：即以推己度人为标尺的人际关系处理法则（絜：度量。矩：画直角或方形用的尺，引申为法度、规则）。

道家当智慧看，是人生的智慧，平常可以在自己生活上有受用。当学问讲，是个境界形态的形而上学。这个大教的系统性格要能分辨，和其他的系统相比较，就可以看出来。中国人讲自己中国的学问当该有敬意，有真诚，讲得很恰当才行。所以要了解自己的文化背景，把生命不要完全只限在横切面的时空里，要把自己的生命纵贯地通起来，这才是真正扩大自己的生命，这样于古典才可有相应的了解。现在人的头脑大都只是横切面的，生命不能通于文化背景，所以不能和古人的智慧相契应，大都是乱讲一气，因此大家不可不仔细用功。

儒道佛系列之三 【详注本】

梁启超 胡适 陈寅恪 梁漱溟 等著

十位国学大师

谈佛

刘文荣 选注

文匯出版社

图书在版编目(CIP)数据

十位国学大师谈佛 / 梁启超等著;刘文荣选注. —
上海:文汇出版社,2020.7
(儒道佛系列.十位国学大师说儒、论道、谈佛)
ISBN 978 - 7 - 5496 - 2953 - 4

Ⅰ.①十… Ⅱ.①梁… ②刘… Ⅲ.①佛教—中国—
文集 Ⅳ.①B948 - 53

中国版本图书馆 CIP 数据核字(2020)第 085905 号

十位国学大师谈佛

著 者／梁启超 胡 适 陈寅恪 梁漱溟 等
选 注／刘文荣

责任编辑／陈今夫
封面装帧／薛 冰

出版发行／文汇出版社
　　　　　上海市威海路 755 号
　　　　　(邮政编码 200041)
经 销／全国新华书店
排 版／南京展望文化发展有限公司
印刷装订／启东市人民印刷有限公司
版 次／2020 年 7 月第 1 版
印 次／2020 年 7 月第 1 次印刷
开 本／890×1240 1/32
字 数／590 千字
印 张／27.75

ISBN 978 - 7 - 5496 - 2953 - 4
定 价／128.00 元(全 3 册)

前言

　　佛教是中国传统文化的核心之一，欲知传统文化，不可不知佛家之说。

　　佛教大概在西汉时开始从印度传入中国，最初是印度僧人入华传教，后来由中国僧人前往印度"取经"。至隋唐，佛教在中国已蔚为大观。

　　那么，中国佛教和印度佛教有没有区别？有，而且还很大。简单说来，首先是，印度佛教最初的两大派系，即所谓"小乘佛教"和"大乘佛教"，而且以小乘佛教为主，大乘佛教为副，直至公元8、9世纪（中国唐朝时）整个印度佛教逐渐衰落，至13世纪（中国南宋时）彻底消亡；而在中国，虽然最初接受的是小乘佛教，但不久之后就几乎为大乘佛教所取代，小乘佛教的影响很小。其次是，印度的大乘佛教仅有几个宗派，主要是空宗和有宗，而传入中国的大乘佛教却产生了诸多宗派，至少也有十几个（详见本书所选梁漱溟《印度佛教与流传到外国的佛教之不同》一文）。最后是，在印度，受"瑜伽"影响而产生的"禅"，无论在小乘佛教中，还是在大乘佛教中，都不被承认为一正式宗派，故其自称为"教外别传"；然而，传入中国后，"禅"不仅形成"禅宗"，而且一"宗"独大，竟成了中国佛教的主流（详见本书所选胡适《禅宗是什么》一文）。

那么，禅宗是在什么时候兴起的呢？大概是这样的：此事发生在唐朝，那时，最初由印度僧人菩提达摩在南朝梁武帝时传入中国的"禅"，已传至第五代，其传人是"五祖"弘忍。弘忍圆寂前将其衣钵授予弟子慧能。按理，慧能应为禅宗"六祖"，然而慧能的师兄神秀却抢先在京城自称"六祖"，并得到了朝廷认可。真正的"六祖"慧能在华南，虽然有不少信徒，却不被承认。后来，慧能圆寂，其弟子神会去京城告发神秀。他向朝廷出示"五祖"弘忍授予慧能的衣钵，以此证明其师父慧能才是真正的"六祖"。对此，朝廷很尴尬，因为已经承认神秀为"六祖"，而且连皇上本人都是神秀的信徒，不可能将其"六祖"之称撤销。于是乎，朝廷只能来个折中，一方面改称神秀为"北禅宗六祖"，另一方面只承认慧能是"南禅宗六祖"。就这样，中国禅宗史上从此就有了"南禅"和"北禅"之分。无论是"南禅"，还是"北禅"，都得到朝廷支持，因而都很快兴起（详见本书所选胡适《中国禅学的发展》一文）。

那么，禅宗的兴起，和其自身有关系吗？有，而且很重要。其中的主要原因，就是慧能所主张的"顿悟说"。根据此说，信佛无须苦修，只要"慧心开窍""顿时觉悟"，便能领会佛法。

这是印度佛教没有的，是中国佛教的一大创新；甚至可以说，这样的禅宗，为中国所独有，和印度佛教几无关系。慧能的"顿悟说"后来由神会发扬光大，从而使信徒相信，只要"顿悟"，便能"得道"，就是罪大恶极之人，只要"放下屠刀"，也能"立地成佛"。这样一来，信佛变得极其容易，信徒当然也就越来越多了（详见本书所选胡适《禅宗史的一个新看法》一文）。

那么，慧能所创"顿悟说"，是不是说，普通信徒自己也能"顿悟"？回答是：如果有足够的"慧心"，应该能。但是，这和禅宗和尚（也称"禅师"）摸索出一套有助于顿悟的参禅法并不矛盾。实际上，在唐宋两代，参禅法特别流行。所谓"参禅"，就是领悟禅宗所谓的"第一义"。这"第一义"（就如道家的"道"一样）是无法用语言来说明的，至少无法用合乎一般逻辑的语言来说明，因为它是"超佛越祖之谈"，是超越一般理念之上的"真谛"。但"第一义"并不是不可领悟的，只是要通过非一般逻辑的语言或者非语言交流（如表情、动作等）予以暗示才能领悟。那么，有哪些暗示法呢？大概有五种：（1）正中偏，即无语中有语；（2）偏中正，即有语中无语；（3）正中来，即无语中无语；（4）偏中至，即有语中有语；（5）兼中到，既可说是有语，也可说是无语。此外，还可用动作暗示，如做个表情、伸伸腿、拍拍手，甚至打对方一个耳光——反正，任何动作都可以，只要对方能由此而领悟"第一义"，就属"参禅法"（详见本书所选冯友兰《禅宗的方法》一文）。

佛家之说，作为中国传统文化的核心之一，其影响不言而喻。一般认为，佛教的引入，很大程度上改变了中国传统文化的性质，因为中国本土传统文化以儒、道两家为主，其中几乎没有宗教因素。虽然在东汉后期，从道家学说中演化出了道教，但就在这时，佛教也开始进入中国（这是巧合呢，还是必然，很值得研究）。一个刚刚诞生的幼稚的宗教，遇到一个已有几百年历史的成熟的宗教，其结果可想而知。所以，道教在中国传统文化中的影响一直很小，因为本该属于它的地盘，大多被外来的佛教占据了。佛教呢，在中国逐渐本土化，最后和中国本土文化融合，成为中国传统文化中重要的、不可或缺的一部分而在历朝历代不断延续。

然而，到了 20 世纪初，中国传统文化遭遇了前所未有的危机。原因是西方文化的"入侵"。在与西方文化几经较量（这种较量甚至直接表现为军事冲突）后，中国传统文化最终失败了。面对这一事实，中国不得不迅速求变，迅速建立新文化，以适应世界——或者，毋宁说，适应强势的西方文化。基于此，作为传统文化的核心之一的佛家之说，也和儒家学说、道家学说一样受到诸多学者的猛烈批判。

确实，不批判旧文化，新文化无以建立。然而，建立新文化不是换一双新鞋，只要扔掉旧的、穿上新的就行。旧有的传统文化渗透在方方面面，你只能把它一步步更新，而不可能把它一下子扔掉。换句话说，文化只能"旧翻新"，不可能"旧换新"。既然是"旧翻新"，过程一定很漫长。而这，就是我们今天仍有必要关注传统文化、关注佛家之说的原因所在，因为即使到了今天，传统文化的影响、佛家之说的影响，仍然随处可见。

如何看待这些影响，是当代人的课题。本书的选编，就旨在为当代人提供重要参考。因为本书所选篇目，均出自近现代国学大师之手，而且有十位之多，很能代表近现代中国学界对佛家之说的认知与反思，可供读者了解和探讨。

刘文荣

2018 年 8 月于上海

目录

梁启超简介

　　梁启超（1873—1929），字卓如，一字任甫，号任公、饮冰子，别署饮冰室主人，广东新会人，近代政治家、国学大师。幼年时从师学习，十七岁中举，后师从康有为。戊戌变法前，与康有为一起联合各省举人发起"公车上书"运动。戊戌变法（1898）失败后，与康有为一起流亡日本。1912 年（已成立民国），返回北京，在民国政府中任职。后辞去职务，自建党派和团体继续从事政治活动，至五十六岁时突然罹病去世。其学术研究和著述大多与其政治活动相关，即致力于"新政"与"新学"（即现代新政治与新文化）之建立，因而堪称"新文化运动"先驱。基于其有如此宏愿，其研究范围亦极广，古今中外，哲学、文学、史学、经学、法学、伦理学、宗教学，无不关注，且均有建树；尤其于国学方面，堪称"新国学"开创者。其著述之丰，也属罕见，在其二十岁后的三十六年生涯中，平均每年有近四十万字著述，总数达一千四百多万。其文集《饮冰室合集》在其生前就陆续出版，直至其去世后的 1936 年，共出版一百四十册。1999 年，北京出版社出版《梁启超全集》二十一卷。

中国佛学之特色①

梁启超

　　美哉我中国，不受外学则已，苟②受矣，则必能发挥光大，而自现一种特色。吾于算学见之③，吾于佛学见之。中国之佛学，乃中国之佛学，非纯然印度之佛学也。不观日本乎？日本受佛学于我，而其学至今无一毫能出我范围者。虽有真宗、日莲宗，为彼所自创，然真宗不过净土④之支流，日莲不过天台⑤之余裔，非能有甚深微妙得不传之学于遗经⑥者也（真宗许在家修行，

---

　　① 本文系《论中国学术思想变迁之大势》（1902，载《梁启超全集》第三卷）第六章第四节，题目为原书所有。本文说"中国佛学之特色"，实为中国佛学与印度等地佛学之区别，有四点：（1）印度佛学在公元九世纪时中断，其后佛学皆在中国发扬光大；（2）印度等地佛学，均以小乘为主，唯有在中国，以大乘为主；（3）佛学有诸多宗派为中国所创，而非印度所传；（4）中国佛学不唯宗教，更兼哲学之长，此表明佛学从印度传入中国后，与中国原有哲学相辅相佐，至宋明而使中国哲学大放异彩。
　　② 苟：如果。
　　③ 算学：算术（数学）。印度算学随佛教传入中国，经中国算学家吸收、改造后，成中国特色的算学。
　　④ 净土：净土宗，汉传佛教十宗之一，源于大乘佛教净土信仰，专修"往生阿弥陀佛净土之法门"而得名，祖庭是西安香积寺。
　　⑤ 天台：天台宗，汉传佛教十宗之一，因创始人智顗〔yǐ〕常住浙江天台山而得名，该宗教义主要依据《妙法莲华经》，故亦称"法华宗"。
　　⑥ 遗经：由古遗传之经籍。

许食肉带妻，是其特色，但此亦印度所谓优婆塞①，中国所谓"居士"之类耳。若以此为佛徒也，何如禅宗直指本心，并佛徒之名亦不必有之为高乎？）。未尝能自译一经，未尝能自造一论，未尝能自创一派，以视中国瞠乎后②矣。此宁非③我泱泱大国民可以自豪于世界者乎？吾每念及此，吾窃信数十年以后之中国，必有合泰西④各国学术思想于一炉而冶之，以造成我国特别之新文明，以照耀天壤之一日。吾顶礼以祝，吾跂踵以俟⑤。"高山仰止，景行行止"⑥，吾请讴歌隋唐间诸古德⑦之大业，为我青年劝⑧焉。

中国之佛学，其特色有四：

第一，自唐以后，印度无佛学⑨，其传皆在中国。基督生于犹太⑩，而犹太二千年来无景教⑪，景教乃盛于欧西诸国⑫；释尊⑬生于印度，而印度千余年来无佛教，佛教乃盛于亚东诸国⑭，

---

　　① 优婆塞：梵文（拉丁拼音）Upasaka 的音译，亦译作"乌婆塞""伊蒲塞""优婆婆柯"等，意译"近善男""善宿男""清信士"等。

　　② 瞠乎后：紧盯其后。

　　③ 宁非：难道不是。

　　④ 泰西：原意"极西"，West Europe（西欧）的旧译名。

　　⑤ 跂［qǐ］踵：踮起脚。俟［sì］：等候。

　　⑥ 引自《诗经·小雅·车辖》。意为"高山仰望之，大道通行之"（止：同"之"。景行：大路）。

　　⑦ 古德：对高僧的尊称。

　　⑧ 劝：勉励（如"劝学"）。

　　⑨ 佛教源于印度教，由印度教演变而来，最初在印度有不少信徒，但至公元9世纪后（也就是在唐朝之后），印度佛教徒越来越少，直至无人信佛。

　　⑩ 犹太：犹太国（即古以色列）。

　　⑪ 景教：基督教的旧译名。耶稣（Jesus）旧译为"景尊"，耶稣教（即基督教）旧译为"景尊教"，简称"景教"。

　　⑫ 欧西诸国：西欧各国。

　　⑬ 释尊：释迦牟尼的旧译名。

　　⑭ 亚东诸国：东亚各国。

岂不悲哉！岂不异哉！佛灭度①后数百年间，五印②所传，但有小乘③；小乘之中，复生④分裂，上座、大众⑤，各鸣异见，别为二十部⑥。至五世纪⑦（凡世纪皆以佛灭后计，下仿此），外道⑧繁兴，大法不绝如缕。至六世纪末而有马鸣⑨，七世纪而有龙树⑩、提婆⑪，九世纪而有无著⑫、世亲⑬，十一世纪而有清辨⑭，十二三世纪而有戒贤⑮、智光⑯，其可称真佛教者，不过此五百年间耳。

---

① 灭度：梵文（拉丁拼音）Nirvana（涅槃）的旧译名（新译"圆寂"，意为"圆满诸德，寂灭诸恶"，指高僧之死）。

② 五印：即印度（古印度分为东、西、南、北、中五部，故称）。

③ 但有小乘［chéng］：仅有小乘佛教（"小乘"，梵文［拉丁拼音］Hinayàna的译名，Hina意为"小"，yàna意为"车船"，也就是少数人能"乘坐"，因为该种佛教旨在修行，要求信徒严守原始佛教的苛刻戒律，故很少有人做到。相对于小乘佛教，是大乘佛教。"大乘"，梵文［拉丁拼音］Mahàyàna的译名，Mahà意为"大"，yàna意为"车船"，也就是多数人能"乘坐"，因为该种佛教旨在"普渡众生"，仅要求信徒不作恶，即所谓"放下屠刀，立地成佛"）。

④ 复生：又产生。

⑤ 上座、大众：上座部（梵文［拉丁拼音］ārya-sthavira-nikāya）和大众部（梵文［拉丁拼音］Mahāsanghika），小乘佛教最初分裂后产生的两个大部派。

⑥ 二十部：由上座部和大众部进一步分化而产生的二十个小部派。

⑦ 按作者注，此为"佛灭后"五世纪，应为公元前一世纪（佛灭：释迦牟尼之死［约在公元前六世纪中叶］）。

⑧ 外道：外教（其他宗教）。

⑨ 马鸣，梵名（拉丁拼音）Aśvāghosa，也称"马鸣菩萨"，古印度佛教宗主，禅宗尊为天竺（印度）第十二祖。

⑩ 龙树，梵名（拉丁拼音）Nāgārjuna的中文译名，也称"龙树菩萨"，古印度佛教宗主、大乘佛教创始人之一，天台宗尊为第一祖。

⑪ 提婆，梵名［拉丁拼音］Deva，也称"提婆菩萨"，古印度佛教宗主、龙树的弟子，禅宗尊为天竺（印度）第十五祖。

⑫ 无著，梵名（拉丁拼音）Asānga，也译"阿僧伽"，古印度佛教高僧、大乘佛教创始人之一。

⑬ 世亲，梵名（拉丁拼音）Vāsubāndhu，也译"婆薮盘豆"，古印度佛教高僧。

⑭ 清辨，梵名（拉丁拼音）Bhāvāviveka，也译"婆毗吠伽"，古印度佛教高僧。

⑮ 戒贤，梵名（拉丁拼音）Shīlābhādra，也译"尸罗跋陀罗"，古印度佛教高僧。

⑯ 智光，梵名（拉丁拼音）Sāmāntābhādra，也译"三曼多跋陀罗"，古印度佛教高僧。

自玄奘①西游，遍礼戒、智②诸论师，受法而归，于是千余年之心传，尽归于中国。自此以往，印度教徒，徒事论战，怠于布教。而婆罗门诸外道，复有有力者起，日相攻掊③。佛徒不支，乃思调和，浸假④采用婆罗门教规，念密咒、行加持⑤，开教⑥元气销灭以尽。至十五世纪，而此母国已无复一佛迹。此后，再蹂躏于回教⑦，三⑧侵蚀于景教，而佛学遂长已矣⑨。转视中国，则自唐以来数百年间，大师踵起，新宗屡建。禅宗⑩既行，举国硕学⑪皆参圆理⑫，其余波复⑬披靡以开⑭日本。佛教之不灭，皆中国诸贤之功也。中间虽衰息者二三百年⑮，而至今又骎骎⑯有复兴之势（近世南海、浏阳⑰，皆提倡佛学，吾意将来必有结果）。他日合先秦⑱、希腊、印度及近世欧美之四种文明而统一之、光大之者，

---

① 玄奘，俗家姓名"陈祎［yī］"，法名"玄奘"，尊称为"三藏法师"，唐代高僧，法相宗创始人，后世俗称"唐僧"。

② 戒、智：戒贤、智光。

③ 攻掊［pǒu］：抨击。

④ 浸假：不得已。

⑤ 加持：祷告。

⑥ 开教：建教时的。

⑦ 回教：即伊斯兰教。

⑧ 三：又。

⑨ 长已矣：永远结束了（参见杜甫诗《石壕吏》："存者且偷生，死者长已矣！"）。

⑩ 禅宗：大乘佛教在中国的一个宗派，着重以静虑和高度冥想作为超度救世的法门。

⑪ 硕学：博学之人。

⑫ 圆理：圆妙之理（禅宗别称）。

⑬ 复：又。

⑭ 开：开启。

⑮ 指大清开国以来，佛教一直凋零。

⑯ 骎［qīn］骎：马急驰状。

⑰ 南海、浏阳，即康有为（广东南海人，亦称"康南海"）、谭嗣同（湖南浏阳人，亦称"谭浏阳"）。

⑱ 先秦：秦之前（即春秋战国时期，中国文化开创期）。

其必在我中国人矣。此其特色一也。

第二，诸国所传佛学皆小乘，惟中国独传大乘。佛教之行，西讫①波斯，北尽鲜卑（即西伯利亚），南至暹罗②，东极日本，凡亚洲中大小百数十③国，无不遍被④（吾深疑耶教为剽窃印度婆罗门及佛教而成者。其言"天主"，即韦陀论所谓"梵天""大自在天"；其言"永生"，即佛教所谓"涅槃"；自余天堂地狱之论，礼拜祈祷之式，无一不与小乘法相类。古代希腊、埃及、犹太、印度，既有交通，如希腊大哲德黎，史家亦谓其尝至印度。然则印度宗教家言流入犹太，亦非奇事。但未得确据，不敢断言耳）。虽然⑤，彼其所传皆小乘耳（日本佛学以中国为母，不在此论），盖⑥当马鸣初兴时，印度本教中人固已纷纷集矢⑦，谓大乘非佛说。大乘之行于印，实几希⑧耳。故其派衍⑨于外国者，无不贪乐偏义⑩，谤毁圆乘⑪，即如今日西藏、蒙古，号称佛法最盛之地，问其于《华严》《法华》⑫之旨，有一领受者乎？无有也。独我中国，虽魏晋以前，象法⑬萌芽，未达精蕴；迨⑭罗什⑮以

---

① 讫：到。
② 暹［xiān］罗：泰国古称。
③ 百数十：一百几十。
④ 被［pī］：同"披"，覆盖。
⑤ 虽然：（表转折）虽如此，然……。
⑥ 盖：大概。
⑦ 集矢：攻击（矢：箭）。
⑧ 几希：不多（希：同"稀"）。
⑨ 衍：衍生（此处意为"传"）。
⑩ 贪乐偏义：喜欢旁门左道。
⑪ 圆乘：亦称"佛乘"，教导众生成佛之法。
⑫ 《华严》《法华》：《华严经》《法华经》，均为大乘佛教的主要经典。
⑬ 象法：原指国法，此用指佛法。
⑭ 迨［dài］：等到。
⑮ 罗什，即鸠摩罗什，梵名（拉丁拼音）Kumārajīva，祖籍印度，出生于西域龟兹国（今新疆库车），早期佛经翻译家。东晋太元八年（384）到达甘肃凉州弘扬佛法，学习汉文；17年后，也就是后秦弘始三年（401），从凉州到长安；（转下页）

后，流风①一播，全国憬从③，三家④齐兴，别传⑤崛起。隋唐之交，小乘影迹几全绝矣。窃尝⑤论之，宗教者亦循进化之公例以行者也。其在野蛮时代，人群智识⑥卑下，不得不歆⑦之以福乐，慑⑧之以祸灾，故惟权法⑨得行焉。及文明稍进，人渐识自立之本性，断依赖之劣根，故由恐怖主义而变为解脱主义，由利己主义而变为爱他主义，此实法之所以能施也。中国人之独受大乘，实中国国民文明程度高于彼等数级之明证也。此其特色二也。

第三，中国之诸宗派，多由中国自创，非袭印度之唾余者。试以第三节⑩所列十宗论之："俱舍宗"惟世亲⑪造一论，印度学者竞习之耳，未尝确然立一宗名也；其宗派之成，实自中国。"成实宗"则自诃梨跋摩⑫以后，竺国⑬故书雅记⑭，无一道及，其流独盛于中国。"三论宗"在印，其传虽稍广，然亦

（接上页）其后 11 年间，与弟子一起首次从梵文中译出《大品般若经》《法华经》《维摩诘经》《阿弥陀经》和《金刚经》等。

① 流风：风气。
② 憬从：醒悟而跟从。
③ 三家：儒家、道家、佛家。
④ 别传［chuán］：指禅宗。
⑤ 窃尝：吾曾。
⑥ 智识：智力、见识。
⑦ 歆［xīn］：喜。
⑧ 慑：惧。
⑨ 权法：强权之法。
⑩ 第三节：即前一节（本文为《中国学术思想变迁之大势》第六章第四节）。
⑪ 世亲，梵名（拉丁拼音）Vāsubāndhu，也译"婆薮盘豆"（见前注）。
⑫ 诃梨跋摩，梵名（拉丁拼音）Hārivārman，亦译"师子铠""师子胄"，公元三四世纪间古印度高僧，作《成实论》。
⑬ 竺［zhú］国：即天竺，印度的旧译名。
⑭ 故书雅记：泛指典籍。

不如中国。至于《华严》，其本经之在印度已沉没于若明若昧之域（据言，佛灭后七百年，龙树菩萨始以神力摄取《华严经》于海龙宫，是为本经流通之始。此等神秘之说，虽不足深信，然《华严》不显于印度，可想见矣），而宗门更何有焉？在彼惟有《大不思议》《十地》两论推阐斯义，余无所闻。故依《华严》以立教，实自杜顺①、贤首②、清凉③、圭峰④之徒始也，虽谓"华严宗"为中国首创焉，可也。又如"禅宗"，虽云西土⑤有二十八祖，但密之又密，舍前祖与后祖相印接之一刹那顷⑥，无能⑦知其渊源，其真伪固不易辨。即云真矣，而印度千余年间，舍此二十八人外，更无一禅宗，可断然也。不宁惟是⑧，后祖受钵⑨，前祖随即入灭⑩，然则千余年间，不许同时有两人解禅宗正法者，又断然也。若是，则虽谓印度无禅宗焉，可也。然则佛教有六祖⑪而始有禅宗，其犹耶教⑫有路德⑬而始有布罗的士丹⑭也。若夫⑮

----

① 杜顺，即法顺，俗姓杜，唐朝高僧，华严宗初祖。
② 贤首，即法藏，字贤首，唐朝高僧，华严宗第三祖。
③ 清凉，亦称"金陵清凉院文益禅师"，俗姓鲁，唐朝高僧，华严宗第四祖。
④ 圭峰，亦称"圭峰定慧禅师"，俗姓何，唐朝高僧，华严宗第五祖。
⑤ 西土：指印度。
⑥ 舍前祖与后祖相印接之一刹那顷：意谓这二十八祖几乎都是同时代人。
⑦ 无能：不能。
⑧ 不宁惟是：不仅如此。
⑨ 受钵：领受衣钵。
⑩ 入灭：圆寂。
⑪ 六祖，禅宗六祖，即：初祖达摩、二祖慧可、三祖僧璨、四祖道信、五祖弘忍、六祖慧能。
⑫ 耶教：耶稣教，即基督教。
⑬ 路德，即马丁·路德，16世纪德国宗教家、"宗教改革"发起人之一，其后，天主教（基督教一教派）中分化出"新教"教派（在中国通常称为"耶稣教"）。
⑭ 布罗的士丹：Protestantism（基督教新教）的音译。
⑮ 若夫：譬如。

天台三昧①、止观法门②，特创于智者大师③一人，前无所承，旁无所受，此又其彰明较著者矣。由此言之，十宗之中，惟"律宗""法相宗""真言宗""净土宗"，尝盛于印度，而其余则皆中国所产物也。试更为一表以示之：

一　俱舍宗………印度有而不盛…………中国极盛

二　成实宗………印度创之而未行………中国极盛

三　律宗…………印度极盛……………中国次盛

四　法相宗………印度极盛……………中国亦极盛

五　三论宗………印度有而不盛…………中国极盛

六　华严宗………印度无………………中国特创极盛

七　天台宗………印度无………………中国特创极盛

八　真言宗………印度极盛……………中国甚微

九　净土宗………印度极盛……………中国次盛

十　禅宗…………印度无………………中国特创极盛

夫我国之最有功德、有势力于佛学界者，莫如教下三家之天台、法相、华严与教外别传之禅宗，自余④则皆支孽⑤附庸而已。

---

① 天台三昧：佛教修行法（三昧：梵文［拉丁拼音］samādhi 的音译，意为止息杂念，使心神平静）。
② 止观法门：佛教修行法（止观："止"为禅定，"观"为智慧，意为平心静气，以达圣智）。
③ 智者大师，俗姓陈，字德安，隋朝天台宗祖师。
④ 自余：其余。
⑤ 支孽：旁生的树枝，喻支系。

而此四派者，唯其一曾盛于天竺，其三皆创自支那，我支那人在佛教史上之位置，其视印度古德何如哉！窃尝考之，印度惟小乘时代有派别（佛灭后，小乘派分为二十部。初分为"大众部""上座部"，佛灭一世纪时所分也。次分为"一说部""说出世部""鸡胤部"，二世纪初叶所分也；次为"多闻部"，次为"说假部"，皆二世纪中叶所分也；次为"制多山部""西山住部""北山住部"，二世纪末叶所分也。此八派皆从"大众部"分出。次为说"一切有部"，三世纪初叶所分也；次为"犊子部"，复由"犊子部"分为"法上部""贤胄部""正量部""密林山部"；次为"化地部"，复由"化地部"分为"法藏部"，皆三世纪中叶所分也；次为"饮光部"，三世纪末叶所分也；次为"经量部"，四世纪初叶所分也。此十派皆由"上座部"分出也。四世纪以后，小乘衰熄，大乘未兴，佛教几绝），而大乘时代无派别。大乘之兴，凡为三期：第一期则马鸣也（六世纪末），第二期则龙树、提婆也（七世纪），第三期则无著、世亲也（九世纪），皆本师相传，毫无异论，略似汉初伏生①、申公②、后苍③等之经学。及其末流，如清辨，净空有于依他之上；戒贤、智光，论相性④于唇舌之间，壁垒稍新，门户胎立⑤，而法轮⑥已转而东⑦矣。盖大乘教义，萌芽于印度，而大成于支那，故求大法者，当不于彼而于我。此非吾之夸言也，殆亦古德之所同许⑧也。此其特色三也。

---

① 伏生，字子贱，汉初经学家，曾为秦博士。
② 申公，名培，《史记·儒林列传》称"申培公"，汉初经学家。
③ 后苍，字近君，汉初经学家，宣帝时博士。
④ 相性：外相与内性。
⑤ 胎立：始立。
⑥ 法轮：谓释迦牟尼说法圆通无碍、运转不息。
⑦ 东：东流（喻一去不返，如"付诸东流"）。
⑧ 同许：赞同、许可。

第四，中国之佛学，以宗教而兼有哲学之长。中国人迷信宗教之心，素称薄弱。《论语》曰："未能事人，焉能事鬼？""未知生，焉知死？"子墨子①谓程子②曰："儒以天为不明③，以鬼为不神。"（见《墨子·公孟》篇）盖孔学之大义，浸入人心久矣。佛、耶两宗，并④以外教入中国，而佛氏大盛，耶氏不能大盛者，何也？耶教惟以迷信为主，其哲理浅薄，不足以膺⑤中国士君子之心也。佛说本有宗教与哲学之两方面，其证道⑥之究竟也在觉悟（觉悟者，正迷信之反对也），其入道之法门也在智慧（耶教以为人之智力极有限，不能与全知全能之造化主比），其修道之得力也在自力（耶教日事祈祷，所谓借他力也）。佛教者，实不能与寻常宗教同视者也。中国人惟不蔽于迷信也，故所受者多在其哲学之方面，而不在其宗教之方面。而佛教之哲学，又最足与中国原有之哲学相辅佐者也。中国之哲学，多属于人事上、国家上，而于天地万物原理之学穷究之者，盖少焉。英儒斯宾塞⑦，尝分哲学为"可思议""不可思议"之二科。若中国先秦之哲学，则毗于⑧其"可思议"者，而乏于⑨其"不可思议"者也。自佛学入震旦⑩，与

----

① 子墨子，即墨子，名翟。
② 程子，《墨子·公孟》中人物。
③ 明：贤明。
④ 并：同。
⑤ 膺［yīng］：承当。
⑥ 证道：即悟道。
⑦ 赫伯特·斯宾塞，19世纪英国哲学家、"社会达尔文主义"倡导者。
⑧ 毗于：近于（毗：邻）。
⑨ 乏于：少于。
⑩ 震旦：古印度人对中国的称谓。

之相备①，然后中国哲学乃放一异彩。宋明后学②问复兴③，实食④隋唐间诸古德之赐⑤也。此其特色四也。

---

① 相备：相互完备。
② 宋明后学：即宋代与明代的理学。
③ 问复兴：寻求儒学复兴。
④ 食：获。
⑤ 意谓宋明理学家在儒学复兴时掺入了佛学。

论佛教与群治之关系①

梁启超

吾祖国前途，有一大问题，曰"中国群治"。尝以无信仰而获进乎？抑当以有信仰而获进乎？是也，信仰必根于宗教，宗教非文明之极则也。虽然，今日之世界，其去完全文明，尚下数十级；于是乎，宗教遂为天地间不可少之一物。人亦有言："教育可以代宗教。"此语也，吾未敢遽谓然也。即其果然，其在彼教育普及之国，人人皆渐渍、熏染，以习惯而成第二之天性，其德力、智力日趋于平等。如是则虽或缺信仰，而犹不为害。今我中国，犹非其时也。于是，信仰问题终不可以不讲。

同此一问题，而复生出第二之问题，曰"中国必须信仰"

---

① 群治：对群体的治理，即政治（当时尚无"政治"一词）。本文写于1902年，后收入《饮冰室文集》第十册，后收入《梁启超全集》第四卷。晚清，学界讨论欧美政治文明缘于基督教信仰，反顾吾国，臣民无坚定之宗教信仰，实为一大缺憾。本文作者即之十本文，称佛教或可成为吾国之国家宗教。为何？一曰"佛教之信仰乃智信而非迷信"；二曰"佛教之信仰乃兼善而非独善"；三曰"佛教之信仰乃入世而非厌世"；四曰"佛教之信仰乃无量而非有限"；五曰"佛教之信仰乃平等而非差别"；六曰"佛教之信仰乃自力而非他力"；此六者，实有益于国家政治之文明。作者此说，当时确有诸多响应者，但终不可行。其原因，于今已无须多究，仅其对佛教之评价，是否有溢美之嫌？然而即便如此，此文仍不失为吾国不多见之论宗教与政治之名篇。

也。则所信仰者，当属于何宗教乎？是也，吾提此问题者，将疑焉。曰吾中国固自有孔教在，而何容复商榷为也？虽然，吾以为孔教者，教育之教也，非宗教之教也。其为教也，主于实行，不主于信仰。故在文明时代之效或稍多，而在野蛮时代之效或反少。亦有心醉西风者流，睹欧美人之以信仰宗教而致强也，欲舍而从之以自代，此犹不达体要之言也。无论宗教与我民族之感情，枘凿①已久，与因势利导之义相反背也。又无论彼之有眈眈逐逐②者，循于其后；数强国利用之，以为钓饵，稍不谨慎而末流③人祸将不测④也。抑⑤其教义非有甚深微妙，可以涵盖万有、鼓铸群生者。以畴昔无信仰之国，而欲求一新信仰，则亦求之为最高尚者而已，而何必惟势利之为趋也！吾师友多治佛学，吾请言佛学！

一、佛教之信仰乃智信而非迷信

孔子曰："知之为知之，不知为不知，是知也。"又曰："虽圣人亦有所不知焉。"又曰："多闻阙疑⑥。"此以力行为教者，固应如此也。至如各教者，皆以起信为第一义，夫⑦知焉而信者

---

① 枘［ruì］凿［záo］："方枘圆凿"的略语（枘：榫头。凿：榫眼），喻两不相容。
② 眈眈逐逐：贪婪注视，急于攫取的样子。
③ 末流：终致。
④ 将不测：说不定。
⑤ 抑：抑或。
⑥ 阙［quē］疑：有怀疑的事情暂时不下断语，留待查考。
⑦ 夫：文言发语词。

可也，不知焉而强信者，是自欺也。吾尝见迷信者流，叩以最微妙、最上之理，则曰："此造物主之所知，非我侪①所能及焉！"是何异于专制君主之法律，不可与民共见也。

佛教不然。佛教之最大纲领，曰"悲智双运"，自初发心以迄成佛，恒以转迷成悟为一大事业。其所谓悟者，又非盲信之所谓也。故其教义云："不知佛而自谓信佛，其罪甚于谤佛②。"何以故？谤佛者有怀疑心，由疑入信，其信乃真。故世尊③说法四十九年，其讲关于哲学学理者十之八九，反复辩难，弗明弗措④，凡以使人积真智、求真信而已。浅见者或以彼微妙之论，为不切于群治。试问，希腊及欧洲近世哲学，其于世界文明为有裨⑤乎？为无裨乎？彼哲学论理之圆满，犹不及佛说十之一，今欧美学者且竞采以资研究，而我辈岂可于至高尚、极圆融之佛说反轻视而诟病之也？

要之，他教⑥之言信仰也，以为教主之智慧，万非教徒之所能及，故以强信为究竟。佛教之信仰也，以为教主之智慧，可与教徒平等，故以起信为法门⑦，佛教之所以信而不迷，正信是也。近儒斯宾塞⑧之言哲学也，区为"可知"与"不可知"之二

---

① 我侪［chái］：我辈。
② 谤佛：诽谤佛陀。
③ 世尊：释迦牟尼的旧译名。
④ 弗明弗措：语出《中庸》："有弗辨，辨之弗明弗措也。"意为：要么不辨，辨而不明则不行。
⑤ 裨［bì］：裨益。
⑥ 他教：其他宗教。
⑦ 法门：入道的门径。
⑧ 近儒：近代学者。斯宾塞，19世纪英国哲学家、社会达尔文主义创始人。

大部，盖从孔子"阙疑"①之训，救景教①徇物②之弊，而谋宗教与哲学调和也。若佛教，则于不可知之中而终必求其可知者也。斯氏之言，学界之过渡义也，佛说则学界究竟义也。

二、佛教之信仰乃兼善而非独善

凡立教者必欲以其教易③天下，故推教主之意，未有不以兼善④为归者也。至于以此为信仰之一专条者，则莫如佛教。地藏菩萨⑤曰："有一众生不成佛者，我誓不成佛。"此犹其自言之也！至于教人也，则曰："惟行菩萨行者⑥得成佛，其修独觉禅者⑦永不得成佛。"独觉者何？以自证自果为满足者也。学佛者有二途，其一则由凡夫直行菩萨行，由菩萨而成佛者也；其他则由凡夫而证阿罗汉果、而证阿那含果、而证斯陀含果、而证辟支佛果者也⑧。辟支佛果即独觉⑨位也，亦谓之"声闻⑩"，亦谓之

---

① 景教：基督教旧译名。Jesus（耶稣）曾被译为"景尊"；景尊教（简称"景教"）即耶稣教；耶稣教即基督教。

② 徇［xùn］物：追求身外之物。

③ 易：改变。

④ 兼善：普遍行善。语出《孟子·尽心上》："穷则独善其身，达则兼善天下。"

⑤ 地藏菩萨（梵名［拉丁拼音］Ksitigarbha），音译"克施地嘎诃帕"，与释迦牟尼同时代的古印度宗师，其教义为佛教所接纳，故尊为"菩萨"，有《地藏本愿经》传世。

⑥ 行菩萨行：像菩萨一样行善之人。

⑦ 修独觉禅者：独自修炼的人。

⑧ 阿罗汉果、阿那含果、斯陀含果、辟支佛果：分别是梵文（拉丁拼音）arhāt、anāgāmin、sakrdāgāmin、pratyekābuddha 的音译，印度佛教修炼的进阶，由低到高。证：获得。

⑨ 独觉：梵文（拉丁拼音）pratyekābuddha（辟支佛果）的意译，亦译缘觉，谓不经佛陀教诲而自行觉悟。

⑩ 声闻：梵文（拉丁拼音）sravāka 的意译，谓偶闻佛陀说法而自行觉悟。

"二乘①"。辟支佛与佛相去一间耳，而修"声闻""二乘"者，证至此已究竟②矣。故佛又曰："吾誓不为二乘声闻人说法。"佛果何恶于彼而痛绝之甚？盖以为凡夫与谤佛者，犹可望其有成佛之一日，若彼辈③，则真自绝于佛性也。所谓菩萨④、行者⑤，何也？佛说又曰："己已得度⑥，回向度他，是为佛行；未能自度，而先度人，是为菩萨发心⑦。"故初⑧地藏菩萨之造诣或比之阿罗汉、阿那含尚下数级焉，而以发心度人之故，即为此后证无上果之基础。彼菩萨者，皆至今未成佛者也（其有已成佛而现菩萨身者，则吾不敢知）。何以故？有"一众生未成佛，彼誓不成佛"故。夫学佛以成佛为希望之究竟者也，今彼以众生故，乃并此最大之希望而牺牲之，则其他更何论焉！故舍己救人之大业，唯佛教足以当之。虽然⑨，彼非有所矫强⑩而云然⑪也，彼实见夫众生性与佛性本同一源，苟⑫众生迷而曰我独悟，众生苦而曰我独乐，无有是处。譬诸国然⑬，吾既托生此国矣，未有国民愚而我可以独智、

---

① 二乘：即"声闻乘"与"缘觉乘"。

② 究竟：到头。

③ 彼辈：即指独觉者和声闻者。

④ 菩萨：梵文（拉丁拼音）bodhisāttva 音译为"菩提萨埵"，意为"觉悟之人"，简称"菩萨"。

⑤ 行者：即苦行僧（以苦行而至觉悟）。

⑥ 度：（名词）境界；（动词）使获境界。

⑦ 发心：发慈悲心。

⑧ 初：当初。

⑨ 虽然：虽如此，然……（表转折，同"但、但是"）。

⑩ 矫强：勉强。

⑪ 云然：说是。

⑫ 苟：若。

⑬ 譬诸国然：譬之于国也是。

国民危而我可以独安、国民悴①而我可以独荣者也。知此义者，则虽牺牲藐躬②之种种利益以为国家，其必不辞矣。

三、佛教之信仰乃入世而非厌世

明乎菩萨与罗汉之别③，则佛教之非厌世教，可知矣。宋儒④之谤佛者，动辄以是为清净寂灭而已，是与佛之大乘法，适成反例者也。景教者，衍⑤佛教之小乘⑥者也，翘然⑦悬一与人悬绝之天国以歆⑧世俗，此宁非⑨引进愚民之一要术？然自佛视之，则已堕落于二乘声闻界矣。佛固言天堂也，然所祈向⑩者，非有形之天堂，而无形之天堂；非他界之天堂，而本心之天堂。故其言曰："不厌生死，不爱涅槃⑪。"又曰："地狱天堂，皆为净土。"何以故？菩萨发心，当如是故，世界既未至"一切众生皆

---

① 悴：忧伤。

② 藐躬：原义为"孱弱的躯体"，引申为"区区一个人"。

③ 菩萨为行者，罗汉为修炼者。

④ 宋儒：指宋代理学家周敦颐、程颢、程颐、陆九渊、朱熹等人（其援用佛法，以倡"存天理，灭人欲"，作者认为是"谤佛"）。

⑤ 衍：衍生、发挥。

⑥ 小乘：小乘佛教，佛教之一派，注重修行、持戒，以求得"自我解脱"（"小乘"，梵文［拉丁拼音］Hinayàna 的译名，Hina 意为"小"，yàna 意为"车船"，也就是少数人能"乘坐"，因为该种佛教旨在修行，要求信徒严守原始佛教的苛刻戒律，故很少有人做到）。

⑦ 翘然：张扬貌。

⑧ 歆［xīn］：取悦。

⑨ 宁非：岂不是。

⑩ 祈向：向导、引导。

⑪ 涅槃［pán］：梵文（拉丁拼音）Nirvana 的音译，意译有"圆寂""寂灭""解脱""灭度"等，意为跳出轮回后的不生不灭、不增不减的"无"之境界，亦即"成佛"。

成佛"之位置，则安能而得一文明极乐之地？彼迷而愚者，既待救于人，无望能造新世界焉矣。使①智而悟者，又复有所欺于他界②，而有所厌于侪辈③，则进化④之责，谁与任之也？故佛弟子有问佛者曰："谁当下地狱？"佛曰："佛当下地狱。不惟下地狱也，且常住地狱；不惟常住也，且常乐地狱；不惟常乐也，且庄严⑤地狱。"夫学道而至庄严地狱，则其愿力⑥之宏大、其威神之广远，岂复可思议也？然非常住常乐之，乌克⑦有此？彼欧美数百年前，犹是一地狱世界，而今日已骤⑧进化若彼者⑨，皆赖百数十仁者君子，住之乐之，而庄严之者。知此义者，小之可以救一国，大之可以度世界矣。

四、佛教之信仰乃无量而非有限

宗教之异于哲学者，乃其言灵魂也。知灵魂，则其希望长⑩，而无易⑪召失望，以致堕落。虽然，他教之言灵魂，其义不如佛教之完善。景教之所揭橥⑫者，曰"永生天国"，曰"末

---

① 使：即使。
② 他界：他人。
③ 侪辈：同类。
④ 进化：演进、教化。
⑤ 庄严：亦作"妆严"，（动词）以……为装饰（以……为荣）。
⑥ 愿力：意志力。
⑦ 乌：何以。克：能。
⑧ 骤：急速。
⑨ 若彼者：像（现在）那样。
⑩ 长：长久。
⑪ 无易：不易。
⑫ 揭橥［zhū］：标志。

日审判"。夫永生犹可言也！谓其所生者在魂不在形①，于本义犹未悖也。至②末日审判之义，则谓人之死者，至末日期至，皆从冢③中起而受全知全能者④之鞫讯⑤；然则受鞫讯者，仍形耳，非魂也。借曰为魂，则此魂与形俱生，与形俱灭，何足贵也。故孔教专衍⑥形者也，则曰"善、不善，报诸子孙"。佛教专衍魂者也，则曰"善、不善，报诸永劫⑦"，其义虽不同，而各圆满俱足者也。惟景教乃介两者之间，故吾以为景教之言末日，犹未脱埃及时代野蛮宗教之迷见者也（埃及人之木乃伊术，保全尸壳，必有所为，殆⑧令今为将来再生永生地也。又按景教杂⑨形以言魂者甚多，即如所言亚当犯罪，其子孙堕落云云，亦其一端也。如⑩耶氏⑪之教，则吾辈之形虽受于亚当，然其魂则固受诸上帝。亚当一人有罪，何至罚及其数百万年以后之裔孙？此殆犹是"积善之家有余庆、不善之家有余殃"之义而已，仍属衍形教，不可谓之衍魂教也。耶氏言末日审判之义，峭紧严悚⑫，于度世法门，亦自有独胜处，未可厚非；特其言魂学之圆满，固不如佛耳）。夫"人生也，有涯，而知也，无涯"⑬，

---

① 魂：灵魂。形：肉体。
② 至：至于。
③ 冢［zhǒng］：坟墓。
④ 全知全能者：即上帝。
⑤ 鞫［jū］讯：审问。
⑥ 衍：衍生。
⑦ 永劫：永远轮回（即不得超度。劫：梵文［拉丁拼音］kalpa音译"劫簸"的简称，通常用来指生死轮回中的一次轮回，如"万劫不复"）。
⑧ 殆［dài］：大概。
⑨ 杂：（动词）掺杂。
⑩ 如：依照。
⑪ 耶氏：指耶稣。
⑫ 峭紧严悚：贴切、严肃。
⑬ 套用《庄子·内篇·养生主第三》中语："吾生也，有涯，而知也，无涯。以有涯随无涯，殆已！"

故为信仰者，苟不扩其量于此数十寒暑①以外，则其所信者终有所挠②。

浏阳③《仁学》云：

> 好④生而恶⑤死，可谓大惑不解者矣，盖于不生不灭⑥瞀⑦焉。瞀而惑，故明知是⑧义，特不胜⑨其死亡之惧，缩朒⑩而不敢为，力更⑪于人祸之所不及，益以⑫纵肆于恶，而顾景⑬汲汲⑭，而四方蹙蹙⑮，惟取自慰快⑯已尔，天下岂复有可治也！……今使灵魂之说明，虽至暗者⑰犹知死后有莫大之事及无穷之苦乐⑱，必不于生前之暂苦暂乐而生贪著厌

---

① 数十寒暑：几十年（喻人之一生）。

② 挠：阻。

③ 谭嗣同，湖南浏阳人，称"谭浏阳"。1898 年"戊戌变法"时与作者同为"帝党"（光绪帝一派），"变法"失败后，为"后党"（慈禧太后一派）所捕、处斩。

④ 好〔hào〕：喜好。

⑤ 恶〔wù〕：厌恶。

⑥ 不生不灭：即指"涅槃""寂灭"（佛教谓跳出轮回、脱离生死之苦后的境界为不生不灭的"涅槃"）。

⑦ 瞀〔mén〕：目不明（看不见）。

⑧ 是：此。

⑨ 特不胜：还是不能克服。

⑩ 缩朒〔nǜ〕：畏缩。

⑪ 更：变。

⑫ 益以：甚至。

⑬ 顾景：同"顾影"，自顾其影，有自矜、自负之意。

⑭ 汲〔jí〕汲：急切。

⑮ 蹙〔cù〕蹙：不安。

⑯ 自慰快：自我慰藉。

⑰ 至暗者：最不明理之人。

⑱ 死后有莫大之事及无穷之苦乐：（按佛教生死轮回说）人死后还要投胎再生，还有无穷苦乐。

离①之想；知天堂地狱森列于心目，必不敢欺饰放纵，将日迁善以自兢惕②；知身为不死之物③，虽杀之亦不死，则成仁取义，必无怛怖④于其衷⑤，且此生未及竟⑥者，来生固可以补之，复何所惮⑦而不韪韪⑧！

呜呼！此"应用佛学"之言也（西人于学术每分"纯理"与"应用"两门，如纯理哲学、应用哲学、纯理经济学、应用生计学等是也。浏阳《仁学》，吾谓可名为"应用佛学"）。浏阳一生得力在此，吾辈所以崇拜浏阳、步趋浏阳者，亦当在此。若此者，殆舍佛教末由⑨。

五、佛教之信仰乃平等而非差别

他教者，率众生以受治于一尊之下者也。惟佛不然，故曰："一切众生，皆有佛性。"又曰："一切众生，本来成佛，生死涅槃，皆如昨梦。"其立教之目的，则在使人人皆与佛平等而已。夫专制政体，固使人服从也；立宪政体，亦使人服从也，而其顺逆相反者，一则以服从于他，使我由之，而不使我知之也；一则

---

① 贪著厌离：贪著享乐、厌离受苦。
② 兢 [jīng] 惕：同"警惕"。
③ 身为不死之物：按佛教生死轮回说，死不过是轮回中的一环，死后还要再生，故言"不死"。
④ 怛 [dá] 怖：恐惧。
⑤ 衷：内心。
⑥ 竟：完成。
⑦ 惮 [dàn]：怕。
⑧ 韪 [wěi] 韪：奋勇貌。
⑨ 末由：无可循（末：通"莫"，没有。由：遵循）。

以我服从于我，吉凶与我同患也。故他教虽善，终不免为据乱世、小康世①之教；若佛，则兼三世②而通之者也。故信仰他教或有流弊，而佛教决无流弊也。

六、佛教之信仰乃自力而非他力

凡宗教必言祸福，而祸福所自出，恒③在他力。若祈祷焉，皆修福之最要④法门也。佛教未尝无言他力者，然只以施诸小乘，不以施诸大乘⑤，其通三乘⑥、摄三藏⑦而一贯之者，惟因果之义。此义者，实佛教中大小精粗、无往而不具者也。佛说："现在之果，即过去⑧之因；现在之因，即未来⑨之果。"⑩ 即造恶因，而欲今后无果焉，不可得避也。既造善因，而惧后此之无善果焉，亦不必忧也。

---

① 据乱世、小康世：康有为在《大同书》中提出的历史演变阶段有三：据乱世、升平世（亦称小康世）、太平世。大同之始基为据乱世，大同渐行为升平世（小康世），大同成就为太平世。

② 三世：即据乱世、升平世、太平世。

③ 恒：经常。

④ 要：要紧、重要。

⑤ 大乘：大乘佛教，佛教之一派，与小乘佛教相对，注重行善，普渡众生（"大乘"，梵文［拉丁拼音］Mahàyàna 的译名，Mahà 意为"大"，yàna 意为"车船"，也就是多数人能"乘坐"，因为该种佛教旨在"普渡众生"，仅要求信徒不作恶，即所谓"放下屠刀，立地成佛"）。

⑥ 二乘：即"声闻乘"（又名"小乘"）、"缘觉乘"（又名"中乘"）、"菩萨乘"（又名"大乘"）。佛教所说的"三乘"即三种交通工具，比喻运载众生渡越生死到涅槃彼岸之三种法门。

⑦ 三藏：佛教圣典分为三类：经藏、律藏、论藏（藏：藏书）。

⑧ 过去：指前世。

⑨ 未来：指来世。

⑩ 此为佛教因果报应说之出典。

因果之感召，如发电报者然：在海东者，动其电机，长短多寡若干度，则虽隔数千里外，而海西电机之发露①，长短多寡若干度，与之相应，丝毫不容假借。人之熏②其业③，缘于"阿赖耶识"④（"阿赖耶识"者，"八识"中之第八识也。其义不可得译，故先辈惟译音焉。欲知之者，宜读《楞伽经》及《成唯识论》），亦复如是。故学道者，必慎于造因，吾所已造者，非他人所能代消也；吾所未造者，非他人所能代劳也。又不徒吾之一身⑤而已。佛说此五浊⑥世者，亦由来生业识⑦熏结而成。众生所造之恶业，有一部分属于普通者，有一部分属于特别者，其属于普通之部分，则递相熏积，相结而为此器世间（佛说有所谓"器世间"、有"情世间"者，一指宇宙之山河大地、器物等；一指有情识之众生也）。其特别之部分，则各各之灵魂（灵魂本一也，以妄生分别故，故为各各），自作而自受之。而此两者，自无始⑧以来，又互相熏焉，以递引于无穷。故学道者，（一）当急造切实之善因，以救吾本身之堕落。（二）当急造宏大之善因，以救吾所居之器世间之堕落。何也？苟器世间犹在恶浊，则吾之一身，未有能达净土者也。所谓"有一众生未成佛，

---

① 发露：显示。
② 熏：熏染。
③ 业：同"孽"，谓人在轮回中的罪孽。
④ 阿赖耶识："阿赖耶"为梵文（拉丁拼音）alaya 的音译，又译作"阿罗耶识"、"阿黎耶识"、"阿剌耶识"等，旧译作"无没识"，新译作"藏识"，或作"本识"、"宅识"，为佛法唯识学中的"八识心王"中所说的第八识，指本性与妄心的和合体，一切善恶种子寄托的所在（类似于现代心理学所说的"潜意识"、"无意识"，所不同者，佛教所说"阿赖耶识"会随轮回而转世）。
⑤ 一身：一生（现世）。
⑥ 五浊：众生浊、见浊、烦恼浊、命浊、劫浊。
⑦ 来生业识：亦作"来生业"，即来世的罪孽。
⑧ 无始：不知何时开始之时。

则我不能成佛"，是事实也，非虚言也。

嘻！知此义者，可以通于治国矣。一国之所以腐败衰弱，其由来也，非一朝一夕。前此之人，莳①其恶因，而我辈今日，刈②其恶果。然我辈今日非可诿咎③于前人而以自解免也。我辈今日而亟④造善因焉，则其善果，或二一年后而收之，或十余年后而收之。造善因者，递续⑤不断，则吾国遂可以进化而无穷。造恶因者亦然，前此恶因既已蔓苖⑥，而我复灌溉以播殖之，其贻祸将来者，更安有艾⑦也？又不徒⑧一群为然⑨也，一身⑩亦然。吾蒙此社会种种恶业之熏染，受而化之，旋复以熏染社会。我非⑪自洗涤之而与之更始⑫，于此而妄曰"吾善吾群，吾度吾众"，非大愚则自欺也。故佛之说因果，天地间最高尚圆满、博深切明之学说也。近世达尔文、斯宾塞诸贤言进化学者，其公理大例，莫能出二字⑬之范围，而彼⑭则言其理，此⑮则并详其法。此佛学所以切于人事、征⑯于实用也。夫寻常宗教家之所短者，

---

① 莳 [shì]：种植。
② 刈 [yì]：收割。
③ 诿咎：怪罪。
④ 亟 [jí]：急切。
⑤ 递续：持续。
⑥ 蔓苖：繁茂。
⑦ 艾：完。
⑧ 不徒：不仅。
⑨ 然：如此。
⑩ 一身：人。
⑪ 非："非……不可"之略。
⑫ 更始：重新开始。
⑬ 二字：即"因果"。
⑭ 彼：他们（达尔文、斯宾塞诸贤）。
⑮ 此：佛学。
⑯ 征：用。

在导人以倚赖根性①而已，虽有"天助自助者"一语以为之弥缝，然常横"天助"二字于胸中，则其独立不羁之念所灭杀，已减不少矣。若佛说者，则父不能有增益于其子，怨敌不能有所咒损于其仇，无歆羡②、无畔援③、无挂碍④、无恐怖，独往独来，一听众生之自择。中国先哲之言曰"天作孽，犹可违⑤；自作孽，不可违"，又曰"自求多福，在我而已"，此之谓也。特⑥其所言因果相应之理，不如佛说之深切著明耳。佛教，倜倜乎⑦远⑧哉！

以上六者，实鄙人⑨信仰佛教之条件也。于戏⑩！佛学广矣！大矣！深矣！微矣！岂区区末学⑪所能窥其万一⑫？以佛听之，不知以此为赞佛语耶？抑谤佛语耶？虽然，即曰谤佛，吾仍冀⑬可以此为学佛之一法门。吾愿造是⑭因，且为此南赡部洲⑮有情

①　倚赖根性：依赖性。
②　歆羡：同"羡慕"。
③　畔援：暴戾。
④　挂碍：牵挂、惦念。
⑤　违：抗。
⑥　特：但。
⑦　倜［tì］倜乎：旷远貌。
⑧　远：幽远（深奥）。
⑨　鄙人：作者自谓。
⑩　于戏：亦作"于熙"，感叹词。语出《礼记·大学》："《诗》云：'于戏！前王不忘。'君子贤其贤而亲其亲，小人乐其乐而利其利。"
⑪　末学：作者自谓，我。
⑫　万一：万分之一。
⑬　冀：希望。
⑭　是：此。
⑮　南赡部洲：梵文（拉丁拼音）Jambudvipa 的译名，亦译"南瞻部洲"，佛教传说中的"四大部洲"之一。按佛经描述，中国似属此部洲，故被用来代称中国。

众生造是因，佛力无尽，我愿亦无尽。

难者①曰："子言②佛教有益于群治，辩③矣！印度者，佛教之祖国也，今何为至此④?"应之曰："嘻！子何暗于⑤历史！印度之亡，非亡于佛教，正亡于其不行佛教也。自佛灭度⑥后十世纪⑦，全印度已无一佛迹，而婆罗门⑧之余焰，尽取而夺之；佛教之平等观念、乐世观念，悉已摧亡，而旧习之喀私德⑨及苦行生涯，遂与印相终始焉。后更乱于回教⑩，末流遂绝于今日。然则印度之亡，佛果有何罪哉！"吾于为是言，则彼景教所自出之犹太⑪，今又安在？夫宁得⑫亦以犹太之亡，为景教优劣之试验案⑬也。虽然，世界两大教，皆不行于其祖国，其祖国皆不存于今日⑭，亦可称天地间一怪现象矣！

———————————

① 难者：发难者。

② 子言：你说。

③ 辩：自辩（自说自话）。

④ 至此：指 18 世纪中叶印度亡国而沦为英国殖民地。

⑤ 暗于：不明白。

⑥ 灭度：涅槃（Nirvana）的意译，亦译"圆寂"（即"圆满诸德、寂灭诸恶"之义）。

⑦ 十世纪：十个世纪，即一千年。

⑧ 婆罗门：婆罗门教，即早期印度教（佛教可称源于此的"新教"。但公元 9 世纪后，佛教在印度逐渐衰亡了）。

⑨ 喀私德：英语 Caste（印度种姓制度）的译音。

⑩ 回教：即伊斯兰教（公元 8 世纪传入印度，公元 11 世纪最为兴盛）。

⑪ 犹太：即以色列（当时以色列尚未复国，故后文说"今又安在"，意指以色列国已灭亡）。

⑫ 宁得：难道。

⑬ 试验案：依据。

⑭ 意谓以色列和印度均已灭亡（当时印度沦为英国殖民地已有百年之久）。

章太炎简介

　　章太炎（1869—1936），名炳麟，字枚叔，号太炎，浙江余杭人，近代学者、国学大师。出身富家，自幼饱读经书。二十五岁时（即1894年甲午战争之年）在上海任《时务报》主笔，撰文宣传"排满"（推翻满清朝廷）。1898年戊戌变法失败，遭通缉，逃往台湾。翌年东渡日本，与梁启超联络，当年返回上海，在《亚东时报》任编辑。1920年春再次逃亡日本，寓梁启超《新民丛报》馆，并与孙中山结交；当年夏回国，计划写《中国通史》。1906年再度赴日本参加同盟会，和梁启超分道扬镳，并继任《民报》主笔，与梁启超主编的《新民丛报》论战。1911年辛亥革命，回到上海。1912年，民国成立，去北京任民国政府枢密顾问。翌年，因反对大总统袁世凯而遭软禁三年，至1916年袁世凯死后才恢复自由，返回上海，仍从事各种政治活动。至30年代初，逐渐脱离政治，主张读经，并于1935年在苏州开设"章氏国学讲习会"。但至翌年，即病逝于苏州寓所，享年六十七岁。其一生虽奔波颠离，却从未间断学术研究，其研究范围包括文字学、文学、历史学、哲学、政治学、佛学等。其著述甚丰，有四百余万字，除刊入《章氏丛书》和《章氏丛书续编》外，遗稿又刊入《章氏丛书三编》。1980至1994年，上海人民出版社陆续出版《章太炎全集》八卷。

论佛法与宗教、哲学以及现实之关系①

章太炎

一、佛法果应认为宗教邪？抑认为哲学邪？

近代许多宗教，各有不同。依常论说来，佛法也是一种宗教，但问怎么样唤作宗教，不可不有个界说。假如说有所信仰，就称宗教，那么各种学问，除了怀疑论以外，没有一项不是宗教，就是法理学家信仰国家，也不得不给他一个宗教的名号，何但②佛法呢？假如说崇拜鬼神，唤作宗教，像道教、基督教、回回教③之类，都是崇拜鬼神，用宗教的名号，恰算正当。佛法中原说六亲不敬、鬼神不礼，何曾有崇拜鬼神的事实？明明说出"心、佛、众生，三无差别"，就便礼佛念佛等事，总是礼自己

---

① 本文系 1910 年作者于日本讲学期间为中国留日学生所作的讲演之一，后收入《章太炎讲演集》(河北人民出版社，2004)。此篇谈佛法，首先称佛法本非宗教，而是哲学——既然如此，对佛法也就不必拘泥，可自由研究。其次，佛法既非宗教，说它尚不圆满还需后人弥补，也就没有"谤佛"之罪。再次，中国佛法和印度佛法本有不同，可以互补，不必唯印度佛法是瞻。最后，佛法固然可敬，但说到底，其实与吾国古已有之的老庄道学也差不多，并无特别高明之处。

② 何但：何止。

③ 回回教：即伊斯兰教。

的心、念自己的心，并不在心外求佛。这一条界说，是不能引用了。惟有六趣升沉①的道理，颇有宗教分子羼入②在里头。究竟天宫、地狱等语，原是《摩拿法典》流传下来，佛法既然离了常见、断见，说明轮回③的理，借用旧说证明，原是与自己宗旨无碍，所以没有明白破他④。只像古代中国、希腊许多哲学家，孔子也不打破鬼，琐格拉底⑤、柏拉图也不打破神。现在欧洲几个哲学家，如笛佉尔⑥、康德那一班人，口头还说上帝，不去明破，无非是随顺世俗、不求立异的意思，到底与本宗真义，没有什么相干。总是哲学中间兼存宗教，并不是宗教中间含有哲学。照这样看来，佛法只与哲学家为同聚，不与宗教家为同聚。在他印度本土，与胜论、数论⑦为同聚，不与梵教⑧为同聚。试看"佛陀菩提⑨"这种名号，译来原是"觉"字；"般若⑩"译来原

---

① 六趣升沉：指众生在六道中生死循环，亦称"六道轮回"。

② 羼〔chàn〕入：同"掺入"。

③ 轮回：梵文（拉丁拼音）Samsāra 的意译，音译"僧婆洛"，亦称"六道轮回"，原是印度婆罗门教主要教义之一，佛教沿用，即认为一切有生之物，如不寻求"解脱"，就永远在"六道"（天、人、阿修罗、畜生、饿鬼、地狱）中生死相续，无有止息。

④ 他：同"它"。下同。

⑤ 琐格拉底，通译"苏格拉底"，古希腊哲学开创者。

⑥ 笛佉尔：通译"笛卡儿"，17 世纪法国哲学家、西方近代理性主义哲学开创者。

⑦ 胜论、数论：亦称"胜论派""数论派"，古印度两大学派，类似中国古代的儒家和道家。

⑧ 梵教：即婆罗门教，亦称印度教，古印度原始宗教。

⑨ 佛陀菩提：佛陀和菩提的合称，指佛教创始人释迦牟尼（佛陀：梵文〔拉丁拼音〕Buddha 的音译，亦译"菩萨"。菩提：梵文〔拉丁拼音〕Bodhi 的音译，原是树名，因传说释迦牟尼在此树下顿悟成佛，故用此树喻"觉悟"）。

⑩ 般若：梵文〔拉丁拼音〕Prajñā 的音译，音译为"智慧"。

是"智"字。一切大乘①的目的，无非是"断而知障""成就一切智者"，分明是求智的意思，断不是要立一个宗教，劝人信仰。细想释迦牟尼②的本意，只是求智，所以发明一种最高的哲理出来。发明以后，到底还要亲证，方才不是空言。像近人所说的"物如""大我""意志"，种种高谈，并不是比不上佛法，只为没有实证，所以比较形质上的学问，反有逊色。试想种种物理，无不是从实验上看出来，不是纯靠理论。哲学反纯靠理论，没有实验，这不是相差很远么？佛法的高处，一方在理论极成，一方在圣智内证。岂但③不为宗教起见，也并不为解脱生死起见，不为提倡道德起见，只是发明④真如⑤的见解，必要实证真如。发明如来藏⑥的见解，必要实证如来藏。与其称为宗教，不如称为"哲学之实证者"。至于布施、持戒、忍辱等法，不过为对治妄心。妄心不起，自然随顺真如。这原是几种方法，并不是

---

　　① 大乘：大乘佛教的简称（大乘：梵文［拉丁拼音］Mahàyàna 的译名，Mahà 意为"大"，yàna 意为"车船"，也就是多数人能"乘坐"，因为该种佛教旨在"普渡众生"，仅要求信徒不作恶，即所谓"放下屠刀，立地成佛"。与大乘相对是小乘。小乘：梵文［拉丁拼音］Hinayàna 的译名，Hina 意为"小"，yàna 意为"车船"，也就是少数人能"乘坐"，因为该种佛教旨在修行，要求信徒严守原始佛教的苛刻戒律，故很少有人做到）。

　　② 释迦牟尼（梵名［拉丁拼音］Sākyamuni），意为"释迦族的圣者"，对佛教创始人乔达摩·悉达多（梵名［拉丁拼音］Siddhārtha Gautama，约前 624—前 544）的尊称，亦称"如来""如来佛"，其原本是古印度北部迦毗罗卫国（位于今尼泊尔境内）的王子。

　　③ 岂但：非但。

　　④ 发明：发现、阐明。

　　⑤ 真如：梵文（拉丁拼音）Tathatā 的译名，意谓永恒存在的实体、实性，亦即宇宙万有的本体，亦译作"实相""法界"等。

　　⑥ 如来藏：梵文（拉丁拼音）ālaya 的译名，亦音译为"阿赖耶识"，或意译为"藏识"，即佛教所谓"眼识""耳识""鼻识""舌识""身识""意识"中的最后一识——意识。

他的指趣①。又像发大悲心、普渡众生等语，一面看来，原是最高的道德，因为初发大心的时候，自己还是众生，自然有一种普渡众生的志愿；一面看来，凡人自己得着最美的境界，总要与人共乐，譬如游山听乐，非众不欢。释迦牟尼未成正觉以前，本来也和常人不异，见到这一处，自然要与人共见，证到这一处，自然要与人共证，若不是说法利生②，总觉得自己心里不很畅快。所以据那面看是悲，据这面看是喜。若专用道德的眼光去看，虽是得了一面，却也失了一面。道德尚且不是佛的本旨，何况宗教呢？从来着③了宗教的见解，总不免执守自宗，攻击异己。像印度的数论、胜论，原有可采；中国的老子、庄子，意趣更高，但把佛法看成宗教的人，不论他人说是说非，总要强下④许多辩难；有时见他人立意本高，就去挑拨字句，吹毛求疵，不晓得字句失当的所在，佛法中也是不免。到了这边，又必要加许多弥缝⑤，施许多辩护，真是目见千里，不见其睫。现在且举一例：且如老庄多说⑥自然，佛家无不攻驳自然，说道本来没有自性，何况自然？那么，我请回敬佛家一句，佛法也有"法尔"⑦两个字，本来没有法性，何况法尔？人本无我，没有自然；法本无

①　指趣：宗旨。
②　说法利生：诉说佛法，以利众生。
③　着：（动词）抱有。
④　下：（动词）提出。
⑤　弥缝：弥补。
⑥　多说：常说。
⑦　法尔：佛教中的"法"是梵文（拉丁拼音）Dharma的译名，音译"达摩"，意译又作"法然""自然""天然""自尔""法尔自然""自然法尔"，指万象（诸法）于其天然自然而非经由任何造作之状态。

我，连法性也不能成立了。这种话，只要以矛刺盾，自己无不陷入绝地。后来佛法分宗，也往往有这种弊病。本来专门讲学，原是要彼此辩论。但据着道理的辩，总是愈辩愈精；执着宗教的辩，反是愈辩愈劣。我想陈那①菩萨作《理门论》，只用现量、比量②，不用圣教量③，真是辩论的规矩。可惜亚东④许多高僧，从没有在这边着想。这种病根，都为执着宗教的意见，不得脱离，竟把"佛法无译"四个字忘了。若晓得佛法本来不是宗教，自然放大眼光，自由研究。纵使未能趣入实证一途，在哲学的理论上，必定可以脱除障碍，获见光明。况且大乘的见解，本来"依义不依文，依法不依人"。可见第一义谛，不必都在悉檀⑤；地上菩萨⑥，不必专生印度。恐怕文殊⑦、弥勒⑧，本来是外道宗师，大乘采他的话，就成一种最高的见解。何但文殊、弥勒呢？西向希腊，东向支那，也可以寻得几个出来。虽然不在僧伽⑨，他的话倒不失释迦牟尼的本意啊！

---

① 陈那（梵名［拉丁拼音］Dignāga），古印度佛教高僧，大乘唯识宗创始人，尊为"菩萨"。

② 现量：即"用事实来证明"。比量：即"用推理来证明"。

③ 圣教量：即"用圣者的教导来证明"。

④ 亚东：东亚（指中国、日本、韩国等）。

⑤ 悉檀：佛法所涉范畴（如"四悉檀"，即佛法的四范畴）。

⑥ 地上菩萨：世上的佛教宗师。

⑦ 文殊（梵名［拉丁拼音］Mañjuśrī），全名译作"文殊师利"或"曼殊室利"，古印度宗师、大乘佛教唯识宗始祖，尊为"菩萨"。

⑧ 弥勒（梵名［拉丁拼音］Maitreya），全名译作"弥勒利耶"，古印度宗师、大乘佛教瑜伽行宗始祖，尊为"菩萨"，中国民间称为"弥勒佛"。

⑨ 僧伽：佛教的别称（本文作者认为，文殊、弥勒可能不是佛教徒，而是"外道宗师"）。

二、佛法亦有不圆满处，应待后人补苴①

佛法中原有真谛、俗谛②二门。本来不能离开俗谛去讲真谛。大乘发挥的道理，不过"万法唯心"四个字，因为心是人人所能自证，所以说来没有破绽。若俗谛中不可说心，也就不能成立这个真谛。但在真谛一边，到如来藏缘起宗、阿赖耶缘起宗③，已占哲学上最高的地位。只在俗谛一边，却有许多不满。那不满在何处呢？佛法只许动物为有情，不许植物为有情，至于矿物，更不消说了。兄弟④平日好读《瑜伽师地论》⑤，却也见他许多未满⑥。《瑜伽》六十五云：

> 离系外道⑦，作如是说：一切树等⑧，皆悉有命，见彼与⑨内有命数法⑩，同增长故。应告彼言：树等增长，为命为因，为更有余⑪增长因耶？若彼唯用命为因者，彼未舍命，而于一时无有增长——不应道理⑫。若更有余增长因

---

① 补苴〔jū〕：弥补缺陷。
② 真谛：意为"奥义"。俗谛：意为"常识"。
③ 如来藏缘起宗：即阿赖耶缘起宗（见"如来藏"注。缘起宗：亦作"缘起法"，因缘之说）。
④ 兄弟：作者自谓，我。
⑤ 《瑜伽师地论》：简称《瑜伽》，相传为弥勒口授。
⑥ 未满：不足之处。
⑦ 离系外道：其他教系教义（即非佛教）。
⑧ 一切树等：各种各样的树。
⑨ 与：同"于"。
⑩ 命数法：命定法则。
⑪ 余：此外的。
⑫ 不应道理：不合道理。

者，彼虽无命，由自因缘①，亦得增长，故不应理。又无命物无有增长，为有说因？为无说因？若有说因，此说因缘不可得故——不应道理。若无说因，无因而说而必尔②者——不应道理。又诸树等物与有命物，为一向③相似？为不一向相似？若言一向相似者，诸树等物根下入地，上分增长，不能自然动摇其身，虽与④语言而不报答⑤，曾不见有善恶业转⑥、断枝条已，余处更生——不应道理。若言一向不相似者，是则由相似故可有寿命，不相似故应无寿命——不应道理。

这许多话，不用多辩，只要说"寿、暖、识三，合为命根"。植物也有呼吸，不能说无寿；也有温度，不能说无暖；也有牝牡⑦交合的情欲，卷虫食蝇的作用，不能说无识。依这三件，植物决定⑧有命。至于根分入地、不能动摇，这与蜗牛、石蛙，有什么区别？语言不报⑨，也与种种下等动物相似。断枝更生，也与蜥蜴续尾、青蛙续肢别无两样。惟有善恩业果一件，是人所不能证见，都无庸辩。种种不能成立。植物无命，费了许多

---

① 因缘：指"余增长因"。
② 尔：这样。
③ 一向：从来。
④ 与：同"予"。
⑤ 报答：回答。
⑥ 善恶业转：因果报应、生死轮回。
⑦ 牝［pìn］牡：雌雄。
⑧ 决定：决然肯定。
⑨ 报：回答。

辩论，到底无益。至于矿物，近人或有说他无知，或有说他有知。依唯心论，到底不能说矿物无知。为什么缘故呢？唯心论的话，简说成①心有境无。请问触着墙壁，为什么不能过去？唯心论家，必定说身识②未灭，所以触觉不灭。触觉未灭，所以不能透过障碍。竟究③不是外界障碍，只是身识上的相分。若身识灭了，触觉就灭。触觉灭了，自然不觉障碍，可以透过。这几句话，原来不错，但又请问唯心论家：石块和石块相遇，金球和金球相遇，也一样不能透过。请问石块和金球，还是有身识呢，还是没有身识呢？若没有身识，为什么不能透过障碍？石块、金球可说没有身识，便是动物也可说成没有身识，这是依着什么论根④？若说石块、金球也有身识，为什么佛法总说四大⑤是"无情数⑥"呢？问到这句，佛法中唯心论师，口就哑了。到底不说矿物有知，不能完成自己的唯心论。现在依《起信论》⑦说，更有证成"矿物有知"的道理。原来"阿赖耶识"，含有三个：一是"业识"，二是"转识"，三是"现识"。"业"就是作用的别名，又有动的意思。矿物都有作用，风水等物，更能流动，可见矿物必有"业识"。"转识"就是能见的意思，质言就是能感触的作用。矿物既然能触，便是能感。可见矿物必有"转识"。

① 简说成：简单说来就是。
② 身识：身体意识。
③ 竟究：归根结底。
④ 论根：理论根据。
⑤ 四大：即"四大皆空"之"四大"，即"地、水、火、风"。
⑥ 无情数：佛教将万物分为"有情数"和"无情数"两大类。"有情数"概指有生之物，"无情数"概指无生之物。
⑦ 《起信论》：全称《大乘起信论》，相传为马鸣（梵名［拉丁拼音］AśvaghoṢa，古印度高僧，禅宗尊为天竺第十二祖）所著。

"现识"就是境界现前的意思。矿物和异性矿物，既能亲和，也能抵抗，分明是有境界现前，可见矿物也有"现识"。若依《成唯识论》分配，"业识"便是"作意"，"转识"便是"触"，"现识"便是"受"，并与"阿赖耶识"相应，但没有"想""思"二位。所以，比较动植物的"识"，就退在下劣的地位。况且矿物不但有"阿赖耶识"，兼有意根①。何以见得呢？既有保存自体的作用，一定是有"我执②"。若没有"我执"，断无保存自体的理。只是意根中"法执③"有无，还没有明白证据，不容武断。矿物既有"阿赖耶""意根"二种，为什么缘故不见其流转生死啊？因为流转生死，必要"感""业"二种为缘。矿物的感，只有"俱生我执④"，没有"分别我执⑤"；只有"显境⑥"名言⑦，没有"表义⑧"名言。矿物的"业"，只有"无记⑨"性，没有"善"性、"恶"性。流转生死的缘，缺了大半，所以没有流转生死的果。这也是容易说明的。但虽说矿物有知，依旧不容说矿物有质⑩。只是矿物和矿物相遇，现起触觉，毕竟没有窒碍的本体。动物和矿物相遇，动物现起色觉、声觉、香觉、味

---

① 意根："六根"之一，指知觉器官所有的知觉能力。
② 我执：自我意识。
③ 法执：外物（感知）意识。
④ 俱生我执：天生（原始）的自我意识。
⑤ 分别我执：区别他人（他物）与自我的自我意识。
⑥ 显境：显示境况。
⑦ 名言：可称、可言。
⑧ 表义：表达含义。
⑨ 无记：不可记为善恶。
⑩ 有质：有灵之意。

觉、触觉，毕竟没有五尘①的本质②。五尘的幻觉，只为两种有意根的东西相遇而生，所以"心有境无③"依然成立。这植物有命、矿物有知的俗谛，佛法中不能说得圆满。我辈虽然浅陋，还可以补正得一点儿。

还有一句话，是兄弟平日的意见。现在讲唯心论的，必要破唯物论。依兄弟者，唯心论不必破唯物论，反可以包容得唯物论，只要提出"三性"，就可以说明了。第一是据"依他起自性④"。唯物论家为什么信唯物呢？除了感觉，本来无物可得。感觉所得，就是唯心论的"现量"。信唯物的，原是信自己的感觉，即便归入心上的现量了。第二是据"遍计所执自性⑤"。有一类唯物论师，说感觉所得，不过现象，分析出来，只是色、声、香、味、触五种。此外还有物的本质，不是色、声、香、味，也不是触，没有方分，没有延长，五感所不能到，就是真正的物质了。但五感所不能到，就在"现量"以外，又兼一切物质，界限最广，更没有什么"比量"。离了"现量""比量"，突然说有物质，那便非经验、非推理的说话。这句话由哪里起来，只为我的意根中间原是有"法执"。依着"法执"做自己思想的靠傍，就说出"物必有质"的话来。那么，"物质"这一句话，

---

① 五尘：佛教谓色、声、香、味、触能污染真性，故称"五尘"。

② 本质：原本之质，指在人身上的性质。

③ 心有境无：只有"心"而无"境"（佛教为绝对唯心论，只承认"心"是真实的，"心"外之"境"均被视为虚幻）。

④ 依他起自性：与"遍计所执性"和"圆成实性"合称"三性"，意为一切事物均由诸缘和合、心识变现而有，虚幻不实。

⑤ 遍计所执自性：意为产生"实有我、实有法"的妄执性（即我执与法执）。

就是唯心论中所说的"非量"①，分明是句妄语。然而离了意根，再不能无端想成，这不是以心量为主、物质为从吗？第三是据"圆成实自性②"。动物、植物也有知，矿物也有知，种种不过"阿赖耶识"所现的波浪。追寻原始，惟一真心。况且分析一物到分子的境界，展转分成小分子、微分子的境界，总有度量可分，不能到最小最微的一点。所以《庄子·河伯篇》说："物量无穷。"既是无穷，必不能说是实有。也像空间时间，没有边际，就不能说是实有。到底是心中幻象，就此可以证成"诸法不生"。矿物、植物、动吻，同是不生，那就归入"圆成实性"，所以说不必破唯物论。尽容他的唯物论说到穷尽，不能不归入唯心。兄弟这一篇话，或者不为无见吧！

三、印度佛法、支那佛法，本自有异，
不可强同，而亦有互相补助之处

佛法在印度，小乘分为二十余部，大乘只分"般若""法相"二家。"般若"不立"阿赖耶识"，又说"心境皆空"，到底无心无境，不能成立一切缘起。但《中论》③所说："因缘所生法，我说即是空，亦名为假名，亦名为中道。""空"便是"遍计所执自性"，"假"便是"依他起自性"，"中"便是"圆成实自性"，个过名目有点儿个同罢了。照这样看，般若宗的真义，

---

① 非量：三量之一，指似现量与似比量，为错误的知觉与推论。
② 圆成实自性：意为"二空所显，圆满成就，诸法实性"。
③ 《中论》：古印度高僧龙树（梵名［拉丁拼音］Nāgārjuna）所著。

还是唯心。般若所破的"心境",即是法相的"见相",也没有直破真心。法相宗提出"阿赖耶识",本是补般若宗的不备。以前本有《起信论》,提出"如来藏"来。如来藏与阿赖耶识,《楞伽经》① 中本来不说分别。《密严经》② 也说:"佛说如来藏,以为阿赖耶。恶魔不能知,藏即赖耶识。"《起信论》里头,虽有分别,到底八识九识,可以随意开合,并不是根本的差违。法相说三性三无性③,《楞伽经》也说三性三无性。大概《楞伽经》《密严经》《解深密经》,同是法相宗所依据。《起信》《瑜伽》,也不过是同门异户。所以,印度本土,除了般若、法相,并没有别的大乘。一到中国,却分出天台、华严二宗。天台所据的是《法华经》④,华严所据的是《华严经》⑤。这两部经典,意趣本来不甚明白。智者⑥、贤首⑦两公,只把自己的意见随便附会,未必就是两经的本旨。其间暗取老庄旧说,以明佛法,其实不少,所以称为"支那佛法"。现在把两边的佛法比较一回,到底互有长短。大概印度人思想精严,通大乘的,没有不通小乘;解佛法的,没有不晓因明⑧,所以论证多有根据,也没有离了俗谛、空说真谛的病。中国却不然,思想虽然高远,却没有精细的

----

① 《楞伽经》:佛经,全称《楞伽阿跋多罗宝经》,亦称《入楞伽经》《大乘入楞伽经》。

② 《密严经》:佛经,全称《大乘密严经》。

③ 三性三无性:三性即依他起自性、遍计执自性、圆成实自性;三无性是从另一个角度表达的"三性",意思相同。

④ 《法华经》:佛经,全称《妙法莲华经》。

⑤ 《华严经》:佛经,全称《大方广佛华严经》。

⑥ 智者,即智顗 [yǐ],俗姓陈,字德安,隋代高僧、天台宗第四祖。

⑦ 贤首,即法藏,字贤首,西域康居国（位于今巴尔喀什湖和咸海之间）人,至祖父始迁居长安,以康为姓,唐代高僧、华严宗第三祖。

⑧ 因明:梵文（拉丁拼音）Hetuvidyā 的意译,指古印度的逻辑学。

研求，许多不合论理、不通俗谛的话，随便可以掩饰过去。这就是印度所长，中国所短。且看华严宗立"无尽缘起说"，风靡天下，人人以为佛法了义①远在《起信》《瑜伽》之上。依兄弟想，本来《庄子·寓言篇》曾经说过："万物皆种②也，以不同形相禅③，始卒④若环，莫得其伦⑤。"这就是华严宗的"相入"说。《齐物论》⑥也说："万物与我为一。"这就是华严宗的"相即"说。贤首暗取庄子意思，来说佛法，原是成得一种理论。但如来藏缘起说、阿赖耶缘起说，都是以心为本因，无尽缘起说⑦到底以什么为本因？是无量物质互为缘起呢，还是无量心识互为缘起呢？或者无量物质、无量心识互为缘起呢？到底说来暗昧，没有根源。所立二喻，一是"十钱喻"，二是"椽舍⑧喻"。"十钱喻"说，十个钱是一个钱所缘成，一个钱又是十个钱所缘成。究竟不过把算位进退。一的进位便是十，所以说十数是一数所缘成。一的退位，便是小数的一，所以说一数是十个小数的一所缘成。但在算位上可以这样讲去，在有形质的物件上，就不容易这样讲去。为什么呢？十个钱可说是一个钱所缘成，一个钱更无小数可分，将一个钱切做十分，早已不能唤他为钱，怎么可说一个钱是十个小数的一钱所缘成呢？"椽舍喻"说，椽便是舍，因为

---

① 了义：无疑义之义，相对于有疑义之义的"不了义"。
② 种：种子。
③ 相禅：古同"相嬗［shàn］"，相互嬗变。
④ 始卒：始末。
⑤ 伦：条理。
⑥ 《齐物论》：《庄子·内篇》中第二篇。
⑦ 无尽缘起说：贤首之说，改"如来藏""阿赖耶"为"无尽"。
⑧ 椽［chuán］舍：椽子（架屋顶的木条）与房舍。

舍是椽所缘成，去了一椽，便是破舍，所以说椽即是舍。这一条喻，更加荒谬。舍是椽所缘成，便说椽即是舍。这个比例，与"泥中有瓶"① 一样，犯了"因中有果"的过。况且去了一椽，好舍虽变了破舍，不能不说是舍。去了一椽还是舍，怎么可说椽即是舍呢？照这个比例，也可说眉毛就是人。因为去了眉毛，便是丑怪的人，所以说眉毛就是人。这不是极荒唐的诡辩吗？《庄子·天下篇》所载名家诡辩，说的是"郢有天下"②。贤首这篇诡辩，与那句话正是同例。这般荒谬无根的论法，到底不会出在印度。这分明是支那佛法的短处。但有一端长处，也是印度人所不能想到的。就像《华严经》有"性起品"，华严宗取到"性起"两个字，犹有几分悟到。本来"缘起"这个名称，原有几分不足。缘十二缘生说③，《大乘入楞伽经》已曾疑过："大慧菩萨④白⑤佛言：'外道说，因不从缘生而有所生⑥。世尊⑦所说，果待于因，因复待因⑧。如是展转成无穷过。'"《庄子·齐物论》也说："吾有待而然者耶！吾所待又有待而然者耶！"这种驳难，到底不能解答。因为第一因缘⑨不能指定，所以虽说缘

---

① 泥中有瓶：瓶（罐）由泥烧制，但不能说瓶就是泥，否则就犯了混淆因果的错误。

② 郢［yǐng］有天下：郢是楚国京城，为天下的一部分，说"郢有天下"是混淆部分和整体的诡辩。

③ 缘十二缘生说：即佛教的"生死轮回说"。

④ 大慧菩萨，即文殊（见前注）。

⑤ 白：当面（对）。

⑥ 因不从缘生而有所生：原因没有缘由而会有结果（"因"和"缘"是同义，意为起因就是起因）。

⑦ 世尊：对佛祖的尊称。

⑧ 果待于因，因复待因：结果有待于原因，原因又有待于原因。

⑨ 第一因缘：最初起因（即宇宙万物的起因）。

生，不过与泛泛无根一样。又像《楞伽》《起信》，都把海喻真心，风喻无明，浪喻妄心。但风与海本是二物，照这个比喻，无明与真心也是二物。海的外本来有一种风，照这个比喻，心的外本来也有一种无明。这就与数论分神我、自性为二的见解没有差别。唯有说成"性起①"，便把种种疑难可以解决。因为真心绝对，本来不知有我。不知有我这一点，就是无明。因为不知有我，所以看成器界②、情界③。这个就是缘生的第一个主因，一句话就把许多疑团破了。这也是支那佛法所长，超过印度的一点。若是拘守宗法，必定说哪一宗长，哪一宗短，强分权教、实教、始教、终教许多名目，那就是拘墟之见，不是通方之论了。只要各取所长，互相补助，自然成一种圆满无缺的哲理。

四、佛法应务，即同老庄

佛法本来称"出世法④"，但到底不能离世间法⑤。试看小乘律中，盗金钱五磨洒⑥，便算重罪，也不过依着印度法律。大乘律脱离法律的见解，还有许多依着寻常道德。这且不论，但说三

---

① 性起：由性而起（不是由缘而起）。（改"缘"为"性"，回避了起因问题。）
② 器界："一切器物"的称谓。
③ 情界："一切众生"的称谓。
④ 出世法：超越世俗之法。
⑤ 世间法：居于世俗之法。
⑥ 磨洒：古印度钱币。

界①以外，本来没有四界，虽说出世法，终究不离世间。精细论来，世间本来是幻，不过是处识②种子所现（处识见《摄大乘论》）。有意要脱离世间，还是为处识幻相所蔽，所以断了所知障的人，证见世间是幻，就知道世间不待脱离。所以"不住③生死，不住涅槃"两句话，是佛法中究竟的义谛。其中还有一类，《大乘入楞伽经》唤作"菩萨一阐提④"，经中明说："菩萨一阐提，知一切法本来涅槃，毕竟不入。"像印度的文殊、普贤⑤、维摩诘⑥，中国的老聃、庄周⑦，无不是"菩萨一阐提"。这个"菩萨一阐提"发愿的总相，大概是同；发愿的别相，彼此有异。原来印度社会和平、政治简淡，所以维摩诘的话，不过是度险谷、设医药、救饥馑几种慈善事业。到东方就不然，社会相争、政治压制，非常的猛烈。所以老庄的话，大端注意在社会政治这边，不在专施小惠，拯救贫穷。连"兼爱""偃兵"⑧几句大话，无不打破。为什么缘故呢？兼爱的话，这是强设一种兼爱的条例，像《墨子·天志篇》所说，可以知其大概。若有一人一国违了天志，这个人就该杀，这个国就该灭，依然不能纯用兼爱。又像那

---

① 三界：指众生所居之欲界、色界、无色界。

② 处识：即指"八识"——眼识、耳识、鼻识、舌识、身识、意识、末那识、阿赖耶识。

③ 不住：不止于。

④ 菩萨一阐提：意即"菩萨慈悲"。"一阐提"是梵文拉丁拼音 icchantika 的音译，意译为"断善根"，即：不为自己成佛，只为普渡众生。

⑤ 普贤（梵名［拉丁拼音］Samānta），音译"三曼多"，古印度大乘佛教早期高僧，尊为菩萨。

⑥ 维摩诘（梵名［拉丁拼音］Vimalakīrti），古印度大乘佛教早期居士，尊为"在家菩萨"。

⑦ 老聃［dān］：即老子。庄周，即庄子。

⑧ "兼爱""偃兵"（休兵、停战）：墨家的宗旨。

基督教也是以博爱为宗，但从前罗马教皇代天杀人，比政府的法律更是残酷。所以，庄子见得兼爱就是大迂（《天道篇》），又说"为义偃兵"，就是"造兵之本"（《徐无鬼篇》），这真是看透世情，断不是煦煦①为仁、孑孑②为义的见解了。大概世间法中，不过"平等"二字，庄子就唤作"齐物"。并不是说人类平等、众生平等，要把善恶是非的见解，一切打破，才是平等。原来有了善恶、是非的见③，断断没有真平等的事实出来。要知发起善恶④，不过是思业上的分位⑤，《庄严伦》⑥说的"许心⑦似二现⑧，如是似贪等⑨，或似于信等⑩，无别⑪染⑫善法⑬"。至于善恶、是非的名号，不是随顺感觉所得，不是随顺直觉所得，只是心上先有这种障碍，口里就随了障碍分别出来。世间最可畏的，并不在"相⑭"，只是在"名⑮"。《楞伽》《般若》⑯多说到"字平等性""语平等性"。老庄第一的高见，开宗明义，先破名

① 煦 [xù] 煦：温暖貌。
② 孑 [jié] 孑：细致貌。
③ 见：见解。
④ 发起善恶：产生善恶观念。
⑤ 思业上的分位：思维上的分辨。
⑥ 《庄严伦》：全称《觉囊严释现观庄严伦》，西藏觉囊派高僧严翁贡嘎巴著，藏传佛教经典。
⑦ 许心：思维。
⑧ 二现：再现。
⑨ 贪等：贪之类（即不安分）。
⑩ 信等：信之类（即使人相信）。
⑪ 无别：同样。
⑫ 染：污染。
⑬ 善法：佛法。
⑭ 相 [xiàng]：观察（如"相面"）。
⑮ 名：命名。
⑯ 《楞伽》《般若》：《楞伽阿跋多罗宝经》《般若经》的简称。

言①。名言破了，是非、善恶就不能成立。《齐物论》说的"未成乎心而有是非，是今日适越②而昔至③也，是以无有为有"，分明见得是非、善恶等想，只是随顺妄心，本来不能说是实有。现在拿着善恶、是非的话，去分别人事，真是荒唐谬妄到极处了。老子说的"常善救人，故无弃人。人之不善，何弃之有"，并不是说把不善的人救成善人，只是本来没有善恶，所以不弃。但这句话，与近来无政府党④的话，大有分别。老庄也不是纯然排斥礼法，打破政府。老子明明说的"辅万物之自然而不敢为"，又说"圣人无常心，以百姓心为心。善者，吾善之；不善者，吾亦善之，德善。信者，吾信之；不信者，吾亦信之，德信。圣人在天下，歙歙⑤为天下浑其心。百姓皆注其耳目⑥，圣人皆孩⑦之"，意中说⑧只要应合人情，自己没有善恶、是非的成见。所以，老子的话，一方⑨是治天下，一方是无政府，只看当时人情所好，无论是专制、是立宪、是无政府，无不可为。仿佛佛法中有三乘⑩的话，应机说法。老子在政治上也是三乘的话，并不执

---

① 破名言：破除名称、语言的限制（如《老子》："名可名，非常名。"）。

② 适越：搬用。

③ 昔至：昔日已成。

④ 无政府党：即无政府主义政党。其主要政见是：传统的政府形式是造成社会不公的根源；所以，应该取消政府，由民众自治，即：成立各种民间组织，共同管理社会事务。

⑤ 歙［xī］歙：投合貌。

⑥ 注其耳目：关注其所见所闻。

⑦ 孩：（动词）爱护。

⑧ 意中说：意思是。

⑨ 一方：一方面。

⑩ 三乘：即"声闻乘""缘觉乘""菩萨乘"。"声闻乘"又名"小乘"；"缘觉乘"又名"中乘"；"菩萨乘"又名"大乘"，即三种交通工具，比喻运载众生渡越生死到涅槃彼岸的三种法门。

着一定的方针，强去配合。一方说"以道莅天下，其鬼不神"，是打破宗教；一方又说"人之所教，我亦教之。强梁者①不得其死②，吾将以为教父"，又是随顺宗教。所以说"不善者，吾亦善之；不信者，吾亦信之"，并不是权术话，只是随顺人情，使人人各如所愿罢了。再向下一层说，人心虽有是非、善恶的妄见，惟有客观上的学理，可以说他有是有非；主观上的志愿，到底不能说他有是有非。唯有无所为的未长进③，可以说是真善、真恶；有所为的长进，善只可说为伪善，恶也只可说为伪恶。照这样分别，就有许多判断，绝许多争论，在人事上岂不增许多方便吗？兄弟看近来世事纷纭、人民涂炭，不造出一种舆论，到底不能拯救世人。上边说的，已略有几分了。最得意的，是《齐物论》中"尧伐三子"一章：

昔者，尧问于舜曰："我欲伐宗、脍、胥敖④，南面⑤而不释然⑥。何也？"舜曰："夫⑦三子⑧者，犹存乎蓬艾之间。若不释然，何哉？昔者，十日并出，万物皆照，而况德⑨之进乎⑩日者乎！"

①　强梁者：蛮横之人。
②　不得其死：如若不死。
③　无所为的未长进：无为而不刻意（即出乎本性）。
④　宗、脍、胥敖：当时二小国国君。
⑤　南面：当朝理事。
⑥　释然：坦然。
⑦　夫：文言发声词。
⑧　三子：指三小国国君。
⑨　德：美德。
⑩　进乎：甚于。

据郭象①注，蓬艾就是至陋的意思。物之所安，没有陋与不陋的分别。现在想夺蓬艾的愿，伐使从己，于道就不弘了。庄子只一篇话，眼光注射，直看见万世的人情。大抵善恶、是非的见②，还容易消去；文明、野蛮的见，最不容易消去。无论进化论政治家的话，都钻在这个洞窟子里，就是现在一派无政府党，还看得物质文明是一件重要的事，何况世界许多野心家。所以一般舆论，不论东洋、西洋，没有一个不把文明、野蛮的见，横在心里。学者著书，还要增长这种意见，以至怀着兽心的强国，有意要并吞弱国，不说贪他的土地、利他的物产，反说那国本来野蛮，我今灭了那国，正是使那国的人民获享文明幸福。这正是尧伐三子的口柄。不晓得文明、野蛮的话，本来从心上幻想现来。只就事实上看，什么唤做文明，什么唤做野蛮，也没有一定的界限，而且彼此所见，还有相反之处。所以，庄子又说没有正处、没有正味、没有正色，只看人情所安，就是正处、正味、正色。易地而施，却像使海鸟啖太牢③，猿猴着礼服，何曾有什么幸福！所以，第一要造成舆论，打破文明、野蛮的见，使那些怀挟兽心的人，不能借口。任便说我爱杀人、我最贪利，所以要灭人的国，说出本心，到也罢了。文明、野蛮的见解，既先打破，那边怀挟兽心的人，到底不得不把本心说出，自然没有人去从他。

---

① 郭象，字子玄，西晋玄学家，著有《庄子注》等。

② 见：见解。

③ 海鸟啖太牢：啖，大口吃；太牢：古代帝王祭祀时所用牛、羊、猪三牲，称为"太牢"。见《庄子·外篇》："昔者海鸟止于鲁郊。鲁侯御而觞之于庙，奏《九韶》以为乐，具太牢以为膳。鸟乃眩视忧悲，不敢食一脔，不敢饮一杯，三日而死。此以己养养鸟也，非以鸟养养鸟也。"

这是老庄的第一高见。就使维摩诘生在今日，必定也主张这种议论，发起这种志愿，断不是只说几句慈善事业的话，就以为够用了。若专用佛法去应世务，规画①总有不周。若借用无政府党的话，理论既是偏于唯物，方法实在没有完成。唯有把佛与老庄和合，这才是"善权大士②"救时应务的第一良法。至于说到根本一边，总是"不住涅槃，不住生死，不著名相，不生分别"。像兄弟与诸位，虽然不曾证到那种境界，也不曾趣入"菩萨一阐提"的地位③，但是"闻思所成"，未尝不可领会；"发心立愿"，未尝不可宣言。《维摩诘经》所说的"虽观诸如此类法④不生⑤而不入正位⑥，虽摄⑦一切众生而不爱着⑧，虽乐远离而不依身心尽⑨，虽行三界⑩而不坏法界性⑪"⑫，难道我辈就终身绝望吗？

（1910）

---

① 规画：同"规划"。
② 善权大士：善于权衡的高人。
③ 趣入……的地位：达到……的境界。
④ 诸如此类法：（世间）即诸法、诸法实相，与佛法义同。
⑤ 不生：不生不灭（即涅槃）。
⑥ 入正位：指看破红尘、遁入空门。
⑦ 摄：取（接受）。
⑧ 爱着：喜爱而执着。
⑨ 依身心尽：随遇而安。
⑩ 三界：即众生所居之欲界、色界、无色界，因三界迷苦如大海茫茫，故又称"苦界""苦海"（佛教有"苦海无边，回头是岸"说，与道教"跳出三界外，不在五行中"之神仙说相似）。欲界：梵文（拉丁拼音）kāmadhātu 的译名，众生于此界中贪于淫、食之欲。色界：梵文（拉丁拼音）rūpadhātu 的译名，众生于此界中耽于声、色之娱。无色界：梵文（拉丁拼音）arūpadhātu 的译名，众生于此界中累于情、理之虑。
⑪ 法界性：即法性，与"佛性""实相""如来藏"等义同。
⑫ 此段引文与通行译文稍有出入。通行译文为："虽观诸法不生，而不入正位，是菩萨行。……虽摄一切众生，而不爱着，是菩萨行。虽乐远离，而不依身心尽，是菩萨行。虽行三界，而不坏法性，是菩萨行。"

胡适简介

胡适（1891—1962），笔名，字适之，真名嗣穈，字希疆，徽州绩溪人，现代学者、作家、教育家，以倡导白话文和新文化运动闻名于世。早年留学美国，师从哲学家约翰·杜威。1917年获哥伦比亚大学博士学位；同年回国，受聘为北京大学教授。1918年加入《新青年》编辑部，大力提倡白话文，宣扬个性解放、思想自由，为新文化运动领袖之一。1920年兼任《努力周报》主编；1930年兼任《独立评论》主编。1938年至1942年，出任国民政府驻美大使。1946年至1948年，任北京大学校长。1949年赴美讲学。1952年定居台湾，任"中央研究院"院长。1962年因心脏病去世，享年七十一岁。其一生致力于新文化建设，因其学贯中西，不仅熟谙西方学术，于国学也属大师，故有"胡博士"之称。其学术研究广涉文学、哲学、史学、考据学、教育学等。其著述之丰，于现代学者中数一数二，除有诸多专著与论集外，另有《胡适文存》十二卷。2003年，安徽教育出版社出版《胡适全集》四十四卷。

禅宗是什么①

胡　适

　　中国禅是什么？从前很容易讲。禅，就是有一个印度和尚叫菩提达摩②的，我们常常看见他的像，眼睛是圆的，胡子是长而黑的，有时脚上踏着一根芦柴。这就是菩提达摩，他在西历纪元③五二六年来到中国。那时正是梁武帝做皇帝的时候，菩提达摩因为和梁武帝讲不通，梁武帝不理会他的道，所以他就乘了一根芦柴到嵩山去了。

　　到了嵩山，他就面壁打坐，专心地修道。后来有一个和尚叫慧可的，拜他为师。（按：菩提达摩为印度的二十八代主师，是中国的初祖，慧可是中国的二祖。）一代一代地传下去，传到五祖④，有两个大弟

---

　　① 本文系 1921 年作者于燕京大学演讲记录，后收入《胡适演讲录》，后收入《胡适全集》第九卷。禅宗是中国佛教中最大宗派，而且主要是在中国发展起来的，因此研究中国佛教的学者大多关注禅宗，本文作者就是其中重要的一位。本文介绍禅宗，而禅宗最重要的人物无疑是六祖慧能，相传禅宗是由他发扬光大的。其实，就如作者在本文中所说，没有那么简单，禅宗是在　个相当长的时期里逐渐发展起来的。至于禅宗的方法，那就是"参禅"，就是通过一些特有的方式，使人"顿悟"而得道。

　　② 菩提达摩，梵名（拉丁拼音）Bodhidharma，简称达摩，南印度人，南北朝禅僧，曾在洛阳、嵩山等地传授禅法，民间称其达摩祖师，即禅宗始祖。

　　③ 西历纪元：公元。

　　④ 五祖，即弘忍，俗姓周，唐代高僧。

子，神秀①和慧能②。慧能是广东人，在厨房里做一个烧锅的助手；并且在那个时候，中国人也看不起广东人，认为他们是蛮子，所以也看不起他。

但是慧能天资很聪明，所以五祖在夜里把他的道传给他，他就是第六祖。这时五祖叫他不要出来，因为他的道在这个时候不能传出去，所以他就住在广东没有出来。同时神秀在北方，受了武则天等三帝的宠，封他为"两京（洛阳和长安）法祖""三帝国师"。因为慧能是正宗，所以就将二祖的衣钵传了给他。

这个故事传了有一千多年，并没有人对它有疑问。不过，我觉得没有这样的简单。因为我们现在所得的材料，完全是宋朝的。既没有唐时候的材料，更没有唐以前的材料；间或发现了一点唐时的材料，但是和宋时的材料有不同的地方。我们知道，菩提达摩在印度是第二十八代，不怕他每代个个有名有姓，就和真的一样；但是我看见有两个不同的单子：一个是唐和日本保存的，这两个单子是一样的；但是宋仁宗时候的单子，当中有五代和它两样，它的第七代，在老单子上是二十六代，里面相差有二十代之多。并且，菩提达摩以前的四代，完全两样。从这一点看起来，我们就不知道哪一个可靠，或者两个都不可靠也未可知。所以，我们说从前的旧说法是不可靠的，这是第一个理由。还有我们看西历五一五年梁朝的《高僧传》和西历六六七年唐时的《续高僧传》，我们就可以知道在那时候，禅，虽然还没有发达，

① 神秀，俗姓李，唐代高僧、北宗禅始祖。北宗禅尊其为禅宗六祖。
② 慧能，俗姓卢，唐代高僧、南宗禅始祖。南宗禅尊其为禅宗六祖。

但是学禅的已有不少的人了，共有一百六十七人之多。由此可见，没有禅宗之先，就有禅学。在纪元第五、第六、第七三个世纪里，已有很大的学禅运动，在那个时候并没有菩提达摩和慧能做我们的法主。从这个上面看起来，不能说中国以前没有禅。

慧能在西历七六三年死的，他的材料，在敦煌可以找到。敦煌共有一万多卷，一部分散佚在巴黎，有一部分散佚在伦敦，还有一部分存在北平①。当我前年到巴黎去的时候，我两天里发现了两卷关于慧能的材料；在伦敦又发现了两卷关于神慧②的材料。神慧是慧能的弟子。我一共找到四卷，这四卷是中国和日本所没有的，可以说拿唐时的材料讲唐时的禅宗了。

佛教在西汉的时候来到中国，那时候的士大夫和知识阶级都不理会它。直到东汉的时候才有译的经典。在西历一五〇年后所译的经典，最初都是些小本子。西历纪元三百年的时候，渐渐的有大本的经典出来；直到五世纪的初年，才有较多的译经。

鸠摩如释③从长安到江西的庐山，和慧源④在庐山开了很大的道场⑤，翻译经典。在北方亦有翻译的地方。所以从西历四〇〇年到四五〇年当中，有《法华》《华言》等经都出来了。那时中国人才知道原来佛经有这样大的系统，感觉非常的伟大，都是

①　北平：北京旧称。

②　神慧，俗姓高，唐代高僧，南宗禅尊为禅宗七祖。

③　鸠摩如释，梵名（拉丁拼音）Kumārajīva，通译"鸠摩罗什"，祖籍印度、出生于西域龟兹国（今新疆库车），早期佛经翻译家。东晋太元八年（384）到达甘肃凉州弘扬佛法，学习汉文；17 年后，也就是后秦弘始三年（401），从凉州到长安；其后 11 年间，与弟子一起首次从梵文中译出《大品般若经》《法华经》《维摩诘经》《阿弥陀经》和《金刚经》等。

④　慧源，十六国时后秦高僧，曾在乌江畔建永和寺。

⑤　道场：泛指修行学道的处所，也指佛教、道教中规模较大的诵经仪式。

些西天圣人①的作品。

后来经过多年的研究，同时一卷一卷的经典进入中国，都说是佛说的，并且当中有矛盾的地方，乃感觉到或者因为是佛先后说的，所以有不同的地方。印度人从来就没有历史，但是中国人都是以历史为立场的，所以在这种情形之下，中国的学者乃感觉到有整理的必要，遂发起"评教"的运动。这种的运动就是来研究这句话是佛少年时说的、中年时说的、老年时说的，还是在天上说的。这样的整理，求出一个根本的观念，再来整理一切的经典。在印度人本来立有三点，就是"戒""定"和"慧"②。但是中国人觉得太麻烦，于是改为两点，就是"定"和"慧"。有一部分的人觉得"定"比"慧"重要；又有一部分的人觉得"慧"比"定"重要。这个区分，也成为一个大问题。总之，从西历四○○年到四五○年，有佛教的大学者出来，从事禅的研究，学的人也不少。

什么叫作"印度禅"？印度禅就是用种种的方法来制服人的心。譬如，佛教里所谓之"慈悲观""不净观"等，都是些制服心的方法。现在我讲一个关于禅宗的故事：有一个人犯了罪，皇帝定规要杀他。后来想了一个法子，就是叫他捧着一盆的油，从东城走到西城，一点不泼在地上。他如果能够这样，就可以免他的罪。这一天，犯人从东城就捧了一盆油，慢慢地向西城走，他的父母、妻子、儿女在后面跟随着哭，他的心也不为他们所乱。

---

① 西天圣人：泛称印度高僧。
② 戒、定、慧：即修戒（完善道德品行）、修定（致力内心平静）、修慧（培育智慧）。

走了不远，有一个人家失火，街上救火的和行人都混乱起来，但是他也不乱。再向前走，又有一头象奔出来了，伤了行人，大家非常的惊惶，唯有他的心静得如同平常一样，安安稳稳地把一盆油捧到西城。皇帝看见他的心有这样的静，于是就免了他的罪，把他释放了。这个故事，就是用来说印度禅的真意。总要使人的心静，超过一切。中国人觉得太繁难，所以后来就改变了，有禅的形而没有禅的实。这段的历史非常的长。

菩提达摩在印度是代表简单的一派。他来到中国，只教人面壁打坐，这样的传了几代。在唐时所谓有两条路：（一）由"理"入，这一路是说，凡生皆平等。（二）由"行为"入，这一路是教人忍苦，喜悲随便，无所求，以苦修为主旨。

在七世纪末年，有一个和尚叫神秀①的，从湖北来到北方，受皇帝的宠。后来武则天请他到长安去。他死了以后，他的弟子又做了国师。受了他们两个人的关系，北方的一派非常之盛。所以，后来的人都说，他们是菩提达摩的正宗。他们本来也是以苦修为主，但是后来也渐渐疏忽了。

同时，在广东有一个不识字的和尚慧能②，他想发起革命③。西历七一三年，他就死了。那时他虽想发起革命，但是人都不理会他。他有一个小弟子，叫神慧的，在西历七三四年实行北伐，先到河南滑台，向大家宣讲说：国师都是假的，他的师父才是真法祖，人家也不理他。

---

① 神秀，即北宗禅始祖。见前注。
② 慧能，即南宗禅创始人。见前注。
③ 意谓慧能要推翻神秀的"正宗"地位。

后来他又到洛阳，他又向大众讲，并且还拿出一件袈裟和一个钵子做证据。这时北方大师想，现在只有两个法子对付他：一个是理他；一个是不理他。当然不理他是最好。天宝十二年，他们就运动①一个御史，上了奏章给皇帝，皇帝就将他充军。先到江西，后来又到湖北。在第三年的时候，安禄山造反，国师有的降，有的逃了。当郭子仪②收复东西两京③的时候，没有钱，要想筹款，神慧就帮了他的忙，设法筹款，就造了"度牒"④，作为捐和尚⑤之方法，每张卖一百吊钱。他就筑了台子，台子前面筑了一个大池子，向和尚宣讲，叫他们把钱投到池子里去。大家受了他的鼓动，捐了不少的钱，他就把这许多的钱，送与郭子仪。平定后，唐帝为他造了一个大庙，称他为七祖。

从前的外国禅，所谓"打坐"，就是用鞭子打，这种叫作"顿悟"，就是打倒文字仪式⑥的状态，完全靠自己的无念，这就是禅。认得自己，就是禅。后来又出了一位大和尚，就是江西的马祖⑦，北宋的老派。到南宋时又改换一个新局面。因为受了老庄的影响，造成一种新禅。中国以前的烦琐哲学，因为文字不够用，所以也吃不下⑧，他就起来打倒以前的烦琐，造成"行为哲

---

① 运动：说服、动用。
② 郭子仪，唐代大将，平定"安史之乱"。
③ 东西两京：洛阳和长安。
④ 度牒：佛教"剃度为僧"的证明书（此处意为神慧假造度牒，卖给一些假和尚）。
⑤ 捐和尚：要和尚捐款。
⑥ 打倒文字仪式：意谓抛弃语言文字（只凭感觉）。
⑦ 马祖，俗姓马，唐末宋初禅师，禅宗洪州宗祖师。
⑧ 因为文字不够用，所以也吃不下：意谓他识字不多，所以也看不懂。

学"①，完全靠着自己的心，不用去修。佛教里所讲的禅，是要收心，他所讲的心，是放任的心。他的方法，就是没有方法的方法，不告诉的方法。第一点，就是用打诨的问法。譬如说：举起一个拳头向人问：这是什么？答：这是拳头。那么拳头就是拳头了。第二点，叫作"行脚"。往往有一个人因了一个问题，叫他走了几十处的山头，得了山川壮美之感，风霜之苦，看见了许多有名的名士，因有了痛苦和美丽的接触，得着了无限的知识。这就是完全靠自己自得自知的方法。

现在我讲一个故事来结束：有一个人家是靠做贼吃饭的。有一天，他的儿子向父亲说：父亲，我的年纪也不小了，应当要自得自食了，于是叫他父亲教他一点本领。有一天晚上，他父亲就拿了一把刀带他到一家大房子里去，先用刀将墙打通，引了他进去就出来了，并且在外面叫："你家有贼！"儿子没有法，就藏在人家柜子里。同时人家听见有人叫有贼，就都爬起来了，四处查看，并没有少了什么，就又各自安睡去了。这个儿子在柜里，无法出来，就学老鼠叫。那家太太叫道："梅香，看看柜里的老鼠。"梅香就起来，开柜一看，原来是一个小贼在里面。小贼看见了丫头，就用力打倒了她，奔回家去了，后面虽有人追赶，也没有捉到。回到家，看见了他的父亲，就怪他父亲不应当在外面叫有贼。他父亲就问他怎样出来的，他的儿子就把这里面的故事对他说了。他的父亲听了，叫道："你有饭吃了。"这种方法，就是千年前的实际教学法，不告诉的方法。总之，禅宗是什么？禅宗就是这种的方法。

_____

① 造成"行为哲学"：意谓他搞了一套"行动哲学"。

中国禅学的发展[①]

胡 适

"中国禅学的发展"这个题目，中国从来没有人很清楚地研究过。日本有许多关于禅学的书，最重要的，要推忽滑谷快天[②]所著的《中国禅学史》，因为就材料而言，在东方堪称为最完备最详细的。这书前几年才出版。

凡是在中国或日本研究禅学的，无论是信仰禅宗，或是信仰

---

① 本文系 1934 年作者于北京师范大学演讲记录，1935 年 4 月初刊于《师大月刊》第 30 期，后收入《胡适演讲录》，后收入《胡适全集》第九卷。本文详述禅宗的来龙去脉，首先认定，禅宗在印度是有其渊源的，那就是"瑜伽"；其次，印度禅传入中国，旧说称印度禅第二十八祖菩提达摩为中国禅的始祖，他在梁武帝时（502 或 526）到达中国传授印度禅，后相继传了五代，即二祖慧可、三祖僧璨、四祖道信、五祖弘忍。至五祖弘忍，那时已是唐代，禅宗仍没有多少信徒。弘忍传授衣钵于慧能，是为六祖。旧说称六祖慧能为禅宗的大功臣，禅宗由他而发扬光大。但经考证后有新说。新说认为：首先，关于菩提达摩是印度禅第二十八代祖之类的说法都是假的（在印度，第二十三代祖还可考，此后就无从考证了）；其次，使中国禅宗得以成为中国佛教最大宗派的功臣，其实不是六祖慧能，而是慧能的弟子神会：一是神会争取到了朝廷的认可，承认其师父慧能为"南禅宗六祖"（因在此之前，朝廷已承认弘忍的另一个弟子、慧能的师兄神秀为禅宗六祖，后改称"北禅宗六祖"）；二是神会总结了慧能的禅法，并将其普及（慧能出身贫苦，不识字，因而仅有一部由其口授、弟子法海笔录的《六祖坛经》传世）。禅宗史难以弄清的，就是唐之前的早期史，唐之后的历史，则是清清楚楚的。至于中国禅和印度禅在方法上的区别，简单说来，印度禅强调"定"，中国禅强调"慧"，或者说，印度禅以修炼而得"禅定"，中国禅以智慧而得"顿悟"。

② 忽滑谷快天，19 世纪末、20 世纪初日本禅学家。

整个的佛教，对于禅学，大都用一种新的宗教的态度去研究，只是相信，毫不怀疑，这是第一个缺点。其次是缺乏历史的眼光，以为研究禅学，不必注意它的历史，这是第二个缺点。第三就是材料问题：禅宗本是佛教一小宗，后来附庸蔚为大国①，竟替代了中国整个的佛教。不过，中国现在所有关于禅宗的材料，大多是宋代以后的；其实禅宗最发达的时候，却当西元②七世纪之末到十一世纪——约从唐武则天到北宋将亡的时候，这四百年中间，材料最重要，可是也最难找；正统派的人，竟往往拿他们自己的眼光来擅改禅宗的历史。我十几年前研究禅宗，只能得到宋以后的材料，唐代和唐以前的很难得到。我想：要得到唐以前的材料，只有两种方法：一、从日本庙寺中去找，因为日本还保存着一部分唐代禅学；二、从敦煌石室写本中去找，因为三十年前所发现的敦煌石室里，有自晋到北宋佛教最盛时代的佛经古写本。现在这些古写本，世界上有三个地方保存着：一部分在北平③图书馆，一部分在巴黎图书馆，一部分在伦敦博物馆。在北平图书馆的，都是不重要的东西，是人家不要的东西；重要的东西还是在伦敦和巴黎两处。从前的人，对于材料的搜集，都不注意，这是第三个缺点。

我研究禅宗，不能说完全没有上述的缺点；不过民国十五年（一九二六）我到巴黎，即存心搜集材料，我在那里发现了一些新的东西，从晋到北宋这一部分材料都曾经找到，非日本和中国的

---

① 附庸蔚为大国：小附庸国竟然成了大国（喻由小变大）。
② 西元：公元。
③ 北平：北京旧称。

图书馆所能及。回国后七八年，我所找到的材料，只有一部分整理出版。当时日本研究禅学的，对于搜集材料，也很注意，也走上了这条道路；近几年来，日本也发现许多材料。所以，现在研究禅学，比较便利多了。

这个禅宗问题，我曾在北大及燕大①讲过，不过都不是有系统的讲演。将中国禅学的发展，作整个的系统的讲演，这还是第一次。

从前许多大师，对于禅宗的材料，都爱作假。所以经我揭穿之后，有许多人不高兴。不过我不是宗教家，我只能拿历史的眼光，用研究学术的态度，来讲老实话。

中国禅学的发展，是个总题目，我打算就分作四次来讲：一、印度禅；二、中国禅宗的起来；三、中国禅学的发展和演变；四、中国禅学的方法。

一、印 度 禅

我何以要讲印度禅呢？禅学来自印度。虽然中国禅与印度禅不同，不过要懂得中国禅，须懂得印度禅。所以，先讲印度禅，做一个引论。

关于研究印度禅的书籍，有以前香港大学校长 Sir Charles Eliot② 所著的 *Hinduism and Buddhism*③ （Vol. I pp. 302—324），但

---

① 燕大：燕京大学，在北京，后并入北大。
② Sir Charles Eliot，查尔斯·艾略特爵士（1862—1931），美国外交官、梵文学家。
③ *Hinduism and Buddhism*：（英文）《印度教与佛教》。

是不幸书还没有完成，他就死了。我几年前也有一篇文章，篇名《从译本里研究佛教的禅法》，收在《胡适文存》三集中（pp. 423—448）。

在禅宗未起以前，印度便有"瑜伽"，梵文①为 yoga。此字是印度文与日耳曼文②的混合语，在英文中为"牛轭"，引申起来，是"管束"的意思，即如何才能管束我们的心，训练我们的心，使心完全向某一方向走，而能于身体上、精神上和知识上发生好的结果。

在印度未有佛教以前，即两千五百年前，已有许多人做这种"瑜伽"。释迦牟尼③想到名山去学道的时候，遣人出外寻道者二人，即为瑜伽师。古代"瑜伽"的方法，在印度很流行；佛家苦修，即用"瑜伽"的方法。后来佛教走上新的道路——"智"的道路，于是"瑜伽"遂变成了佛教的一部分。但无论任何修行的人，都免不了要用"瑜伽"的方法。后来佛家给以名字，便是"禅"。

"禅"字起源很早，在小乘、大乘④经中以及各种小说里，都有"禅"字。我记得幼年看《水浒》，看见花和尚鲁智深打了

---

① 梵文：古印度文。

② 日耳曼文：即日耳曼语系，如德语、英语、挪威语、丹麦语等。

③ 释迦牟尼，梵名（拉丁拼音）Śākyamuni 的音译，意译为"释迦族之圣者"，即乔达摩·悉达多（［拉丁拼音］Gautama Siddhārtha，前563—前483），印度迦毗罗卫国王子了，佛教创始人。

④ 小乘、大乘：小乘佛教、大乘佛教（"小乘"，梵文［拉丁拼音］Hīnayāna 的译名，Hīnà 意为"小"，yàna 意为"车船"，也就是少数人能"乘坐"，因为该种佛教旨在修行，要求信徒严守原始佛教的苛刻戒律，故很少有人做得到。相对于小乘佛教，是大乘佛教。"大乘"，梵文［拉丁拼音］Mahàyāna 的译名，Mahà 意为"大"，yàna 意为"车船"，也就是多数人能"乘坐"，因为该种佛教旨在"普渡众生"，仅要求信徒不作恶，即所谓"放下屠刀，立地成佛"）。

一根八十二斤的禅杖，把"禅"字读作"单"，后来才知道是读错了，其实并没有错，因为"禅"字的原文拼音是 Dhyana①，音近"单"。（按：中国"禅"纽字古音多读入"定"纽。）佛教有三大法门：（一）"戒"，（二）"定"，（三）"慧"。"戒"是守戒，最高限度为十戒（按：根本五戒，沙弥②加五为十戒），后又有"和尚戒"（比丘僧③具足二百五十戒）、"尼姑戒"（三百五十戒）、"居士④戒"（即菩萨戒，重十，轻四十八），从"戒"生律，于是成为律宗⑤。次为"定"，就是禅，也就是古代"瑜伽"传下来的方法，使我们心能定住不向外跑。第三部分为"慧"，所谓"慧"，就是了解，用知识上的了解，帮助我们去"定"。从表面上看，禅在第二，其实不然，禅实在能包括"定""慧"两部分。如说禅是打坐，那种禅很浅，用不着多说。因为要用"慧"来帮助"定"，"定"来帮助"慧"。所以，有人合称"慧定"。在中国禅宗，"慧"包括"定"，"慧"的成分多，并且还包括"戒"；在印度，则"定"包括"慧"，"定"的成分多。

现在讲印度禅，先讲方法，后讲目的。

关于印度禅的方法，计有五种：第一个方法最浅显，便是"调息"，佛书中叫作"安般"法门。"安"（ana）是"入息⑥"，"般"（pana）是"出息⑦"。"安般"的意思，就是用一定的方

---

① Dhyana：梵文（拉丁拼音），意为"冥想"，汉译"禅"。
② 沙弥：七岁以上、二十岁以下出家男子。
③ 比丘僧：梵文（拉丁拼音）bhiksu 的音译，出家男子，即和尚。
④ 居士：信佛、在家修行的人。
⑤ 律宗：佛教在印度的第一个宗派。
⑥ 入息：吸气。
⑦ 出息：呼气。

式——手和脚都有一定的方式，如盘膝打坐使人坐着舒服，以调和呼吸。这种调息的方法，又可分为四项：（一）"数"，就是从一到十来回地数着自己的呼吸，以避免四围环境的扰乱，使心能够专一。（二）"随"，便是心随鼻息跑，所谓念与息俱，使心不乱。（三）"止"，就是看鼻息停止在什么地方；中国道家向有所谓"视息丹田①"，即此。（四）"观"，就是客观一点，把自己的元神②提出来，看看自己到底怎样，比方牛在吃草，牧童却站在旁边看；又好像一个人站在门口，对于过路的人，某是张先生，某是李小姐，都能认识。总括一句，以上都是"安般"法门，其方法有"数""随""止""观"。

如果一天到晚，老是打坐，容易出乱子。譬如在打坐的时候，忽然设想某人欠我的债，或恋爱的事情，或可恶的人与可恶的事，心更不定了。在这时候，非数息所能为力，所以还要旁的方法来帮助，即靠"慧"——知识——来帮助。

所以，第二个方法叫作"不净观"。所谓"不净观"，就是用智慧想到一切都不干净。譬如当我们设想某某漂亮的小姐的时候，我们就要想到她身上是如何的不洁净，鼻子里都是鼻涕，嘴里都是唾沫，肚子里都是腥血等不洁之物；并且到她死后，桃色的脸庞也瘦成白皮夹腮了，乌云般的头发也干枯了，水汪汪的眼睛也陷落了；到了尸体烂了之后，更是怎样的腐臭，怎样的变成

---

① 丹田：道家练功时所指中身体部位，有三丹田：在两眉间者为上丹田，在心下者为中丹田，在脐下者为下丹田。一般指下丹田，即小腹部。

② 元神：佛教认为人的灵魂（因人而异）背后还有元神（人人皆同），其所说"灵魂"，类似于现代心理学所说的"意识"，而其所说"元神"，则类似于现代心理学所说的"自我意识"。

骷髅。如此，我们也就不想她了。漂亮的小姐、金钱、地位，都作如是观，自然这些念头都会消除净尽。

第三个方法叫作"慈心观"。所谓"慈心观"，便是训练你自己，不但要爱朋友，还要爱仇敌；不但爱人，还要爱一切物。如当不安定的时候——生气的时候，一作"慈心观"，便会不生气了。但有时还不能制止，所以又有第四个方法。

第四个方法就是"思维观"，就是凭我们理智的了解力来解决一切。常言道"无常①一到，万事皆休"。由此，我们可以知道，任何物件，都是不能永久存在的，都不过是九十几种元素所凑成，将来都要还为元素的。比方有人骂我是反动派、反革命、走狗，当我们听到，自然很生气，非要和他拼命不可。要是拿我们的思维力来一分析：骂，到底是什么呢？不过是由空气传来的一种音浪；对于音浪，自然用不着生气。至于骂我的人呢？依着化学的分析，也不过是几分之几的氢气、氧气……的化合物；而被骂的我呢？也是和骂我的人一样，几种元素的化合物而已。等到死后，大家都物归原所。如此，则所有骂詈，不过是一种气体的流动，两个机关打无线电②而已，有什么了不得？到此地步，就无人无我，四大皆空③了。

以上均就智识④略高的人说，至于智识太低的人，怎么办呢？就有一种"念佛法"，即第五个方法。所谓"念佛法"，就

---

① 无常：民间传说中的勾命鬼。
② 无线电：指电报。
③ 四大皆空："地、水、火、风"四大元素皆为虚空。
④ 智识：智力、见识。

是想到佛的三十二种庄严相①。"念"便是"想"，后来又念出声来，变成念书的"念"，从心中想到口头上念。

从最低的数息，到最高的无常哲学，都是方法。一大部分属于"慧"，用"慧"帮助"定"，用"定"帮助"慧"，便是"瑜伽"。

上述五种，都是禅学的方法。现在讲印度禅的目的，即禅学的境界。此种境界，由各人自己去认识，其实都不一样；至于印度禅的究竟②，谁也没有做到。

记得清初有一个大学者，颜习斋③（元），他是保定府人，最初当蒙馆先生，学做圣人。他有一篇《柳下坐记》，叙述他自己在柳下打坐的情形。三百年前的圣人，在保定府打坐，到底到了什么境界呢？他说，在一个夏天，他坐在柳树之下，看着那柳叶，直变成了美丽的绿罗；太阳光从这绿罗似的柳叶透过来，都成了一颗一颗的珍珠；他听到苍蝇嗡嗡的声音，就好像听到尧舜时代所奏的《九韶》之乐一样。像他这样，可算到了他自己的理想境界了，却是到不了印度禅的究竟境界。

印度禅的境界到底怎样呢？计算起来，有好几种的说法，现在略述其重要的：

---

① 佛有三十二相：有多种说法，最常见的说法是：（佛有）自心相、外相、所依相、所行相、作意相、心起相、安住相、自相相、共相相、麁相、静相、领纳相、分别相、俱行相、染污相、不染污相、正方便相、邪方便相、光明相、观察相、贤善定相、止相、举相、观相、舍相、入定相、住定相、出定相、增相、减相、方便相、引发相。

② 究竟：极致。

③ 颜习斋，即颜元，字易直，号习斋，明末清初学者、"颜李学派"创始人。

第一是"四禅",也叫作"四禅定"。即：最初用种种法门帮助你消除种种烦恼、欲望，到无忧无欲的境界，便是初禅。但初禅还有思想，还要用脑，再把一切觉、观都除去，自然得到一种"欢喜"（joy），便是第二禅。但第二禅还有欢喜，连欢喜也不要，只有一种心平气和、舒舒服服的"乐"的境界，便是第三禅。到了连这种舒舒服服的"乐"都没有了，即得"不动处"，只是一种"调"，即安稳调适，便到第四禅。

初禅还用思想，第二禅还要高兴，第三禅还觉舒服，第四禅则只有调和，要如何便如何，驾驭我们的心，好像马师之御良马，随所指挥，无不调适。

其次，四禅之外，还有四种境界，即"四念处"。此四处：

一、"空无边"，就是想到空处。如眼是空的，鼻是空的——的想，想到只有空，譬如藕，只想其孔，越想越大，全不见白的藕了。想到全世界，也作如是观。

二、"识无边"。"空无边"还有想，便是一种印象；想到末了，不但是空，连这空的印象都没有了，便到"识无边"处。

三、"无所有"。一切都没有了，便到"无所有"处。

四、"非想非非想"。既到"无所有"处，你也没有了，我也没有了，连想都没有了，连"没有想"也没有了，此名为"非想非非想"处。常言说"想入非非"，不是想，也不是非想。此理难说，只可意会，不可言传。

"四禅"是一种说法，"四念处"又是一种说法，并不是先经"四禅"，而后到"四念处"。

又其次便是"五神通"。所谓"四禅"和"四念处"，都是解放人的心灵，以便得到神通。神通计有五种，合称"五神通"：

一、"天耳通"，就是顺风耳。比方现在南京开会，我们在这里就可以听到，可不是用无线电。

二、"天眼通"，就是千里眼。上观三十三天，下观一十八层地狱，一切都可看见。想到哪里就看到哪里。

三、"如意通"，就是想变什么就变什么，好像孙悟空的七十二变一样。

四、"他心通"，就是他人心里所想的，我都可以知道。

五、"宿命通"，不但知道现在和未来，而且知道过去无量劫①前生的事。

总起来说，印度的禅，不过如此。此是粗浅的说法。从"数息"到"空无边"处，都是"入定"，都是用一种催眠方法达到"入定"。

再讲两个故事。

印度相传有一个很有趣的故事，在西历纪元②三世纪（晋朝），即已有人译成中文。这个故事的目的，在教人专心致志做一件事情。故事是这样的：某时代，有一个国王，想找一个宰相。后来找到一个可以当宰相的人，先说要杀他，经人解说，于是要他用一个盘子，盛上满盘子油，从东城捧到西城，不准滴出一滴，否则杀头。这个条件，很不容易做到。他走到路上，有他的父母妻

---

① 无量劫：无数成败。《隋书·经籍志》："一成一败，谓之一劫，自此天地已前，则有无量劫矣。"此处指佛教的"轮回"。

② 西历纪元：公元。

子哭他，他没有看见。有顶美的女人从他身边走过，看的人不知有多少，他没有看见。后来忽然又来了一头疯象，吓得满街的人乱跑乱跳，可是他一心一意在盘子上，仍然没有看见。不久，又遇到皇宫失火，一时救火抢火，闹得纷乱不堪，并且在殿梁上的一巢马蜂，被火烧出，到处飞着螫人，这人虽然被螫了几下，可是始终没有感觉到，仍然专心致志地捧着油盘往前走。最后，他竟达到了目的地，一滴油也没有滴下来。于是，国王便拜他做宰相，以为一个人做事，能够这样专心，便是喜马拉雅山，也可以平下来，何况其他！

在十一世纪时，中国的法演和尚①，也曾经讲了一个故事，其目的在教人自己找办法。故事是这样的：五祖寺中有一个和尚，人问他禅是什么，他说：有两个贼；一个老贼，一个小贼。老贼年纪老了，有一天，他的儿子问他："爸爸！您老了，告诉我找饭吃的法子吧！"老贼不好推却，便答应了。一到晚上，老贼就把小贼带到一富人家，挖了一个洞，进到屋里。用百宝囊的钥匙，将一个大柜子的锁开开，打开柜门，叫他儿子进到里边。等他儿子进去之后，他又把柜子锁了，并且大喊："有贼！有贼！"他便走了。富人家听说有贼，赶紧起来搜查，搜查结果，东西没丢，贼也没有看见，仍然睡去。这时锁在柜子里的小贼，不晓得他父亲什么用意，只想怎样才能逃出去，于是就学老鼠咬衣裳的声音。一会儿，里边太太听到，就叫丫鬟掌灯来看衣服。刚一开开柜子，这小贼一跃而出，一掌把丫鬟打倒，把灯吹灭，

---

① 法演和尚，俗姓邓，北宋蕲州五祖寺（在今湖北省）禅师。

竟逃走了。富人家发觉后，又派人直追。追到河边，这小贼情急智生，把一块大石头抛在河里，自己绕着道儿回去了。到得家里，看见他父亲正在喝酒，就埋怨他父亲为什么把他锁在柜子里。他父亲只问他怎样出来的。他把经过说了之后，老贼便掀髯微笑道："你此后不愁没有饭吃了！"像这小贼能从无办法中想出办法，便是禅了。

上面两个故事，一个是印度的，一个是中国的。从这两个故事，可以看出印度禅与中国禅的区别，因为印度禅是要专心，不受外界任何影响；中国禅是要运用智慧，从无办法中想出办法来，打破障碍，超脱一切。印度禅重在"定"；中国禅重在"慧"。

二、中国禅宗的起来

往往一个故事，有两个不同的说法。从前有一个裁缝，辛辛苦苦省下钱来，送他儿子去念书，他自己仍旧做工。有一次，儿子寄信回家要钱，裁缝不认识字，请隔壁一个杀猪的看信。那个杀猪的屠户也只认得几个字，便念道："爸爸！要钱！赶快拿钱来！"裁缝听了很生气，以为儿子从小学念到中学，从中学念到大学，还不知道一点儿礼貌。后来有一位牧师来了，问裁缝为甚生气。裁缝把原委告诉他，牧师说："拿信给我看看！"牧师看了信，便说道："你错了！这信上明明写着'父亲大人膝下：我知大人辛苦，老是不敢多用钱。不过近来有几种必不可少的书籍和物件要买，我的鞋子也破了，我的袜子也穿了，希望大人能寄给我半镑钱，我很感激；假若能寄一镑的话，那更感激不尽！'"裁缝听了，很高兴，并且向牧师说道："信上真的是这样写的吗？如果是这样，我立刻就寄两镑钱去。"这便是一个故事底两种不同的说法：一种是杀猪的说法，一种是牧师的说法。

现在讲中国禅宗的起来，也有两种说法：

一、旧说，也可以说是"杀猪的说法"。相传灵山会上，释迦①拈花，只有大迦叶②微笑，于是释迦将"正法眼藏③"传给大迦叶。从大迦叶以后，一代传一代，传到二十八代，便是菩提达摩④。达摩在梁武帝时（西元五二〇或五二六年）到广东。从广东到金陵（南京），见过梁武帝。因为武帝不懂"正法眼藏"，于是达摩渡江而去，并且有"一苇渡江"的传说。渡江后，至北魏，住河南嵩山面壁九年。当时他有两个弟子：一个叫慧可，达摩很赏识他，于是将法传与他。从达摩起，为东土的第一代，慧可为第二代，再传僧璨为第三代，道信为第四代，至第五代为弘忍。五祖弘忍在湖北黄梅县修行，他门下有两大弟子：一个有学问，叫作神秀；一个没有学问，是广东人，叫作慧能。当时一班门徒，以为传老师衣钵的，一定是班长神秀，对于外来的广东佬，很瞧不起，只叫他做劈柴挑水的工作。一天，弘忍欲传法，召集门徒，令各作一偈⑤，谁作得好，便传衣钵。当时大家都毫无疑

---

① 释迦：释迦牟尼，佛祖。
② 大迦叶，即摩诃迦叶（梵名［拉丁拼音］Mahākāsyapa），释迦牟尼十大弟子之一。
③ 正法：佛法。眼藏：朗照宇宙谓"眼"，包含万有谓"藏"。
④ 菩提达摩（梵文［拉丁拼音］Bodhidharma），简称达摩，南印度人，南北朝时入华，在洛阳、嵩山等地传授禅法，民间称其"达摩祖师"，即禅宗创始人。
⑤ 偈［jì］：即偈陀，梵文（拉丁拼音）Gatha 的音译，意为"颂"。

义地以为是班长，但神秀也不敢直接交卷，只题一偈于墙上，偈曰：

> 身是菩提树①，心如明镜台②，
> 时时勤拂拭，莫使惹尘埃。

五祖看了，觉得也还不错，以为一个人能够这样修行，也可以了。当时交白卷的门徒，个个都把神秀所作的偈，念来念去，被厨房里的慧能听见了，也作一偈，请人题在壁上。偈曰：

> 菩提本无树，明镜亦非台③，
> 本来无一物，何处惹尘埃？

五祖看见了，说："不行！"用鞋将偈擦去。但到半夜，五祖竟亲至厨房，将法传与慧能，令他即速逃走，躲过几年，方可传道。

慧能走了之后，大家知道五祖已将法传与广东佬慧能，都很惊讶，就去追他，不过追不到了。

慧能到了广东，躲了许多年，才公然传道。但那时神秀已在北方自称六祖了。慧能只能在南方传道，正好像孙中山先生当时

---

① 菩提树：喻觉悟（相传释迦牟尼坐在菩提树下顿悟，由此创立佛教）。
② 明镜台：即梳妆台，有镜自照，喻自省。
③ 菩提本无树，明镜亦非台：意为菩提树、明镜台本是虚假（按佛教，身外之物均为虚幻）。

只能在广东一带宣传国民革命一样。

慧能后有二大弟子：一为怀让，一为行思。怀让后又传马祖（道一），行思后又传石头（希迁）。马祖、石头以后，宗派更多。总之，从如来拈花，到南能北秀①，南派五宗，这是旧说。

二、新说，也可以说是"牧师的说法"。所谓"牧师的说法"，以为前二十八祖的传说、拈花微笑的故事，都是假的。这些考证，说来很长，我只讲一点儿。

二十八祖之前二十三祖，还有一点根据，因见于《付法藏因缘传》（按：此书六卷，元魏吉迦夜等撰）。这书乃是述说印度北方罽[jì]宾国一个学派的传授，和禅宗并没甚么关系。而且，印度人对于历史很不重视，印度向来没有历史，所以印度人向来就没有历史的眼光，缺乏时代的观念；后来西洋人用希腊的材料（如亚历山大东征等事），和中国的材料，才勉强凑成一部印度史。因此，《付法藏传》②所说的，也不见得可靠。即就该书记载而言，到了二十三代师子和尚，因为国王反对佛教，他被国王杀了，罽宾国的佛法在那时也就绝了。后来讲佛法传授的，因为讲不过去，不得不捏造几代，以便传到达摩；当中加了四代，至达摩便是二十八代。此二十八代，就有两种说法，现在所传的与从前的不同。我上次说过：保存古代禅学史料的，一为唐代敦煌的材料，一为日本的材料。从这两种材料，足以证明现在所传的二十八代，实始于北宋杭州契嵩和尚的伪造（按：契嵩始作《传法正宗定祖

_____

① 南能北秀：南宗禅创始人慧能、北宗禅创始人神秀。
② 《付法藏传》：即《付法藏因缘传》。

图》，定西天之二十八祖，谓《付法藏传》可焚云），即将原有之二十四、五、七代改易，将二十六代升上去，并捏造两代。此种说法，曾经宋仁宗明令规定（按：嘉祐七年，即一〇六二年，奉旨把《定祖图》① 收入藏经内），从《传灯录》② 一直传到现在。由此可见，佛家连老祖宗都可以做假。

我们现在拿敦煌本一看，还可以看出当时禅宗争法统③的激烈。

大家都知道中国只有六代；至于印度，究有多少代呢？有的说八代，但释迦与孔子同时，到梁武帝时约千余年，八代总不够吧！于是有二十八代说，但师子杀头了，于是有二十三代说，二十四、二十五、二十九代说，甚且有五十一代说。优胜劣败，折衷起来，于是采取了二十八代说。

关于二十八代说法的变迁，既有敦煌的本子及日本的材料可证，我曾在《记北宋本六祖坛经》那篇文章里（见国立山东大学《文史丛刊》第一期），列了一个关于二十八代传法世系的传说异同对照表，可以参看。

以上所说，佛家对于老祖宗都可以做假，其他自可想而知。常言以为达摩未来以前，中国没有禅学，也是错误。关于古代禅宗的历史，有两部可靠的书。一是梁慧皎④作的《高僧传》（止于

---

① 《定祖图》：即《传法正宗定祖图》。
② 《传灯录》：全称《景德传灯录》，禅宗史书，30 卷，北宋禅宗法眼宗人道原编撰。
③ 法统：正统。
④ 慧皎，俗姓陈，南朝梁代高僧、佛教史家。

西元五一九年），一为唐道宣①作的《续高僧传》（"自序"说"始距梁之始运，终唐贞观十有九年"，即止于六四五年）。在慧皎著书的时候，达摩②还没有来，传中已有二十一个学禅的，可见梁代以前便有这些学禅的了。至《续高僧传》中，有一百三十三个学禅的，到唐初止。这都有史可考。并且，自后汉③末至三国，已有许多书谈到学禅的方法，可见中国从二世纪就有了禅学的萌芽。到了晋代（二世纪的晚年），敦煌有名叫安世高④的，译出《道地经》《大安般经》等书，有支曜⑤译出《小道地经》；三世纪的晚年（西元二八四年），有竺法护⑥又译出一本大的《修行道地经》；到了晋末，大约是四〇四年，长安有一位大师鸠摩罗什⑦，译出大批佛书。这是就北方说。至于南方，当四一〇年，庐山也有一位印度和尚名佛驮跋陀罗⑧的，翻译了一本《达摩多罗禅经》，当时慧远⑨还请了许多印度和尚帮助他。顶好笑的，刚才我不是说过菩提达摩吗？《达摩多罗禅经》是四一〇年就译出来的（按：达摩多罗亦

---

① 道宣，俗姓钱，唐代高僧。

② 菩提达摩（梵名［拉丁拼音］Bodhidhārma），简称达摩，南印度人，南北朝禅僧，曾在洛阳、嵩山等地传授禅法，民间称其达摩祖师，即禅宗创始人。

③ 后汉：即东汉。

④ 安世高，名清，字世高，中亚人，原是安息国（今伊朗一部分和伊拉克一部分）太子，入华翻译佛经，为在华传授小乘佛经第一人。

⑤ 支曜，中亚人，汉灵帝时居洛阳译佛经。

⑥ 竺法护，月氏国（在今甘肃、青海一带）人，世居敦煌，西晋译经家。

⑦ 鸠摩罗什，梵名（拉丁拼音）Kumārajīva，亦译"鸠摩如释"，祖籍印度、出生于西域龟兹国（今新疆库车），早期译经家。东晋太元八年（384）到达甘肃凉州弘扬佛法，学习汉文；17年后，也就是后秦弘始三年（401），从凉州到长安；其后11年间，与弟子一起首次从梵文中译出《大品般若经》《法华经》《维摩诘经》《阿弥陀经》和《金刚经》等。

⑧ 佛驮跋陀罗，梵名（拉丁拼音）Buddhābhādra，北天竺迦毗罗卫国（今尼泊尔）人，东晋译经家。

⑨ 慧远，俗姓贾，东晋高僧，居庐山，为净土宗始祖。

古梵僧名，有四人）。菩提达摩是于五百年以后才到中国；乃后来讲禅宗传授的，竟把两个人混作一个，或竟称为"菩提达摩多罗"！在梵文中，菩提达摩是 Bodhidhārma，达摩多罗是 Dharmlātrāta，明是两字，岂可混为一谈？总之，我们要知道在达摩以前，中国便有人学禅了；说达摩未到时中国没有禅学，那完全是错误的。

上次说过，修了安般法门①，可以得到"五神通"，即"天耳通""天眼通""如意通""他心通""宿命通"等。当这种调和呼吸、修炼神通的法门盛行的时候，正是魏晋士大夫崇拜老庄、谈论虚无、梦想神仙的时候。因为佛教最高的境界是涅槃②，是四大皆空，和道家的虚无相似，又有各种方法可以学到顺风耳、千里眼，种种神通，也近于神仙之术，所以佛、道两教，在当时很能发生关系。三世纪时，中国最著名的和尚道安③便把禅法看作"升仙之奥室"，他曾说过，从一数到十，从十数到一，无非期于"无为"和"无欲"，以得到最高的"寂"而显神通。例如他的《序安般经注》上说：

安般寄息④以成守⑤，四禅⑥寓骸⑦以成定⑧；寄息故有

---

①　意为确立"安般法"（安般，即数息，经文谓"安名为入息，般名为出息"，即通过调整呼吸修炼神通之法）。
②　涅槃：梵文（拉丁拼音）Nirvāna 的音译，意为不生不灭之境，亦音译为"圆寂""灭寂""灭度"。
③　道安，俗姓卫，东晋高僧。自汉以来，佛学有两大系，一为禅法，一为般若，道安实为二系之集大成者。
④　寄息：通过（调整）呼吸。
⑤　守：守意（心思不乱）。
⑥　四禅：亦作"四禅定""四静虑"，禅法的四个步骤。
⑦　寓骸：寓于体内（骸：身体）。
⑧　定：定神（心神镇定）。

六阶之差①，寓骸故有四级之别②。阶差者，损之又损之，以至于无为③；级别者，忘之又忘之，以至于无欲。既"无为"，又"无欲"，便可到最高的"寂"。到"寂"以后，便神通广大：举足而大千④震，挥手而日月扪⑤，疾吹⑥而铁围⑦飞，微嘘⑧而须弥⑨舞。

后来慧皎也曾说到禅的最高境界，在得神通，仿佛与神仙相似。例如论"习禅"，他说：

禅用为显⑩，属⑪在神通。故使⑫三千⑬宅⑭乎毛孔，四海结为凝酥⑮，过石壁而无壅⑯，擎⑰大众⑱而弗遗⑲。

---

① 六阶之差：六阶段之差异。
② 四级之别：四步骤之区别。
③ 损之又损之，以至于无为：套用老子《道德经》语"损之又损，以至于无为"。损：减少。
④ 大千：世界。
⑤ 扪：摸（如"扪心自问"）。
⑥ 疾吹：猛吹（一口气）。
⑦ 铁围：铁围山，形容牢固之物（佛教认为南赡部洲等四大部洲之外有铁围山，周匝如轮，故名）。
⑧ 微嘘：轻吹（一口气）。
⑨ 须弥：须弥山，形容轻盈之物（佛教认为南赡部洲等四大部洲之外有须弥山，缥缈如须，故名）。
⑩ 显：表面。
⑪ 属：古同"嘱"，要旨。
⑫ 故使：所以能使。
⑬ 三千：喻极多。
⑭ 宅：居。
⑮ 凝酥：凝冻的酥油。
⑯ 壅［yōng］：堵塞、阻碍。
⑰ 擎：托、举。
⑱ 大众：大而多（之物）。
⑲ 弗遗：不遗漏。

当三世纪到四世纪间，时人已有主张整理佛教的了。中国固有的宗教，向无天堂、地狱之说，也没有灵魂轮回之说，不过鬼是有的，但鬼也可以饿死。印度方面，则上有三十三天，下有一十八层地狱。所以，自印度佛教传入中国以后，中国好像"小巫见大巫"，惊叹佛教的伟大，五体投地的佩服，于是大批翻译佛教经典。但经典渐渐的太多了，教义太伟大了，又觉得不能完全吞下，于是又想把佛教"简化"（Simplify）起来。上次说过，佛教要义在"慧定"，"慧"帮助"定"，"定"帮助"慧"，互相为用。当时人觉得印度禅太烦琐，像什么"数息"啦、什么"四禅定"啦、什么"四念处"啦……因此，江西庐山有一位慧远大师（按：道安的高足弟子），自创一宗，就是"净土宗"；并结一社——一个俱乐部，叫作莲社。他以为佛门的精义，惟在"禅智"二字。他尝说：

> 三业①之兴，以禅智为宗。禅非智，无以穷②其寂；智非禅，无以深③其照。然则禅智之要，照寂④之谓。

不过，从前的禅，既觉得过于烦琐，自有简化的必要。当时从印度传入一种《阿弥陀经》，很简单（按：只一千八百余言，人称为"小经"）；上次所说的印度禅，有五种安般法门，其中的"念佛

---

① 三业：前世、现世、来世。
② 穷：穷尽。
③ 深：深入。
④ 照寂：深明（万物）空寂（四大皆空）。

观"便是"净土宗"的法门，《阿弥陀经》便是"念佛观"的经典。此经外，尚有《无量寿经》等。经中说西方有一净土，叫作极乐国，那里有无量福、无量寿、无量光；有阿弥陀佛（按：梵语 Amita，即无量之义）；有四时不谢之花，八节①长春之草，花鸟都能念经，满地尽是琉璃。欲至其地，惟有念"南无阿弥陀佛"。"南无"两字，梵音读作"哪嘛"（Namo 或 Namah），是敬礼的意思。只有一心念"南无阿弥陀佛"，便可到极乐世界，何等简单！这是当时佛教简单化的运动。

到五世纪前半期，慧远有一个弟子，同时并是鸠摩罗什的弟子，叫作道生②（殁于四三四年），现在苏州虎丘还有一个生公说法台，就是相传"生公说法，顽石点头"的地方。道生很聪明，得南北两派之真传，以为佛教还要简单化。他相信庄子所说的"得鱼可以忘筌③，得意可以忘象④"，以为只要得到真的意思，只要抓住佛教的要点，则几千万卷半通不通的翻译经典，都可以丢掉。把印度佛教变成中国佛教，印度禅变成中国禅，非达摩亦非慧能，乃是道生！他创了几种很重要的教义，如"顿悟成佛""善不受报""佛无净土"等。"善不受报"是反对那买卖式的功德说；"佛无净土"是推翻他老师慧远所提倡的净土教；至于"顿悟"说，更是他极重要的主张。与顿悟相反的为渐修。佛家从"数息"到"四禅定"，从"四禅定"到"四念处"，都是渐

---

① 八节：八时节。
② 道生，亦称"竺道生"，俗姓魏，东晋末、南朝宋初高僧。
③ 筌〔quán〕：捕鱼的竹器。
④ 象：景象。

修。只抓着一个要点，"放下屠刀，立地成佛"，便是顿悟。"放下屠刀，立地成佛"，这句话我们听惯了，不觉得甚么，其实在当时是一句大逆不道的话。因为，如此则十二部大经典完全无用；所有一切仪式，如礼拜、忏悔、念经、念佛，以及寺观、佛像、僧侣、戒律都成废物；佛教起了大的革命。主顿悟的，叫作"顿宗"；主渐修的，叫作"渐宗"。那时《涅槃经》从印度输入，尚不完全，仅译成了一半；生公以为《涅槃经》中，说过"一阐提人（icchāntika，即不信佛教的）皆具佛性"，更为极端的顿悟说。因此，旧日僧徒便说他"背经邪说，独见忤众"，把他驱逐出去。他当临走时，于四众之中，正容①起誓道：

> 若我所说，反于经义者，请于现身，即表厉疾。若与实相不相违背者，愿舍身之时，据狮子座。

后来《大般涅槃经》传入中国，全部译出，果然与生公之说相合。

于是生公仍返江南，后来讲经于庐山，踞狮子座②而逝，很光荣。刘宋③太祖、文帝对于顿悟说，也很赞叹提倡，从此"顿宗"渐盛。可见禅宗之顿悟说，实始于四世纪后的生公。

现在要讲到菩提达摩的故事了。

---

① 正容：严肃。
② 狮子座：寺庙中佛陀（如来）的座席（据传，释迦牟尼降生时，一手指天，一手指地，唯我独尊，做狮子吼，群兽慑服，故座席称"狮子座"）。
③ 刘宋：南北朝时南朝（宋、齐、梁、陈）之宋，开国君主刘裕，故称（以有别于后来的大宋）。

在五世纪（四七〇年左右）刘宋将亡之时，广州来了一位印度和尚，叫作菩提达摩。因达摩由南天竺①出发，所以从海道。刘宋亡于四七九年，他到刘宋，刘宋尚未亡（旧说五二〇年始到，不确。按：五二〇年为梁武帝普通元年）。他到过洛阳，曾瞻礼永宁寺，事见杨衒之②的《洛阳伽蓝③记》，因这书中尝说"达摩到永宁寺（五一〇年造，五二〇年毁），自称百五十岁"。他来中国是四七〇年左右，到永宁寺大约在五二〇年左右，所以他在中国住了五十年。当时一个年少的印度和尚到中国来，道不易行，所以自称百五十岁，大概由于印度是热带，人多早熟，早生胡须，故自称百五十岁，以便受人尊敬吧？他到中国后，将中国话学好，四处传道，计在中国五十年，其道大行，尤其是北方。

达摩教义有两条路：一是"理入"，一是"行入"。"理入"就是"深信含生④同一真理；客尘障故⑤，令舍伪归真，凝住壁观⑥，无自无他，凡圣等⑦"。因人的本性相近，差别无多，只须面壁修行，所以"理入"又叫作"壁观"。所谓"壁观"，并非专门打坐，乃面壁之后，悟出一种道理来。至于"行入"，就是从"实行"入的，内中又分四项：

第一，"报怨行"——就是"修行苦至，是我宿作⑧，甘心

---

① 南天竺［zhú］：南印度（天竺：印度旧译名）。

② 杨衒［xuàn］之，南北朝时北魏大臣、文人。

③ 伽蓝："僧伽蓝摩"的简称（僧伽蓝摩：梵文［拉丁拼音］saṃghārama 的音译，意为僧院、寺庙）。

④ 含生：一切有生命者。

⑤ 客尘：尘世，亦作"红尘"。障故：孽障。

⑥ 凝住壁观：凝神面壁。

⑦ 凡圣等：凡人、圣人等同。

⑧ 宿作：昔日所至。

受之"。意思是说，一切苦痛，都是过去积聚的，必须要"忍"，才算苦修。

第二，"随缘行"——就是"苦乐随缘，得失随缘"。

第三，"无所求行"——就是一切不求，只有苦修。因为"有求皆苦，无求乃乐"。

第四，"称法行"——即性净之理。

达摩一派，实为虚无宗派，因为他以为一切经论都靠不住，靠得住的只有一部《大乘入楞伽经》，读此一经，即已具定。

达摩一派，主张苦修；凡受教的，只准带两针一钵，修种种苦行，传种种苦行的教义。

达摩一派，后来就成为楞伽宗，也叫作"南天竺一乘宗"（见《续高僧传》中的"法冲传"）；因为楞伽就是锡兰岛，《楞伽经》所代表的便是印度的南宗（参见唐僧净觉的《楞伽师资记》，民国二十年北平校刻敦煌写本）。

达摩一派，既为一苦修的秘密宗派，故当时很少有人知道；但为什么后来竟成为一大禅宗呢？说来话长，且听下回分解。

第三讲　中国禅学的发展与演变

我们已经讲了两次：第一次讲的是印度禅；第二次讲的是中国禅宗的起来。这两种禅法的区别，简单说，印度禅法是渐修，中国禅法重顿悟。二者恰恰相反：前者是从静坐、调息，以至于"四禅定""五神通"，最合魏晋时清谈虚无而梦想走到神仙境界的心理；后者不然，是"放下屠刀，立地成佛"的办法，这是中国的佛学者力求简单化的结果。

原来在三世纪到四世纪时，中国佛学者对印度禅法已表示不满；到五世纪前半，出了道生这个革命和尚。上次讲过，他是慧远的弟子，又曾从罗什受业，肯作深思，把当时输入的佛教思想，综合之，且加以考校。他有几句重要的宣言：

> 夫①象以尽意②，得意则象忘；言以诠③理，入理则言息④。自经典东流，译人重阻⑤，多守滞⑥文，鲜见圆⑦义。若忘筌取鱼，始可与言道矣。

这就是说，到这时候我们中国人可以跳过这个拘滞的文字，可以自己出来创造了。经论文字，不过是一些达意的符号（象）；意义既已得到，那些符号便可扔到茅坑里去了。道生于是创造"顿悟成佛论"，说"善不受报""佛无净土""一阐提人皆具佛性"。这是革命的教义。一切布施、修功德、念佛求生净土、坐禅入定求得六神通，都禁不起"顿悟"二字的威风。这么一来，当时的旧派遂起而攻击道生的邪说，把他赶出建业⑧，于是他只得退居苏州虎丘山。后来大本《涅槃经》全部到了，果然说

---

① 夫：文言发声词。
② 象以尽意：景象用以完成意会。
③ 诠：诠释。
④ 息：停止。
⑤ 重阻：重重阻碍。
⑥ 守滞：拘守而不变通。
⑦ 圆：圆通。
⑧ 建业：南京旧称。

"一阐提人皆具佛性"，因此，生公的"顿悟成佛论"得着凭证而惹人信赖了。生公这种思想，是反抗印度禅的第一声，后来遂开南方"顿宗"的革命宗派。

当宋、齐之际，从南印度来了一个和尚菩提达摩，先到广州，后又转到北方，在中国约有四五十年。上次也讲过，他受空宗的影响很大，所以抛弃一切经典，只用一部南印度的小经典《楞伽经》四卷来教人。这是一个苦修的宗派，主张别人打我骂我，我都不要怨恨，所谓"逆来顺受"，认为自己前生造下了冤孽。他的禅法也很简单，谓一切有情都有佛性，只为客尘所障，故须面壁坐禅，"认得凡圣等一"，便是得道。故他们在行为方面是"忍"；在理智方面是"悟"。这就是楞伽宗，又名"南天竺一乘宗"，是印度过来的叫花子教他们过着极刻苦的生活，如达摩弟子慧可所传的满禅师，"唯服一衣，一钵，一食"。再传的满禅师，"一衣，一食。但蓄①二针，冬则乞补②。夏便通舍③，覆赤④而已。往无再宿，到寺则破柴⑤造履，常行乞食"。

在贞观十六年（西元六四二年），满禅师于洛州南会善寺倒宿墓中，遇雪深三尺，有请宿斋者，告曰："天下无人，方受尔请。"这个苦行的宗派，不求人知，不出风头，所以不惹人注意，知道的很少。道宣⑥在他的《续高僧传》里对这派曾这样说过："人

---

① 蓄：藏。
② 乞补：求人补衣。
③ 通舍：全都舍弃。
④ 覆赤：再度赤身裸体（覆：同"复"）。
⑤ 破柴：劈柴。
⑥ 道宣，俗姓钱，唐代高僧。

非世远①，碑记罕闻，微言不传，清德谁序②？深为痛矣！"但当七世纪时，此宗风气渐变，刻苦独行的人不多，渐趋于讲诵注疏之学，故道宣又说他们"诵话难穷，励精盖少"。他们为一部《楞伽经》作疏或钞（钞即疏的注解），共有十二家，七十卷之多（也见道宣的"法冲传"）。可见，这时的楞伽宗，已非往昔苦行头陀③的风味了。

到八世纪初，正当慧能在南方独唱顿悟教义的时候，湖北荆州府玉泉寺有个神秀④老禅师，声誉甚隆。武后⑤派人请他到长安（约七〇一年），既来之后，便往来于两京（长安和洛阳）之间，备受朝野尊崇，号称"两京法王，三帝（按：谓则天帝、中宗、睿宗）国师"。他自称为菩提达摩建立的楞伽宗的嫡派。他死在纪元七〇六年（武后死的次年），谥⑥"大通禅师"，当代人⑦手笔张燕公（说）⑧为之作碑。今日我们知道他的传法世系是"达摩——慧可——僧璨——道信——弘忍——神秀"，第一次便发现于这个碑文里，但与道宣在"法冲传"内所记的不同。不过，因为神秀地位极高，人都信此法系是正确的了。神秀的二大弟子义福和普寂，也被朝廷尊为国师，气焰熏天。义福死于七三六年（玄宗

---

① 人非世远：人已不在，世代已远。
② 序：同"叙"，说。
③ 苦行头陀：常作"头陀苦行"，头陀即苦行，因而头陀亦常用来指苦行僧。
④ 神秀，唐代高僧，慧能的师兄，两人均为五祖弘忍的弟子。
⑤ 武后：武则天。
⑥ 谥〔shì〕：死后追认。
⑦ 当代人：同代人。
⑧ 手笔张燕公，即张说〔yuè〕，字道济，唐代重臣、文人，封燕国公，号称"大手笔"。

开元二十四年），谥"大智禅师"；普寂死于七三九年（开元二十七年），谥"大照禅师"。严挺之①作《大智禅师碑》、李邕②作《大照禅师碑》，都用了上列的传法世系。所以，从七〇一年到七三九年，这四十年中可以说是楞伽宗神秀一派势力全盛时代。

据最可靠的材料，神秀并未著书；现在伦敦及巴黎所藏敦煌发现的写本中，有《五方便》一种，但非神秀作，乃是神秀一派人所作。其教义仍接近印度禅的渐修。如玄赜③《楞伽入法志》上说："禅灯默照④，言语道断⑤，心行处灭⑥，不出文记。"神秀临死时的遗嘱是"屈、曲、直"三字。又如张说所作碑文上说："其开法⑦大略，则慧念以息想⑧，极力以摄心⑨；其入⑩也，品均⑪凡圣；其到⑫也，行无后⑬。趣定⑭之前，万缘尽闭；发慧之后，一切皆如。持奉楞伽⑮，递为心要⑯。"这可证明他的禅法仍是近于印度禅。普寂的禅法，据《神会语录》及《坛经》上说："凝神入定（止），往往心净（观）；起心外照，摄心内证。"

---

① 严挺之，即严凌，字挺之，唐代文人，官至尚书左丞。
② 李邕，字泰和，唐代文人、书法家，官至北海太守。
③ 玄赜［zé］，俗姓王，唐代高僧，五祖弘忍的弟子。
④ 默照：静默观照。
⑤ 言语道断：道不可言。
⑥ 心行处灭：心念之处灭（道不可思）。
⑦ 开法：宣讲禅法。
⑧ 慧念以息想：重感觉，轻思考。
⑨ 极力以摄心：放体力，收心思。
⑩ 入：内在。
⑪ 品均：平均（使无差别）。
⑫ 到：达到（成就）。
⑬ 行无后：后世无人可及。
⑭ 趣定：即禅定。
⑮ 楞伽：《楞伽经》。
⑯ 递为心要：遂为心性要义。

也可证明神秀教义之一部。

当普寂、义福的气焰方张的时候，开元二十二年（七三四）河南滑台（即今滑县）的大云寺来了一个神会①和尚，他居然大声疾呼要打倒伪法统，大会上宣言，弘忍并不曾传法与神秀，真正的第六代祖师是他的老师岭南慧能。

原来在七世纪末八世纪初，中国另发生一个浪漫的大运动，使中国佛教又起一个大革命，革命的首领就是一个不识字的广东佬，神会口中所说的慧能和尚。自从七世纪晚年，弘忍死后，他的两大弟子，神秀就称为北宗的大师，慧能也成为南宗的大师。慧能是广东新州人（现在新兴县，在高要的西南），他住过广州，后来住在韶州的曹溪山，故后人皆称为"曹溪派"，又因为他在最南方，就称为"南宗"。他所提倡的一种革命的教义也就是"顿悟"，他是个不识字的人，靠着砍柴过日子，他的成功全靠自己大胆的努力。他死于七一三年（开元元年），留传下来的只有《坛经》一书。这书也经过了许多变迁：民国十五年（一九二六）我在伦敦看见的敦煌唐写本，约一万二千字，可说是最早的一个本子；去年（一九三三）在日本看见的北宋初（九七〇年，宋太祖开宝间）的《坛经》，分两卷，已加多了二千字；明本又加多了九千字，共计约二万四千字。但这部法宝《六祖坛经》，除"忏悔品"外，其余的恐就是神会所造的赝鼎②（按：可参看《神会和尚遗集》卷首的"神会传"）。慧能的教义可分几点说：

一、"自性三身佛"。他说，"向来劝你皈依佛、皈依法、皈

---

① 神会，亦作"神慧"，俗姓高，唐代高僧、禅宗六祖慧能的晚期弟子。
② 赝鼎：伪造的鼎，泛指赝品。

依僧；我劝你皈依自性三宝。三宝都在你心里：皈依觉（佛）、皈依正（法）、皈依净（僧）。这是自性的三宝"。他又说，"向来人说三身佛①；我今告诉你，三身佛都在你自己色身中：见自性净，即是清净法身佛；一念思量，化生万法，即是自性千万亿化身佛；念念善，即是自性圆满报身佛"。他又说，"我本性元来②清涉，识心见性，自成佛道"——慧能教人，大旨如此。后人所谓"直指人心，见性成佛"，即是此义。此义还是源于"凡圣等一"，故人人都可以顿悟成佛的。

二、"四弘誓愿"。"众生无边誓愿度——自性自度"；"烦恼无边誓愿断——自心除"；"法门无边誓愿学——自心学无上正法"；"无上佛道誓愿成——自悟即佛道成"。

三、"无相③忏悔"。"永断不作，名为忏悔"。

四、摩诃般若波罗蜜法。"摩诃"之意即是"大"，所谓"性含万法是大"，心量广大，犹如虚空；"般若"之意即"智慧"，所谓"一切时中，念念不忘，常行智慧"；"波罗蜜"之意是"到彼岸"④，所谓"离境无生灭，如水永长流，即名'到彼岸'"。

五、反对坐禅。他说，"不用求净土，净土只在你心中；不用坐禅，见你本性即是禅；不用修功德，见性是功，平等是德"。

---

① 三身佛：即"法身""报身""应身"三种佛身，又称"自性身""受用身""变化身"。"身"除指体貌外，亦有"聚积"义，即由觉悟和聚积功德而成佛。
② 元来：本来。
③ 无相：无物相（即看空一切身外之物）。
④ 到彼岸：意即脱离人世之苦，到达极乐世界（即成佛）。

他说"一行三昧"①，就是"于一切时中，行住坐卧，常行一直心②"；"于一切法上无有执着，名'一行三昧'"。"若坐不动③是禅，维摩诘④不会诃⑤舍利弗⑥宴坐⑦林中"（这是《维摩诘经》的影响）。

　　神会，襄阳人，约七一〇年（睿宗景云元年）到曹溪见慧能。在慧能死后二十一年，即七三四年（开元二十二年），他才到河南滑台⑧传道；到现在一九三四年我们来讲他，恰好是他整整的一千二百年纪念。那时他在大云寺大会上当众宣述南宗的宗旨，说当时公认的传法正统是假的，大胆指斥普寂"妄竖神秀为第六代"；他说当初菩提达摩，以一领袈裟为传代法信⑨，授给慧可⑩，慧可传僧璨⑪，僧璨传道信⑫，道信传弘忍，弘忍传慧能，所以我们才是正统，有传法袈裟在韶州为证。他自己称说，这次在河南"设无遮大会兼庄严道场，不为功德，是为天下学道者定宗旨，为天下学道者辨是非"；现在普寂妄称自己为第七代，把神秀称为第六代，他要誓死反对！或曰：普寂禅师名望盖世，天

---

　　①　一行三昧：梵文（拉丁拼音）ekavyuhasāmadhi 的音译，ekavyuha 意为"日常行为"，sāmadhi 意为"正定"。
　　②　直心：耿直之心。
　　③　坐不动：坐着不动。
　　④　维摩诘（梵文［拉丁拼音］Vimālakīrti），《维摩诘经》中的主述人维摩诘居士（《维摩诘经》，大乘佛教早期经典之一）。
　　⑤　诃［hē］：同"呵"，怒责。
　　⑥　舍利弗（梵文［拉丁拼音］Sāriputra），释迦牟尼的十大弟子之一。
　　⑦　宴坐：安坐。
　　⑧　河南滑台：今河南滑县。
　　⑨　法信：传法信物。
　　⑩　慧可，俗姓姬，南北朝时北魏高僧，禅宗二祖。
　　⑪　僧璨，隋代高僧，禅宗三祖。
　　⑫　道信，俗姓司马，隋末唐初高僧，禅宗四祖。

下知闻，如此排斥，恐与身命①有关。他说："我自料简②是非，定其宗旨，岂惜身命？"他更进一步说，神秀在世时，因袈裟在韶州慧能处，所以不敢自认是第六代；乃普寂竟让同学广济于景龙三年（七〇九）十一月到韶州去偷此法衣。当时普寂尚在，但也没有人出来否认。可是，神会也闹了一个大笑话：有人问他，菩提达摩以前，西国③又经几代？他可没有预备，信口答出"八代"，并且还把菩提达摩与达摩多罗误作一人（见前讲）。至天宝四年（七四五，神会到了东京洛阳），在菏泽寺继续"定南宗宗旨"，继续攻击神秀、普寂一派的"北宗"为伪法统，定慧能一派的"南宗"为菩提达摩的正统。他提倡顿悟，立"如来禅"，破北宗渐教的"清净禅"。其实，平心而论，真正的顿悟是不通的。如姜太公钓鱼，被文王任为宰相，傅说举于版筑之间④（按：此两事，神会语录中常举作"顿悟不思议"的比喻）；乃至李白之斗酒诗百篇，莫不是积了数十年许多零碎的经验，蕴蓄既久，一旦发挥出来，所以"顿悟"云云，往往也须经过"渐修"；不过，因他是年过八十的老头儿，状貌奇特，侃侃而谈，就轰动了不少的听众。其时义福、普寂都已死了，在生时似乎是不理他，死后他们的徒子徒孙，眼见他声名日大，而且绘出图像来宣传他所造作的楞伽宗法统史，公开地攻击北宗法统，说来动听感人，于是普寂一派人只好利用政治势力来压迫神会。天宝十二年（七五三），遂有御史

---

① 身命：今"生命"。
② 料简：清点。
③ 西国：指印度。
④ 版筑之间：即陋室内（版筑：把土夹在两块木板中间筑成的墙壁。版：同"板"）。

卢奕上奏，弹劾神会，说他"聚徒，疑萌不利"；朝廷就把他赶出东京，黜居弋阳（在今江西），又徙①武当（在今湖北均县），又移襄州（在今襄阳），又移荆州开元寺，苦煞了这个八十五六岁的老头儿！

神会被贬逐的第三年（七五五，天宝十四年），安禄山造反，两京陷落，明皇②出奔，太子即位；至七五七年（肃宗至德二年），郭子仪③等始收复两京，神会也回到东京来了。那时大乱之后，军饷无着；于是右仆射④裴冕提出一个救济经济的政策，"大府各置戒坛度僧⑤"，"纳钱百缗⑥，请牒⑦剃落⑧，亦赐'明经'⑨出身"。这就是做和尚先得买执照。本来唐朝做和尚的，须购度牒，有了度牒，就算出家，可以免除租、庸、调⑩诸税。但残破乱离之际，这种公债无法推销，非请一位善于宣传的出来负责发卖不可，于是大家都同意把神会请出来承办劝导度僧、推销度牒、筹助军饷的事。他以九十高年，搭棚设坛，大肆鼓吹，听者感动，男女剃度者极多。这种军用公债果然倾销起来，一百吊钱一张，而当时施主也不少，于是为政府增加了大宗的收入，功劳甚大。

---

① 徙［xǐ］：迁。
② 明皇：唐明皇，即唐玄宗李隆基。
③ 郭子仪，唐代大将，平定"安史之乱"。
④ 右仆射：唐代官名。
⑤ 度僧：剃度僧人。
⑥ 缗［mín］：原义为绳子，用作计量单位，一缗铜钱即一千文（一个铜钱称"一文"）。
⑦ 请牒：申请证件。
⑧ 剃落：削发出家。
⑨ 明经：明习经学之意，参加科考的必要条件，有如今参加高考所需"高中文凭"。
⑩ 租、庸、调：唐代赋税。"租"是交纳粮食；"庸"是服劳役或兵役；"调"是交纳绢、绫、麻。

肃宗皇帝下诏叫他入内①供养，并且替他盖造禅院于菏泽寺中。到七六〇年（上元元年），神会死，享年九十有三，赐谥"真宗大师"，建塔②洛阳，塔号"般若"。他死后三十六年，即七九六［年］（德宗贞元十二年），在内殿召集诸禅师，由皇太子主席③，详定传法旁正④。于是，朝廷下敕⑤立菏泽大师神会为第七祖。于是，神会的北伐成功，慧能的南宗遂成为禅宗的正统了。

关于神会的思想，我不打算细讲，其教义可得而言者，约有五点：

一、顿悟。这就是神会的革命旗帜，他说："十信⑥初发心，一念相应便成正觉⑦，于理相应，有何可怪？"以明"顿悟不思议"。简言之，仍是"放下屠刀，立地成佛"之意。

二、定慧平等。他说："念⑧不起，空无所有，名'正定'；能见念不起，空无所有，名'正慧'。"即是以"慧"摄"定"；最后"戒""定"都可以不管，只要"慧"，归到理智主义去。

三、无念。他的禅法以无念为宗。"不作意，即是无念"，"所作意住心，取空取净。乃至起心⑨求证菩提涅槃⑩，并⑪属虚

---

① 入内：入宫。
② 建塔：建墓（高僧葬于塔内）。
③ 主席：主持。
④ 旁正：谁为旁系，谁为正统。
⑤ 下敕：颁布敕令。
⑥ 十信：大乘菩萨五十二位修行中的最初十位称"十信"，亦称"十信心"。
⑦ 正觉：全称"无上正等正觉"，觉悟、得道、成佛之意。
⑧ 念：欲念。
⑨ 起心：想要。
⑩ 菩提涅槃：泛指佛法。
⑪ 并：同样。

妄"。"应无所住而生其心①"。

四、知。他说："'知'之一字，众妙之门。"所以中国禅宗，侧重知解，终身行脚②，求善知识。且此语实开中国思想界"良知"一派③的先河。

五、自然。他说："修习即是有为诸法。生灭本无，何假④修习？"只是自然，只是无为，与中国道家思想相合。

总之，神会倡言为天下学道者定宗旨，为天下学道者辨是非，所以他对于神秀一系的旧法统极力诋斥，建立起自己的新法统来。

民国十五年我在巴黎发现了神会的许多材料，后来在日本又发现了一些。因知八世纪的前期，普寂盛行的时候，僧人都附于楞伽宗派，所谓"东山法门"；等到八世纪的后期，神会兴起，以至九世纪以来，又都成了南宗门下的信徒了。

"杀猪的"的说法（即旧说）就没有神会的地位；因其门下无特出的人物，而继续努力的人也非同门，所以它的功劳渐渐湮没，过了几百年就完全被人忘记了。

八世纪中，神会北伐成功，当时全国的禅师也都自称出于菩提达摩。"牛头山一派"自称出于第四代道信。西蜀资州"智诜

---

① "应无所住而生其心"：引自《金刚经》，全句为："不应住色生心，不应住声、香、味触法生心，应无所住而生其心。"所住：意为"所依"（即色、声、香、味）。心：意念。也就是，不依色、声、香、味而产生的意念。

② 行脚：游方。

③ 中国思想界"良知"一派：指明代以王阳明为首的"阳明学派"，该派以"致良知"为宗旨。

④ 假：借（如"假借"）。

派"下的"净众寺一派"和"保唐寺派",也都自称得着弘忍的传法袈裟。人人依草附木,自称正统。

一、成都"净众寺派",其法统为:弘忍——智诜①——处寂②——无相③,所以又称"无相派"。此派为宗密所分叙的第二家,与北宗接近,以"无忆、无念、莫忘"为宗。就是说,勿追忆已往;勿预念将来;"常与此志相应,不昏不错,名莫忘"。此宗仍要"息念坐禅"。

二、成都"保唐寺派",宗密记此派的世系如下:弘忍——老安④——陈楚章⑤——智诜——处寂——无相——无住⑥。无住把净众寺一派的三句改为"无忆、无念、莫妄";"忘"字改成"妄"字,宗旨就大大的不同。无住主张"起心即妄,不起即真",似乎受了神会的影响。且此派更有革命左派的意味:"释门事相,一切不行礼忏,转读、画佛、写经,一切毁之。所住之院,不置佛事。但贵无心,而为妙极。"此派也想争法统,说慧能的传法袈裟被武则天迎入宫中,转赐与智诜,又递到无住手里。

但是,忽然在江西跳出一个和尚来,名叫道一⑦,又称马祖。他说慧能的传法袈裟又到了他那里,其实这些都是假的。他

---

① 智诜〔shēn〕,俗姓周,唐代名僧,创"净众宗保唐禅派"。
② 处寂,俗姓周,唐代名僧,智诜弟子,"净众宗保唐禅派"传人。
③ 无相,俗姓金,朝鲜人,唐代名僧,处寂弟子,"净众宗保唐禅派"传人。
④ 老安,即慧安,俗姓李,隋末唐初名僧,曾为国师。
⑤ 陈楚章,唐代居士,老安的俗弟子。
⑥ 无住,俗姓邓,唐代名僧,无相弟子,"净众宗保唐禅派"传人。
⑦ 道一,俗姓马,亦称"马祖",唐末宋初禅师,创"禅宗洪州宗"。

本是四川人，落发①于资中②，进具③于巴西④，是由北宗改入南宗的。他是无相（净众寺派）的弟子，后离蜀赴湖南衡岳跟六祖嫡传怀让修行，才入"顿门"，故史家称为慧能的再传，其实他也属于智诜一派。道一这派的宗旨有八个字："触类是道，任心为修。"他说："所作所为，皆是佛性；贪瞋⑤烦恼，并是佛性；扬眉动睛，笑欠声咳，或动摇等，皆是佛事。"这叫"触类是道"，既是凡，碰到的都是道，就是随时皆为道，随心皆为修行。这个本来就是佛，所以不起心造恶，修善，也不修道，"不断不修，任运自在，名为解脱，无法可拘，无佛可作"。他只教人"息业养神""息神养道"。这叫"任心为修"。他殁于七八六年（唐德宗贞元二年）。

马祖门下有一个大弟子，名叫怀海，就是百丈禅师（殁于八一四[年]，即唐宪宗元和九年），建立了禅院组织法，世称"百丈清规"。凡有高超见解的和尚，称为"长老"，自居一室；其余僧众，同居僧堂。禅居的特点，是不立佛殿，惟立法堂。佛教寺院，到此为一大革命。并且，他们提倡作工；"一日不作，一日不食"，是百丈和尚的格言。以后的禅门，大都是从马祖、百丈传下来的。自八世纪以下，禅学替代了佛教，禅院替代了律居⑥。佛教差不多完全变成禅学了。

---

① 落发：出家。
② 资中：今四川省内江市资中县。
③ 进具：受具足戒，亦称"受戒"。
④ 巴西："三巴"（巴郡、巴东、巴西）之一，在今四川省东部。
⑤ 贪瞋［chēn］：贪婪。
⑥ 律居：寺院的别称。

第四讲　中国禅学的方法

这次讲的是中国禅学的方法。上次本来想把中国禅宗的历史讲得更详细一点，但因限于时间，只能将普通书所没有的禅宗的来历，说了一个大概；马祖以后的宗派，简直就没有工夫来讲。但不讲也不大要紧，因为那些宗派的立场跟方法，大抵差不多，看不出什么显著的区别，所以也不必在分析宗派时多讲方法，现在只讲禅宗整个的方法。

中国的禅学，从七世纪到十一世纪，就是从唐玄宗起至宋徽宗时止，这四百年，是极盛的黄金时代。诸位是学教育的，这一派人的方法于教学方面多少有点启示，所以有大家一听的必要。

南宗的慧能同神会提倡一种革命思想——"顿悟"，不用那些"渐修"的烦琐方法，只从智慧方面，求其大彻大悟，"放下屠刀，立地成佛"。在当时因为旧的方式过于复杂，所以这种单刀直入的简单理论，感动了不少的人，终于使南宗顿教成为禅宗的正统，而禅宗又成为佛教的正统。这是他们在破坏方面一大成功。可是，慧能同神会都没有方法，对于怎样教人得到"顿悟"，还是讲不出来。到九世纪初，神会的第四代弟子宗密（殁于八四一［年］，即唐武宗会昌元年），方把"顿悟"分成四种：

一、"顿悟顿修"。"顿悟"如同把许多乱丝一刀斩断；"顿修"如同把一团白丝一下子丢到染缸里去，红即红，黑即黑。

二、"顿悟渐修"。如婴儿坠地，六根四体①顿具，男女即分，这叫"顿悟"；但他须慢慢发育长大，且受教育，成为完人，这叫"渐修"。故"顿悟"之后必继以"渐修"。

三、"渐修顿悟"。这好比砍树，砍了一千斧头，树还是矗立不动，这叫"渐修"；到一千零一斧头，树忽然倒下来了，这叫"顿悟"。这并非此最后一斧之力，乃是那一千斧积渐推动之功。故"渐修"之后自可成"顿悟"。

四、"渐修渐悟"。如同磨镜，古时候，镜子是铜制的，先由粗糙的铜，慢慢地磨，直至平滑发亮，可以照见人影，整理衣冠。又如射箭，起初百无一中，渐渐百可中十，终于百发百中。

这四种中间，第一种"顿悟顿修"是不用方法的，讲不通的，所以后来禅宗也有"树上哪有天生的木勺②"的话。第二种"顿悟渐修"，却是可能的；第三种"渐修顿悟"尤其可能。这两种"放下屠刀，立地成佛"的例子，在西洋也有很多：如圣奥古斯丁③，起初是一个放荡不羁、狂嫖滥赌的人，说重一点就是流氓地痞，一天在街上听了一位教师的讲演，忽然省悟，立志苦修，竟成为中古时代的宗教领袖。这就是"顿悟渐修"；却也是"渐修顿悟"，因为他早已有种种烦闷，逐渐在变化，一旦下决心罢了。又如三四百年前科学大师格里略④（意大利人），生而有艺术的天才，但他的父亲是个数学家，送他到大学去习医。他的

① 六根四体："六根"指眼、耳、鼻、舌、身、意；"四体"指四肢。
② 木勺：木头做的勺子。
③ 圣奥古斯丁，中世纪罗马天主教会圣徒。
④ 格里略，通译"伽里略"，16世纪末、17世纪初意大利物理学家、数学家、天文学家，近代科学奠基人之一。

兴趣不倾向于这方面，而于音乐、绘画等倒是弄得不错；有一天，国王请了一位数学家来讲几何学，他听了一小时，忽然大彻大悟，就把一切抛开，专发挥他从遗传中得来的数学天才，后来便成了几何学物理学的老祖师。再举一个日常例：我们有时为了一个算学或其他的难题，想了几天，总想不出，忽然间梦里想出来了。这也是慢慢地集了许多经验，一旦于无意间就豁然贯通。第四种"渐修渐悟"，更是可能，用不着来说了。

　　总之，"顿悟渐修""渐修顿悟"都是可能的，都是需要教学方法的；"渐修渐悟"更是普通的方法；只有"顿悟顿修"是没有教学方法的。

　　禅门中许多奇怪的教学方法，都是从马祖（殁于七八六〔年〕）来的。马祖道一，本是北派，又受了南派的影响，所以他所创立的方法，是先承认了"渐修"，然后叫你怎么样"渐修顿悟"，"顿悟"而又"渐修"。他的宗旨是"触类是道，任心为修"；如扬眉、动目、笑笑、哈哈、咳嗽、想想，皆是佛事。此种方法实出于《楞伽经》。《楞伽经》云：

　　　　非一切佛国土言语说"法"①。何以故？以②诸言说，唯有人心，分别说故，是故③有佛国土，直视不瞬④，口无言

---

　　① 非一切佛国土言语说"法"：（此译文费解，据下文）大意是：佛的存在（佛国土）是任何语言都说不出其"法"的（"法"：当指"佛法"）。
　　② 以：因为。
　　③ 是故：所以。
　　④ 瞬：眨眼。

语，名为①"说'法'"；有佛国土，直尔示相②，名为"说'法'"；有佛国土，但③动眉相，名为"说'法'"；有佛国土，唯动眼相，名为"说'法'"；有佛国土，笑，名"说'法'"；有佛国土，欠④，名"说'法'"；有佛国土，咳⑤，名"说'法'"；有佛国土，念⑥，名"说'法'"；有佛国土，身⑦，名"说'法'"。

又云：

如来亦见诸世界中一切微虫、蚊蝇等众生之类，不说言语，共作自事，而得成功。

所以他那"触类是道，任心为修"的方法，是不靠语言文字来解说来传播的，只用许多奇特古怪的动作。例如：有一个和尚问他如何是"西来意"⑧，他便打；问他为什么要打，他说："我若不打汝，诸方笑我也。"又如法会问如何是"西来意"，他说："低声，近前来！"于是就给他一个耳光。此外如扬眉、动

① 名为：称为。
② 直尔示相：就那样做个动作。
③ 但：仅。
④ 欠：打哈欠。
⑤ 咳：咳嗽。
⑥ 念：想。
⑦ 身：身体。
⑧ 西来意：即"祖师西来意"（"祖师"即菩提达摩；"西来意"即从西天来此之意）。

睛以及竖拂、喝、踢，种种没有理性的举动，都是他的教学方法。这种举动，也并不是叫对方知道是什么意思，连做的人也没有什么意义，就是这样给你一个谜中谜，叫你去"渐修"而"顿悟"，或"顿悟"而"渐修"。马祖以后，方法更多了，如扭鼻、吐舌、大笑掀床、画圈（圆相）、拍手、竖指、举拳、翘足、作卧势、敲柱、棒打、推倒等等花样，都是"禅机"；此外来一两句似通非通的话，就是"话头"。总之，以不说"法"为说"法"，走上不用语言文字的道路，这就是他们的方法。

马祖是江西派，其方法在八世纪到九世纪初传遍了全国。本来禅学到了唐朝，已走上语言文字之途，楞伽宗也从事于烦琐的注疏；但是那顿悟派依然"顿悟"，不用语言文字，教人去想，以求彻悟。马祖以下又用了这些方法，打一下、咳一声，你不知道是什么意思，我也不知道是什么意思。这种发疯，正是方法，但既无语言、文字作根据，其末流就有些是假的，有些是捏造的，而大部分是骗人的。

马祖不靠语言文字说"法"，他的方法是对的，是真的；但是后来那些模仿的，就有些要算作末流了。这里且讲一个故事：有一书生，衣服褴褛，走到禅寺，老和尚不理他。后来小和尚报告知府大老爷到了，老和尚便穿上袈裟，走出山门，恭敬迎接，招待殷勤。书生看了，一声不响，等到知府大老爷走了，书生说："佛法一切平等，为什么你不睬我，而这样地招待他？"老和尚说："我们禅家，招待是不招待，不招待便是招待。"书生听了，就给他一个嘴巴。老和尚问他为什么打人？书生答道："打便是不打，不打便是打。"所以末流模仿这种方式的表示，有一些是靠不住的。

在九世纪中叶，出了两大和尚：南方的德山宣鉴① (殁于八六五 [年]，唐懿宗咸通六年) 和北方的临济义玄② (殁于八六六 [年]，同上七年)。他们的语录，都是很好的白话文学；他们不但痛骂以前的禅宗，连经连佛一齐骂；什么释迦牟尼，什么菩提达摩，都是一些老骚胡！十二大部经，也是一堆揩粪纸！德山自谓"别无一法，只是教人做一个吃饭、睡觉、拉尿的平常人"。义玄教人"莫受人惑！向里向外，逢着便杀，逢佛杀佛，逢祖杀祖，逢罗汉杀罗汉，始得解脱"。后来的禅门，总不大懂得这两大和尚第二次革命的禅机——"呵佛骂祖"禅。

平心而论，禅宗的方法，就是教人"自得之"，教人知道佛性本自具足，莫向外驰求，故不须用嘴来宣说甚么大道理。因此，这个闷葫芦最易作假，最易拿来欺骗人，因为是纯粹主观的，真假也无法证实。现存的五部《传灯录》③，其中所载禅门机缘，百分之七十怕都是无知妄人所捏造的，后来越弄越没有意义了。不过，我们也不能一笔抹杀。当时的大和尚中，的确也有几个了不得的；他们的奇怪的方法，并非没有意义的。如我第一次所讲贼的故事，爸爸把儿子锁在柜子里，让他自己想法逃出；等他用模仿鼠叫之法逃回家了，爸爸说：你不怕没有饭吃了。这个故事，就可比喻禅学的方法，所谓"置之死地而后生"，就教

① 德山宣鉴，俗姓周，唐代高僧。
② 临济义玄，俗姓邢，唐代高僧，创"禅宗临济宗"。
③ 《传灯录》：又称《灯录》，作者不详，成于宋代，载禅宗历代传法机缘。

育上说，很类似现代的设计教学法。看来很像发疯，但西谚①云："发疯就是方法。"（Madness is method）（按：西文两词音近，中语四字也都是双声）。禅宗经过四百年的黄金时代，若非真有方法，只可以骗人一时，也不能骗到四百年之久。

禅学的方法，可归纳为五种：

一、不说破。禅学既是教人知道佛性本自具足，莫向外驰求，意思就是说，人人都有佛性，己身便是佛，不必向外人问；要人知道无佛可作，无法可求，无涅槃菩提可证。这种意思，一经说破，便成了"口头禅"；本来真理是最简单的，故说破不值半文钱。所以，禅宗大师从不肯轻易替学人去解说，只教学人自己去体会。有两句香艳诗，可以拿来说明这个方法，就是："鸳鸯绣取从（随）君看，莫把金针度与人。"② 且讲他们三个故事来作例子。其一，沩山和尚③的弟子洞山去看他，并求其说法。沩山说："父母所生口，终不为子说。"其二，香严和尚④请沩山解说"父母未生时"一句。沩山说："我若说似（与）汝，汝以后骂我去。我说的是我的，终不干汝事。"香严辞去，行脚四方，一日芟除草木，偶尔抛一块瓦砾，碰竹作响，忽然省悟⑤，即焚香沐浴，遥礼沩山，祝云："和尚大慈，恩逾父母！当时若为我

---

① 西谚：西方谚语。

② 度与人：给予人。此两句诗引自（金）元好问《论诗》（之三），文字上稍有出入，原诗为："晕碧裁红点缀匀，一回拈出一回新；鸳鸯绣了从教看，莫把金针度与人。"从教：任凭。

③ 沩［wéi］山和尚，即沩山灵祐，俗姓赵，唐代高僧。

④ 香严和尚，即香严智闲，沩山灵祐的弟子。

⑤ 即领悟自己是父母偶然生出来的。

说破，何有今日之事？"其三，洞山和尚是云岩和尚的弟子，每逢云岩忌日，洞山必设斋礼拜。或问他于云岩得何指示？他说："虽在彼处，不蒙指示。"又问："和尚发迹南泉，为何却与云岩设斋？"他说："我不重先师道德佛法，只重他不为我说破。"大家听了三个故事，便知"不说破"是禅学的第一个方法。因为早经说破，便成口头禅，并未了解，不再追求，哪能有自得之乐？

二、疑。其用意在使人自己去想，去体会。例如洞山和尚敬重云岩，如前所说，于是有人问洞山："你肯①先师也无？"意思是说你赞成云岩的话吗？洞山说："半肯半不肯。"又问："为何不全肯？"洞山说："若全肯，即辜负先师也。"他这半信半不信，就是表示学者要会疑，因为怀疑才自己去思索——想若完全赞成，便不容怀疑，无疑即不想了。又：有僧问沩山和尚："如何是道？"沩山说："无心是道。"僧："某甲②不会。"就是说我不懂。沩山就告诉他：不懂才好。你去认识不懂的，这才是你的佛，你的心。（按：沩山原答为："会取不会底好。"僧云："如何是不会底？"师云："只汝是，不是别人。今时人但直下体取不会底，正是汝心，正是汝佛；若向外得一知半解，将为禅道，且没交涉，名运粪入，不名运粪出，污汝心田。"）所以"疑"就是禅宗的第二个方法。

三、禅机。普通以为禅机含有神秘性，其实，真正的禅机，不过给你一点暗示。因为不说破，又要叫人疑，叫人自己去想，所以道一以下诸禅师又想出种种奇怪方法来，如前面所举的打、

---

① 肯：首肯、同意。
② 某甲：言者自谓，我。

笑、拍手、扭鼻等等；又有所答非所问，驴唇不对马嘴的话头。这种方法，名曰"禅机"，往往含有深意，就是对于某种因缘，给一点暗示出来，让你慢慢地觉悟。试举几条为例。其一，李勃①问智常②："一部《大藏经》说的是什么？"智常举拳头，问道："还会么？"李答："不会。"智常说："这个措大③，拳头也不识！"其二，有老宿④见日影透窗，问惟政⑤大师："是窗就⑥日，是日就窗？"惟政道："长老！您房里有客，回去吧！"其三，僧问总印："如何是三宝（佛、法、僧）？"总印答："禾、麦、豆。"僧说："学人不会⑦。"师说："大众欣然奉持。"其四，仰山和尚问沩山："什么是祖师西来意？"沩山指灯笼说："大好灯笼呵！"其五，僧问巴陵鉴和尚："祖师教义，是同是异？"鉴说："鸡寒上树，鸭寒下水。"法演和尚论之曰："巴陵只道得一半，老僧却不然。掬水月在手，弄花香满衣。"其六，僧问云门和尚："如何是超佛越祖之谈？"云门答："糊饼。"法演说："破草鞋。"这些禅机，都是于有意无意之间，给人一点暗示。前十余年，罗素⑧（Bertrand Russell）来中国，北京有一班学生组织了一个"罗素学术研究会"，请罗素莅会指导。但罗素回来对我说："今天很失望！"问何以故？他说："一班青年问我许多问

① 李勃，字建，唐宗室，高宗时官江都令。
② 智常，俗姓陈，唐代高僧、六祖慧能弟子。
③ 措大，亦作"醋大"，寒酸书生。
④ 老宿：年老资深者。
⑤ 惟政，唐代洪州百丈山禅师。
⑥ 就：凑近（如"迁就"）。
⑦ 学人不会：学生不解（会：理会）。
⑧ 伯特兰·罗素，19世纪末、20世纪初英国数学家、哲学家、散文家，曾获诺贝尔文学奖。

题，如'George Eliot① 是什么?' '真理是什么（what is truth?）'叫我如何回答？只好拿几句话作可能的应付。"我说："假如您听过我讲禅学，您便可以立刻赏他一个耳光，以作回答。"罗素先生颇以为然。

四、行脚。学人不懂得，只好再问，问了还是不懂，有时挨一顿棒，有时候挨一个嘴巴；过了一些时，老师父打发他下山去游方行脚，往别个丛林去碰碰机缘。所以，行脚等于学校的旅行，也就等于学生的转学。穿一双草鞋，拿着一个钵，遍走名山大川，好像师大学生，转到清华，再转到中央大学，直到大觉大悟而后已。汾阳一禅师活到七十多岁，行脚数十年，走遍了七十多个山头，据上堂②云："以前行脚，因一个缘因未明，饮食不安，睡卧不宁，火急抉择，不为游山玩水，看州府奢华，片衣口食；只因圣心未通，所以驰驱行脚，抉择深奥，传鸿敷扬③，博问先知，亲近高德。"儒门的理学大师朱子④也曾说过："树上哪有天生的木勺？要学僧家行脚，交结四方贤士，观察山川形势，考测古今治乱之迹，经风霜雨露之苦，于学问必能得益。"行脚僧当然苦不堪言，一衣一履，一杖一钵，逢着僧寺就可进去住宿，替人家做点佛事，挣碗饭吃；要是找不着庙宇，只能向民家讨点饭吃，夜间就露宿在人家的屋檐下。从前有名的大和尚，大

---

① George Eliot，通译"乔治·艾略特"，19世纪英国著名女作家玛丽·安·伊文斯的笔名。

② 上堂：上堂说法。《景德传灯录》卷三弘忍大师条："是夜南迈，大众莫知。忍大师自此不复上堂凡三日，大众疑怪致问，祖曰：'吾道行矣，何更询之？'"

③ 传鸿：书信。敷扬：传播宣扬。

④ 朱子，即朱熹，南宋理学家。

都经过这一番漂泊生涯。行脚僧饱尝风尘，识见日广，经验日深，忽然一天听见树上鸟叫，或闻瓶中花香，或听人念一句诗，或听老太婆说一句话，或看见苹果落地……他忽然大彻大悟了，"桶底脱了！"到这时候，他才相信：拳头原来不过是拳头，三宝原来真是禾、麦、豆！这就叫作"踏破铁鞋无觅处，得来全不费工夫"。

　　五、悟。从"不说破"起，到"桶底脱了"，完全觉悟贯通。如圆悟①和尚行脚未悟，一日见法演②和尚与客谈天，法演念了两句艳体诗："频呼小玉元无事，为要檀郎认此声。"③全不相干，圆悟听了就忽然大悟了。又：有个五台山和尚行脚到庐山归宗寺，一夜巡堂④，忽然大叫："我大悟也！"次日，方丈问他见到什么道理。他说："尼姑原来是女人做的！"又：沩山一天在法堂打坐，库头⑤击木鱼，里面一个火头（烧火的和尚？）掷去火柴，拊掌哈哈大笑。沩山唤他前来，问道："你怎么生？"火头说："某甲不吃稀饭，肚子饥饿，所以欢喜。"沩山点头说："你明白了。"我前次所述的奥古斯丁，平日狂嫖阔赌，忽然听人一句话而顿改前非，也是和这些一样的悟。《孟子》上说："欲其自得之也。自得之，则居之安；居之安，则资⑥之深；资之深，则取之左右逢其源。"自得才是悟，悟就是自得。

---

① 圆悟，亦称"密云圆悟"，俗姓蒋，北宋僧人。
② 法演，俗姓邓，北宋临济宗杨歧派禅师。
③ 引自《唐人笔记·霍小玉传》，意为：小姐想通知情郎，没有机会，故意在房里头叫丫头的名字，实际上是叫给心上人听的，表示我在这里。
④ 巡堂：巡视佛堂。
⑤ 库头：管库房的和尚。
⑥ 资：智能（如"资质"）。

以上所讲禅学的方法，彻头彻尾就是一个自得。

总结起来，这种禅学运动，是革命的，是反印度禅、打倒印度佛教的一种革命。自从把印度看成西天，介绍、崇拜、研究、选择，以致"得意忘象，得鱼忘筌"；最后，悟到释迦牟尼是妖怪，菩提达摩是骗子，十二部经只能拿来做揩粪纸；解放、改造，创立了自家的禅宗。所以，这四百年间禅学运动的历史是很光荣的。不过，这革命还是不彻底。刻苦行脚，走遍天下，弄来弄去，为着甚么？是为着要解决一个问题。甚么问题？就是"腊月二十五"①，甚么叫作"腊月二十五"呢？这是说怕腊月三十日来到②。生死关头，一时手忙脚乱，应付不及。这个生死大问题，只有智慧能够解决，只有智慧能够超度自己，脱离生死，所以火急求悟。求悟的目的也就不过是用智慧来解决一件生死大事，找寻归宿。这不还是印度宗教的色彩么？这不还是一个和尚么？所以说，这种革命还是不彻底。从禅学过渡到宋代的理学，才更见有两大进步：一、以客观的格物③替代了主观的"心理"，如程朱④的"今日格一物，明日格一物；今日穷一理，明日穷一理"，辨明事物的是非真伪，到后来，便可有豁然贯通的一旦。这是禅学方法转变到理学的进步。二、目标也转移了。德山和尚教人做一个吃饭、睡觉、拉尿的平常人，一般禅学家都是为着自

① 腊月二十五：即农历十二月二十五日，此时一年行将结束，喻一生行将结束。
② 腊月三十日来到：一年结束，喻死亡。
③ 格物：探究事物。
④ 程朱：北宋理学家二程（程颢、程颐）和南宋理学家朱熹的合称。

己的"腊月二十五",始终只做个和尚。理学则不然。宋仁宗时,范仲淹说了"先天下之忧而忧,后天下之乐而乐",以后理学家无不是从"正心、诚意、修身"做起,以至于"齐家、治国、平天下"。超度个人,不是最终的目的,要以个人为出发点,做到超度社会。这个目标的转变,其进步更伟大了。这两点是值得我们大书特书的。总之,宋明理学的昌明,正是禅学的改进,也可说是中国中古时代宗教的余波。

禅宗史的一个新看法[①]

胡　适

　　禅宗史，从前认为没有问题，等到二十五年以前，我写《中国思想史》，写到禅宗的历史时，才感觉到这个问题不是那样简单。有许多材料，可以说是不可靠；寻找可靠的材料很困难。前次在台湾大学讲治学方法时曾提到二十五年前到处去找禅宗史料一段故事。二十五年以来，禅宗史料慢慢出来了。大部分出自敦煌，一小部分出于日本；因为日本在唐朝就派学生，尤其是佛教的学生，到中国来求学。由唐到五代、到宋、到元明，每代都派有学生来。当时交通不方便，由中国拿回去的书籍，称为"舶来[②]书"，非常宝贵，保存得格外好。我搜求禅宗史料，在法国巴黎、英国伦敦图书馆看到敦煌出来的材料，许多是八世纪和九

----

　　① 本文系 1953 年作者于台北"蔡元培先生 84 岁诞辰纪念会"演讲记录，后收入《胡适演讲录》，后收入《胡适全集》第九卷。这里所谓对禅宗史的新看法，就是认为，禅宗在唐代的兴起，是中国佛教史上的"一次革新运动"，因为在此之后，不仅禅宗成了中国佛教的主流，而且由于禅宗的这次变革，使中国佛教大大地简单化了，更容易为普通人所接受。至于引领这一"革新运动"的主要人物，就是六祖慧能和他的弟子神会。尤其是神会和尚，将其师父的"顿悟说"大大发挥，从而使信徒相信，只要"顿悟"，便能"得道"；就是罪大恶极之人，只要"放下屠刀"，也能"立地成佛"。这是禅宗在唐之后得到遍及的关键所在。

　　② 舶来：进口。

世纪的东西，里面有神会和尚①语录一卷。我把这材料印出来以后，日本学者乃注意这个问题，搜求材料，也发现一种神会的语录，还有很重要的楞伽宗②的材料。我曾经发表几篇长文章，在《"中央研究院"季刊》中发表的是《楞伽宗考》。这个宗派是从梁（南北朝）到唐朝中叶很大的一个宗派，是禅宗的老祖宗。在南方，禅宗最早的一个，是广州一个不识字的和尚慧能③，大家称为六祖。《六祖语录》（《坛经》④）从敦煌石室出来的，可算是最古的本子，唐朝年间写的。我看到这个本子不久，收到日本学者印的四十八尺长的卷子本。

　　这个卷子本是日本翻印中国本子的。现在中国的那个原本没有了，日本翻印本也只有一本在和尚庙中保存着。这两个本子都是古本，拿来与现在通行的《坛经》比较，大有出入。现在通行的《坛经》是根据一个明朝的版，有两万两千字，最古本的《坛经》只有一万一千字，相差一倍。这多出来的一半，是一千年当中，你加一段，我加一段，混在里面的。日本发现的本子，是北宋初年的，一万四千字，已比唐朝的本子增加了三千字。我发现这些新的材料，对于禅宗就有一个新的看法。我们仔细研究敦煌出来的一万一千字的《坛经》，可以看出最原始的《坛经》，

---

　　①　神会和尚，俗姓高，唐代高僧、六祖慧能的弟子、禅宗荷泽宗始祖、建立南宗禅的重要人物。
　　②　楞伽宗：由菩提达摩所创大乘佛教宗派、禅宗的前身，因称只需《楞伽经》即可成佛，故名。
　　③　慧能，俗姓卢，唐代高僧、南宗禅创始人，南宗禅尊为六祖。
　　④　《坛经》：通称《六祖坛经》，全称《南宗顿教最上大乘摩诃般若波罗蜜经六祖慧能大师于韶州大梵寺施法坛经》，由六祖慧能口述、弟子法海笔录的禅宗经典。

只有六千字，其余都是在唐朝稍后的时候加进去的。再考这六千字，也是假的。

所谓新看法，与老看法有什么不同？老看法说，印度有二十八个祖师，从释迦牟尼起。释迦牟尼有一天在大会场上，拿了一枝花不说话。大家不懂什么意思。其中有一个大弟子大迦叶懂了，笑了一笑。释迦牟尼看到他笑，便说大迦叶懂了我的意思。禅宗就是这样开始的。由释迦牟尼传给大迦叶，一代一代传下去，传到菩提达摩①，变成了中国禅宗第一祖。每一代都有四句五言秘密传话偈②。不但如此，二十八代以前还有七代佛，一代一代传下去，也是一样有四句七言偈。菩提达摩到中国后，传给慧可，慧可传僧粲，僧粲传道信，道信传弘忍。弘忍是第五祖。当第五祖弘忍将死的时候，把他的一班弟子叫来说：你们中真正懂得我的意思的，可以写个偈给我看，如果我觉得对了，就把我的法传给他，而且还要把多少代祖师传法的袈裟给他，作为传法的证件。于是，弘忍最有名的弟子神秀，在墙壁上题了一偈③。大家看了，都说我们的上座（大弟子）答对了。但是，那个时候有一个不认识字的和尚，在厨房中舂米。他听到神秀的传心偈，就跑出来说：我们的上座④没有通，我通了。于是，那个不认识

---

① 菩提达摩，梵名（拉丁拼音）Bodhidharma，简称达摩，南印度人，南北朝时从印度入华，在洛阳、嵩山等地传授禅法，民间称其"达摩祖师"，即禅宗创始人。

② 偈〔jì〕：即偈陀，梵文（拉丁拼音）gatha 的音译，意为"颂"。

③ 神秀的偈是："身是菩提树，心如明镜台，时时勤拂拭，莫使惹尘埃。"

④ 上座：僧侣称师兄。

字的厨房小和尚——大家称为"獦獠①"的——慧能，也做了一首偈②，请人家写在墙上。老和尚一看，就说也没有通，把它擦掉了（怕他被人杀害）。但是到了半夜，把窗子遮起来，把他叫来，秘密的把法传给他，并且把袈裟也传给他。慧能因此就成为禅宗的第六祖。神秀后来到北方去，成为禅宗的北宗；慧能在南方广州韶关一带传道，为禅宗的南宗。

慧能传了很多弟子，当中有两个最重要的：一是江西吉州青原山的行思③，一是湖南南岳的怀让④。后来的禅宗五大宗派⑤，便是从怀让与行思二人传下来的，从来没有提到神会和尚。这个传统的老看法的禅宗史是很简单的，从印度二十八代一代一代的传下来，每一代到老的时候就写了偈语，传了法，又传了袈裟。这样整整齐齐的每代都做了四句五言诗，甚至在几万年前老佛祖传世时也做四句五言诗。这很可以使人怀疑。我想这是不可靠的。新的看法，禅宗是一个运动，是中国思想史、中国宗教史、佛教史上一个很伟大的运动，可以说是中国佛教的一个革新运动，也可以说是中国佛教的革命运动。

这个革新运动的意义是什么呢？佛教革命有什么意义？这个可以分为两层来说。第一个意义是佛教的简单化、简易化；将烦

---

① 獦［gó］獠［liáo］，原是南方蛮族的称呼，后用来泛指南方人，意即"南佬"。

② 慧能的偈是："菩提本无树，明镜亦非台，本来无一物，何处惹尘埃？"

③ 行思，亦称"青原行思"，俗姓刘，唐代高僧、禅宗云门宗始祖。

④ 怀让，俗姓杜，唐代高僧、禅宗临济宗始祖。

⑤ 禅宗五大宗派：分别是云门宗、临济宗、沩仰宗、曹洞宗、法眼宗（应该称"派"，但习惯称"宗"，姑且）。

琐变为简易，将复杂变为简单，使人容易懂得。第二个意义是佛教本为外国输入的宗教，而这种外来的宗教，在一千多年中，受了中国思想文化的影响，慢慢的中国化，成为一种奇特的、中国新佛教的禅学。这两个意义在公元八世纪初，唐朝武则天末年开始。简单说，从公元七〇〇年至八五〇年，在这一百多年中，包括盛唐和中唐，是禅宗极盛的时期。这在中国佛教中是一个大的运动，可以说是佛教内部革新的运动。这个新的佛教，在印度没有。这是中国佛教中革新运动所成就的一种宗教，叫作禅宗，也叫作禅门。

中国佛教革新运动，是经过很长时期的演变的结果，并不是广东出来了一个不认识字的和尚，做了一首五言四句的偈，在半夜三更得了法和袈裟，就突然起来的。它是经过几百年很长时期的演变而成。这个历史的演变，我现在打算把它简单的叙述出来。

首先，我们应该知道中国禅与印度禅的不同。在未说印度禅之前，我要将我们中国宗教的情形略作叙述。我们古代宗教是很简单的。在春秋战国时代，我们虽然已有很高文化，在道德、伦理、教育思想、社会思想、政治思想各方面，我们已有很高的水准，但是宗教方面却非常简单。当时只相信一个"天"，或许是高高在上的天，或许是上帝。这苍苍之天与主宰的上帝，是第一个崇拜的对象。其次是崇拜自然界的大力量，认为日月天地都有一种神的存在。第三是崇拜祖先。第四是在宗教崇拜下善有善报、恶有恶报的报应观念。

在佛教输入以前，我们的祖宗没天堂与地狱的观念，宗教原是非常简单的。印度教①输入以后，他的宗教不但有"天"，而且有三十三重天；不但有地狱，而且有十八层地狱，甚至有十六乘十六、再乘十六层的地狱，一层比一层可怕。这样复杂的情形，的确可以满足人民对于宗教的欲望的。结果，我们原有简单的宗教，与它比较以后，就不免小巫见大巫，崇拜得五体投地了。崇拜到什么程度呢？佛教中人把印度看作西天，看作极乐的世界。都是由于佛教的崇拜。

中国和尚看到这样复杂的宗教，便想到，是不是有法子找出一个扼要的中心呢？于是，头一个运动就是把佛教的三个大部门"戒""定""慧"中的"定"，特别提出。"戒"就是规律，有五百戒，五千戒，是很烦琐的。"定"就是禅宗中的"禅"，就是怎样控制心，也就是"定心息虑"。"慧"就是智慧，是理解。中国佛教徒将佛教三个大部门中的"定"拿出来，作为佛教的中心，包括"戒""慧"以及一切在内。因为打坐的时候，可以控制人的呼吸，然后跟着呼吸控制到身体，然后控制心灵的活动，到了欲望来的时候，或且想到人生许多快乐的事情，就要靠"智慧"来帮助。譬如说，想到男女爱情的时候，要想到她并不是漂亮的，而是一袭漂亮的衣服中一块皮包着二百零六块骨头，以许许多多的骨节接连起来的，以及肉和血等，到了死了以后，流出了血、脓、蛆。一个漂亮的女人也不过是很难看的一堆骨、血、蛆。这样一想，什么欲望都没有了。这是以"慧"助"定"，来控制"不净观"。还有是以"空观"来控制的，譬如

---

① 印度教：指佛教。

说：两个人互相咒骂，挨骂了，生气了，要懂得"空"的哲学（佛教的根本哲学），把一切看作地、水、火、风的偶然凑合。"骂"是一种声浪，是地、水、火、风暂时凑合发出的声浪，分散了便归乌有。骂的人和被骂的人，都是这四大凑合，如果都是"空"，没有他，没有我。作如是想，便不会生气了。

把"禅"包括"戒""定""慧"，而以"禅"为佛教中心，是把印度佛教简单化的第一时期的方式。

不久，仍旧觉得这个"印度禅"还是烦琐的。如坐禅要做到"四禅定"的境界，要做到"四无色定"的境界，最后要能达到最高的目标——"六神通"："神足通""天眼通""天耳通""他心通""宿命通""漏尽通"，能游行自在、能见千里外的事物，能闻千里外的声音，能知他人的心思，能知过去未来，等等。这些烦琐的所谓最高境界，拆穿西洋镜①，却是荒唐的迷信。于是，进一步的革新到"净土"的"念佛"法门。

五世纪初期，庐山高僧慧远，开始接受印度、中亚细亚②传入的《阿弥陀佛经》，不要一切烦琐的坐禅仪式，只要你心里相信，有"净土"的存在。"净土"是天堂；天堂里有四季不谢之花，有八节③长青之草，琉璃世界，有无量寿，有无量光。以后慢慢演化到念南无阿弥陀佛（南无即崇拜的意思）。只要你念千万遍，在临死前你必能看到净土的美丽世界，必有人来接引你到这美丽

---

① 拆穿西洋镜：（沪语）揭穿小伎俩。
② 中亚细亚：中亚（亚细亚，亚洲 Asia 的旧译名）。
③ 八节：农历二十四节气中八个主要节气：立春、春分、立夏、夏至、立秋、秋分、立冬、冬至。

的世界里去。

五世纪中叶，苏州有一个道生①和尚，他对中国古代老庄②的思想特别有研究。他头一个提出"顿悟"的口号。不要念经，不要坐禅，不要持斋拜佛以及一切烦琐的步骤，只要有决心，便可以忽然觉悟。这与欧洲宗教的重大改革、由间接的与上帝接触变为直接的回到个人的良知良心、用不着当中的媒介物一样。到过苏州的人，都知道虎丘有一个生公③说法台，有"生公说法，顽石点头"的传说。这个顿悟的学说，是以中国古代道家的思想提出的一个改革。我们看看道生的书，就可以看出他有很浓厚的道家的思想了。

从五世纪末叶到六世纪初年（公元四七○年至五二○年），是印度高僧菩提达摩渡海东来、在中国传教时期。传说他到广州是梁武帝时代，经我考证，不是梁武帝时代来的，而是刘宋④明帝时来的。有人说他到中国九年后回国，或死了，实际他是由刘宋经齐、梁，在中国居住了五十年之久。他是印度人，年轻时就有很多胡须，所以冒充一百五十岁。他到中国创立一个宗派——楞伽宗，认为用不着佛教许多的书，只要四卷《楞伽经》就够了。这是印度和尚把佛教简单化的一个改革。他提倡"理入"和"行入"。"理入"承认人的本性是善的，凡是有生之物，都同样含有善的、完美的本性——含有同一真性。"行入"是苦行和

---

① 道生，俗姓魏，东晋、刘宋间高僧。
② 老庄：老子与庄子，道家祖师。
③ 生公：道生尊称。
④ 刘宋：南北朝时南朝（宋、齐、梁、陈）之"宋"，创建者刘裕，故称"刘宋"，以别后来赵氏所建"大宋"。

忍，作众人所不能忍受的苦修。"一衣、一钵、一坐、一食，但①蓄二针，冬则乞补②，夏便通舍③，覆赤④而已。"睡则卧于破烂的古墓中。自达摩建立楞伽宗，其中有很多"头陀苦行"的和尚（头陀是佛教苦修的名称，即自己毁坏自己的意思。在唐代的诗文中，常可看到描述和尚苦修的情形）。武则天久视元年（公元七〇一年），下诏召请一个楞伽宗的有名和尚神秀到京城来。他那时已九十多岁了。他是全国闻名的苦修和尚。他由湖北经南阳，到两京⑤时，武则天和中宗、睿宗都下跪迎接，可见其声望之大。他在两京住了六年就死了（公元七〇六年）。在那个时期里，他成了"两京法主，三帝国师"。死后，长安城万人痛哭，送葬僧俗，数逾千万。当时的大名人张说⑥给他写碑，叙述他是菩提达摩的第六代。神秀死后，他的两个大弟子普寂、义福继续受帝后尊崇。这个时期，是楞伽宗的极盛时期。

开元二十二年（公元七三四年），忽然有一个在河南滑台寺的南方和尚神会，出来公开指斥神秀、普寂一派"师承是傍⑦，法门是渐⑧"，指明达摩第六代是慧能不是神秀；慧能才是弘忍的传法弟子。而慧能和神会是主张顿悟的，有人对神会和尚说："现在是神秀、普寂一派势焰熏天的时候；你攻击他，你不怕吗？"

---

① 但：仅。
② 补：补衣。
③ 舍：弃。
④ 覆赤：又一无所有（覆：古同"复"。赤：无，如"赤裸"）。
⑤ 两京：唐西京长安、东京洛阳。
⑥ 张说［yuè］，字道济，唐代名臣、文人。
⑦ 傍：同"旁"，非正。
⑧ 渐：小（如"防微杜渐"）。

神会回答说："我为天下定宗旨、辨是非；我不怕！"那时神会和尚已经八十多岁了。从公元七三四年到七五五年，这二十多年间，神会敢出来和全国最崇敬的湖北神秀和尚挑战，说出许多证据，攻击为帝王所尊重的宗派，并且为人佩服，这是因为他可以举出弘忍半夜传给他老师的袈裟为证的缘故。那时神秀已死了，他的两个大弟子普寂（死于七三九年）、义福（死于七三二年）又先后死了，没有人和他反辩。反对党看他的说法很动人，却害怕起来，于是告他聚众，图谋不轨。经御史中丞卢奕提出奏劾，皇帝乃将神会贬逐南方。最初由洛阳贬逐到江西弋阳，以后移到湖北武当、襄阳、荆州等地。三年中贬逐四次。可是反对党愈压迫，政府愈贬逐，他的声望愈高，地位愈大！

公元七五五年，安禄山造反，由河北打到两京（洛阳、长安），唐明皇狼狈出奔，逃往四川。他的儿子肃宗出来收拾局面，由郭子仪、李光弼两将军逐步收复两京。这时神会已经回到洛阳，正值政府打仗需款，他就出来帮忙政府筹款。当时政府筹款的方法是发行度牒①。但是推销度牒有两个条件：一是必须有人做和尚；二是必须有人花钱买度牒和尚。这都需要有人出来传道劝说。神会既有口才，且有甚多的听众，遂由他出来举行布道大会，推行"救国公债"。结果大为成功，善男信女都乐意施舍，购买度牒。皇帝以神会募款有功，敕令将作大匠②日夜加工，为神会兴建寺院。不久，神会圆寂，时在上元元年（七六〇年），神会年九十三岁，敕谥为"真宗大师"。神会死后六年（德宗贞元十二年），皇帝

---

① 度牒：剃度为僧的文书（即政府批准某人出家做和尚的证明）。
② 将作大匠：掌管宫室修建之官。

派太子主持一个委员会，研究禅宗法统问题。经许多禅师考虑的结果，承认神会为七祖，也就是承认他的老师慧能为六祖，解决了这个法统之争。而神会这一派，遂得到革命的大胜利。

这七十年来，在没有正式承认神会为七祖以前，社会上的知识阶级，已经受到神会的影响，杜甫的诗有"门求七祖禅"的话，那时虽未正式承认七祖，已承认七祖禅了。在神会最倒霉的时候，杜工部①的朋友王维，应他的请求作了《能大师碑》，明认慧能为弘忍传法弟子，得了"祖师袈裟"。王维所写的这个碑文，后来被收在《唐文粹》②中。杜、王二人的文字都是证明，当时社会里已有这个新禅宗的看法。

当神会说法时，曾经有人问他："菩提达摩是第一祖，由菩提传到慧能是第六祖；那么在印度又传了多少代呢？"关于这件事，现在文件中发现所谓二十八祖，固然是个笑话，就是神会的答复，也是一个大笑话。他说："在印度传了八代。"传一千多年，只传八代，是不可能的事。因为他不懂梵文，把菩提达摩和达摩多罗③两个人弄成了一个人，所以说出八代。究竟有几代？说法不一。有说二十四代，有说二十五代，有说二十六代，有说二十七代，甚至有说五十一代的。这都是他们关起门捏造出来的祖宗。这些材料，都不可靠。我所以说这个故事，就是要说他的老师慧能半夜得到的袈裟，究竟是第几代传下的。这是一个不能解决、无法审问的千古疑案。

---

① 杜工部，即杜甫，曾任工部员外郎，故称。
② 《唐文粹》，100卷，唐代诗文选本，北宋姚铉选编。
③ 达摩多罗，梵名（拉丁拼音）Dharmatala，古印度中期大乘佛教宗主。

最后，我们看一看，神会革命胜利成功的禅宗是什么？为什么要革新？为什么要革命？从我在巴黎发现的敦煌材料，和以后日本学者公布的材料（这两个材料比较起来，我的材料前面多，日本的材料后面多）看起来，我们知道神会的学说主张"顿悟"。"顿悟"，是一个宗教革命。借个人的良知，可以毁掉种种烦琐仪式和学说，即所谓"迷即累劫①，悟即须臾"。譬如"一缕一丝，其数无量；若合为绳，置于木上，利剑一斩，一时俱断"，人也是这样。"发菩萨心人，亦复如是。"一切入定出定②的境界，都是繁于心。只要发愿心就可以"豁然晓悟，自见法性③本来空寂。恒沙④妄念，一时顿尽"。

神会学说的第二个主张是"无念"："不作意⑤，即是无念。"一切"作意住心，取空取净⑥，乃至起心求证菩提涅槃，亦属虚妄。但⑦莫作意，心自无物"。譬如商朝的傅说⑧和周朝的太公⑨，一个是泥水匠，一个在水边钓鱼的人，一时机会来了，一个贫苦的人一跳而为政治上的重要人物，担负国家的重任，这叫作世间的不可思议事，出世的宗教也有不可思议事；所谓"顿悟"，就是一日豁然顿悟。中国有一句话说："放下屠刀，立地

---

① 累劫：多重劫数（劫：梵文［拉丁拼音］kalpa 音译"劫波"的简略，意即［生平中］"一次遭遇"，如"逃过一劫"）。
② 入定出定：静心打坐为"入定"，打坐完毕为"出定"。
③ 法性：和"佛性""实相""如来藏"等义同。
④ 恒沙：恒河（印度最大河流）之沙（喻多）。
⑤ 不作意：不起意念。
⑥ 取空取净：均为虚妄。
⑦ 但：只要。
⑧ 商朝的傅说：殷商时的贤臣，本为筑城的囚犯，被武丁举以为相，国乃大治。
⑨ 周朝的太公：指姜尚（亦称"吕尚"，俗称"姜太公"）辅佐周武灭商纣，建立周朝。

成佛。"用不着苦修！这是神会积极的思想。

消极方面，神会是反对坐禅、反对修行的。他说："一切出定入定的境界，不在坐禅。""若有出定入定及一切境界，祸福善恶，皆不离妄心。"凡是存着修行成佛的思想，就是妄想。"众生若有修，即是妄心，不可得解脱。"

神会的这种宗教革命思想，在当时所以能很快的成功，不是神会一个人打出来的；神会只是当时的"危险思想"的一部分。但神会的功劳特别大，因为神会是宗教家，同时又是政治家和财政家，可说是个革命家；他懂得用什么武器打击敌人，使他的宗教革命运动得到成功。

总结一句话，禅宗革命是中国佛教内部的一种革命运动，代表着他的时代思潮，代表八世纪到九世纪这百多年来佛教思想慢慢演变为简单化中国化的一个革命思想。这种佛教革命的"危险思想"，最值得我们参考比较的，就是在《唐文粹》这部书中，有梁素《天台通义》的一篇文章，痛骂当时的"危险思想"，说这样便没有佛法，没有善、没有恶了。从这反对党的说话中，我们可以看出，当时的"危险思想"的确是佛教中一种革命的思想。

还有一种材料值得我们注意。九世纪中叶（公元八四一年），宗密①和尚（一个很有学问的和尚）搜集了一百多家禅宗和尚"语录"。

可惜这些材料大部分都散失了，只存留一篇序文，长达万字，讲到从八世纪到九世纪中的多少次佛教革命的"危险思想"。宗密把当时佛教宗派大别为禅门三宗：一是"息妄修心

---

① 宗密，俗姓何，因常住圭峰兰若，亦称"圭峰禅师"，唐代高僧、华严宗第五祖。

宗"，二是"泯绝无寄宗"，三是"直显心性宗"。二三两宗，都是革命的，其中包括社会许多人士。在宗密和尚的《禅源诸诠都序》里，我们可以看出，除了神会以外，还有许多革命思想的宗派。现在佛教中还有一部《圆觉经》。这部经大概是伪造品，是宗密自己作的。这只有一卷的经，他却作了很多的注解，叫作《圆觉经大疏钞》。这里面有很多禅宗历史的材料。

刚才讲的是佛教内部的革命。最后要讲经过外面摧残的史实。唐武宗会昌五年（公元八四五年），是摧残佛教最厉害的一年。唐朝学者——不很高明的思想家——韩愈，在《原道》一文中倡说"人其人，火其书，庐其居①"的口号，是公元八二四年的事情；经过二十一年，到武宗时竟实现。当时毁寺四千六百余处，毁招提兰若②（私造寺）四万余处，迫令僧尼二十六万多人还俗。佛教经典石刻都被毁弃。这是历史上最可惜的文化毁坏。后来武宗死了，他的兄弟做皇帝，信仰佛教，却是没有办法恢复旧观，因为经过这样大的变化以后，寺院的几千万顷田产被没收，十多万男女奴隶被解放；要恢复堂皇的建筑，没有钱怎样能做到？在这个环境下，只有禅宗派不要建筑。在九世纪中叶，佛教出了两个了不得的和尚：南部湖南出了一位德山③和尚，北方河北出了一位临济④和尚。我们看他的《语录》，充满了"呵⑤佛

---

① 人其人：使僧人复为俗人。火其书：烧掉僧人的经书。庐其居：使僧人的庙宇复为民居。

② 招提：梵文（拉丁拼音）Caturdeśa 的音译，意为民间寺庙。兰若：梵文（拉丁拼音）Aranya 的音译，意为禅院。

③ 德山，俗姓周，唐代高僧、禅宗第十一代祖。

④ 临济，唐代高僧、禅宗临济宗始祖。

⑤ 呵［hē］：怒责。

骂祖"的气味。举例说，古时一位秀才到庙里去，和尚不大理会招待；府台大人到了，和尚却率领徒众欢迎。等到府台走了，这位秀才问他：佛教是讲平等的，为什么这样对我？和尚回答说：我们是禅门，招待就是不招待，不招待就是招待。这位秀才捆了他一掌。和尚问他，你怎么打人。他回答也是说：打了就是不打。从敦煌所保留的《语录》看来，才晓得真正呵佛骂祖时代，才知道以后的《禅宗语录》百分之九十九是假的。

佛教极盛时期（公元七〇〇年至八五〇年）的革命运动，在中国思想史上、文化史上是很重要的。这不是偶然的。经过革命后，把佛教中国化、简单化后，才有中国的理学。

佛教的革新，虽然改变了印度禅，可以仍然是佛教。韩退之①在《原道》一千七百九十个字的文章中，提出《大学》中的诚意、正心、修身，不是要每一个人做罗汉②，不是讲出世的；他是有社会和政治的目标的。诚意、正心、修身，是要齐家、治国、平天下，而不是做罗汉，不是出世的。这是中国与印度的不同。韩文公③以后，程子、朱子④的学说，都是要治国、平天下。经过几百年佛教革命运动，中国古代的思想复活了，哲学思想也复兴了。这段故事，我个人觉得是一个新的看法。

---

① 韩退之，即韩愈，字退之。
② 罗汉：梵文（拉丁拼音）Arhat 的音译，狭义仅指释迦牟尼的高徒，如"十八罗汉"，广义指一切修成正果的佛门弟子。
③ 韩文公，即韩愈，谥号"文"，称"文公"。
④ 程子、朱子：二程（程颢、程颐）、朱熹，均为宋代理学家。

梁漱溟简介

梁漱溟（1893—1988），笔名，真名梁焕鼎，字寿铭，蒙古族，原籍广西桂林，生于北京，现代学者、国学大师、"新儒学"创始人之一。早年失学，自学成材。1914年二十一岁时，即发表《谈佛》一文。1916年二十三岁时，在《东方杂志》发表《究元决疑论》一文，同年受蔡元培之聘到北京大学任教。1924年，辞去北大教职，到山东创办乡村建设研究院，任院长。1928年，去广东省立第一中学任校长。1929年，赴河南辉县参与筹办村治学院。1931年，受国民政府教育部之聘，任民众教育委员会委员。1940年，到四川创办勉仁中学。1941年，中国民主政团同盟成立，任常务委员。1946年，移居重庆，参与"国共和谈"。1950年后，任全国政协委员，定居北京。1955年，遭政治批判，被免职。1978年后任全国政协常委、中国孔子研究会顾问、中国文化书院院务委员会主席等职，直至1988年病逝，享年九十五岁。其重要著作有《东西文化及其哲学》《中国文化要义》和《人心与人生》等。2010年，山东人民出版社出版《梁漱溟全集》八卷。

印度佛教与流传到外国的
佛教之不同[①]

梁漱溟

　　佛教从印度流传到中国，从中国又流传到日本。大约流传在外者，以中国与日本为最重要，其余如高丽[②]、暹罗[③]等处也有，但不甚重要。因为各地的民族性不同，故其佛教也略有变动。即如中国，现在所流行的佛教，已全非印度之旧。印度的佛教大约以小乘[④]为根底，大乘[⑤]是小乘进一步的说法。但是到了中国，

---

　　① 本文系 1922 年作者于山西大学演讲记录，后收入文集《东方学术概观》（1986 年巴蜀书社初版，2008 年江苏文艺出版社再版），题目为原书所有。本文辨析印度本土佛教和流传至中国和日本的佛教之间的区别：一是印度佛教以小乘为主、大乘为副，到了中国则以大乘为主、小乘为副；二是印度佛教仅有一二宗派，但到了中国，竟有十三派之多；三是中国的有些宗派，如禅宗，基本上是由中国人自己创建的，并无多少印度渊源；四是由于民族性不同，佛教教规在印度、中国和日本也有所不同，如日本的有些教派的僧人，可以娶妻吃肉，这在印度是不可思议的。

　　② 高丽：即今朝鲜和韩国。

　　③ 暹罗：即今泰国。

　　④ 小乘：梵文（拉丁拼音）Hinayàna 的译名，Hina 意为"小"，yàna 意为"车船"，也就是少数人能"乘坐"，因为该种佛教旨在修行，要求信徒严守原始佛教的苛刻戒律，故很少有人做到。

　　⑤ 大乘：梵文（拉丁拼音）Mahàyàna 的译名，Mahà 意为"大"，yàna 意为"车船"，也就是多数人能"乘坐"，因为该种佛教旨在"普渡众生"，仅要求信徒不作恶，即所谓"放下屠刀，立地成佛"。

只一点小乘的学问，如不久就衰落的"成实宗""俱舍宗"，都是以讲大乘教的人讲小乘的学问，真正的小乘教简直没有，与印度之虽讲大乘而以小乘为根本者全不相同。又在印度且是"性宗""相宗"对垒，然其关系非常密切。一到中国，就划分得很清，发生十三宗派之多。

如"禅宗"，即全非印度所有，是中国自己开辟出来的。禅宗这种东西在印度只有个人的递相传授，并不成为一宗，亦无开堂等事。我们虽然不能说从佛到二十八达摩①没有这种传授，但其做法都是确无可考。他们自己并没有这种宗派，而中国则为之巧立名目，叫作"教外别传"。唐宋以来，几乎要拿他代表全盘的佛教，实在是根本上的误会。宋人、明人所说不绝口的"释氏"，只是中国产的禅宗，他们并没有看见印度原来的佛教。有人说陆王②近禅，其实即使近禅，亦不能算是近佛，这不可不明白。

还有"净土宗"，它的经典印度是有的，而专门偏重做一种念佛功夫，却非印度原来的风气。又有"天台宗""华严宗"。所有和尚讲经的事，都是这两派居多，虽然各有其根据的经典，但其所讲的一套东西，全非印度所有。

以上是举事实。我们再就两方精神的根本不同说一说，这不同是由于民族性的。中国许多新创的佛教，根本上是不对的。印

①　二十八达摩：印度佛教二十八祖达摩，即菩提达摩，梵名（拉丁拼音）Bodhidharma，南印度人，南北朝时曾在洛阳、嵩山等地传授禅法，民间称其达摩祖师，即中国禅宗始祖。

②　陆王：南宋理学家陆象山和明代理学家王阳明的合称，其为宋明"陆王学派"创始人。

度民性诚朴，只是实实在在的根据事实。这种事实是感觉、理智所认知的，而中国人最长于以直觉体会一种意味。意味不是事实，是事实以上的东西。中国人因为自己喜欢讲幽玄奥妙的道理，以为佛教也是幽玄奥妙的，这实在是根本的误会。即如普通流传的《金刚经》中"应无所住而生其心①"，他们就以为妙不可言，其实这完全是客观的事实，而他们总以为是奥妙的意味。宋明人喜欢称引的"明镜亦非台"② 及六祖"风动幡动"③ 之说，也都还是事实，并无奥妙。再看"华严宗"，"十玄门"④ 的宇宙观，亦是说得堂皇圆融而不削切质实；"天台宗"也取《龙树⑤偈语》中的"空""假""中"，翻了许多花样。

中国所有一点真的，只有玄奘⑥在印度用了十七八年工夫，

① 应无所住而生其心：应无所执着而生意念。
② "明镜亦非台"：语出禅宗六祖慧能。相传慧能在五祖弘忍处学佛时，有一次弘忍要学生们各作一偈［jì］（短诗），慧能的师兄神秀作偈道："身是菩提树，心如明镜台，时时勤拂拭，莫使惹尘埃。"其中菩提树喻觉悟（相传释迦牟尼坐在菩提树下顿悟，由此创立佛教），明镜台即梳妆台，有镜自照，喻自省。弘忍看了此偈，觉得还不错。接着慧能作偈道："菩提本无树，明镜亦非台，本来无一物，何处惹尘埃。"意即菩提树、明镜台本是虚假（按佛教，身外之物均为虚假），又有什么尘埃可言呢？弘忍看了此偈，表面上说"不行，不行"，心里明白，慧能已经得道。于是当天夜里，他悄悄地把衣钵传授给了慧能。
③ "风动幡动"：见《六祖坛经·自序品第一》："值印宗法师讲《涅槃经》，因二僧论风幡义，一曰风动，一曰幡动，议论不已。慧能进曰：'不是风动，不是幡动，仁者心动。'一众骇然。"
④ "十玄门"：又称作"十玄缘起"，全称"十玄缘起无碍法门"，或作"华严一乘十玄门"，分别是：（一）"同时具足相应门"；（二）"广狭自在无碍门"；（三）"一多相容不同门"；（四）"诸法相即自在门"；（五）"隐密显了俱成门"；（六）"微细相容安立门"；（七）"因陀罗网法界门"；（八）"托事显法生解门"；（九）"十世隔法异成门"；（十）"主伴圆明具德门"。
⑤ 龙树（梵名［拉丁拼音］Nāgārjuna），亦译"龙猛""龙胜"，公元二世纪至三世纪时印度佛教高僧。
⑥ 玄奘，即陈祎［yī］，法名"玄奘"，亦称"唐玄奘"，俗称"唐僧"，唐代高僧，曾去西域取经，回国后译经，所译多为印度佛教法相宗经书。

然后搬运回来的"法相宗"。就是小乘的学问也都靠着他才能讲，如因明学①即完全要用理智，非直觉所能为力。但因不甚投合中国人的脾胃，所以只有新到一时盛行，不久就衰竭了。虽然后来明朝还有几个和尚讲求，但都不免有错。现在最可庆幸的，就是南京有一位欧阳先生②能够直接唐代，能真得印度之真。其所以能如此，因其人头脑最长于理智方面，少年时即喜自己精研数理。所以，他去看佛书，就深入此途，恰巧日本又有很多的书，可以供他的参究。

日本的本愿寺一派与中国的"净土宗"是同派，所不同者，本愿寺可以娶妻食肉而"净土宗"不许。这或者是因为日本人口稀少的缘故，不能不有这种通融。还有日本的和尚很带有武士道的色彩，在古时常械斗，也是与佛教精神冲突的。就如现在本愿寺的大僧正③，即很有野心，绝不像一个佛教徒。

我们所应当知道的，即在未明佛教内容以前，应当先持研究的态度，注重客观的事实，考察其何者为真，何者为假。研究与信仰不同，信仰可以不管他是真是假，研究则必须考察清楚。西洋人及日本人很多做这种功夫的，专从历史、语言、金石④种种方面，考证事实的真相。照我的意思，现在应当有人，从教理上去做研究的工夫，这也是很必要的。

---

① 因明学：佛教的刑名学，类似逻辑学。
② 欧阳竟无，名渐，现代佛教学者，曾主管金陵刻经处，校刻佛学经典，20世纪初在南京创办支那内学院，任院长。
③ 大僧正：按日本僧官制，大僧正为最高级别的僧侣，犹如中国的大法师。
④ 金石：钟鼎碑碣。

佛家之学①

梁漱溟

一

今谈佛家之学，将从儒、道、佛三家之较核②异同入手。一切事物要从比较而得认识。

宇宙，一大生命也（宇宙实为不可分割之一大生活体，盖人必资于③其他生物而生活，一切生物又资于无生物而生活），而人类，现为生命发展之顶峰。宇宙同此宇宙，人类同此人类，三家者④皆于生命有所体认以成其学，虽各有所发明⑤，而同出一本⑥，岂复有不能相通

---

① 本文约写于 20 世纪 50 年代，后收入文集《东方学术概观》（1986 年巴蜀书社初版，2008 年江苏文艺出版社再版），题目为原书所有。本文简要揭出佛家之学三要点：（1）佛家"三法印"的目的是"破我执"，此表明佛家之法为"出世间法"，而非像儒家和道家那样，是"世间法"；（2）欲"破我执"，必须修"六波罗密"，由此才能从"世间法"中解脱出来；（3）"六波罗密"中最重要的是"禅定"，而"禅定"的修炼法，即为"瑜伽"。修炼"瑜伽"，并非定要修炼"瑜伽功"，亦可于内心修炼；只要内心"禅定"，即得佛法精义。

② 较核：比较、核实。

③ 资于：得益于（资：帮助，如"资助"）。

④ 三家者：儒家、道家、佛家。

⑤ 发明：发现、阐明。

⑥ 本：本源。

者乎？然而，世人执①其一而非②其二，如宋明一般儒士者，多矣。识见③幼稚，其量④自隘⑤。同时，亦有务为⑥和会⑦、混同之谈者，则又识见模糊不明也。

迟钝的我，早年经历幼稚、狭隘阶段，盖不止一度二度。但有一点突出者，则我先有人生烦恼、苦闷之感，倾慕出世之佛家；佛家而外，举不谓然⑧。如早年所为《究元决疑论》⑨，一意崇佛而菲薄儒家是其例。追后⑩有悟儒家之高明，讲演《东西文化及其哲学》⑪，极称扬孔孟（实未得其当），对于道家则讥笑之。其时年近三十，犹存意气，识见殊不通达。其晓悟道家介于儒家、佛家之间，在人类生活中自有其价值与位置者，则将近四十之年，可不谓迟钝乎？

昔贤⑫有悟于三家学术异同、各予以适当位置者，独有阳明王子⑬耳。据《年谱》⑭，阳明答张光冲⑮问，有如下的话：

---

① 执：固执。
② 非：非议。
③ 识见：今"见识"。
④ 量：器量。
⑤ 隘：狭隘。
⑥ 务为：一定要。
⑦ 和会：附会。
⑧ 举不谓然：全都不以为然（举：全，如"举国上下"。谓然：说"是"）。
⑨ 《究元决疑论》：作者24岁时所写长文，连载于1916年《东方杂志》第13卷第5、6、7三期。
⑩ 追后：追逐过后。
⑪ 《东西文化及其哲学》：原为作者于1920年在北大的系列讲座，后根据记录稿编辑出版，最初由北京财政部印刷局出版（1921），后改为上海商务印书馆出版（1922）。
⑫ 昔贤：昔日贤能之士。
⑬ 阳明王子：王阳明（"子"为尊称），明代理学家。
⑭ 《年谱》：王阳明遗著，由其弟子钱德洪等人编修。
⑮ 张光冲，王阳明弟子。

……即吾尽性至命中①完养此身，谓之仙。即吾尽性至命中不染世累②，谓之佛。但后世儒者不见圣学③之全，故与二氏④成二见⑤耳。譬之厅堂三间共为一厅，儒者不知皆吾所用，见佛氏则割左边一间与之，见老氏则割右边一间予之，而己则自处中间……（见阳明五十二岁《年谱》文内）

此答语不出阳明手笔，但为旁人一粗略记录，未必尽达其原意。但可以看出阳明是通达无碍的。

如上文所言，儒家盖不妨谓曰"心学"，道家盖不妨谓曰"身学"；前者侧重人的社会生命，后者之所重则在人的个体生命。佛家怎样呢？此须分两层来说。第一，前两家均属"世间法⑥"，佛家则"出世间法⑦"也。世间者生灭相续⑧，迁流不已，而出世间便是超脱乎生灭，正不妨看作彼此相反。第二，寂灭是求⑨者，佛家小乘⑩，未云究竟；大

---

① 命中：一生中。
② 世累：世事之累。
③ 圣学：孔孟之学。
④ 二氏：指孔、孟。
⑤ 二见：两种见解。
⑥ 世间法：关于世间的说法。
⑦ 出世间法：超越世间的说法。
⑧ 生灭相续：生死相续（佛教认为人死后会投胎再生，生而又死，死而又生，此谓"轮回"）。
⑨ 寂灭是求：唯寂灭是求（寂灭：亦称"圆寂"，亦称"解脱"，亦称"涅槃"，即跳出轮回而化为乌有）。
⑩ 佛家小乘：即小乘佛教（"小乘"，梵文［拉丁拼音］Hinayàna 的译名，Hina 意为"小"，yàna 意为"车船"，也就是少数人能"乘坐"，因为该种佛教旨在修行，要求信徒严守原始佛教的苛刻戒律，故很少有人做到）。

乘菩萨①不住涅槃②，不舍众生，留惑润生③，乘愿④再来。出世间又回到世间，出而不出，不出而出（一容后文说明之）。知其一，又知其二，则亦非定相反也。

佛家有"三法印⑤"之说：

一、诸行无常（诸行指一切生灭流转的世间"有为法⑥"而言，故是转变无常的）；

二、诸法无我（诸法兼"有为法"和"无为法⑦"而言，"我"在凡夫执念中则有恒一主宰之义。不论在"有为法"、在"无为法"，同是无"我"可得的）；

三、涅槃寂静（涅槃之义为圆寂，为解脱，即谓从生命解放出来，不再沉沦在生死轮回中）。

是佛法⑧非佛法，要以此为衡准，故曰"法印"。

起惑、造业⑨、受苦，原是佛家的人生观；"苦""集""灭""道"⑩ 四谛法则，是原始的佛教，亦即后来目为佛教小乘

---

① 大乘菩萨：即大乘佛教（"大乘"，梵文［拉丁拼音］Mahàyàna 的译名，Mahà 意为"大"，yàna 意为"车船"，也就是多数人能"乘坐"，因为该种佛教旨在"普渡众生"，仅要求信徒不作恶，即所谓"放下屠刀，立地成佛"）。
② 不住涅槃：不执着于自身的最终解脱（意欲普渡众生）。
③ 留惑润生：留下困惑以滋润人生。
④ 乘愿：大乘之愿，即对佛的信仰。
⑤ 三法印：佛法之三种印证。见《大智度论》："问曰：何等是佛法印？答曰：佛法印有三种：一者，一切有为法，念念生灭皆无常；二者，一切法无我；三者，寂灭涅槃。"
⑥ 有为法：有因缘造作之法。
⑦ 无为法：无因缘造作之法。
⑧ 佛法：此指大乘佛法。下同。
⑨ 造业：亦称"作孽"。
⑩ "苦""集""灭""道"："苦"为生老病死；"集"为召集苦的原因；"灭"为灭惑业而离生死之苦；"道"为完全解脱实现涅槃境界的正道。

者。如上三法印盖本于原始教义。起惑之惑，指众生的我执①；无我可得②而强执着之，故是惑也。佛教初（小乘）终（大乘）一致地在破我执。破我执，即一口说尽了全部佛法。但如上"三法印"之外，另有大乘教的法印。大乘教以"一切法平等实相"为法印。明快地来说，大乘所不同于小乘者，就是对于一切分别的否定，首先是"世间""出世间"的否定。《般若心经》所以说"无苦、集、灭、道"者即在此。大乘教正是在小乘教的基础上百尺竿头更进一步，所必不可少的一大翻案也。

此翻案云何不可少？要知道，从最低级的原始生物说起，所谓生活就是吸收和排泄，时时在自我更新之中。一旦不进不出，新陈代谢停止了便是死亡。一切生命现象全基于有"自我"；然而"自我"却是妄情而已。赓续③生灭的"世间法"源于"众生我执"而来，一切不过是假象。妄情执着则有，涣然冰释则无。非然者④，世间若是实的，云何可出⑤？

佛说"无始无明⑥"，即指众生我执之迷误说。一切分别执着从此滋蔓纷纭，漫衍无穷。世间生灭迁流不驻，便是这样积重难返，弄假成真的一回事。脱出迷途，未尝不可得之一悟，如迷

---

① 我执：自我所执。

② 无我可得：按佛教轮回之说，今生是你，来世就不是你（或许是一条虫），因而你不是你。此称为"无我"。

③ 赓［gēng］续：连续。

④ 非然者：否则。

⑤ 意为"世间"本为假象，因而无所谓"出世间"（即"世间"不存在，只有"轮回"，所以无处可"出"）。

⑥ 无始无明：意为没有真正的开始，也没有真正的明达（因为"轮回"没有开始，也没有结束）。

东为西者，东、西不曾为之易位，一时有觉，天清地宁①。然佛之设教，则循从两步，以利开导。初步指出"色、受、想、行、识"五蕴②为人们执着有我之所从来。常一主宰之"我"是没有的，所有者不外此五蕴而已③。解破我执至此，犹存五蕴生灭、染净、增减之分别，亦即"世间"与"出世间"之分别。此关不透破，不行。必深入明了五蕴空幻（《般若心经》云："行深④般若波罗密多⑤时，照见五蕴皆空。"）既净"烦恼障"，更净"所知障"，达于一切法平等之实相。倒翻⑥初教⑦，乃得究竟⑧涅槃——实则佛法不离初教而有，翻乎不翻，相反适以相成。

二

佛教在释迦说法四十余年之身后，曾隆盛一时，而卒归衰落。盖此文化早熟成品处于广大社会环境中，其影响于环境社会

---

① 禅宗顿悟，有"教外别传"之称，盛行于中国唐宋间，历明代清代以至最近犹间或一见之。其初似不假勤劳修持，却在生命上起绝大变化。从黄檗（唐德宗时人，依公元约当九世纪）教人"看话头"，大慧（南宋高宗时人，依公元约当十二世纪）教人"参公案"，始若有用功轨辙可循。总之，此与头脑思维语言文字原不相干，世上所传《六祖坛经》及《传灯录》等书颇嫌驳杂，不尽可取。——作者原注

② "色、受、想、行、识"五蕴：色蕴，即所见；受蕴，即所感；想蕴，即所想；行蕴，即所行；识蕴，即所识。

③ 色、受、想、行、识五蕴总括着一个具体的人类生命。蕴为积聚和合之义。色蕴即指人身，其受等四蕴则指人心作用。这里不详谈。——作者原注

④ 行深：修行深悟。

⑤ 般若波罗密多：梵文（拉丁拼音）Prajñāpāramitā 的音译，Prajñā 意为"智慧"，pāramitā 意为"至上的"。

⑥ 倒翻：颠倒、翻转。

⑦ 初教：指小乘佛教（先有小乘，后有大乘）。

⑧ 究竟：终究是。

者终不敌其所受环境之影响，历时愈久而弥甚。影响最大者即染受各宗教间彼此辩论之风而相率趋于头脑思辨之业，有失佛法固有根本之学。根本之学在"六波罗密①"（一、布施，二、持戒，三、忍辱，四、精进，五、禅定，六、般若智慧），从世间生命解放出来。不此之务，而相尚以理论之精、理论之，遂有号为大论师者，先则护法与清辩②对抗，继之则戒贤与智光③对抗，大乘佛教由是④歧⑤为性、相二宗派⑥。当玄奘游学印度时，即受学戒贤之门而传"唯识⑦因明⑧之学"于中国。"因明之学"即是形式逻辑，类同古希腊人之所为者，盖循从人们头脑习于分别执取⑨而发展出的思辨轨则⑩。此与数学同为治自然科学者之先务。"唯识之学"则出于瑜伽师⑪静中之谛察生命活动；此虽非以外物为对象，而其务于分析辨察，则又类似科学家之所为。因其分析名相⑫，称为

---

① 波罗密，梵文（拉丁拼音）Pāramī 的音译，又作波罗密多（梵文［拉丁拼音］Pāramitā 的音译），意为"至上的"。
② 护法与清辩，佛教传入中国前的两位印度高僧。
③ 戒贤与智光，继护法与清辩之后的两位印度高僧。
④ 由是：由此。
⑤ 歧：分歧。
⑥ 性、相二宗派："性"即诸法永恒不变的本性，"相"即诸法显现于外可资分辨的形相。"无为法"为"性"，"有为法"为"相"。性、相二派各执 端，一为"性宗"，一为"相宗"。
⑦ 唯识：梵文（拉丁拼音）Vijñāptimātratāsiddhi 的意译，音译"毗若底摩坦喇多"，即古印度的思辨哲学。
⑧ 因明：梵文（拉丁拼音）Hetuvidyā 的意译，即古印度的逻辑学。
⑨ 头脑习于分别执取：即常识。
⑩ 轨则：规则、准则。
⑪ 瑜伽师：瑜伽宗师。瑜伽：梵文［拉丁拼音］yug 的音译，意为"一致""结合"或"和谐"。
⑫ 名相：名与相（名称与物相）。

"相宗"，与般若①空②一切相者若为③对立。"性宗"在前，"相宗"在后，释迦身逝一千余年，在印度本土大乘佛教，要④即歧为此两大宗派。

破执⑤是佛家宗旨，一切归于离言⑥；若无般若波罗密，则任何言教难免其为毒药。此即大乘教所以为小乘教之必要补充也。思辨源于执取，因明兴于外道⑦，而唯识家袭⑧之，如后来诸大论师之争鸣者，尽可目为⑨佛家之堕落。《成唯识论》⑩及《成唯识论述记》⑪一书，治唯识学者奉为最要典籍，实取护法、安慧⑫等十家之义糅合而成，其中义理非尽本乎定慧内证⑬，而多来从⑭头脑思维。宜乎⑮后人往往有另自为说者，可见其价值不高。

然世间一切事物发展，皆是势所必然，其在效果上为得为失，不能片面来看。现在看来，佛家之学若无"法相唯识"之一派展现于世，唯独般若明空⑯，殆⑰难启后世学术界之迷蒙。

---

① 般若：梵文（拉丁拼音）Prajñā 的音译，意为"智慧"。
② 空：看空。
③ 若为：似为。
④ 要：要点。
⑤ 破执：打破执着。
⑥ 离言：法性离言（佛法之性，不可言说。类似于"道可道，非常道"）。
⑦ 兴于外道：非佛教本有。
⑧ 袭：干扰。
⑨ 目为：视为。
⑩ 《成唯识论》：唐代高僧玄奘编译。
⑪ 《成唯识论述记》：唐代高僧窥基所撰。
⑫ 护法、安慧，印度佛教唯识宗创始人。
⑬ 定慧："由戒生定，因定发慧"简称。内证：自证。
⑭ 来从：来自。
⑮ 宜乎：无怪乎。
⑯ 般若明空：智慧超凡。
⑰ 殆：大概。

往世①瑜伽师静中之所谛察与现代科学家之所发明，多有互资印证者，谁能不承认佛学之为实学？陈那②入定③而有新因明之开出，固又可从思辨以取消思辨，比如以战争消灭战争。虽谓性、相二宗，相得益彰可也④。

三

佛家之学，盖从世间迷妄生命中解放之学也。法相唯识，则是对于如此生命之剖析说明，其能为此剖析说明者，则修瑜伽功夫之瑜伽师。瑜伽即是禅定，为"六波罗密"之一。修"六波罗密"，从静定中返照而得生命之一切，乃出以指说于为此学者。笔者未曾有此实践功夫，顾⑤既生活在如此生命中矣，切就自身，资藉古书（主要是《成唯识论述记》），于其所剖说者，不难有少许体会，试简略申叙如次：

（一）综括一言："二执二取"是世间生命之本。"二执"

---

① 往世：以往。

② 陈那，梵名（拉丁拼音）Dignāga，亦译"域龙"，古印度中期大乘佛教瑜伽行派论师、佛教新因明学创始人。

③ 入定："入于禅定"简称。

④ 小乘末流染受外道习气，派别繁兴，最见堕落可耻，故尔大乘以等同外道看待之。世俗大病在迷信锢蔽，而一般宗教往往又加重其势。佛教而称为宗教中之反宗教者，以其破除一切迷执故，更以其力破宗教中那个强大堡垒故。此堡垒即是信仰宇宙唯一大神的那些宗教，其形式不一而同具强大稳固势力。其出现在世界史上少则迄今有二千余年，多则如印度既有四五千年之久。佛教兴起在其后，唯从开导人们的理解入手乃有以破之。佛之说教，先以"四谛""五蕴""十二因缘"等剖明人生因果往复之理，而非有上帝为主宰！因果自作自受，亦非有常一能以作主之自我，唯是五蕴相续而已。此即是小乘教，先破我执尚未破法执者；此其所以难免执着兴诤也。——作者原注

⑤ 顾：（文言连词，表转折）但、但是。

者，我执、法执①；"二取"者，能取、所取。生命寄于生物，而表见于生物之生活。从原始生物以至人类，所谓生活便是从外有所吸收后又排泄于外，时时在自我更新之中。即此于内执我而向外取足，便见出我、法二执来（法为一切事物之通名）。宇宙一体，圆满清净，岂有内外？又何所不足？即此饥虚贪取，便有能取、所取两面之变生。世间生命森然万象者，一切由是而兴。破"二执"，断"二取"，规复②乎圆满清净之体，是即佛家之学也。

（二）唯识家何为而说有"八识"？"我执"根伏深隐，恒转不舍，非止一时浮现于意识者：眼、耳、鼻、舌、身、意，所谓"前六识"，皆不过生命对外工具；生命主体之我，要在第七"末那识③"、第八"阿赖耶识④"而转⑤，从无间断，合起来故是"八识"也。

（三）根伏深隐、恒转不舍之我执，与生俱来，名曰"俱生我执"。俱生我执在第六识亦有之；若时而浮现于意识上者，则名曰"分别我执"。分别我执深浅强弱，既各视乎其人，又随时不定。人当寿命未断，虽在闷绝⑥位中（前六识不起用），而依然有

---

① 法执："法我执"之简，与"我执"相对："我执"为自我所执，"法执"为认识所执（即常识）。
② 规复：循规恢复。
③ 末那识：梵文（拉丁拼音）mānas 的音译，意为"思"。
④ 阿赖耶识：梵文（拉丁拼音）ālaya 的音译，亦译"阿罗耶识""阿黎耶识""阿剌耶识"等，意为"藏"，故亦意译为"藏识""持身识""丈夫识"等（类似于现代心理学所说的"潜意识""无意识"）。
⑤ 转：旋转（不安）。
⑥ 闷绝：与外界完全隔绝。

其生活相续者在，第七缘①、第八之我执②（生命主体）依然犹在也。

（四）人们的种种感情意志，在唯识学中属于其所云"心所有法"，简称"心所"。八识各附有其相应之心所，为数不等。其在"末那识"，则以我痴、我见、我慢（傲慢）、我爱（耽爱）居于首列，名曰"四烦恼"。人生一切烦苦恼乱根源在此，为别于"随烦恼"，名之曰"根本烦恼"。佛典中"无明""惑""障"等词，皆指目③乎此。

（五）然"法执"实为"我执"之所依。喻如昏暗中误机为人；人是没有的，却是有"机"；我是没有的，却是有"色等五蕴"。色等五蕴是人们依之而起我执者。佛家指点出五蕴来，是其"破我执"的初步，必待从深④般若波罗密多照见五蕴皆空，一切法毕竟空，而后破了法执。破我执，净"烦恼障"；破法执，净"所知障"。

（六）次当讲"能、所二取"。"我、法二执"起则同起，其起也既为向外取足，"能取""所取"便自与之毕现。执也，取也，法、我、能、所也，原只一事耳，一事而纷然矣。纷然出于幻妄，诅改⑤本真。何尝有外可得而取？能取分⑥，所取分，不

---

① 第七缘：即"末那识"。
② 第八之我执：即"阿赖耶识"。
③ 指目：指称。
④ 从深：自深处。
⑤ 诅改：篡改。
⑥ 分：同"份"，部分。

离当下①，唯识所变。例如眼前所现白色，唯当下眼识自所变生，初非外在之物。同样地，舌上甜味唯当下舌识（味觉）自所变生，其他类此应知。唯识家谓之"见（分）相（分）同体②"，是"识"自体分。其以白与甜为外物者，出于后天形成之知觉而非原始感觉，今科学家已阐明之矣。六根③（眼、耳、鼻、舌、身、意）皆是生命对外工具，用以探求生活所需和侦避敌人者。当其发用，实即向外之发问。其六尘（色、声、香、味、触、法）即其所得之回答；因此，有相当客观情况在内，但另一面则原为情报工作，其间轻重取舍一从乎主观。于此有两条路走：一为科学家之路，另一为佛家之路。科学家根据情报内具有相当客观事实者向外追求去，步步在认识乎物，初则不免机械地唯物，进而为辩证地唯物；就"世间法"来说，这是合乎实用的，信而不诬的学术之路。其所以有信用者，就在人类摆脱了动物式本能，依从理智来进行考索测验，头脑冷静的理智思考，是则是，非则非，原是无我的。科学家忠实于他的清明自觉，不能自欺；自欺即失败、无效验也。但应注意谨守此路，知之为知之，不知为不知，不越出轨道妄作宇宙究竟之谈，便无可非议④。佛家之路，则以

---

① 当下：目前。

② 见相同体：见即相（所见即物相）。

③ 六根：即六识。

④ 感觉知觉等所为情报，主观成分很重，虽于外界情况有所反映，却非一如其实者，《人心与人生》第十六章第三节有阐述，请参看。但科学家依凭种种工具仪器以至电子仪器以资考索测验，乃大排除主观成分，逼近客观，是其所以能制胜自然界（物界）者。关于白非外有，唯是色觉自所变生；甜非外有，唯是味觉自所变生；见（分）相（分）同体，从而人各一世界之义，旧著《唯识述义》一册剖说晓畅，务请参看。——作者原注

六根所得六尘既为出乎有我之私的情报工作，因于人生烦恼而憬然有悟其幻妄，自反而转向生命本身有所认识——认识到幻妄在"二执二取"上。于是"破二执""断二取"，"即一切法"而"空一切相"，是则从世俗生命解放出来的"出世间法"之学也①。

（七）质言之，佛家之路即是要从迷妄生活中静歇下来，《楞严经》云"歇即菩提②"是已。人类生命由于舍本能而向理智，显得举止文雅，其实内则贪婪、迅猛势不可当，无时不在有所奔逐之中。以故③眼等五根一有所接而生感觉（sensation），迅即变为知觉（perception），准备行动。感觉是在唯识家说为"现量"、为"性境"者，如闪电一过，有而若无。若得纯感觉（现量）现前，便是静歇之初步。于此初步现量中，方觉方白④，相续而转，才生即灭⑤，不觉不白⑥，既不固定，亦无内外，亦无白义⑦（白义待从红、绿、黄、黑诸色比较而得）。假⑧有白鸟、白驹掠过，亦只白白现转而已，其飞动之势，非感觉所有（如电动影片接连而来，乃若见其动耳）。

———————————

① 二执二取只是人生迷妄之本，由此而造种种业（有善有恶），颠倒迷离于苦乐、得失、利害、祸福一切自欺之谈，展转弥增其妄，深自缠缚。尤以近世资本主义社会中人深陷于唯我中，其转向社会主义发展扩大其我，稍向于光明，顾尚谈唯物，讥谈唯心，曾不悟根本立场犹在幻妄中。——作者原注
② 菩提：喻悟道（释迦牟尼在菩提树下悟道）。
③ 以故：所以。
④ 方觉方白：刚感觉到白色。
⑤ 才生即灭：刚产生（感觉）便消失。
⑥ 不觉不白：不感觉就不会有白色。
⑦ 白义：白色的含义。
⑧ 假：假如。

（八）更为深入静歇的现量中，则有觉无白①，即有见无相。所见之相分，原为探问之回报；探问歇矣，何有乎白？至此"能取""所取"复归一体，清净本然，顿出世间。唯识家所说"二取随眠，是②世间本，唯此能断③，独得出名④"，指此。二取之断也，二执（我、法）破除，可无待言。

（九）佛家之学在修习"六波罗密"，一名"六度"，即是度脱⑤生死之学。生死之本在我执，唯修习此六者可以破除。第一，布施，要⑥在破除铿吝习气。于内执我，向外贪求，是铿吝习气的由来。"破我执"莫要于⑦破贪吝。学者应尽一切可能而施舍之，乃至不惜身命。第二，持戒，要在戒除"杀、盗、淫、妄"诸般恶行，对治"贪、瞋⑧、痴⑨"三毒，不种恶因，不招恶果。第三，忍辱，要在对治"我慢⑩"，远离"我见⑪"，不起瞋恚⑫，减除"根本烦恼"。第四，精进，从上布施、持戒、忍辱三项以至第五禅定，功夫皆当出之精勤勇猛，力行不息。第五，禅定，要在摒绝杂念，入于凝静专一之境，寂⑬而照⑭，照

---

① 有觉无白：只有（白的）感觉而无（感觉外的）白。
② 是：此。
③ 断：指"断二取"。
④ 出名：出世（世间即万名）。
⑤ 度脱：超度、解脱。
⑥ 要：要点。
⑦ 莫要于：没有比……更重要。
⑧ 瞋〔chēn〕：瞠目（喻发怒）。
⑨ 痴：痴迷。
⑩ 我慢：自我傲慢。
⑪ 我见：自我见解。
⑫ 瞋恚〔huì〕：愤恨。
⑬ 寂：寂静。
⑭ 照：知晓（如"心照不宣"）。

而寂。第六，智慧波罗密即"般若波罗密"，空一切相，无二无别。要，必以此通贯乎前之五项；若离此空观①，皆难免因药成病。

（十）大乘菩萨②度脱了生死轮回而得大自在，却本于"悲愿不舍众生、不住涅槃"，有"留惑润生"之义，乘愿再来，既出世间而仍回到世间，如前文所云，出而不出，不出而出，不同乎"寂灭是求"之小乘法。

四

佛家之学如上所说约见其概。然佛家旨趣之可言者无量无边，与其终归于"离言、无二"无别。旧著《印度哲学概论》曾就其可言与离言之间有所陈说，略摘于次：

佛法虽统以破执为归，而自有其缓急次第，方便区处③。唯以化度④众生而有言说，其言无意于通玄而用心于导愚⑤。化度固要于⑥开明，而导愚宜有方便。由是随缘应机，教法遂有层次类别。质言之，佛法中固不建立迷执（即

---

① 空观：对空谛的观想（空谛：即四大皆空）。
② 菩萨：梵文（拉丁拼音）bodhisattva，音译"菩提萨埵"的简称，即"普渡众生"之意（bodhi 原为树名，因佛祖在该树下顿悟，喻为觉悟，此处为动词，意为"使……觉悟"。sattva 意为众生）。
③ 区处：处理。
④ 化度：感化救度。
⑤ 导愚：开导愚众。
⑥ 要于：要点在于。

所谓宗教式之信仰者）以增益众生之执取，而次第①开导犹不无宗教式信仰之遗留，逐渐蜕化以至于无执。观其改革之点，宗教式信仰之精神全亡，根本已摧，而安俗顺序之迹又般般可考。凡本土固有之思想、学术、传说、风俗、习惯皆一意容留而不相犯。……《金光明经》云："一切世间所有善论皆因此经，若深识世法，即是佛法。"《大涅槃经》："佛告②摩诃迦叶③：'善男子④，所有种种异论、咒术、言语、文字，皆是佛说，非外道说。"《悉昙藏释》云："问言：'所有种种异论、咒术、文字，皆是佛说者，为是佛口所说，名为佛说，为非必佛口所说耶？'解云：'不必尽是佛口所说名为佛说。……然说于众生有益者，皆是佛说。若无益者，则是外道。……'"（见《印度哲学概论》第一篇第四章第二节）

在佛法，严其区别要严到极处，严到有见即除，开口便错。放宽来，正不妨宽到极处，凡稍能向于开明一点、向于仁善一点都好；一切是比较的、相对的，次第而进，莫要执着。通达无碍，才是佛法。

---

① 次第：依次。
② 告：告知。
③ 摩诃迦叶，梵名（拉丁拼音）Mahākāśyapa，释迦牟尼十大弟子之一。
④ 善男子：释迦牟尼称摩诃迦叶。

陈寅恪简介

　　陈寅恪（1890—1969），字鹤寿，现代史学家、国学大师。祖籍江西修水，生于湖南长沙。早年接受私塾教育。1900年十岁时，随家迁居江苏金陵。1902年十二岁时，随兄陈衡恪留学日本，入巢鸭弘文学院。1905年，因患足疾辍学回国治疗，后就读于上海复旦公学。1910年二十岁时，自费留学欧洲，先后就读于德国柏林大学、瑞士苏黎世大学、法国巴黎高等政治学校。1914年，因"一战"爆发回国。1918年，公费留学美国，入哈佛大学攻读梵文和巴利文。1921年，从哈佛大学转入德国柏林大学，攻读东方古文字学、中亚古文字和蒙古语。1925年，学成回国。因其丰富的留学经历，使其具有不寻常的学识和外语能力（除英语、法语、德语外，还通晓梵文、巴利文、波斯文、突厥文、西夏文），旋即受聘于清华大学任教授，时年三十五岁，即与王国维、梁启超并称"清华三巨头"。1939年，英国牛津大学聘其为汉学教授，赴任途中因"二战"爆发暂居香港，任香港大学客座教授兼中文系主任。1945年，"二战"结束，去牛津大学任教。1949年，因眼疾辞去牛津大学教职回国，先受聘于清华大学从事学术研究，后赴广州任教于岭南大学。1952年，岭南大学并入中山大学，遂移教于中山大学。1966年，"文革"开始，即遭"批判"与迫害。1969年，病逝于广州，享年七十九岁。其重要著作有《隋唐制度渊源略论稿》《唐代政治史述论稿》《元白诗笺证稿》和《柳如是别传》等。2015年，三联书店出版《陈寅恪全集》十三卷。

禅宗六祖"传法偈"之分析[①]

陈寅恪

神秀、慧能"传法偈"[②]，《坛经》[③] 诸本及《传灯录》[④] 等

---

① 本文选自《陈寅恪先生全集》（下册）（初刊于 1932 年《清华学报》第 7
卷第 2 期）。本文对《六祖坛经》中的"传法偈"提出质疑：（1）此偈用菩提树比
喻人的肉身不适当；（2）此偈仅有"心"一方面，而于"身"一方面，只用比
喻，可谓意义未完备。文中引经据典，所证令人信服，甚至使人觉得，作者对佛
法的理解，似乎胜过唐代的两位高僧——神秀和慧能。

② 神秀、慧能"传法偈"：相传，这是禅宗分南北两派的由来。一般认为，
佛教禅宗最初由印度僧人菩提达摩在梁武帝时（约公元六世纪）传入中国，因而
菩提达摩是禅宗的"始祖"。菩提达摩传法于弟子慧可，慧可为"二祖"；慧可传
法于弟子僧璨，僧璨为"三祖"；僧璨传法于弟子道信，道信为"四祖"；道信传
法于弟子弘忍，弘忍为"五祖"，此时已是唐代（约公元七世纪）。"五祖"弘忍
欲传法，召集弟子，令各作一偈［jì］（即偈陀，梵文［拉丁拼音］Gatha 的音译，
意为"颂"）。神秀是弘忍高足弟子，他写一偈，使其他弟子无不折服。但有一个
叫慧能的弟子不服，他说了一偈，请人写在墙上（因他是文盲，不会写字），质疑
神秀偈文。其他弟子看了莫名其妙，唯有弘忍看出，慧能虽然只是一个烧火和尚，
却比神秀更得真传。于是，弘忍就把自己的衣钵偷偷授予慧能，并令他即速逃走，
躲过几年，方可传道。慧能到了广东，多年后才公开传法。那时，神秀已在北方
自称"六祖"。后来，慧能圆寂，他的弟子神会，北上宣称，神秀的"六祖"之名
是假的，真正的"六祖"是他的师父慧能，并以"五祖"弘忍授予慧能的衣钵为
证。然而，神秀的"六祖"之名已被朝廷认可。所以，慧能只能被认为是南方禅
宗的"六祖"，而神秀则被认为是北方禅宗的"六祖"。这就是"南能北秀"一说
的由来，也是中国禅宗有"南禅""北禅"之分的由来。

③ 《坛经》：即《六祖坛经》，相传由唐代高僧、南宗禅六祖慧能口授而成，
即他在讲坛上说法的记录，故称"坛经"。

④ 《传灯录》：即《景德传灯录》，宋代道原禅师所撰禅宗灯史（禅宗谓传法
为"传灯"）。

书所载，其字句虽间有歧异之处，而意旨则皆相符会。兹依敦煌本《坛经》之文分析说明之。神秀偈曰：

> 身是菩提树①，心如明镜台②。时时勤拂拭，莫使有尘埃。

慧能偈曰：

> 菩提本无树，明镜亦无台③。佛性常清净，何处有尘埃。

又偈曰：

> 心是菩提树，身明为镜台。明镜本清净，何处染尘埃。

敦煌本《坛经》偈文较通行本即后来所修改者，语句拙质，意义重复，尚略存原始形式。至慧能第二偈中"心""身"二字应须互易，当是传写之误。诸如此类，皆显而易见，不待赘言。兹所欲讨论者，即古今读此"传法偈"者众矣，似皆未甚注意二事：

---

① 菩提树：喻觉悟（相传释迦牟尼坐在菩提树下顿悟，由此创立佛教）。
② 明镜台：即梳妆台，有镜自照，喻自省。
③ 菩提本无树，明镜亦非台：意为菩提树、明镜台本是虚假（按佛教，身外之物均为虚幻）。

（一）此偈之譬喻不适当。

（二）此偈之意义未完备。

请分别言之于下：

（一）

何谓譬喻不适当？考印度禅学，其观身之法，往往比人身于芭蕉等易于解剥之植物，以说明阴蕴俱空、肉体可厌之意。此类教义为佛藏中所习见者，无取博征。请引一二佛典原文，以见其例。鸠摩罗什译《摩诃般若波罗蜜经》卷二十四"善达品"第七十九云：

　　行如芭蕉叶，除去不得坚实①。

又玄奘②译《大般若波罗蜜多经》卷四百七十二第二分"善达品"第七十七之二（即前经同本异译）云：

　　如实知如芭蕉树，叶叶析除，实不可得。

又鸠摩罗什③等译《神秘要法经》中云：

---

　　① 行如芭蕉叶，除去不得坚实：大意是：就如芭蕉叶子，剥掉后没有实质东西（喻人身实为虚空）。
　　② 玄奘，唐代高僧，俗名"陈袆［yī］"，法名"玄奘"，俗称"唐僧"，曾去西域取经，回国后翻译佛经，并创中国佛教法相宗（亦称"唯识宗"）。
　　③ 鸠摩罗什，印度人，东晋译经家，与弟子一起首次从梵文中译出《大品般若经》《法华经》《维摩诘经》《阿弥陀经》和《金刚经》等。

先自观身，使皮皮相裹，犹如芭蕉，然后安心。

又沮渠京声①译《治禅病秘要经》云：

次②观厚皮九十九重，犹如芭蕉。（中略）次复观肉，亦九十九重，如芭蕉叶。中间有虫，细于秋毫。虫各四头四口九十九尾。次当观骨，见骨皎白，如白瑠璃。九十八重，四百四脉入其骨间，流注上下，犹如芭蕉。

据此，可知天竺③禅学观身取譬④之例。至于"传法偈"中所谓菩提树者，乃一树之专称，释迦牟尼曾坐其下，而成正觉者⑤。依佛陀耶舍共佛念⑥译《长阿含经》卷一第一分《初大本缘经》所载，先后七佛，自毗婆尸⑦至释迦牟尼⑧，皆坐于一定之树下，成最正觉。其关于释迦牟尼之文句，兹还录于下：

我今如来至真坐钵多树⑨下，成最正觉。

---

① 沮渠京声，匈奴人，南朝刘宋译经家。
② 次：然后。
③ 天竺［zhú］：印度旧称。
④ 观身取譬：看待人身时所用比喻。
⑤ 成正觉者：真正觉悟者，即成佛。
⑥ 佛陀耶舍共佛念：佛陀耶舍和佛念，均为印度人，北朝后秦译经家。
⑦ 毗婆尸，梵名（拉丁拼音）Vipasyin，亦译"毗钵尸"，佛教所谓"过去七佛"第一位，即佛教创立前的"他道仙人"，亦被佛教尊为"佛"。
⑧ 释迦牟尼（梵名［拉丁拼音］Śākyamuni），意为"释迦族的圣者"，对佛教创始人乔达摩·悉达多（梵名［拉丁拼音］Siddhārtha Gautama，约前624—前544）的尊称，亦称"如来""如来佛"，其原本是古印度北部迦毗罗卫国（位于今尼泊尔境内）的王子。
⑨ 钵多树：菩提树原称，后因佛教创始人释迦牟尼在树下打坐证道而改称。

佛时颂曰：

我今释迦文，坐于钵多树。

玄奘《西域记》卷八"摩揭陀国上"云：

金刚坐上菩提树者，即毕钵罗之树①也。昔佛在世，高数百尺。屡经残伐，高四五丈。佛坐其下，成等正觉，因而谓之菩提树焉。茎干黄白，枝叶青翠，冬夏不凋，光鲜无变。

据此，可知菩提树为永久坚牢之宝树，决不能取以比譬变灭无常之肉身，致反乎重心神而轻肉体之教义。此所谓譬喻不适当者也。

（二）

何谓意义未完备？细绎②偈文，其意在身心对举。言身则如树，分析皆空。心则如镜，光明普照。今偈文关于心之一方面，既已将譬喻及其本体作用叙说详尽，词显而意赅。

身之一方面，仅言及譬喻。无论其取譬不伦，即使比拟适当，亦缺少继续之下文，是仅得文意之一半。此所谓意义不完备者也。

---

① 毕钵罗之树：钵多树的不同译名。
② 细绎：仔细寻思。

然则此偈文义何以致如是之乖舛①及不具足乎？应之曰：此盖袭用前人之旧文，集合为一偈，而作者艺术②未精，空疏不学，遂令传心之语成为半通之文。请略考禅家故事，以资说明。

此偈中关于心之部分，其比喻及其体用之说明，佛藏③之文相与类似者不少。兹仅举其直接系此偈者一事，即神秀弟子净觉所著《楞伽师资记》中宋朝三藏求那跋陀④之安心法。其原文云：

> 亦如磨镜。镜面上尘落尽，心自明净。

案：此即宗密⑤《禅源诸诠集都序》卷二叙禅宗之息妄修心宗，所谓"故须依师言教，背境观心，息灭妄念，念尽即觉悟，无所不知。如镜昏尘，须时时拂拭，尘尽明现，即无所不照"者是也。凡教义之传播衍绎，必有其渐次变易之迹象，故可依据之，以推测其渊源之所从出，及其成立之所以然。考《续高僧传》卷二十五《习禅六昙伦传》(江北刻经处本) 云：

> 释⑥昙伦⑦姓孙氏，汴州浚仪人，十三出家，住修福寺，

---

① 乖舛 [chuǎn]：谬误。
② 艺术：此指学问。
③ 佛藏：佛教经典，即"三藏"（经藏、律藏、论藏）。
④ 宋朝三藏求那跋陀：南朝刘宋三藏法师（即通晓经藏、律藏、论藏之高僧）求那跋陀，印度人，刘宋元嘉十二年（435）到广州，后入京受宋文帝召见。
⑤ 宗密，俗姓何，法名宗密，唐代高僧。
⑥ 释：用以泛指和尚（又一说，和尚均姓"释"）。
⑦ 昙伦，唐代高僧。

依①端禅师。然端学次第观②，便诚伦曰："汝系心鼻端③！可得静也。"伦曰："若见有心，可系鼻端。本来不见心相，不知何所系也？"（中略）异时（端禅师）告曰："令汝学坐，先净昏情。犹如剥葱，一一重重剥却，然后得净。"伦曰："若见有葱，可有剥削。本来无葱，何所剥也？"

据《续高僧传》，昙伦卒于武德④末年，年八十余，则其生年必在魏⑤末世。故以时代先后论，神秀、慧能之偈必从此脱胎，可无疑义。芭蕉为南方繁茂之植物，而北地不恒见。端禅师因易以⑥北地，日常服食之葱，可谓能近取譬者也。若复易以"冬夏不凋，光鲜无变"之菩提宝树，则比于不伦，失其本旨矣。盖昙伦学禅故事，原谓本来无葱，故无可剥；本来无心，故无可系。身心并举，比拟既切，语意亦完。今神秀、慧能之偈，仅得关于心者之一半，其关于身之一半，以文法及文意言，俱不可通。然古今传诵，以为绝妙好词，更无有疑之者，岂不异哉！予因分析偈文内容，证以禅门旧载，为之说明。使参究禅那⑦之

---

① 依：师从。
② 次第观："生起次第，观想本尊"的简略，禅宗修练法之一。
③ 系心鼻端：把注意力全部集中于自己的鼻端。
④ 武德：唐高祖年号。
⑤ 魏：北魏（南北朝之北朝最后一朝）。
⑥ 易以：求易于。
⑦ 禅那：巴利文（拉丁拼音）jhàna 的音译，意译为"思维修"或"静虑"（即禅定），简称"禅"。

人得知，今日所传唐世曹溪顿派①，匪独②其教义宗风溯源于先代，即文词故实亦莫不掇拾前修之绪余，而此半通半不通之偈文是其一例也。

---

　　① 曹溪顿派：即指慧能所传南宗禅。慧能弘法于广东韶州（今韶关）曹溪，其禅法强调"顿悟"，故称。
　　② 匪独：不仅。

武曌与佛教[①]

陈寅恪

目　录

---

① 武曌［zhào］，即武则天，唐高宗李治之妃，后为皇后。高宗崩，为太后；后称帝，改国号为"周"（史称"武周"），在位十六年；驾崩后，其子李显继位，为唐中宗，唐朝复辟。本文选自《陈寅恪先生全集》（上册）（原载 1935 年 12 月《历史语言研究所集刊》第五本第二分）。佛教兴盛于隋朝，隋亡入唐后，受到唐太宗和唐高宗的压制，然而唐高宗驾崩后，武后称帝，佛教再次兴盛。为何佛教复兴于武则天称帝？本文就旨在考证武则天与佛教之间究竟有何关系。首先，史料表明，隋朝皇室笃信佛教；其次，唐太宗两诏表明，唐开国后即对佛教有所压制；再次，查《旧唐书》及相关资料得知，武则天之母杨氏，乃隋皇室后代，信佛，故而武则天入宫前就曾入庵为尼；最后，查佛经《大爱道比丘尼经》《大云经》等得知，佛教并不禁止女子称帝为君。由此证明，武则天从小受其母影响，信佛，而更为重要的是，佛经可以为其称帝提供依据。故而，武则天大力扶持佛教，大大提高佛教的地位，反过来又以佛经为据，宣称其称帝的合法性。

（甲）本文讨论之范围

《李义山①文集》(四)② "纪宜都内人③事"云：

　　武后篡④既久，颇放纵，耽内习⑤，不敬宗庙，四方日有叛逆，防豫不暇。宜都内人以唾壶⑥进，思有以谏⑦。后⑧坐帷下，倚檀机⑨，与语⑩。问四方事，宜都内人曰："大家⑪知古女卑于男耶？"后曰："知。"内人曰："古有女娲⑫，亦不正是⑬天子，佐伏羲⑭理九州耳。后世娘姥⑮有越出房阁断天下事者，皆不得其正，多是辅昏主、抱小儿。独大家革天性⑯，改去钗钏，袭服冠冕⑰，符端日至⑱，大臣不

---

① 李义山，即李商隐，字义山，号玉溪，唐代诗人、文人。
② 括号内系页码。下同。
③ 宜都：人名。内人：负责皇家生活起居的宫中女官。
④ 篡：篡位。
⑤ 耽内习：耽于修练佛法（内习：佛教谓自修）。
⑥ 唾壶：痰盂。
⑦ 谏：规劝。
⑧ 后：武后。
⑨ 檀机：檀木茶几（机：同"几"）。
⑩ 与语：与其（宜都内人）说话。
⑪ 大家〔gū〕：同"大姑"，对长妇的尊称。
⑫ 女娲〔wā〕：上古女神，曾炼石补天。
⑬ 正是：作主为。
⑭ 佐伏羲：辅佐伏羲（女娲为伏羲元配。伏羲，上古五帝之一，亦称"皇羲""太昊"，又称"青帝"）。
⑮ 娘姥：太后。
⑯ 革天性：除天命。
⑰ 袭服冠冕：穿龙袍、戴皇冠。
⑱ 符端日至：圣旨日下。

敢动，真天子也。（中略）大家始今日能①屏去男妾，独立天下，则阳之刚亢明烈②可有矣。如是过万万世，男子益创③，女子益专④。妾⑤之愿在此。"后虽不能尽用⑥，然即日下令诛作明堂者⑦。（寅恪案：此指薛怀义⑧）

寅恪案：武曌在中国历史上诚为最奇特之人物，宜都内人之语非夸词，皆事实也。自来论武曌者虽颇多，其实少所发明⑨。兹篇依据旧史及近出佚籍，参校推证，设一假定之说。或于此国史上奇特人物之认识，亦一助也。但此文所讨论者，仅以武曌与佛教之关系为范围，即其母氏家世宗教信仰之薰习及其本身政治特殊地位之证明二点。其他政治、文化等问题与武曌有关者，俱不涉及，以明界限。

（乙）杨隋皇室之佛教信仰

南北朝诸皇室中与佛教关系最深切者，南朝则萧梁⑩、北朝

---

① 始今日能：（婉转语）从今往后若能。
② 阳之刚亢明烈：男人的阳刚之气。
③ 创：有作为。
④ 专：专一。
⑤ 妾：宜都内人自称。
⑥ 用：接受。
⑦ 作明堂者：督建明堂之人（明堂，亦称天宫，为武则天太初宫的外朝正衙主殿）。
⑧ 薛怀义，原名冯小宝，僧人，武则天第一个男宠，曾受封为左武卫大将军、梁国公，督建明堂。
⑨ 发明：发现、阐明。
⑩ 萧梁：梁朝，皇室姓萧。

则杨隋①，两家而已。两家在唐初皆为亡国遗裔，其昔时之政治地位虽已丧失大半，然其世代遗传之宗教信仰固继承不替，与梁、隋盛日无异也。请先以萧梁后裔萧瑀②之事证之。《旧唐书》（六十三）"萧瑀传"云：

> 瑀字时文。高祖梁武帝，曾祖昭明太子③；祖察④，后梁宣帝；父康⑤，明帝。好释氏⑥，常修梵行⑦，每与沙门⑧难及苦空⑨，必旨微旨⑩。（中略）太宗⑪以瑀好佛道，尝赍⑫绣佛一躯，并绣瑀状于佛像侧，以为供养之容。又赐王褒⑬所书《大品般若经》一部，并赐袈裟，以充讲诵之服焉。（中略）会⑭瑀请⑮出家，太宗谓曰："甚知公素爱桑门，今者不能违意。"瑀旋踵⑯奏曰："臣顷⑰思量，不能出家。"太宗

---

① 杨隋：隋朝，皇室姓杨。
② 萧瑀［yǔ］，字时文，梁明帝萧岿第七子，梁末帝萧琮异母弟，萧皇后之弟。
③ 昭明太子，即萧统，梁武帝萧衍之子，虽立为太子，然未及继位即英年早逝。
④ 祖察：祖父萧察（即梁宣帝）。
⑤ 父康：父亲萧康（即梁明帝）。
⑥ 好［hào］释氏：喜好佛教（释氏：指代佛教）。
⑦ 梵行：代指佛法。
⑧ 沙门：亦作"娑门""桑门""丧门"等，原指古印度非婆罗门教各派的通称，后专指佛教僧侣，义同"和尚""头陀"。
⑨ 难：辩难。苦空：人生之苦、之空。
⑩ 必旨微旨：前一"旨"为动词，意为"涉及"；微旨：细微之旨。
⑪ 太宗：唐太宗李世民。
⑫ 赍：赐予。
⑬ 王褒，字子渊，西汉大文人，与同代扬雄并称"渊云"（扬雄字子云）。
⑭ 会：当。
⑮ 请：让（其）。
⑯ 旋踵：转身。
⑰ 顷：刚。

以对群臣吐言而取舍相违，心不能平。瑀寻称①足疾，时诣②朝堂，又不入见。太宗谓侍臣曰："瑀岂③不得其所乎？而自慊④如此。"遂手诏⑤曰："（中略）至于佛道，非意所遵⑥。虽有国之常经⑦，固弊⑧之虚术。何则？求其道者⑨，非⑩验福于将来⑪，修其教者⑫，翻⑬受辜于既往⑭。至若梁武⑮穷心⑯于释氏，简文⑰锐意于法门⑱。倾帑藏⑲以给僧祇⑳，殚㉑人力以供塔庙。及乎三淮㉒沸浪，五岭㉓腾烟，假㉔余息于熊蹯㉕，

---

① 寻称：推说。
② 诣：到（特指去尊长之处）。
③ 岂：难道。
④ 自慊：自怨。
⑤ 手诏：亲自写诏书。
⑥ 非意所遵：并非（我）想遵循。
⑦ 国之常经：国定的佛经。
⑧ 固弊：旧弊（指梁朝所遗之弊端）。
⑨ 求其道者：指求佛之人。
⑩ 非：非得。
⑪ 将来：（佛教所说）来世。
⑫ 修其教者：指修佛之人。
⑬ 翻：反而。
⑭ 既往：（佛教所说）前世。
⑮ 梁武：梁武帝。
⑯ 穷心：倾心。
⑰ 简文：梁简文帝萧纲，梁武帝萧衍之子，昭明太子萧统之弟。
⑱ 法门：修行者入道的门径（代指佛法）。
⑲ 帑［tǎng］藏［cáng］：国库（指代钱财）。
⑳ 僧祇［qí］：和尚的别称。
㉑ 殚：竭尽。
㉒ 三淮：泛指江河。
㉓ 五岭：泛指山岭。
㉔ 假：借。
㉕ 熊蹯［fán］：熊掌（典故，出自《左传·文公元年》：楚太子商臣欲逼死其父楚成王。成王请求死前吃一只熊蹯，商臣不许，因为煮熟一只熊掌的时间可能会使成王得到救援。成王只得自缢而死）。

引残魂于雀鷇①，子孙覆亡而不暇，社稷俄倾而为墟，报施之征②，何其缪③也。而太子太保、宋国公瑀④，践覆车之余轨，袭亡国之遗风，弃公就私，未明隐显之际⑤；身俗口道⑥，莫辨邪正之心，修累叶⑦之殃源⑧，祈一躬⑨之福本。上以违忤⑩君主，下则扇习浮华⑪。往前⑫朕问张亮⑬云：'卿既事佛，何不出家？'瑀乃端然自应⑭：'请先入道⑮。'朕即许之，寻复不用⑯。一迥一惑⑰，在于瞬息之间；一可一否⑱，变于帷扆之所⑲。乖⑳栋梁㉑之大体㉒，岂具瞻之量㉓

① 雀鷇［kòu］：幼雀（典故，出自《史记·赵世家》，赵武灵王被儿子派人围于宫里，饿了只能探雀鷇而充饥，三月余饿死）。"假余息于熊蹯，引残魂于雀鷇"，此二句套用北周庾信《哀江南赋》中"探雀鷇而未饱，待熊蹯而讵［jù］熟"语，喻梁朝末年苟延残喘之状。
② 报施之征：（佛教所谓）善恶报应的征象。
③ 缪：纰缪（错误）。
④ 萧瑀降唐后，唐太宗任其为太子太保（太子师），封宋国公。
⑤ 未明隐显之际：不明白（什么）该隐（匿）、（什么）该（彰）显的界限。
⑥ 身俗口道：身处俗世，口说佛道。
⑦ 累叶：累世（数百年）。
⑧ 殃源：祸害之源（指佛教）。
⑨ 一躬：一身（自身）。
⑩ 违忤：违背、忤逆。
⑪ 扇习：宣扬。浮华：胡思乱想（指佛教）。
⑫ 往前：此前。
⑬ 张亮，唐初大臣，凌烟阁二十四功臣之一。
⑭ 端然自应：认真地自己应答。
⑮ 入道：入佛门（出家）。
⑯ 寻复不用：想想又不要了。
⑰ 一迥一惑：一会儿迥然，一会儿惑然。
⑱ 一可一否：一会儿说可，一会儿说否。
⑲ 帷扆［yǐ］之所：天子朝群臣之所（即朝廷）。
⑳ 乖：（动词）背离。
㉑ 栋梁：喻朝廷大臣。
㉒ 大体：体统。
㉓ 具瞻之量：为众人所瞻望的度量。

乎？朕犹隐忍至今，瑀尚全无悛改①。宜即去②兹朝阙③，出牧④小藩⑤。可商⑥州刺史⑦，仍除其封⑧！"

唐释彦悰⑨《护法沙门法琳别传》中载贞观十一年正月（适园丛书本《唐大诏令集》［一一三］作"二月"）"道士、女冠⑩在僧尼⑪之上诏"云：

（上略）至于佛教之兴，基于西域。爰自⑫东汉，方被⑬中华。神变之理多方，报应之缘匪⑭一。暨乎⑮近世，崇信滋深。人冀⑯当年之福，家惧来生之祸，由是⑰滞俗者⑱闻玄宗⑲而

---

① 悛改：悔改。
② 去：离开。
③ 朝阙：京城。
④ 出牧：出任官职。
⑤ 小藩：小州县。
⑥ 商：商议。
⑦ 州刺史：州官。
⑧ 仍除其封：照例废除其封号。
⑨ 释彦悰［cóng］，即彦悰（和尚均姓"释"），唐代高僧，曾就学于玄奘门下，籍贯、生卒年均不详。
⑩ 女冠：女道士。
⑪ 僧尼：和尚、尼姑。
⑫ 爰［yuán］自：至于。
⑬ 被［pī］：同"披"，覆盖、遍及。
⑭ 匪：同"非"。
⑮ 暨乎：及于。
⑯ 冀：希冀。
⑰ 是：此。
⑱ 滞俗者：恪守旧俗者。
⑲ 玄宗：喻老子（老子言玄。见《道德经》："玄之又玄，众妙之门。"）。

大笑。好异者①望真谛②而争归③，始波涌于闾里④，终风靡于朝廷，遂使殊俗⑤之典郁⑥为众妙⑦之先。诸夏⑧之教，翻居一乘⑨之后。流遁忘反⑩，于兹⑪累代⑫。朕夙夜寅畏⑬，缅惟⑭至道，思革⑮前弊⑯，纳诸轨物⑰。况朕之本系⑱出自柱下⑲，鼎祚克昌⑳既凭上德之庆㉑，天下大定亦赖无为㉒之功。宜有解张㉓，阐㉔兹玄化㉕。自今以后，斋供行立㉖，至

---

① 好［hào］异者：喜好异俗者。
② 真谛：喻佛教（佛言"四谛"）。
③ 归：同"皈"，依附。
④ 闾里：街巷（喻民间）。
⑤ 殊俗：指信佛之俗。
⑥ 典郁：指佛法。
⑦ 众妙：指道家、道教（道家言众妙。见《道德经》："玄之又玄，众妙之门。"）。
⑧ 诸夏：泛指中原地区。
⑨ 一乘：指大乘佛教。
⑩ 流遁忘反：今作"流连忘返"。
⑪ 于兹：于此（至今）。
⑫ 累代：数代。
⑬ 寅畏：戒惧。
⑭ 缅惟：遥想。
⑮ 革：革除。
⑯ 前弊：指佛教之盛。
⑰ 轨物：规范（语出《左传·隐公五年》："君将纳民轨物者也。"）。
⑱ 本系：家世。
⑲ 柱下：指老子（史载老子曾为周柱下史，后以"柱下"指代老子）（老子姓李，故李世民以老子为其祖先）。
⑳ 鼎祚［zuò］：问鼎之福（有幸为帝王）。克昌：子孙满堂。
㉑ 上德：喻老子（老子言上德。见《道德经》："夷道若类，上德若谷。"）。庆：祝福。
㉒ 无为：喻老子（老子言无为。见《道德经》："无为而无不为。"）。
㉓ 解张，春秋时晋国大夫，因其为介之推鸣不平而后世以其喻仗义执言者。
㉔ 阐：说明、表明（如"阐述"）。
㉕ 玄化：指老子（道教）之功。
㉖ 斋供行立：祭祀仪式。

于讲论①，道士、女冠宜在僧尼之前！庶敦②本系之化③畅于九有④；尊祖宗之风贻诸万叶⑤。

观上录唐太宗两诏，知佛教自隋文帝践祚⑥复兴以来，至唐太宗贞观十一年，始遭一严重之压迫。前此十年即唐高祖武德九年五月虽有"沙汰⑦僧尼、道士、女冠"之诏，其实并未实行（详见《旧唐书》[一]"高祖纪"及《通鉴》[一九一]"武德九年五月辛巳下诏命有司沙汰天下僧尼道士女冠"条）。且彼时诏书兼涉道士、女冠，非专为僧尼而发也。盖佛教自北周武帝废灭以后，因隋文帝之革周命而复兴。唐又代隋，以李氏为唐国姓之故，本易为道士所利用，而太宗英主，其对佛教，虽偶一褒扬，似亦崇奉者。如贞观三年闰十二月癸丑为殒身戎阵者建立寺刹（见《旧唐书》[二]《新唐书》[三]"太宗纪"）及优礼⑧玄奘等（详见《慈恩大师传》[六]），皆其显著之例。其实，太宗于此等事皆别有政治作用。若推其本心，则诚如其责萧瑀诏书所谓"至于佛教，非意所遵"者也。当日佛教徒处此新朝不利环境之中，惟有利用政局之变迁，以恢复其丧失之地位。而不意竟于"袭亡国遗风"之旧朝别系中觅

---

① 讲论：称谓。
② 庶敦：多多敦促。
③ 本系之化：本族之教化（指道教）。
④ 九有：九州（泛指华夏）。
⑤ 贻 [yí] 诸：传之于。万叶：万代（见《晋书·武帝纪》："见土地之广，谓万叶而无虞；睹天下之安，谓千年而永治。"）。
⑥ 践祚：登基。
⑦ 沙汰：淘汰、拣选。
⑧ 优礼：优待、礼遇。

得一中兴教法之宗主。今欲论此中兴教法宗主之武曌与佛教之关系，请先略其外家①杨隋皇室崇奉释氏之事实于下。

唐释道宣②《集古今佛道论衡实录》（二）"隋两帝重佛宗俱受归戒事条"云：

> 案隋著作郎③王邵④述隋祖⑤起居注云：帝⑥以后魏⑦大统七年六月十三日生于同州⑧般若尼寺。于时⑨赤光照室，流溢户外，紫气满庭，状如楼阁，色染人衣，内外惊异。帝母以时炎热，就而扇之，寒甚几绝，困不能啼。有神尼名曰"智仙"，河东刘氏女也。少出家，有戒行。和尚失之⑩，恐堕井，乃在佛屋俨然坐定。遂以禅观⑪为业。及帝诞日，无因而至，语太祖曰："儿天佛所祐，勿忧也！"尼逐名帝为"那罗延"⑫，言如金刚不可坏也。又曰："儿来处异伦⑬，

①　外家：外祖父、外祖母家（武曌之母杨氏，出生于隋朝宗室）。
②　释道宣，即道宣，俗姓钱，字法遍，唐代高僧，佛教南山律宗始祖，世称"律祖"。
③　著作郎：官名，东汉末始置，属中书省，为编修国史之任。
④　王邵，生卒年不详，隋代史官，著有《隋书》《齐志》《齐书》等。
⑤　隋祖：隋高祖杨坚。
⑥　帝：即隋高祖（文帝）。
⑦　后魏：亦称"北魏"（以区别于三国时的"曹魏"）或"拓跋魏"，南北朝时北朝第一朝，皇室姓拓跋，鲜卑人。
⑧　同州：即今陕西省大荔县。
⑨　于时：于（其出生）时。
⑩　失之：不在时。
⑪　禅观：参禅修行。
⑫　那罗延，梵名（拉丁拼音）Nryana，印度古神，意译为"金刚力士"。
⑬　来处异伦：来历不一般。

俗家秽杂，自①为养之。"太祖②乃割宅③为寺，以儿委④尼，不敢召问。后皇妣⑤来抱，忽化为龙，惊惶堕地。尼曰："何因妄触我儿？遂令晚得天下。"及年七岁，告帝曰："儿当大贵，从东国⑥来。佛法当⑦灭，由儿兴之。"尼沉静寡言，时道吉凶，莫不符验。初在寺养帝，年至十三，方始还家。及周灭二教⑧，尼隐皇家⑨。帝后果自山东入⑩为天子，重兴佛法，皆如尼言。及登位后，每顾群臣，追念阿阇黎⑪，以为口实⑫。又云："我兴由⑬佛法，而好食⑭麻豆，前身似从道人⑮中来。由小时在寺，至今乐闻钟声。"乃命史官为尼作传。帝昔龙潜⑯，所经四十五州，及登极后，悉

---

① 自：我。
② 太祖：即杨坚之父杨忠。
③ 割宅：分割（一部分）住宅。
④ 委：委托。
⑤ 皇妣：即杨坚之母、杨忠之妻（妣：已故母亲。王邵述此事时，杨坚之母已亡，故称妣）。
⑥ 东国：当时陕西属北魏，当指东南方的南朝地区。
⑦ 当：当前。
⑧ 周灭二教：北魏亡后为北周，北周武帝灭佛（二教：指大乘佛教和小乘佛教，其实同为佛教）。
⑨ 皇家：指杨忠家。
⑩ 自山东入：自骊山东入北周京城长安（杨坚为北周大臣，谋反而称帝，改国号为隋，后灭南朝之陈朝，一统天下）。
⑪ 阿阇黎：梵文（拉丁拼音）Acarya 的音译，又译"阿吒利""阿左梨"等，意为上师、导师（此处指尼姑智仙）。
⑫ 口实：话题。
⑬ 由：由于。
⑭ 好［hào］食：喜欢吃。
⑮ 道人：入道之人（指出家僧人）。
⑯ 龙潜：喻帝王未即位。

皆同时起大兴国寺。仁寿①元年，帝及后宫同感②舍利③，并放光明，以槌试之，宛然无损。遂前后置塔诸州百有余所，皆置铭勒④，隐于地府⑤。感发神端，充牣⑥耳目，俱如王邵所撰《感应传》。所以周祖⑦窃忌⑧黑衣⑨当王，便摧灭佛法。莫识⑩隋祖元养⑪佛家。王者不死，何由可识⑫？（参考道宣《续高僧传》[二十六]"感通篇·隋释道密传"）

《隋书》（一）"高祖纪"（《北史》[一十一]"隋本纪"同）云：

皇妣吕氏以大统七年六月癸丑生高祖于冯翊⑬般若寺，紫气充庭。有尼来自河东，谓皇妣曰："此儿所从来甚异，不可于俗间处之！"尼将高祖舍于别馆，躬自抚养。皇妣尝抱高祖，忽见头上角出，偏体鳞起。皇妣大骇，坠高祖于地。尼自外入，见曰："已惊我儿，致令晚得天下。"

---

① 仁寿：隋文帝年号。
② 感：感受、感应（佛教徒看舍利不称"看"，而称"感"，以示敬意）。
③ 舍利：梵文（拉丁拼音）śarīra 的音译，原意为尸体，但在佛教中，僧人死后所遗留的头发、骨骼、骨灰等，也称舍利；火化后产生的结晶体，有时称舍利子，有时称舍利。此处所说舍利，应是佛祖舍利。
④ 铭勒：镌刻、铭文。
⑤ 地府：地下室。
⑥ 充牣 [chōng]：充实。
⑦ 周祖：北周高祖（武皇帝）宇文邕。
⑧ 窃忌：内心忌恨。
⑨ 黑衣：喻佛教（僧人均穿黑衣）。
⑩ 莫识：殊不知。
⑪ 元养：供奉。
⑫ 王者：指佛教。此句意为：佛教本不会死，还谈什么（灭佛、养佛的）理由？
⑬ 冯 [píng] 翊 [yì]：古郡名（今陕西省大荔县）。

道宣《广弘明集》（一七）"隋安德王雄①百官等庆舍利感应表"云：

> 其（蒲州）栖岩寺者，即是太祖武元皇帝②之所建造。

寅恪案：帝王创业，史臣记述，例③有符瑞④附会之语，杨隋之兴，何得独异？但除去此类附会例语之外，可注意者二事：一为隋高祖父母之佛教信仰；一为隋高祖本身幼时之佛教环境。夫⑤杨氏为北周勋戚⑥，当北周灭佛之时，而智仙潜匿其家！则杨氏一门之为佛教坚实信徒，不随时主⑦之好恶转移，于此益可以证明也。

《隋书》（三十五）"经籍志道·佛经类"云：

> 开皇⑧元年，高祖⑨普诏天下，任听出家。仍令计口⑩出钱，营造经像⑪；而京师及并州、相州、洛州等诸大都邑之处，并⑫官写一切经⑬，置于寺内；而又别写，藏于秘阁。

---

① 安德王雄，即安德王杨雄，隋文帝杨坚侄子。
② 太祖武元皇帝：隋文帝杨坚追封其父亲杨忠的尊号。
③ 例：照例。
④ 符瑞：祥兆（多指帝王受命之兆）。
⑤ 夫：文言发声词。
⑥ 勋戚：有功之国戚。
⑦ 时主：当时之主（即北周皇帝）。
⑧ 开皇：隋朝开国皇帝隋文帝年号，后改仁寿。
⑨ 高祖：即隋文帝（开国皇帝崩后称"高祖"，其父称"太祖"，此成惯例，直至清代）。
⑩ 计口：按人口。
⑪ 经像：佛像。
⑫ 并：合、全部。
⑬ 一切经：佛经总称。

天下之人，从风而靡，兢相①景慕。民间佛经多于六经②数十百倍。(参阅《通鉴》[一七五]"陈纪宣帝太建十三年隋主诏境内之民任听出家"条)

《续高僧传》(八)"隋释昙延传"云：

隋文③创业，未展④度僧⑤。延⑥初闻改政⑦，即事剃落⑧。法服执锡⑨，来至王庭。(中略)帝奉闻雅度⑩，欣泰本怀⑪，共论开化之模⑫、孚化之本⑬。延以寺宇未广、教法方隆⑭，奏请度僧，以应千二百五十比丘⑮、五百童子⑯之数。敕⑰遂⑱总度一千余人，以副⑲延请。此皇隋释化⑳之开业

---

① 兢相：竞相。
② 六经：儒家经典，即《诗》《书》《礼》《易》《乐》《春秋》。
③ 隋文：隋文帝简称。
④ 展：广开。
⑤ 度僧：剃度为僧。
⑥ 延：昙延，周隋之际人，后为隋代高僧。
⑦ 改政：改朝（北周亡，隋朝立）。
⑧ 剃落：削发（出家为僧）。
⑨ 法服：身穿法衣（即袈裟）。执锡：手持锡杖。
⑩ 雅度：高僧的别称。
⑪ 欣泰本怀：欣然开怀。
⑫ 开化：教化。模：模样、模式。
⑬ 孚化：同"孵化"（喻教化）。
⑭ 方隆：刚刚兴起。
⑮ 比丘：梵文（拉丁拼音）bhiksu 的音译，意为出家僧人，俗称"和尚"。
⑯ 童子：（从小出家的）幼童。
⑰ 敕：（隋文帝）敕令。
⑱ 遂：就此。
⑲ 副：同"付"，应对。
⑳ 释化：佛教化。

也。尔后遂多，凡①前后别②请度者，应有四千余僧。周废伽蓝③并请兴复。三宝④再弘⑤，功兼初运⑥者，又延之力矣。

寅恪案：周武帝废灭佛教。隋文帝代周⑦自立，其开国首政，即为恢复佛教。此固别有政治上之作用，而其家世及本身幼时之信仰，为一重要之原因，则无疑也。至于炀帝，在中国历史上通常认为弑父、弑君、荒淫暴虐之主，与桀纣幽厉⑧同科，或更不如者。然因其崇奉佛教，尤与天台宗创造者智者大师⑨有深切之关系之故，其在佛教中之地位适与其在儒家教义中者相反。此为吾国二种不同文化价值论上之问题，不止若唐代改易汉书古今人表中老子等级之比也。此问题非兹篇所能详论，今但⑩择录天台宗著述中与此问题有关之文，略附诠释，以供参证。

南宋天台宗僧徒志磐⑪撰《佛祖统纪》（三十九）"开皇十三年晋王广受菩萨戒于智者大师"条述曰：

---

① 凡：大约。
② 别：另外。
③ 周废伽蓝：北周时所废寺庙（伽蓝：梵文［拉丁拼音］samghārama 音译作"僧伽蓝摩"，意为佛教徒聚集处，即僧院、寺庙，"伽蓝"为其简称）。
④ 三宝：佛宝（泛指一切诸佛）、法宝（泛指诸佛教导）、僧宝（泛指修学佛法）。
⑤ 弘：弘扬。
⑥ 功兼初运：有功而年轻（初运：青年。中运：中年。晚运：老年）。
⑦ 代周：取代北周。
⑧ 桀纣幽厉：夏桀王、商纣王、周幽王、周厉王（暴君之最）。
⑨ 智者大师，俗姓陈，字德安，法号知者，亦称智颛［yǐ］，隋代高僧，天台宗第三祖（始祖慧文，二祖慧思）。
⑩ 但：仅。
⑪ 志磐，生卒年不详，号大石，南宋后期禅宗、天台宗高僧。

世谓炀帝禀戒学慧①，而弑父代立。何②智者③不知预鉴④耶？然能借阇王⑤之事以比决之⑥，则此滞自销⑦。故观《经疏》释之（寅恪案：此指智者大师之《观无量寿佛经疏》），则有二义：一者事属前因，由彼⑧宿怨，来为父子。故阿阇世此云"未生怨"⑨。二者大权现逆⑩，非同俗间恶逆⑪之比。故佛⑫言："阇王昔于毗婆尸佛⑬发菩提心⑭，未尝堕于地狱。"（原注："《涅槃经》云。"寅恪案：此语出《北本大涅槃经》［二十］"梵行品第八"之七末段。）又佛为授记⑮，却作"后佛"⑯，号"净身"（原注："阇王受决经。"寅恪案：今此经文作"净其所部"。志磐所据本"其"字作"身"字，故云"净身"）。又："阇王未受果⑰而求忏，令无量人⑱

---

① 禀戒学慧：意为信奉佛教（禀戒：遵守戒律。学慧：诵习佛法）。
② 何：怎么会。
③ 智者：智者大师。
④ 预鉴：前事之鉴。
⑤ 阇［shé］王：阿阇世王简称（阿阇世，梵名［拉丁拼音］Ajātasātru，与释迦牟尼同时代的古印度摩竭陀国太子，弑父自立为王，后悔恨不已，求释迦牟尼拯救他。释迦牟尼说，罪由因缘，知罪而悔改者，也可成佛）。
⑥ 比决之：比较而决断之。
⑦ 此滞：此一问题。自销：自然消除（销：同"消"）。
⑧ 彼：指前世。
⑨ "未生怨"：阿阇世称并未怨恨父亲（但他杀了父亲）。
⑩ 大权：指生死轮回中的前世。现逆：与现世相逆。
⑪ 恶逆：因憎恶而相逆。
⑫ 佛：即释迦牟尼。
⑬ 毗婆尸佛，梵名（拉丁拼音）Vipasyin，亦作"毗钵尸""微钵尸"，佛教所谓"过去七佛"之一，即释迦牟尼之前的"佛"（实为其他教派的教主，其教义与佛教相近）。
⑭ 菩提心：即普渡众生之意。
⑮ 授记：授予成佛的记别。
⑯ 后佛：后世之佛。
⑰ 未受果：未接受此结果（即成佛）。
⑱ 无量人：无数人。

发菩提心。"（寅恪案：原本此处有"垂裕记"三字。今移置下文"孤山"二字之下。）有能熟思此等文意，则知智者之于炀帝，鉴之深矣。故智者自云："我与晋王①深有缘契。"今观其始则护庐山、主玉泉②，终则创国清、保龛垄③，而章安④结集，十年送供⑤（原注："事见《智者本纪》。"寅恪案：见《佛祖本纪》［六］"智者纪"。原注本在篇末，今移于此）。以此比知，则炀帝之事，亦应有前因现逆二者之义。孤山⑥（《垂裕记》）云："菩萨⑦住⑧首楞严定⑨者，或现无道⑩，所以为百王之监⑪也。"（寅恪案：此语见孤山即智圆《维摩经略疏·垂裕记》［一］。）

寅恪案：阿阇世王为弑父、弑君之恶主。然佛教经典如《大涅槃经·梵行品》则列举多种理由，以明其无罪。非但无罪，如阿

---

① 晋王：隋炀帝继位前受封为晋王。
② 护庐山、主玉泉：指隋炀帝早年遣使到庐山请智顗法师（即智者，天台宗四祖）为其授菩萨戒，后又资助智顗法师在荆州建玉泉寺。
③ 创国清、保龛［kān］垄：指隋炀帝晚年创建天台国清寺，并在多地开凿石窟。
④ 章安，亦称章安法师，即灌顶法师，临海章安人，俗姓吴，隋唐间高僧、天台宗五祖，其将智顗法师的论法之说续集成书，对天台宗功劳不小。
⑤ 十年送供：指隋炀帝资助章安法师十年之久。
⑥ 孤山法师，亦称智圆法师，俗姓徐，北宋初高僧。
⑦ 菩萨：梵文（拉丁拼音）bodhisâttva 音译为"菩提萨埵"（亦译"菩提索多""冒地萨怛缚"或"扶萨"等），"菩萨"为其简称，意译作"道众生""觉有情""大觉有情""道心众生"等。
⑧ 住：停留于（佛教言"住"，意为"在……里"，与常言所说"抱有……"正好相反，以示所住处"大于"所住者）。
⑨ 首楞严定：梵语（拉丁拼音）sûramgâmasamâdhi 的音译，亦译"首楞严三昧""首楞严三摩地""首楞伽摩三摩提"等，意译作"健行定""勇健定""勇伏定""大根本定"等。
⑩ 或现无道：或表现为无道行为（如弑父）。
⑪ 监：同"鉴"。

阇世王受决经且载其未来成佛之预言。智圆之书成于北宋初期，志磐之书成于南宋季世，虽皆较晚，疑其所论俱出于唐代天台宗相承之微言，而非二人之臆说也。夫中国佛教徒以隋炀帝比于阿阇世王，则隋炀在佛教中，其地位之尊，远非其他中国历代帝王所能并论。此点与儒家之评价适得其反。二种文化之同异、是非，于此不必讨论。但隋文帝重兴释氏于周武灭法之后，隋炀帝又隆礼台宗于智者阐教之时，杨隋父子二帝其与佛教关系之重要密切如此，杨隋宗室子孙当如萧梁宗室子孙继承其家世之宗教信仰，固可以推测得知。而武曌之母杨氏既为隋之宗室子孙，则其人之笃信佛教，亦不足为异。兹节录旧史及佛藏之文于后，以资证明。

《旧唐书》（一八三）"外戚传"（《新唐书》［二〇六］《外戚传》同）云：

> 初（武）士彟①娶相里氏，又娶杨氏，生三女。长②适③越王府功曹④贺兰越石⑤，次⑥则天，次⑦适郭氏。则天立为皇后，追赠士彟为司徒周忠孝王，封杨氏代国夫人。贺兰越石早卒，封其妻为韩国夫人。寻⑧又加赠士彟为太尉，杨氏改封为荣国夫人。咸亨⑨二年，荣国夫人卒。

---

① （武）士彟［yuē］，唐开国功臣、武则天之父。
② 长：长女。
③ 适：嫁。
④ 功曹：官名。
⑤ 贺兰越石，姓贺兰，早亡，其妻受封韩国夫人。
⑥ 次：其次（次女）。
⑦ 次：其次（三女）。
⑧ 寻：转而。
⑨ 咸亨：唐高宗李治年号。

《新唐书》（一○○）"杨恭仁传"（《旧唐书》［六十二］"杨恭仁传"略同）云：

杨恭仁，隋司空观王雄子也。执柔①，恭仁从孙，历②地官尚书。武后③母，即仁恭叔父达④之女。及临朝⑤，武承嗣、攸宁⑥相继用事⑦。后⑧曰："要欲⑨我家及外氏⑩常一人为宰相。"乃以执柔，同中书门下三品⑪。

《新唐书》（七十一）下"宰相世系表杨氏观王房"条云：

达字士达，隋纳言⑫，始安泰侯⑬。（寅恪案：《隋书》（四十三）《北史》［六十八］"杨达传""泰"作"恭"，应据改。）

《旧唐书》（五十二）"后妃传下·玄宗⑭元献皇后杨氏传"（《新唐书》［七十六］"后妃传上"同）。

---

① 执柔，杨执柔。
② 历：曾任。
③ 武后：即武则天（皇后）。
④ 达，杨达。
⑤ 及临朝：等到（武则天）称帝临朝。
⑥ 武承嗣、攸宁：武承嗣、武攸宁，均为武则天侄子。
⑦ 用事：当权执政。
⑧ 后：武后（则天）。
⑨ 要欲：要使。
⑩ 外氏：指杨氏。
⑪ 同中书门下三品：唐代官名，相当于宰相。
⑫ 纳言：官名。
⑬ 始安泰侯：封号。
⑭ 玄宗：唐玄宗李隆基，亦称"唐明皇"，武则天的孙子。

玄宗元献皇后杨氏，弘农华阴人，曾祖士达，隋纳言，天授①中以则天母族②追封士达为郑王，赠太尉。

钱易《南部新书》（甲）云：

龙朔③中，杨思玄④特外戚⑤典选⑥，多排斥选士。

《新唐书》（七十一下）"宰相世系表杨氏观王房"条云：

思玄，吏部侍郎。

寅恪案：依据上述，可知武曌之母杨氏为隋宗室观王雄弟始安侯达之女。观王雄者，即前引《广弘明集》（一十七）"隋安德王雄百官等度舍利感应表"之安德王雄⑦。雄及其弟达事迹详见《周书》（二十九）、《隋书》（四十三）及《北史》（六十八）等本传，兹不备录。此武曌血统与杨隋关系之可推寻者，自来论史者多不及此事，其实此点甚可注意也。

唐释彦悰所编之《沙门不应拜俗等事》（三）载"龙朔⑧二

---

① 天授：武则天年号。
② 则天母族：武则天母亲家族。
③ 龙朔：唐高宗李治年号。
④ 杨思玄：唐宰相杨师道侄子。
⑤ 特外戚：特以外戚（身份）。
⑥ 典选：掌管选拔官员事务。
⑦ 安德王雄，即观王杨雄。
⑧ 龙朔：唐高宗李治年号。

年四月二十七日西明寺僧道宣等上荣国夫人杨氏请论沙门不合拜俗①启"一首，下注云：

> 夫人帝后之母也，敬崇正化②，大建福门③；造像书经④，架筑相续⑤；出入宫禁⑥，荣问莫加⑦。僧等诣门⑧致书云尔。

又彦悰书⑨六尚⑩载有"龙朔二年八月十三日西明寺僧道宣等重上荣国夫人杨氏请论不合拜亲启"一首。据此可知，武曌之母杨氏必为笃信佛教之人，故僧徒欲借其力以保存不拜俗之教规。至杨氏所以崇信笃佛教之由，今以⑪史料缺乏，虽不能确言，但就南北朝人士其道教之信仰多因于家世遗传之事实推测之，则荣国夫人之笃信佛教亦必由杨隋宗室家世遗传所致。荣国夫人既笃信佛教，武曌幼时受其家庭环境佛教之薰习，自不待言。又据伦敦博物馆⑫藏敦煌写本《大云经疏》（见《罗福苌沙州文

---

① 拜俗：俗界所行之跪拜礼。
② 正化：教化。
③ 福门：指寺庙。
④ 造像书经：造佛像、书佛经。
⑤ 架筑：营造。相续：不断。
⑥ 宫禁：帝王及其后妃所居之处（一般人不得入，故曰"禁"）。
⑦ 荣问：美誉。莫加：无上。
⑧ 诣门：（敬语）上门。
⑨ 书：（动词）致书信。
⑩ 六尚：唐代后宫女官，分别为尚衣、尚食、尚冠、尚席、尚浴、尚书（尚：掌管）。
⑪ 以：因。
⑫ 伦敦博物馆：应指大英博物馆（the British Museum）。

录补》）中"伏承神皇，幼小时已被缁服①"之语，则武曌必在入宫以前已有一度正式或非正式为沙弥尼②之事。所以知者，据《通鉴考异》③（十）"贞观十一年武士彟女年十四入宫"条云：

> 旧则天本纪④，崩时年八十二。《唐历》、焦璐《唐朝年代记》《统纪》、马总《唐年小录》《圣运图》《会要》皆云：八十一。《唐录政要》⑤：贞观十三年入宫。据武氏入宫年十四，今从吴兢⑥为八十二。故置此年。

若依君实⑦之考定，武曌既于贞观十一年年十四岁入宫，则贞观二十三年太宗崩后，出宫居感业寺为尼时，其年已二十七岁。以二十七岁之年，古人决不以为幼小。故幼小之语显指武曌年十四岁未入宫以前而言。然则武曌幼时即已一度正式或非正式为沙弥尼，其受母氏佛教信仰影响之深切，得此一事更可证明矣。后来僧徒即借武曌家庭传统之信仰，以恢复其自李唐开国以来所丧失之权势，而武曌复转借佛教经典之教义，以证明其政治上所享之特殊地位，二者之所以能彼此互相利用，实有长久之因

---

① 被［pī］缁［zī］服：穿黑衣（意为尼姑）；被：同"披"；缁：黑色（当时僧尼均穿黑衣、黑裤）。

② 沙弥尼：梵文（拉丁拼音）samānen 的音译，意为未满二十岁出家的女子，俗称"小尼姑"。

③ 《通鉴考异》：全称《资治通鉴考异》，北宋司马光撰，收录在《资治通鉴》编纂中舍弃不用的材料，并说明问题和谬误、修史时取舍的原因等。

④ 旧则天本纪：《旧唐书·则天本纪》。

⑤ 《唐录政要》：《旧唐书》之一部。

⑥ 吴兢，唐代史家，作《贞观政要》十卷。

⑦ 君实，即司马光，字君实。

缘，非一朝一夕偶然所可致者。此本篇所讨论问题之第一点也。

（丙）武曌与佛教符谶①之关系

儒家经典不许妇人与闻②国政。其显著之例，如《尚书·牧誓》云：

> 牝鸡无晨③。牝鸡司晨，惟家之索④。

伪《孔传》⑤云：

> 雌代雄鸣则家尽，妇夺夫政则国亡。

《诗·大雅·瞻卬》云：

> 如贾三倍⑥，君子是识⑦。妇无公事⑧，休其蚕织⑨。

《毛传》⑩云：

---

① 符谶［chèn］：符图、谶纬，泛指八卦算命的图文。
② 与闻：关心。
③ 牝［pìn］鸡：母鸡。无晨：不报晓。
④ 索：败落。
⑤ 伪《孔传》：即伪《孔传古文尚书》，此书原称由西汉经学家、孔子十世孙孔安国所传，后被判定为晋代人伪造（并非全伪，而是有伪篇目），故称作"伪《孔传》"。
⑥ 贾［gǔ］：商人。三倍：得三倍之利。
⑦ 君子：在朝执政者。识：通"职"。
⑧ 公事：政事。
⑨ 休：停止。
⑩ 《毛传》：即《诗经毛传》（大毛公毛亨、小毛公毛苌所传）。

妇人无与外政，虽王后犹以蚕织为事。

《郑笺》① 云：

> 贾物②而有三倍之利者，小人所宜知也。君子反知之，非其宜也③。今妇人休其蚕桑织纤④之职，而与⑤朝廷之事，其非宜亦犹是也。

观此却知，武曌以女身而为帝王，开中国政治上未有之创局。如欲证明其特殊地位之合理，决不能于儒家经典中求之。此武曌革唐为周⑥，所以不得不假托佛教符谶之故也。考佛陀原始教义，本亦轻贱女身。如《大爱道比尼经》（下）所列举女人之八十四态，即是其例。后来演变，渐易⑦初旨。末流至于⑧大乘⑨急进派之经典，其中乃有以女身受记为转轮圣王成佛之教义。此

---

① 《郑笺》：《毛诗郑笺》（东汉学者郑玄对《诗经毛传》所作注释）。
② 贾物：买卖。
③ 君子反知之，非其宜也：意为君子不宜曰利。
④ 织纤［rèn］：纺织、缝纫。
⑤ 与：（动词）参与。
⑥ 革唐为周：改国号"唐"为"周"（即称帝）。
⑦ 易：改变。
⑧ 末流至于：最后发展致。
⑨ 大乘：印度佛教两大派系之一（"大乘"，梵文［拉丁拼音］Mahàyàna 的译名，Mahà 意为"大"，yàna 意为"车船"，也就是多数人能"乘坐"，因为该种佛教旨在"普渡众生"，只要求信徒不作恶，即所谓"放下屠刀，立地成佛"），另一派系为"小乘"（梵文［拉丁拼音］Hinayàna 的译名，Hina 意为"小"，yàna 意为"车船"，也就是少数人能"乘坐"，因为该种佛教旨在修行，要求信徒严守原始佛教的苛刻戒律，故很少有人做到）。

诚所谓非常异义可怪之论也。武曌颁行天下以为①受命符谶之《大云经》，即属于此大乘急进派之经典。其原本实出自天竺②，非支那③所伪造也。

近岁敦煌石室发见《大震经疏》残卷。王国维④氏为之跋尾⑤，考证甚确（并见《沙州文录补》）。兹节录其文与本篇主旨有关者于后，并略附以诠释。凡王氏跋中所已详者，皆不重论。但佛典原文王跋未及备载。兹亦补录其有关者，以资参校，而便说明。

《大云经疏》王氏跋云：

卷中⑥所引"经曰"及"经记"云云，均见后凉⑦昙无谶⑧所译《大方等无想经》。此经又有竺法念⑨译本，名《大云无想经》。昙公译本中屡见"大云"字，故知此为《大云经疏》也（寅恪案：竺法念应作竺佛念，盖王氏偶尔笔误。至昙无谶所译仅高丽⑩藏本作《大方等无想经》，其余宋、元、明等藏及日本官内

---

① 以为：作为。
② 天竺［zhú］：古称印度。
③ 支那：中国旧称。
④ 王国维，字静安，清末民初学者。
⑤ 跋尾：写后记。
⑥ 卷中：指《大云经疏》。
⑦ 此处似有误，应为北凉。史载昙无谶为沮渠蒙逊（北凉君主，匈奴人）所杀，而后凉则由吕光所建。
⑧ 昙无谶［chèn］，印度人，梵名（拉丁拼音）DhārmakṢema，原在北凉（今甘肃、陕西一带）译经，有名声，北魏君主拓跋焘闻其名声，向北凉君主沮渠蒙逊索取其人，沮渠蒙逊惧怕北魏强大，不得不将其送出，但暗中派人在途中将其刺杀。
⑨ 竺法念，凉州人，西晋译经家。
⑩ 高丽：朝鲜旧称。

省所藏诸本，俱作《大方等大云经》也）。案《旧唐书·则天皇后本纪》："载初①元年，有沙门十人伪撰《大云经》，表上之②，盛言神皇③受命之事。制颁④于天下，令诸州各置大云寺，总度僧⑤千人。"又《薛怀义传》⑥："怀义与法明⑦等造《大云经》，陈符命⑧，言则天是弥勒⑨下生⑩，作阎浮提⑪主，唐氏合微⑫。"故则天革命⑬称周，其伪《大云经》颁于天下，寺各藏一本，令升座⑭讲说。《新唐书·后妃传》所纪略同。宋次道⑮《长安志·记大云寺》亦云："武太后初，光明寺沙门进⑯《大云经》，经中有女主之符，因⑰改为大云寺。"皆以此经为武后时伪造。然后凉译本⑱之末固⑲详说黑

---

① 载初：唐睿宗李旦年号（此时武则天已揽政，睿宗无权）。

② 表上之：呈上之（"上"指则天）。

③ 神皇：指佛祖释迦牟尼。

④ 制颁：（武则天将其）颁布。

⑤ 度僧：剃度为僧。

⑥ 《旧唐书·薛怀义传》。

⑦ 怀义与法明，均为武则天时地位显赫的僧人。

⑧ 陈符命：陈述上天预示帝王受命的符兆。

⑨ 弥勒，梵名（拉丁拼音）Māitreya，俗称"弥勒佛""弥勒菩萨"，释迦牟尼弟子，圆寂后被尊为"佛""菩萨"。

⑩ 下生：下凡。

⑪ 阎浮提：梵文（拉丁拼音）Jambudvîpa 的音译，佛经里所说一地名，有"福乡"之意。

⑫ 合微：式微。

⑬ 革命：改朝换代。革：改。命：天命（古代王朝都称奉天命而建）。

⑭ 升座：登台。

⑮ 宋次道，即宋敏求，字次道，北宋文人，官至史馆修撰、龙图阁直学士，编《唐大诏令集》一百三十卷，著《长安志》二十卷。

⑯ 进：呈上。

⑰ 因：因而。

⑱ 后凉译本：即前文所说"后凉昙无谶所译《大方等无想经》"。

⑲ 固：还是。

河女主之事。故赞宁①《僧史略》谓"此经晋代已译，旧本便曰女王，于时岂有太后"云云，颇以《唐书》之说为非。志磐《佛祖统纪》从之，故于"武后载初元年"书"敕②沙门法朗九人重译《大云经》"，不云伪造。今观此卷所引经文皆与凉译无甚差池③。岂符命之说皆在疏中、经文但稍加缘饰、不尽伪托欤？又此疏之成，盖与伪经同颁天下。故敦煌寺中尚藏此残卷。

寅恪案：武曌之颁行《大云经》于全国，与新莽④之"遣五威将军王奇等十二人，班⑤符命四十二篇于天下"（见《汉书》［九十九］中《王莽传》）正同一政治作用。盖革命开国之初，对于民众宣传及证明其新取得地位之合理也。今检昙无谶译《大方等大云经》（四）"大云初分如来涅槃健度第三十六"云：

> 佛告净光天女言："汝于彼佛⑥暂一闻《大涅槃经》，以是因缘，今得天身⑦。值⑧我出世，复闻深义，舍是天形⑨，

---

① 赞宁，俗姓高，北宋高僧。
② 敕：敕令。
③ 差池：差错。
④ 新莽：新朝王莽（西汉末年，王莽篡政，改汉朝为"新朝"）。
⑤ 班．同"颁"。
⑥ 彼佛：指同性灯佛（释迦牟尼之前的"过去七佛"之一，实为从婆罗门教分化出来的其他教派的教主，其教义与佛教有相近之处，故被佛教承认为"佛"）。
⑦ 天身：在天之身，非俗身。
⑧ 值：当。
⑨ 天形：即天身。

即以女身当王国土，得转轮王①所统领处四分之一。（中略）

（寅恪案：此武墅所以称"金轮皇帝"之故）汝于尔时实是菩萨，为化②众生，现受女身。"

又同经（六）"大云初分增长健度第三十七之余"云：

> 我③涅槃已七百年后，是④南天竺有一小国，名曰"无明"；彼国有河，名曰"黑暗"；南岸有城，名曰"谷热"；其城有王，名曰"等乘"；其王夫人产育一女，名曰"增长"。（中略）其王未免忽然崩亡，尔时诸臣即奉此女以继王嗣。女既承正，威伏天下。阎俘提中所有国土，悉来承奉，无拒远者。

寅恪案：观昙无谶译《大方等大云经》之原文，则知不独史籍如《旧唐书》等之伪造说为诬枉，即僧徒如志磐辈之重译说亦非事实。今取敦煌残本即当时颁行天下以为受符谶之原本，与今佛藏传本参校，几全部符合。间有一二字句差池之处，而意义亦无不同。此古来书册传写所习见者，殊不能据以此为有歧异之二译本也。又因此可知，薛怀义等当时即取旧译之本，附以新疏，巧为傅会。其于昙本⑤原文则全部袭用，绝无改易。既不伪

---

① 转轮王：古印度原始传说中司掌俗界的神祇。
② 化：教化。
③ 我：释迦牟尼自谓。
④ 是：此。
⑤ 昙本：即昙无谶所译《大方等无想经》。

造，亦非重译。然则王跋以为"经文但稍加缘饰，不尽伪托"，又云"此疏①之成，盖与伪经同颁天下"，则尚有未谛②也。盖③武曌政治上特殊之地位既不能于儒家经典中得一合理之证明，自不得不转求之于佛教经典。而此佛教经典若为新译或伪造，则必假托译主，或别撰经文。其事既不甚易作，其书更难取信于人。仍不如即取前代旧译之原本，曲为比附，较之伪造或重译者，犹为事半而功倍。由此观之，近世学者往往以新莽篡汉之故，辄④谓古文诸经及太史公书等悉为刘歆⑤所伪造或窜改者，其说殆⑥不尽然。寅恪不敢观三代两汉⑦之书，固不足以判决其是非，而其事亦轶出本篇范围之外，尤不必涉及。但武曌之颁行《大云经》与王莽之颁符命四十二篇，其事正复相类，自可取与并论。至若李思顺⑧解释《大云经》以为唐兴之符命一案，则又"刘秀当为天子"⑨ 之类也（见《通典》［一六九］"刑典七守正门"）。此类政治与符谶之关系，前人治史，多不知其重要，故特辨之如此。

　佛教在李唐初期为道教所压抑之后，所以能至武周革命而恢复其杨隋时所享之地位者，其原因固甚复杂，而其经典教义可供

---

① 此疏：即《大云经疏》。
② 未谛：不严谨（谛：仔细，如"谛听"）。
③ 盖：大概。
④ 辄：动辄。
⑤ 刘歆［xīn］，字子骏，后改名秀，西汉宗室、经学家。
⑥ 殆：大概。
⑦ 三代：上古三代夏、商、周。两汉：西汉、东汉。
⑧ 李思顺，字知通，唐代文人，官至鸿胪寺卿，曾以对《大云经》的解读名噪一时。
⑨ "刘秀当为天子"：据传，王莽篡汉时流行的谶语，时人均以为是指刘歆（因其改名秀），殊不知后来果真出了光武帝刘秀（东汉开国皇帝）。不过，这一谶语流行之事，很可能是东汉人伪造的。

"女主符命"附会之利用，要为一主因。兹注录《唐大诏令集》（一一三）所载"武周天授二年三月释教在道教之上制"以为证明：

> 朕①先蒙金口之记②，又承宝偈之文③。历教④表于当今，本愿标于曩劫⑤。《大云》⑥阐奥⑦，明⑧王国之祯符⑨，方寺（寅恪案："寺"当作"等"，即指《大方等大云经》而言）发扬，显自在⑩之丕业⑪。驭一境⑫而敦化，弘五戒⑬以训人。爰开⑭革命之阶，方启⑮惟新之命，宜协⑯随时之义⑰，以申自我之规⑱。虽实际如如⑲，理⑳忘于先后㉑，而翘心恳恳，思

---

① 朕：武则天自谓。

② 金口之记：见前引文："怀义与法明等……言则天是弥勒下生，作阎浮提主，唐氏合微。"

③ 宝偈[jì]之文：即指《大云经疏》，薛怀义等人所作。

④ 历教：历代教义。

⑤ 本愿标于曩[nǎng]劫：意谓天之意早就有所标明（本愿：天意。曩劫：往日之劫）。

⑥ 《大云》：《大云经》。

⑦ 阐奥：阐释奥义。

⑧ 明：表明。

⑨ 祯符：吉兆。

⑩ 自在："大自在菩萨"简称。

⑪ 丕业：伟业。

⑫ 驭一境：驾驭全境。

⑬ 弘五戒：弘扬五戒（戒杀生、戒偷盗、戒邪淫、戒妄语、戒饮酒）。

⑭ 爰[yuán]开：刚开始。

⑮ 方启：方开启。

⑯ 协：协调。

⑰ 随时之义：临时而起的意见。

⑱ 自我之规：指已认定的规矩。

⑲ 如如：（佛教语）字面义"就是这样"，引申指常在、永存，意同"真如"。

⑳ 理：理当。

㉑ 忘于先后：不争不抢。

展于勤诚。自今已后，释教宜在道夫①之上，缁服②处黄冠③之前！庶得④道有识⑤以归依⑥，极⑦群生于回向⑧。布告遐迩⑨，知朕意焉。

观此制文，凡武曌在政治上新取得之地位悉以佛典之教义为证明，则知佛教符谶与武周革命之关系其深切有如是者。此本篇所讨论问题之第二点也。

（丁）结　论

自贞观十一年（西历六三七年）正月（或二月，见乙章）诏"道士、女冠在僧尼之上"（诏文见乙章），历五十四年至天授二年（西历六九一年）三月周已革唐命，而有"释教在道法之上"之制（制文见丙章），又历二十年唐室中兴之后，景云二年（西历七一一年）复敕"僧道齐行并进"（敕文见《唐大诏令集》［一一三］）。约而论之，凡有三变。若通计自隋炀帝大业⑩之世，迄于唐睿宗景云⑪之初，

---

① 道夫：道法。
② 缁服：黑服（喻和尚）。
③ 黄冠：黄帽（喻道士）。
④ 庶得：多争取。
⑤ 道有识：有识佛法之人。
⑥ 归依：皈依（佛门）。
⑦ 极：规范。
⑧ 回向：（佛教语）反复修炼功德（回）而不失期待（向）。
⑨ 遐迩：远近。
⑩ 大业：隋炀帝年号。
⑪ 景云：唐睿宗年号。

此一百年间佛教地位之升降与当时政治之变易实有关系。而与此百年间政治上三大怪杰即隋炀帝、唐太宗及武曌，尤多所关涉。故综合前后政治之因果，依据中西①文化之同异，类次②旧文，间附臆说，成此短篇，以供研求国史中政治与宗教问题者之参证。

附　　注

关于武曌与佛教符谶之问题，可参考矢吹庆辉③博士著《三阶教④之研究》及汤用彤⑤先生所作同书之跋文（载《史学杂志》第二卷第五六期合刊）。总而言之，大周⑥刊定众经目录不著录新译《大云经》，尤足证薛怀义等无重译或伪撰此经之事也。

---

①　中西：中国与西域（印度）。
②　类次：分类编次。
③　矢吹庆辉，19 世纪末、20 世纪初日本学者，曾任大正大学教授，著有《阿弥陀佛之研究》《思想的动向与佛教》等。
④　三阶教：佛教三阶宗，创立于隋代，三百余年后湮没无传。
⑤　汤用彤，现代学者，毕业于哈佛大学，先后任教于东南大学、南开大学、北京大学。
⑥　大周：即武则天称帝之周朝。

熊十力简介

　　熊十力（1885—1968），笔名，真名熊继智，字子真，湖北黄冈人，现代学者、国学大师、"新儒学"创始人之一（与其三弟子牟宗三、唐君毅、徐复观，以及张君劢、梁漱溟、冯友兰、方东美，合称"新儒学八大家"）。出身贫寒，早年辍学，主要靠自学，逐渐掌握国学要领。1919年，经人介绍，受聘于天津南开学校，讲授国文。1920年，由梁漱溟推荐，入南京支那内学院，学习佛学。1922年，受梁漱溟等人举荐，受蔡元培之聘，任北京大学特约讲师，后升为教授。抗战爆发后，离开北京大学，转到四川教书。1943年，受北京大学校长蒋梦麟之聘，回北京大学任文学院教授。1954年，辞去教职，移居上海，专心著述。1966年，"文革"爆发，被定为"反动学术权威"遭批斗。两年后，因心力衰竭病逝，享年八十三岁。其重要著作有《新唯识论》《原儒》《体用论》《明心篇》《佛教名相通释》《乾坤衍》等。2001年，湖北教育出版社出版《熊十力全集》二十七卷。

论佛法东来^①

熊十力

中国文化在汉世顿呈凝滞不进之状，思想界已僵固而无活气，空以名教^②宠章^③牢笼天下，其积弊之深，必将发泄于后，固事理所必至者。……识者观魏晋开基^④，已卜^⑤世运升降之机矣（魏晋已下，大领袖人物遂下^⑥多见，故民质^⑦日以脆弱）。是时^⑧所幸者，

---

① 本文节选自《熊十力学术文化随笔》（中国青年出版社，1999）之《论中国文化史》一文（该文原载1947年湖北十力丛书印本《十力语要》卷四，该题目为《熊十力学术文化随笔》编者所加）。此题目为本书编者所加。本文认为，中国文化几经盛衰，至隋唐，国力强盛，按例文化理应发展，然而事实正相反，"六代以来之学艺……至此而一切斩焉绝迹"。为何会这样？原因就在于佛法东来，"印度佛教思想正于初唐之世而告统一中国之成功"，几乎取代了中国固有文化；至两宋，理学兴起，才作中国文化复兴运动；然而，佛教流毒之深，即便是两宋理学，也渗入了佛教思想，故而其文化复兴运动虽有建树，但并不十分成功……不同于一般认为的佛教的引入是对中国原有文化的补充，本文彻底否定佛法东来，认为其有百害而无一利，实为中国文化史上一大灾难。这种观点很独特，不妨一读。

② 名教：即礼教，其宗旨为正名分、定尊卑。

③ 宠章：官服（尤指高官的章服）。

④ 开基：开创基业，即建国。

⑤ 卜：预知。

⑥ 遂下：接着。

⑦ 民质：民众素质。

⑧ 是时：此时。

则思想界承两汉积衰之后而忽呈奇伟之观。自玄家①逮于②众艺③，纷纷崛起，辨物理④、达⑤神旨，浸淫⑥反⑦于九流⑧，是⑨《易》⑩所谓"穷则变"之兆。盖中夏民族，本伟大之民族也。所资者深、所蕴者厚，宜⑪其剥极⑫而必复也。此转变之机势，虽经胡尘⑬蹂躏，不少衰息⑭，延及隋氏⑮，遂一南北⑯而纾⑰祸乱；迄乎⑱初唐，威武广被⑲于四夷，文教⑳普及夫群蛮，固泱泱大风也。此岂一二君相㉑之力骤致于一旦者，盖六代㉒已来哲人、艺士之努力所蕴蓄于社会者深且大故也。夫㉓自汉魏之际，肇

---

① 玄家：玄学家。

② 逮于：及至。

③ 众艺：众多技艺。

④ 物理：万物之理。

⑤ 达：通达。

⑥ 浸淫：泛滥。

⑦ 反：同"返"。

⑧ 九流：先秦九流派，即儒家、道家、阴阳家、法家、名家、墨家、纵横家、杂家、农家。

⑨ 是：此。

⑩ 《易》：《易经》，即《周易》。

⑪ 宜：应该。

⑫ 剥极：衰败至极点。

⑬ 胡尘：西北蛮族（指东晋后南北朝之蛮族所建北朝）。

⑭ 衰息：衰败气息。

⑮ 隋氏：隋朝。

⑯ 一南北：统一南北。

⑰ 纾：缓解。

⑱ 迄乎：到了。

⑲ 被［pī］：同"披"，覆盖。

⑳ 文教：文章教化。

㉑ 君相：君主与宰相。

㉒ 六代：亦称"六朝"，即三国东吴、东晋、南北朝之南朝宋、齐、梁、陈，因为六代均建都于建康（东吴称建业，即今南京），故称。

㉓ 夫：文言发声词。

始①变化，爰及②隋唐，国力既盛，宜其文化日益发展，不至夭殇③，然而初唐之盛未几，社会复归混浊，政治乱于武夫④。六代以来之学艺，造端虽宏，至此而一切斩焉绝迹。此何以故？则印度佛教思想正于初唐之世而告统一中国之成功，是以举中国之所固有者而尽绝之也。此治中国文化史者所万不可忽视之一大变也。

佛法东来，本在季汉⑤之世，僧徒多来自西域，初亦不能盛行。唐窥基⑥法师《唯识述记序》：

在昔周星闭色⑦，至道⑧郁而未扬。汉日⑨通晖，像教⑩宣而遐被⑪。多睹葱右之英⑫，罕闻天竺之秀⑬。音韵壤隔⑭，混宫羽⑮于华戎⑯；文字天悬⑰，昧形声⑱于胡晋⑲。

①　肇始：开始。
②　爰〔yuán〕及：到了（爰：引）。
③　夭殇：夭折。
④　政治乱于武夫：指"安史之乱"（武将安禄山、史思明叛乱）。
⑤　季汉：汉代末期，即三国时期（兄弟排行中最小者称"季"，如"季弟""季叔"；最大者称"伯"，当中者均称"仲"）。
⑥　窥基，俗姓尉迟，字洪道，唐代高僧，"唯识宗"创始人。
⑦　在昔：当初（指佛教刚从西域传来之时）。周星闭色：星辰暗淡。
⑧　至道：无上天道（指佛教）。
⑨　汉日：喻汉人固有文化。
⑩　像教：指儒学与道教。
⑪　遐被：远远传播（遐：远。被：同"披"）。
⑫　葱右之英：喻中亚文化（葱右：葱岭以西〔葱岭：帕米尔高原旧称〕。英：花）。
⑬　天竺之秀：喻佛教（天竺：印度旧称。秀：花开）。
⑭　壤隔：相隔很远。
⑮　宫羽：五音（宫、商、角、徵、羽）简称。
⑯　华戎：华与戎（华夏与西戎）。
⑰　天悬：天悬地隔（相差很远）。
⑱　昧：含糊。形声：（文字的）形与声。
⑲　胡晋：胡与晋（胡地〔泛指西北蛮族之地〕与晋地〔泛指中原汉人之地〕）。

据此，可想见推行之困难矣。及罗什①来华，以其精通三藏②，又门下多材，盛事翻译，玄风③始畅。然犹乘三玄④余焰，附之以彰⑤，未能独旺⑥也。盖⑦佛法东来，得餍⑧乎国人之心者，虽原因不一，而主要之因，则以玄家喜谈形而上（三玄于形而上之理，只是引而不发。魏晋玄家，才偏重及此耳），极与佛家接近，故迎合甚速也。如远公⑨著《法性论》曰：

至极⑩以不变为性⑪，得性以体极⑫为宗⑬。

罗什见论而叹曰：

边国⑭人未有经，便暗与理合，岂不妙哉？

---

① 罗什，即鸠摩罗什（梵名［拉丁拼音］Kumārajīva），亦译"鸠摩罗耆"，祖籍印度、出生于西域龟兹国（今新疆库车），早期译经家。东晋太元八年（384）到达甘肃凉州弘扬佛法，学习汉文；17年后，也就是后秦弘始三年（401），从凉州来到长安；其后11年间，与弟子一起首次从梵文中译出《大品般若经》《法华经》《维摩诘经》《阿弥陀经》和《金刚经》等。

② 三藏：印度佛教典籍分三类，名为"经藏""律藏""论藏"，总称"三藏"（藏：藏书）。

③ 玄风：学风。

④ 三玄：魏晋玄学家对《老子》《庄子》《周易》的合称。

⑤ 彰：彰显。

⑥ 独旺：独自旺盛。

⑦ 盖：大概说来。

⑧ 餍：吃饱（满足）。

⑨ 远公，即慧远，东晋名僧。

⑩ 至极：终极（目标）。

⑪ 性：性质。

⑫ 体极：体现终极（目标）。

⑬ 宗：宗旨。

⑭ 边国：邻国（指中国）。

远公，故玄家，而特歆①净土②，以逃③于佛。其理解固未尝得力于佛也，罗什之言可证。又僧肇④著《般若无知论》，罗什览之曰：

> 吾解⑤不谢⑥子⑦，文当相揖⑧耳。肇公⑨此论，亦不出玄家见地。

当时玄家既接近乎佛，而佛者亦乐援玄以自进，故佛法未遽⑩独盛也。时国内释子⑪，颇多坚苦卓绝，只身渡穷塞⑫、犯瘴病、履万险，求法⑬天竺者甚众。然发生重大影响于祖国者，盖亦罕见。及唐玄奘西渡，研精群学⑭，在印土已有"大乘天"⑮之称。回国以后，而太宗⑯以英伟之帝，竭力赞护，于是聚集英

---

① 歆［xīn］：羡慕。
② 净土：佛教对极乐世界的指称。
③ 逃：逃避。
④ 僧肇，俗姓张，东晋名僧、鸠摩罗什弟子。
⑤ 解：解经。
⑥ 不谢：不亚于。
⑦ 子：指僧肇。
⑧ 相揖：相互行礼（喻平辈）。
⑨ 肇公：对僧肇的尊称。
⑩ 遽：急速。
⑪ 释子：僧人。
⑫ 穷塞：荒远边塞。
⑬ 求法：取经。
⑭ 研精群学：意谓玄奘在印度研习诸多宗派的佛学。
⑮ 大乘天：全称"大乘天奴"，梵文（拉丁拼音）Mahāyānadeva 的译名，音译"摩诃耶那提婆"，意为通晓大乘佛法之人。
⑯ 太宗：唐太宗李世民。

俊①，大开译场。高文②典册，名理灿然，沃③人神智。况复④死生问题，足重情怀，则自汉魏以来，缓兵进攻于中国思想界之佛法，至此得玄奘与太宗之雄略，大张六师，一鼓作气，遂举中国而统一于印度佛化之下。自此儒、道诸家，寂然绝响⑤。此盖中国文化中断之会⑥也。佛法既盛，不独士大夫翻然景从⑦，而其势力直普遍齐民⑧，愚夫愚妇莫不响风而化⑨，祷祀殷勤。盖社会观感所系，不在学校而在寺宇，不在师儒而在僧徒矣。汉魏之际，方变而复⑩晚周⑪，萌芽骤苗，遽折于外来之佛教。此固当时华梵⑫间不可思议之遇合，不可阻遏之潮流（佛法急图东展，而中国之玄学与其环境又恰与之应合）。然佛教徒亦未免过于倾向外化，而将固有学术思想摧抑太甚。如《佛道论衡》⑬，诋毁老庄，其词多顽鄙⑭，不足一笑。僧徒既不习国学，又妄以偏心嫉异己，此所以造成佛教大一统之局。由今观之，不得不谓为吾国文化史上之大不幸也。夫⑮佛家虽善言玄理，然其立教本旨，则一死生问

---

① 英俊：英才与俊才。
② 高文：高深之文（指佛经）。
③ 沃：（动词）浇灌。
④ 况复：况且。
⑤ 寂然绝响：无声处唯此声响。
⑥ 会：时机（如"机会"）。
⑦ 翻然：一下子。景从：景仰、随从。
⑧ 齐民：全民。
⑨ 响风而化：闻风而驯化。
⑩ 复：同"覆"，颠覆。
⑪ 晚周：周朝后期（喻指先秦诸子百家）。
⑫ 华梵：华夏与印度（梵：古印度）。
⑬ 《佛道论衡》：全称《集古今佛道论衡》，唐代高僧道宣（俗姓钱，字法遍）撰，叙述佛道二教间论争之事迹。
⑭ 顽鄙：愚钝鄙陋。
⑮ 夫：文言发声词。

题耳。因怖①死生，发心趋道②，故极其流弊：未来之望③强，现在之趣弱；治心之功④密，辨物之用疏。果以⑤殉法，忍以遗世（六代僧徒多有焚身殉法者，然莫肯出而救世），沦于枯静，倦于活动；渴望寄乎空华⑥（求升西天），盲修绝夫通感⑦。近死之夫，不可复阳⑧，此犹⑨有志苦修者也。若夫⑩托伪之流⑪，竟权死利⑫，患得患失，神魂散越，犹冀⑬福田⑭，拜像供僧，诵佛修忏，其形⑮虽存，其人已鬼。复有小慧⑯，稍治文学，规取⑰浮名，自矜⑱文采，猥以微明⑲，涉猎禅语，资其空脱⑳，掩其鄙陋，不但盗誉一时，抑乃有声后世。苏轼㉑、钱谦益㉒、龚自珍㉓皆是此流。今

---

① 怖：惧怕。
② 发心趋道：胡思乱想。
③ 未来之望：指对死后的期望。
④ 治心之功：指佛教的修炼。
⑤ 果以：以……为结果。
⑥ 空华：（佛教语）亦作"空花"，虚空之美景（此处反用，指西天）。
⑦ 夫：同"乎"。通感：联想。
⑧ 复阳：复生。
⑨ 此犹：对此竟然。
⑩ 若夫：至于。
⑪ 托伪之流：假托（佛教）的一流人。
⑫ 竟权死利：竟然权衡死亡的利弊。
⑬ 冀：希望（如"希冀"）。
⑭ 福出：（佛教语）行善修德，能受福报，就如种田而有秋获。
⑮ 形：指躯体。
⑯ 小慧：小聪明（之人）。
⑰ 规取：谋求。
⑱ 自矜：自惜、自珍。
⑲ 猥以微明：稍有一点道理。
⑳ 资其空脱：使其凌空洒脱。
㉑ 苏轼，即苏东坡，北宋大诗人、大文人。
㉒ 钱谦益，明末清初大文人。
㉓ 龚自珍，清代大文人。

其衣钵，授受未已也。至于不肖僧徒，游①乎坐食，抑或粗解文辞，内教世语②，胡乱杂陈，攀缘势要③，无复廉耻，等诸自剑④，亦无讥焉。是故⑤自唐以来，佛教流弊，普遍深中于社会，至今方蔓衍未已。民质偷惰⑥，亦有由来，凡在有知，宜相鉴戒。然则佛法可绝乎？"曰：恶，是何言也！"⑦ 昔者佛法独盛，故其末流之弊愈滋，今则势异古昔，扶衰不暇⑧，而可令其绝乎？佛家卓尔⑨冥证⑩，万事一如（事事皆如，故曰"一如"。所谓"一叶一如来"也），荡然无相⑪而非空，寂然存照⑫而非有。智周⑬万物，故自在无挂碍；悲孕⑭群生，惟大雄⑮无恐怖（虽悲而无怖于险难）。仰之莫测其高，俯之莫极其深，至哉！佛之道也。是故会通其哲学思想，而涤除其宗教观念，则所以使人解其缚而兴其性

---

① 游：游方（僧徒修炼之一）。

② 内教世语：指和尚收徒施教。

③ 攀缘势要：攀附有势力的要人。

④ 等诸自剑：与成语"自剑以下"同，意为不值一提。典出《左传·襄公二十九年》："为之歌陈，曰：'国无主，其能久乎？'自剑以下无讥焉。"剑：春秋时一小国名。自剑以下无讥焉：剑以下（的乐曲）就不谈了。讥：查问。

⑤ 是故：所以。

⑥ 民质：民众品质。偷惰：偷安怠惰。

⑦ "曰：'恶，是何言也？'"：套用《孟子·公孙丑下》中孟子语："景子曰：'内则父子，外则君臣，人之大伦也。父子主恩，君臣主敬。丑见王之敬子也，未见所以敬王也。'曰：'恶，是何言也！齐人无以仁义与王言者，岂以仁义为不美也？'"意为"（孟子）说：'哦，这是什么话！'"

⑧ 扶衰不暇：衰败而自顾不及（不暇：无暇）。

⑨ 卓尔：卓越。

⑩ 冥证：隐证。

⑪ 荡然无相：看空一切物相。

⑫ 寂然存照：证实诸多意象。

⑬ 周：遍及。

⑭ 悲孕：慈悲为怀。

⑮ 大雄：指释迦牟尼（"大"：法身无量、智慧无上、法力无边；"雄"：调伏众生，降服群魔）。

者，岂其①远人②以为道也哉？

中国文化既被佛家倾覆了。直到两宋③时代，大儒辈出，才作中国文化复兴运动。他们都推本于晚周的儒家，定孔子为一尊，却无形地踵④了董仲舒、汉武帝⑤的故步。魏晋人上追晚周，派别却多（后人提及六朝，便以清谈家了之，而不肯细察当时学术流别），宋人比之，似觉规模狭隘，然而他们所以宗主儒家，也有道理。儒家有两个优点：一是大中至正⑥，上之极广大高明而不溺于空无，下之极切实有用而不流于功利；二是富于容纳性，它的眼光透得远大，思想放得开阔，立极⑦以不易⑧为则⑨，应用主⑩顺变⑪精义（儒家根本思想在《易》），规模极宏，方面尽多，善于采纳异派的长处而不专固、不倾轧。它对于道家、法家等，都有相当的摄受⑫，这也是不可及处（《大学》格物⑬的主张，与名家不相忤⑭。荀子言礼治，亦有法家影响。《周礼》言政治经济，也有法家精神。《易·系传》谈治理，大致在辅万物之自然，决不自任以宰物。儒家各派都守这个原理，是与道家相通

---

① 岂其：岂不是。
② 远人：远方之人，指当初来华传教的古印度佛教徒。
③ 两宋：北宋和南宋。
④ 踵：原意脚后跟，（作动词）跟随。
⑤ 董仲舒，西汉大臣、大学者，提出"废黜百家，独尊儒权威"，为汉武帝所接受。
⑥ 大中至正：大（博大）、中［zhòng］（切合）、至（通达）、正（恰当）。
⑦ 立极：立论。
⑧ 不易：不变。
⑨ 则：原则。
⑩ 主：主张。
⑪ 顺变：顺世而变。
⑫ 摄受：摄取、接受。
⑬ 格物：探究事物。《礼记·大学》："致知在格物，物格而后知至。"
⑭ 相忤：相背。

的）……所以宋儒特别提出儒家来，做建设中国文化的基础。他们在破坏之余，要作建设事业，自然须有个中心势力，不容如魏晋思想那样纷歧。因此，宗主儒家，尚不算他们规模狭隘之证。

自佛教入中国以来，轮回之说普遍于社会，鬼神和命运的迷信，日益强盛（佛教分明是多神教，不过它的说法很巧妙。它把旁的神教如大自在天①等极力驳倒，所以人说他是无神论。殊不知，人家的神打倒了，他的神又出来。试问，十方②、三世③诸佛，非多神而何？又如人人有个不死的神识④，非多神而何？所以，信佛教者，必信鬼神。其教义固如是。若乃⑤三世因果之谈，则为世俗命运观念所依据，这个影响极坏）。人生屈服于神权，沉沦于鬼趣，侥幸于宿定⑥（贪求世间利乐者，则妄计命运或可坐致⑦，人情侥幸⑧大抵如此），这不能不说是佛教之赐（《三百篇》⑨是中国先民的思想的表现，都是人生的、现世的，无有迷于神道者，如"二南"⑩于男女之际及凡日常作业、习劳之间，写出和乐不淫与仁厚、清肃、勤厉之意，表现人生丰富的意义、无上的价值。孔子曰："人而不为《周南》《召南》，其犹正墙面而立⑪也欤。"其得力于此者深矣。故迷信鬼神之风，非吾先民所固有也。古时虽重祭祀，特由慎终追远⑫与

---

① 大自在天：梵文（拉丁拼音）Mahesᵛara 的译名，印度教神话中的天神。
② 十方：十方佛，主宰上天、下地、东、西、南、北、生门、死位、过去、未来。
③ 三世：三世佛，即中央释迦牟尼佛（主宰中央娑婆世界）、东方药师佛（主宰东方净琉璃世界）和西方阿弥陀佛（主宰西方极乐世界）。
④ 神识：由神灵而来的意识（类似于灵魂）。
⑤ 若乃：至于。
⑥ 宿定：宿命先定。
⑦ 坐致：轻易获得。
⑧ 人情侥幸：心存侥幸。
⑨ 《三百篇》：即《诗经》。
⑩ "二南"：《周南》《召南》，《诗经》的前两个部分。
⑪ 正墙面而立：对着墙壁而立（目无所见）。
⑫ 慎终追远：慎待死亡，追忆远祖。

崇德报功，以致其仁孝不容已之心耳。战国迄汉世方士^①，始假神怪以骗人主^②，然民间不必^③被^④其风。自佛教东来，而后迷信普遍于社会）。幸有宋诸先生^⑤崛起，倡明^⑥儒家之学，以至诚^⑦立人极^⑧（《通书》^⑨阐发此旨）。形色^⑩不得呵^⑪为幻妄，日用^⑫一皆本于真实（念虑之微、事为^⑬之著，无往非^⑭至诚所发现^⑮）。原^⑯吾生之始，则此生非用其故^⑰（若有神识，则是故物^⑱传来）。此生本创新，而新乃无妄^⑲而皆诚^⑳。故君子至诚无息^㉑，以其日新而日生。迄夫^㉒形^㉓尽于百年^㉔，则虽生随形尽，而曾有之生、曾有之诚，其价值则亘古常新而不以

---

① 方士：方术之士。

② 人主：君主。

③ 不必：不一定。

④ 被［pī］：同"披"，覆盖。

⑤ 宋诸先生：指宋代理学家周敦颐、程颢、程颐、朱熹等。

⑥ 倡明：倡导。

⑦ 至诚：至真（作为儒家术语，意为"就事物论事物，不作虚玄妄议"）。

⑧ 人极：做人准则。

⑨ 《通书》：北宋周敦颐撰，内有《太极图说》《皇王大纪》《读通鉴论》和《仁学》等。

⑩ 形色：眼见之物（有形有色）。

⑪ 呵：斥。

⑫ 日用：日常事物。

⑬ 事为［wéi］：百工技艺。见《礼记·王制》："八政：饮食、衣服、事为、异别、度、量、数、制。"郑玄注："事为，谓百工技艺也。"

⑭ 无往非：无不。

⑮ 所发现：所发所现。

⑯ 原：（动词）还原。

⑰ 非用其故：无有其过去（无前世）。

⑱ 故物：以前的事物。

⑲ 妄：虚妄。

⑳ 诚：真。

㉑ 无息：而已（息：利息）。

㉒ 迄夫：至于。

㉓ 形：形体、躯体。

㉔ 百年：喻死亡。

百年尽也。又何待有个别的实物遗于当来①而后为快乎？（神识即个别的实物）若果有之，则生生者将皆用其故而莫或②创新，造化亦死机③尔。岂其然哉④？是故⑤杜绝神怪，以至诚建人极。道尽于有生（未知生，焉知死），知止于不知（生何自来，此不可说，所谓不知也。然已曰不知，岂真不知哉？故冥会⑥于斯⑦，而存诚⑧以践形⑨，则生之所自⑩，即生是已⑪。知至此而止矣，何必以私意推求，妄执有个别的实物若神识者，以为吾生之所自哉？）物我同乎一体，而莫不各足（物各足于其性）；显微⑫彻夫⑬一实⑭，而无有作伪⑮（抑不愧，俯不怍⑯，至诚塞乎⑰天地）。饮食男女，凡生人之大欲，皆天则之实然。循其则⑱而不过不流⑲，故⑳人欲即天性，而不可丑恶㉑。尼父㉒曰："道不远人㉓。

---

① 有个别的实物遗于当来：指佛教的轮回（当来：将来）。
② 莫或：没有。
③ 死机：无生之物。
④ 岂其然哉：是不是这样。
⑤ 是故：所以。
⑥ 冥会：神会（心领）。
⑦ 斯：此。
⑧ 存诚：保持至诚。
⑨ 践形：实际做人。
⑩ 所自：从何（而来）。
⑪ 是已：而已。
⑫ 显微：大小（之物）。
⑬ 彻夫：均属（夫：同"乎"）。
⑭ 一实：一实存。
⑮ 作伪：虚假。
⑯ 怍［zuò］：惭愧。
⑰ 塞乎：充满。
⑱ 则：规则。
⑲ 不过不流：即不塞不流（不压制、不怂恿）。
⑳ 故：所以。
㉑ 丑恶：（动词）丑化、厌恶。
㉒ 尼父：孔子（名丘，字仲尼）。
㉓ 远人：偏离人（性）。

人之为道而远人，不可以为道。"至哉斯言乎！自周、张、二程①诸儒崛兴，绍②宣圣之绪③，而后知人生之尊严而不可亵侮也，人生之真实而不为幻化也，人生之至善而不为秽浊也，人生之富有而无所亏欠也④（本性具足，故发为万善而通感不穷）。故鬼神既远，人性获伸，这是诸儒莫大的功劳。

然而他们却有短处，现在不妨略为说及。他们涵养本原⑤的工夫，虽说绍述孔氏，却受佛家禅宗影响太深，不免带着几分绝欲⑥的意思。实则，"欲"亦依性故有，不一定是坏的东西，只要导之于正，便得⑦。如孟子教齐宣王好色、好货⑧，都可推己

---

① 周、张、二程：周敦颐、张载、程颢、程颐。

② 绍：继续、继承。

③ 宣圣之绪：孔子之传统（宣圣：汉平帝元始元年，谥孔子为"褒成宣公"；后世又多尊孔子为"圣人"，故称。绪：开端，如"绪论""头绪"）。

④ "人生之尊严……无所亏欠也"此四句，尽斥佛之虚妄，视佛教为"亵侮"人生、"幻化"人生、"秽浊"人生、"亏欠"人生。

⑤ 涵养本原：明哲保身。

⑥ 绝欲：禁欲。

⑦ 便得：便可。

⑧ 孟子教齐宣王好色、好货：见《孟子·梁惠王下》："王曰：'寡人有疾，寡人好货。'对曰：'昔者公刘好货；《诗》云："乃积乃仓，乃裹糇粮，于橐于囊。思戢用光。弓矢斯张，干戈戚扬，爰方启行。"故居者有积仓，行者有裹粮也，然后可以爰方启行。王如好货，与百姓同之，于王何有？'王曰：'寡人有疾，寡人好色。'对曰：'昔者大王好色，爰厥妃。《诗》云："古公亶父，来朝走马，率西水浒，至于岐下。爰及姜女，聿来胥宇。"当是时也，内无怨女，外无旷夫。王如好色，与百姓同之，于王何有？'"

大意是："宣王说：'我有个毛病，我喜爱钱财。'孟子说：'从前公刘也喜爱钱财。《诗经》说："收割粮食装满仓，备好充足的干粮，装进小袋和大囊。紧密团结争荣光，张弓带箭齐武装。盾戈斧铆拿手上，开始动身向前方。"因此留在家里的人有谷，行军的人有干粮，这才能够率领军队前进。大王如果喜爱钱财，能想到老百姓也喜爱钱财，这对施行王政有什么影响呢？'宣王说：'我还有个毛病，我喜爱女色。'孟子回答说：'从前周太王也喜爱女色，非常爱他的妃子。《诗经》说："周太王古公亶父，一大早驱驰快马。沿着西边的河岸，一直走到岐山下。带着妻子姜氏女，勘查地址建新居。"那时，没有找不到丈夫的老处女，也没有找不到妻子的老光棍。大王如果喜爱女色，能想到老百姓也喜爱女色，这对施行王政有什么影响呢？'"

及人，使天下无旷夫、无怨女，及使百姓同利。这"欲"何尝不可推扩去做好的。如果要做绝欲工夫，必弄得人生无活气，却是根本错误。或谓今人纵欲已极，正要提倡绝欲以矫之；不知讲学唯求其理之真而已，如何存得一个矫弊①的意思（矫又成弊）。俟②鸟兽之风息③，人道反诸④正，将皆投诸真理之怀抱，而何至纵欲无已乎？我辈服膺⑤儒先⑥，不要漫无拣择⑦。他们因为主张绝欲，故用功亦偏于主静。如伊川⑧见人静坐，便叹其善学。静坐本是他们共同的主张。后来李延平⑨更看得重要，尝曰：

> 学问之道，不在多言，但默坐澄心体认，天理若见。虽一毫私欲之发，亦退听⑩矣。久久用力于此，庶几⑪渐明，讲学始有力耳。

在他们的理论，动静是一致的，所谓即动即静、即静即动的。他们根本不承认是废然之静。这个理论，我也未尝否认。不过，道理是很古怪的，往往差之毫厘，谬以千里。这个差谬，大须注意。静中固然不是没有动，但吾人多着意在静，便已把日常

---

① 矫弊：矫正弊端。
② 俟 [sì]：等待。
③ 息：平息。
④ 反诸：返之于（反：同"返"）。
⑤ 服膺 [yīng]：信奉。
⑥ 儒先：先儒。
⑦ 拣择：选择。
⑧ 伊川，即程颐，字正叔，号伊川先生。
⑨ 李延平，即李桐，号延平先生，南宋理学家、朱熹之师。
⑩ 退听：听之任之（不理会）。
⑪ 庶几：或许。

接触事物的活动力减却许多（此处吃紧）。所以，他们虽复高唱格物致知，而其弟子已沉禅悦①，而惮②于求知。他们虽复不忘经世致用，而卒以③养成固陋偷敝④的士习。因为他们把主静造成普遍的学风，其流弊必至萎靡不振，这个是不期而然的。后来陈同父、叶水心⑤一辈人才起来反抗他们的学说。同父思想虽粗，却甚可爱。那时候确少不得同父一派的功利思想（同父云："禹无功，何以成六府⑥；乾⑦无利，何以具四德⑧。如之何其可废也。"）。同父和朱晦翁⑨辩论的几篇书，极有价值。最要紧的是两个意思：一是反对他们尊古卑今而否认进化的思想；二是反对他们自信未免于狭，而又把道理说得太高，所以误视三代⑩以下的人都是盲眼。同父是个文学家，只惜气力太虚浮，毕竟振作不起来。水心思想较同父稍细，而不及同父开张⑪。他是一个批评家，颇似汉王仲任⑫之流，然本领不大，虽博辩而无宏规足以自树，故虽有一时摧陷之功，终亦不能别辟生路。

---

① 禅悦：入于禅定，使心神怡悦。
② 惮［dàn］：害怕。
③ 卒以：结果是。
④ 固陋：见识浅薄。偷敝：行事萎缩。
⑤ 陈同父、叶水心，即陈亮（字同父，号龙川）、叶适（字正则，号水心），南宋学者、"永嘉事功学派"创始人。
⑥ 六府：水、火、金、木、土、谷，六者聚敛之所（指养民之根本）。语出《尚书·大禹谟》："地平天成，六府三事允治，万世永赖。"
⑦ 乾：天。
⑧ 四德：即元（始）、亨（通）、利（好）、贞（正）。据《易经·乾卦》："乾，元亨利贞。"
⑨ 朱晦翁，即朱熹，字元晦，号晦庵，南宋理学家。
⑩ 三代：远古夏、商、周三朝代。
⑪ 开张：豪放。
⑫ 王仲任，即王充，字仲任，东汉道家学者。

总之，周程①诸儒虽复树立儒家赤帜②，而实受禅宗影响太深，未能完全承续儒家精神。虽则学术不能不受时代化，亦不能不容纳异派的思想，而他们却于儒家有未认清处，所以骨子里还是禅的气味多。他们主静和绝欲的主张，都从禅家出来的。这两个主张殊未能挽救典午③以来积衰的社会。因为群众是要靠士大夫领导的，而当时士大夫都去做绝欲和主静的工夫，玩心无形之表。用超世的眼光看他，诚然超越人天，大可敬服；用世间的眼光看他，不能不说是近于枯槁了。④

---

　　① 周程：周敦颐、程颢、程颐合称。
　　② 赤帜：红旗。
　　③ 典午：“司马”的隐语（“典”意主管，与“司”义同；十二地支“子、丑、寅、卯、辰、巳、午……”，其中第七“午”，与十二生肖“鼠、牛、虎、兔、龙、蛇、马……”中第七“马”对应，故用“典午”暗指“司马”），指晋朝（晋帝姓司马）。见《三国志·蜀志·谯周传》：“周语次，因书版示立曰：‘典午忽兮，月酉没兮。’典午者，谓司马也；月酉者，谓八月也。至八月而文王（司马昭）果崩。”
　　④ 下文论到明清两代，因未论及佛教，故未选入。

冯友兰简介

冯友兰（1895—1990），字芝生，河南唐河人，现代学者、国学大师。1915年二十岁时，考入北京大学中国哲学系。毕业后，赴美留学。六年后，即1924年，获哥伦比亚大学博士学位。同年回国，历任中州大学、广东大学、燕京大学教授，清华大学文学院院长兼哲学系主任。抗战期间，任西南联大哲学系教授兼文学院院长。1948年，当选为南京中央研究院院士。1949年，南京中央研究院迁往台湾，未同行，自动放弃院士席位；同年，当选为新成立的中国科学院哲学社会科学部常务委员，兼任清华大学教授兼校务会议主席。1952年，调往北京大学任哲学系教授，住北京大学燕南园五十七号，自名"三松堂"。"文革"期间，先遭批判和迫害，后被委为"梁效"写作班子"顾问"。"文革"后，重写"文革"时出版的《中国哲学史新编》。1990年，病逝于北京，享年九十五岁。其重要著作有出版于1931年至1934年的《中国哲学史》上下卷，以及出版于1937年至1946年的"贞元六书"，即《新理学》《新世训》《新事论》《新原人》《新原道》和《新知言》。2012年，河南人民出版社出版《三松堂全集》十五卷。

禅宗的方法[①]

冯友兰

禅宗虽出于佛家的空宗[②]，但其所用的方法，与空宗中有些著作所用的方法不同。空宗中有些著作，如《中论》《百论》[③]，其工作在于破别宗[④]的、对于实际有所肯定的理论。它们虽破这些理论，但并不是从一较高的观点，或用一种中立的方法，以指出这些理论的错误。它们的办法，是以乙宗的说法破甲宗，又以

① 本文系《新知言》（1946，载《三松堂全集》第五卷）第九章，题目为原书所有。本文谈禅宗的"参禅法"。所谓"参禅"，就是领悟禅宗所谓的"第一义"。所谓"第一义"，就如道家的"道"——"道可道，非常道"——是无法定义的，也就是无法用语言来说明的；禅宗的"第一义"也是如此，至少是无法用合乎一般逻辑的语言来说明的，因为"第一义"是"超佛越祖之谈"，是不可谈的。但是，"第一义"也不是不可领悟的，只是要通过非一般逻辑的语言或者非语言交流（如表情、动作等）予以暗示——也就是说，只能暗示，无法明说。那么，禅宗有哪些暗示法呢？大概有五种：（1）正中偏，即无语中有语；（2）偏中正，即有语中无语；（3）正中来，即无语中无语；（4）偏中至，即有语中有语；（5）兼中到，既可说是有语，也可说是无语。此外还可用动作暗示，如做个表情、伸伸腿、拍拍手，甚至打对方一个耳光，反正任何动作都可以，只要对方能由此而领悟"第一义"，就属"参禅法"。

② 空宗：印度大乘佛教主要宗派之一，在华称为"中观派"，最早的阐述者和奠基人是 2 至 3 世纪的龙树（梵名［拉丁拼音］Nāgārjuna）和他的弟子提婆（梵名［拉丁拼音］Deva）。

③ 《中论》：龙树著作。《百论》：提婆著作。

④ 别宗：其他宗派。

甲宗的说法破乙宗，所以它们的辩论，往往使人觉其是强词夺理的。它们虽说是破一切的别宗，但它们还是与别宗在一层次之内。

维也纳学派①是用一中立的方法，以证明传统的形上学中的命题是无意义的。他们所用的中立的方法，是逻辑分析法。他们用逻辑分析法以证明普通所谓唯心论或唯物论、一元论或多元论等等所谓形上学的命题，是无意义的。他们并不用乙宗的说法，以破甲宗，又用甲宗的说法，以破乙宗。

道家的哲学，是从一较高的观点以破儒、墨。《庄子·齐物论》说：

> 故有儒墨之是非②，以是其所非，而非其所是。欲是其所非，而非其所是，则莫若以明③。

郭象④以为"以明"是"还以儒墨反复相明"。"反复相明"正是上文所说以乙破甲，以甲破乙的办法。实则《齐物论》的

---

① 维也纳学派：20世纪20年代发源于奥地利首都维也纳的一个学术团体，其成员多为当时西欧著名的物理学家、数学家和逻辑学家，如鲁道夫·卡尔纳普、卡尔·伯格曼等，他们在关注当时自然科学发展成果（如数学基础论、相对论与量子力学）的同时，尝试在此基础上探讨哲学和科学方法论等问题。大致说来，他们的中心主张有两点：一、拒绝形而上学，认为经验是知识唯一可靠来源；二、只有通过运用逻辑分析的方法，才可最终解决传统哲学问题。

② 是非：肯定与否定。

③ 莫若以明：（文言"莫"字后倒装，即"莫以明若"）不能使你明白（明：使明白。若：你）。

④ 郭象，字子玄，西晋玄学家。

方法，是"圣人不由①而照②之于天"。儒墨的是非，是起于他们各从其人的观点说。圣人不从人的观点说，而从天的观点说。"不由"是不如一般人站在他自己的有限的观点，以看事物。"照之于天"是站在天的观点，以看事物。天的观点，是一较高的观点。各站在有限的观点，以看事物，则"彼亦一是非，此亦一是非"。彼此互相对待，谓之"有偶"。站在一较高的观点，以看事物，则既不与彼相对待，亦不与此相对待。此所谓：

> 彼是莫得其偶，谓之道枢③。枢始得④其环⑤中，以应无穷⑥。是亦一无穷，非亦一无穷也⑦。

郭象所谓"反覆相明"，正是在环上以儒、墨互相辩论。这种辩论，是不能有穷尽的。站在环中，以应无穷，既不随儒、墨以互相是非，亦不妨碍儒、墨各是其所是，非其所非。站在这个较高的观点看，儒、墨所争执的问题，都是不解决而自解决。

道家也是以负的方法讲形上学，他们的方法，我们于别处已经讨论⑧。维也纳学派以一种中立的方法破传统的形上学中的各

---

① 由：袭用。
② 照：参照。
③ 道枢：道之门枢。
④ 始得：一开始就在。
⑤ 环：放置门枢的凹洞（门枢在其中转动）。
⑥ 无穷：喻旋转（圆）。
⑦ 是亦一无穷，非亦一无穷也："是"是一个圆（会转成"非"），"非"是一个圆（会转成"是"）。
⑧ 参看《新原道》第四章。——作者原注

宗。破各宗的结果，可以是"取消"形上学，也可以是以负的方法讲形上学。前者是一切维也纳学派中的人所特意地建立的，后者是其中有一部分人或许于无意中得到的。前者我们于上数章中已有讨论，后者我们于本章亦将提及。

禅宗自以为他们所讲的佛法，是"超佛越祖之谈"。其所谓"超越"二字，甚有意思。他们以佛家中所有的各宗为"教"，而以其自己为"教外别传①"。他们亦是从一较高的观点，以看佛家各宗的对于实际有所肯定的理论。他们所讲的佛法，严格地说，不是教"外"别传，而是教"上"别传。所谓"上"，就是超越的意思。由此方面看，禅宗虽是继承佛家的空宗，亦是继承中国的道家。

所谓"超佛越祖之谈"，禅宗中人，称之为"第一义"或"第一句"。临济②（义玄）云：

> 若第一句中得③，与祖佛为师；若第二句中得，与人天为师；若第三句中得，自救不了。（《古尊宿语录》卷四）

但超佛越祖之谈，是不可谈的；第一句或第一义，是不可说的。《文益禅师④语录》云：

---

① 教外别传：意为在佛祖言教以外的特别传授。
② 临济，亦称"义玄"，俗姓邢，唐代高僧、禅宗临济宗创始人。
③ 得：取得。
④ 文益禅师，号无相，唐末五代初高僧、禅宗法眼宗创始人。

问：　"如何是第一义？"师①云："我向尔道，是第二义。"

《佛果禅师②语录》云：

师③升座④。焦山和尚白槌⑤云："法筵龙象众，当观第一义⑥。"师乃云："适来⑦未升此座，第一义已自现成。如今槌下分疏⑧，知他是第几义也。"

道家常说"不言之辨""不道之道"及"不言之教"。禅宗的第一义，正可以说是"不言之辨""不道之道"。以第一义教人，正可以说是"不言之教"。

第一义不可说，因为第一义所拟说者⑨不可说。《怀让禅师⑩语录》云：

————————————

① 师：指文益（《文益禅师语录》为其弟子笔记）。
② 佛果禅师，即圆悟克勤，俗姓骆，字无著，号佛果，北宋高僧、禅宗临济宗传人。
③ 师：指佛果（《佛果禅师语录》为其弟子笔记）。
④ 升座：上座。
⑤ 焦山和尚：焦山（位于今镇江东北长江中之小岛）定慧寺和尚（似请他来说法）。白槌：亦作"白椎"，击杖（佛教仪式，说法时由长老以此宣示始终）。
⑥ "法筵龙象众，当观第一义"：当时说法时表示开始的套话（法筵：指说法现场。龙象：龙与象，喻高僧）。
⑦ 适来：刚才。
⑧ 槌下分疏：击杖后分头解释。
⑨ 所拟说者：所要说的。
⑩ 怀让禅师，俗姓杜，唐代高僧、禅宗六祖慧能弟子。

师①白②祖③云："某甲④有个会处⑤。"祖云："作么生⑥?"师云："说似一物即不中⑦。"（《古尊宿语录》卷一）

南泉（普愿）⑧云：

江西马祖⑨说："即心即佛。"王老师不恁么⑩道："不是心，不是佛，不是物。"（《传灯录》卷八）

《洞山⑪（良价）语录》云：

云岩⑫（昙成）问一尼⑬："汝爷⑭在?"曰："在。"岩曰："年多少?"云："年八十。"岩曰："汝有个爷，不年八

---

① 师：指怀让（《怀让禅师语录》为其弟子笔记）。
② 白：（动词）对……说话。
③ 祖：指慧能（师之师，称"祖"，即祖师）。
④ 某甲：（说话人自称）我。
⑤ 会处：会意之处。
⑥ 作么生：怎么讲。
⑦ 中〔zhòng〕：合（如"切中要害"）。
⑧ 南泉，即普愿，俗姓王，唐代高僧，其所建寺院称"南泉禅院"，得称"南泉禅师"，又因其姓王，人称"王老一师"（下面引文似引自其弟子笔记）。
⑨ 马祖，即道一，俗姓马，唐代高僧、禅宗洪州宗祖师，故称。
⑩ 恁〔nèn〕么：怎么样。
⑪ 洞山，即良价，俗姓俞，唐代高僧，曾师从南泉普愿，并于江西洞山初创禅宗曹洞宗，故称。
⑫ 云岩，即昙成，唐代高僧，曾为洞山良价师。
⑬ 尼：丘尼，俗称"尼姑"。
⑭ 爷：父亲。

十，还知否？"云："莫是恁么来者①？"岩曰："犹是②儿孙在。"师③曰："直是不恁么来者④亦是儿孙。"（又见《传灯录》卷十四）

此是说，第一义所拟说者不能说是心，亦不能说是物，称为恁么即不是，即称为不恁么亦不是。如拟说第一义所拟说者，其说必与其所拟说者不合。所以禅宗说："有拟⑤，义即乖⑥。"所以，第一义不可说。

如拟说第一义所拟说者，其说必不是第一义，至多也不过是第二义，也许不知是第几义。这些说都是戏论⑦。

僧问马祖："和尚为什么说即心即佛？"曰："为止小儿啼。"曰："啼止时将如何？"曰："非心非佛。"（《古尊宿语录》卷一）

百丈⑧（怀海）说：

说道修行得佛，有修有证，是心是佛，即心即佛……是死

---

① 莫是恁么来者：不知怎样来的。
② 犹是：就是。
③ 师：指良价（《洞山语录》为其弟子笔记）。
④ 直是不恁么来者：就是不知怎样来的。
⑤ 有拟：有拟说（只要说出来）。
⑥ 乖：（古时本义）背离、违背。
⑦ 戏论：梵文（拉丁拼音）prāpānca 的译名，意为虚假之言。
⑧ 百丈，即怀海，俗姓王，唐代高僧、马祖弟子。

语。不说修行得佛，无修无证，非心非佛……是生语。(同上)

　　所谓生是活的意思。这些语是生语或活语，因为这些语并不对于第一义所拟说者有所决定。说非心非佛，并不是一肯定第一义所拟说者是非心非佛。说非心非佛，只是说，不能说第一义所拟说者是心是佛。

　　凡对于第一义所拟说者有所肯定的话，皆名为"戏论之粪，亦名粗言，亦名死语"。执着这种"戏论之粪"，名为"运粪入"。取消这种"戏论之粪"，名为"运粪出"(俱百丈语，见《古尊宿语录》卷二)。黄檗①(希运)说：

　　　　佛出世来，执②除粪器，蠲除③戏论之粪。只教你除却从来学心见心，除得尽，即不堕④戏论，亦云搬粪出。(《古尊宿语录》卷三)

　　所以，临济云：

　　　　你如欲得如法⑤见解，但莫⑥授人惑⑦。向里向外，逢着

　　————————————

　　① 黄檗[bò]，即希运，唐代高僧，曾在洪州高安(今江西宜丰县)鹫峰山建寺弘法，并改其山名为黄檗山，故名。
　　② 执：拿着。
　　③ 蠲[juān]除：清除。
　　④ 堕：陷入。
　　⑤ 如法：合乎佛法。
　　⑥ 但莫：只要不。
　　⑦ 授人惑：令人不解。

便杀①，逢佛杀佛，逢祖杀祖，逢罗汉杀罗汉，逢父母杀父母，逢亲眷杀亲眷，始得解脱。（《古尊宿语录》卷四）

凡对于第一义所拟说者作肯定，以为其决定是如此者，都是所谓死语。作死语的人，用禅宗的话说，都是该打的。《宗杲②语录》云：

> 乌龙长老访冯济川③，说话次④云："昔有官人问泗州大圣⑤：'师何姓?'圣曰：'姓何。'官云：'住何国?'圣云：'住何国。'"龙云："大圣本不姓何，亦不住何国，乃随缘化度⑥耳。"冯笑曰："大圣决定姓何，住何国。"如是往返数次，遂致书于师（宗杲），乞断此公案⑦。师云："有六十棒，将三十棒打大圣，不合道⑧姓何；三十棒打济川，不合道大圣决定姓何。"（《大慧普光禅师·宗门武库》）

普通所谓唯心论者或唯物论者肯定所谓宇宙的本体或万物的根源是心或物，并以为决定是如此。这些种说法，都是所谓死

---

① 杀：消除（意念）、不认可。
② 宗杲，俗姓奚，字昙晦，号妙喜，南宋高僧、禅宗临济宗杨岐派传人。
③ 冯济川，南宋人，同代诗人叶绍翁有《送冯济川归蜀》诗。
④ 次：后者（指冯济川）。
⑤ 泗州大圣，即僧伽，西域何国（今吉尔吉斯斯坦）僧徒，自称姓何，唐高宗时入唐，传说是观音化身。
⑥ 化度：应付。
⑦ 公案：原指公文，禅宗以其称呼参禅问答。
⑧ 不合道：不该说。

语。持这些种论者，都应受六十棒：他们作如此的肯定，应受三十棒；他们又以为决定是如此，应更受三十棒。

禅宗亦喜说重复叙述的命题，因为这种命题，并没有说甚么。《文益禅师语录》云：

> 师一日上堂。僧问："如何是曹源一滴水①？"师云："是曹源一点水。"又云："尽十方世界皎皎地②，无一丝头。若有一丝头，即是一丝头。"僧又云："举昔③有老僧住庵④，于门上书心字，于窗上书心字，于壁上书心字。"师云："门上但⑤书门字，窗上但书窗字，壁上但书壁字。"

第一义虽不可说，"超佛越祖之谈"虽不可谈，但总须有方法以表显之。不然，则即等于没有第一义，没有"超佛越祖之谈"。"不言之教"亦是教。既是教，总有使受教的人可以受教的方法。禅宗中的人，对于这种方法，有很多的讨论。这些方法都可以说是以负的⑥方法讲形上学的方法。

禅宗中临济宗所用的方法有所谓"四料简⑦""四宾主"者，

---

① 曹源一滴水：据传，曹源寺的善来禅师一天要洗澡，因浴水太热，就让小和尚宜牧取些冷水来。宜牧随即把桶内原剩下的一些水倒掉，准备去汲水。这时，善来禅师突然大喝一声："就是一滴水，也能滋润树根，岂可倒掉！"宜牧顿时开悟，从此用心修行，终成天龙寺派创始人。
② 皎皎地：空旷之地。
③ 举昔：往昔。
④ 庵：小庙（如"尼姑庵"），亦指书斋（如"影梅庵"）。
⑤ 但：仅、就。
⑥ 负的：否定的。
⑦ 料简：清点。

临济云:

> 有时夺人不夺境①。有时夺境不夺人。有时人境俱夺。有时人境俱不夺。(《古尊宿语录》卷四)

又说:

> 我有时先照后用②。有时先用后照。有时照用同时。有时照用不同时。先照后用有人在。先用后照有法在。照用同时,驱耕夫之牛,夺饥人之食,敲骨取髓,痛下针砭。照用不同时,有问有答,立宾立主,合水和泥,应机接物。(同上卷五)

照临济所解释,则"先用后照"就是"夺人不夺境","先照后用"就是"夺境不夺人","照用同时"就是"人境俱夺","照用不同时"就是"人境俱不夺"。这就是所谓"四料简"。

所谓"四宾主"者,即主中主③、宾中主④、主中宾⑤、宾中宾⑥。师家与学人辩论之时:

---

① 夺人:否定所言之人。夺境:否定所言之事。
② 先照后用:先说明佛法(即否定所言之事)然后用于某人(即否定所言之人)。
③ 主中主:前一"主"意为"师家",后一"主"意为"主导"。中[zhòng]:得(如"中奖")。
④ 宾中主:"宾"意为"学人","主"意为"主导"。
⑤ 主中宾:"主"意为"师家","宾"意为"附和"。
⑥ 宾中宾:前一"宾"意为"学人",后一"宾"意为"附和"。

师家有鼻孔，名主中主。学人有鼻孔，名宾中主。师家无鼻孔，名主中宾。学人无鼻孔，名宾中宾。（《人天眼目》卷二）

所谓"鼻孔"，大概是"要旨"之义，如一牛，穿其鼻孔，则可牵其全体。故一事物可以把握之处，名曰"把鼻"。一人所见之要旨，名曰"鼻孔"。此二名词，均禅宗语中所常用者。临济云：

参学之人，大须仔细。如主客相见，便有言论往来。

如有真正学人，便喝①，先拈出一胶盆子②。善知识③不辨是④境，便上他境上作模作样。学人便喝，前人⑤不肯放⑥。此是膏肓之疾，不堪医，唤做客看主（一本作宾看主）。

或是善知识不拈出物⑦，只随学人问处即夺。学人被夺，抵死不放。此是主看客（一本作主看宾）。

或有学人，应⑧一个清净境，出善知识前。善知识辨得是境，把得抛向坑里⑨。学人言大好。善知识云：咄哉⑩，

① 喝：喝令。
② 拈出一胶盆子：搞出一盆糨糊（喻辩不明白的事情）。
③ 善知识，梵文（拉丁拼音）kalyānāmitra 的译名，原意为能使人欢喜乐信者，此处仅指"师家"。
④ 是：此。
⑤ 前人：指善知识（师家）。
⑥ 放：放手、作罢。
⑦ 不拈出物：说不出东西来。
⑧ 应：接受（如"应邀"）。
⑨ 把得抛向坑里：拿来抛向坑里（意为予以否定）。
⑩ 咄哉：表示呵叱。

不识好恶。学人便礼拜。此唤做主看主。

　　或有学人，被枷带锁①，出善知识前。善知识更与安一
重枷锁②。学人欢喜。彼此不辨。呼为客看客（一本作宾看宾）。
（《古尊宿语录》卷四）

　　在此诸例中，第一例是学人有"鼻孔"，师家无"鼻孔"，
名宾中主。第二例是师家有"鼻孔"，学人无"鼻孔"，名主中
宾。第三例是师家、学人均有"鼻孔"，名主中主。第四例是师
家、学人均无"鼻孔"，名宾中宾。

　　所谓"境"，有对象之义，思议言说的对象，皆名为境。
"境"是对象，"人"是知对象者。第一义所拟说者，不可为思
议言说的对象，故不能是境。凡可以是境者，必不是第一义所拟
说者。欲得第一义，则须知，有境之思议言说皆是"枷锁"，皆
须"抛向坑里"。"抛向坑里"即是"夺"之。将思议言说之对
象"抛向坑里"，谓之"夺境"。将思议言说"抛向坑里"，谓之
"夺人"。或夺人，或夺境，皆至于"人境两俱夺"。既已"人境
两俱夺"，则又可以"人境俱不夺"（观下文可知）。所怕者是被夺
之人，"抵死不放"，此是"膏肓之疾，不堪医"。

　　就"夺境""夺人"说，禅宗有似于空宗。但空宗，如所谓
"三论"③ 所代表者，是以乙的辩论破甲，又以甲的辩论破乙，
以见甲乙俱不能成立。禅宗则是从一较高的观点，说：凡有言说

----

①　被〔pī〕枷带锁：喻学人抱有成见。
②　安一重枷锁：给了一个更大的成见。
③　"三论"：即"三论宗"（以龙树的《中论》《十二门论》和提婆的《百
论》为经典而创立的宗派）。

者，俱不是第一义。所以，我们说，禅宗是从一较高的观点，以看佛家各宗对于实际有所肯定的理论。禅宗并不以乙的辩论破甲，又以甲的辩论破乙。禅宗直接把甲乙一齐"抛向坑里"。所以，他们所说的话，是比甲乙高一层次的。

禅宗中的曹洞宗①，有所谓"五位君臣②旨诀"。所谓"五位"者，即偏中止、正中偏、正中来、偏中至（或作兼中至）、兼中到。照一解释，此五位亦表示义理。曹山③说：

> 正位即空界，本来无物。偏位即色界④，有万象形。正中偏者，背理就事。偏中正者，舍事⑤入理。兼带者，冥应象缘⑥，不堕诸有⑦。非染非净，非正非偏。故曰：虚玄大道，无著真宗⑧。从上⑨先德，推此一位，最妙最玄，当详审辨明。君为正位，臣为偏位；臣面君是偏中正，君视臣是正中偏，君臣道合是兼带语⑩。（《抚州曹山元证禅师语录》）

---

① 曹洞宗：由良价在洞山（位于今江西省宜丰县）初创、后由其弟子本寂在曹山（位于今江西省宜黄县）正式创立，故名。
② 君臣：喻正偏。
③ 曹山，即本寂，俗姓黄，名元证，唐代高僧、禅宗曹洞宗创始人。
④ 色界：物质世界。
⑤ 事：（动词）从事。
⑥ 冥应象缘：暗中应合物性。
⑦ 不堕诸有：不落入万物。
⑧ 无著，梵名（拉丁拼音）Asānga，音译"阿僧伽"，北印度人，古印度大乘佛教瑜伽行（又称无障碍）派创始人。真宗：真宗祖。一般认为禅宗始祖是南北朝时来华传教的南印度人菩提达摩（梵名［拉丁拼音］Bodhidharma，简称达摩），此处认为是无著，阿僧伽。
⑨ 从上：古同"崇尚"。
⑩ 兼带语：兼带之说。

临济宗所谓"四料简"亦可作如此一类的解释。若如此解释，则主中宾，即正中偏；偏中正，即宾中主；正中来，即主中主；偏中至，即宾中宾。

照另一解释，此五位所表示，乃表显第一义的方法。曹山解释洞山①"五位显诀"云：

> 正位却偏，就偏辨得②，是圆两意③。偏位虽偏，亦圆两意，缘中辨得④，是有语中无语⑤。或有正位中来者，是无语中有语⑥。或有偏位中来者，是有语中无语。或有相兼带来者，这里不说有语无语⑦。这里直须正面而去⑧。这里不得不圆转。事须圆转。（《抚州曹山元证禅师语录》）

照此所说，五位是表示五种表显第一义的方法。但原文意有不甚可晓者。原文于每条下，并各举数公案为例。此诸公案，意亦多不明。照禅宗例，有语无语相配，应尚有有语中有语，及无语中无语，而此无之；偏中正与偏中至，均是有语中无语，亦难分别。此点我们不需深考。我们可以用曹山所说有语无语之例，并借用五位之名，将禅宗中人所常用以表显第一义的方法，分为

---

① 洞山，即良价，因其在洞山初创禅宗曹洞宗，故名。
② 就偏辨得：就其偏中看出。
③ 圆两意：正偏（两意）相互圆满。
④ 缘中辨得：从其缘由（先有正，后有偏）中看出。
⑤ 有语中无语：偏中有正（"有"中有"无"）。
⑥ 无语中有语："无"中有"有"。
⑦ 有语无语："有"与"无"。
⑧ 正面而去：意谓同时面对"有""无"。

五种。

（一）正中偏。此种表显第一义的方法，可以说是无语中有语。禅宗中常说：

> 世尊①登座，拈花示众，人天百万，悉皆罔措②，独有金色头陀，破颜微笑。

又说：

> 俱胝③和尚，凡有话问，惟举一指。后有童子，因外人问："和尚说何法要？"童子亦竖起一指。胝闻，遂以刃断其指，童子号哭而去。胝复招之，童子回首，胝却竖其指。童子忽然领悟。（《曹山语录》）

> （马祖）问百丈④："汝以何法示人？"百丈竖起拂子⑤。师⑥云："只这个为当别有⑦？"百丈抛下拂子。（《古尊宿语录》卷一）

临济云：

---

① 世尊：佛祖十号之一。佛教徒认为，佛祖无论在世、出世间都尊贵，故称其"世尊"。
② 罔措：不知所措。
③ 俱胝［zhī］，唐代禅师，创所谓"一指禅"。
④ 百丈，唐代禅师，马祖弟子。
⑤ 拂子，即拂尘，用以掸拭尘埃和驱赶蚊蝇的掸帚。
⑥ 师：指马祖（《古尊宿语录》为诸高僧弟子的笔记）。
⑦ 只这个为当别有：只是这个很特别吗。

有时一喝①如金刚玉宝剑②。有时一喝如踞地师子③。有时一喝如探竿影草④（《人天眼目》云："探竿者，探尔有师承无师承，有鼻孔无鼻孔。影草者，欺瞒做贼，看尔见也不见。"）。有时一喝不作一喝用⑤。（《古尊宿语录》卷五）

禅宗中人常用此等动作，及扬眉瞬目之类，以表显第一义。此等动作，并无言说，但均有所表显。所以，以此等方法表显第一义，谓之无语中有语。

（二）**偏中正**。此种表显第一义的方法，可以说是有语中无语。禅宗中的大师，如有以佛法中的基本问题相问者，则多予一无头无脑不相干的答案。例如僧问首山省念⑥和尚：

"如何是佛心？"曰："镇州萝卜重三斤。"问："万法归于一体时如何？"曰："二斗吃不足。"僧云："毕竟归于何处？"曰："二斗却有余。"（《古尊宿语录》卷八）

僧问赵州和尚⑦（从谂）："万法归一，一归何所？"师⑧

---

① 喝：吼（禅师常以此开导弟子）。
② 如金刚玉宝剑：喻其尖利。
③ 如踞地师（狮）子：喻其响亮。
④ 如探竿影草：喻其诡秘。
⑤ 一喝不作一喝用：喻其另有深意。
⑥ 首山省念，俗姓狄，五代、北宋之际临济宗高僧，因在首山（在今河南省襄城县）修禅，人称"首山省念"。
⑦ 赵州和尚，法号"从谂［shěn］"，唐代高僧、六祖慧能第四代传人，因其八十高龄行脚至赵州（今河北省赵县），受信众敦请驻锡观音院，人称"赵州从谂"或"赵州"。
⑧ 师：指赵州。

云："我在青州作一领布衫重七斤。"（同上卷十三）

僧问云门（文偃）①："如何是释迦身？"曰："干屎橛②。"问："如何是超佛越祖之谈？"曰："蒲州麻黄、益州附子③。"（同上卷十五）

此诸答案，在表面上看，是顺口胡说，其实也真是顺口胡说。这种答案，如有甚么深意，其深意只是在表示，这一类的问题，是不应该问的。《传灯录·径山道钦④传》云：

僧问："如何是祖师⑤西来意？"师⑥曰："汝问不当。"曰："如何得当？"师曰："待我灭后，即向汝说。"（同上卷四）

又《传灯录·马祖传》云：

问："如何是西来意？"师⑦便打，乃云："我若不打汝，诸方笑我也。"（《古尊宿语录》卷一）

---

① 云门文偃，俗姓张，唐代高僧，禅宗云门宗创始人，故名。
② 干屎橛：亦称"屎橛"，雅称"厕筹"（古人用来擦屁股的小棍子）。
③ 麻黄、附子：均为草药。
④ 径山道钦，亦称"法钦"，俗姓朱，唐代高僧，因是径山（位于今浙江省杭州市西北）径山寺开山祖，故称。
⑤ 祖师：即菩提达摩。
⑥ 师：指道钦。
⑦ 师：指马祖。

对于这一类的问题，无论怎样答，其答总是胡说，故直以胡说答之。这些答案，都是虽有说，而并未说甚么，所以都可以说是有语中无语。

（三）**正中来**。此种表显第一义的方法，可以说是无语中无语。《传灯录》谓：

> （慧忠国师①）与紫璘供奉②论议。既升座，供奉曰："请师立义③，某甲④破⑤。"师曰："立义竟⑥。"供奉曰："是什么义。"曰："果然不见，非公⑦境界。"便下座。（《传灯录》卷五）

慧忠无言说，无表示，而立义。其所立正是第一义。《传灯录》又谓：

> 有婆子令人送钱去请老宿⑧开藏经⑨。老宿受施利，便下禅床转一匝，乃云："传语婆子，送藏经了也。"其人回，

---

① 慧忠国师，俗姓冉，法号"慧中"，唐代高僧，玄宗、肃宗和代宗三朝皇帝奉持过的国师。
② 紫璘供奉，唐代禅师。
③ 立义：出题。
④ 某甲：（言者自称）我。
⑤ 破：破题。
⑥ 竟：完。
⑦ 公：称紫璘供奉。
⑧ 老宿：资深之人，此处指资深和尚。
⑨ 开：开放（即想借阅）。藏经：即佛典，分为大藏经和藏外佛典两部分。

举似①婆子。婆子云："比来②请阅全藏，只为开半藏。"（卷二十七）

宗杲③以为此系赵州（从谂）事（见《大慧普觉禅师语录》卷九）。宗杲又云：

> 如何是那半藏？或云："再绕一匝，或弹指一下，或咳嗽一声，或喝一喝，或拍一拍，恁么④见解，只是不识羞。若是那半藏，莫道赵州再绕一匝，直绕百千万亿匝，于婆子分上，只得半藏。"或谓须婆子自证，方得全藏。众人之意，固是可笑。宗杲之意，亦未必是。婆子之意，应是以不转为转全藏。有所作为动作，即已不是全藏。

《洞山语录》云：

> 因有官人设斋施净财⑤，请师⑥看转⑦大藏经。师下禅床，向官人揖。官人揖师，师引官人俱绕禅床一匝，向官人揖，良久曰："会⑧么？"曰："不会。"师曰："我与汝看转

---

① 举似：奉告。
② 比来：刚才。
③ 宗杲［gǎo］，俗姓奚，南宋高僧。
④ 恁［nèn］么：怎么样。
⑤ 施净财：为寺院捐款。
⑥ 师：指洞山。
⑦ 看转：借阅。
⑧ 会：会意。

大藏经，如何不会？"

此以绕禅床一匝为转全藏。以绕禅床一匝为转全藏，是正中偏。以绕禅床一匝为反而不能转全藏，是正中来。

（四）偏中至。此种方法可以说是有语中有语。禅宗语录中，有所谓"普说"者，其性质如一种公开讲演。禅宗语录中亦间有不是所谓机锋的问答。这都是有语中有语。有语亦是一种表显第一义的方法。临济云：

> 十二分教①，皆是表现之说，学者不会，便向表显名句②上生解。（《古尊宿语录》卷四）

因此，禅宗认为这种方法是最下的方法。临济云：

> 有一般③不识好恶，向教中取义度④商量，成于句义⑤。如把屎块子向口里含过，吐与别人。（同上）

这是用这一种方法的流弊。

（五）兼中到。"这里不说有语无语"，这就是说，用这一种

---

① 十二分教·梵文（拉丁拼音）dvādaśāṅgabuddha vacāna 的译名，亦称"十二分圣教""十二部经"，即释迦牟尼佛所说的一切言教可分为十二类——契经、只夜、记别、讽颂、自说、因缘、譬喻、本事、本生、方广、未曾有法、论议。
② 表显名句：易懂的词语。
③ 一般：同"一班"（人）。
④ 义度：仪则法度（义：同"仪"）。
⑤ 句义：条规。

方法表显第一义，也可以说是有语，也可以说是无语。

> 庞居士问："不与万法①为侣者是什么人？"师云："待汝一口吸尽西江水，即向汝道。"（《古尊宿语录》卷一）

《传灯录》又谓：

> 药山（惟俨②）夜参③不点灯。药山垂语④云："我有一句子⑤，待特牛⑥生儿，即向尔道。"时有僧曰："特牛生儿也，何以和尚不道？"（《洞山语录》引作："特牛生儿，也只是和尚不道。"）（卷十四）

"一口吸尽西江水""特牛生儿"，皆不可能的事。待"一口吸尽西江水"，待"特牛生儿"，再道，即是永不道。然如此说，即是说，此一句不可道。说此一句不可道，也就是对于此一句有所说。《传灯录》云：

> 药山上堂云："我有一句子，未曾说与人。"僧问药山曰："一句子如何说？"药山曰："非言说。"师（圆智）曰：

---

① 万法：梵文（拉丁拼音）dharma 的译名，亦译"法"，有时指万事万物，有时指佛法。
② 惟俨，俗姓韩，别号药山，唐代高僧，禅宗青原宗传人。
③ 参：参禅（禅宗称修行为"参禅"）。
④ 垂语：有言。
⑤ 一句子：一句话。
⑥ 特牛：公牛。

"早言说了也。"（卷十四）

说第一义不可说，也可以说是说第一义，也可以说是未说第一义。《传灯录》云：

> 有僧人冥见①地藏菩萨②。地藏问："你平生修何业？"僧曰："念《法华经》。"曰：" '止止③不须说，我法妙难思。'为是说是不说？"无对。（卷二十七）

《曹山语录》云：

> 师④行脚⑤时，问乌石观⑥禅师："如何是毗卢⑦师法身主⑧？"乌石曰："我若向尔道，即别有⑨也。"师举似⑩洞山⑪。洞山曰："好个话头，只欠进语⑫。何不问，为什么不

---

① 冥见：暗中看见。
② 地藏菩萨，梵名（拉丁拼音）Ksitigarbha，因其"安忍不动，犹如大地，静虑深密，犹如秘藏"，故名。
③ 止止：即止之。
④ 师：指曹山，即本寂。
⑤ 行脚：游方。
⑥ 乌石观：古地名（在今江西省抚州市临川区）。
⑦ 毗卢，梵名（拉丁拼音）Vairocana，全译"毗卢舍那"，亦译"毘卢遮那"，即"三身佛"（佛有三身）中的"法身佛"（佛显为法身），亦称"毗卢舍那佛"。另有"应身佛"（亦称"佛释迦牟尼佛"）和"报身佛"（亦称"卢舍那佛"）。
⑧ 师法身主："法身佛"的全称。
⑨ 别有：另有（不一样）。
⑩ 举似：告诉。
⑪ 洞山，即良价，曹山之师。
⑫ 进语：进一步说。

道?"师却归①，进前语。乌石曰："若言②我不道，即哑却③我口。若言我道，即謇却④我舌。"师归，举似洞山。洞山深肯⑤之。（又见《传灯录》卷十三"福州乌石山灵观禅师"条下）

乌石此意，即说，也可说他道，也可说他未道。

在上述诸方法中，无论用何种表示，以表显第一义，其表示皆如以指指月，以筌⑥得鱼。以指指月，既已见月，则需忘指；以筌得鱼，既已得鱼，则需忘筌，指与筌并非月与鱼。所以，禅宗中的人常说，善说者终日道如不道，善闻者终日闻如不闻。宗杲说：

上士闻道，如印印空⑦。中士闻道，如印印水。下士闻道，如印印泥。（《大慧普觉禅师语录》卷二十）

印印空，无迹，如所谓"羚羊挂角，无迹可寻"。印印水，似有迹。印印泥，有迹。如印印泥者，见指不见月，得筌不得鱼。此等人是如禅宗所说"咬人屎橛，不是好狗"，如印印空者，"无一切有无等见，亦无无见，名正见。无一切闻，亦无无

---

① 却归：退归。
② 若言：如若。
③ 哑却：（动词）使……成哑巴。
④ 謇［jiǎn］却：（动词）使……成结巴（謇：口吃）。
⑤ 肯：点头、首肯。
⑥ 筌［quán］：捕鱼的竹篮。
⑦ 如印印空：如图章敲在空中（前"印"，［名词］图章。后"印"，［动词］敲［章］）。

闻，名正闻"（百丈语，《古尊宿语录》卷二）。无见无闻，并不是如槁木死灰，而是虽见而无见，虽闻而无闻，这就是"人境俱不夺"。这是得到第一义的人的境界。

如何为得到第一义？知第一义所拟说为得到第一义。此知不是普通所谓知识之知。普通所谓知识之知，是有对象的。能知的知者，是禅宗所谓"人"。所知的对象是禅宗所谓"境"。有"境"与"人"的对立，方有普通所谓知识。第一义所拟说者，"拟议即乖"，所以不能是知的对象，不能是境。所以，知第一义所拟说者之知，不是普通所谓知识之知，而是禅宗所谓"悟"。普通所谓知识之知，有能知、所知的分别，有人与境的对立。"悟"无"能悟""所悟"的分别，无"人与境的对立"，所以，知第一义所拟说者，即是与之同体。此种境界，玄学家谓之"体无"。"体无"者，言其与无同体也；佛家谓之为"人法界"；我们谓之为"同天"。

这是用负的方法讲形上学所能予人的"无知之知"。在西洋现代哲学家中，维替根斯坦①虽是维也纳学派的宗师，但他与其他的维也纳学派中的人大有不同。他虽也要"取消"形上学，但照我们的看法，他实则是以我们所谓形上学的负的方法讲形上学。他所讲的，虽不称为形上学，但似乎也能予人以"无知之知"。

在维替根斯坦的《逻辑哲学论》的最后一段中，他说：

---

① 维替根斯坦，通译"维特根斯坦"，20世纪初奥地利哲学家，后移居英国，任教于剑桥大学。

哲学的正确方法是：除了可以说者外，不说。可以说者，是自然科学的命题，与哲学无关。如有人欲讨论形上学的问题，则向他证明：在他的命题中，有些符号，他没有予以意义。这个方法，别人必以为不满意，他必不觉得，我们是教他哲学。但这是唯一的严格的正确方法。(六五三)

我所说的命题，在这个方面说，是启发的。了解我的人，在他已经爬穿这些命题、爬上这些命题、爬过这些命题的时候，最后他见这些命题是无意义的（比如说，他已经从梯子爬上去，他必须把梯子扔掉）。他必须超过这些命题，他才对于世界有正见。(六五四)

对于人所不能说者，人必须沉默。(七)

照我们的看法，这种沉默，是如上所引慧忠国师的沉默。他们都是于沉默中"立义境"。

牟宗三简介

　　牟宗三（1909—1995），字离中，山东栖霞人，现代学者、国学大师。早年就读于北京大学，师从熊十力。1933年毕业后，先后任教于山东寿张乡村师范、广州学海书院、云南大理民族文化书院。1941年，赴重庆北碚任教于梁漱溟筹建的勉仁书院。翌年，因与梁漱溟意见不合，辞去教职，由唐君毅推荐至成都华西大学任哲学系讲师。1945年，由成都转至重庆，任教于中央大学哲学系。翌年，随中央大学迁回南京，任哲学系主任。1948年，随熊十力同往浙江大学哲学系任教。1949年，离开浙江大学，赴台湾任教于台湾师范学院，后转入东海大学。1960年，赴香港大学任教。1968年，由香港大学转至香港中文大学，任哲学系主任。1974年，从香港中文大学退休。1976年，移居台湾，受聘为"中央大学"荣誉客座教授。1995年，因病去世，享年八十六岁。其重要著作有《心体与性体》《才性与玄理》《中国哲学十九讲》《中西哲学之汇通》《现象与物自身》和《佛性与般若》等。2003年，台北联经出版事业公司出版《牟宗三先生全集》三十三卷。

佛教概说^①

牟宗三

　　了解中国的传统智慧，我们常用康德"实践的智慧学"表达，我们以前讲儒家、道家，都是往这个路走的。按照实践的本义，实践的恰当意义，"实践的智慧学"当该是儒家。但照开发智慧的分量讲、广度讲，是佛教。而不管儒家、道家、佛教，统统属于一个形态，都是属于"实践的智慧学"。为什么这样讲呢？东方的智慧、东方的传统、中国的传统是如此。尽管现在中国这么倒霉，大家都不相信。但是，这是人所以为人之命脉之所在，这永远不会完的。眼前中国人没出息，不读中国书，不了解

---

　　①　本文系《中国哲学十九讲》（1983，载《牟宗三先生全集》第二十九卷）第十讲，题目为原书所有。本文借用康德的"实践的智慧学"一语来概括佛教（实际上，作者认为儒、道、佛三家均属"实践的智慧学"）。就佛教而言，作者认为它既是宗教，又不是宗教；说它是宗教，因为它毕竟是信仰，说它不是宗教，因为它所信仰的菩萨、佛，不是上帝，不是神，而是人修行所要达到的一个境界，即"成佛"。对比西方宗教，如基督教，就不是这样；基督徒再怎样也不可能"成上帝"或"成耶稣"。这就是称佛教为"实践的智慧学"的理由。至于佛教的修炼，作者认为，就是通过"十二因缘"来悟道，通过大彻大悟而成佛。至于中国佛教的情况，作者认为，佛教从印度传到中国的两个主要宗派，一是空宗，一是有宗，都属大乘佛教初级阶段，到了中国后才有所发展，即发展为"圆教"。"圆教"即"贯通诸经，调和各宗，不偏不倚，圆满无缺"，这样的佛教，就是"实践的智慧学"。

中国文化。

讲中国的"实践的智慧学"，主要跟西方那个传统相对比。西方的"实践的智慧学"没有了，那个传统没有了，那个哲学的意义没有了。照康德讲，哲学的古义，古希腊的意义，哲学就是爱智慧①。什么叫智慧呢？这有确定的意义，向往最高善，这才叫作智慧。向往最高善，而且要通过实践衷心追求它，这才叫作爱智慧。所以，康德从这个意思讲，哲学的古义是"实践的智慧学"。这个意思很恰当，这个意思的哲学，现在西方人没有了，西方从希腊这个传统到现在完全把它演变没了，因为演变到现在完全不讲这一套了②。"实践的智慧学"没有了，如是，他们的宗教传统，就只变成一个信仰的传统。

所以，儒释道三教跟西方文化比较，就是跟西方的基督教传统相对，基督教不是一个"实践的智慧学"，它是一个信仰学。那么，现在西方所依以支持其为西方的那个命脉在哪里？上面有一个上帝，下面靠科学与民主政治。这地方有它的好处，所以现在西方文化中当令③。资本主义世界有他们的科技，也有他们的民主政治、典章制度，这是人类进步的地方。这个不是"实践的智慧学"之本义，但是可以为"实践的智慧学"所涵。说所涵，不一定非往这方面走不可，佛教就不往这方向走。从这个地方看，就看出西方的好处，它下面有科学、民主政治，上面有上

---

① 中译为"哲学"的西方学名（英语）philosophy、（法语）philosophique、（德语）Philosophie，源自希腊语 φιλοσοφια 一词；该词前半部分 φιλο（filo）意为"喜爱"，后半部分 σοφια（sofia）意为"智慧"。

② 意为这种哲学已让位给了现代科学。

③ 当令：合时令。

帝，上帝代表信仰，那是西方文化的方向。中国不如此，中国把上帝那个信仰吞没吸纳到"实践的智慧学"里面，化掉了，没有了，成一个特别的形态。东方儒、释、道三教都是如此，把寄托在上帝那里的那个信仰吸纳到"实践的智慧学"里化掉。所以，中华民族没有人格神（personal God）的观念。这是儒家成立、道家出现、后来佛教吸收到中国来，所必然演至的。

佛教也是个大宗教，你不能说佛教不是个宗教。但是菩萨、佛不是上帝，不是神。菩萨、佛，是人修行到的一个境界。佛教向往菩萨、佛；儒家向往圣人；道家向往天人、真人、至人，这都是通过修行而达到的境界。因为是通过修行而达到的，所以说这是属于"实践的智慧学"的。上帝不是通过实践而有的，耶稣不是通过实践而至的，这是基督教的特色。基督教并不说耶稣是圣人，它一定说耶稣是神。耶稣不是修行到的，耶稣是上帝派遣的，是神，这样把耶稣抬高了。但中国人听起来很难接受。中国人不大欣赏这一套——当然，在宗教信仰上可以这样讲。耶稣明明是个人，木匠的儿子，你怎么说他是个神，是上帝派遣的？再古一点还好一点，耶稣的时代到现在才一千九百多年，是汉朝年间。对中国来说，你是汉朝的人物，晚辈后生。你说耶稣一定是神，中国的关公不也是神？

照基督教，耶稣是当作一个信仰的对象看，不是可学而至的。因此，基督教不是"实践的智慧学"，它只教人信仰、祈福、免罪，却不教人做工夫，以使自己的生命理性化、纯洁化。人的理性无处用，只好转成科技的理智计算。科技这个东西对于"利用、厚生"有功效性的好处，但对于"正德"却并无多大的贡献。这个就是后现代化的问题。我们中国现在要求现代化，要是现代化达到了，马上来的就是后现代化的问题。从科技方面说，美国很行，把伊拉克打得服服帖帖，完全用的高度科技。但是，这个高度科技支配一切，人的智慧就没有了。智慧要靠人与自然相接近。现在，很多可以引发我们的灵感、引发我们的感触的成分，统统没有了，或都被破坏掉了。

自然可以引发人的灵感，历史文化的古迹可以引发人的灵感，中国本来是历史悠久的国家，到处有一些古迹，令人发思古幽情。发思古的幽情就是开发人的智慧性情的一个机缘。这些都毁掉了。你到十三陵去看看是不错。明朝的现实政治很糟糕，但是你去看看那些明朝的古迹时，就能发思古之幽情。此时，你就有另一种心境出现，坏皇帝、昏君、暴君、腐败残酷的现实政治，成了历史的陈迹，转成永恒观照的对象。这是历史文化古迹的作用，你不能说这是封建迷信。当年明朝亡国以后，顾亭林①几次到明孝陵以及十三陵，常常去拜祭，你知道明朝亡国对中国影响有多大！在这个时候，我们不讲朱元璋如何残酷，不讲明朝皇帝非昏君即暴君。那些问题都不讲，都被转化了。这些都是发思古之幽情。照历史文化方面讲，这些东西都没有了，即使保存下来，或拼命去发掘出来，也是利用之以为观光赚钱的工具，这都是败家子的作为。中国古迹最多，结果是毁坏的最厉害。南韩、日本都可以保存中华文化，就是中国人自我创造，自我毁灭，这是很可悲的。人们重修曲阜孔林，并不是为的尊敬孔子，

① 顾亭林，即顾炎武，字宁人，号亭林，明末清初大学者，与黄宗羲、王夫之并称为"明末清初三大儒"。

乃是为的旅游嫌钱！

这一点可以想到后现代化问题严重。我们的科技这么进步，我们天天讲享受，可是享受为的是什么？以前很重视人之为人，现在这些观念都没有了。所以，我说西方的文化是有问题，你不能只看西方文化当令，就觉得它尽美尽善。它那个老传统，古希腊意义的哲学早没有了，变成了逻辑分析、语言分析。

分析哲学①就是科技的啦啦队，是根据科技放马后炮，没有价值的，你再清楚也没有价值。你天天说旁人语句不清楚，概念不清楚，你再清楚也没有价值。你不要说人家不清楚，你先问问你自己懂不懂。他们绝不虚心，绝不反省问一问自己懂不懂，只说讲形而上学没有意义（meaningless，nonsense）。什么叫 meaningless，什么叫 nonsense，你懂不懂？西方欧洲的哲学，一支是现象学，另一支是存在主义，这两支哲学实只是一些小波浪。现在年轻人不念分析哲学，就念胡塞尔②的现象学，或海德格③的存在哲学。这些哲学都有些小技巧，弯弯曲曲、煞有介事，好像里面有很多东西，其实贫乏得很，一无所有，尽说废话。

所以，我说现在西方哲学都是纤巧的哲学。中国人将来读哲学要正视这个问题，要恢复希腊哲学的古义——"实践的智慧学"。这个意思的哲学保留在哪里？就是保留在中国，因为中国传统的哲学就是"实践的智慧学"。这个"实践的智慧学"等于

---

① 分析哲学：20 世纪重要哲学流派之一，其重要人物是弗雷格、罗素、摩尔、维特根斯坦。

② 胡塞尔，20 世纪初奥地利哲学家、现象学创始人。

③ 海德格，通译"海德格尔"，20 世纪初德国存在主义哲学家。

中国人以前所谓"教"。教就是《中庸》说"天命之谓性，率性之谓道，修道之谓教"的那个"教"。还有《中庸》说"自诚明①，谓之性；自明诚②，谓之教"的那个"教"。这个意义的"教"都是"实践的智慧学"。这个"教"的意义，丰富地展现在佛教。天台③判教④有"化仪四教，化法四教"。这是八教。大、小乘⑤，小乘两派，大乘有许多系统，都是教。

什么叫教呢？修行的方法、观念系统都在内。所以佛教讲修止观，修行的方法也算教。天台判教"化仪四教，化法四教"。"化"是什么意思？"化"就是教化。佛说法是为的教化众生。"化法四教"就是教化的内容，法就是内容、观念系统、义理系统。"化仪"是说法的方式，总括起来是四种方式，就是"化仪四教"，就是佛说法教化众生用四种方式表达。仪就是方式。"化仪四教"是"顿、渐、秘密、不定"。佛说法的方式有时候用"顿的方式"讲，这叫"顿教"，有时候用"渐的方式"讲，就是一步一步讲，西方哲学就是"渐的方式"、分析的方式，一步一步分析。还有一种方式是"秘密的方式"，密宗就是以秘密的方式表达。还有一种方式就是"不定"。"不定"的意思就是

① 诚明：真诚而明哲。
② 明诚：明哲而真诚。
③ 天台：天台宗（佛教一宗派）。
④ 判教：判定教派、教义。
⑤ 大、小乘：大乘佛教、小乘佛教，印度佛教的两大宗派，但不是从原始分化而来。原始佛教就是小乘佛教，后来从小乘佛教中衍生出大乘佛教（"小乘"，梵文［拉丁拼音］Hinayàna 的译名，Hina 意为"小"，yàna 意为"车船"，也就是少数人能"乘坐"，因为该种佛教旨在修行，要求信徒严守原始佛教的苛刻戒律，故很少有人做到。"大乘"，梵文［拉丁拼音］Mahàyàna 的译名，Mahà 意为"大"，yàna 意为"车船"，也就是多数人能"乘坐"，因为该种佛教旨在"普渡众生"，仅要求信徒不作恶，即所谓"放下屠刀，立地成佛"）。

顿者听之为之顿，渐者听之为之渐。

"化法四教"呢？就是义理系统，也有四种，即"藏、通、别、圆"。藏教就着小乘讲，也叫"三藏教"。小乘分两派：声闻①、缘觉②。小乘为什么名曰"三藏教"呢？"三藏"就是经藏、律藏、论藏。这"三藏"都懂，才能叫作"三藏法师"。唐玄奘就是三藏法师。大乘也有大乘的经藏、律藏、论藏，为什么单单小乘叫作"三藏教"呢？这只有历史的意义，没有逻辑的意义。因为佛灭度以后，原始佛教出来，即部派佛教③，首先整理佛说法的遗产，留下的什么经、什么律、什么论，把它整理起来，整理是小乘和尚的工作，当时还没有大乘。因此小乘叫作"三藏教"，拿"三藏"说小乘，只有历史意义而没有逻辑的意义。

佛教系统繁多，义理繁多，我大体告诉你们，天台宗判"化法四教"，首先了解小乘，声闻、缘觉都属于小乘。为什么叫"声闻"呢？有佛在世，可以听到佛说法的声音，从听闻而得悟，这叫"声闻"。声闻是通过声闻而悟道。缘觉又叫"独觉"，没有佛在世的时候自己觉悟。自己怎么觉悟呢？自己看经，看十二因缘④，通过十二因缘来悟道，通过十二因缘人彻大悟也可以

---

① 声闻：梵文（拉丁拼音）srāvaka 的译名，音译"舍罗婆迦"，亦译作"弟子"，意为听闻佛祖声教而证悟的出家弟子。

② 缘觉：梵文（拉丁拼音）prātyeka 的译名，音译"毕勒支底迦"，亦译"独觉""因缘觉"，意为独自悟道的修行者。

③ 部派佛教：即释迦牟尼佛圆寂后，从上座部与大众部的"分裂"到大乘佛教兴起前这一阶段的佛教。

④ 十二因缘：梵文（拉丁拼音）pratītya-samutpāda-aṇga 的译名，意指从"无明"到"老死"这一过程的十二个环节。

成佛。佛说法，首先说十二因缘。十二因缘就是：一、无明缘行；二、行缘识；三、识缘名色；四、名色缘六入；五、六入缘触；六、触缘受；七、受缘爱；八、爱缘取；九、取缘有；十、有缘生；十一、生缘老死；十二、忧愁苦恼。从小乘再往前进，就是大乘。大乘第一步叫作"通教"。通教就是从小乘向大乘发展，就是下通小乘，上通大乘，把小乘接引到大乘，就名曰"通教"。再往前进就是"别教"，别者专也，专就菩萨说，不同于小乘，就名曰"别教"。最后是"圆教"。照华严宗的判法，开始曰"小乘"。空宗、唯识宗都是大乘始教。在印度讲唯识学①的两个大法师是无著②、世亲③两兄弟，《成唯识论》是大乘的始教，这是华严宗的判法，就是大乘第一阶段，开始的阶段。龙树④的空宗在华严判教也是大乘的第一阶段，也是始教、空始教。因此，始教有两个，一个叫"始教"，一个叫"有始教"。唯识宗是属于"有始教"，是"有宗"的始教，龙树那个"空宗"是空始教。由"始教"前进是"终教"，由"终教"经过一"顿教"，便进至"圆教"。故天台判教是"化仪、化法八教"，而华严判教，则是"小、始、终、顿、圆"，共五教。

---

① 唯识学：梵文（拉丁拼音）Vijñāptimātratāsiddhi 的意译，音译"毗若底摩坦喇多"，即古印度的思辨哲学。

② 无著（梵名［拉丁拼音］Asāṅga），音译"阿僧伽"，北印度人，古印度大乘佛教瑜伽行（又称无障碍）派创始人，著有《金刚般若论》《顺中论》《摄大乘论》《大乘阿毗达磨杂集论》《显扬圣教论颂》《六门教授习定论颂》等。

③ 世亲（梵名［拉丁拼音］Vāsubandhu），音译"婆薮盘豆"，无著的异母弟，古印度大乘佛教瑜伽行（又称无障碍）派创始人，著有《摄大乘论释》《辨中边论释》《唯识二十论》《唯识三十论颂》《大乘五蕴论》《百法明门论》等。

④ 龙树（梵名［拉丁拼音］Nāgarjuna），亦译"龙胜""龙猛"，印度佛教第十四祖、大乘佛教创始人、天台宗第一祖。

可见，佛教从印度传到中国来的两大派，一个是空宗，一个是有宗，都是大乘第一阶段，并没有发展到最高阶段，所以到中国来继续再往前发展。中国吸收佛教有超过印度的地方，是根据印度原有的原理，往前推进一步，有所发展。说到这里，有一个观念告诉大家，你不要学日本人那种滥调。日本人说有印度的佛教，有中国的佛教，中国的佛教是假佛教，这是胡说八道。所以，我这里给你一个恰当的解释，中国佛教与印度佛教是不同，但不同不是像日本人所说的有中国佛教，还有印度佛教。有什么两个佛教？只有一个佛教，不同不是对立的不同，是发展的不同，是前后发展的不同，而且中国人的发展很合乎佛教的本义，把佛的精神充分发挥出来，而且发挥得恰当。

一种思想、一种学问，在本土里常常受本土的风俗习惯所限，它常常到另外的地方，或许发展错了，或许发展好了。佛教到中国是发展好了。因为佛教不是印度的正宗，印度还是信婆罗门教①。婆罗门教也有它的一套，有好几派，佛教是从婆罗门教转化出来的。所以，它有些受印度历史社会条件的限制。传到中国来的时候，可以免除历史社会条件约束限制，完全照着经论讲话，这是好处。当然，你也可以说，佛教发源于印度，他对印度那个历史社会条件了解得清楚一点，可以了解更真切。你一个外族人，当然不会了解那么真切，这是它的好处，但你说它有好

---

① 婆罗门教：亦称"印度教"，古印度的原始宗教。佛教是从婆罗门教中分化出来的，不仅在印度从未成为主流宗教，而且至公元9世纪后，佛教在印度绝迹了。

处，它又常常为它的历史社会条件所限。

你知道，犹太人就不相信基督教①。耶稣是犹太人，但犹太人就不相信基督教。基督教靠离开罗马②，通到世界来，靠欧美人来宏扬，靠罗马世界那个圣保罗的功劳③，圣保罗把基督教从犹太那个历史社会限制拖出来，世界化，这就是基督教说的普世。这个话也不能拿宗教是普世的来唬人。所以我说，上帝是普世的，宗教不是普世的。宗教一定在历史文化阶段中产生出来。上带是普世的当然没有问题，基督教是讲上帝，回教不是也讲上帝吗？有些人最反对说他是洋教，他说宗教是普世的，无所谓洋不洋。你不是洋教是什么？说洋教就是说你在西方的历史文化发展中出现。

佛教传到中国来，不同是前后发展的不同，是一个佛教一根而发。它可以从开始的阶段发展推进一步，达到圆满的境界，并没有违背佛教的精神。老一辈的日本人，中文的程度较好，可以看懂中国书，现在这些年轻的专家，看不懂中国书；以前那些大

---

① 基督教从犹太教中分化而来，而且在犹太人中从未成为主流宗教，绝大多数犹太人仍信奉古老的犹太教。

② 罗马：指罗马帝国。当初基督教诞生时（即公元1世纪），犹太人国家以色列正处于罗马帝国统治之下，后来基督教传到罗马帝国统治下的所有领地，乃至传到罗马帝国本土意大利，成为世界性宗教。

③ 圣保罗，即使徒保罗（耶稣的十二弟子称"门徒"，门徒的弟子称"使徒"，其后都称〝信徒〞）。此处似有误：把基督教传到西欧的不是使徒保罗，而是门徒彼得（至今天主教皇所在地梵蒂冈的大教堂仍叫"圣彼得大教堂"），使徒保罗是把基督教传到了希腊（当时也在罗马帝国统治之下）。后来（公元11世纪）希腊的教会和罗马的教会发生分裂，基督教一分为二：以罗马为中心的西欧基督教自称"基督教公教"（中译通常为"天主教"或"罗马天主教"），以希腊君士坦丁堡（今土耳其伊斯坦布尔）为中心的西亚和东欧基督教自称"基督教正教"（中译通常为"东正教"）。这是基督教最初的两大宗派。

和尚，中文程度高得很，鸠摩罗什①、僧肇②等不必说了，就是天台宗的智者③、荆溪④、知礼⑤，华严宗的贤首⑥、澄观⑦、圭峰⑧都能做文章。唯识宗的玄奘⑨、窥基⑩，中文程度都很高。这种高度的辞章，而且讲这种深远的玄理，表达是很难的，日本人看不懂。日本人的好处是基本训练够，他们的目录学的知识很多，你要研究什么题目，那些基本文献他可以告诉你。这方面，中国人差，马马虎虎，这是不成的。日本人虽然笨，但敬业乐群的精神强。西方人、美国人敬业乐群的精神都非常强，中国人这方面非常差，这就是老民族的衰败。做学问不好好做，不用功，不从基本训练做起，光想讨便宜，投机取巧。

再回到佛教。前说天台、华严判教，最后都归判"圆教⑪"。圆教这个问题，是佛教的最大贡献。西方哲学从希腊开始一直到

---

① 鸠摩罗什（梵名［拉丁拼音］Kumārajīva），亦译"鸠摩如释"，祖籍印度，出生于西域龟兹国（今新疆库车），早期译经家。东晋太元八年（384）到达甘肃凉州弘扬佛法，学习汉文；17年后，也就是后秦弘始三年（401），从凉州到长安；其后11年间，与弟子一起首次从梵文中译出《大品般若经》《法华经》《维摩诘经》《阿弥陀经》和《金刚经》等。

② 僧肇，俗姓张，东晋高僧、鸠摩罗什弟子。

③ 智者，俗姓陈，字德安，隋代高僧、佛教天台宗第三祖。

④ 荆溪，即湛然，唐代高僧、天台宗第九祖，因是常州荆溪（今江苏宜兴）人，故称。

⑤ 知礼，俗姓金，北宋高僧、天台宗传人。

⑥ 贤首，即法藏，俗姓康，字贤首，唐代高僧、华严宗始祖，故华严宗也称"贤首宗"。

⑦ 澄观，俗姓夏侯，字大休，唐代高僧、华严宗传人。

⑧ 圭峰，即宗密，俗姓何，唐代高僧、华严宗第五祖。

⑨ 玄奘，俗姓陈，名祎［yī］，俗称"唐僧"，唐代高僧、法相宗（唯识宗前身）始祖，曾去印度取经。

⑩ 窥基，俗姓尉迟，字洪道，唐代高僧、唯识宗始祖。

⑪ 圆教：天台宗、华严宗自谓"贯通诸经，调和各宗，不偏不倚，圆满无缺"，故称。

现在，他们有高度的科学，而哲学又那么发达，还没有圆教这个问题。西方有圆满（perfection）这个观念，但圆满不是圆教的意义。"化仪四教，化法四教"都是教，观念系统、修行方法统统在内，这个意思非常广。这个"教"是什么意思呢？就是"实践的智慧学"，通过理性的实践来纯洁化我们自己的生命，而达到最高的境界，就是教，就是"实践的智慧学"。这个名词很恰当，这个名词意义的哲学正好保存在中国，不在西方，虽然亚里士多德、柏拉图讲向往最高善，他们还是用知解理性来讲，不是从实践理性讲。西方哲学发展向着知解的路走，结果是实践的智慧学没有了，就归到科学、归到逻辑分析完了。

讲"实践的智慧学"，西方人听了不大懂，因为他们脑子里对这方面空洞，没有内容，没有传统。中国有这个传统，假如你对儒家有训练，对道家、佛教有训练，你一讲这个，他就懂，因为中国文化传统有一大堆东西在那里，所以"实践的智慧学"可以成一个学，内容丰富。其中简单一点是道家。道家虽然简单，它代表一个系统，它也是一个大教，它有它独立的意义。真正是大教之为大教，广大丰富的，当然是佛教，儒家还没有达到佛教那么丰富。佛教传到中国来不是没有好处，以前了解不大够，现在重新弘扬佛法，要呼应着时代的问题来弘扬。但是，现在的佛教最糟糕，和尚不识佛学，居士也不成。所以，这个佛教死掉了，独立圆满的一套死掉了，没有开发。没有开发就不能发光，要把它变成活的，要有开发，要从封死中打开。

我讲这一套，不是说希望大家青年人去出家当和尚，去修行。先不要说修行，你先了解它，了解就开发你的智慧。开发你的思想智慧。就可以指导社会，就对社会有影响。了解也是修行，智慧的开发就是修行，不一定天天在那里闭关打坐，念阿弥陀佛，也不一定天天问：做了朱夫子①讲的"居敬工夫②"没有？

---

① 朱夫子，即朱熹，字元晦，号晦庵，南宋理学家。

② 居敬工夫：即"居敬穷理"，朱熹所倡导的修炼法。居敬：语出《论语·雍也》："居敬而行简。"意为恭敬自持。穷理：语见《周易·说卦》："穷理尽性以至于命。"意为穷究万物之道。朱熹认为，所谓"居敬"，就是"心"的"主一""专一"，"自作主宰"而不为外物所累；所谓"穷理"，就是"欲知事物之所以然与其所当然者而已"，亦即致知明理。因此，"居敬穷理"也就是"存天理，灭人欲"。

唐君毅简介

　　唐君毅（1909—1978），四川宜宾人，现代学者、国学大师。出身于富家，从小受国学熏陶。1925年，考入北京大学哲学系，师从熊十力，后转入南京中央大学哲学系。1932年从中央大学毕业后，先回四川教中学，后回母校中央大学任助教。抗战爆发后，南京沦陷，回四川成都任华西大学讲师。不久，又回母校中央大学（当时由南京迁至重庆）任讲师。1944年，升为教授，兼哲学系主任。抗战胜利后，于1946年随中央大学迁回南京。1949年，时局动荡，先南下广州，任教于华侨大学，后去香港，与钱穆等人一起创办新亚书院，任教授。1963年，新亚书院并入新成立的香港中文大学，受聘为教授，兼任文学院院长。1974年，由香港中文大学退休。1978年，因病去世，享年六十九岁。其重要著作有《文化意识与道德理性》《中国文化之精神价值》《中国哲学原论》和《生命存在与心灵境界》等。2016年，九州出版社出版《唐君毅全集》三十九卷。

泛论佛家思想之方向与有情生命以苦痛、烦恼为本质义①

唐君毅

此"我法②二空境"之思想，要点在于以佛家"破③我法之执"（如实观法界④诸法，证诸法之空性⑤、众生之佛性⑥）思想为代表。此在西域印度他家⑦思想与中国道家思想中，虽有类似者，皆未能如佛家之极其致。此佛家思想与其他宗教思想不同，宜先自佛家思想所自发之宗教道德感情而说。

---

① 本文节选自《生命存在与心灵境界》（1976，载《中国现代学术丛书·唐君毅卷》）第二十二章，题目为原书所有。此节解释佛教的"苦谛"，即认为，一切有情之生命，本质上均是苦痛与烦恼。佛家的慈心悲情，固然可以掩盖一切有情之生命的苦痛与烦恼，但一切有情之生命中有烦恼与苦痛存在，终究是事实。人只求消除其自身的苦痛与烦恼，殊不知今世可消除苦痛与烦恼，来世还是苦痛与烦恼。况且，人欲消除自身苦痛与烦恼，尽思竭虑，费力呕心，其本身就是苦痛与烦恼。故而，按佛教之义，一切有情之生命唯有跳出生死轮回，不再成为一切有情之生命，才能最终摆脱苦痛与烦恼。

② 我法：我执与法执（我执：自我所执。法执：［与"我执"相对］认识［即常识］所执）。

③ 破：破除。

④ 法界：泛指宇宙万有一切事物（万事万物都保持各自特性，互不相紊，并遵循自身规则，故称"法"）。

⑤ 诸法之空性：即"四大皆空"，宇宙万有一切事物皆为空（虚假）。

⑥ 众生之佛性：有生之物皆有佛性（成佛之可能）。

⑦ 他家：其他宗教、学派。

此佛家（如实观法界、破执证空）乃所以使一切众生实现其佛性，而得普度。故其宗教道德感情，不只限于对吾人今生所见之人类，而及于一切世界中一切能感苦乐之生命存在。故此宗教道德感情，非同于一般限于求人自己之道德人格之成就，或求其在此世界中所遇之人之道德人格之成就，以合为一道德人格之世界而止。此佛家之救度一切有情生命之情，乃洋溢于人类之道德人格之世界之外，而及于吾人所见之自然界中之一切有情生命，以及一切世界中之一切有情生命，而超越于人之道德人格之主观之外，亦超越于人类之主观之外者。故此对一切有情生命之情，即当说为一对宇宙一切有情生命之宇宙感情。此宇宙感情，与依此情而有之思想智慧，即皆运于一超主观、亦超吾人所谓客观世界①，以及于全法界一切有情生命者。故与人之一切其他宗教之归向于一超越之神灵者②，同可引人至超一般之客观、主观之对之境。

一般世间宗教之归向一神者，其引人至于超主观、客观之境，要点在于由下界之有主客相对之境，升至一统主客之神境。此乃依于其心灵之自提升，以成其自下而上之纵观，而及于神之存在之肯定，对神之信心及默想、祈祷等，以日进于高明。佛家思想，则要点在于由破除吾人之心灵对主观、客观世界之种种执障③，以先开拓此心灵之量，而成其对法界之一切法之横观④，

① 一超主观、亦超吾人所谓客观世界：意谓超越主观与客观，亦即超越意识（主观与客观乃意识之产物）。

② 一超越之神灵者：如基督教之"上帝"。

③ 执障：固执而自障。

④ 横观：（相对于纵观）同时观察。

以使此心灵日进于广大；而更自上而下，以澈入①于法界中一切有情生命之核心，由其有所执而生之苦痛、烦恼，更与之有一同情共感，而起慈心悲情；再以智慧照明，此有情生命之核心所执者之本性空，而即②以此智慧，拔除其苦痛、烦恼，以成此有情生命之救度③。此则与世间一般归向一神之宗教心灵所向往之方向截然不同，而其教④亦截然不同者也。

此佛家之慈心悲情，其初当亦只由澈入若干所见之特定的有情生命核心之苦痛、烦恼而起。其既起之后，由遍观一切有情生命与其所在之世界之无量。而此慈心悲情与救度之志愿，即随之无量；在此志愿为无量之义下，即为不能由对特定的有情生命之特定的道德行为，或特定的救度行为，加以完成者。故其慈心悲情与志愿，即为永覆⑤于一切有情生命与其所在世界之上层，亦永不能有究竟之满足，永有未完之事业，永为一大慈、大悲、大愿，更由大愿以生大行⑥，以求拔除其心所涵覆而位居此心之下之有情生命核心中之执障之苦痛、烦恼，而照明之、拔除之、救度之。此与世间一般宗教之"望"（乃依于人之宗教心灵之自下提升，以望一在上之神力之救赎其自己与其所在世界），固⑦显然为一不同之宗教心灵方向，而不可加以混淆者也。兹⑧舍此宗

---

① 澈［chè］入：渗入。
② 而即：随即。
③ 救度：拯救与超度。
④ 其教：即佛教。
⑤ 覆：覆盖。
⑥ 大行：行业广大（积大功德）。
⑦ 固：肯定。
⑧ 兹：就是。

教上之究极①愿望之问题不论，克②就佛家对世界之有情生命之核心之苦痛而有之同情共感、而化出之慈心、悲情上看，则此一有情生命之有一苦痛之存在，乃一事实，非出于主观想象，或主观思想之所意构③。然人之本④其想象、思想所意构成之观念、概念，以观此世界者，恒以为其想象、思想可冒出⑤于所已知之特殊事实之上，及其意构出之概念、观念可普遍地连于诸特殊之事实，而将其想象、思想所意构者加于此世界之事实之上；同时阻隔吾人对于世界之事实之真切的认识，与同情共感之生起⑥。于是，此世界之有情之生命核心，有苦痛、烦恼之存在之事实，恒即⑦首被掩盖。盖⑧人对有情生命之苦痛、烦恼加以同情共感，初亦原为一苦痛、烦恼之事。人本其只求其自己之生命或生活之得继续存在，而只自求其生命、生活之相续存在，自去其苦痛、烦恼之心，更不愿由此一同情共感而自增其苦痛、烦恼；故恒欲掩盖此世界中之有情生命中有苦痛、烦恼存在之一事实，更由此掩盖以逃避此同情共感所生之苦痛、烦恼。人之想象、思想中之所意构之观念、概念，又正足以助成其逃避。人即愈不能对此世界之事实有真切之认识，而亦愈不能对有情之生命之苦痛、烦恼有同情共感矣。

---

① 究极：终极。
② 克：仅。
③ 意构：虚构。
④ 本：基于。
⑤ 冒出：超出。
⑥ 生起：产生。
⑦ 恒即：总是。
⑧ 盖：因为。

然此一切有情之生命中有烦恼、苦痛存在，毕竟是一事实。人之不愿由同情共感而增其自身烦恼、苦痛，恒由其只求去其自己之烦恼、苦痛，即已反证其生命自身之有苦痛、烦恼。此即人之有苦痛、烦恼，乃与人之生命、生活之求其自身之相续存在，乃本质上必不可分者。因求相续存在，皆求相续存在于未来。未来非现实上所已有，而只为可有①。可有者，即亦可无。故凡欲有此可有者，即必念其可无，而起烦恼；亦必于其实无，而生苦痛。如一切未来可有者之亦可无，为一真理，则一切有情生命求其生命或生活相续存在之愿欲，即必然与烦恼、苦痛相俱而起。此一切未来可有者之可无之真理，乃一必然之真理，以未来即未来、即必为可来、可不来者故。由此未来者自身之可来、可不来，则见未来者之来或不来，有一偶然性。即未来者之存在与不存在，有一偶然性。此未来者乃真正之可存在、可不存在者，亦真正之偶然者。此未来者固可以有某一原因使之来，人于此一原因存在之时，恒谓未来者为必来，而有一必然性。然有一原因使之来，其来为必然者；若无一原因使之来，则其不来，亦为必然。然在一生命之现在状态之自身，必不能保证其自身以外之必有一原因使其所想望之未来者为必来。而有必然性，亦不能于无原因使之来时，使其必不来之必然成不必然，则对现在之生命存在言，其不能使其所想望之未来为必然，此本身正为其现在之生命存在之必然。人自知其必不能使其所想望之未来为必来，即必使其念所想望之未来为可有可无而具一偶然性者。既想望未来之

---

　　① 可有：可能有。

有，而又念其可无，此一念即必使之烦恼，而当其实无时，即必使之感苦痛。此即人所以有此求其生命、生活之相续存在于未来之想望时，必不能逃于烦恼、苦痛之外之故。亦一切求其自身之生命、生活之相续存在之有情者，无论其是否如人之能对未来有自觉的想望、自觉的烦恼，在其求继续存在而不得者，必不免于苦痛之故也。

此一由生命之未来之可有可无而见得之未来之偶然性，乃一求相续存在之有情者必遭遇之一之偶然性。此与西方中古①思想所谓"世界之一切有限的存在之物，其存在之为一偶然性之存在"，在根底上亦出于一思想之源，亦为一切人以其愿望面对世界时，同必有之一思想。此世界之存在之物，依原因而有，无原因而无，乃一般所谓因果关系之必然性。此一因果之必然性，即同时为使一切生命存在之愿欲之达到之事，为具偶然性者。故人纵有无尽之对事物之必然的因果关系之知识，皆不能破世界中之此一偶然性，亦皆只能更无尽地增加此世界之偶然性之认识者。然在西方之中古思想，唯由见一切存在之有者亦可无，而为偶然性之存在，于是另求一必然有之上帝之存在，以保证偶然性之存在为必有。此则与佛家之由有情之求存在于未来之愿欲之可达可不达、其未来之存在对之为可有可无、说其所想望于未来之为不定，为具偶然性者，又大不同其义。依此佛家之说，初不谓有情生命其现实上之有之本身即是一可有可无者。此现实上之有，自是现实有，而非现实上无，即不能说只是一可能有、可能无之一

① 中古：通常称"中世纪"，即公元 5 世纪至 15 世纪的基督教时代。

可能。说可有可无，只是以现在看未来之语。若说此现实有，亦是可有可无，则是自过去看此现在之语。以现在对过去，则现在为过去之未来，故在过去，可说现在为可有可无。然此仍只是说未来之可有可无，非克就现在之现实上说一现实之有情生命与其生命之状态等为可有可无者也。

西方之中古思想，先直①对现在之现实之存在而说其为可有可无之偶然性的存在。此即非先面对现实之存在而说其存在，便已超冒②于其存在之有之上以思其可无，更由此以思其上之上帝之为全有而信仰之。此乃在开始一步即对现实之存在未能先加以正视，而使其思想架空而上，而亦不能对现实存在之有情之存在之核心求加以透入，遂③对其有苦痛、烦恼之事实，亦不能先有真实之同情共感，而远离于④佛家之面对现实之有情之存在、与之有此真实之同情共感而起慈心悲心之途矣。

依佛家义以说此世界之偶然性，乃对现实存在之有情生命依其愿欲、所想望之未来而说。其未来是否如所想望，乃可然可不然，其有乃可有亦可无，故对其现实存在之生命为偶然。此是与有情生命愿欲想望直接关切之偶然，亦有情生命自身所必然关切之偶然，非冒⑤于有情生命之现实之上而说"汝之存在为偶然"之语也。人由冒于有情生命之现实之上而说"汝之存在为偶然"，更说"汝之有，非真实有"，乃一可能有、可能无之一半

---

① 先：一开始就。直：直接。
② 超冒：超脱。
③ 遂：于是。
④ 远离于：远不及。
⑤ 冒：高出。

有，或上帝要汝有汝才有，汝乃由上帝自无中创出之一有，上帝使汝由无中出一有，已是对汝之一大恩德，汝不当更望未来之有，唯当静待上帝之命令，看要汝有否……之一套思想，即皆是对现实之有情生命之存在不先加以正视、加以肯定，而将其存在加以掩盖，失去对此有情生命之苦痛、烦恼之真实同情共感，而对有情生命之麻木不仁、傲慢不敬之一套思想。此一套思想，即初不知此现实存在之有情生命之自身，原不能说偶然有。此偶然有，亦不可说为此现实生命存在之本质。唯此现实生命存在，其所愿欲、想望之未来之事物，为其生命存在之所需者，是否为其所得，方可说此现实生命存在为偶然有。此偶然有者，乃内在于一现实生命对未来之愿欲、想望之中，而不在其外；亦不能离此一现实生命之存在之愿欲、想望而存在，而有意义；则此"偶然有"，即亦非可普遍地、外在地加施于一生命存在之上之一性质也。

佛家之善恶因果义之理解[①]

唐君毅

佛家谓"善受乐报、恶受苦报"。人所易起之一疑，是谓若依此善恶因果之说，则似必须谓一切善人或有情众生之受苦，皆由有罪之故，其苦皆为其听当受；则吾人更以苦加施于受苦者，亦可自谓此乃以其先有罪之故；而于一切不善人之得乐享福，亦可谓皆由其前生为善之故。于是吾人对善人之受苦、无罪者之受苦，将无同情共感之心，对不善人之得乐、享福将视为当然。此皆见此善恶因果之说，兼可摧毁道德者也。

对此上之疑，吾当先说一似严刻之论，即一切善人之善固当受乐报，吾人亦不能断其必不受乐报。然善人与一切有情生命之所以受苦，亦实可说其生命中之亦皆有罪与不善者存焉。因吾人可说一切存在之所以能受苦，皆由其有一定限之生命欲望。此生命欲望之有定限而不能满足，故受苦。此生命欲望之有定限，即

---

① 本文节选自《生命存在与心灵境界》（1976，载《中国现代学术丛书·唐君毅卷》）第二十四章，题目为原书所有。此节解释佛家因果报应说。"善受乐报、恶受苦报"，人常疑之，因世间常见善人遭难、恶人享乐之事。但若牢记佛家生死轮回说，此疑可消也。"善受乐报、恶受苦报"，乃是轮回之报，而非现世之报。善人之乐报在来世，恶人之苦报也在来世。故不能未见现世之报，而不信"善受乐报、恶受苦报"也。

其生命之活动之方向、之目标，有某一限制与封闭。此一限制与封闭之本身，即是一罪。由此而一切有定限欲望之生命，即无不可说有罪，此可通于基督教所言之原罪①之义，而其苦，即皆可说为其当受之报也。

吾人虽说一切生命所受之苦皆由其生命之欲望而有定限，即其生命活动之方向目标有一限制与封闭而致，然吾人同时可说其受苦，即其生命之摄纳其他存在②之一压力，而自阻止其生命之定限于此一方向、目标以进行，而使其活动可退回、更转移方向、目标以进行者。此活动之退回，以至转移方向、目标，即：使其生命之活动自此定限之方向、目标中有一暂时之超拔与解脱，则其生命之自身之摄纳其他存在之压力而受苦③，即同时有开通其生命之内容，由转移其生命之方向、目标而扩大其生命活动之幅度之效用，则一切生命之受苦，即皆有一使其生命之自封闭、限制之罪中超拔出之价值意义；则其受苦，即同时有一减罪之价值意义，亦同时有一使其生命活动之幅度扩大之价值意义。此生命活动之幅度之扩大，使其生命活动之可能范围加大，而活

---

① 原罪：英文 original sin 的译名，源于基督教所接受之犹太教创世说（据《圣经·旧约·创世记》：上帝造天地万物后造人，先造一男人，名为亚当；后上帝见亚当孤独，又造一女人，名为夏娃。此时，魔鬼撒旦，即堕落的大天使，要与上帝作对，便引诱夏娃偷吃禁果。结果，不仅夏娃吃了，她还引诱亚当也吃了。于是他们双双堕落，内心充满了欲念——不仅有令他们感到羞耻的性欲，更有源于性欲的其他种种欲念。这就是"原罪"，即人类与生俱来的罪，因为亚当和夏娃是人类的祖先。亚当和夏娃堕落后，被上帝赶出伊甸乐园，来到世上生儿育女，并为此而苦受难。基督教的终极理想，就是要使人类"赎罪"而重返伊甸乐园，因为基督教相信，每个人的灵魂都是不死的，而且都要经受上帝的"最后审判"）。

② 其他存在：意谓佛的存在。

③ 摄纳其他存在之压力而受苦：意谓摄纳佛的存在而自愿受苦。

动之能力加大，此即可以为其得乐而致福之媒。

然吾人虽可说一切能受苦者皆有一义之罪①，而一切受苦之事皆有销罪致乐之价值意义，吾人却不能因此而对一切受苦者失其同情共感之心，或更以苦加施之，而谓此乃其所当受。因吾人虽可说，凡受苦者乃以其生命之活动总有一定限而受苦，然吾人于见其受苦时，唯可实感其苦之存在，而不能实感其生命之定限之存在②。吾人实感其苦之存在时，吾人之生命若不封闭于吾人之自己，即必当对之有同情③。依此同情心，吾人即不能以此苦实可减其罪而致其乐为理由，而更加施苦于此受苦者之上。因吾人若更加施苦于受苦者，即与此同情心直接相违故。又通常吾人之加施苦于他人或其生命，皆恒出于一自私自利之心，亦非意在以此去其罪。若人真意在施苦于人或其他有情生命以减其罪，此固亦可出于大慈大悲之心，如惩罚有罪者，亦可出于至仁之心。此则当问人之施苦于人或有情生命者，是否真知人与有情生命之罪何在，又是否真出于欲减其罪之至仁之心。若本无此心，则亦不当假此佛家之论，以自饰其私也。

至于不善之人之得乐，吾人固不能知其前生之尝为何善。然此人之能感乐，固由其生命之有多方面之活动之畅遂④，而其能有多方面之活动之畅遂，其由于外缘⑤之顺适者，此或为幸运，

---

① 义之罪：合义之罪（即有理由相信的罪）。

② 意谓吾人可见他人受苦，却不可知其为何受苦（即"其生命之定限之存在"，是吾人感受不到的）。

③ 有同情：有同感（即有感于上文所言"一切受苦之事皆有销罪致乐之价值意义"）。

④ 畅遂：畅茂顺遂。

⑤ 外缘：指眼、耳、舌等感觉，缘起于色、声、味等外物。

非必其自身之力之所致。然其能有多方面之活动之畅遂。亦必由其能作此多方面之活动。其能作多方面之活动，必由其生命心灵之有一更大之开通。此开通之本身，仍为其自力所致。此开通，要①必为一种善。人必有此善，乃有其多方面之活动而得乐，则乐亦非不由善而致。又若人之有此多方面之活动之能，而又得顺适之外缘，固为幸运，然人遇②此幸运，而只沉溺于此原有之多方面之活动中，而不能更开拓其活动之范围，以使之更多，则又形成其生命之限制与封闭。此即为一不善。此不善，即是使其在不得此幸运之境时，即感苦，而此苦即其报。至于③人除在一幸运之境中有其活动之畅遂而可更放肆以沉溺于其中之外，更可有其他不善之行。此不善之行为，若为他人所得而见，他人必恶之，而欲罚之。其人若一朝有良心之发现，亦必自恶其行，而愿自受罚，则其行自当得苦报。其得苦报，亦为他人与其自己之良心所视为当然者。此与其得乐之依于其生命心灵有一开通之善，乃不同之二事。前事之为依善以得乐与后事之将依不善而致苦互不相违，则见苦乐仍分别与善不善相连。人之不善仍当受苦报，固④不能有疑者之"不善人之享福得乐为当然"之说也。

---

① 要：要素。
② 人遇：偶遇。
③ 至于：甚至于。
④ 固：当然。

季羡林简介

季羡林（1911—2009），字希逋，山东聊城人，现代学者、国学大师。出身农家，早年曾就读于山东大学附设高中。1929年，转入新成立的山东省立济南高中。毕业后，考入清华大学西洋文学系。1934年毕业后，任教于母校山东省立济南高中。1935年，考取清华大学与德国签订的交换研究生，入德国哥廷根大学，主修印度学，攻读梵文、巴利文、吐火罗文。1941年，从哥廷根大学毕业。以后几年，用德文撰写数篇论文在《哥廷根科学院院刊》等学术刊物上发表，获博士学位。1946年回国，经陈寅恪推荐，受聘为北京大学教授兼东方语言文学系主任。1966年，"文革"开始，被停职，并遭"批判"与迫害。1978年复出，继续担任北京大学东语系系主任，并被任命为北京大学副校长、北京大学南亚研究所所长。1983年，卸任系主任、副校长、所长，改任北京大学校务委员会副主任，兼任中国史学会常务理事、中国高等教育学会副会长。2009年，因病去世，享年九十八岁。其重要著作有《〈大事〉偈颂中限定动词的变位》《〈福力太子因缘经〉的吐火罗语本的诸异本》《原始佛教的语言问题》《大唐西域记校注》等。1996年，江西教育出版社出版《季羡林文集》二十四卷；2009年，外语教学与研究出版社出版《季羡林全集》三十卷。

论释迦牟尼①

季羡林

羡林按:

　　这一篇论文本来是给《中国大百科全书》写的一个词条。既然是词条,就要求简明扼要,条理清楚,不能像平常的论文那样把引文出处一一标出。但现在既然要发表,它又成了一篇平常的论文。这是一个矛盾,我无法完全解决。我只能采取一种折中的办法,把必要的引文注明出处。这里或那里,再加上一点我认为必要的补充或者说明。结果就形成了现在这个样子,送到读者面前。我认为有必要在这里把我的指导思想说明一下。释迦牟尼,就是佛教信徒的"如来佛"或者"佛爷",他是一个神仙。但我是一个科学工作者,不是一个宗教信徒。我认为,释迦牟尼确有其人,是一个历史人物。因此我写这篇东西,就把释迦牟尼当成一个人,同世界上其他历史人物一样,他是我研究的对象。我必

---

　　① 本文选自《季羡林文集》第七卷。如作者按语所言,本文旨在从历史角度介绍释迦牟尼"其人",其家庭,其出生,其生平,其教义,其传教方式,以及,其对社会改革的看法。在作者笔下,释迦牟尼是一个历史人物,一个宗教创立者,而非神通广大的"如来佛"——那是佛教徒对他的神化,并非其本来面目。

须把笼罩在他身上的那一团团神话迷雾，尽上我的力量全部廓清，根据历史唯物主义的原则，还他一个本来面目。这是我作为一个科学工作者不可推卸的职责。如果说得不对，那是受水平的限制，我主观上并无意宣传什么东西。如果有一些话对某一些有信仰的人有点刺耳，那我说一声："请原谅！"信仰与科学有时候会有矛盾的，正如鱼与熊掌不能得而兼有一样。

一、释迦牟尼的名字

释迦牟尼是佛教的创始人。他的名字梵文是 Sâkyamuni①，意思是"释迦族的圣人"。"释迦"是部落的名字，可见这不是他的真名。另外还有一个名字叫"乔答摩"或"瞿昙"，梵文 Gautâma，巴利文 Gotâma。有人说这是他的氏族名称，连一些百科全书，比如《大英百科全书》也这样说，但这是不对的。氏族一般都是外婚制，释迦牟尼的姨母名叫 Gautamî 瞿昙弥，可见他们不是外婚。此外，瞿昙还是一个婆罗门氏族名称，而释迦牟尼属于刹帝利种姓②。瞿昙这个名字是按照当时印度贵族的一般习惯从古代《梨俱吠陀》③赞歌的作者仙人家族④中借用来的，

---

① 这是梵文的拉丁拼音，并非梵文本身。下同。
② 刹帝利种姓：第二等级种姓（印度古代长期实行种姓制，把所有人分为四大种姓：第一等级种姓称"婆罗门"；第二等级种姓称"刹帝利"；第三等级种姓称"吠舍"，第四等级种姓称"首陀罗"）。
③ 《梨俱吠陀》：印度古诗集《吠陀》中的第一部，类似于中国的《诗经》。
④ 《梨俱吠陀》是在上古数百年间逐渐写成的，作者都属"婆罗门"种姓，被称为"仙人"。

Gautâma 就是 Vâmadeva。释迦牟尼的真名是"悉达多",梵文 Siddhârtha,巴利文 Siddhâttha,意译"吉财"或"一切义成",梵文 Sarvârthasiddha。

二、释迦牟尼的家族

他属于释迦族。当时在印度北部有十六个大国,基本上都是君主制度。此外还有四个独立的或半独立的共和国,释迦就是其中之一。玄奘①在《大唐西域记》中用首都的名字称之为"劫比罗伐窣堵国"(旧译"迦毗罗卫国"),梵文 Kapilâvastu。这是一个小共和国,只能说是半独立的,承认萨罗为宗主国,辖地跨今天印度和尼泊尔。释迦牟尼的诞生地就在今天尼泊尔泰来地区的梯罗拉柯提(Tilaurâkoti)废墟,距印度北方邦巴斯提县的比普罗瓦(Piprâhwa)西北约十英里。这可能是历史事实。因为在释迦牟尼涅槃②后两百多年即位的孔雀王朝③的大王阿育王④,曾在这里立过一个石柱,说明此处是释迦诞生地。《大唐西域记》卷六说:

---

① 玄奘,唐代高僧,俗名"陈祎〔yī〕",法名"玄奘",俗称"唐僧",曾去西域取经,回国后翻译佛经,并创中国佛教法相宗(亦称"唯识宗")。
② 涅槃〔pán〕:梵文(拉丁拼音)Nirvâna 的音译,意译有"圆寂""寂灭""解脱""灭度"等,意为跳出轮回后的不生不灭、不增不减的"无"之境界,亦即"成佛"。
③ 孔雀王朝(约前 324—约前 188),古印度摩揭陀国的王朝,因其创建者旃陀罗笈多出生于一个饲养孔雀的家族而得名。
④ 阿育王,梵名(拉丁拼音)Àsoka,亦译"阿输迦",孔雀王朝第三代国王(前 273—前 232 在位),晚年信奉佛教,使佛教在印度兴起,故被佛教徒称为"护法明王",后世多地还有"阿育王寺"。

城东南窣堵波①，有彼如来②遗身舍利③，前建石柱，高三十余尺，上刻狮子之像，傍记寂灭之事，无忧王④建焉……次北窣堵波，有彼如来遗身舍利，前建石柱，高二十余尺，上刻狮子之像，傍记寂灭之事，无忧王之所建也。次东窣堵波，无忧王所建，二龙浴太子处⑤也。

这个石柱今天保留下来。考古学者还在这里挖掘出释迦牟尼的舍利坛。曾有一个时期西欧一些学者认为根本没有释迦牟尼其人。这是不对的。

他的家属自称是印度古代甘蔗王族⑥的后裔，同《罗摩衍那》⑦主人公罗摩同出一系。这恐怕是伪托。有人甚至怀疑，释迦族不是雅利安人⑧，而是蒙古种⑨，也没有什么具体的证据。

---

① 窣堵波：梵文（拉丁拼音）stūpa 的音译，意为"塔"。

② 如来：亦称"如来佛"，释迦牟尼的别称。

③ 舍利：梵文（拉丁拼音）śarīra 的音译，原意为整具"尸体""遗体"，但在佛教中，高僧圆寂后遗留的头发骨骼、骨灰等，均称为"舍利"；遗体火化后产生的结晶体，则称为"舍利子"。

④ 无忧王：阿育王的旧译名。

⑤ 二龙浴太子处：释迦牟尼出生地（相传释迦牟尼降生出浴时，有二龙守护）。

⑥ 甘蔗王族：印度远古一部落，其酋长称"甘蔗王"，其后裔称"甘蔗王族"。

⑦ 《罗摩衍那》：梵文（拉丁拼音）Rāmāyana 的音译，意为"罗摩的事迹"，印度远古两大史诗之一（另一为《摩诃婆罗多》）。

⑧ 雅利安人：白种人之一，原是中亚乌拉尔山脉南部一原始游牧部落，后有一部迁入欧洲，即今北欧和西欧各民族的原始祖先；另有一部迁入印度，即为印度四大种姓中前三个种姓的原始祖先（第四种姓是雅利安人迁入印度前的原住民，即亚洲黑种人）。

⑨ 蒙古种：即黄种人。

三、释迦牟尼出生的时间

释迦牟尼活了八十年，这没有异议。争论不休的是他灭度（逝世）的年代。只要把这一点弄清楚，他的生年问题也就迎刃而解。佛灭年代，异说甚多，据说约有六十种。只在中国的西藏地方，就有十四种之多。其中比较通行的、有代表性的有以下几种：

一、南传佛教各国①主张佛灭度于公元前544年或543年。

二、我国蒙藏黄教②主张佛灭度于公元前961年。

三、我国内地有公元前1027年说；根据《众圣点记》③，则为公元前485年，较中国的孔子早死六年。

四、在西方学者中，德国学者威廉·盖格主张公元前483年说；荷兰学者亨利·刻恩主张公元前370年说；日本学者有公元前386年说和384年说；加拿大学者瓦德主张公元前486年说；采纳得比较多的是公元前483年说。

四、释迦牟尼的生平

关于释迦牟尼的生平，我们并没有可靠的历史资料。现在只

---

① 南传佛教各国：即东南亚以佛教为主要信仰的国家，如缅甸、泰国等。
② 蒙藏黄教：蒙古和西藏的佛教（黄教：藏传佛教宗派的别称，因该派僧人戴黄色僧帽，故名）。
③ 《众圣点记》：据称，该书是释迦牟尼寂灭后其弟子、弟子的弟子……每过一年就在佛像前点一点而成，故称"众圣点记"。

能根据梵文、巴利文以及汉文、藏文的佛经的记载加以叙述。其中有不少神话，也有不少传说，当然也有不少的历史事实。基本轮廓看来是可靠的，个别细节则很难说。

（一）释迦牟尼的少年时代

释迦牟尼出生在王家，父亲叫净饭王。这有点夸大。他父亲可能只是贵族寡头中的一个头子，美化称之为王。母亲是摩耶夫人。降生的时间传说是中国旧历的四月八日①。降生后七天，母亲逝世。他的姨母大爱（Mahâprajâpati），亦称瞿昙弥，把他抚养成人。她爱他如子，他敬她如母。这个姨母后来成为佛教僧伽②中的第一个尼姑。他生长在深宫之中，享用极端奢侈。父亲给他修建了三座宫殿：春季、夏季、雨季各有一宫。他受到了当时刹帝利青年所受的全部教育，包括各种学艺，军事、体育也包括在内。成年后，娶了妃子，名叫耶输陀罗，

> 贤妃美容貌，窈窕淑女姿，瑰艳若天后，同处日夜欢。

（引文见汉译本《佛所行赞》，下同）

他们生了一个儿子，名叫罗睺 ［hóu］ 罗。这一定是历史事实，因为佛教和尚是不许结婚的，可是佛祖却竟结婚生子，给后来的佛徒带来一个尴尬局面。若非历史事实，佛徒是决不会这样写的。为了这件事，和尚编造了不少的神话故事，以图摆脱窘

①　农历四月初八，为佛诞日。
②　僧伽：即出家佛教徒，男的亦称"和尚"，女的则称"尼姑"。

境。我只举一个例子。《根本说一切有部毗奈耶破僧事》卷四说：

> 尔时菩萨在于宫内嬉戏之处，私自念言："我今有三夫人及六万婇女①。若不与其为俗乐②者，恐诸外人云我不是丈夫。"（《大正大藏经》[以下简写为《大藏经》]第24卷，第115页上）

（二）出家的经过

据传说，释迦牟尼二十九岁出家。他生下时，就有仙人预言：他如果不出家，就会成为转轮圣王③。因此，他父亲早就担心他会出家。于是就用尽心思，让他享尽人间的荣华富贵，目的是引诱他放弃出家的念头。佛经讲，有一天太子要出游散心，国王派人平整道路，驱逐闲人，不让太子看到老人、病人、穷人等。然而净居天④却变成一个老人，太子看了心烦，叹息不已，转回宫去。第二次出游，又看到一个天神化成的病人。第三次出游，看到一个天神化成的死人。第四次出游，看到一个天神化成的比丘⑤。太子于是决心出家。这个故事显然是虚构的。总之，出家的真正原因我们还不清楚。当时社会上，有一派用不同形式

① 婇[cǎi]女：宫女。
② 俗乐：世俗之乐。
③ 转轮圣王：古印度传说中的救世主。
④ 净居天：古印度传说中的神仙。
⑤ 比丘：梵文（拉丁拼音）bhiksu 的音译，指受戒的男性出家人，即"和尚"（佛教是从婆罗门教分化出来的，婆罗门教的出家人叫 bhiksu，后佛教沿袭了这一称呼）。

出家寻求解脱的沙门①，这是婆罗门的对立面。释迦牟尼出家原因之一，可能是受到沙门思潮的影响，但一定还有更深刻的内在的原因。

（三）苦行

释迦牟尼出家以后，原意是想走苦行这一条路。苦行在印度古已有之，而且是在各个时代都很流行。他先去找沙门阿罗蓝迦蓝和郁陀仙②，又去找五比丘③，苦行了六年，结果身体羸弱，毫无所得，涅槃解脱，遥遥无期。他自己思忖：

> 如是等妙法，悉由饮食生。（《佛所行赞》）

不吃饭，妙法是寻求不到的。他下决心重新进食，接受了一个牧羊女奉献的香乳糜，

> 食已诸根④悦，堪受于菩提⑤。（《佛所行赞》）

五比丘看到这情况，认为他叛变了，相约不理他。他又继续

---

① 沙门：梵文（拉丁拼音）Sāmāna 的音译，受戒的出家人的总称（此指婆罗门教的出家人，后佛教沿袭了这一称呼）。
② 阿罗蓝迦蓝和郁陀仙，均为当时其他教派的圣徒（佛教称为"外道仙人"）。
③ 五比丘：相传最初随释迦牟尼出家的五个比丘，其名分别是：憍［jiāo］陈如、阿说示、跋提、十力迦叶、摩诃男拘利。
④ 诸根：指眼、耳、鼻、舌、身五根。
⑤ 菩提：梵文（拉丁拼音）Bodhi 的音译，意为觉悟、智慧。

游行，到处寻求解脱之道。

（四）成佛

释迦牟尼最后来到菩提伽耶这个地方，坐在菩提树下，发出誓言：如不成佛，决不站起。他坐在树下究竟思考了一些什么东西呢？我们很难确说。在释迦牟尼时代，社会上宗教人士中间流行着一种想法：精神可以突然发亮，豁然贯通，悟得至道。除了佛教外，耆那教①也有这种信仰。也许就在这种信念支配下，他坐在那里思维。他先对一切众生起大悲心，得到天眼净②，看到众生生死轮回，善人转生人神，恶人堕入地狱。他最后想到生死根源，就是后来传下来的"十二因缘③"：

（1）无明（愚痴，不知）；（2）行（形成力，形成）；（3）识（认识）；（4）名色（名称与物质形体）；（5）六入（感官与感官对象）；（6）触（感官与感官对象的接触）；（7）受（感受）；（8）爱（渴望）；（9）取（爱执，执着于存在）；（10）有（存在，无和空的对立面）；（11）生（生）；（12）老死（老死）。

这"十二因缘"，有因果关系。但这关系很复杂，很微妙，解释也有分歧。根据《佛所行赞》，释迦牟尼是从下面老死想起的：

决定知老死，必由生所致……又观生何因，见从诸有

---

① 耆［qí］那教：梵名（拉丁拼音）Jāinia，早于佛教从婆罗门教分化出来的一教派，佛教称其为"尼乾外道"。

② 天眼净：佛教称释迦牟尼所见见解。

③ 因缘：梵文（拉丁拼音）Nidāna 的意译，起因、缘故。

业①……有业从取生，犹如火得薪，取以爱为因……

如此一环扣一环，最后根源是"无明"（"痴灭则行灭"）。一切皆从"无明"起。什么叫作"无明"呢？对于这个关键的字眼，解释很分歧。有人说无明就是不知道事物实际上并不像人们想象的那样存在。这有点大乘②的味道，但可备一说。有的经又说，"无明"就是不知道"苦、集、灭、道"四圣谛。无论如何，"不知道"的对立面，就是"知道"。知道了，就是"大觉"，就是"佛"。这十二因缘着重讲因果关系，是后来佛教根本学说之一，但是佛在菩提树下还不能想得这样有系统，可能只是一个大体的轮廓。

（五）说法

释迦牟尼证得大道，成了佛。经过一番犹疑考虑，他决心说法，转法轮③。他来到迦尸城（今贝拿勒斯）。他首先想到向他出家后见到的两个比丘说法，但他们已经死去。他又去找那五个苦行者④，他们正在迦尸附近的鹿野苑。他们相约对他表示冷淡，最

---

① 业：同"孽"。

② 大乘：梵文［拉丁拼音］Mahàyàna 的译名，Mahà 意为"大"，yàna 意为"车船"，也就是多数人能"乘坐"，因为该种佛教旨在"普渡众生"，仅要求信徒不作恶，即所谓"放下屠刀，立地成佛"（相对于大乘，小乘：梵文［拉丁拼音］Hinayàna 的译名，Hina 意为"小"，yàna 意为"车船"，也就是少数人能"乘坐"，因为该种佛教旨在修行，要求信徒严守原始佛教的苛刻戒律，故很少有人做到）。

③ 转法轮：释迦牟尼把自己的"法"称为"法轮"，故其说法称为"转法轮"（法轮是比喻，按古印度传说，谁能统治印度，就会有"轮宝"显现。"轮宝"无坚不摧，无敌不克，故得"轮宝"者称为"转轮圣王"）。

④ 那五个苦行者：即前文所说"五比丘"。

后还是洗耳恭听。说法的内容是什么呢？根据佛经传说，大概是这样的：释迦牟尼首先讲了"中道"①，避免两个极端，又讲了"八正道"②和"四圣谛"③。释迦牟尼可能讲了这样的一些想法，恐怕还比较粗糙。这样系统化是以后的事情。有的学者认为第一次说法不是历史事实，但缺乏可靠的证据。

（六）招收弟子

第一次说法以后，以陈如④为首的五人成了佛的弟子。接着是迦尸城富家子耶舍入教。他又带了五十四人入教，此时已有比丘六十人。跟着是苦行仙人迦叶兄弟三个人入教，三人原都是婆罗门。三迦叶有弟子五百人，都受了正法。五百这个数目不可靠，这样整齐的数目是后来捏造出来的。在王舍城竹林，又收舍利弗、大目犍连为弟子。他们后来成了释迦牟尼的大弟子，两人也都是婆罗门。总之是弟子越收越多，僧伽形成了。而且诸大弟子各有所长，比如舍利弗智慧第一；大目犍连神通第一；优婆离持戒第一；罗睺罗密行⑤第一；大迦叶头陀⑥第一；但据估算，终释迦牟尼之世，弟子也不过五百人。

从社会地位来看，他确实收了一些低级种姓的人，比如大弟

---

① "中道"：即中间之道，不极端。
② "八正道"：亦称"八道"，即跳出轮回而入涅槃的八种途径：（一）正见，（二）正思维，（三）正语，（四）正业，（五）正命，（六）正精进，（七）正念，（八）正定。
③ "四圣谛"：亦称"四谛"，即苦谛（人生即苦）、集谛（苦集于欲）、灭谛（灭欲为净）、道谛（修道为乐）（谛：真知）。
④ 陈如，即憍陈如。
⑤ 密行：善于内敛而不外著的修行。
⑥ 头陀：梵文［拉丁拼音］dhāta 的音译，意为"修治身心"。

子优婆离就出身剃头匠，弟子中还有淫女①、强盗、杀人犯、商人、猎人，但出身婆罗门的更多。释迦牟尼禁止奴隶入教。在佛典的律藏中，有很多关于这方面的规定。比如《根本说一切有部毗奈耶出家事》卷三说：

从今已往，汝等苾刍②不应与③奴出家。若有求者，当可问之："汝是奴不？"若与奴出家，得越法④罪。（第23卷，第1033页中）

（七）与国王结交

在招收弟子的同时，他到王舍城见到瓶沙王⑤。他故意问大弟子大迦叶为什么不再事火⑥而出家为僧。大迦叶说：

事火修咒术，离解脱受生，受生为苦本，故舍更求安。我本谓苦行，祠祀设大会，为最第一胜，而更违正道。是故今舍弃，更求胜寂灭，离生老病死，无尽清凉处。（《佛所行赞》）

---

① 淫女：妓女。
② 苾[bì]刍[chú]：同"比丘"，梵文（拉丁拼音）bhiksu 的另一种音译。
③ 与：同"予"，给予。
④ 越法：犯法。
⑤ 瓶沙王：古印度摩揭陀国首任国王（前544—前493 在位）。
⑥ 事火：梵文（拉丁拼音）Agni 的意译，亦称"事火婆罗门"，早于佛教从婆罗门教分化出来的教派，佛教称其"事火外道"，因其祭祀供养火天。

"寂灭"就是涅槃。事火无法求得涅槃，所以他舍弃了事火。瓶沙王一听，成为佛友，护法大王。

瓶沙王之子阿阇世①（未生怨王）弑父自立，这是一件惊人的事情。佛教虽然是一个出世的宗教，中国有人骂它是"无父无君"，实际情况却不是这样。它也非常关心社会上的伦常道德，对于孝顺父母更是特别强调，它把"杀父母、杀阿罗汉、破僧、恶心出佛身血"看作是罪大恶极。这种意见屡屡见于佛教律中，无须具引。但是释迦牟尼对于阿阇世弑父自立这一件事却"宽大处理"。阿阇世后来后悔了，向释迦牟尼坦白自己的罪行，释迦牟尼竟加以安慰。佛经多次讲到这一件事，我只举两个例子：

其一："佛重告使言：'语阿阇世王：杀父恶逆之罪，用向如来改悔故，在地狱中，当受世间五百日罪，便当得脱。'"

其二："佛告诸比丘言：'此阿阇世王，过罪损减，已拔重咎。若阿阇世王不杀父者，即当于此坐上得法眼净。'"

从这一件事情中可以看出，释迦牟尼争取国王，用心良苦。此外，他同迦尸国王波斯匿、跋蹉国王优填、王都之主恶生、南海之主优陀延等国主，都有交谊。

（八）联络商人

释迦牟尼同商人似乎有特殊的关系与联系。他成佛后不久就接受两个商人奉献的食品。见了瓶沙王以后，又认识了大长者

---

① 阿阇［shé］世，梵名［拉丁拼音］Ajātasātru，亦称"阿阇世王"。

（大商人）给孤独①。给孤独在萨罗王都舍卫城布金满园买下了祇林精舍，赠给释迦牟尼。他成了佛教的居士②。当时在摩揭陀国，在萨罗国，商人都是腰缠万贯，在社会上占有很重要的地位。摩揭陀王室也参与贸易活动，大概双方互相利用，共同发展，因而才结成了密切关系。释迦牟尼在几十年传教活动中，到过许多国家，走的路也都是当时主要的商道。在涅槃前周游时，也走的是商道，同商人的接触一定会是很多的。居士中间阔人富人占多数。

在弗哩逝（Vṛji）首都鞞舍离，释迦牟尼结识了淫女庵摩罗。她很有钱，在社会上很有地位，在朝廷上广通声气。她请释迦牟尼吃饭，并送给他一座花园。她服务的对象绝大部分可能也是富商大贾。

（九）涅槃

释迦牟尼二十九岁出家，三十五岁成佛后，游方传教，长达四十五年。东至瞻波，西到摩偷罗，初步组成了一个僧伽。据佛经记载，僧伽里面后来还接受尼姑。这是违反释迦牟尼的想法的，他瞧不起妇女，认为收妇女做尼姑，会缩短佛教的寿命，只因抚养他的姨母苦苦哀求才不得已而破此例。释迦牟尼允许他姨母出家，但很有感慨地说：

---

① 给孤独：当时一富豪的别称。唐玄奘《大唐西域记·室罗伐悉底国》："善施长者，仁而聪敏，积而能散，拯乏济贫，哀孤恤老，时美其德，号给孤独焉。"
② 居士：在家修道的佛教徒。

若不听①女人出家受具足戒，佛之正法往世千岁。今听出家，则减五百年。(《五分律》卷29，见第22卷，第186页上)

最后他从王舍城出发，做长途旅行，来到了拘尸那揭罗的双树间，在这里逝世（灭度或涅槃）。火化后，许多国王来抢分舍利。

五、原始佛教的教义

释迦牟尼时代，正是印度古代思想最活跃的时期，有点像中国的春秋战国时期，各种学说，风起云涌，百家争鸣，莫衷一是。从各方面来看，都可以说是印度历史上一个转折点。当时在思想界有两大对抗的潮流：一派是婆罗门，主张吠陀天启，祭祀万能，婆罗门至上。这是保守派。一派是沙门，反对婆罗门那一套，是革新派。释迦牟尼属于沙门系统，属于革新派。恩格斯说，他的学说中有一些辩证法的因素。有人说，他的主要敌人不是婆罗门，而是外道六师，这看法很有见地。他究竟宣传了些什么学说，今天还无法证实，只能根据现存的佛经加以概括的论述。

有人主张，释迦牟尼在涅槃前不久，对自己的学说做了一个

---

① 听：接受。

撮要，这就是："四念处"①、"四意断"②、"四神足"③、"四禅"④、"五根"⑤、"五力"⑥、"七觉意"⑦、"贤圣八道"⑧。所有佛教宗派，包括大乘在内，都无异说。这似乎就是释迦牟尼自己归纳的基本教义（见 A. K. Warder, *Indian Buddhism*《印度佛教》, Delhi, 1970, p 830.）。这说法有没有根据呢？应该说是有的。《长阿含经》卷二《游行经》说：

① "四念处"：指四个安顿心念的处所：（一）身念处，即观身不净；（二）受念处，即观受是苦；（三）心念处，即观心无常；（四）法念处，即观法无我。

② 四意断。亦称"四正勤""四正断"：（一）断断，努力使已生之恶永断；即于所起之恶法断之又断；（二）律仪断，努力使未生之恶不生；即坚持戒律，慎守威仪，不令恶起；（三）随护断（防护断），努力使未生之善能生；即于无漏之正道随缘护念，令其生起；（四）修断，努力使已生之善增长；即能修作正道，令其生长而自然断除诸恶。

③ "四神足"：亦称"四如意足"：（一）欲如意足，希慕所修之法能如愿满足；（二）精进如意足，于所修之法，专注一心，无有间杂，而能如愿满足；（三）念（心）如意足，于所修之法，记忆不忘，如愿满足；（四）思惟（观）如意足，心思所修之法，不令忘失，如愿满足。

④ "四禅"：亦称"四禅定"：（一）人于欲界中修习禅定时，忽觉身心凝然，遍身毛孔，气息徐徐出入，入无积聚，出无分散，此为初禅定；（二）然此禅定中，尚有觉观之相，更摄心在定，觉观即灭，乃发静定之喜，此为二禅定；（三）然以喜心涌动，定力尚不坚固，因摄心谛观，喜心即谢，于是泯然入定，绵绵之乐，从内以发，此为三禅定；（四）然乐能扰心，犹未彻底清净，更加功不已，出入息断，绝诸妄想，正念坚固，此为四禅定。

⑤ "五根"：五种能生一切善法的根本法。即：（一）信根（信奉佛法）；（二）精进根（勤修善法）；（三）念根（忆念正法）；（四）定根（使心不散）；（五）慧根（思维真谛）。

⑥ "五力"：施行"五根"的五种力，即（一）信力、（二）精进力、（三）念力、（四）定力、（五）慧力。

⑦ "七觉意"：亦称"七觉支""七觉志""七觉支法""七觉意法"：（一）择法觉意，以智慧简择法之真伪；（二）精进觉意，以勇猛之心离邪行行真法；（三）喜觉意，心得善法即生欢喜；（四）轻安觉意，止观及法界次第名为除觉分，断除身心粗重，使身心轻利安适；（五）念觉意，常明记定慧而不忘，使之均等；（六）定觉意，使心住于一境而不散乱；（七）行舍觉意，舍诸妄谬，舍一切法，平心坦怀，更不追忆。

⑧ "贤圣八道"：即"八正道"（见前注），亦称"八支正道""八支圣道""八圣道"。

告诸比丘："汝等当知，我以此法自身作证，成最正觉，谓四念处、四意断、四神足、四禅、五根、五力、七觉意、贤圣八道。汝等宜当于此法中，和同敬顺，勿生讼诤。"（第1卷，第16页下。参阅《增壹阿含经》卷3，见第2卷，第561页中。《十诵律》卷33，见第23卷，第239页下）

但是这种根据是靠不住的。这所谓"三十七品"① 在佛典中已经成为一个刻板的老一套。不管什么地方，一提到佛的教义，就是这一套。例子太多，无法引用。看来这是佛教和尚长期形成的一套说法。释迦牟尼在生前不可能对自己的学说做这样系统的阐述，这样的系统化显然是后人做的。

估计释迦牟尼的根本教义，不会出他在成佛时思考过的一些问题之外，后来他在第一次说法时又讲到过，这就是"四圣谛"和"十二因缘"。"十二因缘"已经讲过，"四圣谛"是指"苦、集、灭、道"。意思就是说，人世无常，一切皆苦，造成苦的原因就是烦恼及业，必须从烦恼及业中解脱出来，达到涅槃境界。达到涅槃的道路，就是所谓"八正道"。

原始佛教最基本的教义可能就是这些，后来逐渐发展、深化、系统化，越说越玄，越说越烦琐，以至达到"佛学号称难治"的程度。

---

① "三十七品"，梵文［拉丁拼音］bodhipākṣāka 的意译，方译"三十七道品"，即进入涅槃的三十七种修行法。

六、释迦牟尼的说法方式

根据晚于释迦牟尼的佛经的记载，他说法很有一些特点，他善于用比喻，而且比喻很多出于农牧。这些记载不一定完全可靠，可能有一部分是出于和尚代代相传的回忆，但至少可以反映早期佛教徒的情况，这种例证比比皆是。我现在从汉译佛经中选出几个例子来：

> 犹如耕田薄地之中，下种虽多，收实甚小。（第3卷，第114页上）
>
> 譬如农夫，宿有二业：一田业，高燥肥沃；二田业，下湿瘠薄。（第4卷，第162页中）
>
> 若好田苗，其守田者心不放逸，栏牛不食，设复入田，尽驱令出。（第2卷，第312页中）
>
> 过去世时，摩揭提国有牧牛人，不愚不痴者，有方便慧。（第2卷，第342页上）
>
> 若复牧牛人成就十一法者，能拥护其牛，终不失时，有所饶益。（第2卷，第794页中）
>
> 如田家子，善治其地，除去秽恶，以好谷子下良田中，于中获子，无有限量。亦如彼田家子，不修治地，亦不除去秽恶而下谷子，所收盖不足言。（第2卷，第827页下）

这些比喻的例子都说明释迦牟尼本人和他早期的信徒是同劳

动大众有密切的联系的。他们了解人民的生活，用人民的一些喜闻乐见的、从他们生活中选取来的比喻来阐述比较难懂的佛教教义。佛教发展之所以能这样迅速，影响之所以这样大，与这种说法方式可能有些关系。此外，释迦牟尼不承认梵文的神圣性，主张和尚使用自己的方言来宣传教义。

七、释迦牟尼对社会改革的看法

释迦牟尼主张改革，但有很大局限性。他想革新，但又不彻底。比如他反对婆罗门所竭力主张的祭祀，他反对种姓制度。他曾打比喻说：在入海以前，长江大河各有自己的名字，一流入大海，就混同起来，表示佛教僧伽内部没有种姓之别。但不彻底，他好像只想为刹帝利向婆罗门争首席地位。过去六佛①没有一个出身吠舍、首陀罗，可以为证。

在他一生中，他都同当时很有力量的商人有密切联系。在一定程度上，他也关心农民，主要是吠舍。他反对杀牲（牛），这有利于农业，而农业又主要是吠舍的职业。婆罗门当农民的在《本生经》中也可以找到。另一方面又结交国王，国王、奴隶主反对奴隶逃跑，他就禁止奴隶入教，这可以说是迎合国王。在这里，

_____

① 过去六佛：指释迦牟尼的六个高足弟了，后被尊为"佛"，分别是﹒毗婆尸佛（Vipāsyin，意译为"胜观""净观""胜见"等）；尸弃佛（Sikhin，意译为"顶髻""持髻""有髻"等）；毗舍浮佛（Vîsvabhu，意译为"遍一切自在""一切胜""一切生""能变现"等）；拘留孙佛（Krākucchānda，意译为"领持""应断已断""成就美妙"等，有人认为即"弥勒佛"）；拘那含佛（Kānakāmuni，意译为"金色仙""金儒""金寂"等）；迦叶佛（Kaśyapa，意译为"隐光佛"，亦称"大迦叶"）。

他提供了一个在他以后的中外佛教徒（别的宗教徒也差不多）都遵循的榜样。《梁高僧传》①卷五《道安传》记载高僧道安的话说："不依国主，则法事难立。"讲的就是这个道理。他同淫女也打交道，在这些方面表现出不少的世故，表现出圆熟的交际手段。总之，释迦牟尼是一个性格比较复杂、有不少矛盾的人物。但他之所以成功，佛教之所以成为一个世界宗教，一方面说明它满足了一部分人民的宗教需要，同时和他这个教主有一套手段，也是分不开的。

1981 年 9 月

---

① 《梁高僧传》：即《高僧传》，十四卷，梁代慧皎法师著。